本书受国家社会科学基金一般项目"美国亚太战略中的'软实力'运用与我国意识形态安全研究"（项目批准号：15BGJ042）、国家外专局引进海外高层次文教专家重点支持计划"中国与周边国家关系研究"、外交学院中央高校基本科研业务费专项资金资助

罗德里奇亚洲地区主义手册

Routledge Handbook of Asian Regionalism

[澳] 马必胜（Mark Beeson）　[加] 李察（Richard Stubbs）编

李福建　苗吉　编译

中国社会科学出版社

图字:01 – 2014 – 1776 号

图书在版编目(CIP)数据

罗德里奇亚洲地区主义手册/(澳)马必胜,(加)李察编;李福建,苗吉编译.—北京:中国社会科学出版社,2021.4

书名原文:Routledge Handbook of Asian Regionalism

ISBN 978 – 7 – 5161 – 8060 – 0

Ⅰ.①罗… Ⅱ.①马…②李…③李…④苗… Ⅲ.①国际关系—研究—亚洲 Ⅳ.①D83

中国版本图书馆 CIP 数据核字(2016)第 096252 号

出 版 人　赵剑英
责任编辑　陈雅慧
责任校对　张依婧
责任印制　戴　宽

出　　版　中国社会科学出版社
社　　址　北京鼓楼西大街甲 158 号
邮　　编　100720
网　　址　http://www.csspw.cn
发 行 部　010 – 84083685
门 市 部　010 – 84029450
经　　销　新华书店及其他书店

印刷装订　三河弘翰印务有限公司
版　　次　2021 年 4 月第 1 版
印　　次　2021 年 4 月第 1 次印刷

开　　本　710×1000　1/16
印　　张　41
字　　数　694 千字
定　　价　148.00 元

目　录

第三篇 政治议题

导　论

马必胜（Mark Beeson）

李察（ Richard Stubbs） 著　王峥译

本书对亚洲地区主义进行了最具学术水准的介绍和剖析，对世界上最具活力和最富争议的重要地区进行了全面性探究。亚洲地区主义依然处在形塑进程中，影响地区主义形成的关键因素中的诸多方面依旧存在极大的争议性。本书对亚洲主要的政治、经济和社会发展趋势进行了考察，并对今日亚洲地区主义中呈现的重要因素进行了考量，同时也将对存在争议的许多重要议题进行回顾总结，对最有望在民族国家之上形成的亚洲地区主义进程进行评估，这些亚洲地区主义的表现形式具有多元性特征，有时也相互重叠。

"亚洲地区主义"这一术语本身就存在较大争议，尽管亚洲居民已经逐渐接受了这一术语，但"亚洲"一词一般被认为起源于西方话语体系，并且亚洲不同地区的边界也受到了许多地区参与者的挑战。难道美国为了其在该地区的安全和经济影响力，就应当留在东亚地区吗？巴布亚新几内亚、澳大利亚和新西兰应当被认为是亚洲的一部分吗？亚洲的范围拓展距离西方有多远？在亚洲内部应给予俄罗斯怎样的位置？在一定程度上，这些问题主要取决于是否把该地区按照主要的地理特征用传统的术语清晰地定义为"天然"地区，或者是否认为该地区是地区成员因政治、安全或经济原因而进行社会性建构的结果，因而其边界是可以讨论和谈判的。

虽然"地区主义"也极具争论性，但是，地区主义一般性地被认为是一项由国家引导的工程，其目的在于通过特定的制度和战略手段拓展一种可界定的地理区域。因此，地区主义（Regionalism）是一种自觉的、连贯性的、自上而下的国家政策。相比之下，地区化（Regionalization）所指的却是一种进程，在这一进程中，诸如个体和群体间的家庭联系和移民，贸易和资本流动，跨境媒体传播等形式的跨国事务的物质性模式（material patterns），把一个松散定义的地理区域联结了起来。换句话说，与地区主义相比，地区化在本质上说是一种自发的、非自觉的、复杂的、自下而上的、通常表现出偶然性的过程（Payne and Gamble，1996：2；Hettne，2005；Hveem，2006：296；Beeson，2007a：5）。

我们以多种形式生活在一个由地区构成的世界里（Hettne，2005：277；Katzenstein，2005）。诚然，许多人争论时认为全球化实际上就是地区化（Choi and Caporaso，2002；Rugman，2008），但重要的是每个地区都区别于其他地区。比如，正像桑德鲍姆所言，需要特别关注"历史情境"与"国家和地区在全球政治经济中的特定地位，而地区主义的独特进程和模式正产生于此类身份定位"（Soderbaum，2005：223）。同样地，每个地区独特的地理条件、文化实践和社会习俗也会对一个地区的发展方式产生影响（如 Ford and Webber，2006；Warleigh – Lack et al.，2011）。另外，正如"地区性"所意指的那样——一个地理区域范围内的连贯性程度和制度化深度——世界的每个地区都是有差异的（Hettne and Soder-baum，2000）。

地区主义的亚洲方式？

然而，是什么因素把亚洲地区、亚洲地区主义以及相关的制度安排同北美、欧洲、非洲或南美已存在的地区主义形式区分开来的呢？第一，在地理条件和人口方面，与其他地区相比，亚洲具有更强的多样性。例如，在东亚范围内存在两个世界上最大的国家——拥有 13 亿人口和 960 万平方公里国土面积的中国与拥有 2.61 亿人口和 200 万平方公里国土面积的印度尼西亚，与此同时，在该地区还存在许多规模很小的国家，例如文莱，这个国家只有 42 万人口，居住在 5700 多平方公里的国土上。新加坡人口只有 560 万，而国土面积还不到 1000 平方公里。同样，在南亚，印度拥有 12 亿人口和 300 万平方公里的领土，而不丹的人口不到 80 万，领土面积还不到 6000 平方公里。

第二，亚洲的国家除了在规模上有很大的差异，该地区内各国的社会结构、经济发展水平和政治体制类型也存在差异。该地区语言、族群多样，并且表现出显著的宗教多元化特征，主要的宗教包括佛教、基督教、儒教、印度教、伊斯兰教、锡克教和道教。同时，亚洲地区的经济发展水平也有较大差异，例如，新加坡和日本的人均 GDP 超过 50000 美元，而阿富汗、孟加拉国、缅甸和尼泊尔的人均 GDP 还不到 500 美元，柬埔寨和老挝的人均 GDP 加在一起还不足 1000 美元（IMF，2010）。与这些显著的社会和经济差异相应的是亚洲国家政治经济体制的多样性：从民主和准民主（温和的独裁主义）的政府到独裁政府，从不同形式的资本主义经济到各种社会主义经济体系的混合形式。

第三，亚洲的近代史强化了该地区的多样性。最为重要的是，历史上亚洲被各种形式的强权大国殖民过，包括葡萄牙、西班牙、荷兰、法国、英国、美国和日本，每个殖民者都给该地区留下了特殊的社会、政治和经济遗产，即使那些最后没有完全殖民化的国家，比如日本和泰国，它们也依然受到了西方思想与实践的深刻影响。殖民经历的多重性强化了亚洲国家和社会的差异性。晚近时期，冷战也撕裂了亚洲。社会主义国家或支持社会主义的国家与那些支持西方世界的国家展开了激烈的竞争，双方阵营中也有许多国家把自身看作不结盟运动的成员，努力从冷战的束缚中挣脱出来。在冷战时期，甚至处在同一阵营的国家也彼此疏离，例如苏联和它的盟国；除了霸权控制外，美国还采取轴辐式（hub-and-spoke）战略同其亚洲同盟国进行联系，这种方式严重破坏了亚洲国家间的关系（Stubbs，2005）。

第四，正是地理条件、社会构成、历史、政治和经济方面的多样性，才塑造了亚洲现代国家和社会，培养了尊重国家主权和领土完整，不干涉别国事务和通过非正式、非对抗性谈判协商解决国家间矛盾和分歧的共同意识。尤其是反殖民主义和反冷战情感，塑造了"二战"后亚洲地区的主要特征，而且这种共同的情感记忆逐渐影响了今天亚洲国家关于地区和国际事务判断的思想观念（Acharya，2009）。这种影响和作用首先是通过地区会议实现的，如 20 世纪 40 年代晚期和 50 年代早期召开的那些地区会议，1955 年的万隆会议最具代表性。这种影响过程也通过国家间签订正式条约的形式来完成，如 1967 年的《曼谷宣言》创立了东南亚国家联盟，1976 年的《东南亚友好合作条约》最初由东盟成员国签署，在 2003 年之后，很多的亚洲国家包括中国、印度和日本也加入了该条约。

重要的是，曼谷会议的会议宣言是通过非正式和非对抗的方式达成的，例如，规避争议性议题，鼓励非正式性方式，强调磋商、妥协和共识建构的重要性（Acharya，2005；Mackie，2005）。这种精神后来塑造了东盟会议以及与东盟有关的会议，如东盟地区论坛和"东盟＋3"，换句话说，除了《东南亚友好合作条约》中设定的正式的行为准则之外，东盟成员国还发展出了非正式的行为准则，以指导地区会议和协商。有一套完整的理念说明了这种行为方式，并且最终成为东盟地区主义的关键要素，这套理念通常被称为"东盟方式"（ASEAN Way）。事实上，这种方式已经影响了亚洲其他非东南亚地区的合作协商，如 APEC 和上海合作组织（SCO）。这种方式的特征是，相对非机制化的讨论，非正式、谨慎、实用主义、便利以及寻求一种各方均可接受的，实际上是争议最小的解决方案（Acharya，1997：329；Capie and Evans，2003）。这种方式特别有趣的表现形式就是"二轨（Track II）外交"。"二轨外交"是指学者、政策分析家以及政府官员聚集在一起，以个人的名义，在一系列的议题上为推动区域经济和安全合作展开相对非正式的讨论，然后将讨论的结果反馈到一轨（Track I）的政府间谈判中去（Evans，2005）。

第五，进一步平衡亚洲差异性之破碎趋势的是弥漫于该地区关键区域内的强烈的社群主义特性（Chua，2009）。当极端的自由主义和相伴而生的个人主义思想随着西方殖民主义和新近的全球化扩展到亚洲时，亚洲国家领导人的社群主义信仰强化了一种特定层面和特定形式的合作，这种合作试图以一种特殊的方式缝合亚洲社会和国家存在的裂痕。另外，其他的地区价值观也推动了这种别具特色和极具合作精神的地区主义模式，如政府一定程度上强调社会信任而不是法治。地区领导人提倡在实用主义的基础上审视这种相对松散和法律约束力较弱的地区主义，换句话说，亚洲地区的这些特殊价值观，倾向于产生一种不同于世界其他地区主义的亚洲地区主义（Pettman，2010）。

第六，该地区的一个重要特征是关注结果或输出合法性而不是过程或输入合法性（Stubbs，2001）。20 世纪 50 年代早期，第二次世界大战、中国内战、朝鲜战争、区域内各种形式的动乱，以及伴随着印度分裂而来的战争和战后的去殖民化进程，都给该地区的社会、政治和经济生活带来了灾难性的影响。物理破坏的规模是巨大的，许多社会和政治制度也被战争摧毁，结果，只有能带来社会和政治稳定、安全以及经济繁荣的政府才能从民众那里获得合法性。政府获得权力的过程的合法性已经越来越重要，其权力输出的合法性也至关重要。因此，能够有助于维护地区的社会和谐、政治稳定以及经济繁荣的地区主义，受到大众的欢迎。

第七，东亚的地区制度建构是以一种独特的方式进行的，这一点至关重要。最为显著的是，东盟国家在东南亚的地区制度建构过程中发挥了引导作用。因此，不像欧洲那样，是大国如法国和德国发挥了主导作用，或者像南美洲，是巴西和阿根廷主导，在东亚，是那些相对弱小的国家走在地区主义事业的最前面。有很多因素导致这种发展形态，首先，1967 年创立的东盟是亚洲出现的第一个重要的地区行为体，并且其已经处在地区化发展的中心位置，目前地区组织主要包括 APEC、东盟地区论坛（ARF）、"东盟＋3"和东亚峰会，东亚地区主义已经随着时间的推移得到了进一步发展。其次，东盟国家已经表现出了卓越的开创性（entrepreneurial）领导才能，在发展能被各方接受的地区合作论坛和指导地区事务行为规范方面最为突出。最后，对东盟来说，其弱势也有一种好处，东盟被看作中国和日本——或当印度和美国关系微妙时——的中立地带，在这里它们可以坐下来谈判协商。虽然没有任何一个大国可以最终完全相信其他大国，但是它们可以完全相信东盟国家，因为东盟国家不能单独地或集体地支配亚洲的任何其他国家。而且多少有点讽刺意味的是，东盟在区域里的重要地位已经被中国和日本欣然接受，因为中国或日本意欲成为全球性领导者，就必然需要东盟作为其追随者。反过来，这种关系也为东盟国家的地区建构之努力留下了相当大的回旋空间。

作为东盟相对弱小的一种后果，与其在亚洲地区主义发展过程中的领导地位相结合，东盟国家强调尊重国家主权和领土完整，不提倡任何主权让渡（pooling）的理念，因这种理念有可能把东盟的自主权置于危险之中。因而，在发展地区制度时，合作优先于一体化，并且任何地区组织秘书处的地位都受到严格的限制，以防其侵犯成员国的主权。当然，这种治理方式也有例外，尤其是为了推动经济增长，实用主义政策通常在一些领域会鼓励增强经济一体化，例如东盟自贸区、东盟经济共同体及于 2010年 1 月 1 日开始生效的中国—东盟自贸协定，这些合作都倾向于推行东亚经济一体化。但是，总的说来，当触及国家主权时，东亚国家依然很谨慎。

理解亚洲地区主义

亚洲和亚洲地区主义的特点确立了亚洲地区与众不同的特质。许多特质都是物质性的，我们可以把其看作塑造亚洲和亚洲地区主义独特性的、社会性的和经济性的因素。其他特质被阿查亚（Acharya, 2009：6, 21 – 23）称为"地区认知优先"或者理念、信仰体系和规范，并影响了亚洲地区发展的方式。正是这些特质使得亚洲地区化和亚洲地区主义有别于世界其他地区的地区化和地区主义。

这种讨论所引发的一个问题就是，亚洲作为一个整体在多大范围内可与世界其他地区进行比较。最为特别的是，一些讨论把欧盟和欧洲地区主义作为比较基准，以此来评估亚洲地区主义——尤其是东南亚和东亚地区主义——的发展。在 20 世纪 90 年代和世纪交替后的最初几年里，极少有人把欧洲地区主义同亚洲地区主义相提并论。亚洲不同的国家在国土面积、文化和经济发展水平方面都存在着巨大差异性；而且不同的行为规范也使欧洲地区主义与亚洲地区主义的差别显著；在东亚，东盟中的小国和弱国的领导类型也与欧洲法国和德国等强国的领导类型有所不同。然而，近期，人们对两种形式的地区主义进行比较研究的兴趣渐浓，并且力图探求两者之间相互学习的可能路径（Fort and Webber, 2006; Lord et al., 2011; Murray, 2010）。重要的是，比较亚洲地区主义同发展中世界的其他区域（如拉丁美洲、加勒比海地区和非洲）的地区主义，可以促进不同地区相关经验和观念的交流与相互影响。在阐释亚洲地区主义的主要问题和主要趋势的过程中，本书的相关论断将有助于提升学者在世界范围内进行地区比较研究的能力。

我们也应当注意一点，并不是所有的分析者，当然也不是本书所有的撰稿人都赞同所列的这一系列亚洲地区主义的特征。亚洲地区主义的每一个特点，究竟在多大程度上影响了亚洲政府和非国家行为体建构有效的地区制度和推动地区合作甚至地区一体化的能力，关于这一问题的争论依旧在持续。当然，该问题更多地取决于分析者所采用的理论方法，以及他们所分析的地区主义的特定层面。比如，那些对地区安全感兴趣的人与那些专注于经济联系如贸易和投资的人相比，更喜欢关注地区制度建构所面临的问题。

亚洲地区主义的早期分析者倾向于采取"温和"现实主义/新现实主义理论进行分析，他们质疑地区制度处理无政府状态的世界中权力滥用的能力（Michael Leifer, 1999），认为任何通过非军事手段处理潜在霸权的崛起并且最终破坏权力平衡的意图，都是有问题的。这个结论一直到现在依旧被关注亚洲安全的现实主义和新现实主义研究者反复验证。当然，从结构现实主义和新现实主义的视角来分析研究东亚和南亚的安全问题时，那些地区组织——尽管其已经成长和发展起来——处理重大冲突的能力仍有待加强。的确，对于许多美国的评论家来说，在评估中美关系以及东亚和东南亚地区的安全问题时，地区组织往往不在他们的考量范围之内（Art，2008；Godwin，2008）。

有趣的是，随着亚洲不同区域的地区主义发展，很少有分析者采用传统的用于探究欧洲地区主义出现原因的主流理论范式。首先，存在研究地区一体化的"超国家主义"（supranationalist）路径，如联邦主义、新功能主义、多层次治理理论和认知共同体思想（E. B Hass，1968；Burgess，2000；Hooghe and Marks，2001；Rosamond，2008；Peou，2010）。一些学者也已开始研究诸如太平洋贸易与发展会议（PAFTAD）和太平洋经济合作理事会（PECC）这样的认知共同体，这些都是 APEC（Ravenhill，2001：63 – 65）和亚洲新近二轨（Track Ⅱ）会议（Morrison，2006）发展进程中的重要因素。因为检验和分析亚洲地区主义的这些理论路径已经被广泛接受，人们普遍认为亚洲的地区主义发展与欧洲并没有过多的相似性。其次，国际关系学者大多赞同政府间主义的研究路径，把地区一体化看作政府间讨价还价的过程（Hoffmann，1995；Moravcsik，1998），把政府间主义应用到东亚地区主义的研究中，主要分析一个地区内权力分配以何种方式塑造政府间谈判的结果。至今，权力在亚洲地区主义发展的过程中，还没有发挥特别大的作用。当然，如果参考穆拉维斯克（Moravcsik）分析亚洲地区主义的相关作品，你会发现其实权力还是产生了一些影响的。

尽管在评估亚洲地区主义发展时，欧洲地区主义的分析方法影响力有限，但是 20 世纪 90 年代所发生的两个事件，真实地改变了众多学者评估亚洲地区主义和地区组织的方式。第一，冷战的结束，在亚洲以越南从柬埔寨撤军为标志，为处理国际和地区事务创造了一个良好的环境。国家不得不思考冷战关系结束后，自己将何去何从，也不得不思考如何最好地处理自身与邻国的关系。比如，在亚洲范围内，这种国家反思推动了 1994 年东盟地区论坛的成立，这为众多不同类型的参加者讨论亚洲的安全问题提供了一个平台。长期以来，美国是许多亚洲国家最重要的战略和经济合作伙伴，因而美国地位的变化依然是理解和掌握亚洲形势的核心要素（Beeson，2006；Pempel，2008）。随着世界其他地区的经济问题日益突出，贸易和投资问题在亚洲也变得更为重要，并最终成为研究的对象。

第二，在国际关系研究中出现了大量新的理论框架，为分析家解释和理解亚洲地区关系，提供了不同于现实主义和新现实主义的路径。新自由主义作为新现实主义的主要挑战者，已经奠定了其自身的地位，尤其是在美国，这种理论模式被应用于分析东亚事务（Ganesan，1995）。但是在很多方面，建构主义的形成也对传统现实主义发起了挑战。建构主义者认为观念因素，包括规范、文化和身份，逐渐成为亚洲地区主义和地区制度建构的核心因素（Higgott and Stubbs，1995；Acharya，2001；Johnson，2003）。现实主义和新现实主义同建构主义的争论引发了许多有趣的问题，如对于权力的不同看法、亚洲地区事务中地区行为者的行动能力问题，以及地区制度的社会化功能问题（Peou，2002；Eaton and Stubbs，2006；Ba，2009）。制度主义近年来也成为研究的中心议题（Pempel，2005；Acharya and Johnson，2007）。随着分析亚洲国际关系和地区主义理论系谱的展开，理性主义框架（Kawasaki，2006）与英国学派的思想（Narine，2006）也得到了应用。另外，分析者还为研究安全问题（Caballero‐Anthony，2005；Nesadurai，2006；Burke and Mcdonald，2007）和更广泛的治理问题（Tan，2006）提供了更具批判性的研究视角，而且在一定范围内"新地区主义"路径也可用于研究亚洲问题（Berger and Beeson，2005）。

此外，随着经济联系把亚洲各区域紧密结合起来的趋势日益明显，亚洲地区主义的分析者们逐渐开始使用国际政治经济学的理论来评估亚洲地区主义和地区制度建构。全球化的影响日益加深，很多经济问题在一定程度上得到了重视。更为显著的是，亚洲区域范围内直接投资数量的增加，导致交叉投资模式的产生，以及生产网络的出现，这些都有助于缩小亚洲国家之间经济发展的差距（Hatch and Yamamura，1996；Beeson，2007a）。同样，亚洲内部的自贸协定及亚洲国家与区域外国家自贸协定的增加，也成为分析研究的对象（如 Dent，2008a；Ravenhill，2008）。

总体来说，解释和理解亚洲地区主义以及亚洲地区制度建构的众多理论，都强调关于亚洲和亚洲地区主义意识的推动作用。本书的目的就是向读者展示这个重要议题的诸多关键性要素，因而，通过此书，读者不仅有机会评估亚洲地区主义的发展走向，而且还有机会领略相关研究成果是如何分析这些趋势和事件的。

　　本书分为两篇，第一篇介绍亚洲和亚洲地区的许多重要概念，亚洲以何种方式被概念化，对已有的地区主义形式以及已经发展了的亚洲地区主义都有重大影响。第二篇关注经济问题，探析了塑造亚洲国家和亚洲地区主义形式的关键性作用力，第三篇关注政治问题，回顾了治理和政治秩序中最为重要的问题，而且这些问题目前正困扰着亚洲人民和政府。第四篇关注战略问题，采取不同的分析框架对关键的安全问题展开讨论。第五篇详细回顾和评论了最重要的亚洲地区组织的历史及其现在的地位和作用，这些组织都处在亚洲地区建构的中心位置。结论部分强调了关于亚洲——一个已经快速成长为世界最重要区域的地区——未来发展的两种观点，即乐观的和怀疑的观点。

第一篇

亚洲地区的概念化

第一章　地区主义理论

弗雷德里克·桑德鲍姆（Fredrik Söderbaum）著　张凯译

前　言

本书强调现代地区主义的多维性和多元性。① 作为一门学科，地区主义研究不再仅局限于狭隘的由国家或政策推动的传统意义上的"地区一体化"进程，而是成为一个独立的研究领域。不过大量理论和概念的涌现也给学者和政策制定者带来不少困惑和挑战。单独一个章节确实无法对各种地区主义理论进行全面阐述。因此，本章的目标仅限于对一些关键问题的理论争论，特别是与研究亚洲地区主义相关的理论争论进行概述。具体来讲，本章会把亚洲地区主义与地区主义研究的历史演进、对欧洲地区一体化理论与实践的过度强调以及对正式和非正式地区主义之间关系的思考结合起来。本章并不寻求建立一套关于亚洲地区主义的理论，而是要把亚洲地区主义置于一种更加综合的理论比较中加以探讨。本章的假设是，亚洲将在地区主义研究的未来发展中发挥关键性作用。

本章分为四个部分：第一部分概述早期和新近关于地区主义的争论和理论；第二部分解决理论建构中的欧洲中心主义问题以及它对研究亚洲地区主义的影响；第三部分阐述关于正式和非正式地区主义的不同理论观点；第四部分着重阐述关于亚洲正式和非正式地区主义的讨论及其对比较地区主义的影响。

---

① 本章中的观点都是近十年来我与 Bjön Hettne 合作研究得出的（或合著的成果）。——作者注

关于地区主义的早期和新近争论

地区主义研究的早期争论发生在 20 世纪 50—70 年代：相关理论包括联邦主义、功能主义和新功能主义（Rosamond，2000；Hettne and Soderbaum，2008）。给欧洲一体化的先驱们带来灵感的联邦主义，更多是一项政治计划而不是理论。虽然联邦主义对民族国家持怀疑态度，但它所要创造的是一种新型的国家。功能主义也是建立和平的一种方式，而不是一种理论。与联邦主义不同，功能主义主要与一位学者相关，即大卫·米特兰尼（David Mitrany）。问题是，在什么政治层次，人类的各种需求能得到最好的满足？功能主义认为，最好的方式是超越民族国家这一层次，但也不必上升到"地区"层次。

在早期争论阶段，新功能主义是最具影响力的理论范式。新功能主义把功能主义的方法与联邦主义的终极目标联系了起来。厄恩斯特·哈斯（Ernst Haas）（1958）是新功能主义的主要理论家，他提出了"共同体方法"。虽然该方法的最终结果是要建立联邦，但联邦并不是根据宪法设计建立起来的，而是根据功能演变形成的。其中的基本机制是"外溢"，即"某个经济部门的一体化会给该部门及其他部门进一步的经济一体化带来压力，同时可使欧洲具有更大的自主能力"（Rosamond，2000：60；Haas，1958）。贝拉·巴拉萨（Bela Balassa）（1961a）运用同样的逻辑分析了经济一体化：自由贸易区可以带来关税同盟，进而建立共同市场、经济同盟和政治同盟。早期研究地区主义的其他主要学者还有卡尔·多伊奇（Karl Deutsch）（1957）、约瑟夫·奈（Joseph Nye）（1971）和菲利普·施密特（Philippe Schmitter）（1970）。

在早期争论阶段，基于欧洲经验产生了欧洲一体化理论，该理论主要服务于欧洲地区一体化。随后，欧洲一体化理论或多或少地被运用和传播到了世界其他地区。虽然新功能主义者多少也意识到了他们自身的欧洲中心主义倾向，但是在比较分析中他们还是倾向去寻找那些可以在欧洲发现的"背景条件"和"外溢"效应（Haas，1961；Hettne，2003）。欧洲共同体通常被视为一种典范，而其他松散的、非正式的地区一体化模式，不管产生于哪些地区，都被认为是"脆弱的"或"失败的"（也就是说在主导性的地区主义理论看来，其他地区并不存在"地区一体化"）。

20 世纪 60 年代，因戴高乐民族主义的主导，新功能主义理论与经验世界的契合消失了。功能主义/新功能主义认为，一体化会由低政治领域（经济）扩散到高政治领域（安全）。斯坦利·霍夫曼（Stanley Hoffman）（1966）对这种观点发起了挑战。人们对欧共体的看法开始产生分歧。在欧洲一体化研究中的政府间主义者看来，地区一体化只有在符合国家利益时才会产生，即地区一体化要"服务于民族国家"（Milward，1992）。本体论的转向意味着，认识论转向了以国家为中心的现实主义分析。普查拉（Puchala）（1971）运用盲人摸象的寓言强调，面对同一现象，不同的观察者会看到不同的方面。他强调，需要基于经验观察重新界定概念，并倾向于把欧共体看作一个协调性体制。

20 世纪 70 年代，是欧共体患上"欧洲硬化症"的时期。但是，1985 年内部市场白皮书和《单一市场法案》（SEA）却开启了欧洲一体化新的进程。这一时期，全球范围的"新地区主义"开始产生。对一些观察者而言，地区主义的"新"主要体现在保护主义或新重商主义的复兴。然而，大部分观察者认为，地区并没有走向封闭。的确，最近的争论很大程度上是由威斯特伐利亚民族国家的转型、国家边界的销蚀，以及如何应对全球化这样的紧迫问题所带来的（Söderbaum and Shaw，2003；Cooper et al.，2008）。

地区主义需要通过外生性视角（由外向内）和内生性视角（由内向外）加以理解（Hettne，2002；Neumann，2003）。从外生性视角看，地区一体化和全球化是全球转型所造成的。然而，从内生性视角看，地区一体化是由地区内大量不同要素所塑造的。虽然新现实主义者强调体系变量，但外生性视角主要还是从新近的争论和全球化的深化中产生的，这也就解释了像赫特纳这样的学者为什么会把地区一体化视为"新地区主义"（目的是把早期的地区一体化与新近的地区一体化进程加以区分）。在地区一体化、施动者的角色、领土认同的长期转型等问题的理论化上，内生性视角与功能主义和新功能主义存在更多的连续性。因此，内生性理论一般不会对新旧地区主义进行区分。然而，非常明显的是，与哈斯、多伊奇以及早期地区一体化研究者不同，现在的学者可以看到许多地区主义现象。这便为地区主义的理论化提供了非常不同的基础。很明显，无论是研究对象（本体论）还是研究方法（认识论）都不是一成不变的。的确，当前的地区一体化可以被视为一种正在形成的新政治图景：在地区层面以及几个相互联系的维度上，如安全、发展、贸易、环境和身份等，行为体（国家行为体和非国家行为体）在不断扩展。

在欧洲及世界其他地区，地区一体化现象的多维性和多元性导致关于地区主义的新理论和新方法不断涌现。过去十年关于地区主义研究的理论探索产生了爆炸式增长。一些论著，包括桑德鲍姆和肖（Söderbaum and Shaw）（2003）的论文集《新地区主义理论》，引发了人们对制度主义的变体、安全复合体理论、建构主义理论、批判理论及"新地区主义"的关注，如世界秩序方法、新地区主义方法和地区构建方法等。曼斯菲尔德与米尔纳（Mansfield and Milner）（1997）所著的《地区主义政治经济学》对各种新现实主义和新自由主义的制度理论、新贸易理论和新制度主义理论进行了深入分析。劳尔森（Laursen）（2003，2010）关于比较地区一体化的两篇文章，强调了政府中心主义、权力、建构主义、新功能主义和历史制度主义的观点。而维纳和迪茨（Wiener and Diez）（2009）的著作则表现出了欧洲一体化理论的丰富性，强调了联邦主义、新功能主义、自由政府间主义、多层治理、政策网络、新制度主义、社会建构主义、通过法律和松散的方式实现一体化以及性别视角等。在理论创新方面，像阿米塔·阿查亚（Amitav Acharya）（2001）和彼得·卡赞斯坦（Peter Katzenstein）（2005）这样的学者发挥了领导作用。他们的著作对于理解亚洲的地区主义和比较地区主义都是开创性的。自20世纪90年代末以来（由案例研究主导的新近争论缓慢开始之后），比较分析成了现代地区主义研究中最重要的趋势之一（Mattli，1999；Breslin and Higgott，2000；Rosamond，2000；Farrell et al.，2005；Acharya and Johnston，2007；Warleigh-Lack and Van Langenhove，2010；Van Langenhove，2011；Warleigh-Lack et al.，2011）。

关于地区主义研究中的"旧"和"新"存在激烈的争论（Söderbaum 2003，2004）。新近争论中的一位著名学者是赫特纳（Björn Hettne）。他坚定地声称，经历了20多年的所谓"新地区主义"之后，关于地区主义的新旧划分已经失去了原本的意义，现在是时候取消这种区分了（或者至少要超越这种区分）（Hettne，2003，2005）。然而，在指出这一观点的同时，他还表示，明确地区主义的延续和变化仍有意义。

在对"地区"的概念化和理解上，人们的思维发生了变化。在关于地区一体化的早期争论中，大量的研究都投入到对地区进行科学的界定

（Cantori and Spiegel，1970）。并且，在关于什么样的相互依赖（是政治、经济和社会变量，还是历史、文化和种族联系）最重要这样的问题上涌现了许多的观点。这些研究的成果没有引起人们的关注，而寻求对地区做出界定的尝试基本上也结束了。参与当前争论的大部分研究者都认为，并不存在"天然的"或"科学的"地区，对地区的界定会因所调查问题的不同而发生变化。许多研究者通过集中精力研究地区组织、地区经济框架（Fawcett and Hurrell，1955，Acharya and Johnston，2007）或安全复合体/共同体（Adler and Barnett，1998；Buzan and Waever，2003）来解决问题。

然而，在对地区进行概念化以及如何对待地区的问题上，主流学者（理性主义者和"问题解决"型学者）与批判理论和建构主义学者之间存在分歧。主流（早期）学者通常把地区看作事先存在的，并将其界定为特殊的国家间框架或政策驱动的框架。与这一推论相一致的是，他们认为只有通过物质结构和正式的地区组织才可以认识地区。建构主义者和后结构主义者则强调，通过地区内的政府间组织并不能更好地理解地区。他们认为，所有的地区都是社会建构的，因此在政治上是有争议的。他们强调的是，政治行为体如何看待和解释地区、地区性以及地区的构建（Hettne and Söderbaum，2000；Van Langenhove，2011）。在这一思想流派看来，"天然的"地区是不存在的；所有的地区都是（至少是潜在地）由不同要素构成的，并且没有明确的领土边界。

自 20 世纪 90 年代以来，学术研究开始对"软"地区一体化、准地区一体化和非正式地区一体化给予更多关注，并且认识到跨国行为体（非国家行为体）在地区层次所发挥的作用。这些跨国行为体（非国家行为体）要么在国家主导的制度框架内运作，要么在国家主导的制度框架外运作。例如，商业利益集团和跨国公司不仅在全球范围内运作，而且倾向于创造地区化的经济活动模式。经常被援引的例子包括东亚和东南亚的地区生产体系与非洲非正式的市场贸易。同样，由于世界各地区，包括亚洲，公民社会的互动进程和跨国公民社会网络日益涌现，公民社会的影响与日俱增，然而在地区主义研究中公民社会还是经常被忽视（Armstrong et el.，2010）。

欧洲中心主义问题

地区主义研究一直以来被欧洲一体化理论和实践所主导。虽然地区一体化和地区主义具有多种形式这一事实给欧洲中心主义带来了越来越多的挑战，但是在很多关于比较地区主义的理论探讨中欧洲中心主义仍然十分流行。从比较的视角来看，存在的问题是，根据欧洲中心论，欧洲地区主义通常被认为是多维的和高度制度化的，而世界其他地区的地区主义/地区一体化则仅被看成"弱制度化的"、与经济或安全相关的一种现象而已。即使这种观念的产生有一定理由，但是这种一般化的倾向仍有问题（Söderbaum，2009；Söderbaum and Sbragia，2010；Warleigh - Lack and Van Langenhovw，2010；Warleigh - Lack et al.，2011）。

两名研究欧洲一体化的著名学者，亚历克斯·斯贝茨敦兰克和本·罗莎蒙德（Alex Warleigh - Lack and Ben Rasamond）（2010），证实了欧盟研究与比较地区主义之间所存在的紧张关系。他们认为，最近关于欧盟的大部分研究把欧盟视为一种独立的新生政体，研究诸如欧洲化和欧盟政治制度此类的问题。这一观点虽然富有洞察力，但它也导致某种智识上的狭隘主义，从而使我们无法深入理解作为一种政治制度的欧盟。而且具有讽刺意味的是，这种观点强化了欧盟独具一格的观念，从而忽视了欧盟其实在某些方面也在模仿联邦制国家或其他的地区主义，虽然最近研究欧盟的著作也包括与发达工业化国家的比较，特别是与美国的比较。

几乎没有人否认欧盟是一个充满多样性的地区，因此，关于欧洲一体化的理论也是多种多样的。学者们并没有对单一的欧盟治理模式达成共识，而是对欧盟作出了不同的解释（Wiener and Diez，2009）。这种多样性可以（至少是潜在地）对更为广泛的地区主义研究产生积极影响。

很明显，欧洲一体化理论和实践影响了对世界各地（包括亚洲）的地区主义研究。在地区主义研究中，可以大致将对待欧洲一体化理论和实践的各种态度分为两种，尽管这种划分有点简单。一种观点对欧洲一体化大加赞赏，而另一种观点则对欧洲中心论的优势及欧洲中心论普遍化持怀疑态度。无论是亚洲、非洲还是拉美的地区主义，这两种态度都不适用，都不利于地区主义理论的发展。第一种观点——无论是运用现实主义/政府间主义方法还是自由主义/制度主义方法——试图用"标准"的欧洲模

式去解释差异。在这种观点看来，其他的地区主义/地区一体化模式要么
是松散的、非正式的（如亚洲），要么是失败的（如非洲）。这种观点认
为，地区组织是否"进步"要根据欧盟模式的制度化标准来确定，这反
映了一种"目的论的偏见"。许多脱离欧洲背景和欧洲福利国家现实的比
较和归纳，因对当前世界秩序中处于不平等地位且包含了截然不同类型国
家的地区缺乏了解而有些偏颇。与这种欧洲中心论相关的一个问题是，按
照欧洲地区主义的基本假设和理解，该如何看待世界其他地区的地区主
义？太多的解决方案来自于对欧洲一体化的特殊解读，而这种特殊解读又
过多地强调了欧盟/欧共体的经济政治一体化。确实如赫利尔所言，"比
较地区主义研究受到了所谓地区主义理论的阻碍，事实证明，所谓的地区
主义理论不过是将特殊的欧洲经验转变成抽象的理论话语而已"
（Hurrell，2005：39）。

虽然关于地区主义的主流学术作品在其理论建构中青睐欧盟经验的普
遍化，但是国际关系中的大部分所谓"新地区主义"的学术作品却并非
如此，特别是激进的、后现代的学术作品。许多学者试图避免挑战欧洲中
心主义，在创立针对发展中国家的地区主义方法方面，他们进行了大量创
新性的、成功的尝试。一方面，有充分的理由去重视对非欧洲地区的累积
性研究，并对主流观点中欧洲模式的制度化保持谨慎。另一方面，很大一
部分学者倾向于通过将欧盟或多或少地视为一个"反例"，并以突出欧洲
地区主义与发展中世界地区主义在理论和实践上的差异的方式来看待欧洲
中心论。亚历克斯·斯贝茨敦兰克和 本·罗莎蒙德（Warleigh - Lack and
Rasamond）（2010）认为，国际关系中研究地区主义的批判理论学者并没
有涉猎欧盟研究的理论作品，有时甚至还对欧盟或正统的一体化理论进行
讽刺（大概是由于夸大了早期地区主义与新近地区主义之间的差异），这
使他们无法认清欧洲一体化理论的优缺点，从而给地区主义研究带来了不
必要的分裂。

关于地区主义的一些最有趣的研究是案例研究或者针对某一特定地区
所开展的争论性研究。研究亚洲地区主义的学者青睐案例研究。详细的案
例研究当然必要。他们要明确历史背景的独特性，并对某个案例进行详细
深入的分析。许多这样的研究都与一般性的理论争论相联系。地区主义研
究的下一步工作是要进行比较，这对将各种理论观点适用于特定的地区具
有关键性作用（Söderbaum，2009；de Lombaerde et al.，2010）。

关于正式和非正式地区主义的理论观点

　　研究地区主义的诸多学者集中精力研究什么样的地区最易被"统治"或治理。在许多主流的政治学和经济学著作中，地区在研究之前便被界定了，并且通常被视为一种描述国家间互动或政策驱动活动的框架。

　　即使古典的地区一体化和地区合作理论，如功能主义和新功能主义，也支持自由多元主义假设，认为国家和非国家行为体会建立友好关系以促进商业的发展。这些早期观点认为，国家所做的就是要追求所谓的"利益"，国家—社会关系发展的结果便是建立超国家的政府间地区组织。新功能主义强调，精心设计的制度是解决共同问题最有效的方法。这些制度有助于促进功能和政治外溢，并最终会在地区层次重塑集体身份（Hurrell, 1995：59）。

　　制度主义及其各种变体已经成了功能主义和新功能主义的当代形式。新制度主义的主要流派之一——新自由制度主义，便建立在诸多核心论证之上（Keohane, 1984；Mansfield and Milner, 1997）。与新现实主义者一样，新自由制度主义者也认为，在无政府体系中，国家是理性的、单一行为体，但是制度也很重要，因为它可以带来收益（特别是可以提供公共产品，通过相互依赖避免负外部性）。这表明，国家行为会受到国际政治和地区政治中不同领域制度化程度的影响和限制。

　　在制度设计方面，可能最好的比较研究成果是阿查亚和约翰斯顿的著作。他们的问题是：为何不同的地区会产生不同形式的制度化？制度设计的变化是否会导致合作性质的改变？他们将制度设计既作为自变量，也作为因变量加以分析（Acharya and Johnston, 2007：2, 15）。为了运用建构主义和其他研究方法，阿查亚和约翰斯顿对制度设计的研究超越了理性主义（新功能主义）的研究方法。他们的研究包括正式/非正式的规则、认同以及规范（其中规范被视为正式的制度和非正式的意识形态）。这样，阿查亚和约翰斯顿的方法能够对所谓的"东盟方式"作出解释，而"东盟方式"是建立在非正式性、灵活性、共识以及非对抗性的基础之上的（Acharya and Johnston, 2007：245）。下文会对"东盟方式"作进一步探讨。

　　新现实主义由外向内来分析地区的形成。无政府体系的结构性特征使国家（单一的、理性的、自利的行为体）要预先应对竞争和冲突。在某种条件下可能产生地区和地区主义，例如，出于地缘政治的考虑，或地区内外要对抗其他国家或国家集团而结成联盟时，或权力的分配要求合作时，地区和地区主义便会产生（Gilpin，1987）。新现实主义的一个核心观点是，霸权可以通过多种方式促进地区合作和地区制度的产生（Hurrell，1995：51－53）。

面对批评，主要是新自由制度主义的批评（合作的演变并没有给予充分的解释），新现实主义者和政府间主义者认为，国家利益、权力和主权仍继续发挥重要作用。尽管欧盟被看作有趣的政体，但是他们认为，欧盟或多或少是由同样的政府间政治所塑造的，而且从一开始便决定了。"除了20世纪50年代以来西欧进行了高度的制度化以外，它并没有什么特别之处。"（Cini，2003：95）新现实主义者还认为，欧盟的讨价还价和超国家法律反映的是强国的利益，弱国通过被给予一定好处而追随强国（Christiansen et al.，2001：200）。关于其他地区的合作逻辑也存在相似的观点，包括亚洲。

巴里·布赞（Buzan，1983）挑战了现实主义，他认为权力理论低估了国际关系中地区层次的重要性。布赞著名的"地区安全复合体"理论对20世纪八九十年代的地区主义研究产生了积极而深刻的影响。"地区安全复合体"最初的定义是，"一些国家的主要安全认知和关切如此紧密联系在一起，以至于它们的国家安全问题无法单独地被分析或解决"。虽然布赞的早期观点起源于国家中心论，但其观点并不是一成不变的。布赞的"安全复合体"被视为"微型的无政府状态"，他持传统新现实主义观：强国来自稳定"成熟"的地区（合作的"无政府状态"），而弱国在追求权力和安全时容易引发（地区）冲突从而形成"不成熟的"地区，弱国甚至非常脆弱而根本无法形成地区。前者的典型代表是西欧（特别是欧盟），而后者的典型代表则是非洲的弱国，它们创造了脆弱的地区。后来为采用建构主义方法并超越以国家为中心的假设，布赞与奥莱·韦弗一道对地区安全复合体理论进行了修正。"地区安全复合体"的新定义是，"一组单元主要的安全化和去安全化进程联系如此密切以至于它们的安全问题只有结合在一起才能进行合理的分析"（Buzan and Waever，2003：44）。布赞认为，为保证安全概念的一致性，同时在传统的军事安全和政治安全之外，还要考虑经济安全、环境安全和社会安全，建构主义方法是必要的。新的理论构想允许对非国家行为体和非正式性进行更深入的分析，地区是"既定的"这一观念不再那么重要了。

建构主义和后结构主义学者特别强调，地区不能被看作理所当然的，也不能作为地区组织来研究。正如杰索普（Jessop）所言，"人们应把地区看作社会建构的现象，而不是去寻找界定地区的客观标准"（Jessop，2003：183）。从建构主义和反思主义的视角看，困难之处是理解和解释进程（地区的存在和巩固有赖于进程），而不是一味分析既定地区或（正式的）地区框架下的活动（Hettne and Söderbaum，2000；Söderbaum，2004）。在此情况下，与特定地理空间中的地区一体化进程相比，地区内的国家间组织被看作是一种二阶现象。因此，对建构主义者和反思主义者而言，地区并不是理所当然的；也不是"天然的""有机的""必不可少的"客观物体，而是充满活力的社会互动的环境。他们特别关注地区一体化的进程，以及地区被行为体建构和重构的方式。因为并不存在"天然的"地区或既定的"利益"，所以地区（至少可能）是异质的，并且没有明确的空间界限。因此，与地区制度建设和制度设计相比，这些学者更关心正式的地区一体化与非正式的地区一体化之间的关系问题。

在此背景下需要指出的是，社会建构主义在欧洲一体化研究中也占有一席之地（Christiansen et al.，2001）。这一脉对欧洲一体化的研究主要是国际关系（IR）学科的外溢，在一定意义上也是亚洲地区主义研究的外溢。欧洲地区一体化研究中的社会建构主义方法强调结构和施动的基本作用，尤其强调观念、价值、规范和认同在欧洲地区社会建构中的作用，这反过来转移了人们对欧盟正式性和特殊性的关注（Christiansen et al.，2001）。正如切克尔所言，欧洲与世界其他地区的差异被夸大了（即使二者之间的一些差异仍然存在）："围绕欧洲所开展的争论，即便没有完全消失，也逐渐减少了，这确实是个好消息。"（Checkel，2007：243）

这一理论分析表明，关于正式—非正式地区主义的论述日益增多，且充满活力。然而，对正式性—非正式性新定义与旧定义的争论，导致围绕相似（但并不总是相同）的现象产生了大量重复且充满竞争性的研究，如自上而下的地区主义与自下而上的地区主义、法律上的地区一体化与事实上的地区一体化、国家领导的地区主义与市场社会诱导的地区一体化、硬地区主义与软地区主义、官方地区主义与非官方/非正式地区主义。虽然个别学者采用了统一的定义，但是整体上，学术成果却有点杂乱无章，从而导致知识无法正常积累。

其中的问题是，大多研究以隐喻的方式来对待正式和非正式地区主义的倾向，却没有真正对这两种现象作出界定。还有一种倾向是，采用二分法进行界定，这样可能会掩盖正式与非正式地区主义之间的密切关系。关于此点需要说明的是，在对正式和非正式地区主义概念化方面，通常研究亚洲地区主义的学者比研究其他地区地区主义的学者做得要好。正式的地区主义往往指的是，受到法律条约或宪法明文支持的官方政策和互动。非正式进程则是建立在相互理解、妥协以及心照不宣的共识基础之上的一系列非官方活动（Weissman，2009）。在欧洲和非洲，对正式和非正式一体化的探讨也在逐步增多。主要的缺憾是不同地区之间很少有学术争论，也没有产生多少跨学科研究的学术成果。

这种正式与非正式的二元对立与将国家行为体和非国家行为体划分到不同领域。地区主义时常被界定为国家领导的项目，而地区一体化则被界定为（非国家行为体）进程（Gamble and Payne，1996，2003；Hurrell，2005）。这导致一些学者根据地区主义与地区一体化（国家行为体与非国家行为体）来描述地区现象。然而，这样定义是前后矛盾的，因为它往往会把非国家行为体排除在地区主义之外。正如博厄斯、马钱德和肖指出的，"地区主义显然是一个政治项目，但它并不必然是由国家领导的，因为在每个地区项目（官方或非官方）中，国家并不是唯一行为体，具有不同地区视野和理念的竞争性的行为体是共存的"（Bøås et al.，2003：201）。因此，把地区主义界定为形成中的地区政策和项目或认知理念，与把"地区一体化"界定为创造一个地区空间（具体的问题领域或一般意义上的地区）的合作、一体化、凝聚和认同的进程，是不矛盾的。地区主义和地区一体化可能既包括国家行为体，也包括非国家行为体。地区主义理论需要更好地适应这一事实：地区一体化进程既可能是正式的，也可能是非正式的，但它是在不同背景和因果关系之下运作的。

亚洲的正式性与非正式性和比较地区主义

对亚洲地区的界定，学界没有共识。什么样的次地区应包括在地区主义之内，什么样的次地区应排除在地区主义之外，地区主义的哪些方面需要研究（如安全、经济、政治、认同），这些问题的存在导致地区主义的含义总是处于变化之中。这种多样性表明，把地区看作是"既定的"，存在困难，而只关注特定的地区或地区组织也有局限。

而且，大量关于亚洲地区主义的作品主要是研究东盟（ASEAN）的。研究东盟的一个主要原因似乎是，东盟是亚洲地区一个少有的可持续的地区组织，至少历史上是如此。这似乎从某种程度上反映了亚洲地区主义研究的偏好，即主要去研究国家领导的地区组织，而不是去研究地区一体化和地区形成的过程。冷战期间，东盟合作的核心是，努力把成员国团结起来，维护地区稳定。这是当时相对比较脆弱的国家的一小撮政治精英所追求的目标。东盟最初成立的理由——应对共产主义扩张，当然已不复存在。东盟的任务已转向在新的背景下实现经济发展和确保安全。

最近几十年，关于东亚/亚洲地区主义争论的一个重要方面集中在集体身份的形成和非正式的、"软"地区主义（Acharya, 2002；Katzenstein, 2005）。学界的主要关切是正式性与非正式性的关系问题（主要是地区组织内），而不是非正式的进程（如中国的侨民流动）。学者们尤其想对该地区非法律性的决策模式作出解释，并弄明白为何国家主权没有让渡给超国家的权威。学者们很好奇，为何不仅在东盟内部，而且在东盟所在区域存在这么密集的非正式会议、工作小组和咨询小组构成的网络，如东盟地区论坛、亚太经合组织、亚欧会议、"东盟＋3"（中日韩）。非正式的决策模式包含其自身所固有的行为准则，这种行为准则指的是"东盟模式"或"软制度主义"。与具有正式官僚结构和法律决策程序的欧洲模式（北美模式）不同，"东盟模式"是围绕审慎原则、非正式性、实用主义、达成共识和非对抗性的讨价还价模式建立的（Acharya, 1997：329）。阿查亚和约翰斯顿认为：

> 其中主要的差异在于，亚洲地区的制度是非正式性的，其他地区的制度是正式性的。也就是说，东盟国家是深思熟虑后将其制度设计为非正式性的。其他地区的正式制度则掩盖了非正式的、弱法律性的运作方式。
>
> （Acharya and Johnston, 2007：246）

进一步讲，"东盟模式"从某种程度上反映了"亚洲价值观"建构的非自由基础，即在解释地区经济活力时非常强调集体主义伦理（社会高于个人）（Acharya，2002：27-28）。这意味着在解释"东盟模式"及其与欧洲地区主义的区别时，要非常重视文化因素的作用。

问题是亚洲（东亚/东南亚）地区主义的非正式性是否对地区主义的比较研究（包括对欧洲一体化的研究）产生了影响？正如前文分析，在地区主义研究领域，比较性的争论并不充分。虽然诸多研究或明或暗地把亚洲地区主义与欧洲一体化进行比较，但这些比较研究把东亚地区主义看作是松散的、非正式的，有时甚至是"欠发达的"（Choi and Caporaso，2002：485）。然而，将欧洲的制度化模式看作地区主义的理想模式却是有问题的。这种分析不惜以牺牲其他可能的结果和动力为代价来支持一种特别正式的方式。对这种与欧洲一体化进行错误比较的有效修正体现在由福特和韦伯（Fort and Webber，2006）主编的论文集中。阿米塔·阿查亚（Acharga，2006：312-313）表示，地区合作是一个充满困难和竞争的过程，这一过程会产生不同的、合法的结果，比起脱离亚洲经验把欧洲一体化作为地区主义所偏好的模式，认识这一点更有助于研究亚洲地区主义。确实如阿查亚和约翰斯顿所言，"更加正式的制度化的组织并不必然会带来更有效的合作，而非正式性的组织，如东盟，在改变成员国的偏好和规范方面却具有显著的影响"（Acharya and Johnston，2007：268-269）。相似的模式在中国经验中有所体现，即非正式进程通过转变认知、利益和认同，推动了中国与东南亚关系实现了稳定和平的发展（Weissmann，2009，2010）。阿查亚与约翰斯顿的重要结论是，"正式性越强（如由共识决策转变成多数表决），事实上可能越会对合作产生消极影响"（Acharya and Johnston，2007：270）。

虽然在欧盟研究以及世界其他地区的地区主义研究中不是完全没有涉及非正式地区主义，但正式和非正式地区主义/地区一体化之间的密切联系则是亚洲地区主义研究对比较地区主义和欧洲地区主义研究的一大贡献。亚洲的例子清楚地表明，真正的地区一体化动力和模式并不是通过正式的地区性安排来呈现的。而且，亚洲的例子表明，不仅要看到正式的地区制度背后的非正式性，而且要从更加广阔的视角来看待地区主义/地区一体化的正式—非正式性。

换句话说，对欧洲、亚洲及其他形式的地区主义的研究可以产生更多创新性成果。例如，没有理由认为"软"地区主义只是亚洲的独特现象。进一步说就是，不应仅局限于对亚洲和欧洲的地区主义进行比较，还应该对不同时期以及与其他地区的经验进行比较。虽然对非洲正式和非正式地区主义的研究已有大量作品问世，但这两种研究并没有产生真正的创新性成果（Söderbaum，2004）。因此有必要去探索学者们可以在什么程度上使用由某一地区经验得出的理论范式去解释其他地区相似的现象。

结　论

过去十年，地区主义研究已成为大量社会科学及社会科学的分支学科（欧洲研究、比较政治学、国际经济学、地理学、国际关系、安全研究、国际政治经济学）的学术增长点。不同的学术领域使用的研究方法不同，这意味着不同的学者会对地区主义作出不同的解读。与此同时，地区主义理论也在不断涌现。然而，持有不同理论观点以及研究不同地区的学者之间却缺乏沟通（即便是专门研究亚洲地区主义的学者也缺乏沟通）。这种竞争和差异表明，地区现象是多维的。地区的多维性似乎表明，某种程度上不仅需要选择分析的框架和理论，而且需要对概念做出更明确的界定（de Lombaerde et al.，2010）。

长期以来，比较地区主义研究领域的一个传统就是集中研究正式的地区组织和制度。早期比较地区主义研究采用理性主义和问题解决型的理论范式。这种理论视角坚持国家中心论，并或多或少地将地区和地区组织视为既定的。自20世纪90年代末以来，对建构主义和反思主义理论的日益重视，导致关于地区的多元异质的理论和概念大量涌现。因此，学界的关注焦点转向了软的、非正式的地区主义，学者们围绕不同的"正式"和"非正式"地区主义/地区一体化模式中，国家、市场及公民社会行为体的互动方式展开了激烈辩论。研究亚洲地区主义的学者对比较地区主义研究做出了重大贡献。对亚洲正式和非正式地区主义的热烈探讨当然具有积极作用，然而，下一步的工作还需要对其他地区进行深入的比较研究。

地区主义研究并没有充分运用比较方法，主要是因为许多学者专门研究某一特定的地区。因而关于地区主义的概念和理论都是来自他们所研究的地区，并且服务于他们所研究的地区。这可能会导致某种狭隘主义，从而使学者们无法认识到，他们通常在运用狭隘的概念去探讨相似甚至相同的现象。因此，本章的结论是，关于地区主义研究的不同争论可以促进学术发展（Soderbaum，2009）。

例如，没有理由认为"软"地区主义是一种独特的亚洲现象。而且，比较不应局限于现代亚洲和欧洲。正如前文所指，亚洲经验表明，正式性越强可能会导致地区合作更无效。因此，更系统性的研究方法在多大程度上可以真正适用于整个亚洲及其他地区，仍有待研究。

第二章 东亚地区主义

饶济凡（Gilbert Rozman）著　吴思宜译

　　冷战过后，不少国家都表现出对于在东亚地区建立地区共同体的兴趣，然而，它们在地区范围、职能以及由谁主导方面的提议各不相同。这些国家之间存在着显著差异，因此，想要了解地区主义研究的发展程度和其未来的发展方向，必须要构建一个更宏大的蓝图。考虑到美国、东盟、印度、俄罗斯、澳大利亚、新西兰以及朝鲜的影响，我们可以更深入地探究如何快速建立一个多边结构。

　　尽管美国正在不断丧失其经济主导地位，但在军事上仍然占据主导地位，并极力阻止那些足以挑战开放市场、普世价值和美国同盟（Ikenberry and Moon，2008）的地区霸权以及地区主义崛起。日本是第一个渴望寻求经济领导地位的挑战者，它曾经致力于推动"亚洲价值观"的发展（Rozman，1998；Wan，2001；Pempel，2005；Katzenstein and Shiraishi，2006）。然而受到"大东亚共荣圈"军国主义的影响和控制，日本曾谎称其唯一的目标是将亚洲从西方帝国主义手中解放出来，但却因为这个虚假的、所谓的合理化意图而颜面尽失。除此之外，日本的野心也因战后签署的和平宪法及它对日美联盟的依赖而逐渐萎缩。在泡沫经济崩溃后，政治不稳定加上缺乏足以承受经济改革痛苦的意志力，使日本争取地区领导者的希望化为泡影。日本前首相鸠山由纪夫在2009—2010年提出"东亚共同体"的蓝图，但他最终失败了，反映出日本战略上的弱点。

　　与日本相比，中国已经成为经济领导者这个位置最强有力的挑战者。中国在历史上曾经是地区等级秩序的中心。中国对既有秩序的挑战导致战略平衡理念的产生。事实上，由于中国军事发展迅速，其他国家尽管更加依赖中国经济，同时却认为中国正向世界最高权力发展，因此都对中国有所防备。如果说20世纪90年代的日本对于地区主义的寻求最为迫切，到

2000 年，中国已成为地区主义的重要推动力（Rozman，2004；Shambaugh，2005；Sutter，2005）。然而，中日两国相互竞争，美国在东亚地区的存在，为东盟（包括东南亚十国）和韩国提供了良好的机遇，它们成为中日间的缓冲器，在地区主义发展过程中发挥了一定程度的领导作用。（Pollack，2004；Armstrong et al.，2006；Frost，2008）

东盟与韩国这两股力量，一个是东亚地区唯一的国家集体组织，致力于推动地区主义的发展，而另外一个，经济上发展迅速但却很少关注对外权力，对大国无法构成挑战。在日本的野心逐渐衰弱的情形下，中国仍然遵循"韬光养晦"的外交方针，东盟和韩国借此机会填补了领导力量上的真空。尽管这种局面是各方妥协的产物，并非长远安排，但对于推动地区主义发展却十分有利。东盟关注东北亚国家的三国峰会，尽力保持自身的领导地位。与此同时，韩国想要为朝鲜的转型创造有利环境，并且重新开始统一进程，但直到六方会谈，韩国才意识到其被边缘化的潜在危机。到 2010 年，东盟仍然是各种机制的主办者，例如东盟地区论坛（ARF）和"东盟＋3"会议，同时韩国也首次举办了二十国集团峰会，尽管如此，东盟和韩国都不具备为实现地区领导而改变大国关系的能力。

地区主义的目标被概括涵盖于东亚共同体的概念下。尽管消除经济壁垒是促成地区主义大多数协议的首要推动力，但"共同体"往往意味着共同价值观和对于安全威胁的集体应对。东亚国家虽然在如何达成共识的问题上存在巨大分歧，但是都认同地区主义的必要性，这是维系"东盟＋3"的基础。"东盟＋3"成立于 1997 年，十年之后，三国峰会形成。随着区域内的生产网络快速建立，企业推动的经济一体化迅速扩展，文化和安全问题通常被当作次要问题看待（Rozman，2007）。然而，当文化和安全问题愈演愈烈却得不到良好的解决时，便会影响地区主义的进程。

1997—1998 年的亚洲金融危机和 2008—2009 年的世界金融危机推进了区域经济一体化。第一个危机之前，在美国的压力下亚洲金融市场被迫开放，并减少以出超为目的的保护政策。为应对这种压力，日本政府针对上涨的劳动力价格和日益加重的环境问题做出回应，鼓励公司将其生产部门转移到其他亚洲国家。直到 20 世纪 90 年代，日本著名的"雁阵"模式效果良好，为经济一体化奠定了基础——其最终的出口目的地是美国和其他发达经济体。然而，随着"亚洲四小龙"（韩国、中国台湾、中国香港和新加坡）以及发展尤为迅速的中国大陆建立起了生产网络，日本的出口目的地对其依赖不断下降。为了应对亚洲金融危机,"清迈协议"得以达成,以减少亚洲国家对不被普遍信任的国际货币基金组织(IMF)的依赖,防止因其反复快速撤回外资而发生的危机。为了从合作中得到额外的优势,自由贸易协定(FTAs)得以达成。中国充分利用21世纪头十年的机遇,经济发展异常迅速,占据优势。在世界金融危机中,中国刺激经济发展,帮助地区国家摆脱危机,为地区经济一体化提供了新的动力。

对于东亚共同体的支持者来说,文化问题很难解决。一方面,在历史问题上争论不断。首先,日本的修正主义困扰着韩国人和中国人,死灰复燃的"中国中心论"以及中国坚持冷战遗留的共产主义使中国的发展受到质疑(Hasegawa, Togo, 2008; Rozman, 2011a)。另一方面,关于普世价值观的看法并不统一,普世价值观的界定含糊,在被应用于新的挑战时也有不同的解释。新的东亚身份应该是什么,在面对强大的民族主义潮流时如何获得认同,这两个问题尚未有明确答案。即使对于彼此文化有更深入的接触,区域内旅游业迅速发展,残留的不信任感依旧不会消失。

区域层次上的安全合作最难实现。2003年8月的六方会谈作为集体应对朝鲜发展核武器挑战的平台有着重要作用,从2008年开始,会谈的破裂以及在如何恢复会谈方面存在的分歧表现出一种尖锐的分裂态势。各方在如何管理可能会导致地区不稳定的安全问题上并没有达成共识。显而易见的是,美国想将六方会谈转变为解决朝鲜问题的五方协议,但是它无法得到中国和俄罗斯的支持。2007年,六方会谈发布共同声明,成立了一个关注地区安全的工作组,但这并没有阻止安全斗争不断深化。美国的介入变得更为重要,包容性的地区主义形式可能要比任何排他性的形式更好。从2010年开始,一系列措施和对策加速扩大了东亚峰会。

"东盟+3"与三国峰会

2010年之前,将美国排除在外的地区主义获得了广泛的支持。随着冷战结束和苏联解体,安全已变成了次要问题。当朝鲜挑战核不扩散机制并对地区产生威胁时,人们认为地区内的其他国家会主动对这一威胁加以控制。意识形态因不再那么重要而被搁置,与此同时,人们沉迷在这样一种想法里,他们认为地区主义能够推动经济增长。1996年台海危机后,中日关系一度紧张。然而,由于日本意识到,在不断强化的以美国为主导的全球化体制下，亚太经合组织的作用不尽如人意，所以一直期望改善中日关系。

20 世纪 90 年代后期，东南亚国家意识到，它们需要支持东盟以解决一些已隐约可见的问题。随着中国的崛起和具有不确定性的地区内大国关系的发展，一个软弱的、边缘化的东盟显然并不足以应对接踵而来的问题与挑战，并且该地区的国家都怀疑它是否能够独自施加足够的影响力。随着老挝、柬埔寨、缅甸的加入，东盟扩展到拥有十个成员国，而中国、日本和韩国的配合与合作又使东盟组织不断扩大，向心力和影响力不断增强（Emmerson，2009）。亚洲金融危机发生后，各国对美国和现有的国际体制的不信任感加深，而对中日韩三国的信赖增加。在 21 世纪初的暗淡时期，东亚展望小组和东亚研究小组的观察员将东盟与欧盟进行了比较，认为亚洲有望建立起一个真正的地区联盟（Mori and Hirano），亚洲学界也对此表示乐观态度。然而东盟无法约束地区内强权。

在某些方面，"东盟＋3"的全盛期比 2003 年 6 月时中日关系的再次恶化来的还要早。日本作为曾经的经济领先国，近十年来一直为摆脱经济停滞而奋斗，而中国作为新兴的主导国，经济增长迅速，但人均国民收入依旧偏低，这使得两个国家一直保持平衡关系。中国主导权的基础在于经济。2002 年，日本与韩国共同举办世界杯之后，由于历史问题未被重提，两国关系得到缓和，与此同时，鉴于韩国国内的反美情绪升级，中韩良好关系达到顶峰。尽管关于地区主义的观念有所差异，但对地区一体化的期望不仅存在于东盟国家之中，也存在于中日韩三国之中，中日韩三国每年都会举行峰会。

"东盟＋3"的局限性很快便显露出来。尽管中日韩三国许诺遵从东盟的领导，但东盟十国却难以设定联合议程。东盟唯一的中型国家印度尼西亚感到不满，而新加坡（东盟最国际化的国家）却不得不谨言慎行以免造成挑衅。东盟十国的安全利益得不到统一，尤其是在应对中国的崛起和呼吁美国发挥平衡作用方面。面对中国取代日本成为东亚地区主义的首要支持者，各国在应对问题上产生分歧。最终，东盟十国于 2005 年互相妥协：它们将扩大东亚峰会以平衡中国，同时"东盟＋3"受命建设一个东亚共同体。这种低效率安排持续了一段时间，中日关系得到了巩固，而美国的注意力主要放在了六方会谈和对伊拉克、阿富汗的战争方面。世界金融危机使亚洲地区主义受到了新的关注，对此鸠山由纪夫起到了一定的推动作用，并且他将重点放在了建立东亚共同体和调整与美国关系上；然而他的退任暴露了理想主义在严峻现实面前的无力。中美分歧加深，日本与其同盟国更加亲近，并将注意力从经济一体化转移到安全稳定方面。中日关系的低迷在 21 世纪头十年的中期最为明显（Shin and Sneider，2007；Calder and Fukuyama，2008），并在中国引发各方信任危机时再次出现。东盟仓促应对，在 2010 年开始了另一轮扩张计划。

日本对地区主义的态度倾向于防御性。亚洲金融危机的发生使得中国改变了策略，并在与东盟的合作倡议权上领先日本一步，而正由于经济的迅猛增长中国赢得了东盟国家广泛的支持。2005 年，日本反对中国的意见，提议将东亚峰会的成员范围扩大化，并认为对共同体的诠释应建立在价值观基础上，以此来试探中国多边主义的界限。然而，当世界金融危机使其他国家受挫时，中国仍保持着经济增长的强劲势头，发挥着重要作用，这使得日本承受着不能在与东盟合作方面落后的压力。在安全领域，中国更强大的实力使其可以坚持双边主义优先于地区主义。

中国全力支持"东盟 + 3"，并且意欲增强其作为经济组织的力量，同时在中国—东盟（10 + 1）合作方面投入大量精力（Wan，2010）。随着旨在促进本地经济增长的东盟自贸区的建立，"10 + 1"的合作进程在世界金融危机时期也从未间断。日本在过去十年里一直推动各种地区主义观相协调，但是在构建统一价值观，以及与美国关于东亚共同体的构想对接，从而实现非经济目标等方面，没有取得什么成效。出于经济原因，中日韩三边主义获得了进一步发展。中国在 2010 年 5 月的中日韩峰会上表达了对地区主义的支持，即使此时中美关系有些紧张。中国推动三边自贸区协定的早日达成，却并未答应韩国总统关于对"天安号"事件做出联合回应的要求。而奥巴马坚决响应了李明博的要求。2010 年夏，中国在宣布把南海视作核心利益后，与美国的矛盾进一步升级。一则新闻如此报道：

> 如果利益攸关国允许自己处于美国的战略控制之下，那么地区稳定将很难维持。中国提供了一种解决问题的方案"搁置争议，共同发展"，从而巩固信任，推进议程。中国的目标很明确：怀着包容和耐心与邻国共建战略信任。东南亚国家应该认识到，周旋于中美之间而使得既得利益最大化是很冒险的举动。中国将永远不会放弃使用军

事手段来维护核心利益的权利。

（Anonymous，2010a）

越南恢复了与俄罗斯的联系，尤其是加强了对俄的武器采购。同时它也加强了与印度和日本的联系。在海洋安全领域，越南和东南亚国家更加紧密地联合在一起，并取得了一些成就。最重要的是，自从越南接受了美国航行自由和维护主权的理念后，成功地将美国拉入统一战线。自20世纪90年代以来，东盟成为支持中国崛起的地区主义的重要推力，而越南则与东盟相反，尽管面对来自柬埔寨、老挝和缅甸的异议，越南还是成为牵制中国的重要力量。而制约中国的最好方式，就是努力将所有相关行为体整合在一起，扩大东亚峰会。

亚太经合组织、亚太共同体以及扩大的东亚峰会

全球的经济中心正在以比预期更快的速度向亚洲转移。全球金融危机加快了这一进程。多数西方人把1989—1991年冷战的结束视为重要转折点，而一些人则认为，二十国集团吸纳了扩大后的东亚峰会中的八个国家而创立，应把这一事件作为实际的转折点。（Anonymous，2010b：14a）。随着冷战的结束，亚太经合组织逐步形成，把来自太平洋两岸、四个大陆上的国家和地区整合在一起，预先制止了排他性地区主义的发展。20年后，地区一体化呼声变得更加急切。为了反对东亚共同体的提法，澳大利亚总理陆克文于2009年提出建立亚太共同体。与之相应的是美国总统奥巴马与东盟在签署《东南亚友好合作条约》后决定，美国总统将会在每年秋天访问亚洲，以便东亚峰会（创立于2005年，成员除"东盟＋3"外还有印度、澳大利亚、新西兰，同时俄罗斯和美国有望加入）顺利扩大。这满足了包容性地区主义倡导者的愿望。

排他性亚洲地区主义的支持者已经预料到一些里程碑式的事件将极大地促进彼此间的关系，尤其是在经济一体化方面。这些事件包括对建立亚洲货币基金亚元的共识，这些共识基于对中国、日本和韩国建立自贸区的讨论。对美国引起全球经济危机的尖锐批评以及东亚各大经济体紧密合作战胜危机的良好态势也支持着亚洲地区主义。然而，理想主义在2010年失去了支持，正如现实派所言，在强调通过多种途径实现多边主义时，经

济纽带可以超越互信的说法是应该警惕的。日本前首相中曾根康弘在针对"中日韩三边主义"的激烈辩论中认为，亚太经合组织必须存在。中曾根康弘十分清楚经济联系的重要性，他认为通过在共同体中协商合作解决实际问题来增进互信同样重要（Anonymous，2010b：14b）。

来自中国、日本和韩国的专家小组正在针对如何形成一个三边自由贸易区交换意见，并且已经就属于全球化一部分的更高程度的经济一体化达成共识。然而，专家组内意见的着重点却有所不同。中国专家十分欢迎自由贸易区，尤其强调其对抑制日益增加的贸易保护主义或反倾销行为的积极贡献。可以确定的是，现存秩序对中国而言是有益的，因为中国支持全球化。韩国专家则十分支持二十国集团所代表的新的全球秩序，但他们也认为，必须要考虑价值因素，并用共同价值观来构建一个新共同体的基础。最明确地坚持把信任作为共同体基础的是中曾根康弘，他极力敦促各方承认美国安全网是区域经济发展的保证（Anonymous，2010c：9）。

1989年，澳大利亚和日本对亚太经合组织的形成起到了促进作用。2005年，当中国强调建立一个更强有力的"东盟＋3"时，日本已经成功地实现了与印度、澳大利亚和新西兰构建东盟峰会的愿望，从而削弱了中国日益强化的主导地位。日本外相麻生太郎于2006年提出了将中国排除在外的"自由与繁荣之弧"概念；随后在2009年，陆克文提出了在亚太共同体中扼制中国的理念。但对开放性地区主义的追求遭受了许多挫折。20世纪90年代中期，在比尔·克林顿雄心勃勃地要将亚太经合组织转变为一个致力于开放市场的峰会时，围绕着如何消除贸易壁垒这一问题产生了不同意见，尤其是美国和日本关于农业问题分歧严重，最终致使亚太经合组织衰退。从亚洲金融危机开始到2002年日本首相小泉纯一郎在新加坡的一次演讲中表示支持地区主义，再到中国对东亚地区主义表现出日益增长的热情，排他性地区主义表面上似乎占据了上风。然而，恶化的中日关系遏制了这一势头，中国实力令人惊叹地快速增长使得其他国家有所担忧。由新加坡领导的东盟对陆克文的提议反应冷淡、犹豫不定，担心失去其中心地位。东盟的领导并没有接受亚太地区主义的理念，而是探索将美国和俄罗斯纳入东亚峰会，形成一种"东盟＋8"的力量来加强彼此的联系（Dobell，2010a）。从这场争论中，我们可以进一步了解这一正在形成的、为解决东亚面临的挑战并让美国更深入参与的机制。

鸠山由纪夫于2009年下半年上台，他热切地推动东亚共同体的形成，在他关于共同体的构想中，美国加入的可能性极小，安全事务的重要性下降，经济仍旧居于中心地位。与之前的自民党领袖不同，鸠山由纪夫来自日本的民主党，他致力于为日本的外交规划一条新道路。然而重新审议迁移位于冲绳的美军基地的议案冲击了美日同盟，日本舆论也谴责他对于中国不够谨慎小心。在被致力于加强美日同盟的菅直人取代之前，鸠山由纪夫就已经被迫退回到了日本之前的外交政策。2010 年 5 月下旬中日韩三边峰会召开时，正值各方强烈担忧中国经济军事实力迅速发展之际，这反映出三边峰会在建立互信和解决最严重的地区问题方面的局限性。日本同其他东盟成员国一道致力于使美国全面介入本地区的事务。

2010 年 7 月下旬，希拉里·克林顿提出了推进"开放性共同体"建设的另一种方式。她在河内举行的东盟地区论坛的发言中解释说：

> 在过去的 18 个月中，我们签订了友好合作条约，宣布了我们将设立一个使团，任命一名驻雅加达的东盟大使并召开第一届美国—东盟峰会。同时，我们也在为新的次区域合作而努力，比如我们在湄公河三角洲开展合作。为推动这一进程，我向我的伙伴们解读了我们加入东亚峰会所能带来的利益，在我们的时代面临的挑战面前，东亚峰会的作用已经越来越突出。另外，奥巴马总统还命我代表美国，发挥一定的作用，于今年在河内举行的东亚峰会中，继续推动关于美国总统于 2011 年全面参与东亚峰会的协商进程。通过协商，我们将与东亚峰会的成员共同努力，于本世纪将东亚峰会发展为亚洲的根本性的政治安全制度。同时，奥巴马总统也十分期待，在这个即将到来的秋天于美国召开第二次美国—东盟领导人会议。

（quoted in Dobell，2010b）

11 月，奥巴马的印度、印度尼西亚、韩国和日本之行，被中国解读为对东亚地区主义的直接威胁。特别是他在横滨举行的亚太经合组织峰会期间，致力于传播打造"跨太平洋战略经济伙伴关系"的计划。这一计划得到了东南亚国家的广泛支持，而东南亚正是中国集中推行其主义计划的区域。这一替代性地区主义的攻击，被看作限制中国崛起并保持美国领导地位的一种方式（Anonymous，2010d）。对比之下，日本意识到中国力量已经超越了自己，它需要美国来制衡中国。然而农业保护主义的困扰，为日本加入跨太平洋战略经济伙伴关系条约增加了不确定性。与包含了跨太平洋战略经济伙伴关系的亚太经合组织和东亚峰会相比，东亚共同体并不具备优势（Yabunaka，2010）。

东南亚国家达成共识将东盟峰会扩展成"10＋8"的组织。这个以东盟和活跃的大国为核心的组织很有可能在一定程度上取代规模庞大的东盟地区论坛和亚太经合组织。伴随安全问题日益凸显，该地区形成排他性的东亚共同体的可能性非常小，美国在该区域变得不可或缺。

2003年8月的六方会谈似乎为位于东北亚地区的主要大国如何合作解决安全问题提供了答案。在准备2007年2月共同声明的过程中，美国在朝鲜核问题上的立场有所软化，同意朝鲜在其他国家经济援助或激励措施下，分阶段实现无核化；同时，中国的立场也更加强硬，支持联合国安理会的制裁，如果六方会谈取得进展，相应制裁将会取消。奥巴马于2009年入主白宫后，决定继续六方会谈，甚至愿与朝鲜领导人金正日进行会谈。然而，金正日一直都在谴责美国的做法，拒绝会谈。

印度接受亚洲地区主义也引起了很大关注。2005年，印度参加东亚峰会。日本和几个东南亚国家，例如新加坡，都在推动印度加入东亚峰会。从2010年7月的"2＋2"对话中，就能看出日本对推动印度加入这一组织兴趣极大。"2＋2"对话强调安全合作和围绕民用核协议进行讨论，这表明日本正极力确保中国不会在广阔的亚太地区寻求地区霸权。2010年奥巴马对印度的访问，也被视为两国在亚洲正在变化的多边主义背景下加强双边关系的良机。

同样在东亚地区寻求地区主义的俄罗斯却常常被我们忽视。在俄罗斯远东地区一年一度围绕着俄罗斯发展与邻国关系的会议中，俄罗斯总统梅德韦杰夫强调了和亚太地区国家发展战略关系的重要性，他说："我们应该对如何在这一区域，建立一个多中心、非集团性的安全与合作体系，提出自己的构想。"（President of Russia，2010）梅德韦杰夫对俄罗斯远东地区人口的下降、持续的地方援助需求以及大量俄罗斯人收入降低的危险趋势再次发出警示。然而，在参加"沃斯托克－2010"军事演习前夕，正值中国军事演习的进行阶段，以及美韩军事演习的计划阶段，梅氏提出的"非集团性安全"概念强调了安全在地区主义中的突出地位，也体现了俄罗斯对现状的不满。随着六方会谈休会，俄罗斯对地区主义的构想仍不甚明朗。

扩大的东亚峰会将安全置于首要地位，使得从 2011 年雅加达峰会开始美国总统每年都要到访亚洲。包含 5 个大国以及其他参与者的东亚峰会很有可能成为仅次于联合国安理会的第二大国际组织，能够应对各方对全球安全最严重的挑战，这将使亚太经合组织、"东盟 + 3"和东盟地区论坛都黯然失色。然而，新的东盟峰会仍需要很长时间才能制度化，并且也仍然需要与不断增长的排他性地区主义作斗争。过去 10 年中，逐步复兴的中国一直将精力放在"东盟 + 3"和三边峰会上，它有足够的理由去致力于发展排他性的地区主义。2005 年，中国成功地将构建一个东亚共同体的责任分配给了"东盟 + 3"，而非东盟峰会。随着影响力尤其是经济实力的不断提升，中国在这一排他性区域中，已经成为一股强大的力量。

结 论

20 多年来，东亚的地区主义一直在致力于整合三股彼此冲突的理念。其中被各国普遍接受的，是建立共同经济空间的目标，这一目标如果实现，将会给参与国带来经济的极大增长。考虑到在日本、韩国以及中国根深蒂固的重商主义，这样的理念也许会有一定的误导性，但它一直受到大多数国家的持续支持。第二种理念是建立一个将亚洲各国在重要领域紧密结合在一起的共同体，并拥护这样的价值观———种既不与西方传统的价值观相矛盾，也承载着东亚独特性的价值观。第三种理念认为那些各怀目的的地区主义支持者们总是受到权力制衡的影响。他们主观认定自己国家或者多个国家联合体的力量与美国的力量差距越大，他们就越是急于寻求与美国之间的力量对等。他们成为地区领导的期望值越大，就越渴望推动地区主义。第三种理念一直具有优先地位。中国在这个地区日益强大的实力让这个理念不再能够影响其他国家，相反，它变成了一个能够产生分歧的因素，有的国家赞成美国加入，支持建立包含各种力量、覆盖南北半球的区域集团。

通过六方会谈和"东盟 + 3"可以确认中国正致力于通过参与地区合作逐步推进地区主义的发展。现在，中国在与日本、韩国等国的交往中，仍奉行"和平共处"原则。

对区域经济一体化的期望已经根深蒂固，但是同时，各国开始担忧过度依赖中国，真正意义上的制度性地区化的前景渺茫。如果签订自由贸易协定可以消除贸易壁垒,那么各国会大力合作,促进自由贸易区的建立。

随着经济发展和建立共同体在巩固地区主义问题上的无效,整顿、改革亚洲地区的努力会集中在权力平衡问题上。在扩大化的东亚峰会中,中国会经历一个艰难的过程去获得广泛的支持。

第三章　东亚的现代化转型

——战争、历史记忆和地区认同

彼得·普勒斯顿（Peter Preston）　著　吴思宜译

　　通过与欧洲和北美这些外界力量的相互交流，东亚进入了以理性、科技和工业资本为特征的现代化世界。在这个过程中，本土的生活方式或多或少地受到了影响。外来群体在此开展贸易，但并不排斥使用暴力或建立殖民地，所以随着帝国主义控股公司的逐渐建立，本土政治渐渐被压制。在以欧洲和北美为中心的工业资本主义向全球扩张的过程中，东亚也成为它们涉猎的一部分。然而这些四处蔓延的多种族帝国并不会永久维持下去。简单从人口上来讲，尽管这种霸权注定会崩溃，但霸权崩溃的方式，地区代理人在其中发挥的作用及其政治继承者的性质并不确定。这是一个充满偶然性的过程，也是帝国主义体系总体危机的一部分。

　　这场危机在不同地区发生的年代也不尽相同。欧洲是从 1914 年到 1945 年（或 1989 年）（其间经历了战争、毁灭、占领和光复）；东亚从 1911 年持续到 1975 年（其间经历了叛乱、战争、毁灭和发展）；美国则是从 1941 年到 2008 年（或 2010 年）（其间经历了战争、统治和过度扩张）。其表现形式也不一样：在各自的核心和周边地区进行改革运动；在周边领地爆发有限冲突；并且最终都爆发了一段时期的全面战争。从 20 世纪早期到 21 世纪初战争频发：无论从参战者、战争爆发地还是时间跨度上，都有各自的特点，因此也不可避免地烙下了不同的印记。在东亚，随着一系列全面战争的爆发，外国帝国主义逐渐解体，紧随其后冷战爆发，与此同时，新兴国家在解决边境问题的过程中也引发了地区冲突。

　　如今东亚已然是一些稳定、富庶国家的所在地。解读这些国家的历史，犹如一系列程度各异的经历相互交织，像与西方接触前的本土文明自由发展期、外国帝国主义时代、危机时代、独立战争阶段、冷战，以及随之而来的东亚地区全面繁荣，每个阶段的经历都有其独特的历史价值，正是这些历史成就了东亚的今日，并引领未来，而其中一个至关重要的部分就是战争。战争是一个群体的记忆和一个国家的过去，不仅导致国家间的紧张局势，也在某种程度上对当今形势构成了威胁。然而东亚的问题十分微妙，因为该地区获得成功且所取得的成就进一步加强了地区一体化，因此重新探寻真相并直面历史成为一个无法避开的问题。

　　对历史进行概念化分析，我们有两个现成的方法：首先是集体记忆，它关注的是社会建构的记忆经过时间沉淀在社会范围内传承的多种方式（Habwachs，1992）；其次是国家的过去，它更直接地指出了社会上层和民众在对政治共同体的共同认知过程中的互动（Wright，1985）。这两种方式都强调了历史对理解当代政治行为的重要性，这在日常生活、团体和正式组织的工作以及国家策略中都得到了证实（当然这里的行动针对国内外受众）。本章将在宏大的历史框架下考察过去对现在的持续影响，继而缩小范围，聚焦东亚。

向现代世界的转型：欧洲、东亚和美国

　　所有的政治强国都必须面对转型与改变这一艰巨任务。它们必须接受结构转型并对此做出解读，采取应对措施，为将来勾画出蓝图并依此管理统治它们的人民。国际关系理论学家主要以三种方式对此进行分析：现实主义（理性国家行为体必须对权力关系的转移做出反应）、自由主义（理性行为体可以在市场中对共同利益机会做出反应）和建构主义（处在社会中的行为体就不同目标本能地借助自身环境来传达行动意图和对策）。其中，建构主义将国际关系理论家与社会科学其他领域的学者联系起来，例如，历史学家、社会学家和文化批判家。这一联系增强了他们相互的身份认同感，概括起来有两个重要观点：集体记忆（共同体维持认同的不同方式）和国家的过去（政治实体维持认同的准正式方式）。后者尤其具有相关性：国家的过去是政治精英观点与民众各种不同观点临时达成的有争议的妥协；它为国家的观念整合提供了纽带——牢记国家的历史，详述国家的现在并为国家的未来勾画蓝图。

　　在欧洲和美国复杂交互关系的背景之下，东亚形成了当下的格局，这

三个地区共同延续了较长时间相互纠葛的历史，这些也构成了上述三个地区各个国家的历史。首先，欧洲见证了20世纪一系列帝国强权相互勾结的战争。这些战争带来的后果就是帝国中心的毁灭和领土的丧失。曾引领现代化世界的欧洲大陆在政治和文化上日益衰落。为应对这些危机而发起的欧盟计划以及同时建立的国家福利制度已被实践证明是极为成功的。这次成功带来一个意料之外的结果：日益加深的一体化进程提出了认同的问题，这不仅仅局限于对国家的认同，更是对欧洲共同体的认同。其次，东亚见证了20世纪的一系列毁灭性战争。最终结果导致帝国的衰落，但帝国本土的贡献为后帝国时期内战结束及国家建设与部署带来了希望。尽管发生了这些战争，东亚仍崛起为世界最强大的地区之一：首先是日本，接下来是"亚洲四小龙"和新崛起的中国。中国在长时间的冲突之后实行的改革开放，对东亚模式的探索，促成了中国的飞速发展。而这一成功再一次产生了东亚国家对自身的新要求，东亚地区在现代化世界中的整体地位、区域内国家之间的关系都在热烈讨论中。最后，美国的过去为这一话题提供了多样性案例。美国通过对帝国中心发起具有革命性的独立战争而建立起来，在独立战争之后又发生了一系列战争：南北内战；驱逐美洲大陆土著居民的战争；在拉丁美洲和东南亚进行的后殖民主义战争，进而通过在中国推行门户开放政策确立了大国地位；此后发动针对日本的战争；沿东亚沿海一路南下的冷战；以及1989—1991年短暂的自我膨胀，这种傲慢的"庆祝"最终在2008年达到顶点，伴随逐步认同自己在世界多极体系中相对衰落，美国也不可避免地面临如何处理在地位衰落时代的自我预期这一类问题。

　　从这一角度来看，欧洲、东亚和美国之间的关系并不是简单的实用主义——形成于政治事件或经济接触的即时需要——而是形成于更深层次上的共同经历。并且这些经历中的一部分造就了当今的东亚——后来又受本土国家建设和冷战的影响。所有的这些都向我们提出了下面几个问题：这些共有历史的本质是什么？它们为今天留下了怎样的遗产？它们将如何塑造当代的思想？

历史背景：记录20世纪世界战场的风云变幻

　　过去一些年的危机滋生了一系列不同形式的战争：种族战争、阶级战争、洲际战争和帝国战争。欧洲和东亚地区成为主要战场；它们在战争中损失惨重，伤亡人数更是无法计量。美国也参加了后来的一些战争，但相较欧洲和东亚伤亡较少（Judt，2008b）。

欧洲的危机、历史和复兴

近些年来，欧洲被标榜为良好社会的典范，可供世界其他各国学习借鉴。但与这种自吹自擂的情形相悖的是，欧洲早在 20 世纪初就参与了一系列全球范围的战争（Mazower，1998），制造了大量的国际争端，同时也遭受了惨重的损失。

大规模冲突：

1914—1918 年	第一次世界大战
1917—1922 年	俄国革命、内战
1936—1939 年	西班牙内战
1938 年	德奥合并和《慕尼黑协定》
1939—1945 年	第二次世界大战
1941—1945 年	巴巴罗萨行动
1941—1945 年	美国参战
1945—1951 年	德国被占领
1956 年	匈牙利十月事件
1968 年	布拉格之春
1989 年	柏林墙倒塌

战争规模：伤亡人数统计[1]

第一次世界大战　　8000000 人

---

[1]　本篇中的数据仅用作对死伤程度的粗略评估——大多数取自 *World History at KMLA*；其他材料取自诺曼·戴维斯（Norman Davies）1997 年著的 *Europe：A History*（London，Pimlico）；以及诺曼·戴维斯 2006 年著的 *Europe at War 1939 - 1945：No Simple Victory*（London，Macmillan）；一些数据来自马克斯·黑斯廷（Max Hastings）2008 年著的 *Retribution：The Battle for Japan 1944 - 1945*（New York Alfred Knopf）。据说美国在所有战争中的直接损失远大于其给出的数字，在太平洋战争中的直接伤亡约 15 万人，战争的规模由伤亡人数决定。黑斯廷评论说太平洋战争促使美国社会精英们相信他们能够以相对较低的代价赢得战争［见二十二章，这一主题可参见托尼·朱特 2008 年 5 月 1 日在 *New York Review of Books*（《纽约书评》）上发表的 "What Have We Learned If Anything"］。

第二次世界大战　　41000000 人
总计　　　　　　　49000000 人

"二战"的爆发改变了之后的欧洲历史并塑造了欧洲人民的记忆。各国的历史都会被或多或少地修改：英国统治者宣称"二战"的结果是一种精神层面上的胜利，他们一边宣称继续保持战前体制，一边开始致力于构建一个福利国家（Addison, 1995）；法国领导者则为了掩盖军事占领所带来的负面影响，大肆庆祝胜利，并回到维希政府之前理想主义下的共和主义民主制（Kedward, 2005；Judt, 2008a）；西德领导人开始处理"国家社会主义"时期在物质、政治以及精神层面上的惨败，同时复兴更广泛意义上的德国人民的文明史（Ecans, 1997）。欧洲的分裂说明了官方意识形态的重要性以及其作用。欧洲统治者将从其他地区引进的理论充分本地化，从而产生了解放西欧和东欧社会主义的观点。在西欧，欧盟逐渐制度化，并在冷战后，成为欧洲政治的中心。现如今，欧洲的历史依然在影响这片大陆的人民。那些历史的记忆虽然是被建构的，但那些历史的事实却深深影响了欧洲的今天。

亚洲的危机、历史和复兴

20 世纪的东亚见证了西方帝国的衰败、内战的爆发和一场波及整个区域的大规模战争。在这一地区的历史核心——中国爆发了无数次冲突：1911 年辛亥革命、军阀统治、抗日战争，第二次世界大战的太平洋战争、解放战争（Elleman, 2001；Dreyer, 1995）。即使在 1945 年日本投降之后中国境内仍然有大小不断的战争冲突，反对列强统治的战争，以及有美国介入的冷战。中国在近些年来才刚刚凭借人力资本优势开始现代化建设。

其矛盾争端包括：

1911—1926 年　　军阀割据后的中国改革
1918—1941 年　　第一阶段反殖民运动
1927—1937 年　　第一次国共内战
1931—1945 年　　抗日战争
1941—1945 年　　太平洋战争
1945—1950 年　　印尼革命

1946—1949 年	第二次国共内战
1946—1954 年	第一次印度支那战争
1948—1960 年	马来亚"紧急状态"
1950—1953 年	朝鲜战争
1954—1975 年	第二次印度支那战争
1978—1991 年	第三次印度支那战争

这些战争的参与国众多；不仅是不同国家的士兵相互作战，同一个部队里会有不同民族的士兵，他们有的要背井离乡到很远的地方打仗。在部队里，执行任务时他们要严格遵循上级的指示，否则会因为名义上的失职而受到责罚。这些战争开始运用现代化武器，其中一部分是将殖民国家留存下来的武器进行再利用，另一部分被用于太平洋战争，之后便由西方列强进行武器支援。这些战争给中国公民带来了巨大伤害，因为这些现代化武器的破坏力是毁灭性的，而士兵在作战时对于它们将会给百姓带来的伤害似乎一无所知。

战争规模：伤亡人数统计

1950—1953 年	朝鲜战争	2800000 人
1946—1954 年	第一次印度支那战争	600000 人
1954—1975 年	第二次印度支那战争	2700000 人
1965 年	印尼政权更迭	500000 人
1978—1991 年	第三次印度支那战争	1500000 人

战争危机造就了如今的东亚地区，但它却被政府和大众意识曲解。这些危机不管是在国内还是在国际上都没有统一的看法。在国内，人们对于这些历史上的灾难似乎有着矛盾的心理；在国外，则可能会因为指出一些国家对历史的扭曲而造成国际关系紧张以及民众的抗议。

待暴力平息过后，新上任的统治者往往会实行多种多样的计划。这些计划多半有着相同的主题：清楚地表明想要进行新的领土划分，欧洲统治者认为这是寻求和谐的途径，东亚统治者力求以此找寻差异；然而最后，统治者们只能从虚增的经济和福利中寻求发展。促进经济发展的措施会衍生出许多种不同的模式：在日本，是一种低调的经济民族主义；韩国实行的则是独裁主义的发展模式；泰国坚持军事独裁，统治阶级在菲律宾横行霸道，印度尼西亚实行民主化发展，马来西亚发展社团主义，新加坡进行由国家主导的充满活力的发展。印度支那战争一直持续到 20 世纪 90 年代，此后该地区的国家开始寻求发展转型；在此之前国家实行的改革已经产生卓越的成效，其产物便是由国家主导的民族发展。

美国的危机、历史和现在

进入 20 世纪之后，美国政客开始通过发起对拉美和东南亚的殖民战争来维护美国的霸权。美国在 19 世纪末表现积极，大力推行门户开放政策与欧洲强权相对（Gong，1996；Cummings，1999）。但美国的利益却与日本相悖（Iriye，1987，1997）。太平洋战争期间，一种新型的地区政治模式应运而生：来自外部的帝国势力解体；本土领导稳固政权，美国的区域军事霸权地位得以建立和维持。

美国在东亚的战争①：

1889—1902 年	美菲战争
1941—1945 年	太平洋战争
1950—1953 年	朝鲜战争
1946—1954 年	菲律宾农民反抗
1965 年	印尼政变
1954—1975 年	第二次印度支那战争

战争规模：伤亡人数统计

美菲战争	220000 人
太平洋战争	17600000 人
朝鲜战争	2800000 人
菲律宾农民反抗	35000 人
印尼政变	500000 人

---

① 这是一个相当粗略的表单——美国历史上有三次重要的内战［独立战争（1775—1882）、内战（1861—1865）、19 世纪的印第安人战争］——表单中也列举了一些冷战时期的武装干预，例如对印度和菲律宾的干预——但实际上发生的武装干预要远超这些。

第二次印度支那战争　　　2700000 人
总计　　　　　　　　　　23855000 人

美国战后政策聚焦东北亚地区：美国精英的目标是改造日本；美国对之前苏联的盟友没有好感，而美国人民也已经极度厌战。因此导致以下结果：美国在日本投下原子弹（Hasegawa，2005）；盟军最高统帅（SCAP）在日改革；要求对朝鲜的支配权；支持国民党。1949 年至 1950 年，事态发展到白热化阶段：中华人民共和国的成立被人称为"失去了中国"；1950 年至 1953 年的朝鲜战争使得朝鲜半岛形势进入胶着状态；美国的地区行动宣告亚洲冷战的开始。大量的经济和军事援助涌向盟国：盟军最高统帅（SCAP）得以保留；中国台湾、英国在马来亚"紧急状态"中得到援助，法国在越南得到援助（随后对越南发起战争，还包括老挝和柬埔寨），援助菲律宾统治者，印度尼西亚总统苏加诺 1965 年政变，支持泰国军队，东亚被冷战分裂，盟国获得援助得到复原（Stubbs，2005）。2008 年奥运会标志着一个转折点——"东亚病夫"已不复存在，美国的霸权也将随之瓦解。

重新审视的历史

欧洲、东亚、美国共同经历了几个世纪的历史变动，无一不深刻影响了它们现今的政治。20 世纪那些波及欧洲以及东亚地区的战争和冲突带来了历史巨变。殖民帝国的统治最终因民族国家新政体的建立和美国全球势力的增长而终止。

宝贵遗产：比较和对照这些经验

这三个区域之间相互交织的历史以及它们对当代的影响，都可以从它们持续的联系中看出来：经济关系（殖民地贸易联系，新殖民主义的连续性以及最近在不断国际化的全球体系下更加公平地参与分工），社会关系（人群在过去的殖民帝国的领土上迁徙，近来专业技术人员在全球化体系下流通，新型模式正在浮现），文化关系（包括语言、宗教、艺术和文字、建筑、食物、体育、流行文化等的相互影响），以及政治联系（互相关联的现代性发展时期留下的遗产，比如法律、机构、政党制度、公共领域）。有三个方面必须强调：第一，欧洲和东亚人民在 20 世纪的残酷经历。第二，欧洲与东亚的精英与大众在对待这些问题上的不同方式。第三，欧洲复兴的经验，精英与大众在追寻一体化的过程中解决问题；而在东亚，一体化的问题一直被搁置，因为精英一直致力于政权建设、民族国家的独立与发展，这从客观上强化了国家之间的差异；而美国在全球体系中的位置彻底升级，并且其精英认为战争是一项可供选择的政策。

因此，一旦开始，三个区域之间的交换容许在一系列时间段内转换比较，包括大量的问题以及产生令人困惑的共性和区别，这些都可以概括为以下几点：

- ·现代化转型的经历/记忆
- ·关于重建体系的危机的经历/记忆
- ·分别对于统一、分化和霸权的关注
- ·区域认同的天性

错综复杂的历史

无意间于欧洲开始的，向现代社会转变的基于科学基础的工业化资本主义，采取了帝国（State-empires）的政治制度。这些帝国拥有着广阔的领土，因此居民由多种族构成。他们被按照多种类别分类：经济的（全国范围内劳动力的功能性分类），社会的［具体的社会的地位等级制度，可能也是功能性的（与种族或经济角色相关）］，文化的（占主导性的传统被各地方传统所围绕），政治的（从大都市中心直到地方边缘水平的等级控制）。帝国的意识形态是用来规范人民的。这种结构有着与众不同的形式。与民族主义那种简单化的论点不同［修辞上来讲，民族并不属于社会世界，而属于自然界（人种或种族）或者历史范围（长时间的不合群）或者文化领域（由分立的语言所传承）］，帝国的意识形态必须面对那些多样的并且认为共有民族、历史或者文化的观念都是错误的人群，因此帝国与当代凌乱的社会是疏远的，它将会在未来实现，因为它的精英团体宣称来源于帝国的成员身份物质的、社会的、文化的以及政治的进步都会在未来得到保障。

在东亚，现代社会的扩张进程需要生活和政治制度激进的重建，因此现存的经济将会根据全球以科学为基础的资本主义的需求来重组。现代经济实践在各地都不同。经济生活被市场主导，交换是冗长的，交流也形成了无尽的循环；社会关系得到重建———种新形式的经济生活引起了社会生活的改变。所以，文化实践改变了，帝国内现存的政体被吸收并重铸。所有这些领域内，帝国意识形态得到传播，但对于本地人民的影响不同——有的群体同意这种观点，有的忽视它们，有的则静静等待，学习教训并及时提出他们自己的反驳观点（不同的观点）——他们用对于现代社会不可避免的需求塑造了当地的交流模式，并且这种遗产保留至今。

综上，向现代社会的转型是一项正在进行的开放式的进程——于欧洲开启—经历扩张—其他存在的文明都被蚕食、吸收或重置——建立了帝国制度。这段时期的历史提供了当代国家过去的基线素材。

总危机—体系重组—观点交锋

在 20 世纪早期，欧洲势力之间的权力交锋引发了一系列战争。随后在这些帝国外围区域产生了相似的冲突，比如帝国的外来居民寻求终结外来统治，寻求独立的国家身份、民族国家建设和发展。总之，这些行动都失败了。然而，日本统治阶级决定将他们的帝国版图扩展到中国深处，这造成了与美国的冲突并且激发了东亚的一场大战。帝国体系从内到外的主要冲突导致了它的陨落。

以欧洲为中心的帝国体系消失了：在欧洲，单一民族的独立国家在先前帝国的核心都市周围产生；在东亚，则是在替代精英的激励下诞生的（更确切地说，是那些声称成功地部分瓦解掉帝国的精英）；而美国则是意外获得了国际上的卓越成就，其核心是全球自由市场体系的建立。

危机时代的战争覆盖许多地区，包括许多的参与者，留下了许多记忆。被记录的历史都不是简单的，或者说，当代国家往事并非直接形成。我们拥有历史遗产，但是这些是复杂的和持续的积极遗忘和铭记过程。

综上，总危机时期引起了以欧洲为中心的帝国体系的消失。全球体系从根本上得到重建。正是在这段残酷改变的进程中，现代国家的印记产生了。这些事件都被记录在国家的历史中：在欧洲，总是以羞愧或者悔恨体现；在东亚，则体现为面向未来进步的过程；在美国，则是全球自由市场体系的建立。

统治精英对于统一、分化和霸权的关注

太平洋战争在 1945 年 8 月结束。尽管围绕殖民者撤退发生了一些战争，帝国或者瓦解，或者不可重建。在欧洲和东亚曾拥有大面积领土的帝国现在则变成了全球体系中的一部分。因此出现了大量的改革：全球的、区域的和国家的。这些改革也受到了接下来冷战冲突的影响：在欧洲，大陆被分隔成两个阵营，一个是东部寻求苏联领导的阵营，另一个则是西部投靠美国的阵营；在东亚，一个围绕着中国的社会主义阵营和另一个寻求美国领导的阵营相互对立。

在欧洲，统治精英被要求进行统一或者最低程度的合作；在美国，统治精英寻求建立一个一体化的全球贸易体系（Kolko，1968；Aron，1973）；在东亚，统治精英进行分化，因为随着帝国的解体，替代的统治精英关注于国家和政府的建立及发展。替代的统治精英专注于建立他们的统治以及集体身份，从那时起，各种各样的国际合作都不再被抵触，如ASEAN（东盟）或者如韩国以及日本与美国建立的防卫体系。

在战争结束后的岁月里，东亚与美国见证了激动人心的政治制度变革，新兴国家的建立和产生都带着更广阔的地域印记。这段快速变化的时间也记录在当代国家往事中。替代的统治精英被烙上了战争的印记，新生国家的人民也是如此。这段插曲为未来向当代国家历史的转变奠定了坚实的基础。

当代国家历史的逻辑解读

在欧洲，国家历史充满着关于现代性的基本观点，之后充斥着对于时代危机、瓦解和占领的反思，重构的必要性也被接受。这都是朝向统一的过程。很大程度上，欧洲国家历史都是与战争有关的，是一段纪念和悼念逝者的历史，并且是一段充满羞愧的回忆，因此，民族主义偏离了欧洲的固有道路。然而，相反的是，东亚的国家历史则是充满着被时代危机占据的观点，而且产生了不同的解读。危机给替代的统治精英以激励，他们得到并把握住了机会。他们夺取了分崩帝国的一部分领土，并且将其转变成国家建设的场所。历史的进程引向了分化。尽管有暴力以及损失，这段经历作为独立的成就可以被积极地解读，而后地区合作可以在多种形式内的网络中存在，因此，民族主义进入到东亚人民的日常生活。相反地，在美国，事件则在道德（战争是正义的）、军事行动（战争是技术征服）、外交（对于欧洲/日本战争的成功以及对于苏联和中国的失败）层面被解读，被看作一种到达未来的与众不同的途径，是一个国家向全体国民提供的普世和乐观的途径。

欧洲、东亚以及美国不同的国家历史都包含战争的明显痕迹——是一种可以产生改变的时机（Wright，1985）。对于欧洲来说，改变是帝国的消逝以及民族国家寻求正式统一的成就；对于东亚来说，改变则是帝国的减少以及独立和网络合作的契机；对于美国来说，则是道德上值得赞赏的胜利，并且是一种为全人类造福的责任。

东亚以及东南亚对于区域的概念

区域并不是一个国家，而是一种概念；它是不同国家行为体相互影响的产物。其中一方面是行为体如何讲述区域的故事。谈到区域修辞，这可能把行为体提供的不同论点提供给不同观众——一种变化着的行为体、争论、行动、制度载体以及说明的/辩护的论点。一个区域的故事可以通过不同的方式来讲述；不同的行为体会为不同的观众做不同的讲解。然而，精英阶层则是关键——观念和行动的集合将围绕于精英行为体所推进的具体项目周围。

话语可以通过许多方式进行。这些散漫观点的中心区域是记忆，可被理解为是有创造意义的积极的社会进程。首先，政治话语（项目/措辞），将包括确定参与方（合作者/竞争者）；这就需要建立区域的观点；需要制度载体（能够承载并体现项目/措辞的组织）；还需要大众宣传（因此，例如，东盟峰会拍照的机会，以及樟宜机场的东盟礼品店）。其次，国家计划话语（项目/政策措辞），包括解释政治家的需求，换言之，把政治变为政策。这需要为可以做到的事情制订计划，包括规划蓝图；准备日程/合同；以及为了获得大众支持而强调计划中的行动的价值。再次，公司计划话语（项目/工具性措辞），包括选择市场（例如，欧洲或者美国市场）；从而确定受众群体，进而调整营销策略并为之提供产品。最后，大众话语既有可能是被动的——即适应政治、国家以及公司的需求，也有可能是主动的——即采用可用的流行观点来确认并体现一个区域的特点。不论是哪点，都要通过本地传统资源来解读外部需求——而如何解读则取决于在实践中释放外部需求的特定传统和方式。

于东亚而言，这里可被视为经济、社会和文化互相关联的区域。然而，在向现代社会转型的漫长过程中遗留下诸多政治紧张问题，限制该区域形成区域组织或区域共识：东亚有组织在发挥作用（如双边自由贸易区、货币互换协议等），许多关于东亚地区的探讨也是有意义的，需要做的就是搁置当前紧张政治局势，倡导形成宏观文化认知。在东南亚地区，区域一体化/认知一体化迹象已越发明显。阿查亚（Acharya，2000）认为区域化是认知一体化的一部分，这一论断陈述了如下理由：首先，在产生联系前，东南亚地区的区域性似乎绝无可能。但随着商业的发展和殖民主义的兴起，毫无可能的区域化发生变化。商业的发展推动了该区域一体化的发展；前者大大促进了该区域一体化进程。后者将相互离散的都市区域连接起来。其次，在殖民地独立期间，既能看到与宗主国继续保持的联系也能看到以泛亚主义和第三世界主义形式表现出来的，受冷战的隐约影响的地区性。最后，建立区域性组织东南亚国家联盟项目启动并大获成功，以及近期该项目不断扩张至趋近完成。

谈到东亚及东南亚，人们脑海中会浮现长期殖民地经历、共同危机、衰落/复兴等事件，而正是此类事件，为东亚及东南亚各国的历史提供了可解读的材料。一个国家的历史是一个微妙的事物，它使得个体与有序的政治领域联系在一起。正因如此，它也是精英阶层极为关注的问题，对任何一个国家既定历史的重新修订，就不再只是该国的国内事务，它俨然已成为该国所在区域甚至全世界事务的一个分支。

当代东亚：过去的现在时

东亚地区走向现代化经历了一个漫长而持久的过程。这一过程的标志便是进步与动乱并存，东亚大半部近代史都充满暴力——不管是在该地区的集体记忆还是各国的历史中，都充斥着暴力事件。最近一段时期，该地区国家在经济、社会和政治发展方面均取得了巨大成功。这种成功导致一种矛盾的局面：随着区域联系的不断深化，各国必须重新思考思想继承的问题，调整共同认知，并尽快采取措施，形成该地区认同的概念。

关于殖民帝国与战争的记忆

在东南亚，法国、德国和英国殖民统治的历史早已远去；这些殖民势力早已不见踪影，这段历史也逐渐被人们淡忘，不管影响是好是坏，毕竟是少有关联了。其他一些议题取而代之：美国对印度支那的干涉；苏哈托长期对印度尼西亚的统治；新加坡和马来西亚之间长期紧张状态。可以肯定的是，该地区通过组建东盟规范了内部秩序，通过磋商和谈判达成共识（Acharya，2000）。然而在东北亚，对于殖民的记忆往往更加深刻也更加悲观。在中国，被侵略和殖民的历史带来的是近百年的耻辱感，这种民族主义情绪不仅仅针对遥远的欧洲人和美洲人，也针对曾对其发动侵略战争的近邻日本（Zhao，2004；Hughes，2006）。在韩国，日本殖民统治的时期被称作敌对期（Cummings，1997；Shin et al.，2007）。对于当前的中国和韩国来说，这些记忆总是习惯性地不断强化，并阻碍了区域合作的进展和东亚共同价值认同的产生。然而，总体来说，殖民地的历史已经一去不复返了。

与此相反，危机时期则继续影响着该地区的历史记忆。一些事件，被很多人当作官方意识形态或国家历史而记住：南京大屠杀、接力式的敢死队、慰安妇、广岛核爆炸。有些时候，官方的纪念活动是有争议的，例如，日本领导参拜靖国神社或（在另外一种语域中）在史密森尼博物馆陈列的"艾诺拉盖"号。一些事件成为人们的记忆，但却不属于官方历史：1941年2月新加坡沦陷；在缅甸被遗忘的部队；老根里村大屠杀；美莱村大屠杀。其他一些事件则从人们视线中消失了：外国殖民政权通常被暴力推翻；从种族视角研究太平洋战争；选错阵线的战士的命运（克伦人、共生解放军、泰国法西斯）；那些为维系国家地位而选错方向的人的命运；平民被击败的经历，比如满洲的日本居民；等等。

东亚地区存在若干独立的地方自治体。不存在殖民，亦不存在依存关系。当地政要更加关注国家发展；在当地向现代社会转型的同时，也存在一些持续不断的压力与推力。

目前，该地区广泛存在着对历史的忧虑：

• 领土争端——争端多属于普遍危机时代的历史遗留。例如，日俄围绕北方边界和北海道北部四岛的争端；中日围绕毗邻中国台湾北海岸的钓鱼岛的争端；日韩对马海峡内若干岛屿的归属争端；中国与东盟成员国围绕南海资源的争议。

• 多年战争引发的争端——该地区战争遗留的问题。例如，日韩在战争期间的慰安妇事件上，日本政府不愿承担相应责任；日美关于1944年末和1945年初美军对日本城市进行区域轰炸的争议，在这一问题上，美方不愿承担任何道德责任；日本与其邻国关于历史教科书问题的矛盾，日本政府、社会团体、记者和学者都围绕教科书试图"纠正历史"这一问题展开较量——争吵已经演化为惯常的形式，即日本侵略战争的受害者要求日本以道歉的形式进行忏悔。

· 国内问题——悬而未决的国内问题。例如，印度尼西亚1965年政变后发生的大屠杀。

· 对数百万死者争夺性的悼念活动——该区域战争后的遗留问题。例如，在靖国神社每年举行的纪念日本在战争中死亡军人的活动已经成为一个饱受争议的话题。在日本国内，舆论分为两派，一派是狂热的爱国主义分子，另一派是各种组织松散的和平运动。在国际上，舆论界对此常年的纪念活动持反对态度，因为此活动被解读为日本拒绝承认各种侵略活动对该地区其他国家造成的损失。最近，该事件与国际政治形势的转变（日本首相是否会参拜靖国神社？如果参拜是以个人名义还是官方名义？）和道歉外交的执行（受日本侵略的国家往往凭借这一时机要求日本对受害者进行更全面、深刻而真诚的道歉）密切相关。

· 一些问题对未来具有深远影响——"盟军策划的历史"（Davies，1997：39）对第二次世界大战的解释是西方联盟道义上的胜利、苏联红军的英雄主义以及国家社会主义所应背负的责任。这一解释系统地歪曲了一些事件（抹去了战时和战后人们的困惑），并给欧洲一个起点——广泛的反思浪潮，然而在东亚却没有类似历史解释以唤起反思浪潮。

各国历史及取得成功后的结果

一国历史讲述了一个故事：关于一个政治体从何而来、身份为何、将要到何处去。国家历史是由一些因素组成的精巧结构，这些因素源自该国某些群体的历史经历。国家的历史通常是以一些缩略的形式展现出来的：如果一国扎根于种族划分或深厚的历史和语言，如果它的命运是天赋的，且长期延续，那么对此保持默许可被认为是合理的。但这种论断是错误的。此种策略具有误导性。国家是一个结构体，一国历史也存在结构。长久以来，社会精英分子的任务之一就是对结构性变革的诉求进行解读和分析。正因国际社会是围绕着有组织的政治体运转的，社会精英必须对此做出回应，回应的举措之一便是重新构建国家历史，并面向未来采取集体行动。欧洲、东亚和美国之间的关系错综复杂，正因上述地区面临着变革可能带来成功与衰落，人们将对这些关系进行重新思考。

第四章　非欧洲中心的全球史中的亚洲

约翰·M. 霍布森（John M. Hobson）著　张凯译

前　言

目前西方学界对东亚和南亚，特别是中国迅速崛起的研究兴趣大增，强烈的似曾相识感令我震惊，这主要集中在两方面：首先，这种情况显然是由美国一手炮制并可追溯至 19 世纪晚期的"黄祸论"的升级版（Hobson，2006），并以类似 20 世纪 80 年代"恐日症"思潮展开的老套方式铺陈开来（Hobson，2012：chs. 5 and 11）。因此，20 世纪 80 年代"日本威胁论"的中国版包括美国对华贸易赤字不断增加，美国对华资本依赖，中国部分买空美国，更甚者包括中国未来可能对美国霸权构成挑战，当前则可能对以标榜对市场自由放任和主权神圣不可侵犯的美式认同构成挑战。

其次，似曾相识感还存在于如下方面：日本和东亚新兴工业化国家于1960—2010 年快速发展，中国和印度的崛起紧随其后，这促使我们预计在某些关键领域公元 960—1800 年的历史将在未来重演。因为该时期见证了中国宋朝出现的世界史上"首次工业奇迹"，以及 1492 年之后主要在中国、印度、中东和北非产生并发展的多中心新兴全球经济体，而欧洲在1800 年之前只不过是印度洋贸易体系中的一个无名小卒，在 1800 年之后欧洲才在国际体系中发挥主导作用。然而，欧洲中心主义的世界史将欧洲的兴起视为先发，将中国、印度和日本作为长期居于欧洲影响下的后来者，我将在本章纠正这一错误观念。事实上，欧洲不仅是新兴全球经济体的后起之秀，其文化也是一种享有"后发"优势的后来文明，至少它借用并模仿了许多东方国家——主要是中国，也包括中东、北非和印度——早已发明创造出的优秀成果（正如结论所述）。

　　在本章，我将通过探索公元960—1800年的历史重新改写欧洲中心主义世界史观，尤其是重铸亚洲和欧洲的地位。因此，为了颠覆欧洲中心主义的历史叙述标准，我将论证东方是19世纪之前全球史的主流，尽管重要的西方插曲在接下来的两个世纪持续，但过不了多久主旋律仍将回归亚洲，尤其是南亚和东亚。不仅如此，我还会在结论中指出，如果没有东方，尤其是中国所提供的巨大帮助，我敢说西方插曲可能永远不会出现，至少不会以现有方式出现。例如，有种主要观点认为，我们既不应将当前中国的崛起视为新生奇物，也不应认为全球经济正进入"中国时代"。认为1492年欧洲人揭开全球史序幕的观点混淆了以下事实，即西方在我称之为"东方全球化"的时期内崛起，而"东方全球化"是在公元500—1492年的"东方地区化"的基础上发展起来的（对该问题的全面探讨参见Hobson，2004：chs. 2 – 4；Pieterse，2006，2011）。因此，我倾向于认为中国和亚洲将重返世界经济的中心，伴有相对明显的西化现象或西化色彩的东方全球化也正在回归。

　　为使以上观点成立，我必须证明早在航海家哥伦布和达伽马声称发现了长期以来与世隔绝的落后且未开化的东方之前（如下所述此乃妄言），印度和日本，特别是中国早已是全球经济的主体或者积极的推动者。与此同时，我同样需要揭示中印日之间的共生联系，以及中印日与欧洲之间的联系，这将有助于质疑欧洲中心主义建构的"黄祸论"及相伴而生的本质主义提出的文明的冲突。

　　最后，帝国主义西方后来居上，东方全球化时代于19世纪初结束。有趣的是非欧洲中心的全球史所引发的最大问题之一是：为什么东方将全球经济的主导地位让位于西方？欧洲中心主义世界史的解释是，1500年后西方走上了内生性的人均收入增长路径，迅速将东方甩在身后。但与此相反，在西方帝国主义和新帝国主义干涉之前，东方国家，特别是中国和印度已经开始着手推动国内现代经济的增长。这反过来又引发了一个有趣的问题，即西方帝国主义在阻碍东方发展方面发挥了何种作用？对此我会在本章所检验的三个案例中进行简要说明。

　　因此更广泛地讲，我在探索非欧洲中心的全球史时将回答三个关键的问题：

　　1. 在塑造1492年后新兴的全球经济的进程中，中国、印度和日本如何通过东方全球化发挥其施动作用？

2. 中国、日本和印度成为贸易大国，以及中国拥有雄厚资本实力是一种全新现象，还是在亚洲历史上有案可循？

3. 1800 年后，西方帝国主义在遏制东方发展问题上究竟发挥了何等重要作用？

虽然我将分别考察中国、印度和日本这三个国家，但考虑到中国是当下的时事热点，我将更多关注中国。

1434 年后的"中国淡出之谜"：中国处于或接近东方全球化的中心

现在人们日益认识到中国巨额贸易顺差和强大金融实力正对全球经济产生重要影响。两位学者在谈及"中美国"这一概念时认为，这种说法暗示了中美之间的共生关系，即美国依靠中国资本来支持其消费和投资活动（Ferguson and Schularick，2007）。同样有趣的是，自 2007 年年末起在困扰世界经济的信用紧缩/金融危机里中国的角色问题。这里的要点在于中国资本流入所带来的资本过剩能够导致美国金融投资者和银行家在作决策时何等鲁莽，以及在这一过程中美国的利率在何种程度上会被人为做低。当然，该问题尚无定论，但我们同样可以推测在当下的金融危机里，中国的金融因素一直尚未被察觉。然而无论怎样，我在此要揭示的是，当前中国的世界债主地位与其自 1492 年之后在全球经济中保持贸易顺差的能力之间存在诸多相似之处。

我们在第一个案例中应当注意，15 世纪中叶中国在国内经济中确立银本位制度这一重要举措。因为这一国内转变引发了重大后果，不仅中国在新兴全球金融体系中占据核心地位，欧洲也因此融入其中。反之，我们在观察该转变的历史背景时需要注意 11 世纪宋朝的"工业奇迹"使中国成为世界经济强国。为证明该观点，我有必要在此指出以下几点历史事实：需要特别注意的是，1078 年中国的铁产量便已达到 12.5 万吨，而整个欧洲直到 1700 年才超过这一水平，而英国更是在 1800 年后才最终追上（Hartwell，1966）。不仅如此，与欧洲人不同，中国人早在公元 31 年便将铁放入鼓风炉中通过使用水力驱动的活塞来锻造生产铸铁。因此中国在钢铁生产中曾保持惊人的领先地位（可以追溯到公元前 2 世纪），而英国直到 19 世纪后半叶才在该领域赶上中国。在这一特殊领域内我们同样需要注意，印度的"乌兹钢"与中东的"大马士革钢"不仅比欧洲制造的钢早出现好几百年，而且在质量上也超过了 19 世纪的欧洲钢材（Dharampal，1971：220－263）。当我们试图挖掘 19 世纪高效率制钢的秘密时，会不出所料地发现英国的钢铁生产商是在向中国、印度和中东看齐。同样有趣的是，人们通常认为用燃煤取代木炭是英国在 18—19 世纪森林面积急剧减缩背景下的创造发明，而早在宋朝时期中国人便开始使用煤了。尽管钢铁产业中的这些发明成就斐然、引人注目，但是它们只是大规模工业发明创造的冰山一角，其数量之多无以详举（参见 Hobson，2004：50－61）。

1100 年后中国逐渐成为世界经济强国，1450 年前后中国确立银本位的货币制度，在此基础之上东西方通过"全球白银再循环"进行往来。以下事实进一步说明了其重要性：中国与印度不仅是世界主要的"白银储备国"（Frank，1998），而且中国还是世界上出类拔萃的制造业大国。由于这两个进程相互关联，因此我将同时对二者进行探讨。

1750 年制造业的产出数据是我们所掌握的最早资料。根据保罗·贝罗克（Paul Bairoch，1982）提供的数据，1750 年中国在国内生产总值、制造业产出和制造业出口方面均处于世界领先地位。事实上，中国占当时世界制造业总产出的 33%，是当时英国的 16 倍，是 1830 年英国的 2 倍有余。鉴于欧洲中心主义者都认为英国是 1750 年前后世界制造业的领先大国，这些对比值得注意。不仅如此，即便到 1820 年中国的 GDP 仍占世界GDP 的 29%，相当于整个欧洲的总比重。考虑到欧洲在 1800 年之前仍处于地区经济体的边缘，而中国和印度在 1750 年之前约一千年就开始进行出口贸易，因此如果我们能够获得整个东方全球化时期（1492—1800 年）的相对数据，那么这些数据将很可能证明中国和印度在当时世界经济中一直保持主导地位（see Abu－Lughod，1989；Wink，1990；Frank，1998）。此处的关键点在于早在 1750 年之前的几百年间，欧洲对中国一直保持结构性贸易赤字，这表明当前美欧对华贸易赤字不过只是"回归历史常态"，并非新鲜事。

与今天非常相似的是，这种贸易体系与金融体系相互重叠。当今的情况简单明了。中国经济体是一个建立在温和消费文化基础之上的庞大净出口国，其结果导致大规模的储蓄和贸易盈余（来自于家庭和日益增多的公司）。相反，美国经济支撑了淡薄储蓄观念下的疯狂消费文化。美国购买大量中国产品，从而使中国产生大量贸易盈余，而美国却出现大量贸易赤字。中国的贸易盈余及国内储蓄被回借以帮助美国平衡贸易赤字，从而支撑了美国疯狂的消费文化。总之，美国的消费模式与中国的贸易和金融实力结合不仅导致两大经济体相互依赖，并且对促进世界经济发展发挥着实质作用。但是正如我曾提到的，类似进程早在东方全球化时期便已出现。

东方全球化时期出现的类似情形在一定程度上源于欧洲人为弥补对华贸易赤字而提出的应对战略。由于无法生产中国人所需的产品，欧洲人被迫向中国输送了大量白银弥补赤字。诸多学者指出，多数白银是由他们自美洲，尤其是中南美洲掠夺而来（Flynn and Giraldez，1994；Frank，1998）。当然，欧洲人并非为此而开始探索新大陆。但可以想象，如果没有中国经济对白银的巨大需求（因为中国经济建立在银本位制基础之上），美国的银矿可能在几十年内都无人问津（Pomeranz，2000：273）。

关键在于白银涌入中国无意中创造了"全球白银再循环圈"，欧洲与中国从而建立了持久紧密的金融联系。金银价格比率的相对差引发该进程的出现。由于白银在中国比黄金价高，而在欧洲则相反，因此人们在中国用白银兑换黄金，再将黄金出口到欧洲，并在欧洲兑换更多的白银带回中国，然后再在中国开始新的循环（Flynn and Giraldez，1994）。不仅如此，这一过程开辟了一条新的东西方贸易路线，西方商品通过西班牙马尼拉大帆船由墨西哥的阿卡普尔科到菲律宾，再通过中国的帆船抵达中国。最终这一过程以持续的"全球白银再循环圈"的形式出现，而这种形式同时也促进了中国和欧洲的发展。总之，虽然欧洲人在公元 800—1498 年只发挥着消极间接的作用，但是以上过程在一千年间首先将欧洲有效地纳入全球经济，并使其发挥直接作用。由于欧洲人从美洲掠夺白银提供了流通需要的货币，所以 1498 年后欧洲也开始与印度洋地区的国家展开直接贸易。在此需要注意的是，荷兰和英国东印度公司的主要作用就是在中欧之间贩卖金银，这也成为其利润的主要来源。这些公司作为中介在亚洲内部主要国家间贸易中也攫取了巨额利润。

1492—1800 年，中国对全球经济的发展产生了重大影响，因此诸多反欧洲中心主义的学者将该现象总结为"中国中心论"（Flynn and Giraldez，1994；Hamashita，1994；Frank，1998）。然而，尽管中国的确是世界上的主要大国，但归根结底我们最好称其为多个大国中的首要大国。因为东方全球化下的世界经济力量分配是"多中心的",中国、印度、中东、北非、东南亚和日本都是重要行为体。对习惯欧洲中心主义的世界史学家而言,这一点似乎与直觉相悖。因为他们认为1434年之后中国从世界经济中"淡出",随后伊比利亚人填补了由中国人"淡出"而产生的空白。这也许是世界史上最重要的时刻,因为史学家认为世界史的哥伦比亚时代,或"亚洲的达伽马时代"由此开启,正如他们所言,从此世界史由西方普遍主义话语书写(see esp. Roberts,1985;Landes,1998)。正如大卫·兰德斯所言:中国转而坚持孤立主义,中华帝国在随后的几百年间变得自成体系、完整纯粹、看似宁静、神圣和谐,并且更加岿然不动、泰然自若。但世界正与它渐行渐远(Landes,1998:98)。因此,中国的"淡出"常被用来解释1500年之后中国衰落与欧洲同时兴起的原因,就像人们通常认为的,由欧洲一手导演的亚洲"开放"是这个由西方引领和治理的新兴和原始的全球经济在新道路上前行的一步。与标准的欧洲中心主义描述不同,我将在下文中提出一系列与此相反的解释。

对中国衰落的传统解释是错误的,因为西方史学家过于从文字表面解读官方的贸易禁令与中国的朝贡体系。由于中国的统治者期望儒家思想(例如孤立主义/独善其身)被视为其治国理念,因此官方文件在很大程度上被曲解了。不仅如此,西方史学家还认为中国的朝贡体系是基于强制的国家治理的进贡模式,而非商业贸易模式。对"衰落帝国"国际朝贡体系的这种片面认知,错误地证实了关于中国"淡出"的西方观点。但是,传统理论都误读了中国的朝贡体系和贸易禁令的性质。

在此需要澄清的第一点是,朝贡体系也是贸易体系。正如罗津斯基所言,"实际上,朝贡体系通常只是大规模对外贸易的表现形式。很多时候外国商人,特别是中亚商人将自己伪装成来自想象中的国度满载虚假贡品的使者,他们这样做纯粹是为了进行贸易"(Rodzinski,1979:197;see also Kang,2007:ch. 2)。不仅如此,东亚和东南亚的贸易往来也伴随中国朝贡体系的扩大而增多。这方面的案例颇多。事实上,与其说朝贡体系是强制性的,不如说它是自愿的。这是因为进献微不足道的贡品就可以进入中国市场,所谓藩国可以通过这种手段增加本国财富。否则,我们该如何解释葡萄牙、西班牙与荷兰曾反复要求作为藩国加入朝贡体系这一史实?不仅如此,藩国经常彼此竞争敬献贡品——其目的还是进入中国市场获得巨额利润。各路统治者,包括马六甲的苏丹、文莱的统治者、克洛曼德尔的佐拉国王以及马拉巴尔的王子，都急于向中国敬献贡品以获取保护来对抗邻敌。

当藩属国被剥夺进贡资格时，它们常会暴力反抗，这也证明了朝贡体系的自愿性。例如，16 世纪末日本为强迫中国恢复朝贡关系而入侵朝鲜（明朝的藩属国），并宣称若遭遇拒绝则入侵中国。作为"乏味的商业贸易的掩饰"，亚洲商人常用的策略是制造假凭证冒充使者敬献贡品（Frank，1998：114）。与欧洲中心主义者关于中国朝贡体系观点相悖的是，朝贡体系下藩属国获得的经济利益要多于中国。

由此引出我对中国"淡出"之谜需要澄清的第二点：以下三个理由可以证明中国国际贸易的官方禁令只不过是一纸空文。第一，如上所述，在一定程度上朝贡体系是伪装起来的贸易体系。第二，许多中国民间商人通过多种方式规避官方禁令进行贸易。颇具讽刺意味的是，欧洲中心主义者把葡萄牙护照制度视为欧洲人统治地位的标志，他们肯定不知道其他国家，尤其是中国的商人可以通过持有葡萄牙护照伪装成葡萄牙人来规避明朝的禁令。不仅如此，中国的许多贸易与日本的贸易（不过的确是中国商品的盗版货）混在了一起，并且极其繁荣。我们可以在广东的贸易实践中找出规避禁令最常用的方法。在广东的贸易实践中，船只返程时所需要的压舱物用的就是交易所得的商品（Curtin，1984：169）。琉球王国的统治者别具新意，他们鼓励来自福建的中国民间商人在其岛上定居，商人们可以从琉球与中国开展利润丰厚的交易。而琉球只需要偶尔向中国派遣恭敬的朝贡团即可。琉球仅仅是中国民间商人采取的总体战略中的一小部分，他们迁移到地区内的其他国家，并从那里将产品出口回中国。16 世纪前半期，从印度支那、马来西亚、暹罗到连接苏门答腊、东帝汶和菲律宾的岛屿链，中国商人遍布南海具重要商业战略价值的地区与国家。甚至直到 19 世纪英国人到来，中国商人都很好地掌控了这一地区的贸易网络。他们向西、向东开展贸易，并且与大后方中国福建联系在一起。此外，这里的走私贸易也欣欣向荣。由于政府官员常与走私者进行合作，禁令显然无法实施。实际上，由于走私贸易规模巨大，明政府不得不于 16 世纪 60 年代作出让步并将主要走私港口（Port Moon）合法化。

第三，并非所有的民间贸易都被禁止。官方允许很多民间贸易在澳门、福建漳州等港口进行。到了清朝时期，主要通过厦门、宁波和上海开展贸易。诸多学者已经指出中国—东南亚贸易往来的重要性。特别是对世界贸易体系整体而言，马尼拉是一个极为重要的货物集散地，因为中国在这里获得了大量白银（通过西班牙马尼拉大帆船）。的确，仅1570—1642年，每年平均有25艘中国船只开往马尼拉（Deng，1997：108）。这种联系不仅在"海禁"实施后的大部分时期内非常重要，而且在18世纪末还得到了事实上的强化。但总体而言，关键是世界上大部分白银流入了中国，这进而证实了中国经济不仅与世界经济完全融合，而且足够强大以致可以享有大量贸易顺差。

1828年英国终于历史性地打破了对华贸易赤字，中国的世界贸易统治地位也在耻辱中终结。就英国而言，与其说这反映了自身的贸易能力，还不如说背信弃义的帝国主义政治结束了贸易赤字。英国通过两种途径扭转了对华贸易逆差。第一，开垦印度的部分耕地种植茶叶。因此，尽管1850年时英国的茶叶进口完全依赖中国，但仅仅50年后英国进口茶叶的85%便来自印度。第二，向中国出口鸦片是英国更重要的手段。自18世纪晚期以来，英国一直依赖土耳其的鸦片，后来它开辟印度的部分地区种植鸦片，然后向中国出口。尽管中国政府已经采用禁食鸦片措施，1828年印度鸦片占英国全部对华出口商品的比重高达55%。因此便可以理解1839年林则徐虎门销烟的举动，但英国以此为借口发动了鸦片战争。英国通过这些途径扭转了其历史性的对华贸易赤字。这是因为，只有向中国倾销毒品（由英国军事力量做后盾），并让英国人喝印度茶，才能终止金银源源不断地流入中国。

1639年后"日本淡出之谜"：
1868年明治维新前日本的发展施动

欧洲中心主义学者强调，与1434年后的中国一样，1639年后日本在闭关锁国的国策下退回孤立状态。1639年后，日本政府只允许荷兰人和中国人驻留长崎并在此进口外国产品。但是这种进出口数量据悉可以忽略不计。因此，人们认为这种孤立状态与假借德川幕府名义进行的隐蔽的东方专制下的日本经济衰退相伴而生，或者干脆说这种孤立导致日本经济的"淡出"。

与对1434年后中国的误读相似，欧洲中心主义学者的问题依然在于他们曲解了日本的闭关锁国政策，且在理解"闭关锁国"这一术语时过于望文生义。正如 1434 年后的中国，1639 年后的日本既没有与国际贸易脱钩，也没有自我封闭的意图。日本在很大程度上只是因为希望免受欧洲贸易商的天主教文化影响而对海外贸易进行调控（这也是日本允许信仰新教的荷兰人进入长崎的原因）。事实上，德川幕府从根本上是致力于维持贸易发展的。然而，对持欧洲中心主义的思维模式而言，德川幕府的这种调控主义或者垄断主义方式有回归重商主义之嫌（但是诸多欧洲中心论学者却将欧洲的重商主义视为创造国民财富的合理方式）。然而无论怎样，欧洲中心论学者坚持认为 1639 年后日本的对外贸易迅速萎缩，在闭关锁国的政策之下日本经济发展前景渺茫。

事实上，17 世纪的大部分时间内——包括 1639 年之后，日本对亚洲的白银出口额远超英国、荷兰和葡萄牙对亚洲白银出口的总和（Hobson，2004：149—150）。有趣的是，继池田聪之后，弗兰克（Frank，1998：106）也指出，日本与欧洲类似，它们都从亚洲（尤其是中国）进口制造品，并且通过出口白银进行支付。然而，不同之处主要在于，日本在本国开采白银，而欧洲从殖民地掠夺白银。尽管如此，欧洲中心主义论学者仍认为日本政府于 1668 年禁止了所有白银出口。但最新研究表明，直到 18 世纪中期日本仍在继续出口白银。日本通过对马群岛向朝鲜和中国出口白银和贵金属，且运输总量超过先前由荷兰人和中国人对长崎出口的数量。重要的是，当 18 世纪中期白银出口结束时，大宗且持续的铜出口取代了白银出口。正如池田聪在他最新研究成果摘要中所述，"日本出口产品种类的这种循环更替现象是德川幕府努力维持贸易总量的结果"（Ikeda，1996：55）。

有进一步证据显示，1639 年闭关锁国政策颁布后日本仍在继续进行对外贸易。我们一般认为，日本实施经典的重商主义进口替代政策旨在保护国内各种产业的建立，如制糖业和丝绸业。但事实上，日本对华大量丝绸进口一直持续到 18 世纪后半期。朝鲜也向日本提供了大量的丝绸（超过了长崎口岸的进口总量）。虽然日本的生丝进口在 18 世纪遭到限制，但是来自中国和东南亚的丝绸进口一直持续到了德川时代（1868）末期。同样，日本国内的制糖业在 19 世纪前半叶振兴之前，大量的糖靠进口获得。但即便在此之后，为了维持与中国的贸易关系，日本仍一直从中国进口糖。

欧洲中心论认为日本只与荷兰人和中国人开展贸易，但这种观点是有问题的，因为日本还一直与暹罗、朝鲜，特别是琉球进行重要的贸易往来（事实上是日本政府授权进行的）。这是因为 1557 年日本被排除在中国的朝贡体系之外，随后它自己建立了与中国对立的体系。朝鲜是唯一一个被日本平等相待的国家。琉球被视为日本的藩属国，荷兰更是如此。日本商人还开展大量非官方的私人贸易及走私活动——这与 1434 年后中国的情形如出一辙。而且，如同 1434 年后的中国商人，许多日本商人在 1639 年后迁移到东南亚其他国家继续从事贸易活动（该过程与 20 世纪末日本跨国公司移出本土的道理一致）。值得一提的是，日本和中国的民间商人在南海的港口开展了如火如荼的相互贸易。因此，日本的闭关锁国政策并不是为了限制日本与外界的贸易，只是为了限制与欧洲天主教国家的贸易。就以上目标而言，这一政策似乎非常成功。

此外，总体而言，标准的欧洲中心论认为，1853 年美国海军将领佩里使"封闭的日本"向世界贸易开放，从而将日本从自我施加的（落后的）孤立状态中拯救出来。这种观点也是有问题的，因为日本在佩里叩关之前对全球贸易一直是开放的。问题的关键在于，日本 1820 年（比明治维新早几乎半个世纪）的国民收入总额已相当高，在欧洲 GDP 排行榜中的位置非常体面（Maddison，1995：182 - 190）。这表明日本此前并非没有经济发展，发展实际上是德川时期（1603—1868）的重要特征。闭关锁国下的日本是一个早期的发展者，而非后来居上的后发者（Hobson，2004：88 - 93）。虽然，在佩里叩关之后，日本陷入了由西方列强强加的非正式不平等条约体系中，但明治时期的日本是本章所检验的三个国家中享有最大程度主权的国家，这能在一定程度上解释其工业化的成功，相关论述我还会在结论中提到。

1498 年之前"印度孤立的神话"：
"瓦斯科·达伽马时代"印度的施动

很多人认为，被达伽马发现之前的印度一直游离于世界主流贸易之外，他们一定忽略了一个小小的不为人知的事实，即达伽马是在古吉拉特一位名叫坎哈的向导的帮助下才跨越印度的，达伽马在非洲东海岸的马林迪偶遇坎哈并将其带上船。有趣的是，杰拉德·蒂贝茨也提供了强有力的间接证据来贬低达伽马的著名阿拉伯领航员谢哈布·阿尔丁·艾哈迈德·

伊本·马吉德，因此人们通常认为后者是个有问题的向导。印度向导的缺席致使达伽马的返航艰难至极——越来越多的船员遭受坏血病的蹂躏——这一事实揭示出印度航海家的角色向来非常重要。但问题是，印度人如何懂得通过深海航行（即不沿着阿拉伯海的海岸线航行）跨越印度洋？这一问题的答案揭开了长期被欧洲中心主义历史所掩盖的事实：即早在达伽马出生前的几个世纪，印度便已纳入迅速发展的东方地区化进程。阿拉伯、波斯和印度的向导已在印度洋上航行了没有几千年也有几百年，为了防止航海知识被盗，他们小心翼翼地口耳相传了世世代代（这便是为何我们无法找到印度的世界地图的真正原因，而欧洲中心论者竟由此认为印度与世界隔离）。

值得注意的是，印度与罗马帝国之间的贸易不断加强——这在公元1世纪著名的《厄立特里亚航海记》中便有所记载（Hourani，1963；Wink，1990）。从那时欧洲便开始保持对印度的贸易逆差，这种情况持续了近两千年。同样值得注意的是，这种逆差是由欧洲进口印度的棉纺织品造成的。公元8世纪之后，印度既是连接东南亚与中国的主要纽带，又是中东、非洲和欧洲之间的主要节点。因此，在伊斯兰的中东成为连接东方与欧洲贸易支点的同时，印度成了全球性的贸易枢纽。

公元500年后东方地区化进程出现，它将除美洲和大洋洲之外世界上所有的主要地区联系在一起（Hobson，2011）。西亚/中东的商人非常积极地在印度西北海岸建立殖民地。因此公元650年后的几个世纪里出现了古吉拉特的伊斯兰化。直到公元10世纪，该进程都一直处于巩固阶段（伴随第二阶段东方全球化的崛起，1492年东方地区化进程结束，美洲被纳入新兴体系中）。公元10世纪以来，印度商人，尤其是来自科罗曼德尔海岸的商人开始向东开展贸易。北印度成为重要之地，与西亚及东非之间繁荣的贸易使得此处的古吉拉特兴旺发达。重要的是，13世纪时北印度地区的国际贸易就涉及日常生产的纺织品、金属、半加工原材料和散装食品（而非仅仅是欧洲中心论者所坚持认为的奢侈品）。因此，考虑到几个世纪以来古吉拉特商人在东方主导的贸易体系中发挥的主要作用，达伽马跨越印度并成功地沿着非洲西海岸下行最终绕过好望角这一壮举是在一名古吉拉特向导的指引下完成的史实，便合情合理了。

同样重要的是，鉴于印度在印度洋地区的强大贸易实力，以葡萄牙为首的欧洲入侵者只获得了印度洋贸易的一小部分便不足为奇了。尽管虚伪自负的欧洲中心论宣称欧洲人垄断了各种贸易，但事实上 16 世纪时葡萄牙只拥有世界航运总吨位的 6%。不仅如此，葡萄牙垄断了胡椒贸易的说法也令人吃惊，因为事实并非如此，例如在马拉巴尔，葡萄牙人只运送了胡椒全部产量的 10%，只成功地控制了古吉拉特胡椒贸易的 5%。当葡萄牙人为了获得更大的贸易份额而阻止来自印度古里（Calicut）的贸易时，印度商人为躲避葡萄牙人在印度商业机构的支持下自发开辟出新的贸易路线。实际上，肉桂是葡萄牙人成功取得垄断贸易地位的唯一香料（但考虑到腐败的统治者和官员攫取的垄断利润，这也成为一种得不偿失的胜利）。荷兰人在与亚洲人，特别是印度人开展贸易时也面临同样情形。

当然，欧洲中心主义者援引葡萄牙护照的高持有率作为葡萄牙垄断印度洋的标志。因为葡萄牙人要求持有葡萄牙护照的亚洲商人支付 3.5% 的税。然而他们没有认识到，对许多亚洲商人而言葡萄牙护照是一种增进收益的资源（之前提到的中国商人的例子便是）。持有葡萄牙护照的另一个好处是，它比武装船舶更便宜、经济上更划算，所以许多亚洲船主选择购买葡萄牙护照。这是因为，在葡萄牙人迟缓地到来之前，印度洋的贸易体系已经沿着相对和平的线路开展起来（Curtin，1984：144 - 148，159 - 167，ch. 8）。

更重要的是，直到约 1800 年印度和亚洲其他国家商人一直有效地利用欧洲的闯入者来提高自身收益。较为典型的是印度商人与各路欧洲商人的贸易。如果欧洲人想从印度洋贸易中获益，他们只能选择合作。后来印度与荷兰以及印度与英国之间的商贸关系也是如此。如前所述，以下事实能够清楚地解释这一现象：欧洲大部分的贸易收益来自亚洲内部国家间的贸易。同样值得注意的是，英国人只能通过吸引印度富商的投资来开展贸易活动。

对这段历史重述的意义在于指出，欧洲的经济发展水平在 1800 年之后才最终超过印度。按照世界制造业的相对份额排名，1830 年之前印度一直仅次于中国位居第二。1750 年时印度的份额是 25%，超过整个欧洲（23%）。不仅如此，即便在 1830 年印度的份额仍是英国的两倍（Bairoch，1982：296）。非常重要的一点是到 1820 年时，英国的 GDP 仅占中国的约 1/6，印度的 1/3。直到 1890 年英国的 GDP 才达到印度的水平

(Maddison，1995：180，182，190)。1750 年印度的人均收入大致与欧洲相当，欧洲的人均收入直到 1800 年左右才超过印度。与中国案例中的情况相同，我同意彭慕兰（Pomeranz，2000）和弗兰克（Frank，1998）的观点：全球史上标志着西方霸权形成的分水岭是 1800 年，而不是欧洲中心主义世界史学家声称的 1500 年。

最后，如果说 19 世纪时相对于西方而言日本拥有最大范围的主权，那么印度拥有主权的范围最小。因此，虽然印度早在大英帝国建立之前就出现了工业现代化萌芽，但这些萌芽在 18 世纪和 19 世纪被大英帝国的经济遏制战略所扼杀。英国的做法是通过强加自由贸易使印度去工业化。由于 17 世纪时英国一直依赖从印度进口的棉花制品，18 世纪初英国政府便对印度棉花进口课以重税作为应对之策。随后英国在 19 世纪通过强制印度接受自由贸易确保印度市场不再受到政府保护。在英国兰开夏郡的授意下，印度在 1882—1894 年废除棉花进口关税（1859—1882 年降低了 5 个百分点）。至此，英国一方面通过高关税限制了印度棉花制造体系的发展，另一方面通过背信弃义的阿尔比恩引以为豪的最不公平的"任意球"为英国商人畅通无阻地进入印度敲开了大门。毫无疑问，这也是英国最知名的"任意球"。因为 17 世纪时英国还是印度纺织品的净进口国，但到 1815 年英国便出口了价值约 4000 万英镑、长达 23 万公里的棉纺织品，到 1874 年更是出口了价值约 1.9 亿英镑、长达 322 万公里的棉纺织品。截至 1873 年，英国全部棉纺织品出口的 40%—45% 流入印度，到 19 世纪中期，印度已经变成兰开夏郡棉纺织工业的棉花原料提供国，也是兰开夏郡棉纺织品的重要进口国。总之，英国纺织业发展的社会成本就是印度纺织业的去工业化。19 世纪印度的钢铁行业面临同样情况，考虑到印度一直是世界上最重要的钢铁生产国之一，这种情况对印度经济更具毁灭性。

结　论

本文需要注意以下四点。第一，本文揭示了当前美国通过中国资本来平衡对华贸易赤字的情况在历史上并非首次出现，它与五百年前的历史先例完全契合。与今天相同，1450 年后西方的消费模式加之中国的贸易盈余和财政能力不仅促使两大地区经济体相互依赖，并且对促进全球经济发展起到了实质作用。然而，与今天的不同之处在于，当时欧洲通过掠夺其他民族的资源（如在美洲掠夺白银）来平衡贸易赤字。同样，过去西方通过套利中国的黄金，以获得更多的白银来攫取利润，极其相似的是现在中国购买美国国债，美国从中获得可观收入。

第二，本文从不同视角重塑了欧洲中心主义的世界史。欧洲中心主义的历史认为，全球差距的缩小最早可追溯至1500年左右的欧洲地理大发现时代，当时欧洲扩张主义者首次抵达"远东"和"远西"，并将未开化和孤立的东方与世界其他地区一直隔离开来的所谓古代城墙——摧毁，从而开启了亚洲的"瓦斯科·达伽马时代"。但是我揭示的情况恰恰相反：一直向外扩张的反而是东方（自公元500年左右"亚非大发现时代"以来），东方最初通过东方地区化，1492年之后通过东方全球化向外扩展，中国在此时最终有效地将欧洲人排除在它们于公元800—1492年一直致力打造的"未开化的"相对孤立的体系之外。因此，对欧洲人而言，瓦斯科·达伽马发现印度可能是个意外，但对中国人、穆斯林、非洲人、爪哇人及其他民族而言却并非如此，因为他们之间进行日常贸易往来已近千年。

第三，本章的讨论引出西方帝国主义对全球经济的领导权由东方向西方转移所发挥作用的问题。笔者认为，帝国主义无法完全解释"大分流"现象，但它的存在或者缺失至少起了催化作用。本章所检验的三个案例非常有趣，因为它们处于一种连续的状态，大英帝国正式殖民统治下的印度最不具主权，相对而言日本享有的主权更多，中国则居于两者之间。显然有趣之处在于，拥有相对完整主权的日本在19世纪便开始工业化进程，而印度在大英帝国的正式统治下被去工业化，中国则直到1843年才开始在"百年屈辱"的枷锁下挣扎。然而，中国的问题并非局限于英国的新帝国主义干涉，西方帝国主义在"大分流"问题上扮演了重要但并非唯一的角色。

最后需要注意的重点是，也许中国、印度（以及西亚/北非）所履行的最伟大的"义务"是对现代性兴起和西方崛起做出的贡献。因为东方全球化和新兴全球经济构成了一条传送带，更先进的东方"资源组合/发明"通过这条传送带来到西方，从而推动西方崛起。这种传送使所有世界史的关键转折成为可能，其中包括：使1000年后意大利金融革命成为可能的金融制度和技术；使远洋航行成为可能的航海技术（没有这些航海技术的话欧洲人只能局限于当地水域）；使欧洲军事革命（1550—1660年）成为可能的枪炮和火药技术；为文艺复兴、科学革命和启蒙运动兴起打下基础的诸多关键理念；最后同样重要的是为18—19世纪英国农业和工业革命打下基础的诸多关键要素（Hobson，2004：chs. 5 - 9；Hobson and Malhotra，2008）。因此，与欧洲中心主义的"文明冲突论"和"西方至上论"相反，我们最好讨论一下"文明的对话"及"东西方的施动者"问题。

第五章　以中国为中心的东亚

——早期现代东亚的朝贡体系

康灿雄（David Kang）著　张凯译

　　1592 年，日本将领丰臣秀吉率大约 700 艘战舰、16 万多部众入侵朝鲜，首次征服朝鲜后，最终又动员 50 万士兵，企图征服中国（Swope，2005：41）。朝鲜的 6 万军队及明朝 10 万援军捍卫了朝鲜半岛。经 6 年战争，日本撤退，丰臣秀吉去世，因而没有完成征服中国和朝鲜的目标。

　　壬辰战争轻易便使同时代的欧洲战争相形见绌，因为战争涉及的人力物力要比 1588 年西班牙无敌舰队的规模大五到十倍。而西班牙无敌舰队在文艺复兴时期的欧洲号称"史上规模最大的军事力量"（Turnbull，2002；Hawley，2005：xii；Swope，2005：13）。壬辰战争是研究东亚历史的有趣史料。然而对国际关系研究来说，更重要的是，丰臣秀吉入侵朝鲜是在六百多年时间里日本、朝鲜和中国发生的唯一一次军事冲突。壬辰战争前后三百年，日本都是中华世界的一部分。尽管具有发动大规模战争的军事和技术能力，但东亚的三个大国与东亚体系的大部分国家在很长的一段时间内和平共处。于是引出一个问题，即为何稳定能成为东亚国际关系的规范？

　　实际上，从 1368 年至 1842 年，即从明朝建立到中英鸦片战争，中国、朝鲜、越南和日本之间只爆发了两场战争：中国与越南的冲突（1407—1428 年）及日本入侵朝鲜（1592—1598 年）。这 4 个主要的区域性、中央集权制国家彼此之间维持了持久和平。这些国家越强大，它们的关系就越稳定。中国是该体系中主导性的军事、文化和经济大国，但其目标并不包括向邻国扩张。到 14 世纪，这些中国化的国家建构出一系列国际规则和制度，被称为"朝贡体系"。中国是该体系的霸权,① 体系存在着不平等，这都导致等级制和长期和平。周边国家从朝贡体系中获益，且保持着广泛而紧密的文化、外交和经济关系。②这些较小的、被中国化的国家模仿中国的行为，不同程度地接受中国在该地区的中心地位。

建立在合法性权威和物质力量的基础之上，朝贡体系提供了一种规范的社会秩序，这一秩序也包括中国可靠的承诺，即不去剥削接受其权威的二等国家。这一秩序是明确的，且形式上是不平等的，但从非正式的角度讲却是平等的：附属国家既不允许声称，也不认为自身与中国处于平等地位，但它们却有实质上的行动自由。中国处于这一等级制的顶端，且直到19 世纪晚期西方大国到来之前，该游戏规则一直没有受到智识上的挑战。朝鲜、越南甚至日本的精英都自觉地模仿中国的制度和话语实践，部分原因是为了稳定与中国的关系，而不是去挑战它。

无论是基本规则还是大国间冲突水平，东亚与欧洲的历史经验都极为不同。欧洲的"威斯特伐利亚"体系强调国家间的正式平等和均势政治，其标志是无休止的国家间冲突。相反，东亚的"朝贡体系"强调国家间正式的不平等和明确的等级制，其标志是主要参与国间几百年的和平。人们倾向于认为欧洲经验具有普遍性，但是研究东亚作为国际体系的历史经验不仅可以提出东亚研究的新问题，而且也可为现代国际体系研究提供借鉴。毕竟，大部分世界史都涉及霸权国建立等级制和秩序，研究不同历史背景下的国家间关系有望为理解当代问题提供帮助。

虽然无政府（缺乏中央政府）是国际关系的常态，但是国际关系学者日益认识到，"每一种国际体系或社会都有一系列规则或规范来约束行为体及恰当的行为"（Krasner，2001：173）。克里斯琴勒－斯密特表示，"国家制定基本规则来解决无政府状态下共存的协调与合作问题"（Reus Smit，1997：557）。但我们却没有从这一视角来探索东亚的国际关系。

的确，我们倾向于将当前的规则、观念和制度视为国家间互动的自然或必然方式：确定公民身份的护照；作为可以从事外交关系的唯一合法性

---

① 应当指出，我所使用的是现代社会科学术语"霸权"，而不是中国术语"霸王"。霸王系指当缺乏合法性王朝时所产生的强人，如汉朝建立之前的项羽。感谢利亚姆·凯利（Liam Kelley）指出了这点。

② 即使是游牧民族也重视中国的稳定。约翰·米尔斯（John Mears）指出，"维持一个稳定的中国政权似乎最符合游牧部落联盟的利益"（Mears，2001：8；也参见 Perdue，2005：521）。

政治行为体——民族国家；用英寸衡量的民族国家间边界；或许最关键的是作为国际关系基本持久模式的"均势政治"观念。

然而，当前的国际体系事实上是世界史的新现象。这些国际规则和规范产生于17世纪的欧洲国家。1648年，欧洲大国签署了一系列条约，创立了一系列治理国际关系的规则，即著名的"威斯特伐利亚治下的和平"。在随后的几个世纪，欧洲国家逐渐将这些"威斯特伐利亚治下"的主权、外交、国籍和商业交易的规定规范化、程序化和制度化。例如，虽然外交官和商人偶尔会携带各类身份凭证，但是直到1856年美国国会才通过立法，唯一授权国务院，以发布官方的公民身份证明，并且到了第一次世界大战之后护照才成为司空见惯的事情（Lloyd, 1976）。

这一特殊国际关系体系的结果是，把平等视为理所当然，无论是作为规范目标，还是国际政治隐含和持久的现实都是如此。在当前国际体系下，无论国家之间在财富和规模上相差多么悬殊，所有国家都被视为是平等的，并被赋予相应的权利。事实上，平等观念深深地印在了我们的现代思维之中，它包含关于国家权利、国际权利以及"人权"的思维，从法国哲学家到美国独立宣言都认为"这些事实是不言自明的……所有人生而平等"。

在国际关系中，"均势"作为一种基本进程的信念最清晰地表达了平等的观念：一国过于强大会对他国构成威胁，并导致它们联合起来对抗强国。当国家间大致处于平等状态时，国际体系最稳定，这种观念限制了我们对国际政治如何运行的思考。大量规模相似的国家卷入几百年无休止的冲突中，这种欧洲的经验现在已被认为是普遍的规范。因此，肯尼思·沃尔兹自信地断言，"霸权导致均势，并且所有的世纪都是如此。"这也许是国际关系的默认命题（Waltz, 1993：77）。①

然而，事实上，这些模式、观念和制度是来自特定时间和地点的具体观念，即来自18世纪的启蒙思想。也就是说，无论现在还是过去，国际关系中都同样存在不平等和平等。事实上，对国际关系而言，存在两种持久的模式，不仅仅是均势，还有一种相反的观念，即不平等也可带来稳定。"霸权"观念认为，在某些条件下，主导国通过提供领导来使体系稳

---

① 参见 Osiander（2001）；Mearsheimer（2001）；Kaufman et al.（2007）。关于东亚的制衡，参见 Friedberg（1993–94），Betts（1993）；Brzezinski and Mearsheimer（2005）。

定。无论是平等还是不平等，在某些条件下可能是稳定的，但在其他条件下则可能是不稳定的。对我们而言，认识到这一点很重要：甚至"无政府"体系也存在差异，不同的无政府体系产生不同的规则、规范和制度来使行为结构化，并指导行为。

由于过去几百年的欧洲体系最终发展为现在被世界各国所使用的一套规则、制度和规范，所以我们倾向于假设这是自然的、不可避免的，并认为所有的国际体系都按同样的方式运行。伴随着东亚在世界上的重要性日益增强，运用以欧洲经验为基础的观念和模式来解释亚洲已成为一种普遍现象。例如，1994 年阿伦·弗里德伯格把现代亚洲与五百年前的欧洲史进行了对比，并得出结论："不管好坏，欧洲的过去可能是亚洲的未来"（Friedberg，1993：7）。正如苏珊·鲁道夫所观察到的，"似乎有一种比赛，西方已经达到终点并等着他国来打破纪录"（Buzan and Acharya，2007；Rudolph，2007：2）。几乎所有学者都将东亚看作是欧洲的翻版，而不是从东亚的视角来看待东亚，而且很少有学者实事求是地建构可以解释东亚的理论。①

我们关注历史，不仅因为历史可以增强我们对过去的理解，而且也因为它可能有助于解决现代东亚问题。熟知东亚的历史有助于我们了解其历史背景，并弄清楚过去半个世纪东亚的经济活力和相互联系。现今的东亚体系经常被讨论，似乎它产生于"二战"以后和后殖民时代，就像认为雅典娜产生于宙斯的头脑里那样。然而，正如本章将讨论的，与欧洲相比，大部分东亚国家经济相互融合、地理边界分明及作为中央集权的政治体的时间更长。为了解释 21 世纪的东亚国际关系，我们可以以探索该地区的历史作为开端。

何为"东亚"？

认为国家行为从古代到现代是一成不变的，这种观点在研究东亚时非常有吸引力。这一观点是可以理解的，因为许多东亚国家在文化成就、国家形成和经济活力上拥有较长历史，如中国、日本、朝鲜甚至越南，它们在一千多年以前就像现在这样为人熟知。

---

① Johnston（1995）和 Hui（2004）除外。

然而，东亚与世界其他地区一样，发生了许多变化：一些文化特征有其历史根源，且所有文化特征都依靠环境、形势、制度限制、政治经济突发事件和其他因素进行不断的演化。东亚拥有长期而复杂的国际关系史，可追溯到 2500 多年前中国的"战国"时代（公元前 475—221 年）。战国时代之后，中国出现了统一的政治统治；公元 668 年新罗王朝统一了朝鲜半岛，从公元 668 年到 1945 年（这一时期有 1300 多年）朝鲜都由一个政府进行统治。在日本，"奈良时代"开始了中央集权统治，并最终演变成现代的日本国。现在的越南在公元 968 年时也产生了中央集权统治，当时一个叫丁部领的人与广东的一个军阀结盟，打败了当地的其他军阀，并获得"骑士团王子"的称号，后来被宋朝的统治者加冕为"王"。这个最初的越南王国最终演变成了今天的越南。即便是这些王国在一千多年以前便开始产生，但是在东亚其他边境地区，如在中国的西部和北部地区仍然存在着有名的半游牧部落。

本章的目标不是去调查整个东亚国际关系三千多年的丰富历史，即便对整本著作来说那也将是一项艰巨的任务。相反，本章会聚焦于西方到来之前的五百年：14—19 世纪。即从 1368 年中国明朝成立到中英鸦片战争（1368—1842 年），这段时期代表了东亚地区国家建设的高峰，而且这一时期东亚国际体系是最完整、最发达的。

本章所研究的东亚国际关系的地理范围主要涵盖的国家：中国、朝鲜、韩国、越南和日本。这些国家是东亚国际体系的主要行为体，它们构成了一个国际社会。这个国际社会明确了成员国的身份规则、地位的评估方式以及游戏规则。整个早期现代东亚地区的范围，北到满洲里，东至太平洋，西达西藏高山，南抵泰国、马来西亚和印度尼西亚等国家。

东亚朝贡体系

本章包含三大主题：第一，几乎东亚所有的政治行为体都接受了一套明确的国际关系运行的基本规则和制度。如"朝贡体系"，其中包含按地位排序的等级制，且这些规则被视为政治行为体的互动方式。这些想法和制度主要源于过去几个世纪中国人的理念，到 14 世纪时它们便成了不容置疑的"游戏规则"。

在朝贡体系中，彰显地位的文化成就是与军事或经济力量同样重要的目标。地位等级和等级秩序是朝贡体系的关键组成部分，等级排序不一定来自政治、经济或军事力量。中国毋庸置疑是霸权，其地位来自文化成就和其他政治行为体的社会认同，而不是其规模或军事、经济力量。朝贡体系中的所有政治行为体都会按规则行事，且不会质疑这些规则。即使拒绝儒家文化成就的政治行为体（如游牧民族）也会毫无疑问地去接受大部分的游戏规则、界定等级制的方法和国际关系运行的方式，与同时代占主导地位的理念和制度不同，他们自己去界定自身的理念和文化。① 等级的上下移动是在这些规则之中进行的，直到 19 世纪西方大国到来之后，才有了处理国际关系的另外一套规则。

第二，在这一较大的规则和制度中存在一个较小的由中国、朝鲜、越南和日本构成的儒家社会（Confucian society）。我使用"社会"这一术语意指具有自我意识的集团。在决定成员资格问题上，集团具有共同的观念、规范和利益。集团成员的利益可能并不一致，它们的目标可能经常处于冲突状态，但是在集团成员资格的标准、集团的价值和规范，以及如何衡量成员的地位等问题上它们却具有共同的、基本的理解。这四个国家都接受了中国的理念，并且它们在文化上也是相似的。虽然朝贡体系中存在诸多其他政治行为体，它们也遵循了大部分的游戏规则，但是从根本上讲，是这 4 个国家构成了一个主要以儒家观念为基础的内圈。

然而，在这一儒家社会中，日本是一个外围或者边缘性的国家。日本处于中国化社会的边缘，显然也是最不愿接受中国理念和中国主导的国家，同时也是对寻找另外一种方式处理与他国关系最感兴趣的国家。虽然日本许多的理念、创新、著作和文化知识明显来源于中国，但是日本却一直在怀疑中国的中心地位。事实上，日本的学者和官员通常会对他们所崇敬的中国文明和他们所蔑视的中国国家进行区分。然而，即便日本对把自身视为一个儒家的、中国化的国家而犹豫不决并表示怀疑，但与该地区其他政治行为体相比，如暹罗，日本仍是儒家化程度较高的国家，并且直到五百多年以后日本才挑战了现存的秩序。

欧洲与早期现代东亚之间另外一个显著区别是，在东亚不同类型或宗派的儒教与佛教之间没有爆发自相残杀的宗教战争。正如亚历山大·伍德

---

① 在北部草原存在非常多样的民族、文化和政体，为便于解说，文中的这些系指"游牧民族"，虽然该术语远不能令人满意。

赛德所言，"在中国、越南和朝鲜历史上没有胡格诺教徒之争，也没有大规模圣战、宗教审判和圣巴塞洛缪大屠杀"，这些国家把没有爆发宗教战争视为他们"最伟大的历史成就"（Woodside, 1998：194, 204）。

第三，这些规则和规范对东亚政治行为体之间开展外交、战争、贸易和文化交流具有重要意义。朝贡体系及其他的理念和制度远不是一种毫无价值的社会润滑剂，而是构成了东亚国家间关系的基础。由于包含不平等观念和管理不平等国家之间关系的诸多规则，朝贡体系提供了一套方法来解决非战争状态下国家间冲突的目标和利益。

朝贡体系与儒家社会

到 14 世纪时，朝贡体系演变成了一套规则、规范和制度，中国在其中处于明显的霸权地位，从而形成了明确的等级制和长期和平。游戏规则和等级制度得以明确。周边国家从中获益，而中国似乎已没有打仗的必要，附属国家也没有发动战争的诉求。对朝贡体系为何稳定的简单解释是，中国是维持现状的霸权，而该地区的其他国家承认并接受了这种现状。中国既制定了国际关系的游戏规则，也成了该地区诸多国内政治和社会制度的来源。

东亚的儒家国际秩序包括一系列地区共享的正式、非正式的规范和预期，这些规范和预期指导着国家间关系，并带来了真正的稳定。朝贡体系虽强调国家间正式的等级制，但却允许国家具有相当大的非正式的平等性（Fiskesjo, 1999；Keyes, 2002）。只要等级制得到遵守，中国的主导地位得到承认，国家便没有必要发动战争了。中国化国家，甚至一些游牧部落，在彼此互动时也会运用一些朝贡体系的规则和制度。地位与物质力量一样界定了一国在等级制中的位置：中国处于最顶端，附属国家则根据在文化上是否与中国相似，而不是它们的相对权力来进行排序。

朝贡体系的核心是一套制度和规范，这些制度和规范调节着外交和政治互动、文化和经济关系，特别是明确阐述了不同政治行为体间的关系。与现代的威斯特伐利亚国家间平等理念相反，朝贡体系强调的是"上下级关系的不对称和相互依赖"，不平等则是国家间关系的基础（Hevia, 1995：124）。朝贡体系在两个关键的制度中实现了正式化：一是小国得到超级大国的承认，即授衔仪式；二是小国向超级大国派遣外交使节。授衔仪式既包括明确接受从属的进贡国地位，也是一种外交协议，通过这种协议一国可以承认其他政治行为体的主权合法性，即承认进贡国国王是合法的统治者（Yoo，2004）。朝贡使节具有多重作用：稳定双边政治外交关系、就重要事件和新闻提供信息、制定贸易条约、促进学者之间的文化交流。使团本身（包括士大夫、译员、医生、代理人、信使和助手）可能由几百人构成。

例如，当中国皇帝与其他国家或社会建立朝贡关系后，在中国人看来，这种朝贡关系便确立了该国的主权，并使该国具备了进入中国的权利。《大清通礼》（*Comprehensive Rites of the Great Qing*）以周朝（公元前1027—221 年）接收使节为开篇："根据《周礼》记载，大行人（the Grand Conductors of Affairs）掌管宾客之礼仪。九州之外的王国称之为藩国。"（Hevia，1995：118）正如现代的威斯特伐利亚体系，朝贡体系外交方面的核心是相互承认合法性和主权。将藩国称为国既显示了差异性，又具有相似性：国是清朝对自身的称谓，藩国则被视为相似、但不平等的单元。

进贡国与中国皇帝的所有交流都要使用中国的日历，定期向中国派遣外交代表团或使节，并提供准许进入中国的文件或"标签"。然而，根据他们的地位，不同的规则和仪式则适用于不同类型的到访者。例如，较为高贵的外交官也可免于叩头，也可私下开展贸易。地位较低的官员则无法享有这些待遇（Wang，2005）。正如何伟亚所言，"上下级关系本身是通过多种方式呈现的，上级发起并制定任务，上级是任务的来源，下级则完成任务"（Hevia，1995：124）。

除了这些措施外，中国几乎不对其他国家施加权威："当外国使节在中国皇帝面前鞠躬时，他们实际上承认的是中国皇帝的文化优越性，而不是中国皇帝对他们国家的政治权威。"（Smits，1999：36）与中国的关系并没有使其丧失独立性，因为这些国家可以非常自由地按自己的方式处理国内事务，它们也可以独立于中国实施对外政策（Son，1994）。

儒家社会

朝鲜、越南，甚至日本的精英都有意模仿中国的制度和话语实践，部分原因是为了与中国维持稳定的关系，而不是去挑战它。这些国家与中国一道构成了儒家社会，它们在这一社会中分享和承认共同的价值、目标和立场。儒家主义的核心原则包括一些王朝，它们"彼此之间分享着某些政治上的礼仪、教育、文学、智识和社会实践，'制度记录'机构有相关记载，该机构记录了此类实践和这些'智者'（即做这些记录的人员）的存在"（Kelley，2003：68）。"儒家主义"是以中国古典哲学著作为基础的一套理念，这些著作分析了组织政府与社会的合理方式。伍德赛德指出，"'儒家君主政体'这一术语并没有表明这些国家所分享的文明的广泛性"。他指出，"这三种社会（中国、朝鲜和越南）都是由具有特殊类型历史意识的学术精英来统治的"（Woodside，1998：193）。

共同的儒家世界观对国家间关系产生了重大影响。也许最重要的是，在中国看来，像朝鲜这样更具儒家特点的国家地位更高。这种看法使这些国家具备了与中国开展外交、贸易和准入的特权。虽然朝鲜与日本一样弱小，但是凭借与中国的关系及其对儒家理念更加全面的采纳，它的地位更高。特别是朝鲜被视为一个"典型的"进贡国，毫无疑问，它的地位靠近了等级制的顶端（Yun，1998）。的确，朝鲜在明朝朝贡国等级制中的地位是值得骄傲的，它们"将与中国的关系不仅仅视为一种政治安排，也是对其儒家文明成员身份的一种认可"（Haboush and Deuchler，1999：68；Swope，2009：43）。

朝鲜与明朝的关系非常密切，15—18世纪朝鲜每年向中国派遣三个代表团，而日本每十年才向中国派遣一个代表团。在清朝时期这一稳定的关系得以持续，何伟亚指出，"在清廷记载中，朝鲜是忠实而卓越的藩属。根据《大清通礼》记载，在藩属中朝鲜名列第一，帝国派遣到朝鲜的使节一直都是最高等级的"（Hevia，1995：50）。虽然等级较低、获得的特权较少，但拒绝儒家主义的国家或行为体仍然可以参与到朝贡体系之中。

基于中国儒家理念，朝鲜与越南建立了中央集权的官僚体制。除了国际关系规范和规则外，这一文化关系还包括语言、文字、历法、文学艺术、教育制度、政治和社会制度。就像具有"西方化"的现代性一样，中国的理念对附属国的国内行为及国际行为产生了重大影响。他们建立起了复杂的制度结构和行政机关，"这一行政机关具有初生的官僚主义特点，其人员的遴选独立于世袭的社会要求，根据清晰的规则，通过国家公务员考试进行选拔"（Woodside，2006：1）。例如，朝鲜与越南的政治制度，如六部和国务院，与中国的政治制度是一样的。朝鲜如此广泛地接受了其附属地位和中国的理念，以致朝鲜的朝服与明朝官员的朝服都是一样的，只不过朝鲜的朝服和徽章要低两级（在九级制中）。①

与朝鲜相比，日本对待中国的态度更加矛盾，日本既是最不愿接受中国理念和主导的中国化国家，也是对寻找用另外一种方式处理与他国关系最感兴趣的国家。然而，与此同时，与该地区其他政治行为体相比，如蒙古或其他游牧民族，日本仍是受儒家影响较大的国家。从这种意义上讲，日本处于儒家社会的边缘。

在其早期历史上，日本对中国式的治理体制进行了尝试，并向中国派遣了朝贡使团。②随着701年《大宝律令》的颁布，平安时代（749—1185年）的日本引入了中国式的政府官僚体制，这一官僚体制严重地依赖于唐朝的制度、规范和实践。正如其官僚机构的组织一样，在11世纪日本的大学体系都是以研究中国文学名著的课程为基础的，而且日本都城京都也是仿照唐朝都城长安而建的（Shiveley，1999）。然而，在地域较小、比较落后的环境下，日本于11世纪引入中国官僚政治体制的早期努力失败了（Grossberg，1976）。

然而，即使对德川时代的日本而言，中国作为一个规范性的先例仍然是非常重要的。日本与中国继续从事非正式贸易，在17—18世纪每年有多达90艘中国船只到访日本，而日本每年则要进口1000本中国书籍（Osamu，1980）。当德川幕府寻找法律和制度典型来安排其政府与社会时，"这些典型通常源自中国"，如由明太祖于1398年首先发布的"六大准则"（Six Maxims），以及清朝，甚至唐宋时期的法律和行政典律（Jansen，1992：65，228）。《德川实纪》（Tokugawa Jikki，德川幕府时代的官方编年史）的确包含了大量有关日本法律学者向中国和朝鲜学者请教的参考资料，因为他们试图翻译各种中国的法律和先例，并对其进行修改以便为德川幕府所用。

朝鲜、日本、越南和其他国家不仅使用朝贡体系的制度，而且还将这些等级秩序复制到它们与其他政治行为体的关系中，这一事实进一步反映了这些国家接受了朝贡体系的合法性。表面上看，如果朝贡体系的

---

①　那就是，朝鲜第一等级（最高等级）的官服相当于明朝第三等级的官服。

②　7世纪的律令国家（以法规为基础）明显是按照唐朝的官僚制构建的。William Wayne Farris，"Trade，Money，and Merchants in Nara Japan"，*Monumenta Nipponica* 53 No. 3，（1998），pp. 303 – 334，p. 319.

制度只是抚慰中国的工具，那么这些国家无论何时都有可能放弃朝贡体系。然而，朝贡体系是地区范围内的政治框架，在该框架中地区内的所有国家都可以开展外交、旅行、官方贸易和私人贸易。例如，15世纪初，高丽王朝将外交接触（如来自日本、女真和琉球的使节）划分成了四个等级。在这些等级中国家的地位不同：各蒙古部落排第四，琉球排第五（Kang，1997；Robinson，2000）。斯沃普指出，"在处理与琉球这样国家的关系时，朝鲜认为在中国的朝贡体系中它们的地位较低，朝鲜暗示……最高权威。朝鲜有时认为日本与其地位相同，有时则认为日本的地位较低"（Swope，2002：763）。这些等级不仅对应不同的外交地位和权利，而且限定了不同的贸易和商业权利，管理着与日本和女真的接触，囊括了诸多问题，如将在日本遇难的商人和船员遣送回国。日本也与其他国家维持了朝贡关系，最显著的是维持了与琉球的朝贡关系（Smits，1999）。

国家间边界

国际关系两项最基本的任务是划定领土和建立不同政治单元的合法性主权。体系稳定的良好标志是朝鲜、越南与中国的边界是相对固定的，在所考察的五个世纪中没有发生重大改变。国家间明确的边界是它们彼此维持现状的良好指示器。这样一来，边界成了"政治划分，而政治划分则是国家建设的结果"，而且边界是一国接受现状的有效指示器（Baud and Van Schendel，1997：214；Batten，2003）。然而，固定的边界不仅仅是设计出来交流偏好的功能主义制度，而且这一制度本身就假设双方的存在，承认彼此具有存在的合法性权利。

到11世纪，朝鲜对其北部边界的认定和朝鲜在14世纪对进贡地位的接受阻止了新成立的明朝和朝鲜王朝之间战争的爆发。1389年，明朝成立之初便告知高丽王朝，朝鲜东北部地区乃中国领土的一部分。高丽决定就边界划分问题向明朝开战，由于这场战役和李成桂（Yi Songgye）将军无心恋战（主张协商）导致高丽王朝的败亡。三年后，一个新的王朝——朝鲜王朝成立（Kim，2006）。李成桂立即与中国开启了谈判，明朝确立了朝鲜王朝的进贡地位。重要的是，通过获得对中国的进贡地位，朝鲜王朝保持了之前由高丽拥有的全部领土。

事实上，13世纪蒙古人入侵，倭寇在沿海的侵犯以及重新兴起的明朝本应该激起 14 世纪新生的朝鲜王朝全面的军事化。然而，相反的情形发生了，1392 年朝鲜王朝的建立预示着儒家实践的强化，"学者型官员在所有层面直接参与到决策之中"（Deuchler，1992：292；Yoo，2004）。儒家实践的强化被称为"新儒革命"，当时学者们不顾军方反对强加了他们关于合乎体统的政府与社会的想法。朝鲜王朝的奠基人并不是反对现存秩序的局外人，实际上，他们都是接受过教育的精英，渴望加强新儒实践而不是去推翻它们（Duncan，1998 - 9：58 - 59）。

五百多年来中朝关系密切而稳定，双方互派大量使节并不断开展贸易。到 15 世纪，朝鲜的北部边界本质上是安全而和平的。

对这些中国化的东亚国家政权而言，体系稳定似乎是有益的，从比较视角来看，这些政权是相当长寿的。即使对弱小国家而言，事实也是如此。东亚经验可能是太平洋"帝国过度扩张"的反面案例。不是愚蠢地依靠搭便车和地区外交秩序，而是不断进行自我强化，显示决心和承诺，现在回想起来，这些国家显得相当精明。①

对东亚历史关系进行现实主义解释面临的困难

另外一种对体系稳定最可能的解释是将朝贡体系仅仅视为象征性的，而不是通过强调国家相对能力的现实主义因素来解释其行为。这一现实主义方法包括两个基本的假设：由于物质上的原因，中国虽然是体系中最强大的行为体，但却无法征服朝鲜和日本；朝鲜和日本也会服从中国的中央权威，因为二者无法在军事上打败中国，所以它们偏好就斗争达成妥协。

然而，有大量证据表明，如果中国想征服朝鲜，它确实具有这方面的物质和后勤能力。在本项研究所聚焦的五个世纪中，朝鲜、日本和中国之间只爆发了一次战争，在此次战争中明朝派遣了十万兵力保卫朝鲜免受日本入侵（1592—1598 年的壬辰战争）。在同一时间，明朝不仅向朝鲜派遣了大规模的兵力，而且还干预了缅甸的边界争端，镇压了宁夏西北要塞的军事哗变，运用 20 万兵力击破了四川人民的起义（Swope，

---

① 感谢格雷格·诺布尔（Greg Noble）指出了这一点。

2009：15）。如果想要攻打朝鲜的话，明朝似乎不会受到限制，而是拥有极为充足的后勤和物质资源来动员。日本方面则能够运用700艘战舰将15万兵力投送到朝鲜。有进一步的证据表明，当它们决定开战时，这些国家有能力进行大规模战争，其人员和物质规模要比1588年的西班牙无敌舰队大十倍，"很容易地便使欧洲国家间战争相形见绌了"（Swope，2005：13）。

没有证据表明中国受到了朝鲜有效的军事战备的威慑。两个世纪以来，朝鲜如此和平以至于1592年壬辰战争爆发时，它的全部兵力还不到一千人（Park，2006：6）。肯尼思·李观察到："历经两百年和平之后，朝鲜军队没有受过战争的历练，以小规模驻军的形式分散在了全国各地。朝鲜完全没有准备好这场战争。"（Lee，1997：99）而李纪白则将1592年朝鲜的军力描述为"薄弱和未受训练"（Lee，1984：210）。壬辰战争结束后，地区稳定得以恢复。尤金·帕克指出，"朝鲜王朝晚期维持的兵力不比国内安全所需求的兵力大"，估计18世纪朝鲜的军事力量仅有一万名"战斗人员"（Park，2006：6）。

值得注意的是，并没有经验证据表明中国和朝鲜将战争视为针对彼此的一种可能。如果现实主义者认为相对能力是影响中朝关系的关键因素，那么我们应该在历史记录中发现中朝战略家对可能的军事行动的广泛讨论，以及如何最好地在军事上对待彼此所展开的辩论。然而，在朝鲜王朝和明朝的真实记录中却缺乏这方面的证据。尤其重要的是，在处理与北部边界游牧民族关系的军事考量方面，中国和朝鲜却拥有丰富的记录。

也许最难以解释的是，日本将军丰臣秀吉1592年对朝鲜的入侵。一个较小的国家入侵了体系主导国的亲密盟友。表面上看，日本与朝鲜应该结盟以抗衡中国，然而情况并非如此。即便是在壬辰战争开始时中国对这种可能性深有怀疑，朝鲜也从来没有与其他国家（如日本）结盟来抗衡中国。朝鲜用了三个月的时间开展高强度外交以使明朝相信它并没有与日本密谋对抗中国（Ledyard，1988－9：84）。朝鲜曾经运用过均势战略是值得怀疑的，因为中国是东亚国家间体系中唯一的一极。

再者，虽然大部分学者认为是地位或经济而非军事上的考虑，但丰臣秀吉决定入侵朝鲜的原因仍不确定。例如，斯沃普指出，"丰臣秀吉希望得到外国统治者的承认和效忠。这一目标不应被轻视"，伊丽莎白·贝里也认为，"与海外军事主导相比，丰臣秀吉对名声更感兴趣"（Berry，1982：212；Swope，2009：64 - 65）。丰臣秀吉于1590年致函朝鲜国王李昖，"我计划，日朝两国应向大明王朝进军，强迫其人民采用我们的风俗习惯。我们的唯一要求便是使我们的英名在中朝日三国中得到尊崇"（Swope，2009：58）。

朝鲜国王李昖回复道：

> 我们两国一直互通彼此国家事务。中央王国与我朝之间密不可分的关系为世人所熟知……我们断然不会舍弃中央王国而与一个邻国同流合污……而且，入侵他国乃人类文明所不耻之行为……
>
> （Swope，2009：58）

重要的是，如果丰臣秀吉的决定建立在日本在军事上有能力征服中国的观点之上，那么我们应该可以发现足够的证据表明日本的将军们与丰臣秀吉就中日军事能力比较、明朝的领导能力和组织能力、日本所面临的战略形势等问题进行过战略讨论。然而，值得注意的是，日本方面没有任何关于双方相对军事能力的评估。贝里指出，"没有证据表明丰臣秀吉系统地研究了地缘问题或中国的军事组织问题"（Berry，1982：216）。总之，历史经验反驳了相信能力分配是国际关系主要影响因素的观点，因为这种观点不仅要提供貌似真实的假设来解释当时的稳定与暴力模式，而且更重要的是要提供经验证据来证实那些主张。

文明与其他：游牧民族

与这些主要的中国化国家共存的是许多抵制中国文明诱惑的不同类型的政治行为体，最显著的是北方草原上具有高度流动性的游牧部落和半游牧民族（如蒙古人、契丹人等）。全面分析这些民族及他们的对外政策不在本章范围之内，这里的重点是将这些民族的文化和身份与那些中国化国家进行比较。① 草原生态导致游牧民族组织较为松散，这有利于机动性，从而使部落主导比较困难。中央集权的存在主要是源于统治者个人的魅力和强势，因此"部落对抗与分裂是常态"（Perdue，2005：520）。即便是产生于17世纪晚期的准噶尔汗国，也只是有了一个与国家日益相像的统治机器，它从来没有发展出像中国化国家那样的权力集中化和制度化的体制（Perdue，2005：518）。

中国的中原王朝（和朝鲜）与游牧民族沿着广袤的边疆地带共存，各种游牧民族与中原王朝之间完全不同的文化和政治生态形成了一种关系，这种关系虽多半是共生的，但中原王朝与游牧民族却从没有形成一种合法的文化或权威关系。与中国化国家相比，这些游牧民族具有非常不同的世界观和政治结构。他们拒绝儒家的文明观念，如书写文本、定居农业；他们根据不同的规则进行国际博弈，因此维持持久稳定的关系是困难的。只是到18世纪其他国家（如俄国）向东扩张时边疆才变成了边界，而游牧民族也便无处迁徙了。②

正如戴维·怀特（David Wright，2002：58）所问，"为何所有的国家都在战斗？"虽然通俗的看法是将游牧民族视为长城外的饿狼，随时可能发动攻击，但事实上，中原王朝（和朝鲜）与游牧民族的互动是有逻辑可循的（Robinson，1992）。

中国与游牧民族关系的核心是贸易。游牧民族需要从中原农业获得三样东西：谷物、金属和纺织品，他们会通过贸易、劫掠和参与朝贡体系来获得以上产品。濮德培指出，"征服中原王朝从来不是草原领导人所追求的目标，他们只是出于自身目的在边界进行劫掠"（Perdue，2005：520）。中原王朝则运用进攻、防御（长城）、贸易和外交来努力处理与游牧民族的关系。托马斯·巴菲尔德指出，当进行贸易更有利时，游牧民族就会进行贸易；当贸易遇到困难或受到限制时，他们就会劫掠边防小镇来获得他

---

① 中国与游牧民族的关系受到大量研究的关注，包括 Khazanov（1984）；Barfield（1989）；Sechin and Symons（1989）；Wright（2002）；Perdue（2005）；Crossley（2006）.

② 主要的例外是满族。满族由女真族演化而来，从来不是蒙古人。很长一段时期，他们的经济议程与朝鲜王朝、明朝和其他定居的社会是相似的。确实，满族对明朝的征服比谋划的更具机会主义色彩，尽管统治着中国并吸收了一些传统的汉族制度，但他们也保留了独特的满族因素。虽然满族的世界观和身份从来没有被彻底地汉化，但他们却使用了诸多传统中原王朝的制度形式和话语方式来处理与邻国的关系 See Elliot（2001）。

们所需的产品（Khazanov，1984；Barfield，1989）。中原王朝会在与游牧民族进行战争的成本和与其开展贸易所面临的问题之间进行衡量。正如札奇斯钦和范杰·西蒙斯所言，"与彼此相对实力相比，当游牧民族感到他们所获太少或中原王朝感到他们给予的太多时，双方便会爆发战争"（Jagchid and Symons，1989：4）。

然而，边界小规模战争的爆发不仅有物质上的原因，而且有身份和深层文化信仰上的理由。游牧民族愿意与中原王朝和朝鲜开展贸易，但他们却无意像朝鲜、越南和日本那样接受儒家的规范和文化。这使"中原王朝和游牧民族对自身和彼此的感知产生了分歧"（Jagchid and Symons，1989：4）。

戴维·怀特总结道：

> 在清朝之前，中国始终没有彻底解决蛮族问题，这既不是中国行政无能的结果，也不是蛮族好斗所造成的，而是由于中原与蛮族迥异的社会、生态和世界观之间不兼容和有隔阂。历史记录中的诸多叙述表明，中原和游牧民族的观念存在明显分歧，他们致力于保护各自观念免受对方的任何威胁。
>
> （Wright，2002：76）

中原王朝与游牧民族的关系突出了观念对暴力冲突爆发所具有的重要性。界定一个集团、国家或者民族，物质力量是重要的，但信念和身份同样重要。中国能够与其他持有相似文明认同的政治单元发展稳定关系（这些政治单元要么是按中国风格开展外交的政治行为体，要么是中国承认具有合法性的国家）。但是与拒绝中国世界观的政治单元建立稳定的关系却十分困难。

现代东亚早期的国际贸易

东亚体系不仅是一个政治体系，而且也存在广泛的经济互动使这些国家密切联系在一起。体系内所有国家都使用同样的、源自中国的国际规则和规范处理彼此关系。毫无疑问，中国处于体系的中心，一些国家接受了儒家理念，而其他国家，如东南亚国家，只是运用那些规则来处理彼此关系。

中国处于巨大的贸易网络的中心，整个世界都渴望得到中国的日用品和奢侈品。中国国内经济和市场在明代取得扩张，棉花、丝绸和糖成为行销整个东亚的商品。明朝建设广阔的南北运河体系的努力以及随后清朝对东西道路的投入都促进了中国国内市场的发展。也许最有名的国际贸易路线是通过中亚，连接中国与中东的"丝绸之路"。这条古代的贸易路线存在了两千多年，并成为中国与外部世界转移创新、观念和商品的纽带。然而，从量上衡量，可能更重要的是把日本、朝鲜和东北亚与中国、东南亚以及印度和中东，甚至欧洲联系在一起的巨大的海上贸易，几个世纪以来商人们往返于大洋之上寻求利润和财富。

确实，作为霸权，中国是体系成功的关键。融入中华体系不仅可以使附属国家自由地追求其国内事务和彼此的外交关系，而且与军备竞赛和试图发展抗衡中国的联盟相比，它还以较低的成本带来了经济和安全利益。一个关键的组成部分是从参与贸易中所获得的经济利益。

东亚体系在地理上相当广泛。中国是大部分东亚国家的贸易重心，但是日本与爪哇和泰国（有时甚至包括印度与荷兰）等国家之间也存在广泛的贸易。17世纪和18世纪与西方的贸易（最初主要是葡萄牙人和荷兰人）至多是整个东亚贸易的一小部分，只是到了19世纪由于欧洲列强在政治和经济上对亚洲的渗透，与西方的贸易才具有了重要意义。

海洋远非障碍，而是将整个地区连接在了一起，并为国家、人民和文化的联系提供了平台。事实上，多条贸易路线从日本和俄国向南伸展到中国，穿越菲律宾和马来西亚抵达印度尼西亚，进而将它们联系在一起。东亚体系中的国家是繁荣复杂、充满活力的地区秩序的一部分。正如卢格霍德所言：

无论是中国还是海外的文献，给人的印象是中国人对贸易不感兴趣，他们只是容忍贸易作为朝贡的一种形式而存在，他们是相对消极的接受者……然而，这种印象几乎完全是对中国官方文件的字面解释造成的。若进行更密切的考察，就会发现贸易要远多于官方文件所记载的，朝贡贸易只不过是未被记载的"私人贸易"的冰山一角。

（Abu-Lughod，1989：317）

贸易发挥着稳固体系的双重作用，因为它不仅促进了国家间的密切互动，而且促进了国内制度的发展。早期现代东亚的各类国家和王国参与到了复杂的贸易体系之中，这一体系由国家法律、外交和协议所治理，而国家则试图进行控制、限制并从贸易中获益。因此，早期现代东亚在外交、文化、经济和政治上密切联系在了一起。

这不同于传统的西方视角，他们认为历史上的东亚对贸易不感兴趣，并且很大程度上是由孤立、自给自足的经济体所构成。之所以产生这种观点，部分原因是对东亚贸易网络性质的理解比较肤浅，部分原因则是与东亚国家相比，西方国家在东亚开展贸易更加困难。正在产生的一种新共识则认为，远不是西方在17世纪将贸易和互动带入了沉寂的东亚，一个充满生机的东亚经济贸易体系在西方到来之前便存在了。中国与邻国的互动要远远多于传统上的认识。最近的学术研究发现，无论是私营贸易还是朝贡贸易都是政府收入和国民经济的重要组成部分。而且，随着中国实力的增长，贸易的范围趋于扩大；当中国全神贯注于内部困难时，贸易的范围则趋于缩小。

结　论

东亚国际体系是一种强调文化造诣的霸权性、单极性和等级性秩序。它有别于强调平等原则的欧洲体系，该体系是一个由大量规模相似的国家构成，并践行均势模式的多极地区。东亚体系是稳定的，并且持续了数百年。然而，随着19世纪西方大国的介入，由于东亚国家努力应对西方带来的挑战，东亚体系迅速崩溃了。西方的到来——其规范、制度和观念，给东亚国家现存的世界观带来了巨大的挑战。

21世纪初，当东亚国家再次变得强大、团结和富有活力时，提出这些国家现在是否已完全西化、过去的思想是否流传到了现在等问题，已是屡见不鲜。过去如何影响了现在当然是一个见仁见智的问题，不可能给出一个明确的答案。但是要问东亚的过去是否对其现代的当务之急、认识、目标和意图具有影响则是值得一提的。也许最谨慎的结论在于避免两种极端。那就是，东亚人民想要的也正是现代社会大多数人想要的——安全、地位和财富。此外，所有的国家，包括中国，都毫无疑问地接受了统治现代国际关系的基本原则——威斯特伐利亚规范和制度。也就是说，仍然有一些事情使我们都一样。然而，与此同时，东亚国家、文化和价值观演化的方式和东亚人民看待他们自己、他们与邻国的关系以及他们在世界上的地位的独特性也可能是其自身特殊的历史作用的结果。承认这一事实是明智的。

第二篇

经济议题

第六章　东亚海外华人的重要性[*]

张志楷（Gordon C. K. Cheung）著　张凯译

　　研究东南亚海外华人以及华人商业活动的那些人会经常听到一个传奇故事，该故事准确地描述了海外华人商业网络理念和东南亚特殊政治文化的特点。这一传奇故事发生在 1965—1966 年印度尼西亚内战期间，当时印度尼西亚前总统苏加诺正在雅加达追捕苏哈托（反对派军方领导人）。一家华人小卖铺的老板冒着生命危险在其店中救了苏哈托。内战结束后，苏哈托终成印度尼西亚的新总统。结果，救了总统一命的小卖铺老板成了印度尼西亚最富有的华人企业家。小卖铺的老板叫林绍良，[①] 后来他所创建的三林集团成了印度尼西亚最大的华商企业。

　　虽然我们并不试图鉴定这一传奇故事的历史真实性，但它确实揭示了三个明显的意义。第一，海外华人具有强大的经济实力，在东南亚地区具有广泛的历史影响力。第二，华商企业以及它们与东南亚国家之间的联系与所谓的恩庇侍从关系或曰裙带资本主义混合在了一起（Pye，1985：111 – 120；Haggard，2000：25 – 27）。然而，这一传奇故事并没有回答这些描述是否是对华商企业网络的真实写照。第三，研究海外华人和中国崛起，尤其是二者之间经济相互依赖的学术领域正变得日益重要。

　　随着新的学者将研究领域拓展到了历史和种族关系之外，对海外华人的研究正成为一种不断变化的学术探险，这些学者研究在西欧的海外华

　　[*]　PSA/APSA 互换奖年会于 2010 年 9 月 27—29 日在墨尔本大学召开，在此对以"联系的全球：冲突的世界"为主题的澳大利亚政治研究协会在年会上所提交文章的支持表示感谢。本章的写作也得到了诸多学者的支持。首先，对马必胜将这篇文章收录于《罗德里奇亚洲地区主义手册》一书表示感谢。同时，对龙登高教授、尹萧煌教授、游俊豪教授在最前沿的海外华人发展研究上分享其专家观点也表示诚挚的谢意。

　　①　整篇文章按中文格式使用了所有的中文名称，即姓在前，名在后。

人，论及身份建构、信息技术与海外华人的联系（Leung，2004；Louie，2004；Shil，2007；Ding，2007/2008；Thun，2007）。然而，本章的基本目标是从历史视角和与中国崛起相关的地区视角来理解海外华人。本章由四部分构成。第一部分是探究海外华人的含义和对海外华人的各种定义。第二部分追溯海外华人，特别是东南亚地区海外华人的现代史。第三部分从历史叙事转向探求建设企业网络的各种方法。第四部分通过聚焦中国的软实力、海外华人的慈善行为以及最近的"海归"回国趋势来研究海外华人与中国崛起之间的相互关系。

海外华人的含义

据美国俄亥俄州立大学邵友保博士海外华人文献研究中心估计，截至2008 年 4 月，世界上共有 3860 万华侨华人，其中大洋洲约有 76000 人、美洲 663 万人、欧洲 183 万人、亚洲 2837 万人和非洲 32000 人。[1] 可以理解的是，这一信息只能算是海外华人在世界上分布的大概情况。然而，它也意味着海外华人的数量及其地理分布的多样性使其不仅可以从民族国家的视角进行研究，而且还可以从地区、全球甚至跨国关系的视角加以研究。

根据鲁玉苏（Lu Yu‐sun）的研究，"海外华人"这一术语由许云超（Hsu Yun‐chao）在其评论中首次使用。据其评论记载，1898 年日本横滨的一些中国商人为筹建学校募集资金发起了一场运动，这所学校命名为"海外华人学校"。这可能是"海外华人"这一术语的首次使用（Lu，1956：1）。此外，根据《海外华人百科全书》的解释，对海外华人的界定很大程度上有赖于如何对他们进行分类。然而，一般而言，把海外华人视为"生活在外国的中国人"这一观点被广泛接受（Pan，1999：15）。

尽管如此，海外华人研究仍是一项富有挑战性的学术难题。谁是海外华人？我们应该用"海外华人""海外华裔""华侨""华人族群"或"华人移民社群"来对生活在中国之外的中国人进行分类吗？海外华人指的是一个更加以种族为导向的身份，海外华裔则更加中立，而华人移民社

---

① 海外华人人口分布，参见：http://www.library.ohiou.edu./subjects/shao/ch_ datab ases_ popdis.html（2010 年 7 月 17 日上网）。

群则是能够更好地捕捉经济和网络关系的概念，特别是通过全球化时代的跨境活动来看（Wang，2000；Cheung，2004；Huang，2010）。虽然在学术研究中对这些含义进行分类非常有益，但是在本章中我们会使用海外华人来描绘一幅体现他们特点的总体画面，目的是突出了解海外华人的历史、商业网络、跨国关系、全球经济影响力以及在中国崛起背景下他们之间关系的重要性。①

历史上的海外华人

　　早期中国移民史充满了辛酸和悲剧色彩。一方面，早一代的中国移民通常非常贫穷、社会地位低下。跟其他国际移民一样，中国自秦汉王朝（公元前221年至公元220年）以来便开始向海外移民（Liu，2006）。由于政治社会动荡，清王朝晚期（19世纪）见证了最大的海外移民潮。然而，中国人向海外移民的原因是复杂的，除了中国的社会和政治动荡外，他们移民模式的总体动机符合跨国移民的标准理论（Castles，1998）。特别是有些生活在乡村的中国人由于极端贫困而移居海外，其他人则是由于受到海外经济机会的吸引而移民。总之，中国的移民被描述为"具有定居可能性的中国人在海外生活和工作的现象，不论这些中国人开始时是否有意这样做"（Wang，1991：4）。

　　根据维克多·伯塞尔（Victor Purcell）的分析，中国与东南亚国家之间最早的接触始于汉朝；该地区当时被称为安南（现在的越南）（Purcell，1965：8）。往返于东南亚和中国之间的大部分人可能是商人。根据菲茨杰拉德的研究，"虽然没有确凿的证据表明汉朝时期便有中国人在海外定居，但是冬季向南航行、夏季随西南季风返回中国的季节性远距离贸易始于汉朝至少是可能的"（Fitzgerald，1969：1）。正如洛里斯·米奇森所言：

　　　　在东南亚定居的第一批中国人通常是船员，他们有的得到了帝国的允许，有的则没有，留下来的目的要么是用当地廉价的木料重建帆船，要么利用有利的贸易条件和当地对中国丝绸的需求开展贸

----

　　①　使用海外华人的另一个原因是，海外华人是这部著作中压缩的章节的标题。

易。（Mitchison，1969：15）

作为行政机构，国务院侨务办公室与全国人大（NPC）在同一层
面由党直接领导。在地方层面，侨务办公室是政府机构，主要负责处
理海外华侨事务。（Chang，2000：64）

诸多由侨务办公室官员管理的私营公司得以成立，其目的是给予海
外华人全面的经济和商业支持（Chang，2000：66－67）。然而，需要强
调的是，海外华人不知道中国政策重新转向是受中国微观经济现代化要求
所驱动，还是受应对苏联的宏观政治动机所驱动（Venkataraman，1998：
174－175）。

1997 年亚洲金融危机之后，海外华人逐渐在东道国与中国之间竭力
维护其经济力量。例如，1998—1999 年马来西亚实施货币管控时，对外
直接投资还是流入了中国（Cheung，2004：673）。

然而，就经济而言，海外华人把更多的精力投入在了他们表现优异的
企业发展上。海外华商的形象深深地印在了马来西亚领导人的心中。马来
西亚前总理马哈蒂尔在其著作《马来人的困境》中描绘了一幅有关海外
华人企业的生动图景："华人企业基本上是家族式的，因为家庭是中国社
会中极其重要的单位，所以华人企业的根基是相当稳固的，至少在企业奠
基者在世期间是如此。"（Mahathir，1970：53）认识到华人资本在马来西
亚的强势地位和重要性有助于解释马来西亚为何在 20 世纪 70 年代初制定
新经济政策（一项旨在向马来人倾斜的经济社会发展工程）。正如迪勒曼
（2007：15）所言：在大部分东南亚国家，华侨华人只占其人口的很小一
部分，但是他们对地区经济活动的贡献最大（Dieleman，2007：25）。所
谓对马来人的"积极歧视"是为应对中国侨民的挑战而确立的重新分配
经济资源的一种战略。然而，自中国对海外华人政策正常化之后，海外华
人的经济金融贡献逐渐得到积极看待，通过持续的投资以及商业网络，华
人资本的潜在收益也逐渐得以实现。

建立华人商业网络的路径

海外华人商业网络的潜在重要性开始引起了外国政府的注意。首个由

政府资助用以促进对海外华人商业网络理解的项目是由澳大利亚政府东亚分析局（EAAU）承担的，该项目发布了一份著名的报告——《亚洲的海外华人商业网络》（EAAU，1995）。在东南亚，华商企业长期以来被作为网络建设的一个经典案例。亨利·杨（Henry Yeung）认为，"当地的制度和社会规范强烈地塑造了东南亚华人资本主义的产生，使其具有一种与众不同的特质和实践"（Yeung，1998：8）。马克和康灿雄认为，中国侨民的社会网络不仅仅是商业诱发型媒介物，而且还是社会政治稳定的感应器（Mark and Kung，1999：15）。这种独特的华人商业网络产生了一种概念性和操作性方法来理解华人商业关系以及其他更加微妙的海外华人商业管理风格。

在中国，商业网络通常会与另外被称为关系或关系学的概念联系在一起。杨美惠从人类学的视角对这一概念作了清晰的界定：关系学包括互赠礼物、彼此支持及相互宴请；培养个人关系和相互依赖网络；确立义务和受惠关系（Yang，1994：6）。她的开创性著作有助于我们理解关系的性质及其重要性。之后，诸多学术研究试图探究如何培养关系，特别是如何通过关系促进商业和经济活动。然而，关系的影响并不总是被认为是积极的。一旦关系成为商业和政治舞台的一部分，法治的重要性及其地位就会受到质疑，特别是在诸多商业和政治关系中更是如此。例如，在政治方面，柯岚安提出了质疑甚至是挑战，即在泰国具有更多的关系（或曰社会资本）事实上是个"问题"。他认为：

> 许多依托社会资本所取得的成功在泰国被视为政治问题，因为它们被深嵌在了一种错误的社会环境之中。活动人士、学者和决策者不是把积累社会资本作为其主要关切，而是将腐败视为泰国政治经济痼疾（从反复发生的政变到效率低下的政府和经济危机）的根源。（Callahan，2005：504）

很明显，在中国经济崛起的背景下研究海外华人商业网络需要把关系作为关键的关注对象。这是因为，中国仍处于向市场经济转型的过程中，主要的经济体系和制度有待完善，人脉关系很重要。在经济和政治改革，经济利益、权力关系和国家能力转型发展过程中，"文化规范与中国的社会经济和政治形势相结合意味着关系纽带特别重要"（Luo，2000：25）。

因此，如果我们想理解关系纽带的重要性，那么我们需要将其置于特殊的文化、制度、地区甚至种族背景之下以加强海外华人经济网络与中国经济发展之间的联系。

最近的学术研究阐明了在理解强大的海外华人商业网络的崛起时一些关系的重要性。例如，郑逸祥通过对华人的大型家族企业兴衰的分析提出了两个概念：平等继承与家族集团（以家族为基础的财团）。他揭示了华人家族企业的秘密：

> 平等继承制度作为适应的催化剂而发挥作用。适应导致多样化和组织重组。多样化与改革迫使华人的家族企业发展出自身的企业结构类型。因此，像榕树这种独特结构类型的家族集团可或多或少地被理解为企业演进与发展的反映。（Zheng，2010：149）

为检验东南亚华人商业网络的理念，产生了一项关于华人商业网络与社会政治环境之间相互依赖的新研究。在《战略节奏：印尼三林集团企业传记》一书中，迪勒曼批评了"文化依赖"（打华人网络与家族企业牌）和海外华人商业研究的"管理遗产"（华人在东道国的社会经济环境中崩溃）理论（Dieleman，2007：27 – 28）。通过对三林集团的案例研究，作者认为，企业与具体国家的环境相互作用的"协同进化理论"，作为对海外华人研究的一种新的理论背景会更恰当。由于海外华人与其生存其中的社会经济环境之间的"协同进化"非常重要（Dieleman 2007：135），所以会在下文作更加详细的说明。

中国崛起过程中的海外华人

1997 年亚洲金融危机爆发后，中国拒绝货币贬值赢得了东亚和东南亚国家的尊重（Cheung，2007：31 – 34）。如果有什么可以解释中国的崛起，特别是在东亚和东南亚地区的崛起，那么人民币不贬值的政治姿态确实有助于中国在地区更广泛地接受其历史等级制和不断增强的经济优势中获得某些社会资本，虽然社会资本的获得并非真正的制度形成过程（Redding and Witt，2007：117），但它确实提高了中国的软实力。

几十年来，印度尼西亚禁止将汉语作为一门学科，这一禁令直到

1998 年才被废除。最近，根据 2010 年 8 月《亚洲周刊》（在中国香港出版发行的杂志）封面故事报道，印度尼西亚东爪哇省某市长最终决定所有学校都应提供汉语教学（*Yazhou zhoukan*，1 August 2010：24）。此外，这意味着汉语在未来的印度尼西亚人中具有重要性。在海外华人中，中国的崛起与使用汉语进行商业活动之间是相互联系的。中国政府加强使用软权力与海外华人是一致的，例如，操汉语（华语语系）地区的出现，海外华人的慈善事业，更为重要的是海外华人的返乡回国，所有这一切都构成了一幅更加全面的经济相互依赖图景。

中国的软权力与海外华人的"中国性"

中国最近才融入国际体系，特别是东亚地区体系之中，而谈论中国日益增长的"软权力"或观念影响力却越来越成了寻常之事，这真是出人意料（Ding，2010）。谈论将"北京共识"作为"华盛顿共识"的替代发展范式也已成为一种潮流。最近，"北京共识"的概念得到进一步发展，以描述中国与其贸易伙伴之间不断增长的相互依赖。虽然对于这些术语的含义和效用存在一些争论，但是软权力的概念确实捕获到了"中国性"和内嵌的中国文化的潜在重要性，而海外华人则每天都在继承和实践着中国文化。就中国文化而言，通过文化网络将海外华人联系起来以使现存的中国文化资本化也是具有成本效益的一种方式。

软权力这一概念最初是由约瑟夫·奈在《注定领导世界》这部著作中所构想的与硬权力（强制性权力）对应的一种力量。他指出，"软的合作性权力与硬的控制性权力同样重要。如果一个国家使其权力在他国看来具有合法性，那么它在实现其目标时就会遇到较小的阻力"（Nye，1990：32）。当奈围绕三种权力来源（文化、政治价值观和外交政策）最终明确了这一概念时，便可以更加全面地对其进行评价了（Nye，2004：11）。然而，从以国家为中心的层面讲，中国的软权力只不过是又一种无形的外交政策工具而已。柯兰齐克在其《魅力攻势》一书中非常明确地指出：

> 当北京展望其边界之外的世界时，它已经在全球大部分地区将自身形象由威胁转变成了机遇、由危险者转变成了施惠者。这种转变使中国可以向世界说明，她能够成为一个大国。这种转变是由多种因素

造成的，包括一些北京无法控制的因素。但是，主要原因是中国不断增长的"软权力"。"软权力"已经成为中国外交政策兵工厂中最强有力的武器。(Kurlantzick，2007：5)

可以理解的是，当中国利用软权力的促进作用制定外交政策时，改变形象是其主要考虑之一。此外，依靠软权力的另外一个主要原因是，中国不愿与美国进行军事对抗。当中国国家主席胡锦涛于2003年秋首次使用"和平崛起"这一术语时，它表明，中国正通过运用文化、儒家思想、软权力和教育来提供一种即便不是支持性的，也是替代性的权力重建进程（Cheung，2008）。不管怎样，作为一国的公共外交政策，使用软权力已进一步被用作核心卖点。英国政府独立政策顾问西蒙·霍尔特明确指出运用文化促进公共外交的重要性：

> 国家形象的文化层面是不可替代、不可复制的，因为只有文化才与国家本身联系在一起。文化是令人鼓舞的，因为它将过去与现在联系在一起；文化是丰富多彩的，因为它解决的是非商业活动；文化是充满尊严的，因为它显示了一国人民和制度的精神和知识素养。（Anholt，2007：99）

此外，中国的软权力与海外华人之间更加具体的联系或许可以通过那些不太有形的变量（如汉语）加以重建。然而，我认为，海外华人所操的不同方言不是将海外华人分成不同种族集团的一种障碍。尽管如此，能讲普通话，对汉语书面语的使用和理解实际上超越了全球不同地区的地理多样性。在全球范围内，中国正在见证华语语系地区的重组。施（Shih）抓住了这种正在浮现的主导性：

> 因此，与华人移民社群的设想不同，华语语系的前景并非是一个人的种族或者民族，而是他/她在一个充满活力或者趋于消逝的社区中所讲的语言。不受国籍的永久束缚，华语语系或许天生就是跨国的和全球性的，它包括讲中国各种方言的所有地区。（Shih，2007：30）

除了每天讲汉语外，海外华人还通过中国电影、歌曲、电视节目及各种网络媒体来消费和吸收大众文化。作为跨国行为体，那些文化因素在每天的文化碰撞中共同服务于再现中国的软权力。这种再现进程削弱了构成民族国家的传统要素，即主权、地理位置、军事力量等。通过商业利益和企业活动中的无形要素，海外华人创造的经济区域将逐渐成为促进中国经济崛起的经济力量。根据沈丁的研究，在全球数字化时代，当前中国与海外华人之间的关系可以进一步得到加强：

> 作为崛起国，中国已由西方主导的世界体系的边缘参与者转变成了亚太全球化进程的关键行为体。这使北京能够与西方霸权影响保持距离，同时也要与其他国家竞争争取移民社群的忠诚。鉴于这种背景，华人移民社群与中国之间的潜在联系对中国政治和外交政策具有日益增强的影响。（Ding，2007/2008：641）

换句话说，通过软权力的编排，中国与海外华人正见证一个能力提升的过程。软权力的编排正通过各种文化、社会、经济甚至商业渠道加以重组。语言、文化和商业关系正以相互依赖的方式来提高海外华人的软权力。

海外华人的慈善事业

就华商而言，学者特别关注商业网络以及"政商关系"。在戈麦斯看来，政商是分析"对当地经济和政治制度具有积极或消极影响的政治与商业之间各种类型联系"的概念（Gomez，2002：3）。华人企业的组织风格，特别是华人商业领袖与东南亚政治精英之间的密切联系引来了对东亚权钱结合的不利关注，其作用在于巩固通常被描述为"裙带资本主义"的东西。在这方面，乔·斯塔威尔描绘了一幅支配东南亚企业的所谓"亚洲教父"的强有力图景。他还指出，"毫无疑问，教父经济学已经成为东南亚日益增长的贫穷和不平等的代理"（Studwell，2007：180）。其他分析家也强调，政商之间的密切联系可能产生消极不利后果，例如昂格尔，便引起了大家对泰国发展问题的关注。没有任何地方能比印度尼西亚更好地说明"华人"资本与当地政治精英结合所带来的潜在不利影响。在印度尼西亚受金融危机重创之前，只有在与苏哈托威权政权的互利关系中，主要的华人商业利益才得以繁荣发展（Robison and Hadiz，2004）。

或许由于对这类政治关系的敏感性，所以海外华商关系其他较少探究的方面便变得更加重要了：海外华人的慈善活动。根据中国哲学和中国的企业伦理，慈善事业实际上构成了中国企业伦理的一个基本组成部分。捐助应被视为企业发展不可分割的组成部分，特别是当企业非常成功之时。中国的"给予—索取"逻辑应通过这种方式加以解决，即企业可以繁荣，可以创造利润，但也要考虑社会责任。在这种背景下，慈善活动被视为为家庭成员积德，为企业带来好处。

许多知名的华人企业家，如胡文虎和陈嘉庚，因其慈善活动和对中国侨乡的捐赠而出名。特别是被视为海外华人慈善家榜样的陈嘉庚与其侨乡（中国厦门）存在密切联系。胡文虎（出生在缅甸的客家华人）建立了其商业帝国，生产医药产品，特别是万金油，并在马来西亚和新加坡发行报纸、经营银行。他慈善活动的传奇故事是，在新加坡和英国殖民统治下的香港建立了两个万金油花园或称虎豹别墅（中国神话主题公园）（Huang and Hong，2007）。他坚持认为，公园应免费向公众开放。由于香港身负重债的家族企业《星岛日报》女主席胡仙的破产，香港的虎豹别墅最终也被拆毁，这一景点变成了奢侈的住宅公寓。在新加坡旅游促进会的管理下，新加坡的虎豹别墅于1985年被新加坡政府收购。当1954年胡文虎去世时，英文媒体称他为"慈善之王"（Huang and Hong，2007：43）。因此，从商业的角度看，慈善活动可以成为保护和维持华人企业形象有价值的工具。彼得森指出，"慈善事业可以作为一种媒介发挥作用，权力关系与裙带关系通过它被雕刻、强化和挑战"（Peterson，2005：89）。另外，因为根据儒家教育和传统，商人的社会地位最低，因此海外华人中企业与慈善事业之间的联系可以被理解为一种实践教育和赎回声誉。

此外，海外华人的慈善活动可以被用于衡量民族主义的水平和对母国（中国）经济发展的关注。中国确定要举办2008年夏季奥运会之后，渴望的氛围转变成要求海外华人社区的支持，以庆祝这一国家荣誉。根据2008年世界华商发展报告，北京市政府于2002年7月决定，国家游泳中心（水立方）完全由香港、澳门、台湾及海外华人的捐款建设（Chinese News Services，2009）。结果，从107个国家（地区）的35万华人中募集了9.4亿元（1.39亿美元）资金。这是唯一一个完全由海外华人捐助支持的奥林匹克项目（Chinese News Services，2009）。然而，那些捐助最多的人（如霍英东/霍震霆、李嘉诚、郑裕彤、郭炳湘）其实是在中国内地和香港、东南亚具有强大商业关系的超级企业大亨。换句话说，捐款确实作为海外华人与国家建设进程之间跨国关系的象征在发挥作用。海外华人对北京举办文化和国际盛事的支持使其形象由投资者转变为民族主义者，这反过来也促进了跨国关系的发展和社会资本的积累。这并不是说单靠捐款便能获取中国的资源和信任。与中国建立社会资本需要时间。事实是，华人的捐款与贡献有助于将其商业和经济力量转变成改善与中央政府关系的文化资本，并促进其在中国大陆的商业活动。

归来的经济改革者

详细说明海外华人在中国崛起过程中的准确作用并不容易。他们是如何发展与中国的关系的？他们可以向中国提供什么样的转移要素？如果不是整个国家，那么他们对中国的地区发展做了什么？

最近，中国经济崛起为回国返乡人员发展中国经济带来了新契机。根据密歇根州立大学艺术与人文学院全球研究项目主管尹萧煌（Yin Xiao-huang）教授的研究，中国人移民美国存在两个主要阶段。第一阶段移民是由于美国 1965 年的移民与国有化法案取消了美国移民政策中的种族标准。结果，中国人移民美国的数量由 1960 年的 237292 人增长到了 2002 年的 2858291 人（增长了 12 倍）（Yin，2007：123）。

尹教授指出，美籍华人被中国经济崛起所吸引，并迅速出现了一个跨太平洋华人移民社群网络。① 在奥巴马任内，两名美籍华人——朱棣文和骆家辉，分别被任命为能源部长和商务部长。在尹教授看来，他们的任命：

> 有助于巩固中美关系。当然，作为"美国人"，在与中国打交道时，他们一贯会促进和巩固美国的利益，但事实是他们在种族上是中国人，并与中国保持着密切联系，这当然有助于他们比其他非华人官员更好地理解中国和中国社会。②

---

① 个人通信，2009 年 8 月 25 日。
② 个人通信，2009 年 8 月 25 日。

　　诸多美籍华人并不适合海外华人的传统模式，如宗族团结、社交网络或一般意义上的关系。根据伯纳德对美国硅谷华人的研究，硅谷的华人社区主要通过制度化的建设而存在，如工作场所、学校、职业协会以及与业余爱好相关的各种俱乐部（Wong，2006：9）。更重要的是，他的研究是从不同的视角来理解移民社交网络和方向的。他认为：

　　　　新中国移民的流动不能再被理解成是单向的：流动经常是非线性的、循环的或曲折的。资本和人才的流动同样受全球社会经济环境的制约。这些跨国移民的移出国与移入国会随时改变。工作地点与居住地点也可能不一致。（Wong，2006：10–11）

　　说起硅谷（在此可以发现大量具有聪明才智的中国人），事实上在20世纪90年代末21世纪初有大量华人返乡回国，从而产生了"海归"（华人返乡回国人员）这一新概念。海归指的是那些在国外学习（主要是美国），并因中国经济迅速发展而选择返回中国的华人。

　　海归于20世纪90年代开始掀起"返乡潮"。中国提出了12字标语以吸引海外学子回国，即"支持留学、鼓励回国、来去自由"（Zweig et al.，2004：739）。吸引这些海归回国的关键原因之一是利用他们掌握的新技术和海外网络。另外一个主要原因是北京"怀疑以利润为导向的跨国公司是否真正转移技术了"（Chen，2008：196）。结果发起了一些针对海归的计划，如"长江学者"或"百人计划"，通过提供额外资助、资金奖励甚至科学实验室来提高返乡回国人员的待遇。根据《华人研究国际学报》（新加坡的一家华人期刊）主编游俊豪（Yow Cheun Hoe）的研究，像上海、北京和广东这样的城市和省份提出了特殊政策与奖励，以吸引华人返乡回国进行投资和工作。① 根据中国国际经济合作学会副会长王耀辉的估计，2005年大约有23.3万名（占24.9%）留学生回国。然而，他强调这并非单向的"人才流失"，而是"人才流通"（Wang，2007）。长期以来，海外华人深受中国经济政治变化的影响。在中国经济崛起的同时，海外华人的投资和人力资本共同帮助转变

----

① 个人通信，2009年8月25日。

中国的经济图景。

　　2007 年，中国国务院委任由龙登高教授领导的清华大学研究团队建立海外华人对华直接投资数据库。经过两年的艰辛研究，该团队完成了侨资企业数据库的开发与应用研究（Development and Research Application of the Overseas Chinese Business Database，2009）。这是迄今唯一一项提供海外华人在华投资官方数据的全面研究。根据他们对 7 万家企业的深入研究和估计，截至 2007 年，这些企业在华总投资达 4000 亿美元（Ibid，2009：18）。从地理分布上讲，来自香港和澳门投资的 60% 集中在珠江三角洲，来自欧洲和拉丁美洲的投资主要集中在长江三角洲，东南亚的投资则分散在了整个中国（Ibid，2009：6）。总之，研究表明海外华人的资本和投资已成为中国经济转型和成功的关键组成部分。

结　论

　　总之，海外华人不是一个静态的概念。海外华人的理论概念产生了在知识上具有促进作用的不同观点和定义。先前关于海外华人形象的历史漫画再次由晚清时期经济上的受害者变成了跨国的胜利者，特别是在改革开放政策以及最近的 1997 年之后。中国及其海外侨民共同创造了一个能够融入地区和全球政治经济之中的跨国网络。

　　从进一步的学术研究来看，海外华人研究正越来越与中国的经济崛起联系在了一起。就中国经济改革和发展而言，我们无法避免考虑海外华人的巨大贡献。特别是中国政府继续进行系统性研究以做出判断，并促进与海外华人的建设性合作。如果中国的经济崛起仍是关键，那么在中国大陆发展过程中与海外华人的关系可能面临三种主要的发展方向。第一，当前一些省和地方与海外华人之间的商业关系将会被国家战略和宏观考虑所取代。虽然将加强与海外华人联系视为未来中国国家经济利益的一部分为时尚早，但似乎中央政府会给予更多的重视和关注。第二，目前对海外华人的态度将从以顾客为基础的关系变成以市场为基础的关系。换句话说，当前海外华人的投资模式必须加以改变。投资/生产模式将逐渐转变成投资/消费模式以使中国市场转向迎合海外华人的产品和投资分配。第三，从整个发展棋盘出发的、更具战略性的思考将取代当前偶尔才有的投资奖励，目的是提高中国的综合经济实力。规模经济会被考虑；各类海外华人企业财团可能集体进行战略经济投资。因此，总体而言，更广泛的学术兴趣能够将海外华人研究与全球政治经济、跨国研究，甚至是身份重建进程联系起来。

第七章 发展型国家(地区)与 亚洲地区主义

李察(Richard Stubbs)著 周英译

发展型国家（地区）已成为"二战"后数十年东亚社会（东南亚和东北亚）的一个主要特征。虽然发展型国家（地区）的制度和政策有本质不同，但是其相似性足可将之看作一种别具一格且非常成功的东亚现象。此外，这个经历四分之一世纪之久的发展型模式已深深植根于东亚社会。尽管经济成功带来国内压力，冷战结束和全球化也侵蚀了发展型国家（地区）的某些特性，其关键要素仍然存在。本章的主要论点是，东亚地区发展型国家（地区）在制度和政策上的相似性，以及各国政府在面对极其成功的发展型国家（地区）模式时国内外各种挑战所带来的共同问题，为地区建设提供一套重要的、共同的经验。

共同的历史背景

第二次世界大战之后，发生在东亚的一系列事件为发展型国家（地区）在亚洲的兴起提供了独特的历史背景。20世纪50年代初，亚洲爆发了各种战争，其中包括"二战"、中国的解放战争、朝鲜战争以及在马来亚、菲律宾和越南等地的各种地方游击战。战争造成该地区动荡不安，也导致一些物理和经济基础设施诸如桥梁、铁路、港口等成为一片废墟，大部分具有连续性与稳定性的社会结构被摧毁。冷战开始之后，情形逐渐逆转。为了抵制亚洲共产主义的发展，美国开始为日本、韩国和中国台湾提供大量的军事和经济援助。美国的援助，还有技术、管理和组织知识，嵌入这些"弱社会"，为形成一个具有强大军事、警察和官僚的政治结构奠定了基础。国家机器中强制性因素和民间性因素的加强与革命和分散的社会相结合，导致政治权力的集中（Dower，1979；Bowen，1984；Gold，1986；Woo，1991）。

美国在东亚的参与也复兴了因战争遭受重创的地区经济。将土地改革和新技术推广到农业生产，农村劳动力得以解放并逐渐转移到支持产业化的城区。城区的产业化一方面是利用农业部门发展的盈余；另一方面是利用资本注入和美国援助提供新的制造技术。一旦该地区美国的主要盟友即日本、韩国和中国台湾的经济重新步入正轨，美国就会利用它提供援助所获得的影响重新定位该地区的工业化，也就是要实现从进口替代型工业化向劳动密集型和出口导向型的工业化转变（Ho，1978；Jacobs，1985；Amsden，1989；Wade，1990；Stubbs，2005）。

冷战期间，为了使共产主义陷入困境，强烈的被威胁感促使美国在1965—1973年干预越南事务，从而使华盛顿对其亚洲盟友的经济和军事承诺得以维持。大量的美国军事和经济援助继续源源不断地流入该地区，增强了这些政权的强制性与民间性。此外，美国的经济援助，以及华盛顿为支持越战在该地区消耗的军费开支，很大程度上推动了韩国、中国台湾和新加坡的各种新兴出口制造业发展。同样重要的是，美国对其亚洲盟友开放了因战争刺激而迅速扩大的国内市场，从而确保地区经济体能保持经济的强劲发展。

1975年越南战争结束致使地区政治经济环境发生变化。虽然美国继续为亚洲盟友提供核保护，但是因其令人沮丧的越战经验，美国减少了对该地区的军事和经济承诺。美国政府关闭泰国的军事基地，每年向该地区提供的经济和军事援助也削减了一半以上。不过，许多美国的跨国公司已经开始投资东亚地区的资源开采和出口制造业。然而，最显著的变化是，日本迅速增加了对邻国的承诺和对本地区的投资。

从20世纪70年代末起，日本的援助与对外直接投资大量涌入东亚地区的非共产主义国家（地区），在已经有大量美国经济和军事投资的基础上，进一步推动了该地区国家能力的增强和地区经济的发展。日本向东亚地区发展归因于冷战。朝鲜战争爆发后，美国对亚洲的共产主义国家实施贸易禁运，日本与中国和朝鲜在早期建立起来的各种关系被限制。因此，日本就开始与该地区非共产主义的国家（地区）发展援助、贸易和投资关系，从而确保了该地区的持续繁荣。1985年"广场协议"（Plaza Accord）签订之后，日本在该地区的发展更为明显。因为"广场协议"是美国政府试图降低美元对日元的汇率以便能大幅度削减与日本之间的贸易赤字。日元升值，日本国内的土地与劳动力等商业资本增加，迫使日本跨国企业实施产业转移，开始将制造中心转移到东南亚，尤其是有利于发展外国直接投资（FDI）的新加坡、马来西亚和泰国等地（Hatch and Yamamura, 1996）。

第二次世界大战结束后，东亚在40年左右的时间里创造了有利于发展型政府的条件。首先，薄弱、分散的市民社会为形成一个强有力的中央政府铺平了道路。在东亚，这种情况主要归因于"二战"期间该地区绵延不断的战争，包括朝鲜战争、中国的解放战争以及各种地区游击战造成的经济破坏和社会解体。其次，存在明确的外部威胁。"二战"以来，"亚洲的共产主义"被大肆盅惑为使该地区处于危险境地的威胁，迫使东亚国家要联合美国和西方。也正是这种威胁促使这些地区的领导和民众都极力寻求组建一个中央政府来抵御威胁。再次，还必须有广泛的外部支持形成中央集权的社会，或者是米格达尔称作的"集中的社会控制"（Migdal, 1988：22-23，275）。第二次世界大战以后，美国完全支持东亚各国形成强有力的中央政府，以抵制亚洲的共产主义威胁。又次，发展型国家的形成还需要有充足的资源，这些资源包括各种形式的金融资源、熟练的人力、组织和技术知识等。冷战时期，美国已经对该地区投入过大量的军事和经济援助。而在"二战"后，由于热战和冷战，美国和日本的援助和FDI又相继给该地区注入大量的资源。最后，该地区形成普遍接受的发展主义意识形态，即主张通过国家干预快速推动工业化。在东亚，地区精英的发展主义动机是因为恐惧共产主义，而需要建立一个强大的社会来抵御威胁。这种发展主义的取向赢得了重视政绩合法性的民众支持，换言之，人们支持一个提供安全、稳定与繁荣的政府（Johson, 1989；Midgal, 1988：269-277；Woo Cumings, 1998；Zhu, 2002, 2003；Stubbs, 2005）。

上述这些有利条件促成了发展型国家（地区）在东亚的形成。它具有以下五个主要特征：（1）政治精英贯彻根源于快速工业化与出口制造业的发展主义意识形态；（2）相对自主、训练有素的官僚；（3）具有导航性质的机构，这些机构能通过在规划、能源、生产、金融和贸易等方面影响国家的产业政策；（4）合理的产业战略，以促进经济发展；（5）紧密的政商联系和合作，这种"公私"模糊的关系有利于政府指导国家产业发展（Johson, 1982；Onis, 1991；Leftwich, 1995；Woo-Cumings, 1999；

Deans，2000：314－20）。

正是因为"二战"后的有利条件，许多东亚经济体都出现发展型国家（地区）的特征。在日本，从美国人手中幸存下来的部分传统精英组成新的国家官僚。各政党也缓慢出现，不过比起那些关键部门的政治领袖，政党领袖处于相对弱势的地位。通商产业省（MITI）成为日本典型的导航机构，协调最重要部门如财务省和日本银行的政策实施（Johnson，1982）。日本企业的发展受益于朝鲜战争期间美国给日本带来的大量经济和军事援助，同时为满足战争需要，美国政府将特殊物资的采购与商品订单都交予日本企业。在接下来的四分之一个世纪里，持续涌入的美国资金不仅促进日本的发展型政权，还指导日本企业提高出口制造业生产的水平。到 20 世纪五六十年代，日本国内生产总值（GDP）的平均增长率超过了 9%。

韩国与中国台湾地区都效仿日本。日本的殖民遗产给这两个地区树立了威权统治的样板。20 世纪五六十年代，韩国和中国台湾各自招募了一批受过海外培训的技术官僚，目的就是提高政府的执政能力。韩国与中国台湾的威权政府赋予各自的官僚和导航机构更多权力，使得这些机构和部门在规划和执行工业政策、给特定的经济部门甚至企业分配信贷优惠、协调商业部门之间的行为等方面有相当大的回旋余地。与日本一样，美国的军事和经济援助曾给韩国和中国台湾地区的经济带来巨大的提升。尤其在越战期间美国注入的资金大大推动了这些国家和地区的出口产业化。从 20 世纪 50 年代早期一直到 80 年代，中国台湾国民生产总值（GDP）的年平均增长率保持在 9%，而韩国在同时期 GDP 的年增长率也超过 8%（IBRD，1971；Stubbs，2005；World Bank various years）。

地区形成的有利条件使得其他三国（之后被纳入东亚地区）也日益呈现出发展型国家的特征。新加坡和马来亚/马来西亚能建立强有力的官僚机构，归因于当时英国殖民政府想要扩大关键部门和机构以提供产品和服务，这不仅有助于缓解民怨，还能帮助民众摆脱对马来亚共产党游击队行动的依赖。马来亚国家的发展是马来亚政府和人民抵御叛乱的结果。这两个殖民地区都是受惠于当地天然橡胶价格翻两番和锡价格翻一番，政府收入也增加一倍多（Stubbs，1997）。从 1965 年新加坡独立之日起，政府就采取行政本土化的政策，聘用训练有素的人员，推行以出口为导向的制造业政策，并由该国的经济发展委员会（Economic Development Board）来协调。而马来西亚政府从 20 世纪 60 年代末到之后的 70 年代一直在扩大政府规模。两国政府都利用 FDI 来推动出口导向型工业化。两国都是采用了政府"干预主义"的政策，通过政府机构与私营部门的合作来推动经济发展（Huff，1994；Drabble，2000：162）。

泰国的发展型政府完全是美国刺激的结果。毋庸置疑，追溯到 18 世纪末朱拉隆功国王时期，泰国的官僚就有积极主动和掌握领导权的悠久传统，而到 20 世纪 50—60 年代更加明显。美国援助泰国学生，支持他们在美学习一定时期后回泰国政府就职，同时，美国还设立了专门培训泰国上层官僚的机构。新的政府机构，如泰国总理署的统计局、财政部的财政政策办公室等，有助于协调泰国经济的快速发展（Muscat，1994；Pasuk and Baker，1995）。事实上，有观察者注意到早在 20 世纪 60 年代末，泰国就已经形成一个强有力的有效政府。而从 50 年代起，美国因为想要消除当地一些共产主义组织的威胁，给该地区提供各种援助，从而促进了泰国经济的显著增长。尤其在越战期间，美国将大量的军费支出用来在泰国东北部建军用机场，促使泰国经济在 60 年代末期迅猛增长。

有趣的是，在 20 世纪 60 年代末 70 年代初，新加坡、马来西亚和泰国都被公认为是强有力的"行政国家"。弗雷德·W. 里格斯（Fred W. Rigg，1966）的著名言论称泰国是"官僚政体"。马来西亚总理署的高级顾问、康奈尔大学的教授弥尔顿（Milton Esman，1972：62－71）将马来西亚定义为"行政国家"，并指出马来西亚政府的人员规模可以与丹麦和英国等老牌资本主义国家媲美。新加坡大学的陈庆珠（Chan Heng Chee，1975），之后成为新加坡驻美大使，也同样指出在 1965 年独立后的十年，新加坡已经建立起一个有效的、相对独立自主的"行政国家"。这三个国家，或许还不能与日本和韩国同日而语，但共同之处在于已经建立起一个相对意义上的强国，并且在很大程度上符合发展型国家的标准。到 20 世纪 80 年代末 90 年代初，三个东北亚发展型国家（地区）和这三个东南亚发展型国家都已经创造了强劲的经济发展，因此被公认为"亚洲经济奇迹"和新兴工业化经济体（NIE）（Balakrishnan，1989；Economist Editorial，1989；World bank，1993）。

然而，从 20 世纪 80 年代起，发展型国家（地区）开始面临压力。冷战缓和与日益增强的全球化影响，改变了之前推动东亚经济体运作的总体结构。此外，曾经非常成功的"奇迹"经济体的内部环境也发生明显变化。这就意味着发展型国家（地区）要被迫适应新的环境（Stubbs，2005；Beeson，2006：184－198）。

首先，随着对亚洲共产主义威胁呼声的减少和冷战的缓和，美国不再像以前那样支持亚洲盟友实行"集中的社会控制"。事实上，20世纪80年代晚期，新兴民主模式已经在韩国出现。新的民主政府改变了政治领导与官僚机构的关系，迫使一些高级官员不得不放弃以前掌控的自主权。同时，经济全球化的趋势和影响日益增强，美国开始敦促发展型国家（地区）改变"新重商主义"政策。华盛顿不再强调政府干预，开始转向支持私有化、放松管制和经济全面自由化。这样一些举措就进一步削弱了发展型政府调控产业政策的能力。

其次，冷战结束和全球化也改变了资本进入亚洲发展型国家（地区）经济的方式。美国以前的军事和经济援助主要是通过政府将资本输送到东亚主要的盟友经济体中。然而，在新的条件下，新形式的外部资本，外国直接投资（FDI）和短期投资组合都绕过政府，直接流向这些国家的商业部门。这就意味着外国决策者能和该国的高层官员一样制定产业优先的政策。这样，各发展型政府通过直接的资金分配来支持特定的产业或企业，指导产业发展的能力明显降低。

最后，有利于东亚发展型国家（地区）中央集权化的弱社会得以复兴。随着经济的增长，大小企业都纷纷扩大了经营规模，尤其是随着大企业在经济上的蓬勃发展，并逐渐获得经济和政治上的影响力。这种发展形势的直接后果就是动摇了原来政府指导企业的模式，原本的政商关系变得更加平衡，政府不再是主导性的力量。在某些特殊情况下，尤其是在韩国，大型的企业联合即大财阀成为主导。因此，发展型政府在指导国家经济上面临更多困难。而且，当国内经济体链接到迅速全球化的世界经济时，情况更为复杂，这时发展型政府很难全面、综合地管理国家的产业战略。

然而，发展型国家（地区）的关键元素在许多东亚社会仍然保留下来。尽管每一个发展型国家（地区）关键元素的保留程度不同，冷战结束、全球化浪潮以及内部权力关系的变化等一系列的因素还是以不同的方式侵蚀着发展型国家（地区）。但是，重要的是，支撑发展型国家（地区）及其结构与政策的"发展主义"理念和取向，仍然贯彻在政府的各种政策实践中。那些曾经从发展型政府中受益的企业，例如那些服务内部市场，受益于保护性关税的企业，或者曾经获得过政府对其出口制造战略支持的企业，努力地维持发展型国家（地区）模式及其政策。同样，曾经经营发展型国家（地区）的政府官员仍有兴趣维持它，还有那些过去致力于用新重商主义的路径来发展经济的政策机构和学术界的人，也有兴趣来维持它。但也许最重要的是，相比起"二战"时期的灾难年月，发展型国家（地区）崛起所带来的经济快速发展和繁荣以及社会稳定，能够获得更广泛的公众支持。因此，虽然滋生发展型国家（地区）的一些有利条件已经发生显著变化，支持发展型国家（地区）的动力依然存在。

应对这些想要维持或者侵蚀发展型国家（地区）的各种压力与挑战成为东亚各政府面对的共同问题。一方面地区各政府必须寻求管理全球化带来的各种需要的方法，另一方面还要在处理行政事务的同时应对许多仍被"发展主义"规范和价值主导的内部利益集团。在这种面对共同压力与挑战的情况下，构建一个地区组织来应对这些共同问题就越来越成为一种必需。

地区主义与发展型国家（地区）

东盟（ASEAN）最初的五个成员国中，马来西亚、新加坡和泰国是公认的发展型国家，也是东亚"新兴工业化经济体"俱乐部中的成员。有部分人认为印度尼西亚也可列入发展型国家的行列（World Bank，1993；Vu，2007）。只有菲律宾被排除在外，不被看作是发展型政府，因为从1967年东盟创始到1997—1998年亚洲金融危机，菲律宾的经济在大部分时间里都是一团糟。这样一个共同的参照范式就成为东盟国家评判其他成员国需求和愿景的重要组成部分。它在1992年协商东盟自由贸易区的时候发挥了尤其重要的作用（Stubbs，2002）。在某种程度上，当有新成员加入东盟时，例如1984年文莱、1992年越南、1997年老挝和缅甸、1999年柬埔寨加入时，将是发展型国家作为东盟成员国内部的一个共同标准被淡化。然而，当中国，日本和韩国三国在1997年参与东盟合作，即"东盟+3"（APT）机制出现的时候，发展型国家经验与规范的重要性再次在地区组织中凸显出来（Stubbs，2002）。

APT机制是在一些重要会议上提出的，即亚洲国家代表于1996年

在曼谷举行的首届亚欧首脑会议（ASEM）及随后 1998 年伦敦第二届
ASEM 上提出的。按照亚欧会议预想，负责发起并召开第一次会议的东
盟成员国邀请了中国、日本和韩国三国参加（Stubbs，2002：442 –
443）。在 1996 年和 1997 年东盟成员国与东北亚三国共同出席并处理亚
欧会议问题后，1997 年在吉隆坡举行的东盟峰会上又举行了这些国家
领导人的非正式会议。之后，APT 政府首脑会议开始在每年的东盟峰会
上举行。

当然，APT 机制之所以能够建立，更重要的原因是当时爆发了席卷亚
洲的金融危机。时机至关重要。亚洲金融危机给该地区各种发展型政府的
"干预主义政策"以沉重一击。至少在开始，国际货币基金组织（Interna-
tional Monetary Fund，IMF）对申请紧急金融援助的困难国家实施了一套解
决危机的政策方案，其中包括削减政府补贴，减少政府的所有开支，并推
动地区经济的进一步自由化。当时，美国联邦储备委员会主席艾伦·格林
斯潘（Alan Greenspan）就预测"亚洲资本主义模式"是"西方形式的自
由市场资本主义"（Hamilton，1999：45 – 46）。事实上，当金融危机蔓延
开来的时候，罗德尼（Rodney Bruce Hall，2003）审视了 IMF、美国财政
部以及韩国金大中政府所采纳的话语策略。这些策略是要取缔等同于权贵
资本主义的发展型国家模式的合法性，并且放弃之前有活力的、成功的东
亚经济体所追求的国家产业政策。这一战略的主要目的是促进美国或者受
过美国培训的经济学家和技术官僚所鼓吹的"新自由资本主义"在亚洲
的形成。

正如理查德（Richard Higgot，1998）指出的，IMF 和美国政府对亚
洲金融危机的反应招致东亚许多关键政策圈的怨恨。IMF 一直被认为是提
供咨询意见的国际金融机构，其做法不但没有缓解危机，反而恶化了原有
危机所造成的问题。IMF 的高级官员被认为是听从美国政府的命令，而美
国是想利用这次危机破坏东亚成功的、竞争性的国家促进型资本主义。大
多数西方决策者和分析家没有将这一计划不周、西方倡导自由化的金融机
构所创造的问题考虑在内。

显而易见的是，正当东亚的经济决策者既要寻求方式应对金融危机，
又要应对来自西方猛烈攻击的时候，APT 机制开始形成。地区关键的决策
精英都认为，至少在 APT 机制中，成员国的政治家和官员都面临相似的
问题，也都体会到亚洲金融危机带来的各种困难。日本、韩国、新加坡、

马来西亚、泰国（有些人认为还包括印度尼西亚），都有许多积极的发展型国家经验，尽管有些相关制度和政策已经被侵蚀，但是发展型国家的某些概念和制度方面仍然保留下来。

还有许多证据可以证明发展型国家的一些关键元素在金融危机中幸存下来。在20世纪90年代的日本，尽管有成本大于效益的事实，日本的政治和商业精英致力于维持现状，即保持企业之间或者企业与国家之间原有的关系。沃尔特（Walter Hatch，2010：250）认为日本精英们这样做是想要维持他们在日本政治经济中的权威。马必胜（Mark Beeson，2009：19）也指出，跟国家机构中的其他部门一样，日本财务省不但努力抵制变革，而且还通过控制那些应该限制其影响的改革来扩大权力（Beeson，2009：19）。

同样，戴维·亨特（David Hundt，2009）也认为，在1997—1998年的后危机时期，尽管是在重新调整国家经济和财政政策的情况下，韩国政府也要增强对该国主要产业集团——财阀（Chaebols）的权力管理，以保持政府与企业之间的紧密联系。为了管制这些财阀企业，韩国政府采取了一些举措，包括用强大的国家能力来推进金融领域的自由化，给银行系统引进外国资本及其市场原则。因此，现在韩国政府的力量比国内的企业更强，甚至超过金融危机以前的水平。事实上，有分析认为，最好将危机后时期的市场改革和自由化看作是某种形式的国家干预（Kalinowski and Cho，2009：241）。分析还认为金融危机后形成的韩国经济企划院是一个准导航机构，因为它指导信用经济的各个部分，还规范和监督各种企业行为。

东南亚的发展型国家同样要适应日益变化的全球环境。马来西亚的政治制度，是以马来民族统一机构（简称巫统，United Malay Nationalist Organization，UMNO）为首的执政联盟长期执政，掌控主要的国家机器，指导经济发展的重要方面。强大的政府经济事务顾问机构——国家经济行动委员会，由马来西亚总理领导，其成立初衷就是要在1997年的金融危机中为国家经济发展寻找出路。此外，还有首相署的经济规划单位负责规划和管理马来西亚的经济发展。Pepinsky认为，"马来西亚的例子证明了经济政策形成比（金融）危机以前更加表现出政治集权的特征"（Pepinsky，2008：246）。为了应对全球化的压力，新加坡政府已经下定决心不仅要提高制度性的国家能力，还要增强政治合法性。例如，杨就指出，金融危机后，新加坡政府不但没有在全球化面前退却，而且还要继续沿着"国家绘制的重要的发展主义轨道"前行。（Yeung，2003：29）

亚洲金融危机后，泰国的情况极其复杂。他信·西那瓦成为泰首相的时候，推出一系列中央集权的改革措施，赋予首相办公室更多的权力。他也认识到，"中小型企业、农业企业、汽车行业、农业和旅游业才是泰国长期发展的先头部队"（Thitinan，2003：288）。他信的内需导向型经济发展战略是泰国传统发展型战略在几十年后的重现。但因为他信的政治改革尤其威胁到传统的政治和经济精英，在2006年他信被革职的时候，他的多项改革措施也相应被废除，泰国的政治制度又退回到更分散的状态。

总的来说，尽管传统发展型国家（地区）的性质有明显改变，仍然有足够多的特点在过去的十年中留存下来，因此也就确保了APT成员中的非共产主义国家（地区）有一个相似的经济发展模式，能够管理全球化的力量。然而，中国在一定程度上，甚至越南在更小程度上，也表现出一些发展型国家的特点，这就进一步强化了APT成员的共同元素。

冷战期间，尽管中国处在意识形态的另一边，但是中国的发展经验体现出与东亚发展型国家（地区）类似的经济国家主义特征。朝鲜战争和以美国为首的西方包围圈营造了军事威胁的地区环境，新中国必须要建立一个强大的中央政府来管理社会和指导经济。为新中国提供援助的苏联，意在支持一个强大的、能够全面调控国家经济社会的中央政府（White，1988）。在中国共产党的领导下，中国经济逐渐确立了进口替代型工业化战略。

从1978年起，随着中国经济的逐步开放，政府将重点放在问题解决型政策、提高农业生产力、降低直接税和间接税以及高储蓄率等方面上。在80年代，中国开始在沿海的广东和福建省等港口建设经济特区，并对外开放直接投资。通常情况下，中央政府都是通过地方政府（即省、市和县政府）对经济发展实行宏观调控，并且将重点放在乡镇企业（TVEs）。例如，一些县级政府致力于规划和管理经济环境，从而可以让国有企业、合作企业和乡镇企业经营和开展竞争（Blesher，1989：103）。许多市级政府也同样如此，例如天津市政府，被分析者称为"企业化政府"（Buckett，1996）。

中国在90年代早期实施的一系列改革措施开始在90年代后期奏效，

从而增强了中央政府的权力。首先，政府对所有企业实行增值税，创造了更广泛的税基，政府收入稳步攀升，从20世纪90年代中期占国内生产总值（GDP）的10%左右增长到21世纪头十年的近20%（Naughton，2009）。有了可以操控的大量财政资源，政府能够投资经济基础设施的项目，包括一些旨在服务交通和能源开发的项目，以及扩大教育部门等。其次，大量规模较小的国有企业（SOEs）纷纷倒闭或者改制，政府开始以"抓大、放小"的名义投资那些较大规模的国有企业。这意味着那些亏损的、规模较小的国有企业不仅在数量上大大减少，而且不再耗费政府资源。再次，90年代在中国被视为脆弱存在的大小银行被迫注销众多倒闭或者改制的中小型国有企业的债务，以便使其功能顺应新的商业规则。最后，在过去的15年，中国政府将人民币汇率稳定在一个能确保其出口竞争力的安全水平，进口不是太昂贵，加上外汇储备的稳步增长有力地缓冲了因为经济危机可能造成的不稳定因素。

各项改革的结果促使中国越来越像东亚其他社会，进入发展型国家的最初状态。当然，与APT成员的其他国家一样，中国的执政精英也会陷入窘境，即如何在面对外部世界自由化的压力下，坚持一定程度的国家干预，管理本国经济。事实上，在APT体制开始起航的90年代中后期，中国也面临制度改革引起经济更大自由化的难题，所以才能加入世界贸易组织（World Trade Organization，WTO）。与此同时，中国继续加强政府的作用，以便促进国家产业发展的各个方面。2001年12月成为WTO的一员以后，在政府指导特定经济政策的背景下，中国需要遵守WTO的自由化原则。

越南也被认为具有一些发展型国家的特征。就外来威胁的影响，以及中央执政能力的发展来看，越南与中国的确有类似的经历。近年来，越南政府也试图模仿经济成功的地区邻国，创造国家的繁荣局面，特别是效仿韩国的发展模式（Masina，2006：45）。当然，发展型国家对于越南是一个有用的参考模式。正如吴（Vu，2005，2010）认为，"河内经济只有在执政党掌控的情况下才有希望获得发展"（Vu，2005：26）。

更重要的是，中国与越南所面临的挑战与其他APT成员必须要面对的困境极为相似，即如何在经济自由化快速发展的同时，政府继续指导经济发展。通常，成员国都采取极其相似的解决方案，在国家层面和地区层面寻求"自救"。在国家层面，自救就需要这些国家积累庞大的外汇储备作为一种缓冲器来抵御"亚洲金融危机"的重演。事实上，不仅中国（2.85 万亿美元）和日本（1.1 万亿美元）积累了世界上最大的外汇储备，韩国（2.93 千亿美元）、新加坡（2.18 千亿美元）、泰国（1.68 千亿美元）的外汇储备都超过了美国（1.32 千亿美元）（*China Daily*，2011；IMF，2011）。而在区域层面，这些国家的"自救"方案已经导致"清迈倡议多边化协议"（Chiang Mai Initiative Multilateralization）的缓慢发展，这是一个规模达 1200 亿美元的地区外汇储备库或者资金池，中日韩和东盟各个成员国的中央银行可以利用这个资金池抵御货币投机的风险。此外，大多数 APT 成员国的政府不仅增强了其行政能力来更好地管制危机后的自由化风潮，还在促进经济发展的过程中维持其强大的基础性和指导性作用（Stubbs，2011）。并且，有些成员国已经开始开发一些新的社会项目，以便形成一个可能的社会安全网，能在未来的任何危机中发挥作用（Ramesh，2009）。

APT 成员国对发展新型发展型国家——林（Hayashi，2010a）称之为"新一代的发展型国家"——的持续承诺对东亚地区化的总体结果，从一般意义上来讲，是成员国必须应对一套共同的、与管理全球化相联系的政策挑战，才能确保它们能够继续控制经济和社会发展。最重要的是，大多数 APT 成员国有一个共同范式，这个范式来自它们在一定程度上将新自由主义作为起点改革发展型国家的经验。正是因为这样，尽管许多因素在抑制 APT 机制扩大成员国，例如目前还未纳入澳大利亚和新西兰，但在事实上，这些可能的成员国在近代史上没有经历过发展型国家驱动所带来的经济成功，因此很可能不理解当前 APT 成员的愿景和要求。这可能与 APT 在未来要开放成员资格背道而驰。

结　论

本章的主要论点是，如果忽略发展型国家（地区）或政府的角色和作用，就不能完全理解东亚地区主义的实质。尽管许多核心发展型国家（地区）的共同经验并不是东亚地区主义崛起的决定性因素，但这些共同经验推动成立了地区组织并且是这些地区组织演化的本质。当前的 APT 成员国中，日本、韩国、新加坡、马来西亚、泰国、中国和越南，甚至包括印度尼西亚，都体现出发展型国家的某些特征，即都对市场导向、出口引导的经济实行强有力的政府干预。更重要的是，这些国家是该地区最大，也是最成功的经济体，因此会对地区的发展施加不同程度的影响。

当然，不仅仅只有发展型国家（地区）的经验发挥作用，地区主要经济体在全球化过程中所面临的共同挑战和问题也同样在影响着东亚地区组织的演变和发展。地区内的每个经济体都面临自由化的外部压力，即通过私有化、解除管制来开放经济；与此同时，这些经济体还要处理好迫切要求延续发展型国家（地区）结构与实践的各种内部利益。在这种情况下，通过各种地区组织交流思想就有助于地区发展策略，共同解决这些问题。特别是在亚洲金融危机后，APT 机制对管理全球化特别有益，且可能有助于避免另一场危机。因此，发展型国家（地区）共享的经验与其适应不断变化的全球现实所面对的共同问题，是东亚地区主义崛起的重要因素和发展动力。

第八章　亚洲企业集团国际化的动因分析

迈克尔·卡尼（Michael Carney）著　周英译

引　言

多元化经营的企业集团（BGs）通过组织外向型企业和产业，在亚洲工业增长的早期阶段发挥了主要作用。为免受外国竞争，BGs 引进日本和西方的技术以获取大容量、高质量的制造能力。较强的 BGs 有稳固的金融资源，能够进入房地产开发、金融服务，以及媒体和通信等国内产品市场。随着国际投资机制的日益自由化，以出口为导向的发展阶段正退出历史舞台。由于新生力量的竞争日趋激烈，亚洲 BGs 正面临各种压力要重新组织和定位国际业务。这些新生力量不仅包括西方的跨国企业，还有来自其他新兴经济体的企业，这些企业正瞄准 BGs 日益繁荣的市场，并且对其进行直接投资。不过，地区自由化的投资政策也给亚洲 BGs 带来了机遇，可以通过投资海外拓展国际业务。

对外直接投资（ODI）对一个国家的工业能力有积极影响，原因有三。第一，效率寻求型 ODI 旨在获取低投入，例如利用其他国家低廉的租金和制造成本，从而可以让企业集团将业务定位在发展高价值的商业活动上。第二，资产寻求型 ODI 是为了获取高生产性资产，如各种技术和营销技巧，可将这些资产纳入企业经营活动，以提升企业竞争力。第三，市场寻求型 ODI 通过转变企业的特定竞争资产（FSAs），从而具备优于当地企业的优势，可以在外国市场创造收入。正是因为通过降低成本、提升竞争力或者创造额外收入提高了本国企业的实力，ODI 通常被认为是从出口模式向海外投资模式转变的良性且具有竞争力的国际化进程。在过去的几十年，日本的经联会（日本的企业组织）和韩国的财阀抓住国际扩张的机会，建立了具有竞争力的全球企业。今天，亚洲的 BGs 也面临同样的机会。但是，在多大程度上本地区其他 BGs 会效仿日本和韩国企业集团的国际经营模式呢？

　　BGs 在要素市场和法律制度缺失或者不健全的国家兴起，这是因为这些国家能提供一个软性市场基础设施，有助于促进 BGs 附属公司之间的交流和资源共享。例如，如果商业法薄弱或低效，BGs 能够承销交易和执行财产权利。在完全资本市场功能缺失的条件下，BGs 不仅为新企业融资提供内部资本市场，还为大规模发展提供资金。如果企业缺乏高素质的管理人才，BGs 能够发展和分享经验，并帮助陷入困境的附属企业。因此，通常将 BGs 视为"友好的发展"，因为它具备跨越制度空隙与促进经济发展的能力。

　　然而，亚洲的 BGs 在所有权和企业管理类型上有所不同。例如，中国的企业集团（Keister，1998）和在香港股票市场上市的所谓"红筹股"，大部分都是由国家控股。在东南亚，由华人企业家及其家族控制的 BGs 是最大型，也是最盛行的企业（Carney and Gedajlovia，2002）。日本的经联会通过股权的交叉持股联系，通常是由一个主要银行和一个先头企业交叉持股，如丰田（Toyota）。新加坡的 BGs 既有家族企业，也有政府主导型企业（Tsui–Auch and Lee，2003）。此外，亚洲的 BGs 在组织结构上也有所不同，有助于发展不同于其他组织类型的各种竞争优势。本章采用企业层次的分析，论证 BGs 的企业管理和组织结构的差异与特定国家因素之间的相互作用如何导致 BGs 在国际竞争力上的差异。首先，笔者考察了一些不同的理论观点，即关于 BGs 如何盈利及促进有效的国际增长。其次，笔者考察了东亚和东南亚 11 个国家和地区对外直接投资（FDI）的统计数据。最后，笔者将解释驱动国际投资的主要地区因素。通过考察这些因素在中国内地、印度、中国香港以及东亚和东南亚的经济体中的作用得出本章结论。

企业集团和国际化

　　关于新兴市场的 BGs 能否盈利，并有效进行对外直接投资（ODI），学术界有不同的观点。寻租理论认为 BGs 的成长归因于其创始人的政治联系，这种联系为 BGs 提供了垄断国内市场的机会（Yoshihara，1988；Morck and Yeung，2004）。一种普遍的看法是，这些在政治上关联的企业集团不具备能在国际市场提供竞争优势的高水平技术能力。外商投资准入程序自由化进一步强化 BGs 的这种国内导向，因为西方跨国企业已经瞄准并寻求进入这些 BGs 的国内市场。新的外国企业通过与当地企业建立联盟或者伙伴关系的方式在当地落户，从而也给 BGs 提供大量的商业机会。BGs 满足于这些机会，常常自满，对市场扩张毫无兴趣。

另一种寻租的观点认为，新兴市场诞生的企业存在许多先天性缺陷。首先，由于国内的制度缺陷，例如国家禀赋结构中特定国家因素的缺失——包括高质量的教育和研究机构、先进的技术、经验丰富的管理人才，新兴市场企业往往缺乏有效参与国际竞争的资源。而且，国家反垄断立法的缺失，能让这些企业获得大量的国内垄断利益，从而缺乏培养国际竞争技能的动力（Mahmood and Mitchell，2004）。同样，国有企业在预算软约束的环境下，承担社会和经济责任，很少有措施能激励国有企业培养国际竞争力（Yiu et al.，2005）。

另外，家族企业也是臭名昭著的规避风险型企业，通常不愿弱化对外界影响的控制。正是因为这些原因，家族企业缺少公众股权和优秀的管理者，无法达到在国际竞争中取得成功所需的金融规模和组织经验。家族企业发展出口导向型产业取得的明显成功往往掩盖了一个事实：除了有效的制造，出口特定的企业组织能力要求不高。相反，成功的出口主要取决于"国家特定"因素，如可利用的廉价、顺服的劳动力队伍，以及有效的基础设施。随着新兴工业经济体的劳动力和基础设施成本增加，BGs 将生产转移到其他低成本的国家以利用这些国家的特定资产（Rugman，2010）。这样会促使 BGs 更趋向国际化，但是还远不能提升特定企业能力，BGs 要继续依靠国家特定资产。

在后工业化理论中能找到对 BGs 赞许的观点，这种观点认为，新兴市场企业需要完善基本组织技能，才能发展企业特定优势。尽管西方企业是经过多年的磨炼和完善后才从事跨国扩张，而事实上新兴市场的跨国企业遵循的是加速国际化的路径（Mathews，2006）。这种观点认为，许多亚洲企业都是依靠与国际合作伙伴"连接""杠杆"和"学习"（Linking, Leveraging, Learning）的"3L"战略开启国际化进程（Mathews，2006）。最初，出口导向型企业将原始设备制造分包给西方企业，从中学习基本技能如质量控制等（Hobday，2000）。与西方跨国企业注重保护内部创造的优势不同，亚洲企业发展更大的外部取向和基于关系网络的学习，寻求与合作伙伴发展广泛的商业活动。这个过程促使亚洲企业能从发达国家和发展中国家中获取更多的资源和机会。例如，韩国和中国台湾的企业为欧洲和北美零售商在许多亚洲国家采购零部件和寻找生产技术。这种国际取向的活动形式通常不需要太多的金融投资，而是依赖各种形式的协议与关系合同。因此，企业获得比发展海外投资更大的国际化驱动力。西方的技术和管理实践通常在地方企业那里更显价值，因为地方企业熟知当地情形，了解如何对西方的技术和技能进行改良与调试，使其适应当地环境。正如下文要讨论的，当地企业如何通过"杠杆"作用将"连接"和"学习"的成果创造成创新型低成本和中档的竞争优势，从而区别于西方企业。

亚洲的 BGs 在与西方合作伙伴发展"连接"和"学习"时极为奏效。领导型企业的声誉有利于与许多国际企业及其附属公司建立多元化的联系。此外，BGs 比独立企业更优越的地方在于能够进行跨领域的技术分工。BGs 还能成为学习和教学实验室，开发项目管理技能、反复配置资源和改善程序，从而进入新的市场。因此，与寻租理论不同的是，最好将 BGs 看作是为国家工业基础获取和整合新知识的机制。按照国家宏观经济和政治目标，通过同步投资与规划优先次序，在选定的有实力的 BGs 与国家之间建立紧密的合作，可实现这些国家经济的突飞猛进。

过去十年企业集团国际化历程

鉴于出口导向型发展和"3L"本质上都是追赶型战略，新兴工业经济体的 BGs 现已赶上并到达技术前沿，尽管中国、印度和东南亚等发展中国家的企业还在迅速地朝着这个方向迈进。在这个过程中，这些国家的 BGs 很少依赖与西方企业联系和学习经验的网络战略，而是开始转向控制资产，通过将这些资产据为己有促进企业的国际增长。这种从"3L"到资产控制的企业国际化战略在过去十年的对外投资（ODI）发展浪潮中表现得比较明显。这一节会论及亚洲 BGs 的两个核心发展，第一是南南国际化的发展，即企业是通过投资亚洲市场或者更远的非洲及其他地区，转变最近开发的企业技能。第二是南北国际化的发展，即企业通过海外兼并战略从北美和欧洲的跨国企业中获取资产。

表 8—1 显示了 11 个主要东亚和东南亚经济体分别在 1970 年、1980年和 1990 年以及从 1999 年到 2009 年的年度对外投资数据。表 8—1 显示，区域总体的投资规模从 1999 年起开始剧增，从 1999 年的 620 亿（美

元）增长到 2009 年的 2270 亿美元，十年间的增长率约为 265%。从 20 世纪 70 年代到 90 年代，日本是 ODI 的主要来源。90 年代末期，日本已经占到地区 ODI 的 80% 以上，剩下的部分来源于其他 4 个新兴工业经济体（即中国香港、韩国、新加坡和中国台湾）。不过，这种投资结构在 21 世纪初的十年发生了显著变化。虽然日本仍然是重要的 ODI 来源，但在地区的相对份额下降到 33% 左右。而中国和中国香港的投资在 2009 年分别达到 480 亿美元和 520 亿美元，占地区总投资的 44%。印度也成为一个重要的 ODI 来源。截止到 1993 年底，该地区还没有印度企业对外投资的记录。但从 2003 年起，印度的海外投资快速增长，到 2008 年已经达到 180 亿美元，占地区总投资的 8%。

表 8—1 的数据也证实东亚经济体（包括日本、中国大陆、中国香港、中国台湾和韩国）占地区对外直接投资的较大份额。在东南亚国家中，只有新加坡在持续并且大规模地投资，但这种情况也可能随着当前 ODI 潮的变化而改变。近年来，马来西亚的对外投资在大幅增长，最高达到了 2008 年的 150 亿美元。印度尼西亚和泰国的企业也开始成为重要的 ODI 投资者。

表 8—2 显示外来直接投资（IDI）的细节，同时也表明亚洲国家和地区在外国企业投资上开放程度的差异。数据表明，东亚国家和地区（日本、韩国和中国台湾），以及印度和印度尼西亚，对 IDI 呈现相对不友好的态势。例如，1980 年，进入日本、韩国和中国台湾的投资总额仅约 4.6 亿美元。相比之下，新加坡接受的外来投资超过 12 亿美元，差不多是三个东亚经济体总额的三倍。同样，1990 年，新加坡接受了 55 亿美元，而日本、韩国和中国台湾一共接受了不到 40 亿美元的 IDI。直到 1997 年亚洲金融危机之后，东亚国家和地区才开始接受大规模的 IDI。然而，这时中国已经成为首选的 IDI 目的地。例如，在过去的十年里，中国大陆和中国香港一共接受的 IDI 占地区总额的 60%。

在很大程度上，东南亚国家与中国大陆和中国香港已经将 IDI 作为国家产业发展的一部分。但是，许多国家因为担心资本外流、逃税，顾虑 ODI 通过输出劳务会"镂空"国内产业，对发展 ODI 十分审慎。还有其他国家已经转变了对 ODI 的看法，开始认识到拥有本国跨国企业的价值。中国、新加坡和马来西亚正积极鼓励国内企业增强国际活动，并给企业发展 ODI 提供一揽子的国家支持。

表8—1 11个亚洲经济体的对外直接投资（对外 FDI 或者 ODI）

单位：百万美元

年份	1970	1980	1990	1999	2000	2001	2002	2003	2004	2005	2006	2007	2008	2009
东亚														
日本	355	2385	50775	22745	31557	38333	32281	28799	30949	45781	50264	73548	128019	74699
中国大陆	—	—	830	1774	916	6855	2518	2855	5498	12261	21160	22469	52150	48000
中国香港	—	82	2448	19369	59374	11345	17463	5514	45726	27196	44979	61081	50581	52269
中国台湾	1	42	5243	4420	6701	5480	4886	5682	7145	6028	7399	11107	10287	5868
韩国	—	26	1052	4198	4999	2420	2617	3426	4759	4298	8127	15620	18943	10572
东南亚														
新加坡	—	98	2034	8002	5915	19965	2329	2695	10802	11218	18811	27645	(8478)	5979
印度尼西亚	—	—	—	—	—	—	—	213	3408	3065	2726	4675	5900	2949
马来西亚	—	201	129	1422	2026	267	1905	1369	2061	2972	6084	11280	14988	8038
菲律宾	—	86	22	133	125	(140)	65	303	579	189	103	3536	259	359
泰国	—	3	154	349	(20)	427	171	615	72	529	970	2850	2560	3818
印度	—	4	6	80	514	1397	1678	1876	2175	2985	14285	17233	18499	14897
11个亚洲经济体总额	356	2927	62693	62492	112107	86379	65913	53347	113174	116522	174908	251044	293708	227448

资料来源：联合国贸易与发展会议，FDI 统计数据。

表 8-2　11 个亚洲经济体的对内直接投资（对内 FDI 或者 ODI）

单位：百万美元

年份	1970	1980	1990	1999	2000	2001	2002	2003	2004	2005	2006	2007	2008	2009
东亚														
日本	94	278	1806	12742	8323	6243	9240	6324	7816	2775	（6507）	22550	24426	11939
中国大陆		57	3487	40319	40715	46878	52743	53505	60630	72406	72715	83521	108312	95000
中国香港	50	710	3275	24578	61938	23776	9682	13653	34036	33625	45060	54341	59621	48449
中国台湾	62	166	1330	2926	4928	4109	1445	453	1898	1625	7424	7769	5432	2803
韩国	66	17	759	9883	9004	4086	3399	4384	8997	7055	4881	2628	8409	5844
东南亚														
新加坡	93	1236	5575	16578	16484	15087	6402	11941	21026	15460	29056	35778	10912	16809
印度尼西亚	—	—	—	—	—	—	—	（507）	1896	8336	4914	6928	9318	4877
马来西亚	94	934	2611	3895	3788	554	3203	2473	4624	4064	6060	8538	7318	1381
菲律宾	（1）	114	550	1247	2240	195	1542	491	688	1854	2921	2916	1544	1948
泰国	43	189	2575	6091	3410	5073	3355	5222	5859	8067	9517	11355	8544	5949
印度	45	79	237	2168	3588	5478	5630	4321	5778	7622	20328	25001	40418	34613
11 个亚洲经济体总额	546	3780	22205	120427	154418	111479	96641	102260	153248	162889	196369	261325	284254	229612

资料来源：联合国贸易与发展会议，FDI 统计数据。

亚洲 ODI 潮是由两个一般模式组成，南南 ODI 和南北 ODI 模式。许多南南 ODI 集中在长期获取确保国家可持续工业增长所必需的自然资源，如石油和矿产资源。但是，许多 ODI 是要寻求市场和构建特定企业能力。一种能力是管理富有挑战性的制度环境。奎尔沃和甄克（Cazzura and Genc, 2008）认为新兴市场的跨国企业通常在某些监管不力且腐败丛生的国家更加盛行。西方国家的企业则更依赖正式合同，要求保护更多的私人财产权利，从而给开展国际经营创造了困难。相反，亚洲 BGs 在关系性契约上已经开发了更大的技能，并在从事一些既定活动上如行贿受贿，比其他西方企业少受限制。还有一种能力与一个事实相关，那就是亚洲企业已经发展了高效、廉价的制造业能力，当前正开发"节约创新"的新技能，这就需要将那些高端技术产品转变成基本功能模式产品，使普通消费者能够负担得起。西方的跨国企业通常瞄准新兴市场的富裕阶层，亚洲的跨国企业则专注那些不太富裕但是迅速崛起的"中间阶层"，给他们提供经济、创新型产品。

相比之下，南北 ODI 模式是基于一些不同的考虑。首先，北美和欧洲爆发的金融危机致使许多企业的股票价格不断走低。主权财富基金在购买西方企业的廉价股份上变得异常活跃。那些表现不佳、亏损和业绩下滑的企业，不断进行重组，从而产生了一个市场，充斥着不必要的业务部门。在过去的十年，亚洲企业越来越积极地通过兼并和收购等投资手段获取外国资源。人们逐渐达成一个共识，那就是，许多亚洲企业已经在利用这些并购而来的外国资产发展特定的企业技能（Child and Rodrigues, 2005; Luo and Yung, 2007）。此外，海外资产并购帮助企业巩固现有的出口销售并进入新的市场。ODI 也有助于企业发展国际网络和关系，这样，企业就不是在国际产业价值链的外围充当独立的分包商，而是能够自主创造经营活动。但是，本地区企业国际化的模式有重要差异。我们将在下文论述这些差异。表8—3 列出了各个国家一些高度国际化的企业以及外国资产排名。

中国大陆企业集团的国际化

在过去的 20 年，BGs 已经成为中国大陆占主导的企业组织形式（Keister, 1998）。从 20 世纪 80 年代中期开始，这些企业集团是由当时的国有企业和行业主管部门组合而成，现已成为中国大陆最大的企业。其中，有将近100家企业被指定为"国家队"（Nohan，2001）成员。这些企业肩负双重任务，一方面要推动一些特定产业成为技术领导者，在规模上能与全球性的企业相媲美。另一方面，许多企业集团还要吸收一些业绩不佳的企业，以作为优先进入资本市场和获得竞争保护的补偿（Carney et al.，2009）。BGs 已经成为推动中国国际化的重要组成部分。据估计，在2003年，40强的跨国企业中有36家企业占了中国 ODI 的 74%（Yiu，2011）。

表8—3 显示，中国大陆许多巨型企业集团集中发展资本密集型的重工业，如化工、石油、金属制品和航运等。这些企业已经是国际型企业，不仅能够获取促进工业可持续增长的关键资源，并且在许多新兴市场建立了生产工厂。下文将会讨论中国大陆在香港注册的许多领头的跨国企业。其他一些国际型企业集中发展电子、通信和消费品制造业，最终开始并购海外制造业和营销资产。众所周知的例子包括联想集团并购 IBM 的 PC 业务，TCL 并购汤姆森（Thomson）的消费类电子产品。有些厂商开发恰当的企业特定资产。例如，华为通信正努力打破思科（Cisco）统领网络交换技术业务的局面，海尔集团已经成为冰箱和空调的世界品牌（Bonaglia et al.，2007）。这些企业集团的子公司，通过与西方和日本企业合资，也纷纷提高了生产率、组织管理技能、高强度学习和技术吸收能力等（Guthrie，2005）。通过向技术和效率前沿的快速转移，企业超越了在自建和特定企业优势的基础上迈向国际化。这些企业已经能够利用成本优势进行极度熟练的创新，一种观点认为，这些企业正掀起全球"物有所值革命"，为消费者提供低廉的高端产品（Williamson，2007）。

印度企业集团的国际化

近来印度的企业集团成为重要的对外投资者。像中国的投资者一样，印度最大型的跨国企业主要集中在资本密集型的钢铁和能源产业。然而，印度占主导地位的 BGs 大多是民营企业和家族企业。印度最大的企业集团"塔塔"，最近重组为三个独立的上市公司，分别是"塔塔钢铁""塔塔汽车"和"塔塔咨询服务有限公司"。这种重组有利于企业进入资本市场。印度企业近来一直利用公众持股，在全球大肆进行收购，其中有一些

表8—3　来自11个亚洲经济体的最大的跨国企业

（美元）

世界排名	企业名称	产业类型	国外资产	国外资产份额(%)	资产总额	国外销售额	国外销售额比例(%)	收入总额	国外雇员数(人)	国外雇员比例(%)	雇员总数(人)
日本											
	丰田汽车公司	汽车制造	169569	57	296249	129724	64	203955	121755	38	320808
	本田汽车公司	汽车制造	89204	74	120478	80861	81	99458	111581	61	181876
	三菱公司	批发	59160	53	111295	6634	11	61063	18027	30	60095
	索尼公司	电器＆电子设备	57116	47	122462	58185	76	76795	107900	63	171300
	尼桑汽车公司	汽车制造	57080	55	104379	60693	72	83819	81249	51	160422
中国大陆											
2	中国中信集团公司	产业多元化	43750	18	238725	5427	24	22230	18305	20	90650
7	中国远洋运输集团公司	运输和仓储	28066	77	36253	18041	66	27431	4581	7	69648
27	中国石油天然气集团公司	石油天然气出口/冶炼/分配	9409	4	264016	4384	3	165224	20489	2	1086966

续表

世界排名	企业名称	产业类型	国外资产	国外资产份额(%)	资产总额	国外销售额	国外销售额比例(%)	收入总额	国外雇员数(人)	国外雇员比例(%)	雇员总数(人)
中国大陆											
37	中国建筑工程总公司	建筑和房地产	7015	23	29873	3619	12	29080	15765	14	113251
67	中国通信建设总公司	建筑和房地产	4010	13	31911	5599	22	25740	1703	2	93019
75	北京控股有限公司	产业多元化	3662	55	6670	2524	100	2530	28260	76	37000
78	中国铁路建设总公司	建筑	3146	10	32204	2475	8	31571	18613	10	190545
84	联想集团	电器&电子设备	2732	43	6308	8467	57	14901	5201	23	22511
97	中国五矿集团公司	金属和金属制品	2269	17	13484	4318	16	26668	798	2	44425
中国香港											
1	和记黄埔有限公司	产业多元化	70762	81	87745	25006	83	30236	182148	83	220000
12	怡和控股有限公司	产业多元化	17544	79	22098	16831	75	22362	79276	53	150000

续表

世界排名	企业名称	产业类型	国外资产	国外资产份额(%)	资产总额	国外销售额	国外销售额比例(%)	收入总额	国外雇员数(人)	国外雇员比例(%)	雇员总数(人)
中国香港											
34	华润创业	石油天然气出口/冶炼/分配	7371	82	9013	7483	90	8299	136800	95	144000
35	招商局国际	产业多元化	7154	97	7388	564	95	595	4988	99	5055
39	第一太平洋有限公司	电器&电子设备	6998	97	7199	4105	100	4105	66416	100	66452
60	利丰有限公司	批发	4761	98	4839	13873	98	14218	10839	75	14438
65	来宝集团有限公司	批发	4346	53	8153	11404	32	36090	2006	42	4800
69	太古股份有限公司	商业服务	3903	15	25552	1879	59	3168	27000	39	70000
印度											
15	塔塔钢铁公司	金属和金属制品	16826	70	23868	26426	82	32168	45864	57	80782
20	印度石油天然气公司	石油天然气出口/冶炼/分配	13477	44	30456	4238	15	27684	3921	12	33035

续表

世界排名	企业名称	产业类型	国外资产	国外资产份额(%)	资产总额	国外销售额	国外销售额比例(%)	收入总额	国外雇员数(人)	国外雇员比例(%)	雇员总数(人)
印度											
29	印度铝工业有限公司	产业多元化	8564	68	12653	11371	79	14338	13447	68	19867
40	塔塔汽车公司	汽车制造	6767	47	14359	9869	63	15635	17998	36	49473
54	苏司兰能源有限公司	产业多元化	5310	72	7370	4714	83	5685	10087	72	14000
韩国											
4	三星电子	电器&电子设备	28765	34	83738	88892	81	110321	77236	48	161700
6	韩国现代汽车公司	机动车制造	28359	35	82072	33874	47	72523	22066	28	78270
22	LG集团	电器&电子设备	13256	26	51517	44439	54	82060	32962	52	64000
30	世腾公司	其他设备商品	8308	45	18338	1668	13	12914	246	45	544
53	韩国浦项制铁公司	金属和金属制品	5335	14	37345	13512	36	37966	2386	14	16707

续表

世界排名	企业名称	产业类型	国外资产	国外资产份额（%）	资产总额	国外销售额	国外销售额比例（%）	收入总额	国外雇员数（人）	国外雇员比例（%）	雇员总数（人）
马来西亚											
5	马来西亚石油（马来西亚炼油公司）	石油天然气出口/冶炼/分配	28447	27	106416	32477	42	77094	7847	20	39236
31	亚通集团有限公司	电信	8184	76	10783	1746	51	3406	18975	76	25000
38	杨忠礼机构股份有限公司	电力、天然气和水资源设施	7014	63	11102	968	49	1966	1931	31	6232
56	云顶集团	其他的消费者服务	5139	58	8790	667	24	2726	16631	61	27296
66	森那美集团	产业多元化	4307	43	10061	6065	69	8827	25432	25	100000
菲律宾											
85	生力集团	食品，酒水和烟草	2655	37	7117	458	12	3774	2383	16	15344
新加坡											
13	新加坡电信集团	电信	17326	79	21887	6745	65	10374	9058	45	20000
26	高德置地有限公司	建筑和房地产	9852	57	17439	1355	70	1946	5935	57	10500

续表

世界排名	企业名称	产业类型	国外资产	国外资产份额(%)	资产总额	国外销售额	国外销售额比例(%)	收入总额	国外雇员数(人)	国外雇员比例(%)	雇员总数(人)
新加坡											
33	丰益国际有限公司	食品，酒水和烟草	7812	44	17869	22144	76	29145	12906	55	23313
52	伟创力国际有限公司	电器＆电子设备	5338	47	11371	15728	51	30948	156273	98	160000
61	星狮集团	食品，酒水和烟草	4717	50	9444	2222	63	3519	7724	51	15134
71	吉宝公司	产业多元化	3820	33	11636	2562	31	8346	18352	52	35621
中国台湾											
14	台塑集团	商业	16937	22	76587	17078	26^	66259	70519	75	94268
17	富士康集团公司	电器＆电子设备	14664	55	26771	21727	35	61810	515626	84	611000
41	华硕电脑股份有限公司	电器＆电子设备	6746	61	10998	9522	45	21157	63974	61	104294
43	广达电脑有限公司	电器＆电子设备	6711	73	9250	930	19	25946	20297	33	60900

续表

世界排名	企业名称	产业类型	国外资产	国外资产份额（%）	资产总额	国外销售额	国外销售额比例（%）	收入总额	国外雇员数（人）	国外雇员比例（%）	雇员总数（人）
中国台湾											
62	宝成工业	其他消费商品	4553	66	6929	5518	83	6622	226782	66	345185
63	宏碁电脑有限公司	电器＆电子设备	4455	60	7418	16495	95	17311	5677	84	6727
72	台湾积体电路制造股份有限公司	电器＆电子设备	3813	22	17030	6139	58	10558	2708	12	22843
80	台湾奇美电子公司	电器＆电子设备	3070	17	18099	187	2	10081	6325	17	37623
82	联华电子股份有限公司	电器＆电子设备	2901	44	6594	2153	70	3068	5481	44	12458
泰国											
89	泰国国家石油股份有限公司	石油天然气出口/冶炼/分配	2525	10	25252	5993	10	59931	798	10	7989

资料来源：根据世界投资报告附表27，以及来自发展中和经济转型经济体的100强非金融跨国公司（依据2008年的海外资产而定）资料汇编而成。

还相当可观，如塔塔钢铁公司斥资 123 亿美元收购英国和荷兰钢铁公司科鲁斯（Corus），塔塔汽车公司斥资 23 亿美元收购福特旗下的捷豹汽车（Jaguar Motor）。此外，虽有一些高调和昂贵的收购，印度企业也从北美和欧洲收购了一些规模较小的高科技公司。在 2000 年和 2009 年之间，印度企业的海外并购交易数达到 800 多个，包括制药、化工和信息技术等。例如，印度制药商雷迪博士（Dr Reddy）斥资 5.7 亿美元收购德国制药公司 Betapharm，印度制药企业 Matrix 实验室出资 2.63 亿美元收购比利时 Docphrama 公司。这些占优势的南北收购的动机在于寻求高技术产业的战略资产，并旨在将印度的低成本创新和知识产权资产置于先行者的位置（Ramamurti and Singh，2010）。

印度科技型企业国际化的一个潜在问题是依赖西方企业进入海外市场。印度企业拥有大量讲英语的工程人员，一些高科技企业最初通过分包给西方代理商的形式进行海外扩张。这些企业现在必须发展价值链上市场营销和国际协调的能力，才能取得更强的国际地位。这不会是一蹴而就的。许多由企业家创立的企业不隶属于任何大企业集团，不能优先利用金融资本和管理人才，只有那些隶属于大型 BGs 的科技型企业，如塔塔集团的子公司"塔塔咨询服务有限公司"可以利用这些资源。此外，自主创业型企业可以通过被外国跨国公司并购而获取资源。例如，日本"第一三共株式会社"最近收购了印度最大的制药公司"Ranbaxy"。随着印度经济开始对外开放投资，印度国内的科技企业不再垄断印度的工程人才。西方的跨国企业已经在印度开始大规模地投资，以激发这个国家潜在的人才库。事实上，印度最大型高科技企业雇主 IBM，2004 年在全球雇佣了 9000 名高科技专业人士，到 2010 年增长到 10 万多人。

中国香港的企业集团

如表 8—3 所示，一大批跨国企业的总部设在中国香港，这些企业在所有权和企业组织类型上有显著差异。第一类企业发展于英国殖民统治时期，如香港怡和集团、太古集团，都是在 19 世纪中期建立，之后成为香港贸易基础设施的主要所有者和业主，在该地区甚至整个东南亚都建立了大量的仓库、港口、航线、电气和通信设备。第二类是在

1948 年以后由香港华人企业家创立的，最突出的是李嘉诚旗下的和记黄埔（Hutcheson Whampoa）和长江实业集团（Chueng Kong Holdings）。这些企业是中国内地重要的投资者。第三类是所谓的"红筹股"，如招商局集团（China Merchants）和华润集团（China Resources）等，这些企业集团的控股权归属于中国内地的相关部门或企业，在香港上市是为获取更大的资本流动市场。香港还有一类 BGs 是由遍布东南亚的华人移民企业家所有的国际型企业。这些企业家已经在印度尼西亚和泰国等地建立了大批企业，在香港建独立公司是为了管理国际资产组合，像"第一太平洋"和 CPL 都归为此类。

　　ODI 的官方统计数据有时可能高估或低估对外投资额。高估的一种表现是少数新兴经济体在 ODI 流出比例中占了较高份额。例如，2005年，仅仅是四个国家/地区（包括中国香港、英属维尔京群岛，俄罗斯和新加坡）就占了发展中国家和转型经济体 60% 的 ODI 份额（UNCTAD，2006）。在 2004 年，香港 ODI 的 45% 都是直接流向位于英属维尔京群岛的特殊目的的经济实体。加勒比海已经成为一个中转站，许多这样的 ODI 总是经加勒比海再流向另一个经济体甚至返回香港，但是却被记录成是从英属维京群岛流出的 ODI。这种资本流动导致 ODI 统计数据膨胀的现象，被称为"返程投资"。它是指资本流出经由海外转移到特殊目的的经济实体，通常利用外来投资优惠措施，随后又返回到资本来源地的经济行为。

　　亚洲地区的投资流动往往是以种族或者家族网络的形式，从而模糊了资本流动的来源地和目的地。家族所有的 BGs 位于不同的国家司法管辖区，可能会通过一些策略如关联交易等将资源从一个子公司转移到另一个位于中国香港或新加坡的公司。例如，表 8—3 显示印度尼西亚没有跨国企业，事实上，多年来该国最大的企业三林集团（Salim）在印度尼西亚有 800 多项业务，几乎没有国际利益（Dieleman and Sachs，2008）。但是，三林家族创建了"第一太平洋"来管理家族的国际利益，这是一家在中国香港注册的投资控股公司。虽然第一太平洋指定的经济体是香港，但表 8—3 的数据显示它在香港的员工不足 50 人，而在全球雇用了 66000 名员工。

　　同样，有些亚洲的企业家在西方国家注册企业，或者将其总部搬迁至西方国家，但事实上大多数的企业资产和经济活动都保留在另一个国家。这样的活动掩盖了企业所属国的身份，会导致低估亚洲的 ODI 份额。一个极端的例子是全球大型的钢铁制造商，印度"安塞洛米塔尔钢铁集团"（Arcelor Mittal），它的总部设在卢森堡，在纽约和巴黎证券交易所上市。公司的创始人兼首席执行官米塔尔（Laksmi Mittal）居住在伦敦，但他是在印度家族的炼钢企业开始的职业生涯，并承担建立国际分部的责任。20 世纪 90 年代中期，米塔尔拆分了企业的国际业务，并在其居住地伦敦进行指导，最终收购法国钢铁巨头安塞洛（Arcelor）。企业搬迁的现象，尤其是在纽约和伦敦股票市场上市的现象，越来越受新兴市场企业的青睐，因为这能帮助企业利用更多的流动资本市场。

东南亚地区的企业集团

表 8—1 显示，与东亚地区相比，东南亚国家创造了相对较少的 ODI 份额。这部分是因为，一些东南亚 BGs 的国际经营活动是以中国香港或者新加坡为总部展开。当然，还有一些其他因素的作用。因为东南亚的 BGs 许多是家族企业，不能从政府那里获得软资本，只能依赖自我融资。因此，这些企业可能较少利用股权投资，而是通过有合同担保的人际网络协调国际经营活动。这些企业在全球商品链上发挥制造业的作用，例如分包服装、汽车配件和电子消费品的生产业务（Gereffi，1994）。

此外，联合国贸易和发展会议（UNCTAD，2010）记录了东南亚的各种产业都正使用契约治理，如契约农场和农业，食品加工以及零售业的国际特许经营。在商业地产、电信、电力、水和基础设施等方面，东南亚的 BGs 已经在采用 BOOT 即"建设""拥有""经营"和"转让"（Build，Own，Operate，and Transfer）的投资运作模式；国际连锁酒店也广泛利用管理合同。该地区的龙头 BGs，包括马来西亚的杨忠礼集团（YTL）和亚通集团（Axiata），以及新加坡的新电信（Stingtel）都非常积极地活跃在这些领域。新加坡还是世界上最大的合同制造商——伟创力公司（Flextronics）总部所在地。

总的来说，以上论述表明亚洲企业的国际化是以家族圈或者关系圈的形式，跨越了地理边界，不是固定在某一个地方。企业家及其控制的企业嵌入在这些圈子里。企业以跨国组织的形式出现，很难识别具体的国家属性，因此也就很难计算外国直接投资的份额（Yeung，2004）。但是，亚洲企业创造国际型竞争优势的能力会因为家族网络的关系继续受限，因为家族要保留对企业的密切控制。家族企业在有效管理地缘分散的企业经营上会持续遇到麻烦，因为家族企业将高级管理团队的参与范围局限于少数忠诚的内部人士。此外，该类企业最重要的社会和政治网络都是基于本地联系，而这样的网络其实不太可能帮助企业参与海外合资。

表8—1证明，东南亚ODI的很大份额都属于发展能源勘探和加工的国有企业。新加坡的许多ODI是南北模式。在2005年，新加坡对发达国家投资的存量达到约300亿美元，其主要投资来源是主权财富基金和政府主导型企业。据联合国贸易和发展会议（UNCTAD，2006：114）估计，新加坡的FDI有8%左右是投资服务业，尤其是金融服务。例如，在2007年美国金融危机之后，新加坡的淡马锡控股（Temasek Holdings）斥资44亿美元收购美林证券（Merrill Lynch）11%的股份。这些投资应被看作是谋求利益的金融游戏，而不是尝试为新加坡的企业创造特定的竞争优势。

东亚地区的企业集团

虽然日本、韩国和中国台湾的BGs一直是地区ODI的重要先行者，但也面临一些关键问题。日本和韩国的最大型企业集团中几乎没有新生力量，领头的BGs仍然是那些在工业化早期发展起来的企业。对东亚国家BGs的批判日益增多是因为企业未能向知识密集型方向发展。一些关于日本经联会企业集团的研究证明，与集团成员的"紧密联系"妨碍了企业结束一些过时的关系，不能与日益崛起的新技术企业建立新联系（Lincoln and Gerlach，2004；Ahmadjian，2006）。日本企业历来就高度集中，决策权都在总部。且这种独特的基于共识的决策权不会轻易转给外国子公司，因为外国经理人缺乏参与管理日本企业的语言能力和文化背景（Bartlett and Ghoshal，1989）。有一种观点认为，日本制造企业的组织结构已经僵化。由于担心知识产权流失，日本的跨国企业不能完全将产品知识传达给国际合作伙伴。与此同时，日本企业不像分布在中国和泰国等地的子公司一样，能从知识和学习中获益（McNamara，

2009）。正是因为无法将双向知识与技术转移制度化，日本企业不能学习基于成本的创新战略，而这种战略已经在亚洲其他国家落地生根。部分学者已经看到印度和中国的企业正挑战日本企业的主导地位和优势。

外向型经济发展模式的后遗症也制约着韩国和中国台湾的 BGs，使得企业活动无法脱离全球产业价值链的制造阶段。制造和生产是国民财富的重要来源，迈克尔·波特（Michael Porter, 1990）认为，国家和企业都必须不断地升级技能，发展高附加值的产业。随着全球化的持续和外包的兴起，最大附加值通常是由能够协调整个价值链的企业创造，尤其是通过采用新的商业模式——投资市场营销和分销资产（如品牌和零售）以及专有技术资产（Teece, 2001）。现在除了少数企业，如"三星电子"（Samsung）和"现代汽车"（Hyundai），韩国和中国台湾的企业都还停留在重工业和电子制造业，并且保持相对集中的企业组织结构，并没有对研发新产品和营销资产进行大量投入。此外，即使那些有大量外汇销售和大量员工的企业，也仍然保持高度本土化的态势。例如，现代汽车公司在北美和欧洲的销售量极为可观，但它的生产性资产和就业基地却在韩国本地。实际上，现代有 65% 的销售在国内，90%的生产性资产分布在亚洲。此外，现代汽车的 78000 名雇员中有 72%都在韩国。

这些问题表明，企业集团创造的组织结构和形成的制度安排，可以随着路径依赖的轨迹发展。这些产业模式在奏效一段时间后会进入"锁定"状态，从而创造出行政遗产，使得高技术制造企业永久地效仿其他国家的技术创新（Carney and Gedajlovic, 2003）。曾经能与工业化早期的内部挑战协调一致的 BG 策略，现在已经不能承担起开发特定企业能力、促使企业国际化的重任。许多 BGs 已经不能或者不愿放弃根深蒂固的企业行为，如进行非相关的多元化或者依靠高度集中和家族控制的组织结构，也不愿将资源投入企业重组和学习在全球竞争中取得成功所需要的各种技能。

第九章 亚洲贸易一体化

黑里贝特·迪特尔（Heribert Dieter）著 周英译

引 言

数十年来，亚洲国家（广义而言包括东亚、东南亚和南亚）的决策者一直在关注传统安全问题，而如今开始关注贸易、金融和投资问题。以往亚洲各国政府从传统意义上理解"安全"，而现在该地区多数国家已经接受并使用"经济安全"这一广义的安全概念（Pempel，2010a：213）。所以，国际贸易和深化贸易一体化成为地区国家关注经济安全问题的应有之义。

2008—2009年的全球金融危机使国际贸易濒临崩溃。越是深嵌全球经济，受到的影响越大，正如新加坡。然而，就在经济危机爆发两年后的2010年，地区贸易开始复苏，当然，亚洲经济体不像欧美经济体在全球金融危机的影响下损失那么惨重。贸易一体化议题重新受到地区内外的关注。

贸易一体化多年来一直是亚洲经济与政治争论的内容，表现在市场引导贸易一体化与政策引导贸易一体化。前者是指企业从事跨国经济活动，通过最廉价的渠道获取原材料、中间产品和制成品的趋势；后者则是指政府引导的贸易一体化，尤其是通过建立特惠贸易协定，如自贸区（FTA）和关税同盟。

虽然存在上述不同，但是这两种一体化形式之间的分界线并不清晰。市场引导的贸易一体化无法在政治真空中出现，而是依靠政府所设立的多边规制框架。贸易的多边规制在过去十年确实困难重重，一方面是因为WTO成员不愿完成多哈回合贸易谈判（Doha Round），另一方面是由于与各种特惠贸易协定的竞争日益激烈。决策者们通常认为特惠贸易协定可以代替多边规制。这种看法在亚洲和其他地区都很普遍。

不论是在亚洲还是其他地区，当市场推动生产国际化时，就会出现双边或地区特惠贸易协定。迪肯（Dicken）认为，有两个彼此不同却又相互关联的趋势在过去几十年一直在影响全球经济：跨国生产网络的增长和地区贸易协定的迅速兴起（Dicken, 2005：1）。这两种趋势对发达国家和发展中国家同样重要。跨国生产网络促使生产转移到其他国家，从而改变世界许多地区的经济预期。

本章分析了过去十年亚洲贸易一体化的演变过程。首先，考察该地区贸易发展的实际情况。毋庸赘言，中国已经崛起成为国际经济的重要参与者，大多数地区贸易增长与此密不可分。其次，研究亚洲大量出现的特惠贸易协定。虽然这些协定的覆盖面和诉求各异，但都包含一个核心要素，即在参与经济体之间建立自由贸易区。再次，讨论上述方法的可行性，并讨论在经济一体化不断发展的时代背景下，随着地区内生产网络发挥更大作用，特惠贸易协定的局限性。最后，基于前述内容，考察亚洲关税同盟的前景与作用。

市场引导的贸易一体化

自 20 世纪 90 年代以来的 20 年间，市场而非国家成为深化贸易一体化的主要力量。本节认为，亚洲政府建立特惠贸易协定的倡议并没有显著加深地区的经贸关系。相反，尽管政府很少有支持地区内贸易的举措，一些跨国公司已经开展跨国经营并在亚洲建立生产网络。这就产生了一个由市场驱动而非政府引导的地区范围的"亚洲工厂"（Pempel, 2010a：215）。

当然，地区内贸易一体化兴起的主要因素，除了市场引导和政策驱动，还有中国崛起。美国在小布什的领导下实施敌意的单边主义政策，中国却利用这个机会填补亚洲的权力真空。美国将安全问题置于其外交政策的中心，中国却在其言辞和政策中去军事化。不同于过去几十年，21 世纪的中国承诺一个和谐与繁荣的共同未来。中国的政策转变促使东亚国家对其看法有了明显改善，正如沈大伟（David Shambaugh）指出："今天，中国不是输出武器和革命，而是出口善意和耐用消费品"（Shambaugh, 2004：65）。

在 21 世纪初期，中国崛起对所有的东南亚和东亚国家及其经济合作来说，都是最重要的。近年来，中国实施的灵活外交大大提升了其在该地区的地位。例如，中国在 2003 年巴厘召开的东盟峰会上签署《东南亚友好合作条约》（TAC），是第一个签署该条约的非东盟国家。通过签订这个互不侵犯条约，中国政府有效缓解了地区国家对其军事意图的恐惧，至少在暂时看来是奏效的。（Narine，2007：214）中国在亚洲各国政府中的声望还体现在许多已经达成或正在谈判的特惠协定中。

在过去的三十年中，中国已经发展成一个经济中心。无论是在贸易还是生产领域，地区国家越来越受益于与中国的紧密联系。2009 年，中国取代美国成为日本最大的出口市场，而中国又是日本最大的进口来源国（IMF Directions of Trade，2009）。在与地区邻国的贸易中，中国没有制造出巨大的贸易赤字或盈余。

中国已成为世界第一大出口国和第二大进口国。这就促使中国在全世界寻求贸易伙伴。此外，经常讨论的中国贸易顺差仅仅出现在与经合组织（OECD）的部分成员中。

许多政治制度都认为一个国家的出口比进口更重要。这对发展出口导向战略的国家来说更是如此，几乎所有的亚洲国家都属于这一类别。亚洲许多国家的政治存亡，当然也包括中国，取决于政府能否实现经济增长（Pempel，2010a：213）。亚洲的决策者和公民社会已经形成共识，即经济增长与社会繁荣是提高一个国家权力和声望的工具（Pempel，2010b：473）。

因此，在中国的贸易关系中体现出其对外战略即将中国建成亚洲地区不可或缺的国家。当然这个评价还需进一步论证。首先，有人会问中国政府如何能指导中国的进出口方向。考虑到在中国是由政府高层规划并制定国家经济战略，那么很可能上述结论是政府政策的结果，而非市场力量的结果。不管怎样，中国的对外经济政策在指导中国成为亚洲经济事务的关键一员时是成功的。

1990 年以来，亚洲经济在全球贸易中的份额显著上升。2006 年，有 1/3 的世界贸易是由亚洲新兴经济体（包括印度，日本除外）创造的，较 1990 年的 21% 有了显著增长（IMF，2007）。[1] 随着与世界其他地区贸易

---

① 按照 IMF 定义，崛起的亚洲经济体包括中国大陆、印度、中国香港、韩国、新加坡、中国台湾、印度尼西亚、马来西亚、菲律宾、泰国和越南（IMF，2007：vi）。

关系的深化，亚洲内部的贸易增长也十分明显。新兴经济体之间的贸易在1990—2009 年增长了 9 倍，约合 1.224 万亿美元。亚洲贸易增长的数额和规模较之欧盟都很显著（IMF DOT，2009）。同时期，欧洲内部的贸易增长近 3 倍，在 2009 年达到 3 万亿美元。

2009 年，东亚和东南亚地区内部的出口额占到其出口总量的 41% 左右（UN ESCAP，2009：9），不亚于北美自由贸易区（NAFTA）（52.2%）和欧共体 15 国（64%）。同时，该地区与世界其他地方的贸易额也在增长，尤其是与亚洲新兴经济体的贸易。地区内的进口份额在 2009 年占总体贸易的 49%（UN ESCAP，2009：9），也未明显低于欧盟地区内的进口贸易。正如前文指出，推动地区内贸易与劳动分工迅速增长的主要因素是中国的崛起，从 1997 年到 2007 年的十年中，中国在地区内的贸易额成倍增长。2009 年，中国在东亚和东南亚的进口份额中就占到了将近 33%。（UN ESCAP，2009：8）

总的来说，中国已经成为比 OECD 经济体更重要的出口目的地。在1990—2006 年，中国作为亚洲 4 个最先进新兴工业国家和地区（韩国、中国台湾、日本和新加坡）的出口目的地的贸易额所占比重从 7.9% 增长到 25.4%，同时期，这些国家和地区出口到世界各地包括 OECD 国家的份额从 57% 缩减到 38.3%。即使是与中国直接竞争的东盟国家，与中国的贸易额也在急剧增长。在 1990 年，印度尼西亚、马来西亚、泰国、菲律宾和越南对中国的出口还只占 2.2%，到 2006 年这个数字增长到11.1%（IMF，2007：44）。

实际上，日益增长的经贸关系已经开始形成以中国为中心的地区主义，即便不是在法理上，在事实上也是如此。这不仅可以在增加的跨境贸易和投资中得到印证，还可以在日益加剧的正式的一体化计划中得到印证，其中最重要的一个可能是从 2010 年起开始全面启动的"中国—东盟自由贸易区协定"（ACFTA）。① 当然，中国不是该地区唯一签署特惠贸易协定的国家。只是这种趋势会让人质疑：为什么亚洲经济体已经开始退出贸易的多边规制，而越来越多地选择特惠贸易协定？

---

① 接下来的 20 年关键的外交政策问题之一是如何现代化现有的全球经济治理体制。约翰·艾肯伯里（John Ikenberry）已经指出尽管中国崛起是一个挑战，但是到目前为止中国运行在现有秩序中，避免挑战全面对抗（Ikenberry，2008：37）。不过，中国崛起对全球经济治理的影响不是本章要讨论的内容。

不支持多边贸易规制的原因

对这个问题的传统争论是典型的"绊脚石"与"垫脚石"之争。通常认为双边或多边协定会改进或者削弱多边体制。然而，直到今天，多边体制几乎没有取得实质性的进展，如果有的话，那也是双边协定刺激的结果。事实上，多哈回合的持续僵局部分归因于双边体制。

目前，大约有 400 个自由贸易协定（FTA）和一些关税同盟向世界贸易组织（WTO）通报。还有更多的类似协定正在谈判，参与经济体覆盖全球所有地区。而几年前情况并非如此，例如，在整个亚太地区几乎没有国家参与缔结这些协定。像日本、韩国，包括澳大利亚，都曾是多边体制的坚定支持者。只有东盟国家从 1992 年起开始在东盟自贸区（AFTA）内推进特惠贸易协定。然而，这种模式已经发生巨变。近年来，主要的经济体都不愿被排除在特惠贸易协定的趋势之外。

美国和欧盟积极削弱世界贸易组织在经济治理中的地位。虽然二者在言辞上都声称支持 WTO，而在实践中二者都没有像早期，尤其是像 20 世纪 70—90 年代那样领导全球贸易治理。1945 年以后，新成立的美国霸权缔造了全球经济秩序。"二战"后，美国利用其无与伦比的物质和精神实力为全球经济治理创造了国际制度框架。尽管布雷顿森林体系和关贸总协定（GATT）是由美国霸权支持，但在语调和实践上都是多边体制。虽然许多国家被布雷顿森林体系排除在外（或自愿排除在外），如华沙公约的大多数国家一样，但是，它在定义上是开放、包容的。GATT 更是一个巨大的成功。1948 年成立之初仅 23 个国家加入，之后成员迅速增长，在 1994 年达到 128 个。GATT 很快成为全球经贸治理的一个核心支柱。

正因为如此，美国认为 GATT 有利于维护其国家利益和世界秩序观。在 1945 年后的第一个十年，美国以一种非常包容的方式广泛诠释其国家利益。其他国家认为可以在强调正当程序和法治重要性的远景上签字。欧洲，作为贸易政策的重要一员，在 1968 年建成欧共体（EEC）关税同盟之后，大体上是支持推进多边贸易体制发展的一支建设性力量。亚洲国家，特别是日本和随后迅速崛起的东亚和东南亚新兴经济体，也是 GATT 以及后来 WTO 的忠实拥护者。最好的例证是在 2000 年以前，亚洲国家几乎没有缔结任何特惠贸易协定。

在21世纪的头十年中，情形有所逆转。自布什政府以来，美国狭隘地定义国家利益。克林顿政府的言论可能更为温和，但在国际事务中主要还是推行自己的政治议程（Dieter and Higgot，2007：151－174）。奥巴马时代的早期延续了这个模式。到目前为止，虽然奥巴马总统还没有实施贸易限制，但是美国经济持续疲软，尤其是失业率高，很有可能导致在2012年的总统大选以前转变为保护主义政策。何况，美国的政界中普遍存有对多边机制的怨恨情绪。

尤其是最近一些年，亚洲经济体已经在坚决支持特惠贸易协定（Pempel，2006：239－254），尽管这些协定或政策已经导致该地区一些跨国生产网络中的摩擦。然而，亚洲各国政府政策选择的转变进一步削弱了对多边贸易体制的支持。

当然，多边贸易体制的维持取决于主要支持者。美国是GATT实施后头二十年唯一的也是最重要的支持者，旨在培育一个基于规则的国际贸易体系（Irwin，2002：225）。在欧共体1968年建成关税同盟后，欧洲成为多边贸易体制的第二大参与方。今天一些重要的贸易国家，尤其是中国，在当时还不是多边贸易体制的成员，仅是在苏联的影响下进行一些双边贸易。

因此，在关税同盟建成后的30年内，美国和欧盟在继续塑造和推进多边贸易体制。尽管贸易体制的演进不是线性或者没有矛盾的，显然，无论就贸易自由化程度还是成员数量，GATT都是成功的。此外，在两极时代，虽然普遍都经历长期谈判，但是几乎所有的关贸协定谈判最后都能够达成协议。最重要的发展是1995年成立的世界贸易组织（WTO），以GATT的实践为基础，WTO为成员提供经过大量改进后确立起来的争端解决机制。在WTO成立之前，如果成员有一方被指控违反贸易规则，整个争端解决会陷入僵局。然而这种情况已经随着WTO的成立发生改变，它是几个少数这样的多边组织之一，通过争端解决机制，所有WTO成员都有权利将欧盟和美国告上法庭，并有合法的机会扭转局势，虽然这一过程会耗费很长时间，但是最终可以获得WTO争端解决机制的合理裁决。实施争端解决机制不仅是创立一个基于规则的国际贸易体制的里程碑，而且可被视为全球治理的基本构件之一。

亚洲贸易协定的迅速增长

当欧盟和美国率先利用 FTAs① 作为对外经济政策的工具时，FTAs 也蔓延到其他地区。很长时间以来对此类协定熟视无睹的亚洲国家，开始迅速实施众多的自由贸易协定。当然，这部分反映出中日之间在争夺亚洲地区领导权上悬而未决的对抗。

中国已成为推动双边协定最活跃的国家之一。据亚洲开发银行（ADB）下属亚洲地区一体化中心统计，截止到 2010 年 7 月，中国一共参与了 25 个 FTAs（包括双边和多边，参见表 9—1）。跨亚太地区的协定就有 15 个，其中 8 个自由贸易协定已经提出，其中有 3 个正在谈判中。② 在 2010 年，中国和东盟国家创造了世界上最大（按居民人口算）的自贸区，即"中国—东盟自由贸易区"（ACFTA）。

21 世纪初，亚洲经济体大致上还没有表现出对除 WTO 以外的任何贸易机制感兴趣（Dieter，2006）。然而现在情形已经发生逆转。十年来，亚洲地区出现大量的贸易协定倡议（Aggarwal and Koo，2008：6）。无论是对参与国家的福祉，还是对多边贸易体制的稳定性而言，这些特惠贸易协定（主要是双边协定）都可能会产生负面影响，但是决策者们的狂热活动显示出对现有全球经贸治理机制的担忧。

表 9—1　　　　　2010 年 7 月亚太地区的优惠贸易协定　　　　　（个）

国家	谈判阶段			最后阶段		总计
	已经提议	已签/谈判中的框架协议	谈判中的	签署	生效	
文莱	4	1	1	0	8	14
柬埔寨	2	0	1	0	6	9
中国大陆	8	3	3	1	10	25
中国香港	1	1	0	1	1	4

---

① 在这一章节中，自由贸易协定和特惠贸易协定这两个概念交替使用。

② 亚洲发展银行（ADB），http：//www. aric. adb. org/10. php/http：//www. aric. adb. org/FTAbyCoun All. php.

国家	谈判阶段			最后阶段		总计
	已经提议	已签/谈判中的框架协议	谈判中的	签署	生效	
印度	11	4	7	0	11	33
印度尼西亚	7	1	1	1	7	17
日本	6	0	5	0	11	22
韩国	10	2	8	1	6	27
老挝	2	0	1	0	8	11
马来西亚	3	1	5	2	8	19
缅甸	2	1	1	0	6	10
新西兰	4	1	3	2	7	17
菲律宾	4	0	1	0	7	12
新加坡	4	1	9	3	18	35
中国台湾	1	1	1	0	4	8
泰国	6	4	3	0	11	24
越南	3	1	2	0	7	13

1. 已经提议——参与方考虑建 FTA，成立联合研究小组，进行可行性研究，以确定是否参与一个 FTA。

2a. 已签/谈判中的框架协议——参与方初步协商框架协议的内容，作为未来协商的框架.

2b. 谈判中的——参与方开始进行无框架协议的谈判和协商。

3a. 签署——协商结束后参与方签订协议。有些 FTA 需要立法或行政审批。

3b. 生效——FTA 的各项条款开始实施，如开始关税削减。

资料来源：Asian Development Bank，Asia Regional Integration Centre Data（2010a）.

过去，例如在 1997—1998 年亚洲金融危机爆发以前，亚洲国家在经济上并没有紧密联系。在东南亚和东亚，主流发展模式的典型特征是通过单向出口致打开世界市场，在宏观经济政策和货币政策上几乎没有实质性的地区合作。单向经济政策的一个表现是，东盟各国的财政部长在 1997 年以前从未谋面。正是因为亚洲金融危机期间出现经济波动与地区稳定之间的相互关系，决策者们对这一新的现实立即做出反应。例如，自 1998 年以来，单就贸易而言，亚洲双边 FTAs 的数量增长了 80%，而多边 FTAs（3 个或 3 个以上国家参与）的数量增长了 90%。（ADB，2010 年亚

洲地区一体化数据）

引起这些变化的原因是多方面的。首先，传统安全问题不像以前那样显著。虽然有些紧张还在持续（Webber，2007），但整个亚太地区的武装冲突明显减少。以往外交领域的许多冲突，包括 20 世纪 70—80 年代的朝鲜战争、越南战争以及东南亚的各种冲突，已经结束或者以和平方式得到解决。其次，亚太国家，特别是东南亚和东北亚国家，逐渐认识到经济不稳定是比传统安全风险更大的隐患。1997—1998 年爆发的亚洲金融危机已经表明，经济动荡会严重影响数百万人的生命和财产安全。而且，地区内有些国家政权的稳定性也取决于经济是否能够增长，一段时期的零增长或者有限增长都可能导致政府陷入合法性危机。再次，亚洲经济体正日益整合。跨国生产网络的深化和不断增长的地区贸易，以及大量的投资流动给地区的政治合作提供了基础，从而促使经济事务的地区治理模式逐渐形成。最后，中日之间的政治对抗也刺激了亚洲地区主义，特别是特惠贸易协定。

在过去的 20 年里，亚洲经济体之间的贸易和投资联系已经显著提升，经济上的相互依赖又促成多领域的政治活动和一系列的政治合作。最初的各种联系是由市场驱动的，但在最近几年已经开始转变，是由缔结贸易协定的各种政治倡议增强了事实上的一体化进程。可见，市场力量引导的一体化与政治协定引导的一体化并不是互相排斥的，而是相互关联且互相补充的（Aminian et al.，2008：3）。

21 世纪初，为了竞争地区的政治和经济影响，少数国家之间有持续增强的对抗。新战场就是缔结特惠贸易协定。美国、欧盟和中国等大国已经不再重视多边机制，而是争取签订特惠贸易协定。这个现象一方面反映多边机制不能通过合作推进，另一方面也表明美国的霸主地位严重受损。自从开始进行全球反恐战争以来，美国在传统支持者中就失去了民心。可见，美国霸权的单边时刻所持续的时间比 90 年代末期的预言要短（Zucherman，1999）。这场源自美国的金融危机至少在目前看来进一步削弱了美国的声望（Altmann，2009：6）。

21 世纪的头十年，中国成功地推动了与地区邻国发展特惠贸易协定。从 2001 年首个 ACFTA 倡议提出以来，中国政府就在地区内加快步伐，并迫使其他国家尤其是日本也提出类似协定。事实上在 2010 年 7 月日本能够实施比中国更多的特惠贸易协定（PTAs），毫无疑问，日本采纳的是一个防守战略。

刚刚步入 21 世纪的第二个十年，缔结特惠协定的贸易政策趋势已经
造成一个混乱局面。相互交叉和重叠的 PTAs 网络已经在亚洲形成一个
"面碗"式的贸易规则体系。地区协定的盛行不是让企业能更自由地进行
相互贸易，而是产生了一个不透明、模糊的贸易体系。亚洲企业面临的是
选择一个最惠国、支付适当的关税，还是选择成为产品原产地。由于亚洲
许多 PTAs 都才刚刚实施，建立一个企业愿意利用原产地证书享受特惠贸
易的地区模式还太早。东盟内部的 PTA 可以证明，大多数贸易不是选择
要求原产地证书的免税贸易，90% 以上的东盟内部贸易都是在最惠国的基
础上进行的（Corning，2009：647）。因此不能充分相信亚洲其他地方的
PTAs 利用率会更高，因为东盟内部使用的原产地规则相对简单且易于管
理，而其他的 PTAs 规则通常更复杂也更难利用，例如，有些产品增值标
准比东盟 40% 的门槛还高。尤其在涉及发达经济体的 PTAs 时，原产地规
则会更复杂（Corning，2009：660）。

自 20 世纪 30 年代的保护主义措施出台以来，双边 PTAs 的增加表明
根深蒂固的经济理论和短期的政治实践在全球经济中存在巨大分歧。经济
学家和政治学家一致认为，双边贸易协定并不理想，且是对多边贸易体制
构成的主要威胁。如果仔细审视这些细节就会发现，双边贸易协定的缺点
更明显，一个主要缺点是，迅速增长的特惠贸易协定会削弱 WTO 争端解
决机制的重要性和用途。[①]

特惠贸易协定的局限性

FTAs 的一个主要缺陷是原产地规则造成的行政负担。在完全开放的
世界经济中，产品可以自由流动，原产地规则不会构成任何威胁，因为它
与货物来源无关。然而，今天产品的原产地已经成为一个问题，特别是在
特惠贸易协定中。所有的 FTAs，包括双边协定，规定原产地规则要确定
一件产品的"国籍"。这是因为在 FTAs 中，成员征收不同的外部关税。
一个国家可能会征收较高的汽车税，目的是保护国内的汽车厂商，而其他

---

① 尽管 PTAs 的成员能够继续使用 WTO 的争端解决机制，许多成员都更倾向在 PTA 内部
实施争端解决机制。

国家对该产品可能实施低关税或者零关税。因为只有在自由贸易区内生产的产品才有资格实施免税贸易，所以必须要有相应程序来区分自贸区内和自贸区外生产的产品。这不仅使优惠体系复杂化，还增加了产品成本。一般而言，发行和出具原产地证书的费用是该件产品的 5%（Roberts and Wehrheim，2001：317；Dieter，2004：281）。

自 20 世纪 70 年代以来，原产地规则的使用发生了显著变化。在去殖民化以来，许多发展中国家利用原产地规则作为提高本国经济发展的工具。原产地规则被用来增强产品的地方特色，并保护这些国家的新兴产业免受进口产品的竞争。虽然原产地规则的这一功能在今天处于相对次要的地位，但是，发达国家仍用严格的原产地规则保护日益老化的国内产业（Dieter，2009）。

首先，有必要了解两种不同类型的原产地证书：非特惠性原产地证书与特惠性原产地证书。前者是用来区分国内产品和进口产品，可适用于贸易统计，反倾销或反补贴税，也适用于管理原产地标记或营销要求等。而特惠性原产地证书是提供优惠的市场准入，不过可能会扭曲贸易。

确定一件产品的"国籍"或者原产地有四种方法。原产地标准把原产产品分为两大类：完全原产产品和有实质性改变的原产产品。判定原产产品是否达到实质性的改变，各国采用的标准不同，在实践中可以应用以下三个方法来衡量：是否改变税则、增值百分比标准与特定的生产加工。（Estevadeordal and Suominen，2003）。给完全原产产品（完全由本国生产或制造）确定原产地是最简单的方法。这适用于原材料和未加工的农产品，它们只占国际贸易的一小部分。

改变税则的方法较之过去更复杂。"协调制度"（HS）是世界海关组织（WCO）达成的一套规则。HS 有 1241 个 4 位数的税目，5000 多个 6 位数子目。如果一件产品在生产加工后获得不同的税则号，这个税则编码就可以作为原产地证。这种方法有相当大的优势，不仅透明，并且很容易推广。HS 使用简单，易于操作，且需要相对较少的成本，更不要求必要的文书证明。但是问题在于，改变税则号并不意味着对产品进行了大量的加工，一件产品的微小加工或处理都可以导致税则号的变化。因此，在亚洲和其他地方的 PTAs 中很少使用改变税则的方法来确定原产地。

增值百分比标准可能是确定原产地最复杂的方法，恰巧也是亚洲国家最广泛采用的方法。一定百分比的产品增值必须是在 FTAs 内创造才有资格实行免税。最后，特定的生产加工也是确定原产地的一个标准。麻烦的是，这种方法不仅需要对已达成加工程序进行复杂谈判，还需要不断地进行更新。因为生产模式在不断演进，新的生产方式出现会促成实质性的改变，但是除非它们是在已达成的生产加工目录上，否则就不能享受免税优惠。

对批判原产地规则要保持警惕，因为通过支付恰当的关税可以很容易克服其负面影响。由于高关税造成一些生产领域的困难，原产地规则的保护作用仍不容低估。关税和严格的原产地规则相结合能够成为市场保护的有效工具。一个例子是北美自由贸易区（NAFTA）的纺织品市场，原产地规则要求纺织品从 NAFTA 某成员生产的纱线开始加工（"从纱线起"规则），或者从某成员生产的纤维开始加工（"从纤维起"规则），这些规则也适用于许多棉纺织品。其结果是，加拿大或者墨西哥的纺织品厂商不能从非洲大陆的棉花厂商那里购买棉花，而必须从美国厂商那里购买。原产地规则是不透明的贸易保护主义工具，它们往往使 PTAs 的努力成为徒劳，至少从经济的角度来看是这样。

毫无疑问，亚洲 PTAs 的经济效用会继续受限。科宁（Corning）认为"东盟—日本全面经济伙伴关系协定"（AJCEP），被其支持者称赞为比 WTO 协定更广泛，已经产生令人信服的结果（Corning，2009：640）。其他观察人士也尖锐批评特惠贸易一体化。罗斯（Ross Garnaut）和戴维德（David Vines）认为，歧视性双边协议的趋势是"……对 21 世纪早期所有欠考虑的反应，它是令人深感不安的"。（Garnaut and Vines，2007）国际经济学教授理查德·鲍德温也深刻阐述东亚地区主义的形势："谈到东亚地区主义，状态很容易概括——一团糟。如果不是数以百计那也是数以十计的贸易协定正被讨论、协商，或者已经签署。"（Baldwin，2006：3）

鲍德温曾提出"意大利面碗"的术语描绘亚洲贸易关系的状态。[①]"面碗"的直接后果是东亚和东南亚生产网络日益脆弱。各种双边协定相异的原产地规则正给私营部门造成严重问题。鲍德温已经认识到导致这种脆弱性的三个因素。首先，每个国家的产业发展与这些国家企业的竞争地位取决于产业内贸易的顺利进行。其次，大多数亚洲国家单方面地削减创

———————————

① "意大利面碗"取代上文提及的"面碗"这一术语，二者都是指互不相关的特惠贸易协定体系。

造"亚洲工厂"的关税，这些削减没有与 WTO"绑定"，因此不受 WTO 规则的限制。这意味着亚洲的关税可能会在一夜之间上涨，且不会违反 WTO 规则。最后，也是最重要的一点，地区内没有可以替代 WTO 的政治管制。相比之下，欧洲的监管不仅有如欧洲委员会的管理高层，还有 WTO 规则，因为欧洲国家已经将它们的关税降到了非常低的水平。（Baldwin，2006：1f）。因此，比起亚洲的私营部门，欧洲的私营部门有更好、更透明的政治和贸易环境，至少在考虑跨国生产条件时是这样。

何去何从？
——亚洲经济体可否考虑关税同盟？

自东亚国家开始讨论是否进一步推动经济一体化以来，采取怎样的一体化形式就成为争论的焦点。1994 年，亚太经合组织（APEC）成员达成一致并确立目标，要在亚太地区建成开放的贸易体制，并提出发达经济体和欠发达经济体分别不迟于 2010 年和 2020 年实现亚太地区贸易和投资自由化的时间表。但是，这个"开放的地区主义"到底意味着什么还不清晰。参与经济体是实施单边自由化还是在最惠国的基础上对 WTO 所有成员包括欧盟减少贸易保护程度？或者，"开放的地区主义"会允许其他国家参与一个只让地区成员受益的计划？

自 1994 年《茂物宣言》出台以来，这些问题的讨论还在继续，不过现在对决策者可以采纳的一体化路径有较少争议。本质上，建立一个歧视性的特惠贸易协定就是决策者们经过权衡所做出的选择。例如，2000 年成立的地区政策咨询机构——东亚研究小组（EASG），在 2002 年 11 月柬埔寨举行的"东盟 + 3"峰会上提交报告建议成立东亚自贸区。（EASG，2002）

当然，亚洲地区掀起的 PTAs 潮以及上述报告会让人产生怀疑，即除了建立自贸区，无论是从经济角度还是从政治角度，是否还有其他更有说服力的替代方案？鉴于多样化的原产地规则及其有限的经济效用，当前的 PTAs 体系只是排在第三位的方案，因为双边 FTAs 不利于创造统一的经济空间，反而易于形成行政程序复杂的贸易机制。且从政治角度看，其效果可能适得其反，PTAs 只会加深亚洲两个最重要成员之间的对抗，而不是提供一个可能的合作方案。[①]

无论是从经济还是从政治角度，亚洲范围的FTA会改善目前的状况。就经济而言，地区范围的PTA至少可以简化贸易管理程序。因为只有一套而不是几十套原产地规则，企业才会从世界上最大的PTA中潜在受益。同时，地区范围的PTA提供了次优结果。虽然对原产地证书的要求会降低，仍有必要给地区实施免税贸易的所有产品确立原产地。成员可以继续实行各自特定的国家贸易政策，自由地与其他经济体发展PTAs，如与美国或欧盟。鉴于当前国际生产网络的复杂性，在PTA之外的进口货物的原产地仍然受制于复杂的行政程序。

就政治而言，亚洲范围的PTA有助于消除当前中日之间在贸易政策上的竞争。正是因为只有一个PTA，两国不能进行一场展示各自贸易协定吸引力的比拼。然而，相对于地区关税同盟，亚洲范围的PTA只是一个次优方案，因为地区关税同盟有更优越的地方，它不仅能降低原产地规则的要求、减少交易成本，还能简化地区的对外经济关系。较之FTA，关税同盟能形成更高程度的经济一体化，创造出与世界其他地区相呼应、有统一贸易政策的经济空间。因此，虽然建成关税同盟比建成一个FTA更困难，但是关税同盟可以提供更多实惠。

按照定义，关税同盟是指对内消除贸易壁垒，实行关税减免与贸易限制，对外实行统一的关税和贸易政策。这是关税同盟与自贸区的最大差异；虽然在技术上有不同，二者在概念和目的上都是要提高贸易专业化水平，增强能为成员带来福利的贸易。关税同盟的一个重要优势是它的贸易创造效应，例如某成员可从其他成员那里进口廉价产品取代昂贵的国内产品，从而创造出过去不存在的那部分新贸易。

应该记住，欧共体（EEC）从未力图要建自贸区，1968年欧共体实现了1957年所确立的建立关税同盟的目标。自那以后，欧共体就实施一个贸易政策，并且自1968年以来，欧洲在国际贸易中的地位和份额大大提升。关税同盟的经济效用可能会更大：一旦外来产品进入该经济空间且支付相应关税，该产品就可被用于生产加工，而不需要额外的证明。

不管如何定义，在亚洲建立关税同盟绝非易事。最大的难点是实行共

---

① 当然，中日之间也有在一些其他领域进行有意义的合作，例如"清迈协议"框架下的货币地区主义。见本书第十章。

同的对外关税，这就要考虑所有成员不同的政治偏好。本质上，大多数参与经济体会进行一些部门的贸易自由化，在此之前它们会认为这些部门问题太多而不适宜进行自由化贸易（日本农业就是一个例子）。即使是发达国家能够在政治上接受并开放迄今为止保护的农业部门，亚洲关税同盟还要考虑共同的对外关税对发展中国家的影响。对这些欠发达经济体来说，关税同盟可能会导致竞争剧增，最可能的是许多行业会面临无法生存的冲击。

　　然而，鉴于亚洲贸易的混乱现状，尤其是错综复杂且低效的特惠贸易协定，以及亚洲国家对多边体制熟视无睹的冷漠态度，探索建立亚洲关税同盟的潜在可能性是值得努力的。解决上述障碍的潜在途径是分层次介绍和推广关税同盟，先在发达经济体包括中国推广，五年或十年之后再在欠发达经济体中推广。

　　21 世纪初出现的动态过程可能导致一体化的经济空间在亚洲形成。当然，对这样一个机制的潜在形态，它的成员以及与非成员经济体的关系都不确定。然而，鉴于地区经济已经高度依存，亚洲对形成规范化、法理上的一体化计划表现出浓厚的兴趣。这个泛亚洲项目的潜在地可能是2010 年正式启动的"中国—东盟自由贸易区"（ACFTA）。这是一个涵盖17 亿人口的巨大经济体，随着时间的推移能够改变亚洲经济关系的性质，也有可能改变整个地区的政治和安全关系（Narine，2007：205）。

　　亚洲有许多已经实施或者正在协商的双边特惠贸易协定，ACFTA 在经济上有潜力成为亚洲一体化计划的核心。中国不仅保证该 FTA 会给东盟欠发达国家（包括越南、老挝、柬埔寨、缅甸）提供足够多的回报，还成功吸引了发达经济体的支持，例如对泰国的农产品出口实施所谓的"早期收获计划"。正是因为中国在亚洲贸易中的重要性，将现有的 PTA 扩展成覆盖整个地区的关税同盟，从经济上将是明智之举。

　　然而，从政治的角度看，期待日本、韩国以及东盟会赞成这样的提议有点过于天真。因为该地区对中国的长远目标还充满怀疑，近年来，随着中国决策者在国际事务中的自信和强势，这种怀疑可能还会增长。中国未能说服亚洲及其他国家相信中国崛起是机遇，因此，地区国家对中国的看法较 2010 年以前似乎更带批判性。这种看法的转变不是某单一事件促成，而是一系列事件的累积效应，如中国连续创造当前的贸易盈余，在非洲或者其他地方购买农业土地和自然资源，不愿考虑加快人民币对美元汇率升值等都导致中国海外形象的不断恶化。考虑到中国对外经济政策的稳定性，成立一个亚洲范围的关税同盟似乎仍然遥不可及。

结　论

亚洲金融危机以后，地区国家开始从一个安全主导的国际关系议程中退却，转而寻求改进贸易关系及其他经济政策。彭佩尔认为这个过程是他所定义的"制度达尔文主义"，即一个制度竞争的过程（Pempel，2010a：233）。某些形式的合作将蓬勃发展，其他形式的合作可能会因此失去活力而变得无关紧要。特惠贸易协定很可能属于后者。

本章的论点和论据表明，总的来说，PTAs 并非有益于亚洲的经贸发展。在效用上，PTAs 既不如 WTO 的贸易规制，也不如更大范围的地区协议。双边 FTAs 是规范国际贸易的排在第三位的方案。因为双边 FTAs 破坏了提高经济效益的既定条件，同时也是不公平的，因为它造福发达国家而使不发达国家积贫积弱。

认为 WTO 功效不佳的观念其实是想印证双边主义潮流的合法性。而事实并非如此。多边主义会继续发挥作用，并且是比 PTAs 更卓越的规制形式。推动地区特惠贸易协定是实施贸易政策的一个次优方案。此外，双边贸易协定包含歧视性元素，容易引起顾虑。在 20 世纪 30 年代，歧视性的特惠机制统领国际贸易的开展。今天，许多经济体开始回归制度治理，在制度框架下，成员之间没有贸易歧视，商品更容易进入到对方市场。而朋友与敌人之间是区别对待的。"二战"后贸易机制明确规定非歧视原则，但是今天的决策者正牺牲这一原则换取快速、不公平且不可持续的经济收益。

具有讽刺意味的是，亚洲经济体作为当前开放贸易机制的主要受惠方，却坚决拥护 PTAs。这可能是因为亚洲国家认为 WTO 在本质上只是一个跨大西洋组织。尽管 GATT 和随后的 WTO 确实是由大西洋的超级大国建立的，但是比起 WTO，PTAs 并非是健全的替代方案。因为 PTAs 行政成本过高，不支持创造跨地区生产网络，最终也不能形成可持续的贸易机制。

对亚洲和其他经济体包括欧盟而言，目前的 PTAs 潮流是诸多方面的政策错误，中国、欧盟、日本和美国这些主要的贸易参与国应该放弃

PTAs，并回到 WTO 的主要平台来规范国际贸易。尤其对亚洲而言，目前"意大利面碗"式的贸易协定既不能提高经济效益，也不能提高参与经济体的政治影响。笔者认为，从经济角度看，唯一明智的 PTA 是在该地区成立亚洲范围的关税同盟，它不仅会大大减少交易成本，还会促进地区内贸易超越现有的水平。同时，随着亚洲其他国家对中国日益增加的不信任感，政治上可能会遇到阻力。

第十章 地区金融合作

纱欧丽·N. 片田（Saori N. Katada）著 刘静译

引 言

虽然东亚地区国家受民族主义情绪影响，彼此存在竞争关系，且反对达成机制化的承诺，但对地区整合持乐观态度者仍然认为东亚地区的金融合作前景光明。自1997年建立"东盟＋3"以来，相关成员国不仅达成了一个正式的地区协议，为遭受金融危机的国家提供紧急流动资金，而且在地区证券市场的培养和地区货币协议的讨论方面也有所进展。此外，这些金融合作努力很大程度上将美国排除在外，对全球金融管理的影响虽然缓慢但颇见成效。而对地区整合持悲观态度者对此持不同意见，并指出本地区对国际货币基金组织持续依赖，同时对美元也严重依赖，而且很难形成合适的金融监管机制。因此，有关东亚金融合作的研究形成了截然相反的两个范式。此外，学者们还分析研究了在过去二十年中，受两次严重金融危机的影响，有关地区以及全球金融治理目标的界定发生了怎样的变化。简言之，理解地区金融合作的本质是非常复杂的。

虽然如此，本章将通过下列几部分来审视东亚金融合作。第一部分总结20世纪80年代末和90年代在扩展地区经济网背景下的初步努力。第二部分审视亚洲金融危机（AFC）如何有效推动地区金融合作，进而描述金融合作的四大支柱：应急资金流动机制、地区债券计划、货币安排和地区监督机制。第三和第四部分分别探讨了这一地区发展的重要推动力。一个是在地区权力政治和全球金融管理结构下实施金融合作的挑战，另一个是东亚作为一个地区整体的认知在加强。最后一部分考察如何在更广阔的地区经济整合视域下进行地区金融合作，以及在2008—2009年全球金融危机的余波中重新考量全球金融结构。

危机前的东亚金融合作

先前在东亚，任何地区范围的合作努力都是很有限的（Wang，2004），1997—1998 年的亚洲金融危机是一个分水岭。危机之前，只有较少或较初级的金融合作，大多由日本主导（Hayashi，2006，Chapter 2）。亚洲开发银行（ADB）是一个特例，作为一个地区发展金融机构，它自1966 年开始支持着亚洲广阔范围内的经济发展（Yasutomo，1983；Wan，1995 - 1996）。在货币方面，得益于 1985 年日美广场协议后日元兑美元升值，日元的权力，随着日本在东南亚国家直接投资的不断增加而引起关注，引发了有关日元区可行性的探讨（Dombusch，1989）。但由于缺少数据方面的可靠证据（Frankel，1993），加之日本金融高层也没有意愿促使日元国际化，日元区并未形成。

到 20 世纪 90 年代初期，地区商业网扩展到整个东南亚（Hatch and Yamamura，1996；Katzenstein，2000 and Shiraishi，1997；Peng，2002）。非正式的地区经济整合或地区化得以增强（Katzenstein 2000）。这个时期由于金融全球化的影响，大量外资流入亚洲地区，迫使政府推动资本账户的自由化（Cohen，1996；Kohsaka，2004）。全球化的金融压力已经在新兴的市场经济中引起严重的支付平衡危机，就像 20 世纪 80 年代的拉美一样，造成了"失去的十年"。保证地区整合稳定性最关键的是控制大量外资流入，但因全球化而催生出的不成熟的金融自由化使得这一点很难实现（Helleiner，2000；Hamilton - Hart，2003a）。除了极少几次就地区框架进行的探讨有助于维护地区金融稳定以外，正式的金融合作发展缓慢。为了加强经济监管，地区国家的央行行长在 1991 年设立了东亚及太平洋地区中央银行行长会议组织（EMEAP）（Hamanaka，2009）。[①] 但由于会议的保密性以及缺乏对监督合作的机制化承诺，该机构在地区合作上的影响力有限（Yokoi - Arai，2006：55）。其他正式的合作机制，如东盟或亚太经济合作组织（APEC）财长会议（二者都是始自 1994 年）是在更广泛的地区外交努力下形成的。

---

① EMEAP 的参与成员：澳大利亚储备银行、中国人民银行、中国香港金融管理局、印度尼西亚银行、日本银行、韩国银行、马来西亚国民银行、新西兰储备银行、菲律宾中央银行、新加坡金融管理局和泰国银行。

亚洲金融危机和东亚金融地区主义的崛起

亚洲金融危机爆发于 1997 年 7 月，泰国在遭受大量货币攻击后促使泰铢汇率浮动，外汇汇率崩溃、大量外资撤离、信贷危机和严重的经济衰退使得地区经济遭受灾难性重创。尽管危机后的恢复迅速且强劲，但是危机带来的震撼对地区影响深远。从多方面看，危机紧急催生了明确的地区金融和货币合作。

亚洲金融危机引发的震撼以很多不同形式表现出来，但都强调了全球金融治理在东亚地区的脆弱性和不平等性。显然，首要的震撼是在经历金融逆转时地区经济的迅速恶化（Goldstein, 1998），以及地区金融传染——通过金融渠道（Kaminsky and Reinhart, 2000；van Rijckeghem and Weder, 2001）或通过贸易和竞争性贬值的力度（Glick and Rose, 1999）。地区分析家也强调亚洲金融危机的独特本质是"资本账户危机"，而不同于传统的经常账户危机（Yoshitomi and Ohno, 1999）。① 对于更小的经济体如泰国，不成熟的金融自由化使得该国引入大量跨境资本运作，这被视为问题的源头（Kaminsky and Reinhart, 1999）。同时，由于地区对外资的普遍依赖而导致的脆弱性已经引起对债务计价货币和贷款期限的所谓"双重失调"的讨论。美元失调、过度依赖银行融资（Wade and Venero-so, 1998）以及地方证券市场的欠发达（McCauley, 2003）等问题将会在下文中讨论，这些问题引起了对国内和地区金融结构的重新思考。另外，地区领导者也深切感受到在全球力量下，需要通过金融合作和地区货币安排来引导地区经济（Helleiner, 2000；Grimes, 2003）。

第二个震撼来自对亚洲金融危机的产生原因和处理方法的争论中所表现出的强烈意识形态色彩，因为非固定金融资产利益和华盛顿共识的价值观深刻地体现在国际货币基金组织（IMF）主导的危机解决办法中（Jomo, 2001；Beeson, 2003）。诚然 IMF 因为误导这些危机四伏的亚洲国家而饱受批评，包括泰国、印度尼西亚和韩国，这些忍受 IMF 紧缩政策

---

① 有关 AFC 产生原因的讨论在美国经济学家中也进行过。总而言之，截然相反的观点是以史蒂夫·拉德莱特和杰弗瑞·萨克斯（Radelet and Sachs, 1998）为代表提出的，他们将其归结为国内外投资者惊慌失措的行为和 IMF 的失败应对，另外以鲁比尼为代表的一些学者，将其归结为亚洲国家经济的扭曲和基本面问题（Corsetti, Pesenti and Roubini, 1999）。

的国家发现它们可以轻易地将国家经济困难归罪于 IMF——这被称之为"政治怨恨"（Higgott，1998）。

最后，东亚对意识到金融危机时从地区所能获得的依靠如此之少感到震惊。东盟不够强大，亚太经济合作组织（APEC）在出台解决危机办法上分歧太大（Webber，2001）。而亚洲开发银行（ADB）只是谨慎且不稳定地作为地区最后可依赖的借贷方（Wsley，1999）。因此，国际金融机构，尤其是国际货币基金组织（IMF），扮演着核心角色。结果，在 IMF 对脆弱的地区经济造成了不利影响后，一个新的地区机制"东盟 + 3"在亚洲金融危机后迅速占据了地区金融合作的核心地位（Stubbs，2002）。"东盟 + 3"，包括三个东北亚经济强国（中日韩），是东亚经济核心组织（EAEC）的再现。后者是马来西亚总理马哈蒂尔为了应对 20 世纪 90 年代早期 APEC 的诞生而提出的。EAEC 因为美国的强烈反对而未能实现（Leong，2001），但是亚洲金融危机后，"东盟 + 3"框架开始持续存在。

在"东盟 + 3"机制化建设的大背景下，东亚在 20 世纪 90 年代末启动了机制化的金融合作，形成四种彼此相关但又明显不同的合作形式：应对收支平衡危机实行的紧急流动资金机制——清迈倡议（CMI）、地区证券计划、地区货币安排和地区金融监管合作。在 2000 年泰国"东盟 + 3"会议上达成的清迈倡议是其中级别最高和最机制化的（Henning，2002；Grimes，2009；Rajan，2008）。直到 2010 年 3 月，应急流动资金机制仍是东盟成员国和中日韩三国之间复杂的双边货币互换协议，这三个东北亚强国拥有大量经常账户余额和外汇储备，足以提供充足的美元作为应急流动资金。① 此外，东盟成员国之间也有 20 亿美元的地区货币互换协议（ASA）。亚洲的政策制定者，特别是最早提出建立亚洲货币基金（AMF）的日本，长期努力通过 CMI 互换渠道来创建一个多边的应急基金机制（Kuroda and Kawai，2004；Henning，2009）。2007 年在东京召开会议并签订官方协议后，清迈倡议多边化机制（CMIM）最终在 2010 年设立，现有资金 1200 亿美元。② 尽管过去十年有所进展，但是对这些机制的质疑和批评始终存在（Henning，2002，第四章；Eichengreen，2004）。最重要

---

① 特例是与"东盟 + 3"中的中日韩三国（货币是人民币、日元和韩元）之间的货币互换协议。

② 成员的选举权比重如下：中国（32%），日本（32%），韩国（18%）。

的是，从建立之初，清迈倡议就有一个针对互换协议的所谓的 IMF 关联条款，即若发生危机的国家和 IMF 没有达成协议，则只有 20% （从 2005 年的 10% 增加至 20%）的清迈互换资金可以被启动。这一关联性条约证明清迈协议是属于全球金融机制的，不仅可以利用 IMF 避免道德风险，也可借取 IMF 的信誉（Grimes，2006）。由于厌恶 IMF，与 IMF 的关联性条约使得清迈互换协议被亚洲国家视为无效。这种印象在 2008 年全球金融危机中进一步加深，因为韩国和新加坡政府都求助于美联储而非清迈倡议。

亚洲金融危机也凸显了地区金融市场的脆弱性，因为其严重依赖银行借贷（Goldstein，1998；Wade，1998a）。亚洲经济的发展需要增加直接融资的便利性，这促进了国内和地区两个层面债券市场的发展（Rajan，2008；Grimes，2009，Chapter 5）。21 世纪早期提出的亚洲债券基金（ABF）和亚洲债券市场发展倡议（ABMI），分别强调债券市场发展的建立和流通问题（Amyx，2004）。在建立方面，通过东亚及太平洋地区央行行长会议组织（EMEAP）成员的投资，在 2003 年和 2005 年分别设立了两个相对较小的基金，用以协助建立地区债券市场（Jung，2010）。在流通方面，ABMI 在“东盟 + 3”成员国中启动了几个工作小组来培养相关能力和建设基础设施（信贷保证、应用度和设置系统等）来协助地区债券市场的发展。尽管人们对这些努力的直接效果仍有争议，但亚洲债券在线的数据显示，地区货币债券市场在新兴东亚地区（除了日本）已经迅速从 1996 年的 5370 亿美元扩展到 2009 年年底的 4.4 万亿美元（Asian Development Bank，2010b）。

地区货币安排是第三种，也是最重要的东亚地区金融合作形式，具有最长期的效果（Grimes，2009，Chapter 4）。对东亚地区已达到的地区货币安排的需求度（Williamson，1999；Kwan，2001）和可选货币区域条款的惊人的高度发展（Eichengreen and Bayoumi，1998；Watanabe and Ogura，2006）问题出现了大量探讨。虽然如此，在地区货币安排上仍然没有实质性的进展。在后亚洲金融危机时期的第一阶段，日本倡议增加在地区使用日元的努力并未奏效（Grimes，2003），2005 年亚洲开发银行（ADB）推动的共同货币联盟——亚洲货币单位（ACU），在“东盟 + 3”论坛上得以通过，并将进行进一步探讨。正如上所述，美元标准在东亚具有政治和经济双重意义，而且许多人仍然对地区货币的可行性存疑

（Eichengreen，2007）。

无论是建立应急流动资金还是建立地区货币联盟，对地区金融稳定性和宏观经济的监管都十分关键。最后一种地区合作形式强调地区金融和货币监督所面临的挑战。2000 年"东盟 + 3"框架下建立的经济评估和政策对话（ERPD）试图提供这样一个地区机制，但是该对话仍只是每半年就国家具体宏观数据进行讨论，没有任何监管（Grimes，2009：87 - 88）。新清迈多边倡议的总部设在新加坡，通过"东盟 + 3"宏观经济研究办公室（AMRO）设立了一个比 ERPD 更加独立和严格的监督机制。然而新的监管机制是否有效，目前仍无定论。

过去十年为增强合作而推动了地区的机制化改革。但是学者指出这些制度面临着多种国内挑战。首先，一些东盟国家政府的金融管控能力不足以有效参与地区金融合作（Hamilton - Hart，2003b）。其次，成员收支平衡状况的不同导致金融体制的差异，造成了目前地区金融合作中彼此妥协的局面（Hiwatari，2003）。最后，尽管许多东亚国家在经历危机之后都进行了基本的金融改革，但在东亚地区，仍有国家无法遵守审慎的监管标准（Walter，2008），因此对这些努力的有效性和进展评估还存在分歧。虽然如此，地区金融合作在亚洲经济治理的探讨中仍然至关重要。

全球背景下的地区金融结构

东亚金融合作利益的增加，根源在于这一地区正融入全球经济和金融结构中。地区治理是如何影响该地区的？上文探讨了各国国内面临的困难，下文将探讨中日之间的竞争性，地区金融和货币安排的吸引力在于其承载着增强权力、维护地区金融稳定性和增强东亚在全球治理中的话语权的能力。

要解释发展缓慢却又稳步上升的地区金融合作第一项工程是研究大国政治。近年来东亚地区金融合作的一个重要挑战来自亚洲两大国——中国和日本——彼此间的竞争和冲突（Dieter，2008）。一些观点认为中日之间无法形成共同领导是东亚地区主义的重大缺陷（Kwack，2004）。20 世纪 40 年代日本试图在亚洲建立日本帝国但最终失败的历史，是之后日本争夺亚洲领导权的阴影，而崛起的中国及其增长的利益使得它越来越多地作为一个与人为善的领导者参与到亚洲事务中来（Shambaugh，2004），却也使得地区合作变得愈加复杂。在地区领导权竞争中，亚洲金融危机再次成为分水岭。尽管日本金融高层因强烈的利益需求而在 1997 年秋积极参与控制地区金融危机，但其国内金融压力阻拦日本政府更加积极地参与危机控制（Amyx，2000）。与此同时，中国决策层正改变本国战略思维和外交政策立场，以实现和平崛起（Deng and Moore，2004）。在东南亚国家通过本币大幅贬值来转移国内危机时，中国顶住压力保持人民币不贬值，从而在金融危机管理中获得了很高评价（de Santis 2005）。危机过后，中国不像反对亚洲货币基金（AMF）那样，而是支持清迈倡议（CMI），地区金融合作开始活跃（Chey，2009）。①

美国是另外一个影响东亚地区主义的大国动因。亚洲国家试图排斥或减弱美国在亚洲的影响力，寻求更高水平的地区自治（Bowles，2002）。美国最初在处理泰国危机时没有给予金融援助是一次失误。此外，显然在危机之前，美国支持在该区实施新自由主义的金融自由化，在危机之后执行严格的（不恰当的）国际货币基金组织条款，引起该地区对美国干涉的反感。美国、中国和日本在地区金融结构中存在利益分歧，在地区金融合作中也各有偏重（Grimes，2009），基于地区金融结构的不同方面，大国政治会产生不均衡发展。②

地区金融政策优先和国际金融政策之间的冲突是地区合作利益持续增加的第二种解释。亚洲金融危机痛击了另一轮有关国际金融结构（Eichengreen，1999）和国际货币基金组织（IMF）、世界银行在金融危机中所扮演角色的政策辩论。③在东亚范围内，IMF 对遭遇金融危机的国家施加严厉政策引起这些国家对 IMF 的批评，IMF 在东亚缺乏政治合法性，主要是因为该机制中缺乏亚洲国家的声音（Sohn，2005）。所以地区金融合作将美国排除在外的一个主要目的是亚洲国家可以合作加强地区在对抗美国和 IMF 影响时讨价还价的能力（Katada，2004）。

----

①　日本财长最初提议建立 AMF 是在 1997 年地区面临大规模金融危机时。值得注意的是日本政府首次商讨 AMF 的想法是在中国香港金融管理局而非中国人民银行，所以中国政府认为日本的 AMF 计划不切实际（Amyx 2005）。

②　格莱姆总结三个大国的不同偏好：美国和日本倾向于金融自由化和遵循金融市场规则的发展；中国和日本试图让地区经济脱离受美国宏观经济政策影响的全球经济；相比中国而言，日本脱离美元标准更加困难。

③　所谓的梅尔兹委员会（国际金融机构顾问委员会）是美国国会在 1998 年建立的，该机构在 2000 年 3 月发布了一个报告强调国际金融机构的问题和他们的报告议事日程。

东亚高度依赖全球经济，最突出的是对美元非常依赖，这是一种失调。大多数东亚经济体的对外经济交易是通过美元，现在还没有地区外汇协调机制（Cohen，2008）。为了缓冲经济不确定性，在全球市场保持有竞争力的汇率，中日截至 2010 年 9 月共积累总额达 3.7 万亿美元的以美元为主的外汇储备，因此建立了强劲的货币共生关系。显然这对地区抵制美元、形成地区货币安排十分不利。对于一些国家，如日本，高度依赖美元是美国结构性权力的证明（Katada，2008），而对于另一些国家，如中国，高度依赖出口和寻求宏观经济自主政策使得政府偏爱美元。（Bowles and Wang，2008）。

颇具影响力的经济学家认为东亚地区不发达的金融市场使得美元标准得以长久维系，因为政府要寻求稳定的国家外部平衡（McKinnon and Schnabl，2004）。迈克尔·杜利等（Dooley et al.，2003）认为当前全球货币结构（所谓的"复活的布雷顿森林体系"）很有可能继续，因为东亚国家选择大量持有美元储备，即便这会付出极高且不断增加的代价（例如之前由于美元贬值造成投资回报率下降和资本损失）。这是因为高度的政治优先需求使得这些国家必须将国际竞争资本储备用于扩充工业生产和吸纳过剩的劳动力。这种区域性的利益考量同美国的对外战略"相得益彰"。该种观点认为，上述原因导致美国的经常项目巨额赤字通常由亚洲的外汇储备提供支持，从而使美国入不敷出的经济能够存续。总之，这种全球金融互补无助于亚洲找到地区解决方案，特别是有关货币问题方面。

最终，效仿和学习在东亚金融安排上发挥作用，特别是在同欧洲的关系上。尽管对在东亚复制欧洲历史经验的可行性或是复制地区独特文化存在广泛质疑（Angresano，2004；Baldwin，2008a），紧跟亚洲金融危机于1999 年诞生的欧元，成为东亚的精神鼓励和效仿样板，因为东亚国家正在寻找替代美元的货币。甚至在亚洲金融危机之前，东亚在 1996 年就开始通过亚欧会议（ASEM）和欧洲接触，这成为首个排除美国的官方安排机制（Bobrow，1999）。ASEM 形成研究小组通过学习欧洲经验，开始对东亚地区货币进行研究（Nicolas，2008）。

观念、身份和学习合作

东亚地区金融合作利益的增强与东南亚和东北亚国家经历了亚洲金融

危机后出现的地区身份认同以及金融政策网的发展紧密相关。遭遇经济重创后，亚洲金融危机废黜了（至少暂时性地）东亚经济模式（Wade，1998b），这种模式几年前还被视为亚洲经济奇迹的秘诀（World Bank，1993）。而危机将经济拖入混乱局面，"华盛顿共识"却对亚洲地区经济管控方式大肆批驳。国际货币基金组织（IMF）解决危机的方式仍保有新自由主义偏好的本质。政府在经济中的角色（除了一个相对平衡的中央预算以外）被大幅削弱，导致缺乏社会安全保障网国家的民众苦不堪言。①

在此背景下，日本提出首个地区危机解决办法，即日本财长在1997年9月提出的建立亚洲货币基金（AMF）。自20世纪80年代日本挑战华盛顿共识开始（Lee，2008），建立地区救急基金的想法就深深植入日本发展思维中（Lee，2006）。有些亚洲观察家认为保护国家发展模式是地区金融合作的重要目标之一。但是，由于引发了对道德恐慌的关注以及对IMF权威的挑战，这个尚未成熟的提议很快就被美国和其他机构否定了。

亚洲金融危机为亚洲的领导者和决策者提供了共同的历史经历，使得这些挑战在东亚产生共鸣（Stubbs，2002）。亚洲金融危机带来的震撼不止在经济上，它也为"东盟＋3"提供了社会身份认同基础（Terada，2003）。在国家主权问题上妥协的屈辱同样刺痛着亚洲的神经，正如他们看到前印度尼西亚总统苏哈托签署IMF援助协议的画面，IMF主席米歇尔·康德苏抱胸看着苏哈托签署协议的场景被认为是对苏哈托的蔑视。这一景象时刻让人们回想起过去的殖民时代。

最后，亚洲金融和货币决策者网络的扩展，以及社区的社会化进展，成为当前和未来东亚地区金融合作的关键。亚洲金融危机促使地区着手建立政策网，使东亚地区能够自由地沟通交流，这都改变了该地区金融机制化发展进程。通过这些网络，以及在地区内积极的商讨，社会学习成为向该地区专家和决策者传播金融合作价值观的好方式，尤其是在中国（Sohn，2008）。

---

① 亚洲金融危机中韩国的经济衰退被称为"IMF危机"。

地区经济整合、全球金融危机和前景

东亚地区金融合作是怎样开始的？关于这个问题可以从过去十年金融合作努力的两个方面来回答。第一，合作是如何与地区整体经济整合以及地区安全建构相关联的；第二，合作是如何受到2008—2009年全球经济危机影响的。

环太平洋地区自由贸易协议的激增是后亚洲金融危机时代东亚地区经济整合的另一特征（Katada and Solis，2008）。本章不再分析地区贸易合作的动机（有关此内容的分析可参见第九章），只探讨那些有关地区金融合作关系的发展问题。在先后顺序上，不同于欧洲循序渐进的程序和巴拉萨提出的"逻辑路线图"，东亚国家同时开始进行地区整合（1961b）。这提高了在亚洲地区通过单一途径实现地区整合的可能性，首先开始的就是金融合作（Dieter and Higgott，2003）。但是，不均衡的发展和折中的成员资格这两大突出问题表明地区经济整合是失效的。例如，支持在日益增加的外贸（Rose and Stanley，2005）中使用通用货币的一方，在加深东亚地区经济整合的舞台上缺少话语权，其原因是实现使用地区通用货币仍然相当遥远（Promfret，2005）。乐观地说，已经形成定期会议和相对清晰的会员制的地区金融合作能够给东亚地区带来安全利益。无论如何，非安全领域中的定期交流合作，增加了战争带来的机会成本，增强了地区内的信息交换（Bearce，2003）和社会化（Cohen n. d. ）。

2008年9月，由雷曼兄弟破产引发的全球金融危机，揭开了东亚金融合作的新篇章（Beeson，2011；Grimes，2010）。一方面，在危机发生一年前的2007年，美国就开始深受次贷危机影响，当时亚洲一些经济学家在探讨亚洲经济和美国经济脱离时，就深感安慰（Kawai and Motonishi，2005；Mahbubani，2008）。另一方面，许多经济学家开始认为东亚国家持续成功的对外贸易和大量储蓄，即所谓的"储蓄过剩"，造成了全球经济失衡（Bernanke，2005）。

雷曼兄弟引发的震荡虽然没有立即波及东亚，但是东亚地区并没有完全逃过全球金融危机。然而奇特的是，由于东亚地区对金融自由化持谨慎态度，危机抵达太平洋西岸基本上通过贸易的渠道而非金融方式（Goldstein and Xie，2009）。由于对亚洲生产产品的需求骤减，地区贸易的骤减影响了所有东亚同类出口国家。再平衡和从外需型经济向内需型经济转型（Asian Development Bank，2009），以及清迈倡议机制的加强和多边化，被认为是为东亚地区金融安全设置了另一个紧急保护层。

全球金融危机对全球金融治理和东亚地区金融合作产生系统影响。一方面，危机将各国财长和元首探讨金融治理的中心从过去的七国集团（G7）转移到二十国集团（G20），G20囊括了亚洲重要成员国如中国、印度、印度尼西亚和韩国以及早已是G7成员的日本。在此背景下，G20和IMF的改革重点探讨了新兴市场经济体的代表性，特别是东亚新兴国家。另一方面，每一个东亚国家政府都采取了刺激内需的方式推动相对快速的经济复苏。这些努力都削弱而非加强了地区金融合作（Emmers and Ravenhill，2010），发出地区一致声音的需求也在减弱。

在这场危机中，全球经济强烈的不确定性、美元作为主要流通货币的现状，伴随着金融的去全球化（Eichengreen，2009），使得东亚金融决策者开始认真考虑转变对美元的依赖。中国政府在危机中着手进行人民币的国际化，证明其看法已改变（Park，2010）。① 而与此同时，挣扎中的欧洲经济却开始质疑地区货币安排的必要性——欧元作为地区通用货币，成为许多深受债务危机困扰的欧洲国家快速调整宏观经济政策的障碍。总之，抛开地区金融合作带来的积极外部效应，东亚地区的"逻辑路线图"尚未清晰绘出。此外，与亚洲金融危机不同的是，2008—2009年全球金融危机所带来的众多影响并没能像地区整合所期待的那样增强地区合作需求。

结　论

在东亚，对未来地区合作的探讨充满着政治意味，金融合作并非特例。本章已经证明，与亚洲金融危机发生之前相比，危机后的地区合作发展取得了明显进展。尽管此类合作的动机在更大程度上是地区为了抵御全球金融环境的风险，在全球金融治理中拥有话语权，而非出于形成地区经济整合的意愿。主要大国——中国、日本和美国——在金融合作进程中利

---

① 中国人民银行行长周小川公开谈论需要建立一种中立的货币，如特别提款权（SDRs），来维系全球经济交易的流动性，其观点震惊世界，更多观点请参见Chin and Wang，2010。

益各异，并且还存在一个结构性障碍，就是地区对美元的高度依赖使得地区自治困难重重。全球金融危机后，如何应对新的经济挑战也很复杂，这给亚洲领导人之间达成持续的地区合作协议增加了困难。

乐观主义学者观点的正确性在于他们认为亚洲领导人已经转变思维，将地区金融合作视为培养地区认同、影响地区和全球金融治理的可行性选择。而同时，悲观主义者和怀疑论者的观点也有一定的合理性，他们认为现在尚未形成明显的、有价值的地区金融合作协议。当欧洲面临在目前危机下继续维系欧元稳定这一挑战时，东亚国家政府对地区合作的态度非常谨慎。东亚经济合作的未来，包括金融合作，明显将受到全球经济的影响。

第十一章　中国和东盟（ASEAN）关系

——亚洲地区主义的核心

唐宁思（Nicholas Thomas）著　刘静译

引　言

中国—东盟关系是亚洲一体化向更广阔空间发展的关键。其中，中国与 10 个东南亚经济体之间的经贸联系是中国—东盟关系的核心。这一关系的发展有其历史渊源。唐朝、宋朝和元朝都曾鼓励与周边国家及朝贡国发展贸易。尤其明清，非常依赖对外贸易，15 世纪明朝郑和下西洋就是其中最著名的例子。近现代以来，由于冷战的需要和随后中苏关系的破裂，限制了中国与传统区域伙伴之间发展经贸关系。直到 20 世纪 70 年代，中国才回归实用主义外贸政策，而不再秉持意识形态至上的原则。随后 10 年，中国与大多数东南亚国家建立了外交关系。政治关系改善对经贸关系发展起到积极作用，推动重建稳定的中国—东南亚贸易联系。更重要的，中国—东南亚关系发展并非局限于中央政府层面，中国南方省份，尤其广西和云南也深受其惠。两省都同东南亚邻国之间建立了陆港，以确保中国—东盟经贸关系向更加多层化方向发展，并推动了地方层面的跨国商务合作。①

自 1967 年东盟成立以来，中国—东盟经济关系不断拓展深化。2010年 1 月，期待已久的中国—东盟自由贸易协定（CAFTA）正式生效。自此开始，11 个经济体之间的贸易关系不断增强。那么这一关系的发展将走向何方呢？中国—东盟自由贸易协定的启动为回顾中国—东盟关系提供

---

① 广西事实上于 1978 年和越南建立了陆港，但后来因柬埔寨的冲突以及随后的中越战争而关闭。

了一个恰当的时机。为此，本章首先回顾了中国—东盟关系发展的整体情况，为理解中国—东盟经贸关系提供了政策与实践背景。其后，本文着重分析对本地区经贸关系发展发挥重要作用的两个案例：（1）清迈倡议（CMI）的形成和随后清迈倡议的多边化；（2）东盟自由贸易协定（CAF-TA）的形成和影响。本章将从两个案例出发，探究中国—东盟关系发展的现状及未来，还将探讨当前以中国为中心的威斯特伐利亚式经济秩序转变成带有超越国家特征的一体化区域经济关系的可能。

中国—东南亚关系

中国在 20 世纪 80 年代的对外开放突显出其巨大的经济潜能。中国的国际形象因这一潜能的释放而逐渐改变：中国已不再只是战略威胁，也提供经济机遇。然而，直到冷战结束前夕，这两种形象一直纠结地共存于对中国的认知中。一些国家（如菲律宾、印度尼西亚），对威胁的感知较为强烈；而另一些国家（如马来西亚、新加坡），则更加期待看到中国带来的经济前景。冷战的结束使"中国问题"越加受到重视，也使中国的"威胁"可能消减，乐观的经济前景因而可以实现。

同时，中国也有意恢复与东南亚的关系。中国前总理李鹏在 1988 年访问泰国时宣称，中国与东盟国家间建立外交关系不存在任何障碍（Xinhua，1988）。当时因正与中国共同致力于解决越南入侵柬埔寨的问题，东盟国家也积极寻求提升与中国关系的水平。随后两年里，中国与所有东盟国家建立了外交关系。这也是 1991 年中国前外交部长钱其琛受马来西亚邀请参加第二十四届东盟部长级会议（AMM）的前提基础。随后五年中，中国—东盟关系逐渐拓展到一系列功能领域，包括经济贸易合作和科学技术项目合作（ASEAN，1993）。中国出席了历届 AMM 并在 1994 年成为东盟地区论坛（ARF）的协商伙伴。1996 年，中国成为 AMM 和 ARF 的全面对话伙伴，双边政治和安全关系发展达到顶峰。而中国参与 ARF 可以被视为对周边国家所做的多边主义承诺，或至少是开始。但是，马克认为："中国无力阻止 ARF 这一倡议的成型。"

1996 年，中国同日本、韩国以及东盟七个国家共同作为亚洲的代表参加了第一届亚欧会议（ASEM），进一步巩固了与东南亚国家间关系发展的基础。这是所有国家首次聚集形成的地区联盟。尽管自首次会议开始，亚欧会议关注的焦点主要是亚欧之间的社会经济和贸易问题，但它仍然为亚洲政府首脑及其高层代表提供了一个有效的会议机制（Deutsche Press‑Agentur, 1996）。特别是为中国提供了一个在更广阔的地区进程中证明其大国地位的契机。

1997 年是中国与东盟关系发展的分水岭，无论在政治领域还是经济领域都有飞跃式的进展。1997 年金融危机给东南亚经济带来了重创，但也极大地推进了中国在地区政治中的地位。中国保持人民币不贬值的决策受到东南亚国家的欢迎，因为这项决策不仅挽救了东南亚国家的经济，同时也意味着中国将同亚洲地区的其他国家共患难。这种对亚洲地区身份的认同与西方国家和国际组织（如 IMF）在危机中的表现大相径庭。日本提出在金融危机后建立亚洲货币基金的提议得到一些东南亚国家的支持，却遭到中国同美国的一致反对。尽管如此，中国与日本相比，仍然稳步推进了其成为东亚地区东盟重要合作伙伴的地位。

1997 年年末，中国还参加了首次"东盟＋3"的非正式会晤。① 这个新的机制联结了东盟国家与三个重要东北亚国家中国、日本和韩国之间的关系。这一机制的形成源于东南亚国家清醒地认识到其未来的发展与东北亚国家紧密相关，这一认识在亚洲金融危机中再次加深。在东盟与三个国家的双边对话中，中国—东盟会议是唯一一个遵循东盟和中国双方规范的机制。在东盟分别与日本和韩国的对话中却并未涉及此问题。② 正如《东盟成员国首脑与中华人民共和国主席会议联合声明》（1997）中第二段所指明的：

> 承认《联合国宪章》《东南亚友好合作条约》《和平共处五项基本原则》以及公认的国际法作为处理彼此之间关系的基本原则。他们特别重新确认互相尊重彼此的独立、主权和领土完整以及互不干涉内政的原则。（ASEAN, 1997a）

这些有关互相尊重共同规范的约定使得中国与东盟关系远比日本、韩

---

① 实际上这是继第一次"东盟＋3"非正式会晤后的第二次非正式会晤，第一次非正式会晤是在 1996 年，6 个当时的东盟国家和 4 个非东盟国家出席。（详情参见 ASEAN, 1996）

② 分别参见 ASEAN, 1997b, 1997c。

国与东盟之间的关系更牢固。

1999 年，13 个国家首次全部出席了"东盟 + 3"会议，这进一步加强了"东盟 + 3"机制。这次会议首次邀请东亚观察团是一创举，而同样重要的是会议结束后发布了《东亚合作联合声明》确认《和平共处五项基本原则》是指导共同关系发展所要遵循的重要规范（ASEAN，1999）。①

然而，尽管"东盟 + 3"促使合作扩展到更广泛的领域（如表 11—1），中国—东盟关系仍然是区域发展中的轴心。在过去五年中，中国—东盟双边关系发展的速度和深度远远大于日本—东盟关系和韩国—东盟关系。中国—东盟关系发展形成的结构和规范成为东盟与日本、韩国制度性纽带的基础。②

中国—东盟关系已稳步超越并领先日本—东盟关系和韩国—东盟关系，中国与东盟之间的合作涉及诸多领域，包括政治和战略、经济和金融、社会和文化。在政治和战略领域，双方已经签署《中国与东盟关于非传统安全领域合作联合宣言》及解决中国南海争端问题的行为规范。2002 年，中国与东盟为进一步深化双方经贸合作，达成了阶段性实现自由贸易协定的框架协议，自贸区协定已于 2005 年 7 月实现，这是第一个非东南亚国家与东盟国家之间达成的此类协定。该协定与 21 世纪初签署的运输、农业和信息通信技术合作协定相配合。在 2003 年的巴厘岛峰会上，中国成为第一个签署《东南亚友好合作条约》的非东南亚国家。2005 年，在社会文化领域，双方签署了《中国—东盟文化合作谅解备忘录》，将通过艺术交流与合作、研究学习、信息交换和民众交流与互动来推动文化合作。中国和东盟部长及高官于 2004 年又为双方青年交流活动进行了会晤。

表 11—1　　　　　　　　　"东盟 + 3"合作的优先领域

领域	建立年份
政治和安全	2000
经济、贸易和投资	2000

① 详细信息参见《东亚合作联合声明》第四段，马尼拉，1999 年 11 月 28 日（ASEAN，1999）。

② 引自东盟高级官员访问中国香港期间的评论，2005 年 11 月 1 日。

续表

领域	建立年份
金融和货币	2000
农业、渔业和林业	2001
劳工	2001
环境	2002
旅游	2002
文化和艺术	2003
能源	2004
健康	2004
信息技术和交流	2004
社会福利和发展	2004
跨国犯罪和反恐	2004
科学技术（仅指高官会）	2001
青年项目（仅指高官会）	2004

资料来源：Tanaka（2009）：66。

尽管这些协议可能都是政治声明，实际上很难在实践中达成整合的效用，但是我们仍有必要考察新近一些协议的特点。2005年中国和东盟试图通过召集双边的名人小组（EPG）来共同绘制未来十五年双方关系发展的蓝图。超越以往有关政治、经济和安全的议题，EPG的报告重点放在发展次国家政府、城市和社会组织等多层次机制化关系上，特别在社会文化和功能合作领域。就指导规则而言，EPG清楚地规定协议成员国必须"尊重《联合国宪章》的目的和原则，遵循《东南亚友好合作条约》《和平共处五项基本原则》和亚非万隆会议十项原则"（ASEAN，2005b）。

EPG的工作在2006年中国—东盟纪念峰会时继续深化，决定在10个主要领域进一步加深和拓宽功能合作。这些领域包括："农业、信息通信技术（ICT）、人力资源发展（HRD）、双向投资、湄公河流域发展、运输、能源、文化、旅游和公共卫生，同时签署了若干谅解备忘录（MOUs）。"（ASEAN，2006b）环境合作被列为今后几年的重点发展领域（ASEAN，2007a）。2006年的峰会成果在2007年得以逐步实现，峰会成员国就一系列相关功能领域的问题进行会晤并签订协议。港口发展会议的召开，食品安全和消费者权益协议的签署，检验检疫合作谅解备忘录（MOU）的达成，贸易、投资和旅游推进中心的成立无不证明成员国之间关系的加深。① 在 2007 年 11 月召开的双边峰会上，双方进一步确认形成或实施 14 个项目（ASEAN，2007a）。

2010 年 10 月双方签署《中国—东盟面向和平与繁荣的战略伙伴关系联合宣言的行动计划》（2011—2015）标志着政策动议达到新高峰。该计划不仅显示出当前双方关系发展的程度，也规划着未来。政治和战略领域涵盖人权议题、法律与司法培训和非传统安全合作的发展。经济上，这个五年计划支持国家及次国家行为体间各种经济、贸易和商业领域论坛，并深化金融和投资合作。社会文化领域中的性别平等、媒体交流、环境合作和教育等议题被确认为未来合作发展的方向。计划中的许多项目正在进行，一些以前被认为是有争议或有困难的议题也被列入了该计划，这体现出中国—东盟关系的快速发展和彼此间的信心。

以经济为中心

中国—东盟经贸关系自 20 世纪 70 年代末开始逐渐发展，1997 年金融危机为释放合作潜力提供了契机。在过去 20 年中，双边贸易额从 1997 年的 226 亿美元增加至 2008 年的 2230 亿美元（Tang and Wang，2006；Tong and Chong，2010）。尽管全球金融危机影响了双边贸易，但 2010 年，双边贸易额再次恢复增长趋势（Vietnamese Business News，2010），意味着中国—东盟贸易在西方国家艰难应对经济危机时仍然能保持持续增长的劲头。这也反映出中国—东盟的合作主要在经济领域，东南亚国家提供原料和进行低端加工，中国提供较为高端的产品（HKTDC，2010）。当然并非所有的东南亚国家和中国之间的贸易往来都是如此。例如新加坡就向中国出售高科技产品，菲律宾为中国输送大量外籍佣工。

1997 年金融危机为中国和东南亚经济体之间关系的发展提供了契机，也揭示出双边经济关系的互补本质及经济领域是双边关系中争议最少，最适合共同推行政策的领域。大湄公河次区域合作（GMS）这项早期倡议于 1995 年启动，已经部分地显示出中国与东南亚国家经济关系的互补性。

---

① 分别参见 ASEAN，2007c，2007d，2007e。

中国云南省和五个东南亚陆地国家与亚洲开发银行（ADB）和联合国开发计划署（UNDP）合作，在运输、能源、电信、环境、人力资源发展、贸易投资和旅游七个领域共同推进。① 虽然并未设立 GMS 秘书处，但是几个参与国多次举办部长峰会、进行高官会晤以及举办相关论坛都说明彼此之间政策合作程度之高。因此，GMS 成员国之间的一体化昭示着更广范围内中国—东盟国家关系的发展。

正如哈拉亚提（Harayati，2001）所注意到的，次区域合作通过鼓励小规模的跨国合作而为更广范围内的区域整合奠定了坚实基础。就各方面来说，这些合作项目所面临的挑战折射出更大范围的双边问题。第一，由于社会、经济和政治上的差距较大，不同国家之间的收益分配可能是不公平的；第二，国家必须对项目目标做长期保证（Tan，et al.，1995：238）。这就意味着参与国必须自愿接受对本国资源分配的限制，而这恰恰是国家主权最重要的一项内容。此外，GMS 的活动还严重依赖私营公司投资。政府有责任为投资者提供准确的信息并保证其透明度。在一些案例中，本地区国家的政府不习惯为企业提供及时的经济和金融数据，甚至认为这些信息是机密。这些信息通常被所在国政府视为敏感信息，提供信息意味着国家主权受到侵犯。GMS 的附加价值还包括鼓励政府之间交换管理实践经验并采用新的治理政策。例如，鼓励各国在海关程序的协调和标准化问题上做出调整，从而有助于次区域贸易和投资。②

自 1997 年始，中国和东盟开始积极推动多边和双边协议的签订。在经济危机的影响刚刚减弱后，双方都开始考虑加深经济关系和探寻防止未来遭遇经济危机冲击的途径。于 2000 年签署的多边清迈倡议（CMI）和双边的中国—东盟自由贸易协定（CAFTA）有助于塑造本地区的"后危机时代经济蓝图"，并将中国—东盟关系置于未来经济秩序的核心位置。

清迈倡议及其发展

清迈倡议诞生于 1997 年金融危机后，由亚洲各国为共同预防未来金融危机而提出。最初，这一倡议与建立亚洲货币基金（AMF）的想法相

---

① 详情参见 GMS 网站，www.adb.org/gms。

② 参见 http://www.adb.org/GMS/gmsproc.asp。

关联，但由于 AMF 颇受争议，在清迈倡议不断引起各国的关注后，有关
AMF 的计划就停止了。值得注意的是，最初有关建立 AMF 的提议某种程
度上便需要货币互换协定的支持。尽管对于在亚洲塑造何种经济秩序还未
有定论，以上的这些设想都可被看作建设亚洲经济秩序的基石。正如时任
马来西亚财政部长的穆斯塔帕·穆罕默德（Mustapa Mohamed）所说：
"亚洲经济秩序正在形成，但是走向何方却很难探知。"（Cheeseman，
2000：14）中国也是 AMF 计划的最大反对者，因其对金融主权问题的忧
虑，及如其他东南亚国家一样对日本经济权力扩张心存戒备。如崔亨圭所
云，"中国不会支持这项提议，因为中国担心日本在亚洲区域影响力的上
升，中国认为 AMF 提议是日本试图获取区域领导权，并建立日元的霸权
地位，北京不希望看到这种情况出现"（Chey，2009：459）。

2000 年 5 月，"东盟 + 3"财政部长同意扩展东盟内部原有的五个经
济较发达国家之间的货币互换安排，① 并签署"清迈倡议"建立一个在东
盟国家和中、日、韩之间逐步实现的双边货币互换网络（ASEAN，
2000）。清迈倡议建立在 1977 年东盟货币互换安排（ASA）以及已经开始
执行的作为日本"新宫泽构想"之一的货币互换协议的基础上（Ngiam，
2003）。清迈倡议的重要性还在于它特别地加强了中国与东盟国家之间的
信心建设，这一影响不容低估。"最重要的是，清迈倡议是唯一被提出并
被实现的后经济危机时代的区域金融协定。"（Hiwatari，2003：350）

作为更广范围内后危机时代的东亚成就，清迈倡议旨在：（1）扩大
和加深双边货币互换协议为今后可能发生的危机提供稳定的资金来源；
（2）共享资金流动信息；（3）建立区域金融机制来弥补现存机制的缺
陷；（4）设置观测和预警系统来应对区域经济的不稳定（Rana，
2002）。清迈倡议获得了中国的大力支持，这一支持远胜于其对 AMF 的
支持力度。虽然是双边互换机制，但清迈倡议事实上将多边因素加入区
域金融权力结构中，使得中国在这一进程中获得了更大的政策空间，并
冲淡了日本的影响力。

作为清迈倡议的一部分，ASA 在 2000 年从 2 亿美元扩充到 10 亿美
元，在 2005 年更进一步倍增到 20 亿美元。然而，清迈倡议主要依靠日

① 货币互换安排（协议）是指一些国家同意互相购买彼此的货币来减弱货币投机和特定
货币价值突然贬损带来的风险所签订的协议。

本、中国和韩国的支持。到 2002 年，资金池总额达到 200 亿美元，2003 年增长到 335 亿美元（Park and Wang，2003：93）。截止到 2009 年，清迈倡议下双边互换协议（BSAs）的储备基金达到 900 亿美元，这还不包括在 ASA 下的 20 亿美元（见图 11—1）。然而区域国家正在逐渐适应双边互换协议的同时，区域各国财长却开始考虑在其他方面发展清迈倡议了。

在 2004 年 4 月，东盟财长宣布推行一个升级版的计划，该计划的货币互换协议将更加接近亚洲货币基金（AMF）的概念。在该协议下，区域内的国家将共建一个价值 1000 亿美元的基金，可供区域内任何一个国家面对资金流动性危机时救急。日本作为这个新协议的提议国，贡献 40％的资金，剩下的由韩国、中国、泰国、马来西亚、菲律宾、印度尼西亚和新加坡来承担。作为一个初步的计划，该协议是清迈倡议和亚洲货币基金的折中，无论对中国还是对其他区域外国家如美国来说，都更容易接受。新协议巩固了区域金融结构，但是在当时却受到清迈倡议的老成员国在主权、国家建设和安全要求上的限制，这些都影响了区域经济体制预防未来金融危机的能力（Narine，2002a：187）。

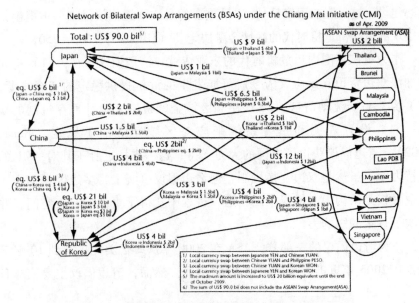

图 11—1　清迈协议下的双边互换协议网络（2009 年 4 月）

资料来源：日本财政部，参见 http：//www. mof. go. jp/english/if/CMI_ 0904. pdf。

尽管如此，"东盟＋3"各国财长受命共同探讨清迈倡议（CMI），使其更加机制化。在2006年财长会议上，他们试图建立一个新的特别工作小组进一步研究建立更高级别的区域资金流动性支持框架协议（CMIM，即清迈多边协议或后清迈倡议）的可行性办法（ASEAN，2006a）。此后三年，清迈倡议多边化机制框架逐步成形。在全球金融危机背景下，2009年"东盟＋3"财长会议宣布启动CMIM，并在2010年3月建成额度达到1200亿美元的资金池（Bank of Japan，2010）。

CMIM进程的一个重要成果体现在中国和日本所作出的贡献上。日本是清迈倡议前两个阶段的主要资金来源，而至2009年中国由于经济实力的腾飞而获得在区域经济事务合作上与日本平起平坐的地位。中日都承诺为CMIM资金池贡献38.4%的资金（参见表11—2）。如拉瑟斯所观察到的：

> 亚洲地区正呈现中国崛起和日本全面衰弱的趋势。对比其他中国早期加入的区域机制如亚洲开发银行，中国的分量（可能主要是正式投票权重）与日本相比，已经逐渐从不足一半增长到平分秋色。（Rathus，2009）

表11—2　　　　　　　CMIM各国的出资额和各自的借款乘数

国家	出资（亿美元）		借款乘数
文莱	0.3		5
柬埔寨	1.2		5
中国	384	中国（不包括香港）342	0.5
		中国香港 42	2.5*
印度尼西亚	47.7		2.5
日本	384		0.5
韩国	192		1
老挝	0.3		5
马来西亚	47.7		2.5
缅甸	0.6		5
菲律宾	36.8		2.5

续表

国家	出资（亿美元）	借款乘数
新加坡	47.7	2.5
泰国	47.7	2.5
越南	10.0	5

资料来源：东盟（ASEAN，2009b）。

清迈多边协议（CMIM）第二个重要成果是决定成立 CMIM 秘书处以实现独立的监察。清迈倡议（CMI）的双边性质意味着单个国家可以监督和决定释放所需求资金的额度。的确，日本早期提出的 CMI 监督机制被中国反对，因为中国担心其主权受到侵犯。而在 CMIM 中，中国改变其立场，开始支持建立这样一个机制，这不仅显示出中国对区域经济进程的信心，也表示其有意愿更深入地参与到先前被认为侵犯其主权的领域中。不同于其他区域协调机构，"东盟＋3"宏观经济研究办公室（AMRO）将在新加坡，而非雅加达成立。2012 年初，该办公室正式启动（Chalong-phob，2010）。

"中国对东亚金融合作投入越来越多的支持源于中国可望实现区域领导权的对外政策目标，当前相较于限制日本在东亚的角色，中国优先考虑的是削弱美国的影响力。"（Chey，2009：459）这也可以被视为中国相信其在区域事务中正取代日本，而其最终需要关注的是全球的竞争者而绝非仅仅是区域的竞争者。"中国在区域金融合作上观念的改变部分是由于其早期参与到如东盟地区论坛等区域多边协议所获得的积极经验。"（Chey，2009：462）

除了如 CMI 和 CMIM 等多边论坛，中国也同样已经意识到参与其他双边合作的益处，如中国—东盟更紧密经济合作协定和随后的中国—东盟自由贸易协定。这两个协定的签订是建立在 CMI 和 CMIM 发展（也包括中国加入 WTO 和其他"东盟＋1"和"东盟＋3"活动）中所获得的知识和能力的基础上的，它们共同形成中国与东南亚国家经济关系的核心。

中国—东盟经济合作

中国和东盟之间的经济关系存在已久，但始终缺乏焦点，而这个焦点须既能在双方关系中使直接利益最大化，又能为未来双边经济活动奠定基础。中国和东盟双边的紧密关系始自 20 世纪 90 年代，1994 年成立中国—东盟经济贸易合作联合委员会（CAJCETC）（Ministry of Foreign Affairs，2002）。尽管 CAJCETC 的成立旨在探讨地区经济、国际经济及有关双边贸易关系的问题，但是很久也难召开一次会议，因而难以促进双方经济关系的进一步发展。在 2000 年中国—东盟（10＋1）峰会上，中国总理朱镕基建议中国和十个东盟国家在 CAJCETC 框架下成立"中国—东盟经济合作专家组来发展更紧密的经济合作关系，就中国与东盟之间如何加强经济关系，促进贸易和投资以及其他共同问题进行研究"（Zhu，2000）。① 尽管这一提议令东盟国家（包括日本和韩国）感到些许突然，但双方都同意成立专家组来探讨合作之道。

专家组的报告在接下来于文莱举行的中国—东盟（10＋1）峰会上提交。不出意料，专家组赞成建立更紧密的经济合作协议（CECA）作为发展双边自由贸易协定的第一步。该报告指出，"东盟和中国严重依赖美国市场是地区不稳定的根源。通过自由贸易协定来推动中国—东盟区域内市场发展是促进地区自力更生和稳定的手段"（ASEAN – China Expert Group on Economic Cooperation，2001）。根据专家组的报告，中国宣称单方面去除东盟国家产品的关税作为早期收获计划（EHP）的一部分（ASEAN，2001）。该决定尤其使四个不发达的东南亚经济体，即柬埔寨、老挝、缅甸和越南受益并惠及东盟的发达成员国家。印尼和菲律宾起初拒绝加入EHP，因为担心中国商品会最终影响它们的国内市场。虽然菲律宾是最后一个签署 EHP 的国家，但是印度尼西亚自加入起就表明它希望与中国就关税问题重新进行谈判以获得更多的时间来减缓廉价的中国商品对本国市场带来的冲击。

专家组的报告促使中国与东盟 2002 年在金边峰会上签署了《中华人民共和国与东南亚国家联盟全面经济合作框架协议》。该框架协议也开始着手优先发展以下领域来推动经济合作进程：农业、信息通信技术、人力资源开发、投资和湄公河流域发展。除了这五个领域以外，框架协议还囊括了一系列经济发展的其他领域，包括"银行业、金融业、旅游业、产

---

① 有学者建议"中央政府在 2000 年提出 CAFTA 的决定是由国内地方政府领导人大力推动的，主要是广西、云南、重庆和四川等"。如果准确的话，这一点与本章开篇介绍过中国—东盟经济关系发展可以追溯到 20 世纪 70—90 年代早期中国次地区开放的政策（参见 Knowledge Wharton，2010）。

业合作、交通、电信、知识产权、中小企业（SMEs），环境、生物技术、渔业、林业和林业产品、矿业、能源和次区域发展"（ASEAN，2002a）。换言之，随着基本合作协议的达成，其他经济、贸易和投资活动等重要领域的合作也都在框架协议原则下展开。

CECA 框架协议签署之后在 2004 年制定了争端解决机制。对早期协议的解读常基于多方共同的理解，与此不同的是，本框架协议由随后的一个相关的协议来建立争端解决的机制。当争端在国与国之间出现时，通过该协议，可指定仲裁审理委员会来解决争端。与早期协议模式最不同的两个关键点包括通过成立仲裁委员会解决争端，以及 WTO 秘书长或者他们的代表可以成为仲裁者。这些都意味着区域经济治理的发展迈出重要一步，双方都将遵守超国家机制的约束。为此需要部分地让渡主权来获取更大的经济利益。尽管争端解决机制的重要性只有在问题出现时才能被充分知晓，但是它和框架协议共同表明即使双方公开支持国家主权和不干涉的规则，也会调整这些规则来适应新的区域机制构建目标。

以 CECA 为基础，2007 年中国和东盟又签署了服务贸易双边协议，旨在达成覆盖商品贸易的协议和开放更成熟的产业以进行经济合作（ASEAN，2007b）。两年后，双方签订中国—东盟投资协议。除此以外，中国也宣称将建立一个"100 亿美元的中国—东盟投资合作基金来资助中国及东盟在基础设施、能源和资源、信息交流技术和其他领域的主要的投资合作项目"（ASEAN，2009a）。

在 2010 年 1 月，中国—东盟自由贸易协定正式启动。覆盖 19 亿人口，GDP 总量达到 6 万亿美元，CAFTA 是该协定下最大的市场。该协议出台的时机颇受怀疑，因为恰逢世界最大的经济体尚未完全从全球金融危机中复苏。2010 年的前 9 个月，中国和东盟的贸易增至 2110 亿美元，与 2009 年同期相比增长 44%。2010 年上半年，双边累计投资额达到 694 亿美元，同样呈现增长趋势（Xinhua，2010a，2010b）。对中国而言，东盟只是继欧盟、美国和日本之后的第四大贸易伙伴，但中国作为东盟最大的贸易伙伴的地位得以稳固，中国对东盟经济的重要性增加。在朱镕基提议和 CAFTA 提出这段时间里，"东盟国家的经济获益增加至 16. 24 亿美元，而中国的经济获益接近 5. 17 亿美元"（Qiu et al.，2007：89）①。

---

① 本书将原文句子时态修改为过去时。

伴随着中国—东盟各项合作的进行，双边经济关系已具备加深经济、贸易和投资关系发展的基础。过去十年双边关系在这三个领域的快速发展证明了中国—东盟关系的价值，以及双方为此做出的努力。在 2010 年河内峰会上，中国宣布有意加大与东盟经济关系的发展力度，尤其是将推动双边贸易增长到 5000 亿美元，中国对东盟新增直接投资达到 100 亿美元（ASEAN，2010a）。正如东盟前秘书长所言，中国—东盟关系是其他地区一体化动议产生的核心，双方在多个领域的发展有可能成为在更广范围内实现东亚经济一体化的基础。

除了紧密合作带来的经济利益外，双方的关系紧随贸易变化，或者至少是极大地受贸易影响。正如瓦提裘提斯和海贝德所观察到的，"中国的方式是微妙的，运用经济外交建立一种良性多边框架来形成和东盟间的自由贸易协议，这也有助于实践中国提倡的以'综合安全、合作安全、共同安全'为特征的新安全概念"。这表明中国正在运用其经济关系形成一个紧密的以北京为中心的经济安全共同体（Vatikiotis and Hiebert，2003：31）。考虑到东盟是地区一体化的中心，这一共同体也将日本和韩国囊括进中国主导的规范轨道（Vatikiotis and Hiebert，2003：33）。正如国家情报委员会（National Intelligence Council，2004）所指出的，亚洲是全球的未来，中国和东南亚国家的经济关系超越了贸易和投资，也超越了东亚地区，而向更广阔的战略领域发展。

存在的问题

谁来领导？

中国—东南亚国家的经济关系与安全关系面临的共同问题是地区领导权问题。在其他地区，一体化的动力是由该地区最大的经济体主导的。而东亚进程中的一个有趣又奇特的地方是地区内较小的经济体在推动政策的发展。所以，东亚地区面临的一个重要挑战是继续由较小国家主导还是将控制权交到一个大国手中。马特里（Mattli，1999：73 – 77）认为承认"领导国"的存在通常假设单一国家能够产生地区主义动机，而领导国家的联合可以为一体化的成功提供必需的领导力（Webber，2001：345）。在东亚的案例中有关"领导国家"概念存在两重含义。第一，东盟没有领导国。印度尼西亚缺乏资源来推动地区主义进程。新加坡拥有资源但是国家规模太小，且与其他邻国的关系存在问题。在所有东盟国家中，唯有泰国拥有潜力获得领导的角色，但是它目前只是一个中型的东盟国家，而且正在经受政治动荡，似乎很难在短期内解决其国内问题。

第二，所有的东盟国家与中、日、韩三国相比，都不足以担当领导国角色。随着东盟与中、日、韩三国合作和一体化的拓展，有关领导权争议的范畴也在扩展。问题就变成这三个国家中哪一个应该担任领导国。尽管日本的经济低潮仍在继续，但是它对区域发展做出了很大贡献。然而，日本进行任何公开的领导权竞争都将引发亚洲各国对其在"二战"期间行径的憎恨情绪，这是日本成为地区领导国的桎梏。韩国与中日相比，在国家规模和资源上都不足以推动地区一体化进程。它对地区发展的贡献体现在一些特定的领域，如东亚展望小组。

中国就其经济规模和人口规模来讲都是本地区最大的国家，也是所有东亚国家最大的贸易伙伴。双方的关系给东南亚国家带来了额外的经济和社会繁荣，鼓励着双边关系在其他领域的深化发展。如果突出贸易的影响，那么中国已具备领导地区的良好条件，而事实上也已经如此实践。正如前东盟秘书长王景荣指出的，由于中国与十个东盟国家在经济和金融事务以及许多其他领域（如农业和青年事务①）中的迅速接触，东南亚国家之间在过去不确定和有分歧的议题上能够产生共同的立场。实际上，这意味着当随后日本和韩国开始与东盟就经济和金融协议进行谈判时，东盟的立场已经形成，这个立场是与中国的需求相对应的。因此，东南亚国家要改变立场，便需要十个成员国及中国的一致同意。由此可以得出结论，亚洲地区秩序正在形成，中国—东盟是轴心，而日本—东盟和韩国—东盟只能处于从属地位。

由于出现这么多问题，目前在东亚地区实施马特里所提出的领导模式尚不可行。韦伯则建议"多国联合领导可能是成功实现一体化的必要条件"（Webber，2001：345）。因为亚洲地区始终缺乏一个领导国来推动地区一体化，所以有关国家集体领导将极有可能成为东亚地区一体化的前景。这里我们可以看出"东盟＋中国"关系的重要性。东盟未来最重要的挑战是能否继续在地区经济和其他事务上做可以信赖的推动者，保有其在政策制定中的中心地位。如果中国经济力量开始转化为政治和战略影响

---

① 对双边关系的良好总结参见 ASEAN，2005b。

力——而东盟由于对中国市场的依赖而无力反对——那么中国可能成为地区领导国，但是考虑到中国和日韩的冲突，外部又有美国，是否会出现这一结果尚不清楚。

迈向新的地区（经济）结构

设立超国家行为准则是削弱他国对一个更强大中国的政治和战略担忧的可能方式。因此，作为 CMIM 一部分的独立监督部门和为 2002 年框架协议附加的争端解决机制（DSM），都是发展中国—东盟经济秩序和亚洲地区秩序的重要安排，有助于为各方降低风险和增加透明度。在 AMRO 的案例中，各参与国首次同意将各自的政策和行动置于独立的地区监察中。2004 年建立争端解决机制是唯一一次中国同意受到外部监督。以上两例明显体现出一个新的变化，即由以东盟方式为特征弱法律环境及中国坚持的不干涉原则向强法律环境转变。因此，限制本地区一体化发展的主权原则开始受到侵蚀，对不干涉原则也开始采取更具弹性的定义。如上文所指出的，即使地区 DSM 尚未得到验证，但是它作为地区政策蓝图的一部分出现已在鼓励各国更加紧密地合作并采取通过谈判达成一致的方式，进而将降低法律程序的不确定性。目前，这种主权原则的弱化仍然限于经济领域，但经济领域也是推动双边和地区一体化的领域。如果这个进程（从最少受争议的领域开始建立信心并推广到其他领域的合作）能够坚持，那么在未来向强法律原则的转变也可以在其他领域推开。

结　论

邓小平曾经提出，中国应该"不当头"和成为一个"韬光养晦"的领导者。然而涉及经济领域，中国正在成为领军者并展示出其实力。这一变化的基石是中国和东盟的经济关系。这不是新近的发展，在过去二十年里，中国—东盟关系成为对中国、对东盟乃至更广区域内的重要关系。

清迈倡议的成功启动以及随后的 CMIM 强调了地区经济秩序的变迁。日本曾经具有独一无二的经济领导地位，而中国现在已经与其比肩。从长远看，没有逆转的可能。的确，2010 年中国已经取代日本成为世界第二大经济体，因此可以下结论说中国目前代替日本成为亚洲地区的领导者。而领导权变更的原因部分是因为中国—东盟自由贸易区的成功实现，给中国、东盟双方带来了不可估量的经济、贸易和投资实惠。作为一个模板，CAFTA 也要求日韩改变和东盟的合作方式，从而塑造了东亚的地区秩序。

除了益处以外，领导权变迁还带给区域其他影响。本地区或可能走向一个由中国主导，并且中国可以用经济影响力来应对政治或者战略挑战的地区秩序，或走向一个更加整合的地区，清晰有约束性的规则为所有的参与国所接受。现在中国仍然有意鼓励在地区倡议中推广硬法律原则，这也有利于东盟试图以此平衡中国和其他区内外国家。无论如何，没有迹象表明中国—东盟经济关系将会变淡。如此中国—东盟关系作为中国参与地区经济合作的成功案例，将意味着中国有强烈意愿继续发展和东南亚经济体之间的关系——寻求新的贸易投资机会，深化中国—东盟伙伴关系的其他领域，形成新的东亚经济秩序。

第三篇

政治议题

第十二章　亚洲、东盟和主权问题

——亚太地区的"不干涉"政策

肖恩·那瑞（Shaun Narine）著　　刘静译

自从"二战"结束后，发展中国家一直小心翼翼地维护着本国的主权。冷战结束后，对国家主权的界定和理解已经成为国际社会争论的主题。联合国和西方国家开始推动对主权重新解释，认为主权需要和国家的合法性以及对人民的责任感联系在一起。国际社会倡议对主权的界定建立在国际社会有权参与人道主义干预的条件下。此外，经济、政治和环境的全球化使许多观察家认为主权国家需要将其权力和资源联合起来，从而在全球化世界生存下去。

本章探讨的是在全球化压力和影响下，亚洲国家对国家主权的看法是如何变化的。因为大多数亚洲国家仍然强烈坚持传统的、威斯特伐利亚认知下的国家主权。例如东北亚的中国、日本、韩国和朝鲜都坚决表示不会重新考虑对主权的看法。因此，本章主要探讨的是主权问题争论较热的东南亚国家，尤其是在东南亚国家联盟（ASEAN）不断发展的背景下，其主权认知的问题。

东盟自1967年就开始保护成员国的主权并坚持不干涉成员国内政。东盟对主权的态度与殖民时代这一地区与西方及日本之间不愉快的交往经历相关。同时，对于主权和不干涉政策的坚持也反映出这些国家在过去的交往中，由于干涉彼此内政而产生的矛盾，它们意识到只有互相合作才能维护千辛万苦建立起来的国家。

在很长的一段历史时期中，东盟都强烈坚持主权独立和不干涉政策，当然也有例外。冷战结束后，东盟对国家主权的立场开始面临来自东盟内外的压力。这种压力在1997—1999年亚洲金融危机期间骤增。东盟没有能力处理危机，在许多其他重要的地区问题上也束手无策，致使许多东盟观察家认为该组织需要重新考虑其一直坚持的不干涉政策。他们认为欲在全球化时代建立一个更高效的东盟，需要使该组织在有损地区利益的问题上，能够直接参与成员国内部事务的处理。

从表面上看，东盟领导人对这些批评颇为上心。东盟试图建立东盟共同体和制定东盟宪章，表明该组织就主权的限度和不干涉原则的价值进行了认真的讨论。东盟宪章呼吁成员国推动民主并尊重人权。根据宪章，东盟还建立了东盟人权机构，不过该机构因缺乏有效惩罚的权威和能力而饱受批评。

那么究竟东盟对主权的看法有多少改变？主权原则和不干涉政策对东盟而言是否比1967年刚成立时期的作用减少了呢？东盟是否正在重新界定"主权"概念及其价值？东盟放松对主权原则的承诺这一努力能否成功？本章认为东盟将坚持在21世纪对主权和不干涉政策的承诺，其程度不亚于机构成立之初。大量论据可以支持这一观点。

首先，尽管近期的环境发生了变化，但是东盟成立之初的许多情况至今未变。大多数东盟国家仍然不是民主政治，且仅有的民主规范也效力微弱。东盟国家仍是相对脆弱的政治实体。

其次，西方国家对东盟国家主权改革问题施加的压力在减小，主要有两个原因：一是由于持续进行的反恐战争，主要西方国家，特别是美国已经失去了谴责他国人权问题的道德制高点；二是亚洲快速崛起为世界新的权力中心，而西方正遭遇权力相对衰落。

大多数亚洲国家支持传统的威斯特伐利亚体系对国家主权的理解。西方，特别是美国努力在亚洲保持存在感表明美国必须更多地适应亚洲国家。近来美国决定对缅甸实施更多的"胡萝卜政策"而非"大棒政策"就意味着西方已经逐渐意识到权力的转移，并在预先做出应对了。

一个相关论证是东盟在亚太地区建设中的显赫地位可直接归功于其沟通东北亚地区强国的能力。这一能力与东盟的规则和实践相关，其中最主要的是支持威斯特伐利亚体系。如果东盟在这一重要问题上想要彻底改变自身的定位，那么东亚的地区强国，尤其是中国，不太可能继续支持东盟所扮演的地区角色。

最后一个论据回应了这样一个问题，即东盟在对待主权的方式上已经落后于其他发展中的世界组织了。过去二十年间，美洲国家组织（OAS）、非洲联盟（AU）和西非国家经济共同体（ECOWAS）已经同意干预成员国，支持民主和人权。然而东南亚国家并未接受这种方式。此外，其他地区组织对传统主权的背离，其实际效果并不理想。

最终，东盟继续坚持主权独立和不干涉原则的理由远强于改变政策的压力。东盟放弃不干涉原则的风险是非常巨大的。如果要改变基本政策，只有在东盟国家经历灾难性危机而不得不在组织内部让渡主权时，或者当大多数东盟国家变成自由民主政体时才有可能发生。但是民主也绝不是万能的，而且可能会为东盟国家之间的合作添加新的障碍。为了应对西方压力，针对主权问题进行小的变动是可能的。但是在可预见的未来，亚洲将仍然坚持保护传统国家主权。

主权原则对亚洲和东盟治理的重要性

主权是一个复杂和颇具争议性的概念，同时它也在不断变化中。罗伯特·杰克逊强调主权是一国政府统治政治共同体的权力，以及国际社会对这种权威的认同。杰克逊将"权威"和"自治"区分开来，指出一个国家可能为了主权而放弃自治权。虽然如此，对于发展中世界而言，自主权和主权是相辅相生的（Narine，2004）。东南亚国家愿意倾尽全力来维护国家的稳定，甚至不惜在自主权上做出妥协。

在重点探讨东盟主权角色的演进前，首先需要思考一下它在亚太地区其他国家中的作用。中国一直认为，威斯特伐利亚体系下主权是现代国家体制的核心。它不仅捍卫本国主权，也尊重他国主权，这是中国外交的主要原则。无疑朝鲜也坚持威斯特伐利亚体系对主权的解释。日韩在主权问题上也实难妥协。

自1997年以来，中国一直是地区机制发展的推动者。然而，它支持主权国家之间为地区机制建设合作，但是这种合作并不意味着向跨国官僚机构让渡主权或者接受其法律条款的干涉。在此基础上，中国接受东盟界定和倡导的亚洲多边主义模式。

中国和日本之间持续的地区领导权争夺阻碍了一个连续、高效的地区组织的形成。这意味着亚太地区的地区主义要以东盟为核心。在中国的支持下，东盟强化了其在东盟地区论坛（ARF）中的地位，并成为新机制如"东盟+3"、东亚峰会（EAS）和东亚共同体（EAC）的基石。因为东盟是由小国成立的，所以它现在恰好成为一个沟通地区大国之间关系的桥梁。来自东北亚的压力迫使它对待主权的方式偏重于维持现状（Narine，2010）。

东盟的全部历史都在强力支持主权独立和不干涉原则。1967 年东盟成立时，发生在印度尼西亚、马来西亚和新加坡之间的"对抗运动"刚刚结束。"对抗运动"是印度尼西亚总统苏加诺发起的，旨在煽动新、马国内的动荡，他认为两国是殖民政策的产物。东南亚国家都非常认同国家建立的必要性。东南亚国家，除了泰国以外，都曾经被欧洲强权或者美国，以及"二战"期间的日本殖民过。相似的历史经历使得东南亚国家，像其他地区后殖民时代的国家一样，对待主权问题极为敏感。这些国家建立的进程是由国家精英主导，试图在种族、文化、语言、宗教上悬殊，在地域上分散的国家中建立有效的政治实体。而对待主权方式的地区一体化进程是随着国家建设这一更为基础性进程的发展而变化的。

东盟重要的文件和倡议都强调对主权的关切，实际上展示了它们对国家建设的关切。1967 年的曼谷宣言强调东南亚国家"决定确保这些国家的稳定和安全，抵制一切形式的外来干预或示威"，但它也允许外国军事基地继续——"暂时"——地在东南亚地区存在。这一明显的矛盾反映出大部分东盟国家因西方势力存在而感到更加安全。李琼斯认为，冷战期间出现了许多东盟国家干涉其他东盟国家或者东南亚国家内政的事例。她认为这恰恰证明了不干涉的原则在东盟组织内部从来未被完全执行。

这些实际的观察所得出的结论促使东盟专家在解释"不干涉"时必须就事论事。虽然如此，这些论据并不能否认东盟将尊重主权作为其核心价值。正如琼斯指出的，东盟的建立旨在进一步实现各成员国统治精英的目标。那些精英愿意合作镇压各自国内的反对派。这就意味着大多数东盟内部的干预是经过所在国政府明确同意的。在此意义上，接受干预也是维护主权，因为是经所在国同意而跨越本国边境线的。这些反对地区暴动的合作进一步证明了东南亚国家巩固国家主权的意愿。

随着冷战的结束，东盟的不干涉原则面临着挑战。首先，东盟发现其作为亚太地区的首要地区机制的地位正受到其他地区组织的挑战。在越南入侵柬埔寨期间，东盟因反对越南的入侵而获得了很高的国际威望。东盟希望继续维持其影响力，但是想要达到这个目标，需要被国际社会认可为一个更联合、高效的组织。随着冷战的结束，东盟不断扩大活动范围。东盟地区论坛就是为应对外界压力而建立的地区安全组织。东盟确保自身在亚太经合组织（APEC）中扮演重要角色，但同时东盟也反对将西方施压的民主改革和人权问题提上议程（Engle，2000；Chong，2004）。

　　1997 年的亚洲金融危机对东盟的国际地位产生了灾难性打击。这场危机始发于泰国，迅速蔓延到东南亚其他国家和地区。到 1999 年危机结束前为止，东盟暴露出其完全缺乏管控地区经济巨变的能力。对研究东盟的学者而言这并不奇怪。因为东盟缺乏资源和机制结构来管控这场危机。（Narine，2002b）。每一个亚洲机制——特别是东盟和亚太经合组织——在面对最严重的经济危机时都无能为力，这粉碎了世界其他地区对这些机制一致性和有效性的幻想，尤其是西方国家。西方国家在亚洲的投资推动了亚洲经济发展走向高峰。在此次危机中亚洲机制却给人留下负面印象，并随着事态的不断严重而进一步恶化。东盟在 1997 年决定接纳缅甸为成员国引发了西方盟国的极大惊恐（Manea，2008）。在 1997 年 7 月 23 日接纳缅甸时，经济危机才刚刚开始。东盟对自身的重要性自信满满——东南亚也仍然被外界视为安全的投资点。到了 1999 年，情况开始发生变化，东盟国家应付其西方盟友的能力受到了严重损害。缅甸成为东盟和西方关系中的主要问题（Emmerson，2008；McCarthy，2008）。

　　在同一时期，印度尼西亚森林大火产生大量浓烟污染了整个地区的环境。但是东盟无力解决这一环境灾难，因为其成员国都不愿干涉这个东盟最大的成员国的内政。柬埔寨因 1997—1999 年的政治动荡而被延迟加入东盟。柬埔寨拒绝了东盟试图调节其内部事务的努力，认为东盟违背了不干涉国家内政的原则。最具重要意义的也许是 1999 年印度尼西亚支持的民兵团和印度尼西亚军队因反对东帝汶公投支持国家独立而对其平民实施惩罚性打击。这一人道主义灾难引发了国际社会的愤怒并最终导致联合国维和部队的干预（Simon，2010b）。

　　东盟不可能直接处理东帝汶问题，部分原因是对不干涉的承诺阻碍了有效行动。在这之后，为了阻止澳大利亚主导的干预行为，印度尼西亚要求东盟来主导东帝汶维和行动，东盟无法应允。成员国对这一行动没有任何准备，这可能导致东盟成员国士兵与印度尼西亚军队一同卷入战火当中。颇具讽刺意味的是，许多东南亚国家参与了联合国维和行动，它们宁愿参与联合国维和行动也不愿意以东盟成员国身份实施干预。至此，印度尼西亚完全接受了联合国干预，而东盟各国也没有违背其对主权的承诺。无论如何，事实证明东盟不能在处理地区重大安全问题上担任领导角色。

东盟地区论坛，地区首个安全对话论坛，也同样无效。

这些陆续的失败使东盟在国际舞台上极度尴尬，也降低了东盟在国际社会中的地位。东盟必须重新证明自身的重要价值。亚洲金融危机已经证实在一个经济全球化时代，没有一个国家可以不受邻国经济危机的影响。东帝汶的问题，印度尼西亚大火事件都已表明地区环境和政治的相互依赖性。对许多观察家而言，东盟所面临问题的关键在于其对主权和不干涉的承诺（Dosch，2008；Tacconi，Jotzo and Grafton，2008）。

压力来自于世界上一些地区组织采取了措施对国家主权进行限制。非洲的西非国家经济共同体（ECOWAS）对成员国采取了一系列军事干预行动来维护地区稳定（Choong，2010）。2002年，非盟（AU）正式替代非洲统一组织（OAU）；其宪章承诺新的AU将推进非洲的民主和人权，并在必要的情况下实施人道主义干预手段（Powell and Tieku，2006）。在拉丁美洲，美洲国家组织（OAS）采纳了一项政策，要求成员国为民主国家，并通过有效的方式来惩罚和撤销那些通过军事政变而建立的政府的合法地位（Kuhonta，2006）。对比这些组织，东盟似乎坚持着一种不合时宜的主权观。

20世纪90年代末迄今，东盟提出了一系列倡议，发布了不同的声明旨在加强其日趋衰落的地位。这些倡议、声明和行动有《东盟展望2020》(1997)、旨在促进东盟自由贸易区（AFTA）建设的《河内行动计划》(1998)、东盟投资区（AIA）的建立和东盟秘书处的改革和扩张。这些措施都是向世界展示东盟正在变成一个更加联合、一致、高效的地区组织。同时，当东盟试图重新考虑不干涉内政原则时立刻遇到了很大的阻力。1998年泰国政府提出"灵活接触"的概念，认为当某成员国的国内行为产生跨国界影响时，东盟应对其行动进行讨论。这个概念被除了菲律宾以外的所有东盟国家拒绝。大多数东盟国家认为允许成员国彼此指责将引发东南亚国家间的内部冲突，而东盟的建立正是为了避免这些冲突。东盟国家同意接受"增进互动"，若能产生地区效应的话，允许成员国批评邻国的内部政策，但是东盟组织是不可以的。这个想法容易造成混乱，并且很快就被放弃了（Narine，2008）。东盟最新的成员国——越南、柬埔寨、老挝和缅甸——已经加入该组织并且认同不干涉内政原则为组织的主要原则。没有一个新成员国愿意改变现有条约（Emmers，2005）。同时，在缅甸不断发生的人权侵犯和政治压迫事件遭到了一些东盟国家的谴责（Bellamy and Davies，2009）。尽管这些谴责没有什么效果，但出现这种情况反映出东盟内部规范设置的冲突。

2003 年，东盟发布了《东盟第二协约宣言》，为"东盟共同体"奠定了基础，东盟共同体包括三大支柱：东盟经济共同体、东盟安全共同体（现在是"政治—安全共同体"）和东盟社会文化共同体。在 2005 年第 11届东盟峰会上，东盟领导人签署了关于制定东盟宪章的《吉隆坡宣言》。东盟领导人将宪章草案拟定交给东盟名人小组（EPG），EPG 在 2007 年 1月举行的第 12 届菲律宾东盟峰会上提交了报告。EPG 呼求宪章能够积极推进民主价值观，拒绝政府违宪和非民主的改变，使国际法制度化。建议东盟建立一个正式的争端解决机制，在特定领域采纳绝大多数投票决策而非一致通过，建立一个监督机制来确保成员国服从宪章。EPG 还提出制裁违背东盟核心原则的成员国。东盟领导人接受了 EPG 的报告，但是这些建议随着政治进程的发展而大打折扣。最终呈现出的就是在 2007 年 11月新加坡的第 13 届东盟峰会上的东盟宪章。最终的文件试图在推进东盟改革和维持现有规范与价值准则之间做出妥协。宪章回到了协商一致的决策方式，放弃了对制裁的探讨。重述了东盟对主权和相互依赖的支持。尽管如此，宪章也明确承诺推进民主和人权，建立一个东盟人权机构，尽管没有强制力。截至 2008 年 11 月，宪章正式被所有东盟成员国通过（Caballero - Anthony，2008a；Narine，2009）。

今天，东盟处于一个非常尴尬的位置。表面上看，它的目标和愿望是领导建立一个高效的地区组织，能够对成员国内部事务产生一定程度的影响。同时，即使不是大多数，但是很明显许多东盟国家还没有准备好做出较大的主权让渡来加强东盟组织力量（Dosch，2008；Mccarthy，2009）。

21 世纪的东盟和不干涉政策

来自东盟内部或外部行为者试图推动东盟改变主权和不干涉的方式最终都注定会失败。这些原则现在对东盟存在的重要性一如当年初建之时。1967 年东盟国家都在进行国内斗争，希望建立一个包括不同种族、宗教、语言和其他方面存在差异的团结一致的主权国家结构。各国的精英就是这些斗争的领导者，他们不同程度地在借国家建设进程巩固政权。国家建设的逻辑及对国家主权的尊重也同样能够帮助理解东北亚地区的发展，尤其是中朝两国。

在21世纪，民主在东南亚取得了重大进展。尽管如此，大多数东盟国家仍然不是民主政体。印度尼西亚和菲律宾是东盟国家中可称典型的民主国家（Beeson，2008a），然而这两个国家的民主都被腐败、贫穷、严重的政治分歧以及财富集中于少数人手中的现状给破坏了。马来西亚和新加坡是软威权主义国家，使用政府权力来震慑政敌。直到晚近，泰国才作为地区的民主模范，成为推动东盟建立规范的首席倡导者。但泰国的案例需要小心对待，因为民主可能会出现问题。简单来讲，泰国的民主化进程有着加剧社会内部严重社会、经济和地理分歧的风险（Kuhonta and Mutebi，2005；Simon，2010a）。而其他的东盟国家本质上还是非民主国家。

此外，民主不是万能的，如果所有的东盟国家一夜之间都实现民主，也绝不可能解决它们的诸多问题。的确，民主改革极有可能使得东盟国家间的关系变得更加复杂，造成更多冲突。在东盟早期，东盟国家是由威权或半威权的领导者统治，外交关系可以通过这些领导者之间彼此私人关系的加深而加深。在东盟内部推动民主和权力的流动虽然有利于其机制化发展，但也使成员国之间的关系更加复杂。即使如此，在东盟国家的民众中也没有达成一个"东盟身份"的共识。东盟身份的认知仅存在于构建东盟核心的官方和学术精英中（Emmerson，2005）。

在社会经济学意义上，东盟国家仍然是由相对少数的精英控制的。这在民主体制中也是常见的现象。大多数西方世界中成功的民主自由政体国家都是由精英控制，为精英的利益服务的。成功的西方政体即使权力和资源集中在少数人手中，但是已经分散足够的财富来从政治上安抚社会中的绝大多数人口。在东南亚，东盟的稳定长期与其"执政的合法性"联系在一起，例如统治精英是否有能力为其国民提供经济福利（Alagappa，1995），这与西方世界区别不大。

经济和社会进步已经促使中产阶级跨越亚太地区，成为要求政治和经济变革的桥头堡。但是许多东盟国家的发展水平不同。即使我们预见到民主改革可以给东盟初建时的五个国家（印度尼西亚、马来西亚、菲律宾、新加坡和泰国）带来实质性的变化，但后加入的东盟成员国政治、社会和经济仍处于较低的发展水平。囊括这些成员国又不建立一个多层级的东盟组织，需要原有的有关干涉及主权的准则足够灵活（Narine，2004；Emmerson，2005）。正如在1967年，大多数东盟国家正致力于国家建设进程。

如果现代亚洲仍然坚守主权，为什么非洲和拉美要同意在这样的原则问题上妥协呢？在非洲，自从 20 世纪 90 年代以来，西非国家经济共同体（ECOWAS）已经开始对成员国实施军事干预。非盟（AU）要求对违反民主规范的成员国实施开除或惩罚的措施。在拉美，美洲国家组织（OAS）在 1992 年修改宪章，要求组织谴责任何靠军事力量获取政权的政府。2001 年，OAS 通过了《美洲国家民主宪章》，将谴责的范围拓宽到一切通过非民主手段获取政权的政府（Hawkins，2008）。

在拉美，20 世纪 80 年代经历了地区民主化浪潮。OAS 谴责军事政变对新生的脆弱民主政体来说是一种保护。同时，OAS 在惩罚一些不甚重要的非民主行为上犹豫不决，可能从长期上来看损害了民主的发展，并保护了"坏"的民主（Arceneaux and Pion‐Berlin，2007）。OAS 像其他东南亚国家一样，拒不接受公民社会的影响（Hawkins，2008；Hawkins and Shaw，2008）。

在非洲，20 世纪 90 年代的一系列交迭的内战造成了整个西非的动荡，导致大量人权灾难和死亡，促使 ECOWAS 采取行动。无论如何，ECOWAS 在 20 世纪 90 年代的干预政策违背了组织自己的程序，也部分是因为尼日利亚的霸权的利益推动；ECOWAS 更容易接受干预是为其早期行为寻找合法性（Ba，2010）。2002 年非洲联盟（Au）成为非洲统一组织（OAU）的继任者。非洲领导人担心世界的全球化会使得非洲国家成为任由外部强权摆布的棋子。AU 试图团结非洲以应对非洲大陆过于弱小的问题。《非洲联盟宪法性文件》重述了非洲对主权传统的支持，但也授权组织无须一致同意即可以直接干预成员国内政，反对极度违反人权的行为。《非洲联盟宪法性文件》是世界首个认可出于人权目标，有权干预别国内政的国际条约（Powell and Tieku，2005）。

然而，虽然 AU 为了惩罚一些国家违背推动民主的政策，而暂停了它们的成员国资格，但该组织的行动仍然是受到限制的。有批评认为在实践中，AU 和它的先驱 OAU 之间的差别非常之小（Makoa，2004；Makinda and Okuma，2008）。例如，不论这个国家内部正在发生着怎样残暴的人权侵犯，非盟军只有在苏丹政府同意后才能进入苏丹执行维和任务。

显然，严重的危机会推动地区机制改革，这已经在欧盟的经历中得到证实。在"二战"后，欧洲国家缺乏给予民众的资源，他们需要重建在战争中失去的合法性。欧洲共同体让渡主权和资源来挽救欧洲民族国家。具有深远意义的是，欧洲民族国家在战争灾难前就已经变成了抽象的现实。的确，狂热的民族主义是导致欧洲走向战争的一个助推力，但欧共体/欧盟（EC/EU）重新振兴了业已形成的民族国家的身份认同（Milward, Brennan and Romero，1993）。

在东盟国家的案例中，正如在大多数发展中国家一样，建立国家身份认同的工作正在进行。① 那些导致非洲、拉美甚至欧洲重新检视对待主权的方式并不适用于东南亚。东盟面临着由成员国行为引起的复杂地区问题，但是绝对不是非洲所要解决的那些人道主义灾难问题。20 世纪末 21 世纪初东盟所面临的危机都没有达到导致成员国的不稳定以致它们需要让渡主权来获得生存的地步。东帝汶国家的民众受难，使东盟非常尴尬，但是没有造成大量难民涌入亚洲其他邻国。印度尼西亚大火带来的地区烟雾引发严重的健康危机，但不足以威胁国家的生存。亚洲金融危机的逐渐升级，使得我们需要重新界定亚洲地区主义。危机在整个亚太地区引发了巨大的政治、经济和社会不稳定。即使它没有直接导致大量人口死亡或是难民外逃，但是它能带来的巨变已经远远超过实际发生。亚洲对金融危机的应对方式是成立"东盟 +3"（APT）并签订附属的金融协议，特别是清迈协议多边化（CMIM），APT 已经成为亚太地区形成的最有效的地区管理手段（Stubbs，2002）。然而即使如此，它仍然处于形成阶段，远未成为可以跨越成员国主权边界的机制。

亚洲在控制 2008 年全球金融危机上远比其他地区更高效。其成功之处主要受益于亚洲国家各自的经济战略和中国的大规模经济刺激计划，而不是整体行动和地区组织的运作（Choong，2010）。APT 没有回应危机，尽管它仍然处于逐渐演变为有效地区手段的过程中。那么，APT 作为一个资源丰富和支持强劲的地区机构在危机期间的不作为凸显出东盟的局限性。东盟缺乏必需的经济资源来应对本地区的经济危机。1997 年金融危机对东盟的改革似乎意义不大（Narine，2002b）。

认为东盟需要改革来适应全球化时代的世界经济这一观点的局限性已经得到证实，亚洲经济整合过程中并未受惠于多边经济机制。东亚经济合

---

① 值得注意的是即使作为地区机制黄金标准的欧盟，仍然存在政治、经济整合问题。的确，欧洲无能力面对 2008 年的金融危机，证明了欧盟内部国家主权的重要性。

作的产生也没有伴随着正式的经济整合出现（Dieter，2008；Ravenhill，2008；Webber，2010）。私企和双边贸易协定促成了这一进程。也许不存在迫切的经济需求要通过改变东盟的不干涉政策来促进经济的合作。另一种强烈的观点认为全球金融体系需要更大规模机制化的国家合作。然而，在2008年金融危机管理中，重要的地区合作并非必需。

最后需要考虑的一个主要方面是，西方在推动东盟对待主权方式的改革中所扮演的直接或间接角色。1997年后，东盟领导人意识到组织的国际政治影响力与全球对东盟作为一个统一整体的认知紧密相关。若要吸引西方重新在东南亚地区投资需要消除它们对该地区不稳定的担忧。因此，东盟领导人提出不同的宣言和动议来重建东盟在西方世界眼中的形象，对人权和主权的定义给予更多关注和争论。然而，东盟的改变不全是出于实用主义。一些东盟国家真正渴望的是成为西方世界眼中一个更加自由的全球共同体中的一分子（Katsumata，2009）。但是自2001年起，许多事件的发生，削弱了西方国家在亚太地区的经济和道德影响力。

其中一件事是布什政府在"9·11"美国本土被袭击之后发起的反恐战争。反恐战争中西方世界的所作所为表明，在面对不确定的威胁时，他们使用严厉的警察权力，美国甚至不惜动用折磨和谋杀的手段（Acharya，2007；Simon，2010b）。西方国家在对抗暴动时，与东南亚威权国家并无二致。在美国布什政府期间，虐待犯人成为政府政策。根据人权优先组织的统计，2002—2006年，将近100名美军囚犯在伊拉克和阿富汗监管期间死亡。军方承认其中34人死于谋杀；8人被虐待致死。美国军方最严重的虐囚案例是一名被判刑期5个月的囚犯却被折磨致死（Shamsi，2006）。[1]

虽然奥巴马政府停止了更为恶劣的违反人权行为，但是美国仍然关押着未经审讯的犯人，并在合法性受到质疑的军事法庭审判那些因受到军方虐待而招供的人。甚至美国司法体系也参与到掩盖违反人权的行为中来。奥巴马政府曾经竭尽全力来保护布什时期的官员免受因制定虐囚政策而被

---

[1]　人权优先组织认为至少45人死于美军监管期间。在军方承认的34个案件中，受到指控的不到一半。美国中央情报局牵涉到许多案件中去，但是中央情报局员工没有受到任何惩罚。在虐囚案中，受到指控的也不足一半（Shamsi，2006：1）。

问责（Savage，2010）。① 其他西方国家也成为美国的同谋，或者协助美国或者保持沉默。最终，使得西方对东南亚国家提出要遵循更高标准的人权原则的要求显得缺乏可信性（Narine，2005）②。

最为重要的是，21 世纪权力和经济中心的转移迫使西方重新掂量与东南亚之间的关系。2008 年全球金融危机对于英美资本主义而言是一场重挫，它破坏了西方经济模式的吸引力，而该模式已为亚洲国家抵制（Beeson and Islam，2005）。中国、印度和俄罗斯都反对国际上重新界定威斯特伐利亚体系的主权概念。特别是中国和印度，在地区的影响力和经济表现力持续上升（Beeson and Gilson，2010）。如果这些国家没有推动东南亚国家放弃主权原则和不干涉原则，那么东盟无须因区域外部的压力而重新考虑这些基本原则和规范。事实上，中国对东盟的支持，使得东盟能够在坚持原有的原则和规范基础上，成为亚太地区的核心地区机制，这与中国的多边主义主张相吻合。

缅甸的例子极具启发性。奥巴马上台后开始重新考虑对待缅甸的方式。为了迫使缅甸改变其国内政治行为，多年来美国对缅甸实施制裁和国际谴责，但是却发现美国的政策不奏效。所以美国开始重估对缅甸的方式。美国态度的转变也直接源自于中美在亚太地区影响力的角逐（Simon，2010b）。中国和印度在缅甸都有影响力，而美国没有。美国若想在同中国的角逐中获得实效需要采取更为实际的外交政策。这就意味着东盟采纳西方人权规范和民主思想所受到的压力随着西方与亚洲大国影响力的角逐而在减弱，因为亚洲大国并不关心，甚至拒绝考虑这些问题。

东盟正在西方和中国之间走钢丝。东盟国家仍然与西方经济联系紧密，但这种相互依赖的程度可能随着印度和中国在世界经济舞台上地位的上升而逐渐下降。然而，东盟想让西方大国，例如美国，保持在亚太地区的积极存在。它们相信主要地区大国和亚太地区大国之间权力的平衡将有助于保证东盟相对的独立性和影响力（Goh，2003，Ciorciari，2009）。如

---

① 更为糟糕的是，美国法庭因惧怕揭露国家秘密而拒绝被虐囚犯在法庭上控诉美国政府的同时，美国对伊拉克现政府施压，要求赔偿 4 亿美元给曾经受前萨达姆政府虐待过的美国公民。这是美国同意联合国撤除对伊拉克制裁的条件（Arraf，2010；Savage，2010）。

② 此外，西方国家在捍卫自己主权上也非常坚决。例如，美国只签署了唯一一个公约——公民权利和政治权国际公约——1992 年国际人权法案，并且附加了许多使公约在美国无法生效的条件。美国反对这些国际人权条约反映出它希望保护本国与国际人权规范相冲突的一些实际做法，例如极刑。

果任何一个大国在地区内形成霸权，那么小国自主行动的可能性将被极大地剥夺。任何地区大国的霸权行为将有可能促使东盟更加联合，并重新界定主权问题。然而，主要大国的强势行为也有可能使东盟解体，因为它们都需要根据本国国家利益来决定是否抗衡或顺从强势大国。

最终，推动东盟改变对待主权和不干涉原则态度的力量仍需来自于东盟国家自身。公民社会在东盟国家，包括非常重要的国家如印度尼西亚，已经开始影响一些东盟国家的意愿（Severino，2006）。但是在管理东盟的精英与他们所代表的国家和公民社会之间仍然存在着巨大的鸿沟。此外，公民社会的发展在大部分东盟国家内部仍然受到高度限制。

结 论

最有可能引起东盟真正开始重新界定主权和不干涉原则的将会是一场大的灾难，可能会直接影响到东盟的繁荣甚至生存，除非它们自愿让渡主权和资源。如果当前大多数东盟国家要改变对主权和不干涉态度的动机是国家建设，那么将来可能威胁到东盟国家生存的事件才是会迫使它们从根本上重新考虑主权问题的动机。尽管目前这些事件是否必定会加强东盟尚不确定。例如，在未来经济危机再次发生时，如果地区唯一有资源管控经济危机的组织 APT 未能克服其内部的困难采取有效行动，那么很有可能地区大国将会采取行动来管控危机（假设它们不是引发危机的根源）。谁来应对危机取决于危机的本质和谁有迫切的需要。

如果本章所探讨的东盟改变对待主权的态度只存在很小的可能，那么东北亚国家改变对主权态度的可能就更加渺茫了。所以最终结论是，在可预见的未来，威斯特伐利亚体系对待国家主权的态度只是做出微调，并将继续主导亚洲。

第十三章　作为真正的社会论坛的东盟人民论坛（APF）

——作为另一种地区主义形式的地区公民社会网络

海伦·E. S. 妮莎杜蕾（Helen E. S. Nesadurai）著　冯斌译

　　东南亚地区主义通常被理解为国家间的互动进程，东南亚国家联盟（Association of Southeast Asian Nations，ASEAN）框架下的对话与合作是一种重要的治理方式，成员国通过对话与合作就共同的问题及其解决途径达成一致。这些进程遵循东盟方式（主权和不干涉规范）和东盟外交文化（非强制性、注重协商以及在互动与决策过程中寻求共识）。东盟强调成员国间的互动要最大限度地进行协商和寻求共识，然而，东盟在地区治理上的合作却是由地区政治和官僚精英控制和驱动的，几乎没有为公民社会投入或参与地区治理进程留下空间。

　　虽然地区性的学者网络，如东盟战略与国际关系研究所（Institutes of Strategic and International Studies，ASEAN-ISIS）经常被认为是公民社会参与地区治理的例子，但是，事实上它更类似于地区精英组成的网络，政府支持或发起的研究所和思想库在其中占据主导地位（Acharya，2003：383）。① 因此，地区性的学者网络总是无法发起超越东盟成员国政府，尤其是其中保守政府制定的准则和功能性偏好的运动（Acharya，2004；Dosch，2009）。一些网络和其他非国家行为体已经成功影响东盟采纳了一些进步性规范，如人权和民主化，但这又被东盟坚持主权/不干涉原则和

---

① 成员机构名单可以参见马来西亚战略与国际关系研究所（东盟战略与国际关系研究所奠基成员之一）的网址，www. isis. org. my/index. php? option = com_ content&view = article&id = 282&Itemid = 127. 2010 年 8 月 10 日。

政府间寻求共识的决策方式所抵消了。① 在很多情况下，不得不重新修订这些行为体所提出的新规范，以确保符合政府精英为地方治理所设置的要求（参见 Acharya，2004）。而且，东盟领导人反对在公开的论坛上讨论"敏感的"国内政治问题，比如民主化、边缘化和排他、权利和社会正义。

然而，地区精英主导的保守议程并非没有受到挑战。除了受到东盟战略与国际关系研究所网络中更进步的成员的挑战外，② 东南亚地区公民社会充满活力并不断扩大，其中非精英公民社会团体参与倡导的经济、政治和社会事业经常与官方的议程和利益相抵牾（Acharya，2003；Caballero-Anthony，2006；Nesadurai，2010）。③ 地区公民社会行动主义——网络、倡议和集体行动——代表了一种地区主义类型，在学术文献中通常被定义为"自下而上的地区主义"，这一定义恰如其分地抓住了它根植于非精英行为体的特点，他们合作解决那些被忽视、被边缘化或者受到国家和地区主流政策负面影响的人和团体的关切，他们倡导的是另一种地区主义概念。虽然公民社会中的网络是"自下而上的地区主义"的一个核心维度，但制度化的人民论坛也是自下而上的地区主义的重要特征，它通常与国际组织的官方会议相并列。在公共领域，公民社会组织（civil society organizations，CSOs）共聚一堂论辩重要议题，要求官员就他们的政策作出解释，明确表达其他的治理方式，这些组织认为，与现状相比，他们所主张的治理方式更具包容性与合理性。④ 世界社会论坛（World Social Forum）和欧洲社会论坛（European Social Forum）即为典型例子。言归正传，人民论坛已成为与亚太经济合作组织（Asia-Pacific Economic Cooperation，APEC），尤其是亚欧峰会（Asia-Europe Meeting，ASEM）相平行的组织（Acharya，2003；Gilson，2007）。

在东南亚，东盟人民大会（ASEAN People's Assembly，APA，2000—2009）行使社会论坛的功能近十年之久，在 2005 年首次组织召开的年度

---

① 包括学者和积极活动家的东盟人权机制工作组一直以来积极游说东盟采纳人权议程。参见 Mohamad（2002）。

② 参见 Dosch（2009）对东盟战略与国际关系研究所内部分歧的分析。

③ 我用"精英"这个词指代那些类似于东盟战略与国际关系研究所和其他一些因为它们的学术和技术知识而经常被官员邀请参与地区政策制定的团体/网络，等等。

④ 术语公民社会组织经常与非政府组织（non-governmental organizations，NGOs）互用。

东盟公民社会大会（ASEAN Civil Society Conference，ACSC）上成立了东盟人民论坛（ASEAN People's Forum，APF）（2009 年 2 月召开的第四届东盟公民社会大会上正式成立了东盟人民论坛）。另外，以三轨机制闻名的公民社会论坛（如 APA 和 APF）已经为东盟成员国心照不宣地接受，即使一些成员国多少有些不情愿，东盟成员国可以通过这些渠道参与地区公民社会并加强东盟与普通民众之间的联系，这样有助于构建东盟共同体。① 首届东盟人民大会于 2000 年召开，公民社会团体、企业代表和东盟官员出席了此次会议（虽然他们以私人身份出席，但东盟秘书长以官方身份出席），这表明官方对地区公民社会的态度发生了变化，使阿查亚（Acharya）认为东盟人民大会"通过为那些被政府严格控制的议题提供可供国家和公民争辩和讨论的场所，可以成为更具参与性地区主义的有效工具"（Acharya，2003：386）。一个有效的参与性地区主义同样需要东盟成员国政府和官员为这些团体在东盟审议和决策进程中创造空间做好准备。然而，在实践中，东盟并非总是给予东盟人民大会以支持。东盟人民大会是东盟战略与国际关系研究所为使东盟更加贴近人民而发起的倡议。（Caballero – Anthony，2006）。公民社会团体也批评东盟人民大会没有在地区公民社会和东盟官员之间建立正式联系，东盟战略与国际关系研究所对东盟人民大会的控制过于严格，其贬低者声称东盟人民大会与统治精英走得太近。为了重新发出独立声音，公民社会团体以一年一度的东盟公民社会大会（2005 年首次召开）为平台，于 2009 年 2 月正式成立了东盟人民论坛（Chandra，2009）。2009 年，东盟战略与国际关系研究所投票终止了东盟人民大会，从而使东盟人民论坛成为东南亚唯一一个人民的论坛。

考虑到人民大会（Assembly）的经验和局限，特别是考虑到大部分东盟国家内部持续的威权化趋势和以主权为中心的东盟外交文化（这种外交文化阻止了对由地区公民社会发起的诸多问题的讨论和行动），由人民论坛承担起在东盟内加强参与性地区主义这一重任的前景如何？在东盟人民论坛受到成员国政府和东盟官员限制的背景下，该论坛和与之相连的公

---

① 第一轨道指政府间互动，第二轨道是指非政府行为体，主要是指学者与官员之间进行互动，对地区问题产生影响。虽然非精英公民社会成员有时会参加第二轨道磋商，但它们在地区和其他政策问题上的互动一般被称为第三轨道。

民社会网络果真对东南亚地区治理有更大的意义吗？本章剩余部分将分两个部分探讨这些问题。这两部分将关注东南亚精英和非精英公民社会网络两种公民社会地区主义之间的互动竞争是如何使后者成为重要的"网络行为体"的，它在推动地区公民社会组织之间就另一种治理方式达成共识的过程中发挥了组织上和智识上的领导作用，这一治理方式对官方治理方式的核心要素构成了挑战。本章最后一部分将思考公民社会网络积极发展和支持东盟参与性地区主义与亚洲"自下而上的地区主义"的意义。

从人民大会到人民论坛：
公民社会寻求与东盟进行有意义的互动

在东南亚，虽然仍存在抑制自由结社活动的情况，尤其是在那些由国家发起甚或成立公民社会组织的威权环境下，但该地区仍自夸有一个充满活力但碎片化的公民社会，它为"政治参与和转型"建构了有价值的空间（Weiss，2008：152）。① 这一领域可以分成两类。一类是一小撮非国家精英行为体，包括诸如东盟战略与国际关系研究所和地区事务理事会这样的学者网络，他们倾向于与官员保持舒适且合作型的关系。相反，另一类是大量的非精英、底层的、更加碎片化的群体，包括各种公民社会组织、劳工团体和社会运动，它们经常抗议以使政府倾听其声音，因为这些团体往往强调赋权于民，因而威胁了政府的统治现状。② 在这一类别中，主要聚焦于满足特定支持者功能性需要的发展型公民社会组织能得到官员更好的倾听，因为与参与到政治倡议中的公民社会组织相比，它们被认为带来的麻烦较少。虽然参与到倡议中的非精英公民社会组织并没有与政府行为体维持密切而舒适的关系，它们并不热衷于寻求这种关系，但是为了推进其事业它们也不反对与政府和诸如东盟这样的国际组织进行接触——它们一贯通过强调权利、民主、正义和公共参与来改变现行的治理安排。许多东南亚国家政府在其自上而下、发展主义的政治、经济和社会治理方

---

① 我采纳 Alagappa 对"公民社会"的界定：处于国家和家庭之间，但在市场之外的社会空间，在其中，人民利用话语和行动组织自身以对国家和其他权威行为体施加集体影响，但是"他们行为不是由利益驱动的"（Alagappa，2004：9）。

② 在本章节，我使用"公民社会"或者公民社会组织往往指代主要参与到政治、经济和社会问题倡议中的非精英团体。

式中不太重视这些问题。两类公民社会之间的界限有时是模糊的，像东盟战略与国际关系研究所这样的精英网络通常支持东盟进行根本性变革。尽管如此，如果我们想理解东南亚公民社会地区主义的竞争性本质，两个类别之间的划分仍然是有用的，尤其是非精英公民社会更倾向于东盟人民论坛。虽然东盟人民大会在东盟战略与国际关系研究所的领导下使得地区公民社会与东盟官方之间的关系更加密切，但公民社会团体却将学者网络视为东盟人民大会更加真实地表达公民社会的优先考虑、观点及参与的障碍。

2000 年 11 月在靠近新加坡海岸的印尼巴淡岛（Batam island）首次召开的东盟人民大会是首个明确以非精英公民社会组织和其他草根团体与地方官员进行对话为目标的平台。这样一个成立于东南亚并受东盟资助的论坛，长期以来因其精英主义和远离地方民众而闻名，这是由东盟战略与国际关系研究所领导带来的后果，东盟战略与国际关系研究所从 1990 年代以来就一直积极游说公民社会参与到东盟中来。① 然而，还有另外两个因素促进了此类想法的实现：（1）充满活力且不断壮大的公民社会在东南亚已经出现，且愿意参与到东盟中来；（2）东盟推动建构东盟共同体，不仅吸引了公民社会组织对东盟的关注，而且也使部分东盟官员认识到，为实现其建设关怀性社会共同体的目标，东盟必须更多地与地区公民社会进行协商。

在 1997—1998 年亚洲金融危机之前，许多公民社会组织并没有努力参与到东盟中来（Caballero‐Anthony，2006：64）。相反，他们试图影响的目标是更加强大的多边组织（这些组织的新自由主义规则和规划被视为更有可能损害人民福祉），而不是制度化程度不高的东盟（不太具有实施可能构成威胁的、具有约束力的地区规则和规划的能力）（Chandra，2006：74）。公民社会组织甚至曾以影响亚太经济合作组织和亚欧峰会为目标，这两个组织被视为执新自由主义经济治理之牛耳。② 然而

---

① Caballero‐Anthony（2006）讨论了东盟战略与国际关系研究所在东盟人民大会缘起中所扮演的角色。

② 新自由主义是依靠自我调解的市场进行经济和社会治理的政治—经济思想的一部分。核心政策包括自由化、私有化和放松管制。其目标皆在于削弱国家在经济、资源配置、生产和分配中的作用。新自由主义治理以竞争和效率而非就业、社会平等和社会稳定为核心目标。即使市场中存在大量国家干预，但如果国家为企业和经济树立这些核心目标并向民众灌输个人责任、创新、勤勉工作和自律等伦理，新自由主义机制就仍然可能存在（Lemke，2001）。

自 20 世纪 90 年代后期以来，公民社会组织开始改变了对 ASEAN 的看法，尤其是 2003 年东盟宣布其东盟共同体计划之后，该计划设想首先通过建设东盟自由贸易区来深化地区一体化。公民社会组织担心经济自由化和一体化倡议带来的经济和社会混乱，但它们也看到了东盟共同体三大支柱中的"社会文化共同体"为地区嵌入更加以权利为基础、具有社会公正性的经济治理形式所提供的机会。随着东盟尝试通过东盟宪章将自己重新定位为以规则为基础的组织，公民社会组织开始确信作为另一个权威行为体参与到东盟之中可能会富有成效。这一转变很大程度上要归功于亚洲农村人力资源开发伙伴关系（Asian Partnership for the Development of Human Resource in Rural Asia，Asia DHRRA）的支持，这是一个致力于农村发展的地区公民社会网络，它使其他公民社会组织相信其各自的区域性或全球性议程值得它们参与到东盟之中（Ramirez，2008：3）。此时，地区官员也认识到在社会保护计划、艾滋病、妇女发展、青年及毒品等问题上，公民社会组织与地方社区保持联系、深入了解地方社区具有重要意义（Nesadurai，2004）。诸多东盟国家与其公民的对话越来越开放，这意味着这些政府也愿意支持东盟与地区公民社会进行互动（Acharya，2003）。① 由于这些发展，东盟战略与国际关系研究所关于地区非精英团体通过人民大会与地方官员进行更紧密对话的想法在各方都觅得了支持者。

对东盟人民大会而言，东盟战略与国际关系研究所扮演了一系列至关重要的角色：在最初几年，东盟战略与国际关系研究所一直是东盟人民大会的召集人、资助者、推动者和发言人，直到它自身能够独立行事（Caballero‑Anthony，2006：64）。考虑到人民大会面临着来自成员国政府的许多阻碍，② 东盟战略与国际关系研究所的领导对东盟人民论坛的成功设立居功厥伟。虽然在 2009 年正式关闭之前，东盟人民大会将大量

---

① 当 1990 年代的泰国和苏哈托倒台之后的印度尼西亚开启民主化进程之后，公民社会活动在这两个先前的威权国家萌芽生长，公民社会组织在其他一些如越南和柬埔寨等民主化程度更差的国家也呈现增长趋势（Caballero‑Anthony，2006）。在这些并非更贫瘠的环境中，公民社会组织找到了与国家进行谈判以及"创造性地适应受到极大限制的环境"的方式（Nesadurai，2010：12）。许多公民社会组织利用新的沟通技术来"逃避"镇压和静默，不仅通过网络空间，还通过与其他公民社会组织进行对接来运作，反过来，这也有助于提高东南亚地区公民社会的活力。

② 这些挫败在 Caballero‑Anthony（2006：65–66）中有详细描述。

的地区公民社会组织带到了这个论坛上，但是作为与地区官员进行磋商的平台，它的功能因地区官员不愿全面参与东盟人民大会而遭到削弱，这些官员只想参加开闭幕式（Chandra，2009：8）。除了秘书长，即使东盟官员出席东盟人民大会的年度会议，他们也只不过是以私人身份参加，表面上是为了公民社会与官员能够开诚布公地交换意见。然而，这种情况也不会经常发生，因为许多官员无法摆脱其官方角色（Moradda，2008）。而且，正如妮莎杜蕾在各种场合所指出的，与东盟官员以官方身份参加的论坛相比，这一方式使东盟人民大会处于了更加次要的位置（Nesadurai，2004）。相反，通常就经济问题和东盟经济一体化计划提供咨询服务的东盟商务咨询委员会（ASEAN Business Advisory Council，ABAC）已实现东盟与商业团体之间的互动的制度化。东盟也实现了其高级官员与东盟战略与国际关系研究所联系的制度化。虽然东盟人民大会通过为东盟官员倾听民众声音提供平台的方式提高了东盟是一个"参与性"组织的声望，但大会的官方声明只有通过东盟战略与国际关系研究所才能正式传达给东盟。对地区公民社会而言，东盟领导人与公民社会团体之间并没有通过东盟人民大会建立直接、正式的联系，这是令人失望的（Morada，2008：5）。

2005 年 12 月，首届东盟公民社会大会与第 11 届东盟峰会一道在马来西亚举行，公民社会组织对此感到欢欣鼓舞，与之形成鲜明对比的是公民社会对东盟人民大会的失望。虽然马来西亚政府委托马拉技术学院（Universiti Teknologi Mara）东盟研究中心来主持召开会议，但公民社会组织在筹备阶段就积极参与，并因其准备的会议声明首次由自己的代表直接呈递给东盟领导人，而非像东盟人民大会那样通过中间人呈送给东盟领导人而倍感高兴（SEACA，2005：140；Chongkittavorn，2009）。这是公民社会组织长期以来期待东盟人民大会能够开展的公民社会—东盟的直接交流。东盟还宣布它将承认东盟公民社会大会作为公民社会组织的"正式平台"与年度领导人峰会同时召开（Ramirez，2008：6）。第一次公民社会大会（ACSC）召开后，公民社会力量开始偏好和青睐这一机制。与之伴生的，是亚洲人民团结倡议网络（Solidarity for Asian People's Advocacy，SAPA）的形成。[1] 亚洲人民团结倡议网络牵头组织

---

① Ramirez（2008：6）勾勒了导致第一届东盟公民社会大会的一系列事件。

与东盟峰会相平行的会议。但是，与第 12 届东盟峰会同时召开的第二届东盟公民社会大会并没有被峰会主办方菲律宾政府视为正式的公民社会平台，菲律宾将这一地位赋予了东盟人民大会——阿罗约政府认为东盟人民大会威胁更小，当时阿罗约政府正面临菲律宾心怀不满的公民社会组织对其合法性的挑战（Ramirez，2008：7）。新加坡组织了第三届东盟公民社会大会，但没有为东盟领导人和公民社会组织的代表安排交流会（Chongkittavorn，2009）。第四、五届东盟公民社会大会于 2009 年 2 月和 10 月在泰国召开，并被指定为第一和第二届东盟人民论坛（APF）。① 2010 年 9 月在越南召开的第六届东盟公民社会大会被指定为第六届东盟人民论坛（APF，2010），从而将以前所有的东盟公民社会大会都有效地转变成了东盟人民论坛会议。

基于这些发展，在东盟人民大会主要赞助者德国基金会的要求下，东盟战略与国际关系研究所于 2009 年对东盟人民大会作了总结回顾以决定大会是否存续（Interviewee #1，Singapore，August 2010）。② 虽然许多东盟战略与国际关系研究所的成员和公民社会组织认为大会和论坛同时存在对东盟—公民社会之间的互动有利无害，但东盟战略与国际关系研究所最终还是选择了关闭东盟人民大会，其理由是东盟人民大会确实已经完成了使公民社会与东盟官方更加密切地进行接触的目标。迄今举办六届东盟人民大会会议的重负，常常落到一两个东盟战略与国际关系研究所成员机构身上，这也促成了关闭东盟人民大会的决定（Interview #2，Kuala Lumpur，June 2010）。③

亚洲人民团结倡议和东盟人民论坛：
非精英网络角色与新公域

对地区公民社会组织来说，东盟人民论坛明显是一个更真实的社会

---

① 2 月份的论坛计划与第 14 届东盟峰会协调一致。虽然峰会因为主办国泰国的内部动荡而流产，但是论坛还是举行了。

② 作者采访了一个熟悉东盟战略与国际关系研究所工作的新加坡学者，采访于 2010 年 8 月在新加坡进行。

③ 作者采访了东盟战略与国际关系研究所网络菲律宾成员的一位代表，采访于 2010 年 6 月在吉隆坡进行。

性论坛。虽然东盟人民大会和东盟人民论坛都能促成公民社会组织、劳
工团体和当地的社会团体之间进行磋商，并开展广泛的社会运动，但是
东盟战略与国际关系研究所被认为主导着大会，垄断着公民社会与东盟
官方之间的互动，作为看门人限制公众对东盟人民大会的参与，甚至使
公民社会难以就地区经济治理形成共同立场（Collins，2007：222；
Chandra，2009：5 – 8）。虽然每年的东盟人民大会议程都有来自地区公
民社会的输入意见，但后者却无法对东盟人民大会的决策产生任何重要
影响，这是东盟战略与国际关系研究所的特权。这就是为何地区公民社
会组织在就东盟人民大会的前途进行磋商时指出，如果公民社会在东盟
人民大会决策中有一席之地的话，它们愿意支持大会继续存在（inter-
view #2，Kuala Lumpur，June 2010）。而且，公民社会难以通过东盟人
民大会就经济治理问题达成共识，因为东盟战略与国际关系研究所对东
盟经济一体化的支持与公民社会对东盟经济共同体计划中的新自由主义
因素的反对相抵触，新自由主义过于注重竞争和效率而在经济一体化议
程和工作计划中忽略了工人的权利、社会正义原则和环境考量。在参与
其他多边组织上具有丰富经验的地区公民社会组织更愿意直接参与到东
盟中来，而不是通过像东盟战略与国际关系研究所这样与东盟统治精英
关系密切的中间人来参与（Chandra，2009：7）。2005 年，东盟秘书处
也开始同公民社会组织接触，特别是在东盟秘书处与亚洲人权与发展论
坛（Asian Forum for Human Rights and Development，FORUM – ASIA）、东
南亚倡议委员会（Southeast Asian Committee for Advocacy，SEACA）和亚
洲人力资源开发伙伴关系计划（Asia DHRRA）进行会晤，商讨如何使
公民社会组织更好地参与到东盟进程中来。2005 年举办的首次会议使
地区公民社会组织首次就东盟问题进行磋商，东盟秘书长及秘书处其他
高官也参加了此次会议（Ramirez，2008：6）。东盟公民社会大会被认
可为地区公民社会组织每年参与东盟进程的一个平台。

　　紧随在吉隆坡召开的第一届公民社会大会之后，在亚洲人权与发展论
坛、东南亚倡议委员会、亚洲人力资源开发伙伴关系计划与聚焦全球中的
南方（FOCUS）的努力下，亚洲人民团结倡议于 2006 年成立（Ramirez，
2008：6）。亚洲人民团结倡议已经成为相当具有代表性的地区倡议网络，
其成员包括来自各个国家和地区的大约上百个公民社会组织及公民社会组
织网络，它们也会参与到亚洲人民团结倡议每年所组织的地区公民社会协

商之中。这些磋商涵盖了诸多对亚洲社会产生影响的议题，如人权保护和民主、全球化、贸易、金融和劳工、可持续发展和环境、和平与人类安全等领域（SAPA，2007）。亚洲人民团结倡议所倡导的中心主题是提高民众的能力（people empowerment），尤其是提高那些边缘群体及受到统治现状负面影响的民众的能力，以及使民众参与到官方的治理进程之中（Think-Center，2009）。为实现这些目标，亚洲人民团结倡议致力于提高"地区非政府组织之间的沟通、合作与协调"（SAPA，2007）。

组织和智识上的领导能力以及对另一种地区主义的塑造

为在治理问题上提出更有效的公民社会倡议，理查德·弗克（Richard Falk，1998：109）认为，公民社会组织应在关键的治理问题上形成共同立场，并就官方治理的替代方案达成共识。它们也需要向相关的权威行为体，尤其是国家和国际组织直接提出倡议。对这项任务而言最重要的是发挥组织和智识上的领导作用，（1）使公民社会组织相信它们需要进行协作并形成统一战线；（2）从对霸权计划不同部分的各种反对中形成一个连贯的、相反的治理计划；（3）协调知识的产出并共享获取知识的其他渠道，以此针对霸权性地区治理安排形成相反的立场，并在彼此迥异的团体之间形成联盟。虽然公民社会组织的力量通常有赖于具有不同专业分工的每一个团体，但是挑战霸权性治理安排的任务至少需要阐明一个连贯、相反的治理计划，从不同的问题领域提炼出共同的原则。

亚洲人民团结倡议网络的组织结构和工作计划有助于其实现将地区内公民社会组织聚合在一起游说东盟的目标，主要方式是使它们相信"它们面对的问题具有地区性"（Ramirez，2008：7）。它同样有助于形成一个连贯的、相反的地区治理计划。亚洲人民团结倡议网络超出了东南亚，还覆盖了南亚和东北亚；在这三个次区域，该网络的核心任务是阐明一个比官方地区组织所倡导的更具有进步性的地区治理计划。在东南亚，包括大约40个东南亚地区公民社会组织的亚洲人民团结倡议东盟工作组使该网络可以游说提高公民社会对东盟进程的参与，就东盟的各种政策和计划形成统一立场（SAPA，2007；Think Centre，2009）。一个类似的工作组负责处理东北亚的研究和倡议项目，与此同时，亚洲人民团结倡议通过在孟加拉国建立的南亚公民社会组织网络——南亚反酷刑与免罚网络（South Asia Network Against Torture and Impunity, SANTI）向南亚地区合作联盟（South Asian Association for Regional Cooperation, SAARC）进行游说。亚洲人民团结倡议在这些次区域的倡议也通过人民的论坛进行——亚欧人民论坛（Asia - European People's Forum）和南盟人民论坛（SAPA, 2007：9）。除了其组织结构和工作计划外，亚洲乡村人力资源开发伙伴关系计划秘书长马勒尼·纳米瑞思（Marlene Ramirez）相信，与过去不同"公民社会组织新一代领导人……准备跨越政治界限和传统以形成具有广泛基础的伙伴关系"，像网络行为体一样，这些领导人对巩固亚洲人民团结倡议至关重要，他们能够使关注于各自不同领域的各种组织形成高度统一（Ramirez, 2008：8）。

亚洲人民团结倡议的另一种东南亚地区主义模式包含实质性和程序性两个维度。就实质性维度而言，亚洲人民团结倡议对东盟共同体的三根支柱构成了挑战——东盟政治与安全共同体、东盟经济共同体和东盟社会与文化共同体（SAPA, 2006 a, b & c）。在倡导"以人为本和人民自强"的地区主义的同时，亚洲人民团结倡议强调，在东盟政治和安全合作框架下人权、人的尊严和人的安全应该被置于中心位置，而且还认识到国家也能成为地区人民不安全的根源（SAPA, 2006a：84；Dosch, 2009：80）。在经济治理层面，亚洲人民团结倡议强调再分配正义、公平发展和劳工权利；在建设社会文化共同体方面，强调权利和自由的中心地位，与此同时，倡导用以一种基于权利且保障人类安全的路径解决移民劳工问题，这与东盟成员国政府在国家安全框架下对待此类问题的看法相反（SAPA, 2006c：102）。亚洲人民团结倡议对东盟宪章进程的输入意见进一步影响了这些原则。2010 年 9 月在越南召开的东盟人民论坛上，亚洲人民团结倡议号召将环境作为东盟共同体的第四个支柱，如此一来，关键的气候变化问题、自然资源保护和管理、环境问题就可以以连贯的方式，而不是在社会文化共同体中零零落落地加以解决，目前，在社会文化共同体中，环境问题与其他繁杂的社会和文化合作问题杂糅在了一起（Uy, 2010）。就程序性维度而言，亚洲人民团结倡议呼吁东盟承认和吸纳包括工会、非政府组织和人民运动在内的七大关键利益攸关方进入东盟决策程序中（SAPA, 2006a：87）。另外，它倡导将东盟与地区公民社会之间的对话作为东盟经济共同体的一部分（SAPA，2006b：96）。

在达成这些经过协调的立场时，亚洲人民团结倡议动用了公民社会组织的集体智慧，强调将科研作为它们倡议工作的重要资源。该地区引以为荣的是众多如焦点、第三世界网络、亚洲地区新交流（Asian Regional Exchange for New Alternatives，ARENA）、亚太研究网络（Asia - Pacific Research Network）和其他一系列研究地区和全球治理机制和进程的公民社会组织（Caouette，2006）。通过发展替代性或批判性知识，用它们解构与新自由主义经济全球化及其治理相关的普遍性概念、政策和实践，这些公民社会组织往往能够提供论证充分的文章来支持那些强调社会正义、生态问题、工人经济权利、地方社区和边缘团体的替代性治理安排（Nesadurai，2010：19）。正是通过这些文章和其他网络成员的报告，亚洲人民团结倡议就东盟宪章和东盟共同体计划提出了大量立场文件。（参见 SAPA，2006a，b & c）。因此，通过亚洲人民团结倡议网络和诸如东盟人民论坛此种的制度化公共空间，一种相当连贯的替代性地区主义已经从以科研为基础的网络和倡议中浮现，对占主导地位的东盟保守主义框架、封闭性的政治治理和新自由主义经济学构成了反霸性的挑战。

亚洲人民团结倡议对替代性地区主义计划的成功阐述需要借助它反对相关权威人物的治理方式的能力。就这一点而言，公民社会与权威人物进行互动的制度化论坛是有助益的；这些论坛或许可以被看作是参与式治理的制度体现，也可以被视为公民社会组织倡议更有效发声的渠道。虽然这些互动并不能总是保证官员会采纳公民社会组织的观点与解决方案，这从亚洲人民团结倡议无力影响东盟宪章的最终形式和东盟政府间人权委员会（Inter - Governmental Commission on Human Right）可以体现出来，但至少对话的空间可能会扩大，假以时日将产生重大变化。为了深入推进该网络有关东盟的倡议，后者在雅加达设有秘书处，亚洲人民团结倡议东盟工作组于 2009 年 1 月在雅加达成立了名为东盟人民中心的公民社会办公室，东盟人民中心有望成为公民社会就东盟事务提出倡议的"地区中心"（Think Centre，2009）。然而，官方在参与式地区主义上的进步并没有赶上"自下而上的地区主义"的发展步伐。相反，东盟的统治精英已经开始进行话语操纵并干预东盟人民论坛进程以防止东盟朝参与式地区主义方向发展。

东盟与论坛：参与式地区主义退居二线

　　话语操纵至少在这一事例中得到体现：一位"东盟高官"公开支持"以人为导向"的东盟这一术语，以挑战公民社会的"以人为本"的东盟理念（Chandra，2009：9 – 11）。"以人为导向"的表述受到东盟官员的青睐并在东盟宪章1—13条予以阐述。一位杰出的亚洲人民团结倡议活动家和前东南亚贸易知识网络（Trade Knowledge Network）协调员指出两个概念远不止在表述上存在差异（Chandra，2009：9 – 11）。它可以被解读为东盟承诺在设计地区政策时照顾到民众的关切与福利，但并不必然使地区人民参与到政策协商或决策中来。相反，公民社会组织提倡的"以人为本"的东盟要求更民主的决策结构，在其中东盟的利益攸关方——地区民众被赋予权利，包括通过参与到最终影响其福利的政策设计之中来提高自身能力。有关这一特殊术语的话语竞争清楚地表明，官员和地区公民社会试图建设符合各自不同利益的不同类型的东盟。然而，东盟似乎不太可能将更大程度的公民社会参与制度化到其内部的议事和决策过程中。毕竟，宪章明确地反映了东盟在该问题上的观点，它没有为公民社会参与东盟协商进程设立任何制度性安排。

　　考虑到这些趋势，来自东盟人民论坛的公民社会代表与东盟领导人之间互动的前景仍然存在疑问。据说，诸如文莱、柬埔寨、老挝、缅甸和新加坡这样的成员国并不满意这些互动会议，并对那些声称代表地区人民的公民社会活动家的合法性和使命提出了质疑。据报道，首次交流会的发起者马来西亚因没有在会议期间对公民社会组织的参与进行约束而饱受批评（Chongkittavorn，2009）。地区成员国政府对交流互动的不安促使东盟高级官员在2009年决定交流会只是东盟峰会的一个选择性而非固定安排。而且，由第五届东盟公民社会大会/东盟人民论坛与会者选出的参与2009年10月在泰国举行的互动会议的10个公民社会代表，有5个被各自的政府——柬埔寨、老挝、缅甸、菲律宾和新加坡拒绝了，然而只有互动会议的协调人，一家泰国的学术机构，被允许发言，这使得来自马来西亚、印度尼西亚和泰国的代表愤然离席（APF，2009）。这五位代表被拒绝是因为他们没有通过东盟高级官员的审查，事实上，这些官员更中意于另外5人（Interviewee #3，Singapore，August

2010）。① 即使人们站在公民社会的一边接受这一插曲与宣言中的疏忽有关，但是审查过程的存在却对官方对真正的参与性东盟的承诺提出了质疑。

为了避免重蹈 2009 年互动会议出现对立局面的覆辙，筹备 2010 年河内峰会的越南组织委员会（Vietnam Organizing Committee，VOC）为第六届东盟人民论坛/东盟公民社会大会及互动会议制定了程序和标准（APF，2010）。更重要的是，越南组委会要求东盟人民论坛的参与者和领导者在参与互动的公民社会代表和议程这两个问题上都不得持异议，这就将否决权交到了国家领袖和政府手里（APF，2010：7）。当然可以建立秩序来摆脱事情的混乱无序为由为这种做法辩解，然而它破坏了地区公民社会选择自己的代表与官员和领导人开诚布公进行讨论的自由。官员和领导人却试图对自己准备参与的话题以及与自己打交道的代表进行控制。一些审查程序已经付诸实施，用来防止具有党派（即反对派）政治背景的代表利用互动会议向国家领导人发泄自己政治上的不满（Interviewee #2，Kuala Lumpur，June 2010；Interviewee #3，Singapore，August 2010）。虽然领导人可能会对选出来参加交流会的代表的反对派关系或观点感到不悦，但事实是，如果这些人在东盟人民论坛上被与会者选出来代表他们和东盟人民论坛，那么官员和领导人就应该根据其能力，而不是根据他们个人的政治倾向或是否被领导人接受来承认被选中的代表。② 这就是为什么与会时选择个人而非国家陈述问题，强调话语而非国家或族群的代表性，会带来较少的争议。

结论：迈向亚洲的反霸地区主义

本章认为，虽然与地区公民社会进行接触的口头承诺不断加码，但在实践层面，东盟官方仍然反对公民社会有关更多地参与到东盟议程设定、商讨和决策等程序中去的要求。这并不意味着东盟与地区公民社会之间没有接触。公民社会参与多半被认为对东盟有功能效用，公民社会组织和地方社区团体通常是去政治的，强调专业技术和贴近草根，因此在解决诸如

---

① 作者与东盟的新加坡学者进行了会谈，会谈于 2010 年 8 月在新加坡进行。

② 过去的东盟公民社会大会/东盟人民论坛会议大约有 200—1000 名参与者。

农村发展、艾滋病、赈灾、女性发展和青年人等问题上大有助益。事实上，反映在最近的官方文件和规划中，东盟似乎倾向于利用公民社会帮助其实现东盟统治精英既定的目标和计划，公民社会无法通过真诚的双边沟通影响这些目标和议程。虽然存在上述限制，但由于下述原因，东盟人民论坛在亚洲地区主义中仍然是一个巨大进步。

作为最初由非精英发起的公民社会团体，与东盟人民大会相比，东盟人民论坛似乎是更可靠的社会论坛。然而这种可靠性是否能够持续依然存疑。虽然地区官员到目前为止还没有侵扰公民社会组织在东盟人民论坛中的商讨，但是他们对公民社会参与到同东盟领导人进行互动的会议时所施加的条件意味着转向参与式地区主义并不确定。而且，论坛开放性和自由度还取决于它在哪里举办。因为峰会主办方通常会为东盟人民论坛/东盟公民社会大会提供部分资金，① 通过设置参与、讨论标准和条件，为官员干涉论坛留下了空间。虽然东盟公民社会大会在有关社会文化共同体的官方文件中有所提及，但政府仍然可以拒绝举办论坛，因为论坛还没有在东盟宪章中被正式地制度化（ASEAN，2009：23）。

虽然存在上述问题，但东盟人民论坛还是提供了一个有价值的场所，在其中，来自公民社会反对主流地区治理模式的各种表述可以被整合成更具连贯性的反霸地区计划，从而挑战东盟官方所支持的地区主义的核心要素。尤其是亚洲人民团结倡议，一个非精英地区公民社会网络，提供了一个整合东南亚地区各种公民社会组织智识和声音的场所，清晰地表述了另一种地区主义。虽然亚洲人民团结倡议看上去似乎扮演了东盟战略与国际关系研究所在东盟人民论坛中的角色，但亚洲人民团结倡议在东盟中比东盟战略与国际关系研究所更贴近草根。的确，亚洲人民团结倡议及其领导人已经成功使地区公民社会组织之间发展出更大的地区性意识，并在很多关键性地区治理问题上达成共识。从这个意义上讲，亚洲人民团结倡议变得更具代表性，这反过来又使东盟人民论坛成为一个更可信的社会论坛，即便国家试图干扰论坛事务。地区公民社会论坛近期的发展意味着东南亚"自下而上的地区主义"即使面临着来自政府的障碍，其力量仍将不断发展。

对一个更广泛的亚洲地区主义而言，东盟人民论坛的重要性根植于这

---

① 资金也来自地区公民社会组织和国际基金会。

样一个事实：它是不断壮大的亚洲范围内跨国网络和人民论坛的一部分，通过这些网络和论坛，公民社会行为体之间加强了团结，替代性的地区计划在亚洲范围内，尤其是东南亚、南亚和东北亚得到倡导。亚洲人民团结倡议在这个互动、磋商和建立共识的网中是处于中心的"网络行为体"，经由它，替代性的地区治理框架得以建立，并适合不同次区域的不同情况。然而这些反地区主义者计划却分享着共同的，以权利、民主治理、社会正义和民众参与为中心的框架。结果，一个连贯性不断提高、对立的地区主义正在亚洲范围内出现。

第十四章 亚洲的规制地区主义

沙哈·哈梅尔（Shahar Hameiri）、克尼沙珈·贾亚
苏里亚（Kanishka Jayasuriya）著　冯斌译

在国际关系领域，"地区主义"一词通常指的是地理位置邻近的国家之间各种形式的制度化或更多非正式的联合。[①] 由于学者们向来倾向于将国家和区域视为截然不同且互斥的制度—领土范畴，他们一直以来被"组成某一特定地区的各个国家与地区主义间的相对力量"这一问题所困扰：地区一体化有多深？有多广？地区协定对于各国政府具有何种约束力？相比之下，本章我们讨论的是，重要性日益增强的各种地区治理（我们称其为规制地区主义），实际上位于国家的制度空间内而非国家之间，并在这一制度空间中开展博弈。这并不表示将政治权力重新分配给国家之上的机构，规制地区主义强调地区治理项目存在于显著的国家治理和政策团体范围内。因此，在这些情况下，区域化并非像改变附属于国家权力的制度、领土、空间、意识形态表达一样改变国家间关系领域。

实际上，为了搞清楚这种新型地区一体化的政治动力，甚或只是为了更易于对其进行分析，我们必须摒弃将国家视为一种连贯、同质且密闭的"容器"的流行观点。因为主要理论观点中存在潜在的"方法论上的民族主义"，我们在本章中要做的大部分工作一直被主导该领域的学术争辩所忽略或误读。并非使国际关系的本体论和认识论前提具体化（见 Walker，1993），我们采用了一种治理模式检验新形式的地区主义。在我们的理论框架中，从国家转型的政治/治理政策范围内来理解地区治理新模式的出

①　本章研究得到澳大利亚研究理事会的一项探索项目（DP110100425）"东南亚和西南太平洋地区证券化和非传统安全治理"资金的慷慨相助，对此作者不胜感激。默多克大学亚洲研究中心和社会研究院也提供了其他资金。

现和发展。这样说意味着什么呢？

本书的主题——地区治理指的是，通过建立制度性论坛、政策工具和公私行动方网络，管理在某一具体（即使是意识形态方面构造的）地理区域内，由于相互依存日益增强而产生的冲突。就此而言，地区治理包含分配政治权力、影响物质利益及塑造本地区意识形态表达的那些制度、工具和机制。确实如托马斯（Thomas，2009）所言，治理主要涉及政策与政治；或者更确切地说，治理的各种模式代表了该地区某种特定形式的政治规则。将治理用作政治规则的一种技巧的优势在于，它使得我们能够询问这些基本问题：谁做出裁决？规则的范围何在？政治规则如何在制度上和空间上组织起来？透过这一"棱镜"可以看到，地区治理显然是一种政治操控，而且就特定形式的地区治理成为主流的程度而言，它只是得到各种强势联盟和有利的政治经济和全球战略条件支持的某一特定政治计划的组成部分。更具体地说，向地区一体化迈进的具体行动应被视为国内行动方和联盟付诸实施的政治计划。换句话说，地区政治计划植根于国内结构。尽管，如我们所见，国内外存在的显著差别（这种差别总是细微的）（见 Agnew，2009）由于各种形式的规制地区主义的出现而日益成为问题。

在此前的著作中，我们一直使用治理项目的概念来研究东亚以各种"嵌入型重商主义"项目的形式存在的"开放地区主义"的国内根基（Jayasuriya，2003）。但是，在一个全球化时代里，这些国内结构和并存的地区项目已经在经受着越来越大的压力，事实证明，20世纪90年代亚洲金融危机成为一个重要的催化剂。20世纪80年代和90年代东亚主导政治计划日渐式微导致的后果之一便是我们此处所确认的各种形式的规制地区主义的兴起。简言之，我们认为不应将规制地区主义的发展简单地视为对经济和安全治理方面出现的新问题的回应，而应将其视为政治规则得以组织并遭到质疑这一过程的组成部分。

在下文中我们开始阐述将地区治理作为一项政治项目进行研究的意义何在。而后，我们将继续考察亚洲规制地区主义的驱动力。第三节讨论规制地区主义的工具和行动方，而结尾提出未来可能的研究方向。

作为一项治理项目的地区主义

地区一体化主要研究方法的缺点之一就是建立在一个通常是含蓄的、

方法论民族主义前提下（见 Wimmer & Glick Schiller，2002），这就造成了分析地区机构与民族国家间关系的二元论。为分析划定"硬杠杠"的问题不只在地区研究中独有，而且在作为一个整体的国际关系学科中亦然（Cerny，2010）。在对地区的研究中，这种分析二元论产生了三种看似相互矛盾的地区一体化研究方法，尽管它们表面上存在分歧但仍掩盖不了其相似的理论局限，特别是在与地区治理新模式的关系方面。第一种方式，大体上可被称之为自由制度主义，源于早期的功能主义和地区一体化的新功能主义理论（Hass，1964；Balassa，1965；Mitrany，1975）。该理论认为地区机构最终将代替部分或全部国家功能。第二种方式以现实主义传统为前提假设，认为政治精英和公共机构坚决反对地区机构侵犯主权功能（Milward，2000；Lake，2009）。最后，是建构主义者，自 20 世纪 90 年代以来这部分群体在地区主义研究中的重要作用日渐增强（Acharya & Stubbs，2006；Acharya，2009），他们倾向于聚焦地区机构和关联关系的发展与地区认同的兴起之间的相互关系。在所有这三种理论中，民族国家都是分析地区制度的起点。

与此相反，本章建议采用的治理角度重点关注国家内部政治空间的转变，而非国家之间政治空间的转变，尽管显然这两个过程密切相关。这是我们所主张理论一个至关重要的维度，因为这意味着，采取一种观察地区秩序的治理方式便于我们将地区秩序置于某个国家市场形成和国家转型的政治计划范围内。从这个角度看，国家转型的过程是分析规制地区主义的关键（Hameiri，2009，Jayasuriya，2009）。我们将地区治理视为国家转型过程的一部分。

用国家转型这一术语，我们最终指的是政治权力在国家范围内得到制造、复制和分配的方式的制度化和/或程序化转变（Hameiri2010）。这是建立在唯物主义者对国家看法基础上的，这种看法受到诸如普兰查斯（Poulantzas，1978）和杰索普（Jessop，1990，2007）等理论家影响，将国家转型设想为一种社会关系和权力表达（Painter，2006）。在我们的分析中，国家转型有三个相互关联的维度，包括国家权力位置的变化，指的是国家权力得以实施的实际治理结构和空间；执行国家权力的行动方类型的变化；以及用来证明国家权力使用合法化的意识形态类型的变化。规制地区主义的出现表明了一种特殊形式的国家转型——涉及国家内部"地区"（就其本身而言是意识形态上设计出的概念）治理空间的开放。

新形式的地区监管治理的特色维度在于国家内部空间的转变。我们所说的"国家空间"指的是，国家战略确定和划定边界的方式以及政治规则通过其得到保障的空间的表征。如前面提到的，大部分国际关系著作认为国家领土边界是政府行为的结果。然而，正如普兰查斯（Poulantzas）提醒我们的，这些边界在"它们构造的界限得到统一之前并不存在"（Poulantzas，1978：105）。政治地理学家一直在争论，领土空间的产生，是一个政治过程（Brenner and Elden，2009）。正如前几个世纪，国家边界得到确立和巩固，而在21世纪，地区治理展现出新形式和做法，在这些形式和做法中，"地区"被并入国家空间里。规制地区主义指的是一种可能的国家空间和领土边界转变轨迹（Jayasuriya，2009；Hameiri 和 Jaya-suriya，2011）。

更具体地说，规制地区主义可被描述为一个内部转变过程，该过程在国家的政策和治理组织内部形成了地区"边界"的形态。从这个角度上看，地区治理，并不是在更高的地区层面实现国家领土和政治单元的集聚。它是更具根本性的经济和安全问题的地区化。新形式的地区监管更多地依赖于国家机构积极参与规则的执行，而非依赖要求它们执行的正式国际条约或国际组织（Zaring，1998；Phillips，2001；Jayasuriya，2008）。世界范围内，规制地区主义最明显的例子是欧盟范围内的开放式协调方法（OMC）。"欧洲化"一词从本质上讲，指的是受 OMC 过程驱动的欧盟成员国的内部转变。相似的结构化过程，尽管更为非正式且不成熟，在亚洲已然显现。

至关重要的是，治理的地区化远非一个简单的功能过程。归根结底，地区空间的形成是受到社会和政治联盟支持的一项政治工程以及构造这些空间的独特方式。规制地区主义调动了一国范围内各种规模的治理，造成了相抵触的监管机制间的新型政治冲突。行动方试图改变对特定问题进行治理的程度，借此使这些问题变得对它们有利。例如，莉莉（Lillie，2010）指出，越来越多的情况下，"离岸"和"在岸"生产之间的区别不包含对生产地址的任何物理搬迁。它更是资本通过改变资产阶级社会关系得以发展的监管机制来逃离阶级调和并削弱工人阶级联盟力量的一种方式。Gough 已经指出，改变治理战略的规模"可被理解为空间积累的根本矛盾的调解。治理规模的改变似乎成为通过使用规模化机构和经济方法改变这些紧张关系内部平衡的手段"（Gough，2004：206）。从这一角度讲，规制地区主义是在改变了的经济活动规模范围内改变阶级关系的一种表达方式。重要的是，这种与规制地区主义相关的重新调整不单单是行动方的一种战略选择。相反，正如我们在本章中看到的，只有当全球化和冷战结束造成的有利政治经济和全球政治条件历史性地同时出现时，这种情况才能成为可能。①

亚洲规制地区主义的动因

如前文提到的，规制地区主义可被视为国家空间得到改变的一个过程，因为它推动治理超越了其传统国家领土边界，尽管并不必然同样超越国家政策和治理机构。并非如地区主义的传统观点，即地区主义事关贸易自由主义或国家间防御合作，规制地区主义指的是国家国内政策和治理机构的地区化，主要通过国家机构和行动方参与地区治理实现。可通过开放一国范围内跨越一系列问题领域的地区监管空间的政府间协议推进这样一个过程，OMC 就是这方面最明显的例子。由于特定经济活动和/或安全问题的实际或感知的地区化，规制地区主义也可以以一种更具试验性和特别的方式出现。后一种模式似乎与亚洲经验是有更强相关性。

为了弄明白这一过程，我们必须将其置于最近几十年全球政治经济变迁，特别是日益增强的生产和金融流动跨国化背景下。这些发展已经改变了亚洲的国家—市场关系的性质（见 Jayasuriya，2003），并且推动了跨国利益集团和联盟的出现和强化。特别是，亚洲金融危机加速了东亚"嵌入性重商主义"——主要是指与亚洲发展型国家相关的政治工程，以及相关的"开放地区主义"地区项目（该项目聚焦于促进国家单元间的贸易自由化）的（不完全）衰退（Jayasuriya，2003，2005）。反过来，与亚洲变化着的政治—经济现状相关的挑战和冲突在管控跨国风险（一项重要的政府和地区活动）从而进一步推动规制地区主义发展中发挥着至关重要的作用（Sayasuriya，2009）。

也许亚洲规制地区主义的最重要动因一直是地区—跨国生产网络的出现，最初与 1985 年《广场协议》签订后的日本投资有关，而后便与中国的崛起密切相关。尽管中国的经济发展本身是国际生产结构化转变的结

---

① 关于地缘政治学在构建地区中所发挥的作用见 Beeson（2009b）。

果，但其如今在跨越国界以及在某些情况下将东亚与全球其他部分相连接（Breslin, 2005）的网络中占据重要位置。尽管中国政府至今一直没有对领导广泛的地区监管项目，如 OMC 表现出特殊兴趣，这在某种程度上源于其对国家主权的捍卫，但中国的经济增长展现了一种新的生产形式，这种生产并非必须在国家领土空间范围内完成。这一向与旨在（诸如）增进金融稳定性的地区监管模式相伴而生。

然而，不只是跨国生产在地区范围内完成。国内资本也越来越多地在地区而非国家范围内运行。例如，新加坡的国家资本主义公司如今实现了广阔的地区覆盖。与其地区化相伴随的是为促进地区性经济治理形式发展而付出的努力，以及影响本地区其他国家的政治治理安排（Rodan, 2004）。东盟（ASEAN）自由贸易区（AFTA）协议和地区国家间双边贸易协定的发展网络可被视为这一正在进行的地区化活动的组成部分和国内资本（私人或国家控制）的功能。确实，如克里斯托弗·登特（Christopher Dent, 2010）指出的，近年来，亚洲（和其他地方的）自由贸易协定（FTA）已经较之前的协定具备了更广泛的监管范围。不只是简单地消除国家间贸易障碍，FTA 如今包括要求在地区层面实现诸如知识产权、投资、政府采购和竞争政策等国内监管转变，作为贸易自由化的条件。

尽管生产的跨国化和国内资本的地区化在推动亚洲规制地区主义的兴起过程中发挥着特别重要的作用，同样重要的是不要忽略地区不断加剧的金融化对亚洲金融危机萌发的影响。赫泰勒（Rethel, 2010）指出，此前 20 世纪 90 年代金融自由化的支持者（自由主义者）与发展型国家（干涉主义者）之间的不一致已经基本上被该地区达成的一致意见所取代，即一定程度的金融发展是必要的而且重点必须放在改善国内和国家间金融治理上。这一点忠实记录了亚洲债券市场规模的缓慢增长，因为之前的银行主导发展型国家模式正逐渐被超越。债券市场的增长一直伴随着亚洲债券市场倡议（这是一个发展和监管国内货币债券市场的平台）以及清迈倡议（CMI）（这是一个旨在通过增进货币交换协议防止参与国的国家货币崩溃的机制）的确立。对于两个倡议而言至关重要的是在 ASEAN + 3（APT）框架内的一个地区监管机制，其主要目标是评估国内治理协议的质量和健康程度。监管职责向来主要由东亚及太平洋地区中央银行行长会议和 APT 财长承担（Nesadurai, 2009），尽管在诸如 ABMI 此类例子中，发展债券市场的任务由技术专家而非政治人物掌握（Rethel, 2010：13）。

前文提到的，不断加剧的金融化与金融监管创新这两个相伴而生的过程，也突出了风险观念重要性的不断增强，以及亚洲规制地区主义兴起过程中的风险管理。可以说，各种形式的风险管理已经成为本章所讨论的这种地区化的最重要动因。德国社会学家乌尔里希·贝克（Ulrich Beck, 1999, 2009）已经确认了近几十年里各种新型风险的出现，他将其称之为"去边界化"——不受国界或可计算的时间框架限制。这些风险（主要是工业化和全球化无意识制造出的副产品）出现的概率低但造成的结果严重，因而没有被现有的社会和私人保险形式所保障，此二者依赖数据分析和财政补偿。对于 Beck 而言，"去边界化"的风险不同于工业社会的风险，只能通过反省式集体和自我治理管控这些风险。他指出，对其存在的意识不断增强创造出一个新的"风险社会"，在这个社会形态中，现代性和进步成为问题，而风险管理跃升为政治的核心。Beck 适时地看到了一个"世界风险社会"的发展，在这样的社会里，人们明白对去边界化风险的有效管理，超出了单个政府的能力范围，而更为深层次的地区和全球合作是必需的。

在亚洲，同样地，政府、政府间和非政府行动方已经号召采取新的地区性举措对诸如气候变化、环境恶化、传染性疾病传播、非法交易和跨国恐怖主义（Dupont, 2001）等问题进行监管。尽管此类举措通常无法推动治理发生实质性改变（见 Caballero－Anthony, 2008b），但本地区内对风险管理的基本理论达成了共识，这在《东盟宪章》中体现得尤为明显。

然而，根据本章提出的总体观点，风险管理应被视为一种特殊形式的政治治理。借助风险进行的治理涉及一系列超越传统韦伯式公共和私人领域以及威斯特伐利亚内部——外部区隔的跨界行为。所谓"世界风险社会"的重要方面在于它要求对此前肯定只是在国家管辖范围内处理的问题做出全球和/或地区回应。与前面提到的经济治理过程采取的方式相同，不应将风险管理视为一个外部驱动过程（完全由凭经验观察到的向安全环境的转变塑造），而应将其视为一个从根本上改变在其中对这些问题进行治理的国家空间的内部过程。因而风险管理也应被视为一项超越国家政治舞台对国家活动、手段和论述重新进行调整的政治工程。这意味着当重新调整损害其自身利益时，其他行动方和联盟可能反对将特定问题描述为风险（Hameiri, 2011）。

东南亚最近一次爆发雾霾问题——印度尼西亚采取非法和滥伐森林的

做法导致的结果，就是一个很好的例子。尽管各国都有相当充分的证据表明火灾对人体健康有害，而且特别是新加坡政府采取措施推动建立一个对林业生产做出标准化规定的地区协议，但印度尼西亚国内相互勾连的强大利益集团（他们从开荒中受益）已经成功地阻止了这种重新调整的做法。至今，印度尼西亚政府一直拒绝签署该地区协议（Tay，2009）。

亚洲规制地区主义和手段与行动方

手段

规制地区主义是横跨从财政到能源治理等各种问题领域的一种现象。但是，所有新型监管治理模式的共同点是，无论在国家还是次国家层次上，都可以就落实和管理地区规则方面达成共识。在实践中，这种做法以多层次治理的形式出现，通常与特定问题（整合了国家部分）方面的专业国际/跨国政策网络的发展相关联。

多层次治理是欧盟研究文献[1]中颇为流行的一种术语，而且按照胡格（Hooghe）和马科斯（Marks）的观点，可以用两种含义中的一种对这种治理进行解读。第一种类型的多层次治理这一概念实质上指的是一种联邦主义，在这一概念中排他性、广泛性和根据领土界定的各种规模的政治单元就像俄罗斯套娃一样相互包含。这是地区主义的传统观点，即将地区视为构成地区的国家之上的领土单元。另外，第二种类型的多层次治理，指的是功能特定、灵活且解决问题的管辖。这些管辖可视需求而定，而且甚至有可能在治理特定问题的权限方面相互展开竞争。规制地区主义安排倾向于采取第二种理想类型的多层次治理，因为功能专门化是超越国家层次对问题进行重新调整的主要机制之一（Hameiri & Jayasuriya，2011）。

在亚洲，例如，卡瓦列罗·安东尼（Caballero - Anthony，2009a）已经确认了基本形式的多层次治理的出现，ASEAN 位于在地区、国家和次国家层次运行的若干新政策网络的中心。这些网络向来特别是与新兴的非传统安全问题的管理有关，此类问题通常都穿越国界，因为需要做出地区回应。亚洲多层次治理的另一个重要例子是亚洲开发银行（ADB）湄公

---

[1]　综述见 Bache 和 Flinders（2004）。

河项目。湄公河项目由一套复杂的治理系统管理，该系统包括相关国家的部长理事会、管理其事务的秘书处以及作为跨界水资源管理和内部国家管理结构之间渠道的一套平行的国家委员会系统。赫斯基（Hirsch，2006）描述了各个行动方之间就谁治理哪些以及在何种层次上进行治理发生多层次冲突的复杂局面。这个例子表明，在第二种类型的地区化中，没有就规模作出像我们在第一种类型的安排中预见的明显层级划分。因而，边界的建立以及它们的层级顺序，通常会成为一个融合了冲突与和解的动态过程，这塑造了地区治理的实际形式。

与政策网络和多层次治理有关的规制地区主义的一项重要机制是元治理，指的是"治理的治理"。这包括一系列监管活动，但主要是那些确定监管程序和规则的活动，以及制定包含一系列政府和非政府行动方治理安排的活动，无论这些活动是网络治理、多层次治理还是兼而有之（见 Jessop，1998；Jayasuriya，2004）。对于规制地区主义而言，元治理特别重要，因为这一种地区治理通常不包含直接形式的规则，但如我们所言，它倾向于依赖跨越公私分隔的多个行动方对监管的参与。

当代治理过程中元治理的重要性不断增强，究其原因是与官僚机构中权力的重新排列有关。元治理功能通常掌握在各国和国际组织的核心管理层手中，尽管实际治理正越来越多地分散到大量政府和非政府行动方中，因此当治理变得越来越分散时，元治理变得越来越集中（Jayasuriya，2004）。

在亚洲，ADB 在前文提到的湄公河项目的开发过程中一直发挥着元治理作用。但是，它也一直对地区的两大金融治理平台——CMI 和 ABMI 所呈现的特殊形式具有帮助。就 ABMI 而言，ADB 提供了重要的技术和研究援助，同时也托管着"Asian Bonds Online"这一 ABMI 的信息数据库。尽管 ADB 在某种程度上扮演着向亚洲引入国际金融治理的渠道角色，但在这一程度上，相关计划表明了亚洲"市场国家"的兴起（Robison，2006），赫泰勒（Rethel，2010：14）注意到，在亚洲范围内债券市场得以发生的特定政治经济和意识形态背景存在重要差别。例如，尽管诸如国际结算银行等标准设定组织通常将债券市场的发展视为国家和国际金融市场稳定的关键因素，但 ADB 的研究强调了债券金融作为支持地区基础设施发展的一种方式的功用。

行动方

伴随着新治理手段的出现，规制地区主义也关系到新型行动方对政府过程的融入，以及现有政府和非政府机构角色的变化。我们在前文中已经提到了国家和组织的核心管理层一直以来在一个包括公、私和第三部门行动方的日渐分散的治理范围内，所呈现出的元治理能力。

私人行动方对治理的重要性不断增强这一点已着墨颇多。已对私人保安公司（PSC）或私人军事公司（PMC）给予了特别关注（Singer，2003；Liss，2009）——尽管学者也已经考察了私人部门顾问和专家在指导政策决定及设计、落实和审计国内外监管治理方面不断增强的重要性（Stubbs，2003；Hamilton－Hart，2006）。这一现象的重要方面在于有私营部门执行各种形式的公权力。例如，克拉罗（Krahmann，2008）已经指出，安全服务提供的私有化对安全作为一个公共产品的概念构成潜在挑战。对东南亚海事 PSC 的研究中，卡罗琳·丽丝（Carolin Liss，2009）已经表明，尽管一国政府对该地区 PSC 的介入极其敌视，但运营商通常与当地官员达成非正式协议以确保承包方不会遭到侵扰。

但是，并非只有私人行动方一直在承担专门的治理功能。事实上，公共、非选举产生的监管机构和政策制定机构的数量和范围一直在大幅增加（Vibert，2007）。这些机构通常会加入包括来自其他国家和多边及私人部门组织的类似机构的相关政策网络（Slaughter，2004）。来自亚洲的一个例子是亚洲/太平洋反洗钱工作小组（APGML），它将国家监管机构与国际金融工作小组、世界银行、国际货币基金组织、国际证监会组织和其他数个组织联系在一起。

因此，参与其中的监管行动方是公立机构还是私人机构并不是那么重要了，因为有关公共和私人、国内和国际的韦伯－威斯特伐利亚观念之间的分野受到规制地区主义发展的挑战。另外，有一种观察到的趋势是治理的专业化不断增强，以及确立的主权和政治代表观念与通过本章讨论的新型监管治理模式提出的新型政治机构之间的分野不断加大。

结论和未来的研究

在本章中，我们已经尝试着纠正大部分著作有关亚洲地区主义的偏见，这些著作主要聚焦国家间的正式机构和协议。地区治理安排日趋多元化，我们称之为规制地区主义，它并未受到主流国际关系研究的关注。这是因为规制地区主义并不位于国家间的地理范围内，而是涉及国家内部架构的转变，且这一转变并不表示超国家实体的出现，相反，它是在国家和次国家机构对地区监管的积极参与中出现的。

本章发现的重要性以及此前对规制地区主义的研究并非描述性的。相反，我们正在目睹新形式的重要政治规则的出现。要弄明白谁管理以及如何管理这些基本问题（传统国际关系理论对此做出了先验式回答），就需要超越方法论国家主义的限制，用一种新的理论框架，将国家转型置于地区主义研究的核心。本质上讲，在此我们为地区主义学者确定了一项新的研究议程。但是，正如所有新的研究议程一样，需要开展更多的工作使我们的观点更加充实。

我们已经指出，规制地区主义是国家转型的可能轨道之一，它自身就是一个与全球政治经济变迁相关的过程。那么，为了弄明白这一过程的潜在规模和未来发展轨迹，我们必须深入探究国家转变的各个方面——政治权威位置的变迁、行使国家权力的新监管行动方的出现以及为使用国家权力而提出的不断变化的意识形态合理化理由（Hameiri，2009）。未来研究还必须考虑对规制地区主义构成的挑战，包括详细说明质疑国家转型的联盟种类以及这些联盟成功防止对治理进行重新调节的环境。例如，显然，尽管公权力日趋分散，有关国家主权和国家政治社会的观念仍然非常强大而且在亚洲像在其他地区一样得到普遍认可。不论喜欢与否，国家转型及与之相关的地区或其他层面的众多新监管治理模式的出现如今已成为亚洲政治地图无法抹去的组成部分。

第十五章 东亚的腐败问题

霍华德·迪克（Howard Dick）著 冯斌译

引 言

世界普遍认为亚洲国家是腐败的。这种看法经过媒体、学术界和援助团体慢慢扩散。腐败指数和治理改革的崎岖路径更加印证了这一点。这种看法并不是完全错误的，但是也并不完全符合事实，更不必说能够有助于理解形势或进行政策干预了。首先，亚洲像美洲一样幅员辽阔，甚至在地理、文化和历史轨迹方面更加多样化。其次，该地区的腐败——尽管普遍且令人憎恶，但并不必然成为统治的根本性弱点，它可能是一种症状而非病因。最后，社会和政治变化是个长期而复杂的过程，在这一过程中，道德讨伐和草率干预通常会产生无法预测的混乱后果。

本章力图做四件事。首先，本章试图对亚洲的腐败问题做出有益的粗略概括。其次，将有关亚洲的宽泛抽象观念分解为在传统、治理系统或发展方面具有某些共同点的国家集群，观察这些情况是否揭示了向清廉政府发展轨迹中的任何模式。再次，考虑到不断增加且越来越具有影响力的中产阶级的角色，分析是民主体系还是独裁体系更有助于实现繁荣和清廉政府。最后，提出了治理改革的某些政策建议。本章是一篇批评文章，而非有关该主题的文献调查。笔者从历史和政治经济的角度提出，腐败只是必要的社会改革的一个方面。这就与气候变化的例子类似：可以从科学角度对其做出诊断，但是不可能在不涉及社会、经济和政治体系的情况下对此做出"定论"。

定义和数据

乍一看，腐败是一个相当简单的现象：滥用公职权力牟取私人或个人收益，特别是在国家机关范围内，但"透明国际"（Transparency International）（2009a）指出，这一现象在私人部门也有所反映。最明显的例子是贿赂，它的形式可扩展到现金给付之外，包括用于获得人情帮助的实物补贴或"礼物"。尽管如此，复杂的状况很快出现。礼物并不必然代表贿赂（Verhezen，2009）。在公务员工资低的地方，小额支付通常被理所当然地视为"促进因素"。此外，"腐败"只是人们和组织用来获得好处的多种手段之一。人脉和个人关系是另外的手段。在许多西方国家，游说已成为一项规模巨大的产业，抑制了有效的代议制民主的发展。简言之，腐败只是与正式的法律、规则和程序相抵触的各种非正式机制和行为之一。即使反"腐败"取得了表面上的胜利，也不意味着政治、法律和经济体系必然提供善治，或者反腐败本身是公平的。

存在着两个根本性问题。首先，是韦伯式的理性官僚国家用按照公共利益行事这一理念支撑了看似简单且普适的腐败定义。从西方视野看，这似乎无可争辩。但是，许多国家仍在从"庇护人社会"中转型，在这种社会形态中，公共利益没有得到有力界定且法律制裁较弱。在这种转型情况下，加之较小的课税基础和低水平的公务员收入，"腐败"并不能如此盖棺定论。人们不仅应关注对所谓普世理想的背离，而更应关注对主流社会规范的背离。

其次，腐败由于其本质特点而隐藏于公众视野之外。腐败由涉及以金钱换取支持的交易构成，这些交易只为交易方所知（Lamdsdorff，2007）。隐秘性是公务员和政客能够谎称他们是根据正式的法律和宪法行使这一非正式安排。只有因巧合或意外情况使交易被揭穿时，有损名誉的交易才会得以公开。公民清楚腐败行为是如何在日常生活中侵犯他们的权益的。但是，另外必须从未经解释的结果和相关谣言中推测出腐败现象发展的程度。当权势阶层的腐败为公众所知时，遭曝光的丑闻之所以被广泛关注不仅是因为其对腐败的生动揭示，更是因为它们激起了曾受压制的愤怒浪潮。丑闻成为人们发泄不满的目标。尽管如此，试图通过被曝光的丑闻来衡量腐败程度的做法如根据露出水面部分来衡量冰山大小的做法同样不可靠。

在旁观者的眼中，所有能够衡量的腐败行为都是依据现行规范得出的腐败认知，而这些规范是变化着的。显然，这受到腐败对认知人群的作用方式的影响。大众媒体对腐败的报道也起了部分作用：一种反腐驱动力可能使得更多的腐败案例遭曝光。正如以公共道德名义而进行的所有运动一样，其目标变动不居且结果无法预测。这是本章后面的内容将讨论的问题，但仍有必要首先对一些可得的数据进行概观。

非政府组织——透明国际（TI，2009b）每年编制的清廉认知指数（CPI）是目前按照感知的腐败程度对国家进行排名的最佳方式。考虑到腐败的主观性，跨国比较有失偏颇且统计不精确，这些数据仍展示了一些有趣的结果。首先，东亚国家广泛分散在受调查的180个国家范围中——从清廉指数仅次于新西兰和丹麦、位列第三的新加坡到仅高于阿富汗、名列倒数第三的缅甸。其次，东亚的这13个国家（通过比较省略了很多小国而将印度包含在内），平等地分布在这一范围的前半部分和后半部分。换句话说，没有任何一个单独的群组可以用来对亚洲"模式"进行简单的概括。

如果将腐败排行与世界银行有关按购买力平价计算的人均收入数据相比，可以看到二者之间大体上存在相关性。经济合作与发展组织（OECD）成员——日本、韩国、新加坡、中国香港以及中国台湾（数据可用）排名远高于工业化迅速的经济体——马来西亚、中国大陆、印度、泰国、印度尼西亚和越南。腐败指数位列下半区的各国和地区人均收入均接近或低于2000美元，只有印度比根据其非常低的人均收入预测的水平高。战乱频仍的缅甸排名垫底并不令人惊奇，尽管菲律宾的排名也非常靠后。

尽管如此，CPI排名并不必然等于腐败的影响程度。世界银行2009年所做针对183个经济体的"营商便利指数"排名与此形成有趣的对比（表15—1）。尽管表15—2中排名前列和末尾的亚洲国家（地区）与表15—1相同，但中间部分仍有显著区别：泰国、韩国、马来西亚和越南在这方面表现更优，而印度则相差甚远。这些差别与应对国家官僚的时间、成本及结果的可预测性相关。

表15—1　亚洲主要国家和地区的腐败指数、贿赂率、人口和人均GDP（2009）

世界排名	国家和地区	腐败指数（ex10）	贿赂率（%）	人均GDP USD 2008	人口（百万）	商业容忍度（等级）
3	新加坡	9.2	6	37600	5	1
12	中国香港	8.2	7	30900	7	3
17	日本	7.7	1	38400	128	15
37	中国台湾	5.6	na	na	na	46
39	韩国	5.5	2	19100	49	19
56	马来西亚	4.5	9	7200	27	23
79	中国大陆	3.6	na	3263	1325	89
84	印度	3.4	9	1068	1140	133
84	泰国	3.4	11	3900	67	12
111	印度尼西亚	2.8	29	1100	227	122
120	越南	2.7	na	1050	86	93
139	菲律宾	2.4	11	1847	90	144
158	柬埔寨	2.0	47	651	15	145
179	缅甸	1.4	na	na	50	na

注：a. 过去12个月实施贿赂的抽样家庭比例。

　　b. 以购买力平价换算的人均GDP（美元），2008年。

　　c. na指无可用数据源。

资料来源：TI（2009b，c），WB（2020a，b）。

腐败如何影响日常生活？透明国际在其"全球腐败晴雨表"中询问抽样家庭，它们是否在过去12个月里行贿（T1，2009c）。新加坡（在世界银行"营商便利指数"表中排名第3）和中国香港（排名第12）家庭的行贿发生率为6%—7%，远高于日本（排名第37）或韩国（排名第39）1%—2%的行贿发生率。马来西亚（排名第56）、印度（排名第84）、泰国（排名第84）和菲律宾（排名第139）家庭的行贿率均集中在9%—11%，异常值分别为印度尼西亚（排名第111）和柬埔寨（排名第158）的29%和47%（表15—1）。

从"全球腐败晴雨表"中的另一个指标可以一窥这些变化的端倪，即"您认为本国（地区）下列机构在何种程度上受到腐败的影响"（用1—5级来衡量）。问题的答案符合18个亚洲国家和地区中的11个，其中最腐败的机构已被加粗（表15—2）。该表中的数据说明了三种截然不同的腐败模式。首先，在新加坡和中国香港这两个公共机构腐败程度最低的城市中心型国家（地区），腐败似乎与私营部门有关。其次，在日本、韩国、马来西亚、印度、泰国和菲律宾的民主政治中，政党被认为是最腐败的机构，但在印度尼西亚，议会本身的腐败问题更加突出。最后，在日本和菲律宾，官僚机构与政党的腐败程度不相上下，而在柬埔寨，腐败问题在司法领域显得尤为突出。

表15—2　　　　　　　　　　国家/地区和机构的腐败比例

国家和地区	政党	议会	行政部门	司法部门	商业部门	媒体
新加坡	2.1	1.8	2.2	1.8	**2.7**	2.5
中国香港	3.3	2.7	3.0	2.5	**3.9**	3.6
日本	**4.3**	3.9	**4.3**	3.2	3.8	3.6
韩国	**4.3**	4.2	3.7	3.6	3.8	3.6
马来西亚	**3.9**	3.3	3.7	3.1	3.4	2.7
印度	**4.2**	3.6	3.7	3.2	3.4	2.9
泰国	**4.1**	3.1	3.6	2.8	3.2	2.8
印度尼西亚	4.0	**4.4**	4.0	4.1	3.2	2.3
菲律宾	**4.0**	3.9	**4.0**	3.4	3.0	2.0
柬埔寨	3.0	2.7	3.5	**4.0**	2.6	2.3

资料来源：TI（2009b，c）。

简言之，尽管腐败遍布全球，但不同国家（地区）间的表现形式迥异。没有确定的线性标尺或直线轨迹。因此，本章的其余部分将聚焦具体国家（地区）并试图从这些案例中梳理出亚洲各国做法是否可资借鉴。

轨迹、群体和案例

腐败总是发生在一定的情境中。腐败程度低的国家的人民拥有完善的正式制度和繁荣的公民社会，他们容易忘记这些优势其实是几个世纪来社会演进的产物。

尽管欧洲已经逐渐将自身重塑为一个民主国家的共同体，但亚洲仍被分割为民族国家。这些亚洲民族国家从民主到极权，从高度繁荣到极端贫困，以及从非常清廉到非常腐败，不一而足。20 世纪 40 年代，正值欧洲处于法西斯主义和极权主义政权统治下，而亚洲最西部的缅甸等亚洲各国刚刚摆脱殖民主义的压迫。日本的短期占领并无开化作用，但这段时期确实唤醒了亚洲民族主义并加速其成长，从而确保本民族不再轻易遭受殖民者的踩躏。然而，除美国在菲律宾的统治外，持续的社会民主很少受到保护。尔后，大概从 1948 年起，冷战的蔓延导致了一个更为残酷的政治环境。在这一政治环境中，军事独裁政权作为敌对的超级大国的傀儡得到支持。只有在柏林墙倒塌及随之而来的美国政府政策的显著转变后，民主和人权才成为对外政策的明确目标，给予广泛兴起的民主运动以希望、资源和信誉。

同样也存在经济因素。首先，"二战"后新独立的国家全盘继承并拓展了对市场经济的官僚控制。为了给中央政府预算提供资金以及保护稚嫩工业的双重目的，贸易税逐步提高。这也成为海关人员贪腐的巨大诱因。收支逆差和外汇管制催生了外汇黑市和各种金融操纵。其次，冷战背景以及禁毒行动的潜在互动不仅造成了当地军队和警察机关的腐败而且造成了整个政权的贪腐，同时确保了美国政府的持续支持（McCoy，2003）。

这一肮脏的"遗产"对于政府质量和腐败流行负有责任。与欧洲类似，殖民统治时代之前的亚洲各国政府是世袭的，大多数通过王权和贵族体制实现更迭，尽管在中国、韩国和越南这一体制因正式官僚体制的存在而受到节制。殖民统治通过间接统治制度巩固了世袭遗产，同时将权力、财富和地位集中在外国精英手中。有抱负的民族主义者得到的教训是受教育和服兵役是向上流动的最佳路径。即便民族主义者持独立运动的民粹主义论，但治理模式却是中央集权主义或国家干预主义。并且，这种治理模式因采用共产主义意识形态和/或军事统治而得到强化。在这样一个体制中，权势阶层榨取资源而其他阶层听命于他们并为其提供滋养以期获得恩惠，即便这么做最终也只是被遗忘。因此，"滥用权力"这一观念确实是站不住脚的。虽然措辞不同，但"滥用权力"往往被简单地诠释为"不忠"。腐败通常是用来指控失势者的说辞，是反对政治对手的一种武器。

然而，尽管欧洲和亚洲之间存在这一宽泛的对比，但亚洲个体国家的发展轨迹却展现出显著差异。首先，可以对"英国殖民统治为善治铺平了道路"这一陈旧的观点进行反驳。透明国际腐败指数列表显示，名列前部的新加坡与中国香港以及名列尾部的缅甸均曾被英国殖民统治过。美国的统治实现了菲律宾的善治这一观点同样不可信。一个似乎更有说服力的假设是日本的统治最终而言是有积极作用的。这一积极作用无论是对于成功抵制了被殖民化的日本自身（排名 17）还是其前殖民地韩国（1910—1945 年）（排名 39）而言都是存在的。正如布思（Booth，2007）和其他学者指出，日本的殖民统治，尽管严酷，但在基础设施建设、农业生产率、教育和公共卫生等方面确实为经济发展奠定了基础。

下述案例研究并非从分类法角度进行的阐述。各路作者一直试图按照腐败程度和所感知的特征对各国/地区进行分类。此类研究非常有趣但也具有倾向性。以下分组属一家之言，旨在强调各国/地区之间的相同点或对比初始即具备或随着时间变化而产生的差异。归根到底，时间路径是关键，且相较于在纯社会科学理论范畴而言，随机因素在此似乎发挥了更加重要的作用。

新加坡和中国香港

新加坡和中国香港在成为高收入发达经济体方面取得的成功更多地要归功于它们作为自治实体的地位而非不列颠的统治。显而易见，在单独某个城市确立善治比在整个国家实现善治容易得多，尤其是相较于中国、印度或印度尼西亚这样的大国而言。新加坡如若仍留在马来西亚联邦内，必定不会取得如此的成功。新加坡是真正的善治岛屿而且在这里为各国制定反腐败战略上了生动一课：聚焦关键城市而非整个国家。

"在殖民统治时期，腐败是新加坡的一种生活方式"（Quah，2009：132）。尽管自 1871 年《刑法典》颁布以来腐败就被界定为非法行为，但新加坡的警察机关尤以保护恶行而维系其存在。对于殖民机构而言，更重要的是维持公共秩序而非促进廉正。从孟买到东京，政府常心照不宣地依靠秘密社团和黑社会帮派维持街面秩序，并且以残酷的方式对待既定秩序的挑战者。1959 年，新加坡人民行动党（PAP）在曾受剑桥教育的律师李光耀的带领下执掌政权后，这一情况才有所改变，李的目标是现在所谓的"善治"。第二年新加坡《预防腐败法》生效，极大强化了反贪污调查局（CPIB）的权力。CPIB 所采取方式的实质其实是对大规模腐败和小范围腐败均采取"零容忍"态度。不久后，高层公务员或部长也不能免受调查和严厉制裁的规定就得以确立。与此同时，政府整饬警察机关，重点打击在街面执法中贪腐的官员和行贿人员，例如：深受腐败官员索贿之苦的卡车司机初次行贿时会被警告，并被告诫如若再犯将遭监禁并失去生计（Chua Boon Keng, pers. comm.）。在新加坡，腐败很快就被视为无讨价还价余地。但对商业行为的监督仍不严格。新加坡严酷的反腐败法没有域外效力。对于在邻国贪污腐败的新加坡人没有制裁措施，而新加坡本身就是外国腐败嫌疑犯及其财产的安全避风港。

在中国香港，1973 年年中，腐败进入公众视野。其时，在九龙曾广受尊重的区警署副署长葛柏（Peter Godber）为免遭积聚非法资金的指控而逃离港岛（Lethbridge，1985）。这一丑闻加速了 1974 年强势部门"廉政公署"（ICAC）的成立。该公署直接隶属于香港政府。公署成立后，很快查明了警察机关内部普遍存在"集团式腐败"现象（Lethbridge，1985；McCoy，2003：404）。尽管由于遭到警察的反抗而实行了部分特赦，但开除这一即决权力被证实是一种强有力的武器。ICAC 获得了成功且自此被视为世界范围内其他行政辖区的范例。尽管如此，正如在新加坡，中国香港对私营部门的监管和调查依然薄弱而且没有域外效力。

日本和韩国

日本在亚洲各国的腐败级别低，但这一现象具有欺骗性，日本国内腐败问题严重。但是，较任何其他国家而言，该国的腐败问题组织程度更高且投机性更少。部分原因是来自自由民主党（LDP）的前任及继任者在60 多年的执政历程中一直奉行保守政策。2009 年日本民主党（DPJ）大选的获胜几乎没有打破这一垄断。这是因为民主党总裁小泽一郎直至1991 年始终担任自民党干事长，并且随后来自自民党的鸠山由纪夫成为首相。这一政治局势的后果就是自此之后日本国内政治一直陷入错综复杂的党争之中，出现被诟病为金钱政治的腐败问题。另一后果是政府、警察机关与"山口组"等犯罪团伙之间暗中勾结，允许一定限度的腐败存在。这两种形式腐败的共同根源是腐败交易方可以从用地改划和建筑合同中揩油，即麦柯马克（McCormack，1996）所称的"建筑国家"。这一现象在20世纪80年代晚期的泡沫经济期间达到顶峰。当时，银行为获得财产性收入而不顾一切地盲目放贷，导致金融系统崩溃和结构性衰退，而放贷给犯罪集团的巨额资金无法追回。

在过去十多年中，改革已经缩小了腐败的范围，但并未对体系本身进行警示。短命的联合政府于1994年发起的选举改革废止了多议席选区。而在2005年，首相小泉纯一郎的邮政改革法案为实现邮政储蓄更加透明化铺平了道路。这一改革法案转而也实现了所谓的"第二预算"，将邮政资金用于通常可疑的基础设施项目的透明化。日本高额国债已经成为基础设施投资的更深层次制约因素。小泽一郎和鸠山由纪夫都卷入融资丑闻，但这并非是他们在2010年年中突然辞职的首要原因。媒体继续报告丑闻，但是政治系统则继续抵制更深层次的政治资金改革（Bowen，2003）。企业和政府之间的"权钱交易"文化仍然根深蒂固，通常被称为"结构腐败"。

韩国也面临着类似的公众要求廉洁政府的压力。这主要是因为韩国高层政治人物和龙头企业集团（本国财阀）陷入周期性丑闻，而二者之间一直过从甚密。选举获胜后，新政府必须进行廉政改革。但是新政府转而又陷入"权钱交易"这一根深蒂固的腐败体制中，从而加深了公众的嘲讽。因而，三任前总统，即全斗焕（任期1980—1988年）、卢泰愚（任期1988—1993年）和卢武铉（任期2003—2008年）已因贪腐而被判刑，而反腐败改革家金泳三（任期1993—1998年）（他曾将两位将军出身的前任送上审判庭）和金大中（任期1998—2003年）均卷入涉及亲属的腐败丑闻。卢武铉最终自杀。与日本和中国台湾一样，权力的结构和动力使体制改革受挫。尽管如此，如康灿雄（2002）指出的，政治和商业精英间的权力平衡（"互为人质"）使得受约束的腐败和寻租行为仍促成了经济增长和社会发展。

马来西亚

马来西亚在世界银行腐败指数表中排名第56，这表明，难以在一个存在种族分裂的国家建立廉洁政府。1957 年独立时，马来西亚是除石油酋长国之外英联邦中少数最繁荣的国家之一。但是，达成的一项具有决定意义的和解是，马来人控制政府而中国人控制经济。这一和解被 1969 年爆发的种族骚乱所打破，导致马来政府在第二年采取了明显带有歧视性的一边倒新经济政策，即试图将该国 30% 的经济财富转移给马来人。这反而造成了执政的马来民族统一机构（UMNO）与新出现的马来西亚商业阶层之间形成彻底的腐败关系（Gomez，2002）。马来民族统一机构与马来西亚华人公会（MCA）及马来西亚印度人国大党结盟，自 1957 年以来保持了长期执政地位。受到普遍支持的分离领袖安瓦尔·易卜拉欣（Anwar Ibrahim）通过多种族联盟夺取政权的尝试因其鸡奸罪入狱而受阻。而最近的 2009 年，这位分离领袖已考虑通过收买议会中的联盟成员改变政治派系。现任总理纳吉布·拉扎克（Najib Razak）已宣布其终止新经济政策的意愿，但马来西亚政治仍受困于腐败泥沼。

泰国和印度尼西亚

泰国和印度尼西亚经历了 1997—1998 年亚洲经济危机并完成相关联的政治转型之后，均成立了强有力的反腐败委员会。泰国实现了政府更迭，新宪法对廉洁政府做出了强制规定；印度尼西亚则从独裁体制转变为民主体制。但是，这两国的改革持续性均未得到保证。

亚洲金融危机于 1997 年年终爆发于泰国。腐败的班汉·西巴阿差（BanhamSilpa-archa）政府最终身败名裂，结果在皇室的干预下迎回"清廉"的民主党总理川·立派（ChuanLeekphai）。在国际货币基金组织（IMF）的支持下，泰国成立了一批独立机构以监控和推行善治，这些机构包括：宪法法院、行政法院、审计总长办公室、国家人权委员会、消费者保护组织、环境保护组织、监察专员，并于 1999 年成立了独立的国家反腐败委员会（NCCC/NACC）。根据 2008 年修订后的法律规定，NACC成员由"国王根据参议院建议任命"的主席和另外八名成员组成。NACC获得了"牙齿"，很快开始显露威力，例如，2000 年 NACC 将手握重权的内政部长罢免。

这一自由民主式制衡很快遭到围攻。IMF 指导下泰国经济复苏节奏过慢招致严重不满，从而导致 2001 年媒体大亨兼国会议员他信·西那瓦（thaksin shinawatra）在总理选举中大获全胜。他信当选后继续强化高度个人化和腐败的庇护人网络（McCargo & Pathmanand，2005）。他无法容忍约束和批评，试图阻止独立媒体和 NACC 发声。他将家族传媒集团——西瓦那集团部分股权出售给新加坡政府控股的淡马锡集团（并未支付相应税费），这一事件成为曼谷街头示威的导火索，导致 2006 年 4 月的选举结果失效。他信政府于同年 9 月被王室支持的军事政变推翻。

泰国新宪法于 2007 年颁布，民主得以恢复。新宪法明确规定禁止选举舞弊，反对出现利益冲突。尽管他信支持者改组后的政党赢得了 2007 年 12 月的大选，但身着黄衫的反对派支持者在曼谷举行的街头示威使新成立的政府无法运转。法院判令解散执政党，并且在王室支持下，总理阿披实·维乍集瓦（Abhisit Vejjajiva）领导组建了新的民主联盟。他信支持者——居于农村的"红衫军"一直强烈反对阿披实政府，这使泰国国内政治局势失控状态一直持续到 2010 年年中。在精英阶层并未就如何以及由谁掌管国家这一问题达成共识的情况下，暴力抗议加之人们对年迈的国王离世将引发政权分裂的担忧使泰国的反腐改革黯然失色。

印度尼西亚紧随泰国之后几个月卷入亚洲金融危机，也导致 IMF 介入并采取了与泰国相似的一揽子改革。总统苏哈托治下长达 32 年且拥有军方支持的"新秩序"独裁政权激起了民众对腐败和权力滥用的愤懑。自 1966 年以来，苏哈托和其妻子与受其信任的中国—印度尼西亚华商联合，开展有利可图的寻租特许经营和垄断经营（Robison，1986；Mcleod，2000）。但是，当他的孩子们开始涉足国营特许行业时，极大地挑战了公众的忍耐极限。在"裹着腐败、勾结和裙带下台"（KKN）的呐喊声中，一场民众运动迫使苏哈托于 1998 年 5 月辞职，印度尼西亚迎来了民主改革的新时代（Reformasi）。1999 年，议会通过了两部法律，一部要求成立公职人员财富审计委员会，而另一部则授权成立反腐败委员会。这两个委员会于 2004 年正式成立。同时成立的还有反腐败专门法院、宪法法院、司法委员会、人权委员会和监察官员等。

民主和分权将遏制腐败的希望很快破灭。自成立以来，肃贪委员会（KPK）就被赋予了广泛的调查和检举权。尽管最初遭质疑，但是肃贪委员会紧跟"大鱼",并成功起诉了地区领导人,甚至包括部长和国会议员。但是事实证明,议会以及因腐败而臭名昭著却在如今实现独立地位的司法部门都是难以进行改革的。议会成为腐败的捍卫者,且腐败也在已获授权的地方"小邦主"间扩散。迪克和穆赫兰(Dick and Mulholland,2011)将这一情形描述为"市场般的国家"。2009年5月事态发展到极端严重的地步。其时,肃贪委员会负责人被捕,随后被判在一场所谓的三角恋爱中犯下谋杀罪。另外两位委员因被控遭检察长办公室和警察机关中的反对派操控而被迫辞职。2010年5月,廉洁奉公且推进改革的财政部长穆里亚尼突然辞职,表明总统对反腐败运动的支持日渐式微。在请辞赴任世界银行副行长之前,穆里亚尼一针见血地指出"这个道德沦丧的政治体系已容不下她"(Jakarta Post,2010)。

菲律宾

1946年,菲律宾成为战后首个取得独立的亚洲国家。这得益于40年的民主制度监督、11年的自主管理(尽管其间被日本统治打断)、一套强有力的独立司法制度、一套精锐有效的政府行政机构以及新闻自由。以上所有优势都基于美国模式。新生共和国似乎也具有光明的经济发展前途。但是,如今菲律宾仍是一个非常贫困且高度腐败的国家。菲律宾已经演变为一个权势家族相互倾轧的角斗场,有时甚至落入军阀统治乱局。这种乱局在2009年马京达瑙省事件中展现得最为明显。当年,护送反对派候选人一家与支持者及随行32位记者的车队中途遭拦截并惨遭当地居统治地位的安帕图安家族追随者屠戮。安帕图安家族得到总统阿罗约-马卡帕加尔的支持,并确保后者在此前的选举中获得压倒性多数票。尽管这无疑是在遭穆斯林叛乱分子分裂的偏远省份发生的一起极端案例,但它仍说明了菲律宾的选举政治和权力的动态变化。各省省长握有重权,甚至包括生杀予夺之权。而国家官僚机构尽管由好人当政,但他们拥有的实际权力或资源少之又少。享有新闻自由的媒体经常勇于曝光腐败案件,但政治联盟和腐败的司法制度使得犯罪分子少有获罪,且犯罪分子几乎对制裁无所畏惧。而新闻记者则常遭杀害——自1992年以来共有68名记者遇难。这一死亡人数甚至超过俄罗斯的记者遇难数(CPJ,2010)。尽管该国政府喊出了更为华丽的民主宣言,但国家几乎已机能失调。

柬埔寨和缅甸

柬埔寨和缅甸是最极端的例子。全球见证组织非常恰当地将它们描述为"一党腐败政府"。这两国并非依据法律而是根据专断命令任意创造、确立和取消财产权。腐败行为无处不在且不受制裁。

在经历了红色高棉（1975—1979 年）的种族灭绝统治后，柬埔寨仍在重建其国家机构并努力摆脱对外国援助的依赖。在一个美元是默认货币且本国货币里尔几乎毫无价值的经济体制中，国家官员和军队领导人掌控的企业所关注的只是那些能赚到硬通货的活动——从经营合法旅游业、纺织业和船舶登记到采矿权分配再到毒品、宝石、木材和卖淫等非法交易（Global Witness，2009）。在这两国，资金严重不足且具有掠夺性的国家机器四处掳掠。

缅甸因军政府对民主运动的疯狂镇压以及对昂山素季和其他反对派的监禁而臭名昭著。缅甸成为亚洲曾为数众多的军事独裁政府如今仅剩的"独苗"。在 2015 年 11 月举行的缅甸全国大选中，昂山素季领导的民盟获得压倒性胜利。借助资源（包括石油）出口、外国投资、旅游业以及所谓的"金三角"（Selth，2002）毒品贸易，缅甸的军事力量（武装部队）在面对西方的联合抵制时一直保持强硬姿态。缅甸处于持续不断的政权合法性危机以及内战中，公民社会根本不存在，因此腐败就不是首要问题了。

民主和独裁

民主和独裁的对比贯穿于上述案例研究中。每种类型的政权都有影响腐败模式和改革性质的不同制度，但其与结果的关联并不清晰。在亚洲各不相同的政权之间，不可能根据腐败的严重程度来断言是否有某种类型的政权更有助于实现善治。主要视情况而定。新加坡是低腐败、一党政权的典型例子，但它一直没有被成功复制，即使在邻近的马来西亚，后者同样是一党执政而且与新加坡具有相同的英国殖民遗产。李光耀将英国公立学校教育与中国孔子价值结合起来的做法外加他的铁腕和长寿，显然具有决定性意义。与新加坡最为相似的是中国香港。在这里，一位英国总督引入了香港廉政公署（ICAC），并且因得到政府的支持而得以维系，ICAC 已经在澳大利亚被复制，但在亚洲其他地区并未得到推广。

日本和韩国在发展中面临着一种与之不同的困境。在这两个国家，民主均根深蒂固。但是这种民主是以"金钱政治"的形式存在——执政党、官僚阶层和大企业间存在着千丝万缕的勾连关系。结果是出现了一种有序的腐败和分赃形式。这种形式的腐败和分赃虽受制约但并不受政治改革的影响。政权可以更迭，但动力仍然相同。这种形式的腐败是可被容忍的，除非有证据表明腐败共识将阻碍必要的经济和政治改革。这种困境在日本最为明显，但在韩国也有所显现，并导致上述国家的前途充满不确定性。马来西亚虽然民主程度较低并且种族问题更为复杂，但在某些方面与上述两国相似。

在印度和菲律宾，民主虽看似牢靠，但这两个国家似乎都没可能找到一条腐败程度低的发展路径。印度人聊以自慰的是，其腐败问题实际上并不比中国严重，但过去二十年管控政策的放松已经释放了最终推动经济增长的创业活力。在一个好讼（Well-entvenched）的社会，盘根错节、独立但腐败的司法制度是福是祸尚未可知。菲律宾明显深受政治权术和腐败法律过多之害，因为这两方面都抑制了更小规模商业阶层的创业动力并且使菲律宾更依赖于境外就业的汇款收入。

曾被誉为"亚洲虎"的泰国和印度尼西亚一直深陷泥沼。近期这两国向民主制度转型的过程并不顺利。他信和苏哈托建设发展型国家的尝试——一个民主，另一个独裁，均被证明是失败的。如今面临的挑战是找到实现有效运转的其他途径。在统治精英阶层腐败频发的背景下，通过特别委员会开展反腐败改革这一方式的局限性已经暴露出来。

事实证明，对柬埔寨和缅甸而言，要找到实现繁荣和善治的路径甚至更加困难。在始终困扰两国的问题中，最无关紧要的是这一路径是民主、独裁抑或兼而有之的。而更重要的是，该路径应当是稳定的并促进国家和平、安全和发展（至少包括更好的治理）。

无论是在民主还是威权国家中，过去一到两代人成长过程中经历的最巨大社会经济变革也许是城镇化水平的显著提高及随之而来的中产阶级数量的增加。在 20 世纪中期即亚洲国家纷纷实现独立时，除日本外其他亚洲国家城镇化水平大概达到 10%—20%（UN，2010 年）。而这一数字如今已达到约 50%。除受大规模城乡迁移的影响显著外，还涉及社会性质的微妙变迁。在农村，家庭与庇护人网络、忠诚和义务相联系。相反，在城市，个人网络更加瞬息万变，社会混乱是普遍现象。所有这一切变化形成了它们与国家间迥异的关系。城市人口从本性上讲无定型、不固定且反复无常。值得注意的例外情况是中产阶层。他们的薪水或源自国家本身或取自与国家保持确定关系的企业和专门组织。这类企业和机构的数量随着经济增长和繁荣而迅速增长。

地位不断提高的中产阶级对廉洁政府有着矛盾心情。一方面，它倾向于相信政府廉洁是一般性原则而且愿意冒一定风险参与针对无药可救的腐败政府的街头集会。另一方面，作为公务员和受国家庇护者，中产阶级自身是各种形式腐败的参与者和受益人。此外，事实证明他们常为自身利益扭曲政府税收和开支。在许多国家，在谈到缴税时，人们很少提及其责任但都愿意享受诸如燃油消耗或电力等的大额公共财政补贴。虽然宣称这种做法有益于贫困阶层，因此是正当的，但事实却是城市的中产阶层享受福利：有更多具有针对性且有效的方式来向城乡贫困群体提供援助。因此，采取强硬措施解决国家腐败的意愿与如何使中产阶级在享受特权（特别是以耐用品消费品为主的西方式生活方式）的同时感到安全这一问题紧密相关。

结 论

正如世界其他大多数地区一样，亚洲的腐败是普遍的。很简单，这就是事实的一部分。它不像某些急恙或小病通过采取"对症下药"式的改革即可治愈。除非人们（至少精英阶层内部）广泛支持向更廉洁的社会迈进的努力无法通过执法来控制频发的腐败。精英在竞逐权力、财富和地位过程中常易发生争执。在任何转型中，无论是从殖民统治转向独立，从独裁统治转向民主，或从贫穷的乡村社会转向繁荣的城市社会，精英可通过反复试错的"精英方案"在某些情况下看来血腥——来铸造伯顿和希格利（Burton and Higley，1987）提到的维持秩序和繁荣（至少对精英阶层而言）。低程度腐败共识也许是有利的，但它并不是最关键的约束条件。相反，高层级的腐败可能是达成精英共识的黏合剂。只有在基本规则以稳定的宪法形式得到固化和遵守时，这一共识的质量才变得重要。

历史确实显现出一种趋向于政府更加完善化的（虽不稳定）总体趋势。正如英国在19世纪经历的那样，若精英规范改变且这种改变在议会行为和法律体系中得以反映和强化，则一国可在相当短的时间内取得显著进步。自1945年以来，西欧作为一个整体已经逐渐走出了纳粹统治的阴影。然而，即使在看似已建立完善政府的地方，也没有理由自我满足。英国议会因普遍的公款滥用及与之相关的欺诈行为而蒙羞；美国政府至今尚未解决国防开支，特别是在伊拉克和阿富汗的国防开支方面广泛存在的欺诈问题。同时，英美两国以及欧洲其他许多国家的银行系统受大规模的金融项目所累，且这一项目逐渐演变为一场欺诈并将整个世界拖入经济危机。2010年，一些欧洲国家的挥霍和腐败动摇了整个欧元区。在缺少透明和问责的情况下，对权力的贪欲很快就使可容忍行为的边界被放宽。

尽管腐败遍布亚洲，但仍有一些保持乐观的理由。亚洲的情况复杂，既有富裕的发达民主政权，又有贫穷落后的独裁政权。但显而易见，民众对建立更完善的政府有着普遍的需求。选举、一党专政和商业领袖总是令人失望，甚至超强权力机构横行霸道。然而这并不意味着政府质量实际上正在下降。在这样一个环境中，"感知"是不可靠的，而且趋向更廉洁的政府这一渐进性长期趋势可能会被低估。

认知方面存在的另一个问题是对改革的期待通常是不现实的。反腐败改革的进展不可能超越政府自身的改革，而后者是一个缓慢且不平坦的过程。1997—1998年的亚洲金融危机触发了一场大规模的社会工程，以期通过重新设计正式机构来控制腐败。如果以对高层人物的成功检举论，泰国的NACC和印度尼西亚的KPK等机构已经取得了显著成功，中国已逮捕并起诉的高官数量更多。这些努力是否已经对腐败的潜在发生产生影响尚不确定。尽管存在被曝光、遭监禁甚至死亡的风险，但权力的网络、等级和动力，特别是对资金贪得无厌的政治需求、获得支持的商业需求以及司空见惯的对财富和地位的争夺等，仍具有巨大诱惑力。在实现理想的正式机构方面取得大的飞跃很可能会失败。但是，无论是何种政府系统，迈向透明和问责的任何进步都是为实现更好的政府而取得的进步，而且有可能变得自我强化。改革者也许将他们的努力更多地投入到建设改革联盟并实现在财政（税收和支出）、警察以及法院等政府关键部门的善治，而非推动一连串立法改革方面。同样，将目标定位在城市或省而不是整个国家也许会更有效。即便如此，只有危机发生时现状才有可能产生重大变化，同时广泛的危机衍生物也使得变化的结果不可预知。

尽管如此，正如在欧洲一样，亚洲对更完善的政府和社会公正的需求是现代历史的推动力量之一。在亚洲，最近几十年一直有一股趋向于民主的趋势，也许如今弱化了，然而，尽管阿玛蒂亚·森（Amartya Sen，1999）和其他多位学者竭力主张，民主未必定会成为未来的发展模式。在亚洲，没有像欧洲共同体六个创始国一样居于核心地位的繁荣和民主国家，以设定一套适用于民主政府的标准（尽管并不完美）。在这种真空状态下，完全有理由认为，经济表现亮丽的中国和越南威权体制，以及同样实现经济繁荣的一党制城邦国家新加坡，可能被那些孱弱、腐败和动荡的民主国家视为可行的道路。

第十六章 东亚的社会政策

M. 拉梅什（M. Ramesh）著 冯斌译

在对东亚社会政策进行讨论之前，有必要先排除两种普遍存在的迷信看法。首先，我们需要驳回这样一种假设，即有符合同一地区内大多数甚至所有国家形势的典型福利模式。该地区是一个在历史、文化、政治、经济等方面多元化程度较高的地区，而且这种多样性在其社会政策中得到体现。第二种需要消除的迷信看法是，该地区是一个在社会政策方面有缺失的地区。这种认识主要基于对政府在社会政策领域的低开支以及某些政府领导人的反福利主张的观察。尽管该地区各国在福利事业方面的开支确实较其他地区收入水平相近国家更少，但除了造成这种区别的政策因素外另有原因。另一种与其相关且具有误导性的观点是该地区政府强调经济发展胜过社会发展。亚洲和其他地区的资本主义国家都注重经济政策的实施且只有在政治问题无法回避时其政策才有所偏离——在这方面亚洲各国无一例外（Ramesh，2000）。

考虑到该地区社会政策的多样性，我们应该通过对特定国家和/或部门的离散研究或者通过强调出现分歧和达成共识的模式的比较研究来探讨亚洲社会政策的主题。本章倾向于使用后一种方式。在此，我们将考察中国、印度尼西亚、马来西亚、菲律宾、新加坡和泰国的教育和医疗政策出台的背景、形式和成效。教育和医疗保健政策被视为人力资源开发的关键要素；与收入补助相比，国家在提供教育和医疗服务并为其实施提供资金保障方面更令人信服。教育和医疗保健不仅使接受服务的人群受益，而且对整个社会都是宝贵的，因为它们发挥着支持经济、政治和社会发展的潜在作用（Sen，1998）。本章考察的对象涵盖了各个收入群体和各种经济增长经历，理解其中含义将有助于了解本地区社会政策的概况。

从 UNDP 公布的人类发展指数（HDI）中可以明显看到本地区社会发展水平不均。各国需要在经济和社会维度均取得佳绩才能在该指数中博得高分。如表 16—1 所示，许多东亚国家由于其社会发展成绩不佳而没有在排名表中占据高位。

表 16—1　　　　　　　　　人类发展指数（HDI），2010

国家	HDI 排名 （169 之内）	HDI 值	非收入 HDI 值	不平等调节 HDI 值	人均国民总收入等级， 最小 HDI 等级
中国	89	0.66	0.71	23.0	−4
印度尼西亚	108	0.60	0.66	17.7	2
韩国	12	0.88	0.93	16.7	16
马来西亚	57	0.74	0.78		−3
菲律宾	97	0.64	0.73	18.9	12
新加坡	27	0.85	0.83		19
泰国	92	0.65	0.68	21.3	−11

资料来源：UNDP，HDR 2010 年度的统计数据表。

韩国是该地区的 HDI 领袖而且在全球总排名中排在第十二位。新加坡也同样值得关注，因为它与韩国相似，但由于其在社会维度成绩不佳而在 HDI 中排位靠后。非收入性指标不仅拉低了新加坡的 HDI 排位，而且也使包括泰国、中国和马来西亚在内的四国分别位列第十九、第十一、第四和第三。另外，由于其非收入性指标优于其收入性指标，韩国、菲律宾和印度尼西亚在排名表中位居第十六、第十二和第二。各种不平等性测量标准（收入、寿命预期、教育等）是造成新加坡、泰国、中国和马来西亚成绩较差的主要原因。就中国和泰国而言，各种社会不平等因素使其丢掉了 22%—23% 的 HDI 分数。

从 HDI 得分中得出的一个结论是中国、马来西亚、新加坡和泰国并未像重视经济增长那般重视社会发展，而韩国对二者同样重视。印度尼西亚和菲律宾在这两个方面都有所欠缺，尽管后者在社会发展方面做得相对较好。

社会经济背景

　　社会政策在被其所在的经济和社会环境塑造的同时又塑造了这一环境本身。一个社会中的人口构成及其演变趋势影响着各种社会政策产物、服务需求以及政府部门能够满足这些需求的方式和程度。与之相似，经济状况影响收入水平并相应地对公民维持生活水平及负担教育和医疗的能力产生影响。经济条件同样也决定着可用于社会项目的政府收入和资源。在下文讨论中，我们将考察有助于理解该地区社会政策的人口和经济趋势。

人　口

　　东亚已经经历了所有社会形态都曾经历过的某些最深层次的人口变化。举例而言：瑞典用了 68 年，英国用了 86 年实现了老年人口比例从 10% 到 20% 的增长，而日本和新加坡实现相同的增长幅度仅用了 25 年（Jones，1990：23）。

　　由于 20 世纪 50 年代到 70 年代人口快速增长而随后几十年人口数量急剧下降，从这样一种人口统计意义上讲，东亚是一个"年轻"的地区（表 16—2）。20 世纪 60 年代，该地区的人口增长率是 OECD 平均值的两到三倍，到 20 世纪 80 年代，这一差距已经有所缩小。人口增速的放缓是出生率下降的结果，直到 20 世纪 60 年代，该地区的出生率仍远高于 OECD 的出生率，但如今已愈加接近，只有菲律宾的人口出生率仍维持高位。

表 16—2 　　　　　　　　　　　　　　人口指数

年份 国家	总计 （百万）		人口年均 增长率（%）		多生率（每个女人的 生育数量）（个）		年龄中值 （年）	
	1990	2010	1990— 1995	2010— 2015	1990— 1995	2005— 2010	1990	2010
中国	1142	1354	1.2	0.6	2.0	1.8	25.0	34.2
印度尼西亚	177	233	1.5	1.0	2.9	2.2	21.7	28.2

续表

年份 国家	总计 （百万）		人口年均 增长率（%）		多生率(每个女人的 生育数量)（个）		年龄中值 （年）	
	1990	2010	1990— 1995	2010— 2015	1990— 1995	2005— 2010	1990	2010
韩国	43	49	0.8	0.3	1.7	1.2	27.0	37.9
马来西亚	18	28	2.6	1.5	3.5	2.6	21.5	26.3
菲律宾	62	94	2.3	1.7	4.1	3.1	19.3	23.2
泰国	57	68	1.2	0.5	2.1	1.8	24.6	33.2
经济合作与 发展组织			0.7	0.4	1.9	1.8	34.5	39.9

资料来源：UNDP，HDR 2010 年统计表。

　　出生率的下降一直伴随着寿命的延长，在二者的共同作用下，年轻人口的规模已经呈逐步下降态势而老年人口数量则出现相应增长。因此，儿童抚养比暴跌而老年抚养比有所提高——且该趋势将在未来几十年内持续下去（表16—3）。人口增长率的下降如此之快以至于到21世纪20年代，中国、韩国和新加坡的劳动力将开始"缩水"，而到21世纪30年代，泰国也会步其后尘。随后，上述国家的人口将开始减少。老年抚养比的提高将使社会受到严峻的财政制约，因为老年人收入补贴和医疗保健支出将增多但用于支付上述开销的收入将减少或消失。

　　伴随着出生率下降和人口老龄化出现的是家庭规模缩小的趋势。随着核心家庭的不断增加，东亚平均家庭规模缩小了五分之一到五分之二。家庭的核心化削弱了成年子女与其父母的血缘关系，减少了关爱父母的机会，因此对住房、医疗和社会保险方面提出了更高的要求。

　　年轻人口规模的减少和老年人口数量的增加带来的最显著影响之一便是教育资源需求的减小以及医疗和社会保险需求的增加。由于妇女在老年人口中所占比例过大，人口老龄化的问题变得更加复杂。妇女普遍寿命更长但积蓄更少而且罹患慢性疾病的概率更高。海勒（Heller，1999：52）估计即便没有新增的项目或对现有项目进行扩展，人口因素的影响也将使东亚社会政策方面的公共开支占 GDP 的比重增长 2.8%—4.1%。尽管由于出生率的下降使教育开支减少但社会政策方面的开支将有所增加。

表 16—3　　　　　　　　　抚养比率和老年人所占人口份额　　　　　单位：%

年份\国家	孩子抚养比率		老年人抚养比率		老年人（60岁和60岁以上）所占人口份额		
	1990	2010	1990	2010	2000	2025	2050
中国	42.9	27.7	8.3	11.4			
印度尼西亚	59.3	39.7	6.3	9.0	7.6	12.8	22.4
韩国	36.9	22.3	7.2	15.2	11	23.1	33.2
马来西亚	63.5	44.0	6.2	7.3	6.6	13.4	20.8
菲律宾	72.6	53.8	5.8	6.9	5.6	10.4	19.6
新加坡	29.4	21.0	7.7	13.8	10.6	30.0	35.0
泰国	45.9	30.3	7.1	10.9	8.1	17.0	27.0

资料来源：UNDP，HDR 2010 年度的统计数据表。

经　济

经济波动一直是东亚经济体的一个典型特征，特别是从 20 世纪 70 年代初至 90 年代中期，除菲律宾之外的所有东亚国家经济和收入都实现了显著增长，直到 1997 年末爆发的金融危机摧毁了该地区的大多数经济体。自此之后不同经济体一直保持着不同的增速，但除中国外没有一个国家的经济增长始终保持 20 世纪 90 年代初的速度。只有中国在 20 世纪 90 年代和 21 世纪初实现了相同的高速增长。

如表 16—4 所示，不同的生活水平反映了不同的经济增长率。

表 16—4　　　　　人均 GDP，根据购买力平价（PPP）计算　　　　单位：美元

年份\国家	1990	2000	2010
中国	796	2376	7518
印度尼西亚	1539	2441	4380
韩国	7825	16495	29791
马来西亚	4841	9169	14603
菲律宾	1752	2320	3726
新加坡	17844	32251	57238
泰国	2903	4962	8644

资料来源：国际货币基金组织：世界经济展望数据库（IMF: World Economic Outlook database），2010 年 10 月。

如今中国的人均收入水平几乎是 1990 年的十倍，相比之下，同期韩国的人均收入几乎提高了四倍，而印度尼西亚、菲律宾和泰国的人均收入均提高了三倍。但各国间的相对排名一直没有发生太大改变，新加坡仍是最富裕国家。最大的差别在于中国如今已远超印度尼西亚和菲律宾，且在本书付印时有可能已经大大领先泰国。

该地区的经济增长始终伴随着表现强势的就业水平增长，这在低失业率中已经得到反映（表 16—5）。除印度尼西亚和菲律宾以及 1998 年经济危机期间的韩国外，所有国家的失业率一直维持在 4% 以下。相对较低的失业水平意味着对政府社会救助的需求更低。

表 16—5　　　　　　　　　　　　失业率　　　　　　　　　　　单位：%

年份 国家和地区	1990— 1994	1995— 1999	2000— 2004	2005— 2010
中国	2.5	3.0	3.8	4.2
印度尼西亚	3.0	6.0	8.5	9.1
韩国	2.6	4.1	3.8	3.4
马来西亚	3.8	2.9	3.4	3.4
菲律宾	9.5	9.3	11.4	8.1
新加坡	1.8	2.0	3.2	2.5
泰国	2.8	2.7	2.7	1.5

资料来源：国际货币基金组织：世界经济展望数据库（IMF：World Economic Outlook database），2010 年 10 月。

尽管相信东亚存在高度公平的收入分配这一观点为经济发展的"亚洲模式"支持者提供了佐证（如 World Bank，1993；Campos and Root，1996），但这一观点完全是错误的。实际上，该地区高度多样化，包括了世界上某些最不公平的社会。如表 16—6 所示，只有韩国的收入分配相对公平。

表 16—6　　　　　　收入（或支出）分配，2000 年代中期

国家	最富有的 10% 与最贫穷 的 10% 人口的比（%）	基尼系数
中国	13.2	41.5
印度尼西亚	10.8	39.4

续表

国家	最富有的10%与最贫穷的10%人口的比（%）	基尼系数
韩国	7.8	31.6
马来西亚	11.0	37.9
菲律宾	14.1	44.0
新加坡	17.7	42.5
泰国	13.1	42.5
挪威①	6.1	25.8

资料来源：人类发展报告（Human Devecopment Rdport 2010）。

　　贫困仍是该地区面临的重要问题，即使在那些曾经经历过高增长率的国家亦是如此。遗憾的是，受定义和统计方面的限制，不可能精准地对该地区的贫困问题做出评论。世界范围内最接近该地区各国间贫困程度的一项标准是世界银行提出的按购买力平价计算每天1美元的绝对贫困标准和每天2美元的近贫标准。当然，这对富裕国家而言是一个低水平标准，因而，该标准仅适用于评估中低收入国家而非韩国和新加坡等相对较富裕的国家。

　　按照收入低于每天2美元（按购买力平价计算）的标准，印度尼西亚五分之三的人口、菲律宾接近一半的人口、中国超过三分之一的人口以及马来西亚和泰国十分之一的人口生活在贫困或接近贫困的状态下（表16—7）。其中中国方面得到了广泛的关注，其每天收入1美元（按购买力平价计算）的贫困率（贫困人口占总人口）从20世纪80年代的60%下降到近几年的16%。与世界银行的标准（该标准未考虑国家特点）有所区别的是政府的官方贫困线，这一贫困标准通常会考虑当地条件。在贫困国家，国家贫困线往往低于每天1美元或每天2美元（按购买力平价计算）的标准，而在高收入国家，国家贫困线比世界银行所定的标准更高。按国别贫困线标准分类，贫困程度从中国贫困人口占总人口的3%到菲律宾的25%不等。

---

①　该国是世界上收入不平等性最低的国家。

表 16—7	贫困指标，2000 年	单位:%

国家	每一天购买力平价低于 1.25 美元的人口	每天购买力平价低于 2 美元的人口
中国	15.9	36.3
印度尼西亚	29.4	60.0
韩国	<2	<2
马来西亚	<2	7.8
菲律宾	22.6	45.0
泰国	<2	11.5

资料来源：人类民发展报告（Human Development Report），2010 年；CIA 的世界概况（CIA, World Factbook）。

韩国和新加坡这两个本项研究中涵盖的富裕国家，其贫困情况基本相同。在韩国，15% 的人口收入水平低于官方贫困线。新加坡并未公布官方贫困线，2007 年开展的"家庭支出调查"显示，9.7% 的家庭月收入低于 1000 美元，而另有 10.6% 的家庭月收入在 1000—2000 美元（统计部，2007/2008 年家庭支出报告）。因而，有 20% 的新加坡家庭月收入低于 2000 美元，这在新加坡等富裕国家堪称接近贫困线水平。

公共财政

东亚因其稳健的公共财政管理——维持低收入和支出并实现健康的财政平衡而令其他地区国家艳羡。尽管总体稳定，但该地区的财政状况自 20 世纪 90 年代末以来一直呈现出剧烈波动的特点。

在东亚，政府收入占 GDP 的比重较其他地区更低，尽管这一差别正在逐渐缩小。这一比重从菲律宾的 15% 到马来西亚的 26% 不等（表 16—8）。本章所述各国公共支出占 GDP 的比重在 15%—23%，马来西亚除外（占近 30%）。自 20 世纪 90 年代初以来，该地区的大部分国家一直存在财政赤字，尽管赤字规模与其他发展中国家相当。相比之下，新加坡尽管收入有所减少但一直拥有大量预算盈余。

表 16—8　　　　　中央政府的收入和支出，即占 GDP 的比例　　　　　单位:%

年份 国家和地区	收入				支出			
	1995	2000	2005	2010	1995	2000	2005	2010
中国	10.7	13.8	17.2	19.4	12.7	17.1	18.6	22.3
印度尼西亚	—	14.6	19.4	15.9	—	16.6	18.8	17.3
韩国	17.8	22.5	22.1	23.7	15.3	19.1	20.0	22.3
马来西亚	27.8	22.3	23.7	25.9	26.6	25.8	26.6	30.5
菲律宾	18.5	15.5	15.0	15.0	19.7	19.9	17.9	18.9
新加坡	32.4	28.7	20.2	21.8	19.0	18.7	14.5	19.4
泰国	20.4	13.6	22.6	20.9	17.3	19.3	21.1	23.7

资料来源：国际货币基金组织：世界经济展望数据库（IMF: World Economic Outlook database），2010 年 10 月。

如表 16—9 所示，就各国社会政策领域支出占政府总支出（TGE）的份额而言，亚洲国家间存在更大差距。一方面是印度尼西亚和菲律宾，其政府社会政策支出分别占 GDP 的 3% 和 4%，尽管上述两国在 20 世纪 90 年代末的经济危机期间明显加大了投入力度，其政府社会政策支出仍占 GDP 的 3% 和 4%。另一方面以韩国和马来西亚为代表，其社会政策支出占 GDP 的比重已经超过了 9%。考虑到其高收入，新加坡显得更为突出，该国在社会政策领域的投入微乎其微，仅占 GDP 的 7.3%。

表 16—9　　　　中央政府的社会政策支出，即占 GDP 的比例　　　　单位:%

年份 国家	教育		医疗健康		住房和社区服务		社会保障和福利		合计	
	20 世纪90 年代中期	21 世纪中期	20 世纪90 年代中期	21 世纪中期	20 世纪90 年代中期	21 世纪中期	20 世纪90 年代中期	21 世纪中期	20 世纪90 年代中期	21 世纪中期
中国	2.0	3.5	3.5	4.3			0.2	2.2		
印度尼西亚	1.7	1.1	0.8	0.4	0.8	0.2	5.2	1.1	8.5	2.8
韩国	2.4	3.7	0.2	0.2	1.5	1.4	1.7	4.6	5.8	9.9
马来西亚	4.7	6.0	1.2	1.8	0.3	0.4	0.8	1.1	7.0	9.3
菲律宾	3.2	2.5	0.4	0.3	0.2	0.1	0.5	0.9	4.3	3.8
新加坡	3.5	3.1	1.4	1.0	2.3	1.2	0.1	2.0	7.3	7.3
泰国	3.5	4.0	1.2	1.9	0.9	0.3	0.6	1.4	6.2	7.6

资料来源：http://sdbs.adb.org/。

东亚社会政策的模式

在本部分，我们将对比中国、印度尼西亚、韩国、马来西亚、菲律宾、新加坡和泰国的教育和医疗保健政策安排计划和成效。通过讨论将揭示该地区存在的巨大差异和共同特征。但在我们开始对比分析之前，我们要按顺序简单介绍下各个国家的社会政策。

印度尼西亚的社会政策发展史曲折多变。荷兰殖民统治下的社会发展水平较其同样受殖民统治的邻国要更低。后殖民时代之初印度尼西亚的社会发展也曾充满希望且雄心勃勃，但在20世纪60年代动乱期间及20世纪70年代苏哈托统治下几近停滞。但后一时期政府全力巩固其政权并推动经济发展。20世纪80年代是私人供给和教育及医疗融资的扩张期，这与当时的发展趋势相符且得到了国际开发机构的鼎力支持。1997年的经济危机对该国而言是一场灾难，在此之后民主得以缓慢却稳定的发展，社会政策也随之不断扩展。近几年，政府通过向贫困群体提供现金救助并制订针对贫困群体的医疗保险计划等形式扩展社会保护政策。该项目仍处于发展初期因此投入较低，但随着项目的成熟预计未来几年项目支出会大幅增长。

韩国摆脱日本统治实现独立时只有一套基本的教育和医疗体系。朝鲜战争进一步对韩国造成毁灭性打击并使该国经济和社会发展停滞了十多年。在朴正熙实行独裁统治时期（1961—1979年），韩国经历了引人注目的工业化进程并实现了收入增长，但社会发展缓慢。朴政府优先发展教育，因为它相信教育将直接促进经济增长，但却忽略了其他社会政策部门。20世纪80年代发端的民主伴随着社会政策的迅速扩展——其社会福利项目逐步赶超西方国家。医疗和退休金项目建立在社会保险基础上，但在教育方面，政府是中小学教育投资的主要来源。

在马来西亚，英国留下了一套基础的社会福利系统，这套系统在其独立后得到极大地扩展，成为构筑马来人社会经济条件的一种方式，当时的马来人大部分都生活在贫困中且居住在农村地区。政府在全国各地开办学校和医疗设施并用税收收益维持其运行。到20世纪80年代，上述政策取得了令人惊叹的教育和医疗成果。马来儿童就学完成率超过了印度和中国的儿童就学完成率，而且教育绩效方面的性别差异消失了。

公立医院几乎免费向所有需要的人提供救助。自 20 世纪 90 年代起，政府一直试图将更大一部分教育和医疗负担转移给私人提供方和家庭（Rasiahet al.，2009）。

菲律宾后殖民时代之初就拥有相对完备的医疗和教育体系，其中后者更为完善。但经历了费迪南德·马科斯的独裁统治以及马科斯之后民选的软弱继任者数十年的"忽视"，菲律宾已落后于其大部分邻国。阿罗约政府初期，社会福利支出遭到进一步削减，借此强力启动经济复苏并减少公共部门债务。随之出现的许多社会发展指标的下降直至最终刺激政府修正发展思路。近几年，政府已经增加了学校教育投入，扩大了医疗保险范围，而且正在建立面向贫困群体的现金资助计划（Homenet Southeast Asia，2009）。

新加坡在社会政策方面脱颖而出——至少官方论调如此，因为它拥有一条坚固的社会福利"防线"——家庭在需要时照顾他们的家人。但是，这一特性描述更符合社会保护而非教育和医疗现状。英国殖民政府为该国留下了一套教育和医疗框架体系，在其独立后的十年中这套体系得到了迅速扩展。在 20 世纪 80 年代，新加坡政府开始不介入医疗保健事务，而增加了教育和住房经费（Ramesh，2000）。各个层面的教育几乎完全由政府提供（Ramesh，2004）。住院治疗主要由政府部门以低成本提供但得到私人资助，而院外治疗的服务和资金筹措则均由私人提供（Asher & Nandy，2006）。近几年，新加坡政府已经有意重新思考其对社会保护项目迟疑不决的态度，而且在 2008—2009 年经济减速期间在提供社会保障方面展现出显著的灵活性。

与其经济和政治发展进程不同的是，泰国的社会发展自 20 世纪 70 年代以来一直保持稳定的发展速度。经济快速增长的成果被稳定地投向社会项目领域，而该国在这段时期也实现了相对较好的发展态势。该国形成了一套有力的小学教育体系，尽管初中教育体系仍然羸弱，而高等教育扩展的主要工作则由私营部门完成。20 世纪 90 年代公务员和私营部门正式员工的医疗经费投入有所增加，而近几年其他群体的医疗经费也有所增加（Viroj，1999；Pannarunothai et al.，2004）。

教　育

这一领域是大多数东亚政府最优先关注的领域，从政府投入该领域的资金在总支出中所占的比重中可见一斑。然而，据此得出该地区将教育视为重中之重这一结论并不准确，因为世界上其他地区的许多国家对教育同样重视，甚至有过之而无不及。无论如何，虽然该地区在迅速地老龄化，但考虑到庞大的年轻人口数量，巨大的教育支出并不令人感到奇怪。

东亚政府介入教育产品供给的力度取决于教育的阶段（表16—10）。在学前教育这一阶段，私人部门在印度尼西亚、韩国和新加坡占据主导，在其他四个国家则是政府占据主要角色。然而，在小学和中学这一阶段，东亚地区的所有国家均主要由政府提供教育资源。高等教育的入学数量难以估量，因为许多国外大学在亚洲设立了分部，它们这种安排使得其难以被归为公立或私立学校；而且该地区的大量学生会赴海外求学。不过，从整体上来讲，政府在高等教育的主导地位要逊于其他阶段。

表16—10　　　　　　　私立机构的入学率，占入学人数总数的比例　　　　　单位：%

年份 国家	学前教育		小学教育		初中教育	
	1999	2008	1999	2008	1999	2008
中国	—	37	—	4	—	9
印度尼西亚	99	99	16	16	43	43
韩国	75	78	2	1	41	32
马来西亚	49	—		1	8	—
菲律宾	47	41	8	8	26	21
新加坡	—	—		7		6
泰国	19	21	13	18	—	—

资料来源：联合国教科文组织（UNESCO）。

如果以在 GDP 中所占比重来衡量教育领域的公共开支，2007 年韩国和马来西亚是该地区最大的支出者，泰国紧随其后（表16—11）。以世界水准来衡量，这不是一个很大的比重，只有马来西亚位列世界教育支出最大的 10 个国家之列，绝大多数亚洲国家都位列 50 名之后（http：//

www. nationmaster. com/graph/edu_ edu_ spe-education-spending-of-gdp，上网时间：2011 年 4 月 2 日）。众所周知，该地区的家庭在私人教育上投入了大量资金，但是由于缺少家庭支出的分类账目使得这一观察难以得到确证。

表 16—11　　　　　　　　用于教育的公共支出　　　　　　　　单位:%

年份 国家	所占 GDP 比例		所占全部政府 支出比例		每个学生的支出所占 人均 GDP 的比例	
	2000	2007	2000	2007	2000	2007
中国	1.9	2.5	13.0	—	—	—
印度尼西亚	—	3.5	—	18.7	—	15.1
韩国	3.8	4.2	13.1	14.8	14.8	16.5
马来西亚	6.0	4.5	26.7	18.2	22.5	17.4
菲律宾	3.5	2.7	13.9	15.9	12.7	9.1
新加坡	3.6	2.6	—	15.3	21.3	13.4
泰国	5.4	3.8	31.0	20.9	—	21.1

资料来源：联合国教科文组织（UNESCO）。

然而，如果以所有层次的人均教育支出在人均 GDP 中所占比重来衡量，2007 年泰国是最大的支出者，马来西亚和韩国次之。在表 16—12 中可以看出，除了韩国，该地区所有国家在高等教育层次的人均公共支出都较高，相形之下，韩国则主要集中于中学教育。

表 16—12　　　　　　按层级划分的教育经常性开支分配比例　　　　　单位:%

年份 国家	学前教育		小学教育		中学教育		高等教育	
	1999	2007	1999	2007	1999	2007	1999	2007
印度尼西亚	—	1	—	57	—	32	—	—
韩国	1	3	44	32	38	43	10	14
马来西亚	1	2	31	33	35	26	29	36
菲律宾	0	1	60	52	22	25	14	11
新加坡	—	—	—	21	—	25	—	34
泰国	—	5	—	37	—	33	—	14

资料来源：联合国教科文组织（UNESCO）。

在印度尼西亚和菲律宾，考虑到青年人所占比重较大和其经济发展水平，公共教育支出则以小学教育投入为主。只有在韩国，中学教育占据了公共支出的最大份额。马来西亚和新加坡是独特的，不同的是，马来西亚和新加坡将最大份额投入了高等教育，结合这一教育阶段的低入学率，这一现象引人注意。

在这一地区，所有国家的小学入学率都接近100%。除了这一阶段，入学率差异非常大（表16—13）。在学前教育阶段，2008年韩国和新加坡的入学率接近100%，泰国为89%，而其他地区则为50%左右。相似的，韩国和新加坡的中学教育较为普遍，而其他地区大约只有3/4。东亚国家之间最大的差异体现在高等教育阶段，韩国的高等教育较为普及，而在中国和印度尼西亚（高等教育入学率）低于1/4。在这一阶段，菲律宾和新加坡较为突出，前者因其具有较高的入学率，而后者则是因为相对于收入而言的低入学率。真正显著的是，韩国年轻人平均在高等教育阶段接受5年的教育，反观印度尼西亚，只有1年，而菲律宾仅略高于印度尼西亚（UNESCO，http：//stats. uis. unesco. org/）。

表16—13　　　　　　　　　　**毛入学率**　　　　　　　　　　单位：%

年份 国家	学前教育		小学教育		中学教育		高等教育
	1999	2008	1999	2008	1999	2008	Mid－2000s
印度尼西亚	24	43	113	120	56	74	18
韩国	77	111	100	105	101	97	96
马来西亚	54	61	98	97	66	—	30
菲律宾	30	49	110	110	74	83	28
新加坡	—	—	97	—	99	—	46
泰国	87	89	94	93	63	74	—

资料来源：联合国教科文组织（UNESCO）。

由于小学教育的高入学率，研究中的所有国家的识字率都高于90%（Human Development Report 2010）。但是，由于过去对教育的忽视，老年人口文盲率仍然较大。在研究对象中，不同性别接受教育的水平差异并不大。事实上，菲律宾女性的识字率和受教育水平甚至要高于男性。

　　虽然用来比较各国/地区学校水平的标准化测试存在很大争议，但是还是被各国政府和教育专家广泛接受。该地区有的国家没有参加这个国际测试，但是所有参与国/地区（除了印度尼西亚）均表现优异（表16—14）。中国香港、韩国和新加坡的学生（与日本和中国台湾的小学生一起）在15岁孩子的数学、科学和阅读测试中名列前茅（参见 Center for Education Statistics，2007；IEA，2010）。中国内地（更准确地说是上海市）在2009年首次参加测试，学生在65个参加国/地区之中名列第一。正如表中平均分数显示的，除了印度尼西亚，该地区的其他经济体同样表现优异。

表16—14　　　　　　15 岁学生在阅读、数学和科学方面的表现

国家和地区	在65个参加经济体中的总排名	阅读得分	科学得分	数学得分
中国上海	1	556	600	575
韩国	2	539	546	538
中国香港	4	533	555	549
新加坡	5	526	562	542
经合组织平均水平	—	493	486	501
泰国	50	421	419	425
印度尼西亚	57	402	371	383

资料来源：国际学生评估项目（PISA）。

　　在对测试结果进行解释分析时需要注意的是，测试的主体是孩子而并非学校或政府。虽然学校体系和政府教育政策会影响学生的表现，但是其他因素（如学生和学校所处的社会—经济背景）也很重要。在认真考虑了多种要素之后，"2009年国际学生能力评估计划"（PISA，2009）得出结论："不论学生出身及学历背景，韩国、中国香港和中国上海的学生总体表现较好。在这些地方的学校中，不仅掌握最高水准阅读熟练度的学生占据很大比重，而且低水平熟练度的学生比重相对而言很少。"

　　图16—1显示从投入教育的资源数量来看，东亚国家在教育方面的表现良好。以入学率来衡量，该地区的教育体系以适度的公共支出取得了卓越的结果。

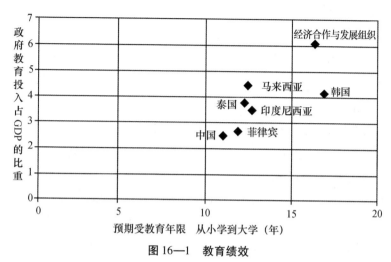

图 16—1 教育绩效

资料来源：UNESCO。

医 疗

该地区对医疗保健的重视程度远逊于教育，考虑到年轻人比例较大这并不完全令人感到意外。但是，对医疗保健日益上升的需求和因此不断增长的支出开始促使政府深入思考若该地区成为世界上老龄化人口最严重的地区之一，如何才能在为所有人提供医疗保障的同时控制成本。

东亚地区医疗保健的供给在住院医疗（hospital care）和门诊医疗（outpatient care）上存在很大差异。除了韩国，研究中所有国家的政府都是住院医疗的主要提供者：中国、马来西亚和新加坡高于四分之三的医院床位，以及印度尼西亚一半左右的床位都在公立医院。另外，韩国几乎所有的医院床位都在私立医院。与之相反，在研究中的所有国家，门诊医疗都主要由私立医疗机构提供。

因为对绝大多数家庭来说，住院医疗费用太高而难以完全独立承担，因而政府在住院医疗中占据主导地位产生了重要的政策后果。门诊医疗相对便宜，除了贫困家庭，所有家庭通常由自己支付这一费用。通过承担更大住院医疗责任，而将花费较低的门诊医疗留给私营提供方，政府为国民提供了更高水准的医疗安全。

东亚国家在医疗保健领域投入的资金额存在非常大的差异。正如所料，较富裕的国家比较贫穷的国家投入更多，分别从印度尼西亚的人均PPP 81 美元到韩国的人均 PPP 1688 美元这个区间，韩国其后是新加坡

（虽然新加坡的人均收入高于韩国）。医疗总支出（包括公共和私人支出）在 GDP 中所占比重是衡量社会对该领域投入的一个更好的指标。以此衡量方式来看，2007 年韩国投入最大，其次是马来西亚，印度尼西亚和新加坡投入最低。从各个衡量标准来看，这里讨论的国家在医疗方面的投入都要少于那些与它们属于同一收入水平的国家。

从资金来源看，只有在印度尼西亚、韩国和泰国，医疗投入资金主要来自于政府。而在中国、马来西亚、菲律宾和新加坡则是私人资金投入占主导（表 16—15）。在韩国，社会保障占据了政府投入的资金总额的大部分，其他部分来自政府总预算（general government budget）。该地区几乎所有的私人费用都是自掏腰包而不是私人医疗保险（像美国和其他高收入国家一样）。自掏腰包负面影响很大，因为它给家庭带来了严重的负担。

表 16—15 医疗保健支出

国家 \ 年份	人均医疗总开支（美元）		医疗总开支占 GDP 的比重（%）		政府医疗支出占医疗总支出的比重（%）		私人医疗支出占医疗总支出的比重（%）	
	2000	2007	2000	2007	2000	2007	2000	2007
中国	108	233	4.6	4.3	38.7	44.7	61.3	55.3
印度尼西亚	48	81	2	2.2	36.6	54.5	63.4	45.5
马来西亚	304	604	3.2	4.4	52.4	44.4	47.6	55.6
菲律宾	79	130	3.4	3.9	47.6	34.7	52.4	65.3
韩国	809	1688	4.7	6.3	44.9	54.9	55.1	45.1
新加坡	1167	1643	3.5	3.1	36.2	32.6	63.8	67.4
泰国	159	286	3.4	3.7	56.1	73.2	43.9	26.8
中低收入国家	97	181	4.4	4.3	37	42.4	63	57.6
中等收入国家	454	757	6.2	6.4	52	55.2	48	44.8
高收入国家	2745	4145	10.2	11.2	59.4	61.3	40.6	38.7

资料来源：2010 年世界卫生统计资料。

表 16—16　　　　　　　　　　　2007—2008 年健康指标

国家	出生时平均预期寿命(年)	出生时预期健康寿命（年）	5 岁以下儿童死亡率(每千人)	免疫（%）	医疗总支出占GDP 的比重（%）
中国	74	66	21	97	4.3
印度尼西亚	67	60	41	77	2.2
韩国	80	71	5	94	6.3
马来西亚	73	64	6	90	4.4
菲律宾	70	62	32	91	3.9
新加坡	81	73	3	97	3.1
泰国	70	62	14	99	3.7
低收入国家	57	49	118	75	5.3
中低收入国家	67	61	63	82	4.3
中高收入国家	71	61	23	92	6.4
高收入国家	80	70	7	95	11.2

资料来源：世界卫生组织（WHO），2010 年世界卫生统计资料（World Health Statistics）。

值得佩服的是，以医疗总投入在 GDP 中所占比重来衡量，该地区的许多国家利用有限的投入达到了完善的医疗体系保障。

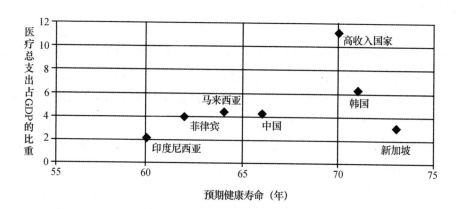

图 16—2　2008 年医疗系统绩效

资料来源：联合国教科文组织（UNESCO）。

如图 16—2 所显示的，高收入国家在医疗保健方面的平均投入是该地区国家的两倍以上，但如果以健康生命花费（HALE）来衡量其医疗水平，则低于韩国和新加坡且仅仅略高于其他国家。虽然成效并不完全取决于政府的医疗政策——文化、人口构成、生活方式和其他因素对平均寿命也有影响——但实证研究显示政策是不同医疗水平最重要的决定性因素。

结　论

对东亚社会政策的研究开始于对这一地区医疗（和官方援助）的低投入和教育高投入的观察，然后就该地区社会福利体系的特征得出结论。然而，支出往往是一个误导性指标，因为它没有将人口条件考虑在内：可以想见拥有更多青年人的国家会在教育上支出更多。支出也不能起到决定性作用，大量资金可能投入到特定的群体中而没有使人口普遍受惠。另一个重要但常被高估的背景因素是经济增长率，正在提高的收入水平、低失业率降低了该地区对政府社会福利支出的需要。

一个更好的理解该地区社会政策的方式是对政策安排、资源投入和结果做经验性检验。本章表明对社会政策的研究涉及五个国家时即存在很大差异，以至于想对该地区进行一般化总结几乎是不可能的。因此所做的归纳总结只能是在国家层面上，但即便如此，政策领域之间也存在显著差异。

从 1997 年亚洲金融危机开始，印度尼西亚已经快速增加了在社会事业上的支出，危机暴露了只专注于经济发展而忽略社会保障会造成何种悲剧。与此同时，民主的进步推动了社会事业的增长。目前印度尼西亚拥有相当完备的社会安全和医疗保障体系，虽然脆弱的管理能力和有限的财政资源一定程度阻碍了政策的实施。

韩国已经精心建立了类似于欧洲大陆国家福利状况的社会政策体系。它拥有与 OECD 国家平均水平相当的已广泛普及的养老金和医疗保健系统。韩国在教育方面呈现出一种奇怪的现象，在这一领域政府深深介入了教育资源供给和资金投入，与此同时私营机构尤其是私人支出也扮演了重要角色。

在独立后的几十年时间里，马来西亚政府在教育和医疗资源供给和资金投入中扮演的角色呈指数级增长，这反映在它良好的社会指标中。然而，从 20 世纪 80 年代晚期开始，政府已经开始尝试在教育，尤其是医疗领域扩大私人的资源供给和资金投入，但是由于政治上的反对和低迷的经济环境，最终并没有成功。但是，从 20 世纪 90 年代开始医疗保健领域的私人资金投入得到了显著增长。

在菲律宾，教育和医疗保健的资源供给和融资有很大的私人成分存在。虽然教育的入学率很高，但是教育的质量不高。尽管存在大量的融资机制，但是医疗保健的覆盖仍然有限。在 2000 年末，政府启动了面向贫困人口的资金转移项目并扩大了社会医疗保障的覆盖面。

普遍持有的观念即社会福利与经济发展正相关——被称为瓦格纳定律（Wagner's Law）——与新加坡的经验完全相反。这个岛国依然维持着一套严苛的社会政策机制，除了教育在社会福利上花费较少。所有层次的教育都是充分的而且几乎完全由政府提供和资助，但是接受高等教育的机会是受限制的。住院医疗由国家供给，但大部分资金仍然来自消费者。

从 20 世纪 90 年代开始，泰国在逐步扩大政府在教育和卫生中扮演的角色。不过，20 世纪 90 年代末相对低速的经济发展限制了资源的可获得性，这反映在政府提供的教育和医疗保健的质量上，导致富裕人口开始求助于私人提供者。

第十七章　亚洲地区主义与人权

——以东盟政府间人权委员会为例

安东尼·J. 兰洛伊斯（Anthony J. Langlois）著　邓金沙译

内容摘要

在很长一段时间内，亚洲是唯一一个没有制度化人权框架的地区。①我们很难想象一个覆盖如此多元化地区的人权机制将以何种形式出现。但是，对于已被东南亚国家联盟（东盟）制度化的次级区域而言，建立该机制的潜在可能性已成为人权支持者在过去几十年中关注的焦点——最近的讨论促成了 2009 年东盟人权机构（AHRB）的成立：即东盟政府间人权委员会（AICHR）。

这一发展有何意义？我们应如何解释？我们对 AICHR 应有何种期待？在本章有限的篇幅内笔者将首先阐述 AICHR 的由来；然后笔者将论证该组织的行为预期可以从更普遍的角度有效校验有关东盟和东南亚地区主义性质的一系列理论。关注经济一体化、安全合作和民主/自由化的地区主义者大致可分为持乐观态度的支持者和持悲观态度的怀疑者。伴随着 AICHR 在东盟不断扩大的机构中获取一席之地，在更广泛的讨论中考察不同的理论为我们预测 AICHR 的行为提供了有益的理论基础。

东盟和东盟政府间人权委员会

自 20 世纪 70 年代起，由联合国发起的地区人权机制已在全球范围内

---

①　此文章是作者 2010 年在伦敦政治经济学院国际研究中心做高级访问学者时所著；作者对中心人员的慷慨接待表示感谢。

展开，联合国在 20 世纪 80 年代特别敦促亚洲国家开始着手相关事宜（参见 Phan，2008：2；Kabir，2001；Mohamad，2002）。直到 1993 年维也纳世界人权会议，东盟外长才对这一挑战作出回应，他宣称："东盟也应考虑建立适当的地区人权机制"（Phan，2008：3）。正如昊维藩（H Dayphan）所言："这可视为东盟开始发展地区人权机构的正式开端"（Phan，2008）。同年年底，东盟各国议会组织（自 2007 年开始）的声明进一步强化了这种趋势："建立适当的地区人权机制是成员国的责任和义务"（Muntarbhorn，2003）。

随着事态的发展，东盟人权机制"工作组"设立（Santiago，2009年）。工作组设立在亚太法协（LAWASIA）人权事务委员会之下，其成员来源广泛，由来自东盟成员国的国家工作组组成（从开始的印度尼西亚、马来西亚、菲律宾和泰国，到后来申请加入的柬埔寨和新加坡）。这些组成人员来自地区内的民间社会、学术界、国家议会和政府机构。自 1996 年起，工作组每年都会见东盟国家的外长，其杰出工作在 1998 年以后的年度外长公报中均有体现（Muntarbhorn，2003）。

2000 年工作组向东盟提出建立人权机制的建议。工作组建议拟定东盟人权委员会建立的协议草案，支持理由如下：

> 在有许多包括联合国在内的外部组织监督东盟内部人权发展现状时，提出此项协议最合时宜。东盟内部机制的缺失意味着，东盟被暴露于地区外监测的同时，很少有机会从自己的角度评估地区人权发展。建立政府间的东盟人权机制将有效改善该局面，以帮助外界更好的理解东盟在人权问题上的立场和态度。该机制应在地区内对国际人权标准进行补充。（Muntarbhorn，2003）

正如汶达蓬当时所述，东盟对工作组的这些呼吁保持"长时间的沉默"，这意味着东盟并不支持 AICHR 的建立。因此，工作组改变策略，采用多渠道、跨部门战略，通过临时安排和替代方案实现目标（Muntarbhorn，2003）。

一系列研讨会随之举行：2001 年在印尼，2002 年在马尼拉（与东盟战略与国际问题研究所人权研讨会一同举行），2003 年在曼谷，2004 年在雅加达，2006 年在马来西亚。在这些会议上，AICHR 的根本目标得到了肯定和支持，但与成员国在建立所有东盟国国家工作组、人权教育和能力建设等议题中的表现类似，方案的焦点在于一系列的调停和妥协。马来西亚提议应建立人权机制，并举办了专题研讨会，号召已准备好的国家加入。这一提议只得到印尼的认可，其他东盟国家拒绝该动议，因为他们认为人权机制应由所有成员同时加入（Phan，2008：8）。"长时间的沉默"仍没被打破。

2005年12月在吉隆坡举行的第十一次东盟首脑会议出现了转机，该会议决定东盟将作为一个整体起草宪章。该决议是根据2003年的巴厘第二协议达成的。东盟领导人在第二协议中宣称："旨将该组织建成一个有凝聚力的、以法治为基础的欧盟式'共同体'。"（Muntro，2009：4）正如汶达蓬所说：

> 后来2004年的"万象行动计划"（VAP）为东盟实现成立共同体的目标提供了一个广泛的框架。VAP虽然不明确赞同，甚至没有提到一个泛东盟人权机制，但它简略地提出建立"一个现有人权机制间的合作网络……一个旨在保护和促进移民工人权利的东盟工具……一个有关促进和保护妇女儿童权利的东盟委员会"。（Munro，2009：4）

知名人士小组（EPG）对《东盟宪章》的制定产生了决定性影响，该小组由东盟地区资深政治家组成，他们对《东盟宪章》的起草提出指导建议。在EPG 2006年报告中，知名人士均认为：东盟人权机制是"值得注意［并］应当继续推动的提议，特别从明确该地区机制可以在何种程度上确保每个成员国的每个个体的权利均受到尊重和保护的角度考虑尤为如此"。（Durbach et al.，2009：223）

汶达蓬评价这是东盟人权机构（AHRB）建立过程中最具决定性的一步——虽然"看似并非强烈认可"，但它努力将建立人权机构一事置于有关东盟共同体持续改革所有讨论的中心。（Munro，2009：5）

在EPG提交《东盟宪章》的前景报告之后，负责起草《东盟宪章》的高级工作组（HLTF）成立。工作组面对的不是一项简单明了的任务："协商一致"是东盟决策过程的核心（即所谓的"东盟方式"），如同其他一系列问题一样，在AHRB问题上，HLTF间存在广泛分歧，这一点东盟外长们几次在不同场合均有所提及（Morada，2009：199；Munro，2009：5）。然而，2007 年 1 月，《宿务宣言》在描绘《东盟宪章》蓝图时重申 EPG 的建议，对建立一个东盟人权机构表示赞同。但是，关于该机构应采取何种形式，及其在《东盟宪章》中应如何表述的争论持续了2007 年一整年。马来西亚、印尼、新加坡和泰国的外长们和缅甸、老挝、柬埔寨和越南的外长们之间存在巨大分歧。最终，前者成功说服后者接受了在《东盟宪章》中为创建人权机构采用"短条款"形式，即当《东盟宪章》在 2007 年 11 月新加坡举行的第 13 届东盟首脑会议上通过时，短条款本身也被通过，无须额外讨论（Phan，2008）。

《东盟宪章》第 14 条如下：

1. 为实现《东盟宪章》促进保护人权和基本自由的宗旨和原则，东盟应建立东盟人权机构。

2. 东盟人权机构应在东盟外长会议划定的职权范围内开展工作。

显然该条款的颁布具有里程碑式意义，但显而易见的是，这一进步的重要性和意义完全取决于该条款的第二条：由东盟外长会议划定的"职权范围"的性质。

为了解决该问题，2008 年 7 月，第二轮谈判在"高级小组"（HLP）的主持下展开。该小组也由政府任命的人员组成。高级小组的工作目标是"确定 AHRB 的形式、功能和范围"（Munro，2009：6），其主要任务是起草人权机构的职权范围。高级小组会见了工作组；在享有基本政治自由的东盟国家，他们会见了国内人权机构和民间社会组织（CSOs）——主要是亚洲人民主张联盟（APAT Taskforce）和东南亚女性联盟（Ginbar，2010：509）。

鉴于对 AHRB 的长期酝酿，创立的最后阶段进行得非常顺利。出乎反对者意料之外，2009 年 7 月高级小组向东盟外长会议提交了"职权范围"草案，会议通过了该草案。仅三个月后，在 2009 年 10 月举行的第15 届东盟首脑会议上，《华欣声明》正式推出期待已久的 AHRB，即东盟政府间人权委员会（AICHR）。

AICHR 的职权范围建立了一种非常特别的机制，它可以被视作国际人权准则和"东盟方式"的典型东盟混合体。职权范围的"目的"章节规定促进和保护东盟国人民的人权和基本自由是该机构的首要原则。但是，应该注意的是协议任何提及《国际人权宣言》之处，注重稳定与和谐、成员国之间的友谊与合作、尊重不同的历史、文化和宗教都作为前提被特意指出并强调。

AICHR 职权范围的"原则"章节奉行以下原则："（一）尊重所有东盟成员国的独立、主权、平等、主权完整和国家认同；（二）东盟成员国间互不干涉内政；（三）尊重每一个成员国免受外部干涉、颠覆和胁迫……的权利。""原则"结尾部分指出"遵循一种建设性的、非对抗性的路径并以促进和保护人权为目的进行合作"，应"采取有利东盟人权标准和规范发展的渐进式路径"（ASEAN Morada，2009；Secretariat，2009）。

长期致力于推动尊重和保护人权的东盟民间社会组织认为 AICHR 成立的目的是为了促进人权发展，而不是保护人权。例如，亚洲人民主张联盟要争取到的目标就是要建立一个"有惩罚权"的人权机构，而目前的AICHR 并不符合要求。尤其是现存机制内缺乏个人或团体向 AICHR 申诉的渠道，AICHR 也没有权力制裁成员国，AICHR 没有途径就人权相关问题向成员国提出建议等。

就民间社会组织在这些问题上的悲观情绪，金巴尔分析如下：

> 批评声音过于关注不足之处。明确的人权保护'目标'和责成AICHR 制定实现保护目标的战略命令都已制定。但只有引入如'AICHR 有权从东盟成员国获取促进和保护人权的相关信息'等其他条款才能实现目标。这些条款可以是框架性的，且法律上没有明确的文字禁止 AICHR 对条款继续完善，例如 AICHR 有调查侵犯人权行为的权力，或至少拥有要求成员国对侵犯人权的投诉必须予以反馈的权力……值得注意的是，在 AICHR 的职权范围内，也提到应起草一份旨在规划具有法律约束力的地区人权机制的《东亚人权宣言》。（Ginbar，2010：515）

正如 Santiago 所指出："AICHR 将是一个采取渐进方式履行其促进和保护人权任务和职能的协商机构（Santiago，2009）。"此外，五年一次的职权范围修改使得 AICHR 仍有可能抓住良机大力发展能力。

对于渐进发展且仍处于发展初期的 AICHR 进行更多评价显然并不可取，要对其进行评估还尚需时日。现在笔者认为不妨思考一下这种发展变化对亚洲地区的意义，特别是，这些发展究竟能对国际关系学者关于东盟地区本质的探讨做出何种贡献。

东盟政府间人权委员会和东盟地区主义

迄今为止关于 AICHR 的大部分文献都是由人权支持者、民间社会组织、国际律师和记者写就的，这些文献最关注的问题是 AICHR 对人权保护的意义——因此他们更关心 AICHR 是否能够拥有惩罚权。然而，AICHR 的发展也应从国际关系东盟地区主义的角度进行解读。这些解读反过来也为我们思考和展望 AICHR 未来提供了一系列框架。

东盟地区主义是什么？这一问题如广义的地区主义（参见 Fawn，2009；Lake，2009）一样被广泛讨论。讨论内容大致分为三方面：经济一体化、安全问题和民主化。在每个方面，学者们对东盟地区主义的成就和未来前景都有巨大分歧——这一现象在东亚地区主义领域内更为普遍，学者们认为：出于各种原因，人们错误地认为东盟内部的动力和规范促成了现有的积极成果。

例如雷文希尔认为，东盟学者大体上可分为两大阵营：支持者和怀疑者。他进一步指出，在认识论、本体论和方法论上，两个阵营的差异大致与建构主义和现实主义学派的差异分布相吻合。最重要的是，对于雷诺德而言，"东盟支持者将怀疑者认为几乎是东盟制度设计上的致命缺陷视为东盟的优势所在——条约无强制力，区域机构缺乏权威"（Ravenhill，2009：221）。所谓的东盟方式——即东盟广为人知的基于协商、一致、非正式、非连续性和非对抗谈判风格的决策过程（Acharya，2001：64）——是与之相关的关键概念（参见 Kivimaki，2008：435）。

东盟经济一体化发人深省的教训

雷文希尔对支持者和东盟道路的评估是在经济一体化领域内进行的。他认为：

> 经济合作使我们有办法对东盟的行为进行评估，我们不仅可以考查成员国是否完成自己设定的目标，也可以把东盟同其他地区组织的成就进行比较，并有机会评估东盟机构设计的有效性。（Ravenhill，

2008；Ravenhill，2009：225）

通过这种评估方式得出的结果一直相对令人沮丧。经济合作的制度化进程一直"痛苦而缓慢"；功能性合作——如环境问题——一直"同样令人失望"。对于地区制度设计而言，东盟方式的结果就是东盟对破坏协议底线的行为束手无策。

《东盟宪章》的推动和高级小组的任命同样遇到东盟机构失灵的问题。高级小组的报告认为东盟的"问题在于确保遵守和有效执行，东盟必须培养一种遵守落实决定、协定和时间表的文化（CITE）"。但正如雷文希尔（2008）所说，《东盟宪章》明显淡化了高级工作组提出的这一建议，同时引入允许成员国退出经济协约的东盟"10－X"程序。

AECHR 的职权范围产生了一种类似的淡化效应。雷文希尔对经济一体化的看法在描述人权问题上可能是较为贴切的：

> 如果成员国能够忽略他们的承诺并对其自愿加入的协议违约而不受任何惩罚，经济一体化协议不可能发挥效力。在达成一系列强制执行协议之前，东盟还有很长一段路要走——更不用说建立提供这种执行力的机制了。（Ravenhill，2009：228）

乍看上去，这是一个毁灭性的批评——由此人们只能努力降低对新AICHR 的期待。民间社会组织在这个问题上异常失望，并重新开始为建立"有惩罚权"组织的目标进行政治努力。

下面，研究东盟地区主义的建构主义学者将从积极的角度对这种情况作出另一种解释。

安全讨论中产生的希望?

1967 年，《东盟宣言》明确了经济增长及地区的和平与稳定是东盟的两大目标。虽然经济一体化还显得遥遥无期［它与经济增长不同（Kivimaki，2008：434）］，近期东盟在安全方面的作为已经得到许多建构主义学者的认可——特别是支持者与反对者中的建构主义学派。伊顿及司徒拔澄清了建构主义、现实主义和新现实主义在近期东盟主要问题上的关键分歧（Emmerson，2005；Eaton and Stubbs，2006），他们分析的第一步是从内部和外部两个角度讨论东盟在不同领域的权力。内部讨论关注我们应如何看待东盟方式：它是建构主义学者从正面角度描述的非正式共识建设战略，还是无效且有害的制度设计？外部的讨论关注"东盟是否对地区经济和安全关系产生切实影响"（Eaton and Stubbs，2006：137）。一方面，以史密斯和琼斯为代表的分析者认为东盟只是在制定进程，而没有取得进展。东盟华丽的言辞和活跃的行动背后是传统国家间关系的延续（Johes and Smith，2007；Smith，2007）。另一方面，建构主义者认为，在成员国出于能力和意愿而有意规避的领域之外，东盟已经在政治多边协议方面取得进展。

伊顿和李察通过深入分析发现，分歧产生的重要原因是分析者们对权力概念的理解不同。罗伯特·达尔将权力定义为"一种让其他行为体聚集起来做他们本不会做或不愿做的事情的能力"（Eaton and Stubbs，2006：142）。这种观点使伊顿和李察相信："对于认为强制力即为权力的新现实主义者而言，东盟对内没有权力是由于东盟秘书处无权迫使有异议的成员遵守多边协议"（Eaton and Stubbs，2006：168）。但是伊顿和李察更相信，解释权力概念的角度并非一种。

伊顿和李察认为，权力不是对抗性、物质性的，也不以支配为导向。他们借鉴汉娜·阿伦特的观点：权力和支配是一对相反的概念。支配可以让人拥有最有效的控制力，从而产生最迅速最完美的服从，而权力却不能。"（Eaton and Stubbs，2006：144）。伊顿和李察套用该理论分析东盟：

> 如果我们认同阿伦特强制摧毁权力的观点，那么"惩罚权等于权力"这个公式就值得怀疑。实际上，如果权力来源于群体的凝聚力而不是强制性工具（如阿伦特和建构主义学者所述），那么在东盟推行那些自上而下缺乏底层政治基础的具体规则和惯例时，东盟的力量很可能被削弱，这种后果将是始料未及的。（Eaton and Stubbs，2006：149）

规则和惯例本身不是问题所在，问题是他们如何被实施。建构主义者在这个问题上的关键理论是，基于身份认同的政治、拥有广泛合法性基础的政治进程，以及被一致通过的规则和做法，将有效激发、约束和维持变革。因此有人认为，东盟道路是创建该愿景的关键因素。

笔者的观点是，关于安全机制的讨论对 AICHR 将以何种方式出现具有重大意义。这不仅与东盟人权机构超过二十多年的发展进程休戚相关，并与一个被定义为东盟内部组织的合法机构有重大关系。伊顿和司徒拔认为新现实主义者和建构主义者的区别之一在于他们各自研究的时间框架不同："新现实主义者根据目前东盟对其他地区或国际行为体无强制力来判断其价值"（Eaton and Stubbs，2006：150），而建构主义者则更关注未来的长远发展。在人们看待 AICHR 时也存在类似区别。许多人，尤其是民间社会组织——对于新 AECHR 缺乏惩罚权非常失望，它不能让成员国对侵犯人权的具体实际指控进行调查，不能向成员国提出建议，或接受成员国、个人和社会组织的申诉。可以肯定的是，当这些问题都作为对 AICHR 的静态描述时，他们确实批评的对——这对于迫在眉睫的改革和未来的发展也非常重要。但对于分析者而言，尤其是那些特别关注东盟持续发展和保持东盟协调的政治规范性目标的学者而言，把人权设立为东盟首要规范性目标的最好方式是建立一个人权机构——例如一个能够用巧妙的方式使持不同政见的成员国继续参加讨论的组织，而不是通过相互指责人权政策从实际上疏远和分裂现有国家同盟的机构。其间平衡很难掌握——但是实现愿望的一种有效方式是考察合作机构扮演的角色，如国家人权委员会（Phan，2009a）。展望未来，一个有趣的问题是，地区组织是否可能作为一种机制延伸至东盟而不是成员国——例如以人权法庭的形式成为东盟的一部分（Phan，2009b）。

东盟的民主进程

AICHR 的成立显然用事实支持了关注东盟内部民主进程学者的观点。例如，乔恩·道奇认为"东盟已缓慢但逐步开始追求自由规范和价值的进程"（Dosch，2006；Dosch，2008；529）。他非常认同日本学者胜间田弘的观点"追求自由主义，和包括人权和民主规范的元素是东盟目前最迫切的议程"（Katsumata，2007）。道奇认为，出现这种情况的原因在于国内政治环境发生的结构性变化（除了缅甸）影响了地区级的政治议程。其间关键在于国内的民主化以何种方式影响国家的外交政策议程和随之而来的地区管理。他认为民主化能"提高制度问责，并由此限制政府制定和实施的外交政策目标的自由裁量权"（Dosch，2008：531）。

道奇用《东盟宪章》的制定过程证明自己的观点。正如前文所述，高级小组邀请民间社会组织一起商议《东盟宪章》的制定。我们也注意到，应高级小组邀请，亚洲人民宣传工会通过提交重要议案成为一个关键的民间社会组织。道奇认为，这份充满亚洲人民宣传工会的民主观和以人为本观念的议案非常受重视，议案中提出的问题被高级小组和之后的《东盟宪章》多次关注和探讨。道奇对于其中的因果关系颇为纠结，但他认为这一结果"反映了东南亚许多地区日益增长的政治自由主义氛围，在那里许多民间社会组织越来越多地享有表达意见的自由，即使政府并不打算理会他们"（Dosch，2008：536）。

并不是所有人都赞同该理论的整个论述。对于道奇所引述过的胜间田弘而言，分歧在于动机。他坚信东盟成员国"在规划联盟的自由改革方面貌似过于雄心勃勃"（Katsumata，2009：621）。因此有趣的问题在于为什么东盟会如此自由化，胜间田弘认为这是成员国国内日益民主自由化的结果，而道奇的看法不同。道奇从保守主义视角认为这是在西方列强（现实主义者的观点）的重压下产生的"接受的智慧"。不仅如此，胜间田弘提出了一套源于东盟的社会规范环境理论。他认为，在当前环境下，全球社会的核心成员和先进的工业化民主国家极力追捧自由价值。全球社会的合法性要求所有国家和地区必须采纳人权规范（Katsumata，2009：626）。

胜间田弘理论的优势之一是，它解释了理论和实践的差异——制度平台发展的不足需要推行言辞上已被接受的规范。这种差异被社会制度主义学称为"脱钩"——即不是所有东盟成员国都能履行政治自由化，这一点恰与道奇的核心解释相反（参见 Jetschke，2009；Jetschke and Ruland，2009）。胜间田弘并不想抹杀内部压力的作用，但他认为，在道奇提供的有限案例中，外部压力带来了内部压力。此外，他认为，民间社会组织与东盟在地区层面并没有实现制度化的对接——这一点可以由东盟人民大会证实（Katsumata，2009：627；Morada，2009）。胜间田弘得出结论，在自由民主话语和有限机构改革的产生过程中，"对全球社会的外部关注是推动东盟成员的主要动力，希望被视为先进合法的国际社会成员或保护自己现代国家社会合法成员身份的想法，是凝聚成员国的主要原因"（Katsumata，2009：627）。用这种理论观察东盟的民主化议程为解释人权问题在书面和实践中经常出现的差距提供了更广阔的空间。但它不能解释为什么在某些案例中脱钩现象更为严重，也不能解释为什么在某些案例中书面和现实的差距比其他案例更大。

李·琼斯对此提出的解决办法是：我们应考察支撑政权的社会力量，和政权内部权力与利益的冲突。也就是说，我们应该像关注地区或国际政治的规范结构一样，尽可能地关注地区政治或国家的内部利益。琼斯抱怨理论家们"只在国家间行为理论失灵时，以特定的方式引入国内政治"（Jones，2009a：388）。针对近期这些理论，他认为"大家不能简单地认为民主化必然产生一个'自由'的国家，或民主化对立法者毫无约束。国家并不是有'身份'的单位，也不是立法审议的中立机构，而是一种权力表达，它反映了社会深刻的不平等现状，在推动某些利益的同时排斥其他利益"（Jones，2009a：391）。与贝林（2000）的观点呼应之处在于他指出："在近期发展中国家内部，资本家是高度'民主派'。"（Jones，2009a：390）琼斯认为，在东盟国家的民主化已与精英治理联手，从一种保护制度转变为一种富有的寡头精英主导民主机构的新政治形式。

在此方面，与建构主义或民主和平论的最初观点相比，一个可能成功或失败的东南亚自由进程面临更多变数（参见 L. Jones，2009b）。琼斯用东盟各国议会中的缅甸党团作为案例证明自己的观点，显然，社会经济利益和偏好在每个问题上都击败了建构主义者和民主和平论者的假设。琼斯得出结论：

> 在东盟国家，对自由立法者开放的政治空间受制于非民主寡头的社会经济力量，其变化明显取决于寡头政治的连贯程度。在印度尼西亚和菲律宾，相对的非连贯寡头政治产生了在东盟其他地区所没有出现的政治不确定性。马来西亚和泰国的自由主义者必须依靠寡头精英的内部分歧来施加影响，而在新加坡和柬埔寨，根深蒂固的寡头统治为自由主义者提供参与决策的机会几乎为零。然而，对自由主义者开放的有效政治空间的大小也取决于特定竞选议题与寡头经济利益的关系：当他们的存在限制政治空间发展时，他们的缺失将使自由主义狂热分子面临"安全"问题。（L. Jones，2009a：402）

琼斯关于国内政治重要性的有益补充，有助于我们解释 AICHR 的创立并预测其未来几年的动向，虽然所有东盟国家都支持《东盟宪章》增加"人权机构"条款、建立 AICHR，但这种支持是否可以归因于纯粹来自地区和体系层面的动力仍值得怀疑。道奇理论的缺点在于它不能在整个东盟范围内被有力证实：事实上，它在印度尼西亚和菲律宾似乎拥有强大的解释力，但在其他地区显得薄弱或有所缺失。胜间田弘的理论在其他方面存在类似问题。尽管他能够有效解释道奇理论无法解释的案例，但对实践（或其他可能存在的缺陷）被视为落实民主和人权保护政策的真正尝试的事件解释力欠佳。

结　论

AICHR 的成立有力回击了人们对东盟的怀疑。对于东盟的支持者而言，它似乎是一个没有惩罚权——或者是一个几乎没有惩罚权的人权机构。然而，如果东盟在经济改革领域不能确保遵守和履行承诺，我们又怎能期待它能在人权领域内做到这点？

现在以及在不久的未来，怀疑者对 AICHR 的预期成果和它有限权力的解释是重点——它也是关注当下政治行动的民间社会组织最为关心之处。

AICHR 的含义和解释——我们应对它有什么合理预期——仍然可被置于一个较为乐观的框架中，该框架源于建构主义自 1967 年描绘的东盟地区发展蓝图。从这个意义而言，AICHR 的权力并不在于它能强制国家或其他机构遵守保护人权的行为模式，而在于它能够自下而上地渲染尊重人权的地区政治氛围，人们逐步从内部视角关注这一点（虽然程度非常有限）。随着时间推移，成员国将自愿接纳人权规范和目标，从而承认其内部合法性，这是外部强制力无法做到的。

东盟内部相关利益的政治谈判结果决定了 AICHR 采取的形式；关于 AICHR 的未来发展和它将以何种方式促使成员国和国内党派接受并遵守谈判结果将成为利益集团和选民面对的问题。在未来的几年里，对 AICHR 未来发展的关注将集中在：东盟机构在地区层面的 AICHR 和塑造东盟成员国政权的国内政治因素两者相互关系如何。对于旨在建立保护人类安全、"以人为本"的安全联合体的东盟而言，遵守和履行承诺仍将是最大的问题，无论是在经济一体化领域，还是其他新的领域均是如此。

第十八章　亚洲地区主义和法律

——法律多元化的持久贡献

迈克尔·道达尔（Michael Dowdle）著　邓金沙译

内容摘要

本章将探讨亚洲地区主义在法律上的体现，作者认为该表现确实存在，它源于亚洲独特的经济世界（economie-monde），该概念由费尔南·布罗代尔在 1992 年提出。这种经济世界已相应地引发一种独特的法律经验，这就是 M. B. 胡克（M. B. Hooker，1975）提出的"法律多元主义"——即在单一政治体内存在多种法律体系。正如我们将要看到的，直到今天，这种多元主义的法律经验都在以贾亚苏里亚（Kanishka Jayasuriya，1998）定义的"反动的现代化"的方式影响整个亚洲。

亚洲法律的"划界"

我们从"法"的视角看待亚洲地区时应首先界定在该语境下"亚洲"所指的范围。显然，亚洲是一个广袤辽阔、多元丰富、在某种程度上讲有些随意的地理概念。但在对亚洲独特的地区性法律界定达成共识的范围内，大家都认为东南亚是地区核心。在东南亚，亚洲多元文化相互接触。因此，在这里我们更易找到真正有意义的地区主义的融合。东南亚作为泛亚洲地区主义的核心在其独特的经济世界中亦有体现。由布朗代尔（Braudel，1992：21 - 45）提出的著名概念"经济世界"是指围绕中心经济核建立的，由特定且占主导地位的经济技术构建的，统一且具综合性的地区经济世界。东南亚经济世界在历史上以强大的香料贸易网络著称。它的一边是欧洲、阿拉伯伊斯兰和印度经济体，另一边是中国经济体，东南亚经济世界也因此成为两者的主要连接点（Braudel，1992：523 – 532）。

东南亚经济世界明显的全球化特征产生了一种独特的法律经验——即胡克（Hooker，1975）所谓的"法律多元化"。按照胡克和其他东南亚学者的定义，法律多元化是指在单一政治实体内运行多个法律体系的情况。其中关键词"体系"是指一个封闭且自治的法律认识观（Gunther Teubner，1989）。因此法律多元化并不是借用其他法律体系的规范构成的某一法律体系的产物，相反，它是在一个政体内同时存在两个或两个以上的不同且相互独立的法律渊源和法律推理的情形。

东南亚的法律多元化是由四种不同的外来法律文化组成的，在过去的一千年间他们影响了整个地区，并被东南亚独特的全球经济世界推动发展。首先是印度教和佛教法，在 9 世纪时传入东南亚。其次是伊斯兰法，从 13 世纪开始进入东南亚。接着是 17 世纪的欧洲（殖民地）法律。最后，过去半个世纪见证了一股新的法律浪潮对该地区的影响，我们可将其称之为现代主义法律。正如我们将要看到的，这些接连不断的思潮并没有替代先前的法律文化。相反，每种文化都将自己的法律积淀层叠于不断积累的法律形态之上。随着最后一波现代主义浪潮来袭，我们将发现早先的东南亚法律多元化经验已经开始向亚洲其他地区殖民，并使之成为亚洲地区一体化的一个独特属性。

前两个阶段：印度法（公元 9 世纪）和伊斯兰法（公元 13 世纪）的接受

第一波影响整个东南亚的外来思潮是印度佛教法，它从 9 世纪开始在东南亚扎根（Hooker，1978：17 – 47）。但印度佛教对"法"的愿景与现代理解差异显著。他们的法律既不是社会管理的工具，又不是对个人或集体行为作出明确限制和要求的权威规定，也不是国家的产物或制宪主体。相对而言，它是一种对（印度教或佛教所认为）理想社会的政治——宗教的描述。其权威性植根于它与当时社会自我认知产生的共鸣。此类法律作为一种理想化的法律模板发挥功效，必须在现实社会的日常运作中才能得到有效理解（Hooker，1978：98 – 103）。

因此，传统上印度法更擅长通过隐喻而非命令来发挥功能。这一特点也使它能在下一波外来法律思潮——伊斯兰法——席卷整个亚洲时保存下来并与之融为一体。在主要来自印度的穆斯林商人影响下，伊斯兰法从13世纪开始进入并传播至整个亚洲（Bustaman-Ahmad，2009）。到了15世纪，这波浪潮引发了胡克所谓的"法律吸收"。

这种吸收在班达亚齐和马六甲表现最为突出。马六甲土邦是东南亚地区最早出现的伊斯兰政权之一，由马来亚拜里米苏拉王子（后被称为伊斯干达沙）于1409年创立。马六甲土邦位于马六甲海峡的西端，连接印度洋和东印度群岛，它的一边是中国和东南亚，一边是印度和阿拉伯中东地区，在全球贸易版图中位置优越。因此它很快成为东南亚经济的主导。

伊斯兰教在马六甲的法律吸收（在马来文中被称为 Udang-Udang Mělaka）是从15世纪中期开始的（Winstedt，1953）。它们由四个不同领域的法律文本组成，每种文本讨论一种不同的法律领域。在确定伊斯兰法至上原则的基础上，这些文本实际上反映了伊斯兰法和地方法在原则和实践上的融合。一般情况下，我们今天所说的公法（涉及公共权力的法律）——法律程序和商法——都趋于遵循伊斯兰的法律传统。（事实上，描述法律程序的章节通常由阿拉伯文而非马来文写成。）相比之下，有关土地的法律往往从出现起就显得非常本土化。涉及其他领域的法律——主要是婚姻家庭法、我们今天所说的刑法以及调解法——包含伊斯兰和本地两种元素。在某些领域内，特别是在刑法和家庭法的一般原则上，伊斯兰法律适用于穆斯林，当地法律则适用于非穆斯林（Hooker，1984：9 - 16）。

在班达亚齐，统治家族在15世纪中期皈依伊斯兰教。在葡萄牙人占领马六甲之后，马六甲在16世纪成为伊斯兰和穆斯林文化的焦点地区。班达亚齐的法律吸收体现在前言中，它是17世纪初以来的亚齐法律文本集（参见 Hooker，1984：16 - 17）。与马六甲法律文本的情况一样，班达亚齐的伊斯兰教文本描述了伊斯兰法律原则和当地风俗在班达亚齐的融合。与马六甲类似，伊斯兰法原则往往集中应用在行使公权的公法领域。正如最近艾祖玛迪·阿兹拉所述，这些法律是"为苏丹和班达亚齐的政要准备的理想化准则，而不是实用的法律行为规范"（Azra，2006：97 - 98）。

类似的情况在位于苏门答腊岛中西部的米南加保的伊斯兰法律文本中也可以找到。伊斯兰教在16世纪进入米南加保。由于缺乏强大的集权统治，米南加保没有单一法律文本。与之前案例相反的是，米南加保的伊斯兰法律文本是由当地许多村庄和亚文化制定的。但这些文本往往表现出一个共同的主题和结构。特别应当关注的是，他们专注于——用胡克的话来说是痴迷于（Hooker，1984：17）——协调伊斯兰法法律教义和地方实践（印尼语中被称为"传统法律"）之间的矛盾。他们通过指定每个人的社会阶层（正如马六甲和班达亚齐），或根据个人特征简单划定道德层次来实现目的（Hooker，1984：17－19）。

在亚洲，越往西，伊斯兰法律文本的伊斯兰色彩越淡化。作为爪哇第一个伊斯兰土邦淡目（公元1475—1548）的伊斯兰法律文本在当地被称为 Surya Alam。虽然它声称来源于并体现伊斯兰法，但它在本质上更像之前的满者伯夷帝国的印度教法（Azra，2006：99－100）。淡目解体后，马塔兰土邦建立，成为爪哇的主要政权，其伊斯兰法律文本也存在类似现象。根据胡克的理论，这些法律文本"根本没有伊斯兰元素可言。事实上，为了描述马塔兰的王权结构和主权性质，几乎可以完全忽略伊斯兰教的存在"（Hooker，1984：9）。

总之，伊斯兰法同早先的印度法系能够并存，而非替代后者，原因在于它们各自发挥着不同的社会—法律功能。如上文所述，印度法系主要作为一个传统社会对自身根本认知的描述。相反，伊斯兰法主要关注一个全新国际政治组织形式——比如伊斯兰君主制政治结构——的意识建构（观念建构）。用汉斯·凯尔森（1994）的话来说，它发挥着"宪法"的功能——即作为法律结构以立法形式将"国家"正式确立为一个独立统一的政体（Kelsen，1994）。

第三阶段：欧洲法的接受（开始于公元1500年）

下一波席卷亚洲的外来法思潮来自欧洲，它主要通过两种方式施加影响，殖民是最重要的方式。但即使在没有被殖民的地区，借助殖民的影响，或国际公法中欧洲的特权——治外法权的威胁，欧洲法的影响也被广为传播。这两种方式都在亚洲法律认知中留下各自的印记。我们将对其逐一进行探讨。

通过殖民主义直接接受

亚洲主要的欧洲殖民者有葡萄牙（马六甲、东帝汶、澳门），西班牙

（菲律宾），法国（越南），荷兰（印度尼西亚）和英国（缅甸和马来半岛）。其中，亚洲地区法律多元化在荷兰对印尼的殖民统治和英国对马来半岛的殖民统治中表现得最为明显。

从许多方面来看，荷兰和英国都是"不经意"的殖民者。最初他们在亚洲的利益是商业和重商主义，而不是主权和领土。在这两个案例中，荷兰和英国都通过公司而非政治实体来实现和管理他们在当地的利益——如成立于1600年的英格兰（后来的英国）东印度公司，和成立于1602年的荷兰联合东印度公司（VOC）。正如伊斯兰法独特的"宪法性"功能使其能够覆盖而非取代当地社会的原生法律体系，荷兰和英国殖民者对重商主义的高度重视也导致他们的殖民法律体系覆盖而非取代了先前的本地法律体系。

在这两个案例中，法律多元化在荷兰殖民体系中进化地最具宪法形态。荷兰在16世纪90年代开始和亚洲进行贸易往来。1619年，VOC在爪哇国的北岸摧毁了爪哇的贸易港口嘉雅卡塔，并在原址建立了一座新城。他们将其命名为巴达维亚，把它作为VOC在亚洲活动的行政管理中心，并在接下来的350年间在此进行殖民开拓。（1942年，日本在占领期间将其改名为雅加达，这一称法沿用至今。1945年日本占领结束，雅加达于1950年成为印尼首都。）

作为商业实体，VOC没有主权国家的立法权威。与企业组织形式相匹配，VOC通过发布集团声明和对公司内部人员下达指令来管理公司在亚洲地区（包括巴达维亚）的业务。由于当地居民并不隶属于公司，公司下达的指令对这些人没有直接效力（当然，公司通过指派内部工作人员以特殊方式接触并尝试控制当地居民，这些指令仍可影响当地居民）。这使得新殖民"法"——或者说它在功能上与法同等——再一次覆盖了本地法律体系而不是取代他们。

VOC在1796年被收归国有，并在1800年解体。1814年，荷兰正式建立荷属东印度（今印度尼西亚）殖民地。但他们保留了由VOC创建的二元法律结构，即荷兰殖民法律体系管理殖民地的欧洲（和日本）居民，本地法律体系——荷兰人沿用伊斯兰法律术语称之为"传统法律"（adat）——管理印尼本土居民。每个体系都有自己的法律，自己的法院结构和自己的司法程序。殖民体系中的上诉由位于巴达维亚的最高法院受理，来自传统法律法庭（印尼语中被称为landraad）的上诉由位于阿姆斯特丹的司法委员会受理（荷兰为非印尼的亚洲人设立的第三方独立司法机构）（Lev，1965：174－176）。

尽管从法律文化的角度而言，传统法律体系中的真实法庭 landraad 是"本地"的，但在历史上一直由非印尼的荷兰公务员组成。他们中的大多数都缺乏法律培训。这种情况反过来使得他们强烈要求编纂《传统法律法》——用荷兰语将传统法律简化为书面条款，以便易于荷兰法庭法官理解。这促使《传统法律法》发展自己的法理学，并形成了以科内利斯·范·佛伦霍芬为代表人物，以莱顿大学为基地的传统法学派（参见Ball，1982：197－225）。这些传统法学派的法学家在传统法律体系中发现了人文精神的一种具象，即印尼文化与欧洲文明处处平等，并应当等同视之。

然而，许多人仍认为殖民者保留独立的传统法律体系，其目的在于将之当作压迫工具，至少事实上确实如此。传统刑法宽松的司法程序和传统法律对向本村以外的人出让土地的限制，使当地居民在政治上明显处于弱势地位，并在经济上遭受制约，削弱了自身经济实力。因此改革者们呼吁在殖民地内推行荷兰法的普遍化和法典化原则。他们认为，将殖民法编纂成文并在整个殖民地中推广应用可以将目前急需的现代性和政治平等引入殖民体系。然而，这些在荷属东印度群岛建立一个单一的、普遍的、成文的法律体系的努力最终还是失败了：部分原因是传统法律体系，特别是其尊重印尼文化自治，并将印尼文化与欧洲文明等同视之的主张，符合当时的伦理观念大环境；另一部分原因是传统法律体系确实为荷兰统治印尼经济提供了便利（Ball，1982：197－225）。

英国对缅甸和马来半岛的殖民过程大致相同。同荷兰一样，英国对亚洲的殖民行为实属偶然，是英国重商主义的附属产物。此外，同荷兰一样，英国将他们早期对殖民地管辖和治理的权力外包给私人公司——即1600 年建立的英格兰（后来的英国）东印度公司，两年后荷兰以该公司为模板成立了 VOC。

实际上英国对东南亚的殖民统治开始得相当晚。直到 1873 年，它在亚洲（非印度）实行的殖民统治包括：1685 年在苏门答腊西海岸英国人自己建立个人定居点明古连街（现在的明古鲁）；1786 年在槟城普拉斯兰岛建立乔治城；1816 年在新加坡岛建立新加坡；1841 年殖民统治香港；以及 1824 年英国与荷兰交换殖民地，用明古鲁换来对马六甲的殖民统治。

新加坡的马来人定居点，乔治城和马六甲涌入了大量中国和印度移民。这两个定居点被统称为海峡殖民地，在19世纪70年代之前构成英格兰在东亚势力的心脏，并孕育出具有明显特征的多元文化（Tarling，1992：28 - 34）。与此相对应的是，英国探索出一套独特的法律原则，适用于定居点的各主要族群（英国人、印度人、中国人、马来人），即所谓的个人法。这些个人法主要涉及家庭和宗教事务（如结婚，离婚，继承等），虽然人们认为它们来源于不同种族固有的法律体系，实际上与其说他们是印度、中国、马来文化的产物，还不如说他们是英国东方主义的硕果。但是，它与荷兰的《传统法律法》不同，这些个人法同属于一个单一的法律体系，且只管理家庭和宗教事务。

1886年，缅甸成为英国殖民地之后也建立了一个类似的体系。作为英属印度的一部分，殖民地法律允许将"缅甸习惯法"用于涉及继承、遗产、婚姻或当事人是佛教徒的宗教案件（Thinn，2006）。然而，一般而言，英国统治当局对缅甸当地法律、佛教法和本地习俗的熟悉程度并不如其在亚洲其他殖民地内确立的印度法、伊斯兰法或中国法律传统（尽管基本上这些也是杜撰出来的）。因此，与马来半岛相比，英国对缅甸的统治遭到了当地居民更加激烈的暴力反抗。

1858年，东印度公司被免除殖民责任，殖民地的统治权被移交给英国皇室。之后皇室制定出一套清晰的、更具宪法形态的法律多元化体系，即英国驻扎官（the British Resident）体系。从1873年开始，这套体系作为"被保护国体系"的一部分在各个马来土邦建立，在19世纪最后25年英国用它来扩大自己在马来半岛的影响。在这一体系下，英国皇室承认并保护土邦的主权，前提是该土邦同意在国内设立"英国驻扎官"一职，苏丹作出的任何政治决策驻扎官均拥有否决权。因此，虽然苏丹在名义上保留领导权，实际上驻扎官已成为该土邦的实际统治者。

但驻扎官的否决权并不涉及原生马来传统或伊斯兰教事务。在这些领域中——且只在这些领域——苏丹仍保留最高权威（Ahmad，Leong and andrews undated：7）。这种二元主权的设置产生了相应的二元法律体系，且不同于荷属东印度的二元体系。最初，被保护国的司法机关仍在土邦有名无实的控制之下。1895年，最初被纳入保护国体系的四个苏丹——森美兰（1873），霹雳（1874），雪兰莪（1875）和彭亨（1888）——从行政上共同建立马来联邦，该联邦通过新的联邦法院体系（包括联邦初级法院和上诉法院）进行行政管理，可通过上述法院向伦敦枢密院提出上诉。但与此同时，它也保留了苏丹当前非常有限的司法权威，允许其保留自己独立的土邦法院体系——由法官法院，助理法官法院和村长法院组成——有权管辖"关于穆罕默德的宗教、结婚、离婚和所有涉及伊斯兰法的相关事宜"（依据这些土邦法院决定提起的诉讼进入联邦初级法院）。

从某种意义上说，马来联邦的宪法结构表面上类似于美国联邦的宪法体系。但是，区别在于前者属于明显的"法律多元化"（与后者更简单的"分割主权"相对），即马来两个法律体系间的区别并不简单地在于它们受不同的行政组织管理，而在于其受两种差异明显的法律认识观控制——例如马来联邦法庭体系的普通法与土邦法庭的伊斯兰法（参见 Hallaq，2007）。这不仅囊括实体法律规范上的简单差异，还包括功能上的差异。新殖民地法是世俗的，以国家为中心的，而土邦法庭的法律是宗教的，以群体为中心的。

20 世纪初，英国将其保护国体系扩展至其他五个马来土邦，并称之为马来属邦。英国对英国驻扎官体系进行改良，建立了英国顾问体系，并通过该体系对马来属邦进行治理。与之前相比不同之处在于马来属邦的这些土邦享有自己完整独立的司法和行政体系，虽然他们的所有决策都将提交至拥有否决权的英国驻扎"顾问"，这些"顾问"履行着与联邦体系下的驻扎官相同的职责（Ahmad, Leong and andrews undated：9 – 10）。

通过治外法权间接接受

尽管一些亚洲国家逃脱了欧洲直接的殖民管控，但欧洲法也能够影响它们，这些国家主要是指日本、中国和泰国。它们都以一种间接形式受制于欧洲法律，即"治外法权"（参见 Hooker, 1986；Kayaoglu, 2010）。19世纪和 20 世纪初的"不平等条约体系"强制推行治外法权原则，该原则使得殖民者不受当地法律和当地法庭制约（而是将他们移交至适用欧洲法律司法权的欧洲国家管辖区，例如领事馆或商栈）。声称实行豁免的理由是，欧洲国家有责任保护公民免受在法律体系"未开化"的所在国有可能遭到的不公正审判。为实现外来居民在所在国法律体系中享有豁免权，不平等条约实际上建立了一个尽管相对有限但很特殊的法律多元化形式。

19 世纪后期，治外法权的实践鼓励日本和泰国有效地将本地法律体系变革为欧洲法律体系。这些更为熟悉的法律要素一经确立，欧洲人确实表现出在这些国家停止治外法权的意愿。1868 年日本进行明治维新西化法律制度后，便于 1894 年签订《日英通商航海条约》废除了治外法权（Kayaoglu，2010：66 - 103）。泰国也在 19 世纪后期开始法律体系"西化"运动，1908 年泰国以欧洲为模板起草颁布了《民事诉讼法》《刑法》，并重组了法院体系（同时仍在实践中保留了一些泰国和伊斯兰教做法）。因此，到了 20 世纪 20 年代，欧洲在泰国的治外法权被大规模废除（Sayre，1928：70）。直至 1938 年，泰国彻底废除治外法权。（参见 Harding and Leyland，2011：10）。

然而，认为强加于人的治外法权是日本和泰国法律西化唯一动因的看法显然是错误的。面对欧洲优渥的财富和强大的军队，许多亚洲人逐渐产生本土文明过时的疑心和恐惧感。（当然，这种怀疑/恐惧经常被欧洲人自己的偏见放大，治外法权也在制度上明确这些偏见，从而加强了放大效应。）一些亚洲人将欧洲法律视为实现欧洲式现代性，尤其是实现现代性看似能带来的权力和财富的改革切入点（Kayaoglu，2010；参见 Hooker，1986）。这一点在中国尤为明显，中国推翻了儒家封建王朝建立了共和国，用从现代日本和德国引进的原则、理论和结构完全替代了中国的传统法律体系和司法体系。虽然治外法权也是促使这种变化产生的原因之一，但这一切的主导因素显然是这样一种信念：只有如此才能实现现代化，才能重新建立起一个强大的国家，一雪欧洲列强在 19 世纪和 20 世纪初带来的百年耻辱（Chen，1995：7 - 32）。

现阶段：后殖民主义，反动的现代化和对现代性的（持续）探索

在整个亚洲，殖民统治，不平等条约和治外法权促使当地人民深刻感受到本地文化的脆弱性。如前所述，对其中大多数人而言，欧化的法律制度被视为通向现代性的关键，以实现他们在国内和国际上复制欧洲财富和霸权的梦想。

但是他们也意识到，司法改革并不是通向目标的唯一道路。另一个被引入的欧洲的概念也为实现主权自治和国家振兴提供了其他路径。这就是民族主义的引入。司法改革和民族主义两者间存在深刻的系统性矛盾和认

识论冲突：法律主义通过文化借鉴和融合实现自治和霸权，而民族主义通过文化区分来实现同样的目标。

实现现代性的两条不同路径间存在天然的矛盾，这也成为后殖民地时期的亚洲法律的主要特征。这种矛盾体现在独特的"反动的现代化"过程中，贾亚苏里亚（1998）曾以当时亚洲价值观论战为背景对其进行定义：

> 有些人认为现代性是一个不可避免地伴有自由主义意识形态力量的普遍过程；与之相对，荷夫（1984）认为一般意义上的现代性并不存在，只存在实现现代性的不同路径。将这一观点应用于亚洲价值观的意识形态领域，我们便能超越这一命题：亚洲价值观是对"西方"价值观的内在规范系统的平衡，从而认识到这种文化语言本身就是一种现代性的产物。换句话说，它反映了现代性的不同轨迹。（Jayasuriya，1998：83）

> 反动的现代主义的本质……是激进反应和现代性的矛盾结合体。未来的图景可能是当前的社会或经济体，但往往人们以过去的文化或民族遗产的名义对未来的图景进行描绘。马来西亚就是一个很好的例子，认为马来人至上的马哈蒂尔主义意识形态就是建立在对未来建构的基础上，因为他们认为马来文化和政治强势的古代神话时期会重新回归……换句话说，过去在未来的图景中被重新描述（Jayasuriya，1998：84）。

亚洲长期法律多元化经验建立的法律认知体系结构完美地与反动的现代化话语契合。贾亚苏里亚对反动的现代性作出的看似矛盾的定义首先在建构亚洲多元法律体系的过程中被体现。多元体系能够在最初轰轰烈烈的现代化过程中幸存下来，正是因为由这些体系创建的二元法律框架能够体现反动的现代主义者话语的两个组成部分——现代的和历史的——以"法"这个词为例，即国家（现代）法对传统法律法。[正如伟大的法律史学家弗雷德里克·梅特兰（1911）在他就任剑桥法律史系首任系主任的就职演讲中令人惊叹地指出："法"是一个历史词汇——例如它在"习惯法""法律传统"，甚至"现代法"等词汇中所体现的含义（如 Glenn，2004），也是一个非历史的词汇——例如它在"法律实证主义""普通法"

和"法治"中的所蕴含的意思（Pistor and Wellons，1999）]。这就使得独特而自相矛盾的历史主义者能够对现代性进行编译和重译，而反动的现代化正是用这种现代性对新变化和新需求做出回应。

以上所述在当下的印尼和马来西亚法律变革过程中体现明显。这两个国家都有悠久的次历史民族主义话语传统，这种传统与伊斯兰法相关。在这两个国家里，在其极具现代主义色彩的发展历程中，专制领导人（苏哈托和马哈蒂尔）的长期统治抑制了宣扬技术官僚的种族民族主义。然而，专制领导人退位后，种族民族主义话语重现，并将自己视同为曾在殖民时期法律多元化下背景下形成的次法律体系——即印尼的传统法律体系（Henley and Davidson，2007）和马来西亚的土邦——伊斯兰法律（Harding，2002；Neo，2006）。例如，在马来西亚殖民体系下，土邦苏丹的自治权威与伊斯兰法管辖事务的殖民联合促生了穆斯林与马来民族身份认同的融合，此外，马来西亚主要的种族间政治斗争（尤其是马来人和中国人之间）的焦点之一就涉及马来西亚伊斯兰法院体系管辖范围的扩大与加强（Neo，2006）。

请注意存在这种矛盾关系并不必然导致功能紊乱。可能有些自相矛盾的是，亚洲许多地方一向能够在天然具有破坏性的现代化发展过程中，利用这种紧张关系在某种程度上促进社会心理的稳定性和确定性。在印尼，与马来西亚类似，苏哈托倒台后的当地种族动员是与传统法律话语联系在一起的。但是自从传统法律的法律意识形态（在真正的多元化浪潮中，它包括伊斯兰教和非伊斯兰教的规范和话语）被本地各族群接受后，事实证明这一意识形态可有效应对宗派间和种族间暴力，促进和平建设（至少在某些时候如此）（参见 Thorburn，2008；Braithwaite et al.，2010）。即使就马来西亚而言，值得指出的是该国一直享有超过半个世纪的相对和平和宪法稳定。传统法律是亚洲目前仍在使用的最古老的宪法。尽管马来西亚是一个宗教化程度和种族碎片化程度极高的社会，但在过去的 60 年间，它一直能够避免在整个南亚和东南亚的其他地方持续爆发的种族宗派暴力事件。因此我们得出这样的结论并不牵强：尽管过程跌宕起伏，但马来西亚的自相矛盾的法律多元化对实现这种令人印象深刻的成就做出了巨大贡献。

观察泰国当下的宪法化进程我们可以发现类似的情况。许多人已经注意到泰国国王权威和宪政权威之间长期存在的矛盾：国王保留神赐的权威，从根本上说这体现了民族主义和宗教性质，人们认为这种权威产生于它与宪法化具有的现代化力量之间深刻的系统性矛盾。不过，有一点也很明确，国王的权力对实现令人惊讶的泰国社会深层的稳定起到了关键作用，而这种稳定是迄今仅靠正式的宪政制度本身无法实现的。过渡到宪政的过程本身会破坏政府的稳定。王权和宪政这两股看似对立的力量实际上是自我平衡的共生体，它控制并缓解了宪法的现代性和社会文化安全与认同之间的矛盾（参见 Harding and Leyland，2011）。

现今的中国和越南在这一问题上表现出有趣的变化。两者对欧洲的侵略做出的回应都是追求詹姆斯·斯科特（James Scott，1998）所谓的"高度现代主义"——即对过去的文化全盘否定，转而追求现代化的民族国家。在中国和越南，人们实现这种超级现代性的途径是国家共产主义及其独特的"社会主义"法律愿景（参见 Gillespie，2005；Zhu，2009），该途径在政体中完全切断了他们传统的前现代儒家法律传统（越南此后摒弃了法国殖民法律传统）。在苏哈托统治下的印尼和马哈蒂尔统治下的马来西亚，民族主义和现代性似乎已被强权融合在一起。从这个意义上说，至少在高度权威统治的国家里，亚洲社会主义的高现代愿景似乎与以下结论矛盾：亚洲独特的法律多元化经验在法律传统主义与法律现代性的独特分裂中一直有所体现（参见 Scott，1998：87-102）。

然而，事实并非如此。在越南，非历史的现代主义和反动的历史主义的分裂直接体现在当地历史形成的、抵消了正在实现现代化的中央级法律的社会法律组织形式，例如在软法中即是如此。在软法的现代化过程中，各地一直依赖现代改革运动之前的传统法律模式（doi moi）。此外，中央级别的官员有意识地容忍这些替代性法律实践，将之视作对潜在的巨大革新主义现代性力量的必要平衡和缓冲（参见 Gillespie，2009）。

总之，在次级层面，反动的现代化的过往经历在法律多元化体系中作为关键素材被持续重译，在这种多元化背景下呈现出的本地法律体系包括——在亚洲价值观背景下的中国儒家思想，印度尼西亚政府重建背景下的传统法律，马来西亚宪政背景下独特的马来伊斯兰教，或者在泰国宪法化背景下的泰国君主佛学和智慧。由此看来，反动的现代化话语是亚洲上溯千年的法律多元化独特经验的最新动向。

结论：亚洲的过去，全球的未来
——法律多元化的全球化

　　也许今天亚洲法律多元化经验的独特性正在消逝。全球化的动力意味着现在世界上大多数国家必须在国内寻找容纳多种法律体系的路径。这种现象常被称为国家的"空洞化"（Jessop，2004），并涉及从韦伯式的现代主义中央集权国家过渡到多元化的"元调节"后监管国家——例如多重监管体系的管理（Coglianese and Mendelson，2010）。与此同时，对于世界上的其他国家而言，还有另一种新路径可供选择，它就是非常古老的亚洲路径。从这个意义上说，我们本国法律的未来可能部分存在于亚洲法的过去。单这一点就应引起我们的注意。

第十九章　民主、发展和权威主义

马必胜（Mark Beeson）　著　邓金沙译

东亚经济发展的非凡成就一向引人注目。值得注意的是，中国似乎很可能将取代日本，成为东亚未来经济发展的主要动力。地缘政治显然不是地区经济领头羊更迭的唯一原因——毕竟，理论上中国是与美国处在不同阵营的共产主义国家——支撑两国经济发展的政治制度存在巨大差异也是原因之一。无疑中国是一个非西方民主式的政权，其日益增长的经济政治重要性对东亚及更广泛的国际体系产生潜在而深远的影响。因此，重新审视中国崛起的地缘政治和比较优势将找出经济与政治发展间可能存在的联系。客观而言，第二次世界大战后与国家主导的跨地区工业化进程相关的政治权威模式并没有消失。中国经济发展的成功经验反而成为那些不愿在全国范围内发起政治改革或鼓励民主化进程的其他国家极具吸引力的榜样与合法性来源。

经济和政治发展之间的关系极为重要，但我们对此并未充分认知（Geddes，1999）。本章虽然仍未解决这一难题，但对东亚背景下政治发展的性质和过程进行探讨将揭示重要经济变革下地区政治发展的历史和前景（参见本书 Dieter and Katada）。在此方面，我们可以期待东亚地区，特别是中国经济的持续增长将对该地区高度多元化的政治形态产生影响。尽管该预期被证实，但经济持续发展带来的政治后果与人们在冷战结束时设想的不同。两者相差甚远：东亚地区不仅没有从整体上向西方自由民主模式靠拢，东亚政坛甚至持续涌现出一系列令人些许迷惑的政治体系和政治风格——其中权威统治的韧性模式在许多国家出现。接下来的核心问题在于：我们不应臆断这种多元性和权威主义将作为经济发展的结果或由于外部观念的影响而必然消失。

本章安排如下。第一，笔者将对试图解释经济、政治发展和民主化前景之间相关性的文献进行回顾。笔者认为这些理论往往坚持欧洲中心主义，因而无法认识到政治体系的偶然性和可能存在的民主改革障碍。第二，笔者将解释这些概念将如何适用——或不适用于东亚。第三，笔者将思考权威主义中国的崛起将可能如何影响东亚地区。笔者认为在东亚，非西方自由的权威主义政治的持续时间将超出许多人的预期。

趋同的限制

萨缪尔·亨廷顿的《第三波》（Huntington，1991）似乎经验性地证实了以下观点：西方及其主要制度在历史长卷中拥有一席之地，世界上的其他地区向一个功能强大、广泛适用的自由民主模式"趋同"只是时间问题。但是，不仅历史最终证明了该观点的错误性，资本主义也发展出显著且持久的差异性。本章的讨论更为尖锐地指出，民主不仅不会取代之前所有的政治形式，而且很可能将过时（Diamond，2008），本章的焦点之一是：物质环境深刻影响政治组织和政治运动的形式：历史、经济环境和政策将反映偶发的国内政治事件。实际上，即使在以高度相互依赖和跨境一体化为特征的所谓的"全球化"经济中，在政治经济活动的组织方式上国家之间仍存在显著差异。

关于发展的讨论

在考虑民主化理论和东亚政府的具体形式之前，考察政治主张产生的经济环境非常重要。我们需要强调以下两个出发点：首先，政治和经济处处紧密联系且相互构成，这一点在东亚最为突出，国家在塑造经济发展过程中起了关键作用（Kohli，2004）。其次，总体上历史事实，特别是东亚大部分国家的经验表明资本主义能在各种不同政治背景下蓬勃发展，权威主义对经济发展不构成障碍（Dobbin，2006）。因此，即使我们承认经济政策或改革措辞上存在某些"趋同"现象（Dobbin，2007），那也不能更笼统地认为在政治体制领域也存在类似转型。

这种可能性非常重要，因为"正确"的机制到位——主要是保护所有权和坚定市场参与者信心的机制——已经被视为经济成功发展的先决条件之一。对制度建设的关注仍然非常重要。尽管"西方"式的民主国家已成为全球国家认同和地域划分的通行模式（Spruyt，1994），但其具体形式多种多样。即使具体的历史偶发事件调和了最强大的外部压力，西方国家体系和资本主义扩张对东亚地区产生的影响仍不容置疑。换句话说，历史——或路径依赖（用更规范的语言来说）——最重要（Pierson，2000）。

在一个非常笼统的层面上，正如后文详述，东亚发展经验表明不复制西方经验而开启成功的资本主义发展是可能的。此外，无论是资产阶级还是无产阶级都可以发挥他们宣称在其他地方起到的历史作用（Moore，1966；Rueschemeyer，1992）。本章更重要的目的在于提醒我们不能假设经济发展背后会必然出现西方式的民主非独裁政权。原因何在？对民主演变的海量文献进行简单回顾将有助于我们回答这一问题。

民主时刻之路？

偶发性国家和地区环境的潜在重要性表明，我们需要在尝试对经济发展和政治权力或强制之间的关系作出总结时保持谨慎。事实上，实证性记录最显著的特征是：概括经济和（或）政治发展产生的环境已如此困难，更遑论对它们之间关系的精准描述。然而显而易见的是，在结构与机构复杂的相互作用下，在特殊的历史结构约束和机遇背景下，多元政府可能是合适的选择（Kenny and Williams，2001：12）。在历史的不同时期，为了克服无政府状态，并实现一种被曼瑟·奥尔森称为"常驻匪徒"的政治秩序，专制或政治压迫可能是必要的。然而，即使经济发展明确进行并开始对社会参与者和各阶层产生影响，我们仍无法看清发展与可能发展为更民主治理模式的进程两者之间的精确关系。可以确定的是，政治结构与实践能够反映他们产生的特定物质与社会环境。正如伊娃·贝林指出，"资本和劳动力是或然的（相对于必然）的民主主义者，原因是他们是物质利益的忠实捍卫者"（Bellin，2000：179）。也就是说，一旦资本或劳动力同"国家"的关系对其有利，它们各自对民主改革的态度就会受到影响。

这就是为什么经济表现有可能如此重要的原因。东亚近代史最突出的特征即该地区的许多经济体表现出色。只要经济增长拥有更多可分配的财富，无论是在民主体制还是权威体制下都可以更容易地维护政权稳定（Haggard and Kaufman，1995：10）。"政绩合法性"对民主政权和权威政权都非常重要：我们经常观察到东亚的政治精英都受益于以下观念，即人们相信领导人已经成功掌控经济发展，并认为这可以解释为什么在其他地区没有出现像在西方那样与经济腾飞同时产生了对政治自由主义的追求（Alagappa，1995）。至少成功的经济发展能给裙带亲信们带来更多"寻租机会"，也有助于解释地区内残留的世袭制（Khan and Jomo，2000）。从更宽泛意义上的社会层面来说，有学者认为即便经济发展改变了亚洲国家的阶级结构，"亚太范围内的新兴中产阶级仍然高度依附于政治权力。其典型特征是新贵阶层普遍的焦虑感已经消失，转而通过寻求与政治体系的各种纽带获得稳定感和确定性"（Jones，1998：155）。

在考察这些观点在东亚背景下的有效性之前，我们需要注意近来人们对民主转型遍地开花的预期已急剧下降（Carothers，2002；Diamond，2008）——对权威统治在地区内可能持续的观点提供初步支持既非不可能，也非如一些人宣称的那样是异常的。因此首先需指出的是，即便一些学者坚信发展国际化的价值和全球民主是真正前景，但是一些相信民主转型是必然的，且将更加普遍化和无差别的观点看似越来越不可信，（参见Held 1995）。正如米尔纳和慕克吉所说，"民主可能有助于促进经济全球化，但全球化并不能推进民主"（2009：177）。更具体地说，列维茨基和威（2006）令人信服地证明了在西方政权以外的地区建立的民主转型主要是"关联连接/联动"和"杠杆作用"问题。如果外部力量或压力鼓励民主化在其他地区传播，非民主政府必然易受到来自西方民主国家的攻击（杠杆作用）。且需要有广泛的跨境关系和连接两个区域的资金流（联动）。否则：

> 在联动和杠杆效用都较低的地区，如中东、苏联和东亚的大部分地区，外部压力的有效程度是有限的。因此，国内因素对于政权的最终形成起决定作用。（Levitsky and Way，2006：380）

正如列维茨基和威所指出，这恰恰是东亚的情景。值得重提的是，在殖民时期，西方影响正值巅峰，但他们普遍对推动政治自由化的兴趣不大。相反，帝国统治往往确立并强化了权威统治方式，因为本地精英被指派进入帝国治理结构（Trocki，1999）。因此，尤其是在东南亚的某些地区，权威统治的起源和持续可以追溯至殖民时期（Sidel，2008），这也有力地提醒人们关注战胜制度化的政治途径的难度；这是由于制度并不只是简单的起安抚作用的非政治性"中间变量";相反,他们调节了不同社会群体之间未来政治权力布局,是早期政治斗争的体现(Acemoglu and Robinson,2006:23)。因此,如果我们要了解权威统治在当代的持久性和巩固的可能程度,思考东亚的多元化且独特的政府产生历史背景至关重要。

反自由主义在东亚的起源

对于一些观察家而言,"亚洲"的政治态度有自己的文化渊源。如果我们不考虑以欧洲中心主义闻名且不屑讨论亚洲的发展或欠发展的马克思和韦伯,白鲁恂是近期最具影响力的理论家。对于白鲁恂而言,对权威的态度和在亚洲对权力的思考体现了深层次的、持久的文化传播理念,即集体高于个人,及由此产生的对能实现稳定和繁荣的强大领袖的尊重。对亚洲政治与社会的此种解读可以得出两个推论:第一,"进步将激发个人自治在更大范围内出现这一西方信条对于大部分亚洲人而言并非不言自明"。第二,对于亚洲人而言家长式作风这一概念并不背负它在西方观念中的恶名(Pye,1985:26–27)。虽然很多人发现这种说法过于笼统,以至于很难有效,但这些至少提醒我们,在思考发展动因方面有可能存在不同方式,即使这些方式的起源仍是模糊且饱含争议的。

作为对国内不同的政治传统的一个万金油式的解释,政治文化在当下是相当过时的,对地区而言更是如此。解释其原因并不困难:我们有充分的理由怀疑这种概括——尤其是在用它解释政治和经济发展,以及他们之间潜在的相互作用时更是如此(Hadenius and Teorell,2005)。坦率地说,东亚政治体系的纯粹异质性(勿论地区内存在大量不同的文化价值观)意味着不存在一个对地区内事实存在的各种不同政体普遍适用的解释。但是关于亚洲人与西方人看待世界的方式不同这种观点仍然存在,至少一些事实证明如此(Nisbett,2003)。对本讨论更有针对性的是,独特的历史或自然观点、规范和价值将持续一段时间,随着时间推移它们将变成国家或地区制度架构的可能性是完全存在的(Orrù et al.,1991)。

更富争议的是,近期局势——特别是"中国崛起"——是否会破坏"西方"的经济政治发展模式长期占有的统治地位及其隐含价值。最起码,实证性的历史事实提醒人们注意"文化形式存在不可合并的多样性,不同文化中道德内容和道德概念本身均相差甚远"(Gray,1995:241)。

此外，正如约翰·格雷所述，"可以用某种单一普世文明的范畴覆盖具有显著的多样性的道德文化的推理形式是不存在的，这一点恰好与启蒙思想家的观点相反"（Gray，1995：241）。因此，事实上在国际体系中有可能存在政治多元化，虽然它只是一种形式而非内容。换句话说，我们可以看到各种政治制度在整个国际体系内的延伸，虽然它们未必都具有国内政治宽容和政治竞争的特征。我们不应对此感到惊讶：因为整个地区发展到如此卓越的程度正是由于他们探索出一条与西方，尤其是与英美截然不同的政治经济道路。

经济政治发展的地缘政治

东亚从来都没有强大的政治自由主义或民主传统。如前所述，部分原因在于殖民经历并没有给东亚带来民主动员和启蒙主义价值传播。不仅如此，统治阶级和剥削阶级的阶级结构创立的是一种帝国规范。即使是主导全世界政治生活的民主国家的形成过程，也不是帝国扩张的必然结果。相反，正如霍布森和沙曼曾敏锐地指出，"事实上并不是欧洲国家通过帝国扩张的方式强行将威斯特伐利亚主权国家体系推广至全世界的其他地方。相反新的政治制度的安排是在阶级帝国整体的背景下在组成单元间分配权威的过程中形成的"（Hobson and Sharman，2005：72）。

因此，现代东西方互动的历史就是亚洲人民不得不应对强大外力——主要是经济和军事——的模式。历史证明这种应对模式从本质上而言并非是必然的或宿命的。当代国际体系最普遍的特征——民族国家——也反映了历史的偶然性。殖民统治格局和去殖民化经验的性质对后殖民政治的形式产生了非常重要的影响：需要应对国家建设和经济发展的双重挑战在很大程度上可以解释"强人政治"和（或）军事统治在东南亚盛行的原因（Beeson and Bellamy，2008；Sidel，2008）。正如，印度尼西亚在后殖民史的大部分时期是由依靠军队支持的专制领导人统治的，而军队的支持是维持政权所需。毕竟，印尼军方在该国摆脱荷兰殖民的独立过程中起到了举足轻重的作用，且仍在国家政治生活中发挥重要作用。唯一真正的例外是西蒙（Long，2009：4）所谓的"难以理解的复杂的"印尼选举制度已经向真正的民主方向取得了极大的进展。

正如在其他地方一样，经济表现是有助于确定印尼的民主实验成功与否的关键因素之一。经济持续发展和民主统治的巩固之间存在确凿联系

（Przeworski et al.，2000）。在印度尼西亚，经济利益，广泛而成功的军事力量在某种程度上相对沉寂，这种政治和经济联系尤为重要（Beeson，2008a）。但东亚的军民关系一个更大更重要的方面也可以帮助我们理解该地区的权威主义倾向。简单地说，去殖民化和战后经济发展产生的地缘政治背景深刻影响了东亚后殖民政治发展。该背景下以下两点关系尤为密切：首先，冷战期间美国在该地区的重要盟友都对地区整体经济发展做出至关重要的贡献——尤其以日本、韩国、中国台湾为主，以泰国、马来西亚和菲律宾为辅（Stubbs，2005）。其次，平衡地缘政治成为美国的当务之急，这意味着它已经做好准备容忍，甚至主动支持非西方民主式的独裁政权，只要他们明确反共。与以往不同，虽然美国认为对地区盟友施压要求他们支持民主是其历史使命的一部分，但它并没有对其东亚盟友如此，反而经常支持跨地区的专制政权（Robinson，1996，Beeson，2007a）。

毋庸置疑，东亚经济发展的空前成功与权威统治密切相关。显然，权威统治和极端有限的发展间可能存在联系，正如最臭名昭著的撒哈拉以南非洲的某些地区那样。但在东亚，"新兴工业化国家的关键政策改革历史性地与独裁统治关联在一起"（Haggard，1990：256）。在最好的情况下，这意味着这些国家产生了通过技术精英调动国内资源，管理工业发展进程的政治权力模式（Evans，1995）。已成为东亚地区代名词的所谓"发展型国家"是对这种可能性的典型表述（参见 Stubbs，本卷）。值得注意的是，甚至在民主国家日本，作为第二次世界大战后发展型国家的先行者和其独特的高速发展模式的绝对核心，这种发展模式也与"软"权威主义相关联（Johnson，1987）。其他更难实现"发展型"国家的地方，统治形式更不民主。特别是在东南亚，有效国家能力的缺乏和更晚进入工业化竞争意味着经济发展并非如此成功，因而更易被特殊利益攫取（Jomo，2004）。在泰国、印尼、马来西亚和新加坡，这一过程的有效效应是以持续塑造地区政治的方式深度整合政治经济进程，但它致使它们向"真正"的民主统治的转型过程充满问题（Gomez，2002）。

从战后东亚的发展经验中我们可以得出一个需要重申的论点是，当地区政府角色和效力高度多样时，即使是在整个地区取得不同成果的情况下，民主仍是例外而非惯例。即使是在民主势头看似最盛的日本，自由民主党一党独大已成常态，国家已经强大，绝大部分选民已脱离政治——这都解释了人们对日本政治期望的持续幻灭及其政治混乱的原因（Curtis，

2010）。尽管日本的民主形式可能很独特，但就东亚而言它远非异常。东亚不仅政治体系高度多元化，而且即使存在一些民主形式，也不一定是自由竞争的。

亚洲的不同标准

当东亚发展繁荣至最"神奇"的巅峰时刻，一些亚洲知名学者声称，该地区的近代史对世界其他地区有重大启发意义；在考量其政治经济时应采用不同标准（Kausikan，1993）。对所谓亚洲价值观的讨论最能体现这种思潮，该讨论旨在对东亚地区前所未有的经济扩张进行解释（例如参见 Mahbubani，1995）。20世纪90年代末的亚洲金融危机彻底粉碎了这一理论。但即使在危机发生之前，批评家们也已经注意到亚洲价值观说辞的利己性，它似乎旨在为持续的权威统治提供意识形态和相对论上的遮羞布（Robison，1996）。无论我们是否能够回忆起该观点，现在该理论和他们试图合法化的非自由治理模式都仍未消失。相反，仍有部分学者坚持亚洲特殊论，他们相信亚洲的政治和经济发展模式都有优越之处，并且中国的崛起似乎也强化了亚洲不同标准的理论（Mahbubani，2008）。

在某种程度上亚洲地区肯定是与众不同的，其政治形式存在纯粹多元化（参见 Case，2002）。我们可以列出能够想到的东亚政权的各种形式，从君主立宪制（泰国、柬埔寨）、"共产主义"政府（越南、老挝），到互不相同的各种"民主"政权。此处有两点需要强调：第一，地区内大部分国家采取的非民主统治形式及民主政权在泰国的突然瓦解深刻地提醒我们：第三波民主浪潮波及的范围是有限的，并且它的影响在逆境中是不稳定的（Connors，2009）。第二，即使是在民主已经确立自身地位的国家，其具体表现形式也达不到我们对民主的直观预期。

大量对试图解释权威主义的预期发展路径的各种各样的理论著述都体现了民主的传播远非必然这一观点（Hadenius and Teorell，2007）。尽管如此，即使这些路径确实被着手实施——虽然东亚的经验提醒我们无法确定这一点——其产生的民主结构的实际性质很可能反映的是当地环境而非普世原则。学者对"混合政体"，即结合民主和权威元素的政体的研究揭示了一些声称民主的制度下的复杂现实。正如拉里·戴蒙德所指出，这些混合政体——其中以新加坡和马来西亚为典型——最突出的特征即他们是蓄意的假民主，体系中正式的民主政治机制的存在，如多党选举制掩盖了（经常在某种程度上合法化）权威统治的现实。

马来西亚和新加坡的政权能在进行民主选举时保持对权力的掌控，这种能力已被广泛讨论（Slater，2003；Rodan，2009），由此树立了所谓"竞争性权威主义"的榜样（Levitsky and Way，2002）。我们也可以把新加坡和马来西亚的经验作为异常现象而非独特历史、种族和政治环境的产物进行排除。但我们仍有其他更普遍的理由去质疑地区内的民主机制的质量和持久性，这一问题仍然存在——即使他们最初能够被建立。政治表现是确定民主统治的真实性、持久性和稳固程度的最重要因素之一（Diamond，1999）。如果选民对民主进程没有信心或对他们选出的统治者没有信心，民主转型过程可能是表面且脆弱的。经验证据表明，在这方面，民主在东亚的根基尚浅。

亚洲的政治态度

即使我们认同"亚洲价值"是某种旨在支撑并合法化权威统治的精英阶层产物，但它仍引发我们的质疑：为什么人民对非民主领导人没有进行更广范围的反对？为什么东亚的公民社会并没有比现实发育地更为充分？一种解释认为东亚大多数国家的中产阶级在发展公民社会和动员社会争取更多政治自由方面未能发挥它在西方同等的历史作用——因为这条路径已被有效阻断。正如罗丹和贾亚苏里亚所说：

> 在东南亚发展资本主义的历史背景下，公民社会和政治机构的连接存在结构性障碍……由于分裂和缺乏独立，这些国家中产阶级的政治道路和政治选择已被限制，有凝聚力的工人阶级组织和顶部的资本家集团结成联盟。（Rodan and Jayasuriya，2009：43）

作为反共的结果，地区内大部分国家有组织的工人阶级作用有限，这是东亚大部分权威政府的独有的特征（Hewison and Rodan，1994）。如印尼和新加坡，工会即使存在也往往受制于政府，或者像在日本一样工会与企业而非某一经济部门有联系。即使是在公民社会已然蓬勃发展的地方，如菲律宾，相对独立的媒体和密集的非政府组织（NGOs）的存在也不足以捍卫政府的有效性和代表性，更遑论基本人权保护。相反，菲律宾继任政府一直以高层腐败和无能闻名，旧地主阶级或媒体知名人士一直把持着该政府的政治领导地位；选举经常被暗箱操作并充满暴力。矛盾的是，菲律宾经常遭受两个体制弊端的折磨：在忍受无效民主缺陷的同时却不能享受一个独裁但有效的政府的潜在益处（参见 Hutchcroft，1998）。在这样环境下对民主的支持保持现有高水平实在令人惊讶。

事实上，民主通常在原则上被视为在整个地区都是可值得推广的（Chu et al.，2009）。那么我们应如何解释以下事实：按照自由之家（Freedom House）的标准，在东亚只有日本、韩国、中国台湾和印尼被认为是"自由"的，其他如新加坡、马来西亚、泰国和菲律宾被评为"部分自由"，而缅甸、朝鲜、老挝、越南、柬埔寨、文莱，被评为"不自由"（Freedom House，2009）。朱云汉等人认为答案在于"由于其脆弱的合法性基础，民主国家在亚洲都身陷囹圄"（Chu et al.，2008：1，29）；因此，东亚"许多人们认为年轻的民主国家仍需证明自己"（Chu et al.，2008：1，29）。在此政绩的合法性主要问题：无论东亚的发展型国家可能存在怎样的常规缺陷，就经济增长而言他们的成就普遍令人印象深刻。许多东亚人仍对民主统治很可能被证明能够获得优越的发展成果这一观念保持怀疑。事实上，在东南亚两个最突出的民主国家菲律宾和印尼，"精英阶层的腐败和特权问题仍然相对无法突破，而较为弱势或更为边缘化的民众通常不能依靠政府在社会和经济重要需求方面获得益处"（Boudreau，2009：23）。

东亚的民主前景

考虑到东亚政治非均质性特征，尤其是地区边界天生反复无常、易改变和纷争不断的本质特点，我们很难总结东亚的民主前景。（Beeson，2009a）。但是，当考虑到政治发展的普遍动因时，认为聚焦该地区意义深远的原因有二。第一个原因是，"二战"后高度聚焦东亚的原因是由于整个地区显著地经济发展，因此考虑经济发展，尤其是作为地区现象的经济发展已司空见惯。诚然，这种理论虽然有一些例外，且东亚离政治或经济自治仍距离遥远，但是整个地区及其带来更广泛合法性关注的发展极具鲜明特征。实际上，东亚地区突显了许多关于政治和经济发展关系的最重要的讨论，也是检验当代理论之争的重要实验。简而言之，如果我们认为在东亚经济发展和政治自由化之间并不存在民主诱因的联系，那么在任何地方它都可以被忽略。

认为聚焦东亚地区意义深远的第二个原因是，在考虑政治发展时地区可以强化行为趋势。长期以来，人们一直认为地区环境是影响国家战略行为的主要因素，因为威胁在短距离内更易传播（Buzan and Waever，2003：4）。因此，偶然的情形能够对安全议题，甚至是安全议题的界定施加影响。在民主改革领域内这些论证可信度很高。正如格莱迪奇和沃德指出，"国家制度和周围地区的民主程度之间存在强烈联系"（Gleditsch and Ward，2006：930）。瓦莱丽·邦斯更具体地论证道：

> 脱离权威统治、民主化之路、民主最大的威胁要素、民主化和经济改革之间的关系，以上几点似乎都遵循区域特定模式。换句话说，人们对于最近强劲且极具空间特征的民主进程有一系列的概括提升。（Bunce，2000：715）

在欧盟，这意味着政治自由主义和跨国治理机构的输出已经通过成员国范围向近邻进行稳定的地域扩张而实现。在东亚，类似推动力的匮乏，这能够上溯至主权保护而非主权联合的地区标准：东盟会议签署的所谓"东盟方式"，即共识、自主自愿和互不干涉（见 Jetschke and Narine，本书）。因此，正如东盟无力影响缅甸临时军政府行为的案例，其亲民主的动议提出后动力寥寥（Jones，2009）。2005 年大张旗鼓出台的《东盟宪章》也没有改变这一点。现实情况是，该宪章缺乏强制机制并依赖成员国的自主自愿，而自主自愿制约了鼓励地区合作的早期努力（Beeson，2009b）。东亚真正民主国家和类似欧盟的组织——它能在真正推动政治自由化时力扛重任——的缺乏使得进行快速政治改革的可能性渺茫。

在此方面，中国的崛起可能意义重大，这并非仅因它能够为非民主政权提供支持。中国作为一股政治经济力量已经快速崛起，从外交相对孤立的毛泽东时代进入成为东亚巨头之一的时代。中国经济的绝对总量意味着它已经成为大部分地区经济体的首要合作伙伴（Das，2009）。这不可避免地降低了美国的影响力和进行自由价值动员的能力——这一点实际上一直被认为是美国外交政策的主要组成部分。我们并非意在用美国与中国的关系进行评判（Peel，2009）。但是中国在东亚内部的崛起最具决定性地证明：中国成为立足自身特色不动摇成功实现发展的本土典范。政府主导"务实"发展的"北京共识"取代从未推广的新自由主义的华盛顿共识这一可能性看似不像以前那样异想天开了（Remo，2004）。值得注意的是，如果以中国经验作为判断标准，可能意味着经济发展其实能够确保现任精英领导地位的有效合法化，而民主则不能。

　　然而，在考虑权威统治在东亚的存留或重现这一问题，其他因素也必须纳入考量范围。正如其他"发展中世界"，东亚部分地区面临一系列难以驾驭的复杂问题，这些问题使民众生存本身的可持续性成为问题，更遑论平稳过渡到接近西方生活水平的程度。牢记这一点非常重要，东亚虽然从整体上取得了令人瞩目的成就，但直到2000年，每天生活费低于2美元的人数仍占东盟的总人口的45%（ASEAN，2002b）。

　　此外，该地区作为一个整体——日本是这里值得关注的例外——面临不断恶化的人口问题，该问题成为统治精英的严峻挑战，他们不仅必须努力为快速增长的人口解决吃饭问题，更面临为所有人提供就业机会的巨大压力（Sample，2009）。失业人口不断增加和食品短缺的前景已足够证明挑战的艰巨性，气候变化更使东亚前景堪忧，它引起的环境问题将削弱通过经济发展实现的真实收益。可以说权威主义下的中国一直为解决这些问题作出最激进和"有效"的尝试，中国严格执行独生子女政策减缓了人口增长，缓解了环境压力。值得注意的是，尽管中国无疑是二氧化碳的排放大户，其排放量还在不断攀升，但是中国共产党领导人也证明了在制定严格的环境政策方面比实行两党制的美国领导人更具能力，因为美国领导人无法战胜特殊利益和企业资本的力量。总之，在面对逐渐增加的威胁到社会秩序且似乎很难通过民主程序进行补救的环境问题时，东亚政治精英重返历史的权威主义政治背景，其可能性极高（见Beeson，2010a）。

总　结

　　民主正身陷囹圄。即使在自诩以推动民主为历史使命的美国，政治正日益被特殊利益集团占据并两极化，令人充满猜疑（Hofstadter，1964；Jacobs and King，2009）。对"大政府"的怀疑深深铭刻在美国政治的灵魂中，但最近对政治体制的幻灭加重了整个西方世界更加广泛的疑云。一方面，这反映了不断增多的对政治进程和政治家本质的嘲讽，另一方面，人们认识到国家政治精英——即使他们是谦虚诚实的——并不能在国家政治框架下简单地解决严重的全球问题,例如气候变化(Held,2004)。新出现的"全球治理"结构被它们着力解决问题的复杂性与民主合法性的缺失所摧毁。即使是设计出最先进的最权威的跨国机制的欧盟,也正面临长期缺乏来自他们宣称代表的大多数民众支持的危机,这在欧盟受到欧债危机重创之前也已如此(Beeson,2011)。

因此,在一个缺乏政治自由化历史并有"成功"的权威主义发展记录的地区中,民主巩固并确立自身地位的可能性能有多少?不仅地区内民众广泛质疑民主选举出的政治家是否有能力保持发展进程在轨道内运行,即使是在民主形式已经被接纳的国家,民众对于民主进程自身的质量也忧心忡忡(Case,2002)。甚至是在民主已然确立牢固地位的地区——日本和韩国——民众对他们各自政治领导人的能力和忠诚度都心存疑虑。奇怪的是,非民主的中国和越南的民众对政府的支持和信任程度质量反而比地区内民主国家的民众高,这表明中国和越南不太可能因为大众对政治自由化的需要而快速进行民主转型——尤其是目前在经济发展巩固政治合法性的情况下,更是如此。

当然,迄今为止我们还不能对唯发展主义和权威主义的成功联姻进行肯定,它们还面临很多考验。但是我们对自然环境能否继续支持这种发展模式保持怀疑。即使该问题被解决,我们也远未能确定它是由民主改革而解决的,或者确定民主政体在解决地区内若隐若现、相互关联的环境问题和人口问题上更有能力。相反,地区内的其他国家完全有可能屈从于此类民主的回潮,这种回潮使泰国苦恼至今。诚然,泰国是一个特别容易出现军事政变的国家,但这也提醒我们在面对不利变化时,民主法治是多么脆弱且易受伤害。民主巩固在东亚的前景并非无望,但也并非如短短几年前那样确凿无疑。考虑到该地区目前面临的极具挑战的环境,权威统治将比我们原本对东亚历史过分乐观地解读更难以消除。

第四篇

战略议题

第二十章　中国的崛起和东亚地区主义

叶敏（Min Ye）著　李海莹译

中国的崛起在全球引来了众多的争论。其关键问题是：国际力量如何促成了中国的崛起，以及中国将如何影响全球体系？在这场争论中，中国的崛起并没有获得积极的评价。第一，中国的崛起通过"地区的"经济一体化实现，第二，中国的崛起对该地区影响巨大（包括正面和负面的）。总的来说，中国的外交行为，对其邻国是强硬还是温和，很可能决定着该地区和世界体系的和平与繁荣（Beeson，2007 a）。

用考尔德（Kent Calder）和闵烨（Min Ye）的话来说（Calder and Ye 2004，2010），东亚地区的"制度化缺口"是非常明显的：在经济相互依存和紧张的政治局势日趋升级的背景下，中国需要制度框架来协调与邻国的关系，这种需求已经远远超过了现有制度体系能给予的。特别是中日之间的关系经历了长期经济安全悖论。现有的安全体系结构，如以美国为首的联盟，无法调和这样的紧张局势。[1] 米尔斯海默（John Mearsheimer）和布热津斯基（Brezinski，2005）认为，崛起的中国在东亚地区会对抗美国和美国的盟友，虽然东亚地区主义进程具有不确定性并且面临巨大的困难，但是多边主义、集体主义、地区主义，可能成为稳定的关键。

本章从两个方面评论这些问题。首先，总结了关键事件并阐述了这些事件对中国深化地区主义的影响。然后解释了反映中国国内政治的地区主义政策。关于第一点，尽管中国推行的地区主义并不全面且面临一定困难，但从 1978 年以来，已经取得很大进展。在本章的第一部分，笔者将

---

① 康灿雄（David Kang）认为，在中国实力持续增长的背景下，东亚国际关系很可能会复兴现代之前的中国周边区域结构，即朝贡体系。参见 Kang 2005。

介绍危机如何不时中断中国的地区主义政策。继而，笔者提出了在中国地区主义背后的两个关键驱动力：发展目标和战略愿景。这两个驱动力均有可能会在 2012 年领导换届后继续生效，总之，我认为中国地区主义虽然具有不确定性但会有光明的前景。

时断时续的地区主义：危机和中国的区域政策变化

中国与东亚邻国的关系是复杂的，有些双边关系由于国内和国际环境的变化而改善，有些又由于危机而中断。1978 年以前，中国与东亚资本主义国家的联系有限，很多重要的双边关系（如与韩国和新加坡）尚未形成。第一个关键时刻出现在 1978 年，中国政府实行改革开放。在接下来的 15 年里，中国与东亚国家尤其是华人的社会经济关系迅速发展。事实上，从 1978 年到 1993 年，东亚投资占中国外资总额的 85% 以上，与东亚地区的贸易额占中国对外贸易的 64%。[①] 1997 年亚洲金融危机之后，地区内的经济联系进一步紧密，东亚经济体日益转向崛起的中国，虽然中国对地区依赖略微下降但需求仍然很大。在贸易上，2007 年，与东亚的贸易占中国总贸易的 60%，日本和韩国共占 20%；在投资上，2007 年东亚投资占中国引进外资的 56%，日本和韩国共占 10%（Chinese Statistical Yearbook，2008）。

这些统计数据表明，自 1978 年以来，市场力量已经将中国整合到东亚地区内。虽然有点晚，但中国已经开始参与区域性的合作。这个关键性的转折，要归功于危机，正应了中国常说的话：危机与机遇并存。地区的危机使得中国发展地区关系并日益走向地区主义。冷战的结束，中国与其东亚邻居的关系更加紧密。1997 年的亚洲金融危机让中国更多地参与多边的地区合作。

1978—1989 年：中国在该地区发展有限关系

在此期间，中国与地区的国家的关系得到了发展，但仍相当有限。在该地区，中国没有能力领导多边倡议，也没有能力主导构建地区机制来维持地区和平。中国的外交政策，包括地区政策，如东亚其他国家一样处于

---

① 1993 年的数据。

美国"辐轴"政策框架下。

这一时期,中国集中力量发展国内经济同时改善外交关系以支持国内改革。其战略指导思想被称为"韬光养晦",中国希望通过这一政策吸引外资。在战略上,中国与邻国在领土争端和其他问题上"搁置争议"。然而总体而言,在20世纪80年代东亚地区机制不发达,中国也没有兴趣领导或参与。中国在这一时期的首要目的是扩大在世界体系中的对外联系,注意力集中在与美国的关系上。

1989—1997 年:中国有限的地区主义兴趣

冷战的结束改变了中美关系,以及中国和其东亚邻国的关系。随着苏联解体,中美合作的安全基础消失。1989 年政治风波后,中美关系急转直下,在美国的怂恿下,西方国家对中国实施经济制裁和限制贸易投资流向中国,正是在此期间,中国与其东亚邻国的友谊加深。

当来自西方国家的新资本减少时,尽管日本追随美国号召暂停援助,然而 1989—1992 年,日本在中国的投资却相当稳定,在广东和上海的投资还显著增加。[①] 1989 年 12 月,日本代表团访问中国,这是政治风波后外国官方代表团首次来访。邓小平亲自欢迎来访的日本贸易振兴会(JETRO)代表团,并赞扬了日本的善意。邓小平说,"这次访问代表了真正的友谊"(CCP Archival Compilation Commission,1993)。

20 世纪 90 年代早期,中韩关系明显加强。1991 年,中国受邀参加韩国主办的亚太经合组织峰会,中国代表团首次访问了首尔。在 1992 年建立外交关系后不久,两国开始了双边贸易往来。中韩贸易迅速扩大,成为20 世纪 90 年代韩国增长最快的商业关系。到 2003 年中国成为韩国最大的贸易伙伴。

1990 年中国与新加坡建交。在邓小平和李光耀的倡导下,新加坡—中国苏州工业园区于 1994 年成立。新加坡成了中国的主要投资国。正是在 1989 年,中国改善了与菲律宾、印度尼西亚、泰国和越南的关系。

在此期间,中国主要通过东南亚国家参与地区合作。1994 年,东南亚国家联盟(东盟)首先发起东盟地区论坛(ARF),中国迅速回应。在东盟地区论坛平台上,中国在 1995 年同意与有关国家协商解决南海问题。

---

① 参见 Anonymous (1993),401 - 407。

在接下来的几年里，中国成为东盟地区论坛的活跃成员，主持了各种会议和论坛。但是中国对地区论坛的参与主要是源于对美国包围策略的担忧，中国的地区主义实践更多地是参与针对美国的多边制衡而不是促进多边主义的地区合作。

中国努力改善与美国的双边关系。在1997年之前，中国的战略决策，一直受美国"辐轴"政策的影响。它与亚太体系的互动，如参与亚太经济合作组织（APEC）和ARF都是基于防御目的：只是希望不要被排除在外，中国并没有任何明确的目的去积极主动地构建地区合作的机制。1990年，马来西亚总理马哈蒂尔提出东亚经济共同体（EAEC），中国没有表现出任何兴趣。1997年夏天，日本提出亚洲货币基金组织，被中国与美国联合扼杀于摇篮。

1997—2005 年：中国在东亚地区主义的积极领导

1997年亚洲金融危机（AFC）是中国地区主义政策发展的关键时刻。这一次，中国从被动参与者转变成地区多边主义的一个积极、重要的角色。中国积极回应伴随 AFC 而来的"东盟＋3"（APT）机制后，在"东盟＋3"进程中扮演了重要的角色。1998年，中国提出，各国央行行长和财政部副部长等应定期会面探讨多边合作。1999年的"东盟＋3"会议中，中国国务院总理朱镕基发挥着主导作用，启动"清迈协议"。2000年5月"东盟＋3"会议期间，财长们聚集在清迈推出"双边货币互换协议网络"。

中国在贸易领域也发起了几个重要的区域框架协议，2000年，朱镕基提出建立中国—东盟自由贸易区（CAFTA），该贸易区2010年建成，是世界最大的自由贸易区。[①] 在中国—东盟自由贸易协定签订后不久，依据"早期收获"方案，中国加速降低对东南亚国家的关税，鼓励更多东盟成员尽早进入中国市场。中国在自由贸易协定里给予东南亚国家许多优惠政策。例如，中国给予柬埔寨、老挝和缅甸的货物特惠的关税待遇，并出资500万美元帮助老挝、缅甸和泰国改善境内湄公河的航运。

---

① 2004 年和 2008 年，中国与东盟签署自由贸易协定，2009 年中国与新加坡签署自由贸易协定。

在安全事务领域，中国与东南亚的关系明显改善。1999 年 7 月 27 日，中国承诺签署《东南亚无核武器区条约》议定书。这一协议意义重大，因为东盟近年来一直试图让核大国加入该协议。2002 年，中国进一步签署了《南海各方行为宣言》，2003 年加入了《东南亚友好合作条约》，同时与东盟建立战略伙伴关系。中国的这些外交活动，在东亚地区主义的大背景下，为今后深化中国和东南亚国家的关系奠定了基础。

其他地区主义的努力包括博鳌亚洲论坛（BFA）。2001 年 2 月，中国在海南举办了博鳌亚洲论坛。中国将博鳌亚洲论坛作为一个重要平台，解释和实现其在本地区的战略和发展目标（Calder and Ye，2010：749 - 151）。在中亚，中国推进成立了上海合作组织（SCO），其中包括俄罗斯和中亚四国（吉尔吉斯斯坦、塔吉克斯坦、哈萨克斯坦和乌兹别克斯坦）。通过上海合作组织，中国深化了与俄罗斯和中亚国家的经济和政治关系。

2005 年后：转向东北亚

1997 年亚洲金融危机（AFC）标志着中国地区主义发展进入关键时刻（参见本书的第十章）。通过东亚的努力，中国与东北亚国家的关系也发生变化。从 1999 年开始，中国在 "10 + 3" 框架下积极参与了与日本和韩国的三方会议。

2002 年年底，朝鲜半岛核危机发生，北京六方会谈成为协调中国、美国、韩国、朝鲜以及日本利益的重要平台，在六方会谈中中国起到重要的作用，时任中国外交部副部长的日本专家王毅，负责北京六方会谈。成为推动东北亚地区主义发展的关键人物。不管朝鲜的核问题有没有得到解决，战略家们已经开始探讨巩固多边进程形成一个永久的安全体系（Shao，2007）。

2005 年的中日紧张局势使中国的地区主义政策开始倾向东北亚。随着日本首相小泉纯一郎的离职，中国在 2006 年底迎来了地区主义的新时代（Anonymous，2007a）。在 2006 年 9 月的东北亚地方政府峰会上，中国发挥了关键作用，例如，提出东北亚统一经济共同体的发展思路（Anonymous，2006a）。也是在 2006 年 9 月第二次东北亚经济合作论坛上，中国副总理吴仪强调了发展东北亚经济关系的重要性，并敦促在基础设施、贸易和投资领域深化合作（Anonymous，2006b），并提出东北亚经济合作三个建议（Anonymous，2006c）。2007 年，中国举办了首届东北亚经济贸易合作高层论坛（Anonymous，2007b）。

　　表 20—1 展示了自 2000 年以来东北亚三边协调机制的演变。显然，2005 年是一个转折点。那一年，尽管中国有大规模反日示威，却举行了 4 个相当重要的三边会议。2007 年，三国合作大步向前迈进，发起了三边协调机制和六个部长级会议。这为东北亚第一个三边峰会奠定了基础，无形中推动了另一个七国部长级对话框架。值得指出的是，尽管 2010 年东北亚局势有所紧张，但所有三方部长级会议都如期举行。

表 20—1　　　　　　　2000 年以来东北亚三边协调机制

三边会议	2000	2001	2002	2003	2004	2005	2006	2007	2008	2009	2010
环境部长会议	•		•	•	•	•	•	•	•	•	•
财政部长会议	•	•	•	•	•	•	•	•	•	•	•
SIPO、JPO、KPO 内的政策对话会议		•	•	•	•	•	•	•	•	•	•
经济 & 贸易部长会议				•	•	•	•	•	•	•	•
IT 部长会议					•	•	•	•	•	•	•
人事部门负责人会议						•	•	•	•	•	•
人事司局级会议						•	•	•	•	•	•
商业环境改善磋商会议					•	•	•	•	•	•	•
三方委员会					•	•	•	•	•	•	•
能源部长会议						•	•	•	•	•	•
旅游部长会议						•	•	•	•	•	•
拉丁美洲 & 加勒比海地区司局级会议							•	•	•	•	•
外交部长会议								•	•	•	•
海关负责人会议								•	•	•	•
运输 & 物流部长会议								•	•	•	•

续表

三边会议	2000	2001	2002	2003	2004	2005	2006	2007	2008	2009	2010
卫生部长会议								·	·	·	·
文化部长会议								·	·		·
科技部长会议								·		·	
三边峰会									·	·	·
中央银行行长对话会议											
自然灾害救济部长会议										·	·
三边合作网络秘书处会议										·	·
三边合作论坛										·	·
年轻人友谊会议										·	·
未来领导人论坛										·	·

2006—2008 年的东北亚三方的关系格外引人注目。在前几年，中国甚至拒绝与日本举行高层会议，以抗议小泉参拜靖国神社。2005 年春天，中国十多个城市爆发大规模反日游行。2005 年 12 月，第一届东亚峰会在吉隆坡召开，中国和日本之间分歧较大，中国追求小东亚团体，而日本则追求扩大团体，希望纳入印度、澳大利亚和新西兰。

中国在东亚，特别是在东北亚，由双边主义到多边主义转化是由两大重要利益推动的：首先，是发展国内经济的紧迫需要以及经济发展模式转型的需要；其次，是大陆地区在改善与东北亚国家关系的背景下维护国内稳定的需要。以下两部分探讨了中国发展地区主义的驱动力。

发展目标：中国地区政策的主要驱动力

中国的地区主义政策反映了国内发展的优先目标。从整体看，尽管沿海地区于 20 世纪 90 年代至今一直在发展，但是发展程度远远落后于沿海地区的西部地区也日益受到关注。对于中国来说，组建中国—东盟自由贸易区可以通过次区域合作促进中国西部地区的发展。在中国—东盟自由贸易区框架下，基础设施建设和次区域合作是很受重视的，并且自贸区强力支持中国与东盟国家之间的道路、铁路和水路的建设。2000 年 11 月，在新加坡举行的非正式首脑峰会中，中国表示已经准备好投资缅甸与老挝境内的"澜沧江—湄公河"发展项目的建设，铺设从泰国到中国的湄公河商业通道。

随着中国于2001年加入世贸组织，除了有必要减轻东盟对中国抢占国际投资和销售市场份额的顾虑外，中国的经济学家还看到了中国与东盟经济的互补性。他们开始把东盟看作极具潜力与吸引力的投资目的地。进一步讲，东盟发达的经济体能将外资与技术转入中国，而不发达的国家可以提供原料并为中国商品提供出口市场（Kruman and Karas，2003）。在21世纪早期，这种互补性推动中国与东盟关系的急速发展。

由于地理与历史原因，中国很注意在东北亚发展与韩国、日本之间的关系。中日之间的经济社会关系，自1978年以来逐渐加深。日本对中国东北的投资极其重要。中韩1992年才建立外交关系，但是发展迅速。双边贸易也发展迅速，而且中韩贸易成为中国重要的经济关系。来自韩国的投资也相对较晚，但是韩国的投资很快成为中国吸引的外资的主要构成部分。2005—2007年，韩国的投资甚至超过了日本的投资。而来自韩国的游客和留学生也成为流入中国最大的外籍人群。

2005年出现了经济政治悖论。如前所述，中国与日本的关系恶化，与韩国的关系也变得紧张，中国与东南亚国家之间的互动也同样糟糕。而恰恰在那一年，中国成了韩国最大的贸易伙伴。同时，中国也几乎成了日本最大的贸易伙伴。来自该地区的投资十分集中。日本和韩国成为中国最大的两个投资国，远超过新加坡与美国。

2005年，东北亚诸国之间的社会交往非常深入。东北亚游客几乎占了中国所有海外游客数量的一半，成了中国最大的境外游客群体。东北亚赴华游客量也远远超过了东南亚赴华游客量，占据了中国亚洲游客量的3/4。2005年，中国爆发了大规模的反日游行，尽管如此，美国游客量还是远远少于日本和韩国来华游客量的一半。

振兴东北计划（NER）

2003年，"振兴东北计划"作为中国国家政策目标被正式提出。在同年10月举行的十六届三中全会上，规划好的"振兴东北计划"被批准，并成为中国主要的优先发展项目。中国的目标是将东北发展成中国经济增长的第四大动力。"振兴东北计划"加强了东北地区合作的潜力。它既引进外资，也融合民间资金，更有国有企业和当地政府的参与。

战略目的：领导更替与战略反思

中国的地区主义在亚洲金融危机之后发展势头很猛。在亚洲金融危机之前，中国想修复与美国之间的关系。但这一时期，"中国威胁论"在东亚广泛传播，中国与东亚国家之间的关系受损。然而，中国提出的"多极合作"理念，与东盟产生共鸣。

中国在1997—1998年亚洲金融危机后利用更多的外交空间极力改善与东亚邻国之间的关系。中国把地区主义视作中国全球化的补充，将经济发展看作政府的优先工作，也认为中国周边环境的稳定对经济发展有利。然而，尽管地区主义者态度乐观，但是中国与日本关系还是很令人担忧。

1997年亚洲金融危机后，中国表现出继续和东南亚国家合作，为东北亚国家和谐共处而努力的意愿。2003年11月，中央党校副校长郑必坚在博鳌论坛的演讲中阐述了一个全新的"和平崛起"战略。这表明中国的利益建立在和平发展以及积极建设和平国际环境的基础上。地区稳定是这个战略中不可缺少、至关重要的一部分。

和平崛起：东亚的启示

"和平崛起"的根本目标是为中国国内发展开创一个和平稳定的环境。环顾周边地区，中国同日本之间不稳定的关系，以及朝鲜半岛局势恶化都很可能瓦解这个战略。在2003年《世界知识》的一次采访中，外交部时任副部长王毅解释说："关键是界定我们当前发展的处境和恰当的国际角色。"他接着说："我们与邻国之间的关系直接影响我们的政治经济安全，所以我们还要加强与邻国之间的信任。"

在2003年之前，中国的知名学者提出了要中国地区主义政策进行反思，例如，由马立城和时殷弘牵头的著作提出要审视中日关系；阎学通、胡鞍钢及其他学者在2001—2003年广泛著书，主张与日本建立更融洽的关系，以及在东北亚进行多边合作。一位清华大学教授指出，东北亚地区一体化很明显与中国的外交战略恰好一致。

然而，一个巴掌拍不响。2003年，尽管中国采取温和路线，但是日本首相小泉纯一郎多次参拜靖国神社恶化了地区局势。

动荡之下中国为修复对日关系付出了努力。2004年9月，王毅被派往东京出任驻日大使。王毅是名精干的外交官，他非常了解日本的政治与社会。在东京，他与亲华协会、有影响的政治家及官员走得很近。他在日多次举办新闻发布会以提升中国在日形象。这些努力最终取得成功。甚至在小泉纯一郎卸任之前，中日间政治互动全面复活。2006年，小泉纯一郎下台，中日关系急速升温，同时也促进了东北亚地区主义的发展。

自2005年以来，中国的领导人很明显将"和平崛起"战略与地区主义政策结合起来。2005年，中国引入一个全新的关注地区建设和国际秩序的理念，即"和谐世界"理念。之后，又提出"和谐亚洲"。中国国家主席胡锦涛还在2007年亚太峰会上阐释了"和谐东亚"。积极加入地区组织充分展现出中国要走和平与发展大道的决心（Anonymous, 2007a）。

结　论

中国融入地区主义相对较晚，但是自1997年以来，却发展迅速。这一章介绍了中国在关键时期地区主义发展的一个不连贯的模式。本章分析了中国地区主义发展背后的两个强有力的推动力——发展目标和战略愿景。

未来尚不明朗。在中国国内，民族主义有可能影响中国与东亚邻国之间的关系。另外，国际关系也许会改变。美国自1997年开始也相对良性地朝着地区一体化迈进。正如我们看到的，美国加强了与日本的同盟关系，韩国与东南亚国家的关系2010年也有可能发生些许变化。正如我们在20世纪90年代以及2009—2010年看到的那样，这些变化如出一辙，会阻碍中国在该地区发展双边、多边关系。

然而，本章提到的两大潜在驱动力——发展目标和战略愿景是持久的，因为它们反映了中国精英的共识。中国与邻国之间解决以往危机的政策网络都是强有力的，也是经得起实践检验的。它们的声音比起极端国家主义者更温和一些，它们的行动也较缓慢，但是它们的政策网却不知疲倦地起着作用，并且为维持中国地区关系起了作用。机会来临时，特别是危机之后，中国加速融入地区机制中。最重要的是，中国与日本、韩国和其他周边国家的社会经济关系甚密以至于没有一个行为体敢冒险进行大规模军事行动。由于各国国内民族主义以及外部环境的挑战，小冲突肯定存在，也很可能恶化成危机。发展目标、宏伟战略和活跃的政策网络之间的相互作用可能将危机转换成加深东亚合作的机会。

第二十一章　东亚地区的中日领导权之争

克里斯托弗·**M.** 登特（Christopher M. Dent）者　李天惠译

简　介

　　之所以要从理论与实践两方面关注东亚地区的领导权问题，主要基于四个重要原因：首先，在当今的全球体系中，无论从地缘政治还是地缘经济上来说，东亚都是最为重要的地区之一。这一地区发生的事情会波及全球，其中要属中国最为引人瞩目；其次，通过综合经济、政治以及社会文化等进程之间的相互作用和影响，东亚地区正逐步成为联系更加紧密的实体。这将为相关行为体提供更大的地区领导力行使空间。再次，东亚地区是中国逐步承担国际角色、履行大国责任，以及施展国际领导力的试金石。最后，东亚地区领导力的运用可能会进一步加强以地区为基础的多极世界秩序，而各地区中的发展中大国扮演着"地区霸权"的角色。例如南亚的印度，以及南美洲的巴西。

　　不管以物质、技术、观念还是其他指标，中日两国都是东亚地区最具"地区领导力"的角色。虽然美国曾是这一地区的积极领导者，尤其在冷战期间，但如今美国在东亚的主要角色不过是为东亚国家提供地区公共产品，尤其是其军事存在（如美国第七舰队）为许多东亚国家提供安全保护，使后者可以维持较低的防卫预算和运营水平。但是，美国在这一地区的经济、政治以及社会文化重要性则有所降低（Beeson，2008b）。随着东亚地区国家间联系愈发紧密，地区自决意识也开始增强，在晚近的全球金融危机中得以强化。在东亚国家看来，目前的全球金融危机主要是一场西方金融危机，只是由于西方国家在一段时间内减少了从东亚地区的进口，东亚地区经济仅仅受到了一些间接影响。中国已成为东亚地区大多数国家的最大的贸易合作伙伴，而美国则常常位列第三或第四，排在日本与欧盟之后。

剩下的就只有中日两国了，作为东亚地区领导权的主要竞争者，两国相加相当于东亚地区 GDP 的 80%。但是，在东亚地区任何形式的地区领导权都会面临一系列制约和问题。尽管地区联系日益紧密，东亚仍是一个十分多元的地区，经济发展不平衡、政治体制存在差异、社会宗教传统多种多样。此外，这还是一个敌对国家间充满历史仇恨的地区。新老国家间的冲突仍然存在，民族主义在这一地区里的很多国家拥有强大的影响力。中国、日本以及中日关系较为典型：其双边政治关系相当复杂，一方面受到政治紧张的困扰（从毒饺子事件到海上领土争端），另一方面因经济和环境上深入而密切的相互依赖而被捆绑在一起。两国对东亚共同体建设持不同观点和主张：日本希望囊括更广泛的地区成员，比如印度，用以平衡国家间力量。而中国则希望建立更加紧密的地区组织，这反映了其对东亚地区较为传统的理解。对大多数人来说，想要中日达成建立任何形式联合领导的共识不太可能。我们只能期望日本政府和中国政府在地区领导权的竞争中取得平衡关系。

此外，中国是一个正在快速上升（如今还未成长完全）的大国，它正在很多方面接近甚至赶超日本（例如：经济方面的贸易、外汇储备、GDP、制造业产能以及非基础设施的发展），相应地，其他国家会为其与中国的关系做出更多的战略性投资。尽管人们普遍预计在可预测的将来，日本会被中国进一步赶超，但日本仍会保持大量具有实质性和先进性的技术和经济能力，使其在处理太平洋地区的事件时能够有更多机会来承担地区领导任务。

在接下来的分析中，我们首先探讨处于全球新秩序当中的东亚。然后审视有关世界领导权的传统思想和理论，以及渐受关注的地区领导权研究。考虑到前者的不足，尤其是有关东亚地区领导权的关键问题和因素较弱，特基于一个新的地区领导权分析框架，提出一个不同的研究途径（方法）。经验材料被整合在这一框架中用来研究日本和中国在东亚地区领导权的前景。

东亚和新兴地区秩序

东亚地区已成为世界上最令人瞩目的地区之一，尤其在经济、政治、安全以及社会文化等方面影响巨大。举例说明，东亚地区的经济活动占全球经济活动的四分之一，其经济总量已经足以与欧盟、美国相比拟。从微观视角来说，东亚地区已经是继欧盟后又一个从功能上整合的区域经济体——系统内贸易、投资、生产和基础设施联通已越来越深化，这主要得益于跨国商业体系，国际生产网络和其他供应链的形成。"亚洲工厂"常用作形容东亚经济的功能性整合（参见本书第八章）。从宏观角度上来讲，东亚地区各国政府在更广泛的领域进行着紧密的合作，特别是新的地区框架（最显著的是"东盟＋3"）、现有的地区组织（例如：东南亚国家联盟）、自由贸易协议和经济伙伴关系协议等新的双边协议。

东亚地区日益加强的联结表现在很多方面：关联度、组织化以及一体化方面。在一些基本方面（如经济）比其他方面（如社会文化）发展得更快，此外，东亚人还拥有"地区认同"意识。尽管东亚地区同一性是非对称模式，但还是有越来越多的人将它看作是一种由区域和区域大国组成的新兴世界秩序中的单一区域实体。综上所述，有关东亚应在地区层面进行治理，以及由地区和新兴国家构成的世界新秩序"统领"的预期和思考正不断增多（Katzanstein，2005；O'Neill，2005；Cooper，2006）。许多关于国际关系话语都集中在以各具特色的区域概念，认为区域共同体是21世纪全球多极化社会的基本元素。区域集团化正在整个世界体系中流行起来，有助于我们在世界体系中定义"地区性"和"区域社区"的概念。

所有的地区都在某种程度上是在社会文化学或社会政治学意义上被建构的。来自一个特定的地理空间里的不同国家由共同地区意识联合起来（Hettne，2005）。然而，虽然拥有基本的地理逻辑，一个地区的地理定义仍然存在不同解释与争论。因此，有人提出印度有资格成为东亚地区成员，但巴西不行。像许多其他地区一样，东亚地区的定义应受制于"可变地理"原则。正如用"可变几何"概念解释为什么成员国会发展进入分化水平以及区域合作安排与整合［例如：东盟（ASEAN）和亚洲自由贸易区（AFTA）的实施］，所以，"可变地理"的概念让我们可以通过运用差异化概念来判断一些国家是否会在成为区域成员问题上受限。这与之后我们要讨论的中日两国在地区愿景方面持有的不同设想有关。尽管对地区的设想不同且变动不居，但是目前有关东亚地区成员构成的常见观点有两种次区域元素：东南亚——文莱、柬埔寨、东帝汶、印度尼西亚、马来西亚、缅甸、菲律宾、新加坡、泰国和越南；东北亚——日本、中国、韩国、朝鲜、蒙古国。

地区领导权的理论和思想

地区领导的职能、预期和收益

地区领导问题会产生有关行为与收益的期望。通常来说可以分为四个不同方面。第一，地区公共产品的供给。举例而言，在区域内培育一个稳定安全且可持续发展的环境，同时减少区域内的贫困人口和国家间发展的非对称性。这些公共产品不应只惠及领导者，而应该惠及整个地区共同体。第二，地区领导如何解决集体行动困境问题，尤其是因国家间团体或其他的行为人之间的分权式讨价还价所引起的集体行动问题（例如：基于区域的或与之相反的）。在这种情况下，成员国会将"议程管理职能，中间人职能和调节职能委托给较为强大的国家"（Nabers 2008：6）。第三，人们期望地区领导者通过支持区域组织、结构和区域共同体建设机制的发展来主导区域共同体建设的进程。区域共同体建设进而促进了全球化社会更广泛的发展。第四，在更广泛的国际社会中支持并代表区域共同体的利益，与地区领导力的行使息息相关，尤其是在全球多边论坛中表明地区立场，如 G8/G20，世界贸易组织（WTO）和联合国等。

关于世界领导权的主流思想

许多有关地区领导问题的著作都主要参考有关国际体系"领导权"的学术研究，并受其启发。这一学术研究反过来被美国学者的研究所支配，充斥着美国霸权地位论说。目前有关领导权的著作仍然受到美国学术界的巨大影响，继而表现出以下特点：

· 以美国为导向的实证研究
· 倾向于采用以国家为中心的方法来研究领导形式和领导权的行使
· 对领导国家所实践的霸权，等级制和更为僵硬权力形式的固化。
· 在领导权问题上过分关注基于权力的分析，着重强调霸权统治以及越来越多的单边行动因此，从本体层面来说，关于领导权，学术界的主流观点是假设在国际体系中，民族国家是唯一可以展现领导职能的真正角色，关于这一论证的推论是，非国家行为体（例如，多边机构，民间团体组织，跨国公司）从本质上仍然缺乏同国家相当的能力。此外，许多这方面的学术研究将国家看作是单一实体，因此不再解构为复合单元（例如，分散的选区构成"国家"），而这一解构模式经常会在社会建构主义分析中见到。从认识论角度看，主流的著作可找到大量实证主义和经验主义原理，并以理性主义方法论为基础（例如，理性选择、公共选择理论），强调通过演绎逻辑法则寻找"真理"（Smith，2002；Buzan，2004；Cohen，2007）。作为美国主流学术界对国际关系本质的解释，Smith 认为："美国在国际关系中的话语霸权……通过操控定义将国际政治的丰富内容，彼此竞争的理性观念以及其他真理探究机制遗漏了"（Smith，2002：84－85）。此外，理性主义对领导权的概念假定"权力能力"是国家选择的决定因素（Morganthau，1967；Waltz，1979）。这一系对"领导权"的分析通常被嵌入了话语霸权、地缘政治力量以及在较低程度上的制度——主要关注这种力量定义的物质基础和来源。

我们可以将"权力"定义为"一种存在于社会关系中并通过社会关系作用于行为者使之形成掌握命运的能力的这样一种效用的生产过程"（Barnett & Duvall，2005：45）。领导权的物质基础主要体现在作为领导国家的"硬实力"上。对现实主义者和新现实主义者来说，最重要的是军事能力，这一主张的主要依据来自美国多年来的霸权地位。其他的硬实力包括经济、科学技术和技术专家（Kennedy，1988）。人们广泛认为，中国近年崛起为大国，其物质基础是与经济发展相关的因素，也可认为中国掌握了比日本更有效利用经济力量的政治、外交和其他能力。

巴内特（Barnett）和杜瓦尔（Duvall）强调研究不同权力概念的重要性（Barnett and Duvall，2005）。要扩展并超越原有国际关系和国际政治经济学（IPE）专著里的规律趋势，结合现实主义和新现实主义分析的立场。从经验主义好的方面上讲，权力被紧密地与国际领导力相联系，相反，作为运用领导权的能力是源于许多不同形式的力量功能。与"硬实力"相比，奈（Nye，1990，2004）提出"软实力"的概念，将其定义为"塑造他人的偏好的能力"（Nye，2004：5）。这也许与规范结构和观念结构是如何作为领导权基础的想法紧密联系（例如，道德权威、理念、领导智识等），因此可以被认为具有象征性的、心理的和主观向度。奈（Nye）特别强调文化、规范、理想和价值的影响力，这是强国外交政策的重要基础或合法性特征。这也许可以通过多种不同形式的"公共外交"手段加以运作，例如通过利用国家文化和意识形态资本。日本和中国都拥有自身特殊的软实力资源，主要依靠流行文化（例如，日本的动漫及漫画产业），公共外交（例如，日本基金会，中国孔子学院，目前中国已在60多个国家开设了4000多家孔子学院），理念和规范（例如，日本的"发展主义学"对东亚经济政策的影响，以及中国的社会主义市场经济改革）和其他方法。软实力分析法提供了一种不同于传统方式的视角来研究领导力，有人也将其运用与其他国家的关系研究当中，如库尔兰兹克（Kurlantzick，2007）对中国所谓的"魅力攻势"的对外政策战略的研究。奈（Nye，2004）同时指出日本过去的历史问题使其在对外使用软实力时，尤其是与其他东亚国家发展关系时受到约束。

霸权稳定论（HST）是主流国际领导力思想的另一条线，同样主要受美国学术界影响（Froelich、Oppenheimer & Young，1971；Krasner，1976；Kindleberger，1981，1986；Keohane，1984；Lake，1993；Wohlfort，1999；Gilpin，2001；Ikenberry，2004）。霸权稳定论主要基于现实主义和新现实主义将国家放在首位的假设，这样国际体系就由一个霸权国家坐镇，确保并维护体系的稳定。霸权国通过提供国际公共产品试图保持国际体系的稳定性来展示其领导力。霸权者承担这项任务的动机是因为它将是随之而来的系统性结果的最大受益者，例如在制定规则和营造国际环境时让它和霸权者的利益相一致。作为领导者的国家仍会不断权衡承担霸权稳定职责，以及提供基础设施方面和事务方面相关的公共产品产生的成本和收益。任何关于霸权稳定的研究都要考虑国际体系的性质和结构变化，以及在区域领导力分析层面上的区域体系。因此，20世纪的霸权无论在理论和实践上都不适用于21世纪。美国在21世纪的头十年入侵伊拉克和阿富汗的事例说明了军事力量的有限性。

霸权和领导权这两个概念之间有一个重要的区别，前者是基于权力地位（例如支配、控制、绝对权力）。因此，霸权行动可能被解释为独断的，甚至是强制运用领导权。但是霸权并非基于排他性的要素，领导权可以以霸权为基础形成与实践。领导人的扮演者也许不会通过单一的或独立的行动来显示它们的霸权，而倾向于和他人联合行动，从而与他人保持理想的伙伴关系。正如我们稍后要讨论的，在研究中国和日本的时候，我们需要对传统的霸权和领导权使用的理解重新作评估。

另一个和领导力紧密关联的角度或概念是"等级制度"。等级制与领导权的运用相比与国际体系结构和体系中的力量分配联系更为密切。然而，就像霸权一样，它为支配观念所固化于支配。康灿雄（Dawid Kang）认为等级制度可以被看作是"由一个位于中心的主导国家和次等大国形成的基于共同的权利和义务"（Kang，2004：339）预期而建立的国际体系。主导国通过灵活运用力量，为地区国家集群设定权利与义务，向等级体系发号施令，并维护体系稳定。正如霸权稳定论，等级制度概念认为一国可以通过居于国际体系顶端获利，这种权力分配不公的国际体系相比较于盛行的公平分配的体系更加稳定。康（Kang，2003，2004）认为等级制度在东亚地区国际关系中拥有历史传统，典型事例是中国朝贡体系，中央王国居于环拱其周边诸侯国的中心。也可以以美国与东亚还有亚太许多国家的"中心辐射式"（hub-spoke）安全关系为对照。康还特别评论说："亚洲的国际关系更加适应等级制度模式，而非权力平衡模式。等级制度比现实主义所允许的更加稳定。此外，在国际关系中，缺乏等级制度常常会导致冲突的发生"（Kang，2004：339）。他进一步主张："与权力平衡相对比，等级观的视角认为平等意味着最大的危险，因为两个大体平等的国家也许需要凭借战争来确定谁是主导者"（Kang，2004：334）。这一点对中日关系来说不言而喻，仍然是基于国家间的竞争与冲突在国际体系中十分盛行的现实主义假设。

地区领导力的新兴理论

在为数不多却广泛传播的以地区领导中心为题的著作中，大多以世界体系是以可确定的而且影响力不断上升的"地区性强国"构成的为前提（Osterud，1992；Lake and Morgan，1997；Kupchan，1998；Buzan and Waever，2003；Hurrell，2006；Flemes，2007；Nabers，2008）。就这一点而言，主要关注"强国"意味着这些研究仍主要参照有关国际领导力的主流理论，强调基于物质基础或资源的地区领导力（例如：在军队、经济和科学技术实力等方面），如同地区霸权国家。此外，一些学者认为"地区强国"与"世界强国"多多少少有相似之处。

"地区强国"在一定程度上也是"地区领导者"，从而形成了地区领导力这一概念（Nabers，2008）。大多有关地区领导力的参考文献涉及区域中的主导大国或霸权国家，例如东亚中的日本、中国，南美洲的巴西，南亚的印度，非洲南部的南非。弗莱梅斯（Flemes，2007）认为地区性强国可以通过以下标准界定：（1）声索权力；（2）权力资源；（3）使用外交政策工具；（4）区域内邻国承认其领导权。它们的主要作用是成为地区安全事务的稳定器以及地区经济规则的制定者，因此这一定义借鉴了霸权稳定论的某些要旨。另外一些学者强调内部凝聚力和国家运用地区领导的能力，这两方面都暗示了国内政治因素的重要性。举例说明，斯克曼（2003）曾分析了国家政治体系和经济的内在动力如何助其在区域内起到稳定作用。印度尼西亚就是个很好的例子，从国土面积和人口来看它是东亚地区的第二大国，并且曾经是东南亚地区默认的领导者。但即便在次地区层面，印度尼西亚也缺少基本的内部凝聚力和承担地区领导功能的能力，尤其是在 1997 年 8 月发生金融危机后。因此，拥有在区域或更广的国际范围中行使领导权的内在能力是十分关键的。综上所述，现有的关于地区领导力的专著仍然没有摆脱以国际领导力的主流思想的前提或分析视角。在接下来的章节，我们将提出一种思考地区领导权的新方法，这一方法以既有研究为基础（Dent，2008b），并适用于东亚地区。

东亚地区的领导力：一种不同的分析方法

目前世界格局正朝着区域多极化的方向发展，然而，令人感到惊讶的是地区领导力鲜被研究，理论化程度不足。地区领导力多方面的多面相持性要求我们在地区领导力研究中采用内在一致的整体性视角与方法，这种整体性方法可从相关地区关于领导力的本地思维和思想中获得。当然，日本、中国以及东亚其他国家的政策制定者和学者们也越来越关注地区领导力问题。那么，有关东亚地区领导力的研究领域便专注于特色的"东亚"或者其"地区"理论研究方法。关于区域领导的新思考还要求我们要了解更多的原始研究以及学者们提出的问题。尽管具有重大战略意义，但以美国为中心的研究议题，即中国崛起为强国如何挑战了美国的霸权地位仍占居于统治地位，这只会固化当前的主流思维和观点。

有关东亚地区的领导力新的研究方法和角度会使人们从国际领导力的主流观点上脱离出来，甚至是从长远的角度来看是一种范式转向。正如伦威克（Renwick，2008）认为的，从政治治理的结构、过程以及文化等相关的方面来看，东亚地区是不同的。因此，在这些问题上东亚地区并不适用于西方惯有的主流思想。他进一步补充道，对东亚地区"领导能力"的理解应更多地体现为一种"合作、互惠的关系，进而发展成对多边主义的承诺"，而非提倡霸权主义（Renwick，2008：210）。本节提出一个理解东亚地区领导力的主题框架，并采用国际理论和国际政治经济学的相关分析工具。

区域领导力的多角色和多结构实践

多数关于国际领导力的传统研究倾向于突出国家的单一角色，国家或是中央政府通过各种机制与外交政策行使领导力。是行为者（角色），压力和利益的复合体。这些原则通常适用于分析国家，尤其是日本、中国以及东亚地区的一些国家。这些国家的各项权力（例如国家与社会）之间的界限是很模糊的（Pempel，1999）。日本的（经济）决策官僚主义者，自民党与企业集团之间的"铁三角"关系就是一个很好的研究例子，在国内与国际背景之下国家利益与行动的模式变得很复杂。这样的复杂性会引入"无政府"行为者对（区域性）领导力特定形式的传统设想，在一定程度上存在于这个国家结构之内。例如日本经济团体联合会（Keidanren），作为日本主要的商业协会在对东亚地区的自由贸易协定问题上展现出在一定的程度上明确的或是受拥护的领导权（Dent，2006）。

了解国家的构成基础是很重要的，总体上不同级别的机构所拥有的领导力是可以明确区分的。这种分析框架包含了各"机构功能"行使领导力的三大类型。

第一，地区领导角色。涉及与区域领导者相关的机构类型和机构组成，这些机构具备了地区领导能力的不同形式和类别。特定的权力实施者进行地区领导在很大程度上依赖于国家的物质观念的基础以及与角色相关的资源。那么，在这一方面，日本或中国的政府、国家相关的行为体或机构在领导力方面比其他相似的小国更易获得成功。但是，正如我们随后要探讨的，那些拥有超凡魅力和才智而受人敬仰的个体，在行使特定形式的地区领导力时展现出巨大的能力。

第二，追随者。地区内其他愿意或不愿意服从领导力实施的行为体，这可称追随者的问题。这是典型的"需求侧"角色功能，因为自下而上反对可以轻而易举阻碍领导力的前景和发展。以东亚为例，主要体现在东盟国家以及韩国是否倾向于追随中国或是日本的领导，或者是实际上当日本明确地承担领导地位的时候它们就变成中国的追随者，反之亦然。地区领导者的基本能力某种程度上体现为来自其他行动人的追随，但是最终倾向哪方主要取决于行为体自身（例如，能力依赖性；对公共产品的需求；社会文化因素；大国关系）以及区域总体环境因素（例如，日本的"历史包袱"使得那些东亚国家不愿成为它的追随者）。

第三，调解者。这是那些有能力促进地区领导权形成的作用者，它们要么是在未来地区的领导者之间周旋，要么与他人合作最终促成地区领导力的目标。一方面，调解者可通过主动提出动议或实施具有地区影响的"负责任的"行动来运用地区领导力。同时，在大多数时间里，调解者本质上在多数情况下是追随者，它们的调解功能只在偶尔情况下发挥作用。以东亚为例，调节者是通过推进区域多边合作来提高地区领导力的。例如韩国，作为中国与日本的中间力量，在东北亚三边合作中起到了很重要的协调作用。韩国已经可以利用其自身的技术能力和中等国家的地位去形成制度化渠道和地区性框架机制，然后在地区层面上计划新的合作或推进综合项目实施。包括金大中政府时期有关构建东亚共同体的想法，最初是韩国计划通过"东盟＋3"（APT）和亚洲开发银行（ADB）的外交渠道发起亚洲债券市场倡议，虽然这一事实鲜被报道。同样相关的是，如何让有实力的东盟组织通过运用多种形式的地区领导力，有效促进"东盟＋3"（APT）和东亚峰会（EAS）区域框架的发展。在这两个组织中，"东盟＋3"是最能起到实质性作用的，可能会被看作是东盟外交政策的扩展；例如，东盟国家举办的"东盟＋3"峰会通常是在东盟类似会议结束之后才举行。"出租车司机"的比喻突出了东盟作为调节者的作用，在东亚地区多边政策中它处在驾驶员的位置上，驱动车辆向前行驶，但是这辆车上的东北亚乘客决定了其终点的方向。

同样重要的是要考虑领导力已经实施到哪个层面了，是个人层面、网络层面、还是已有较高的组织形式。在国际关系中对个人领导作用的研究已经较成熟（Keller，2005；Walker，2006），东亚就有许多这样的地区领导者个人表现出过人的智商、高尚的道德或是理想的领导才能，最有名的就是新加坡总理李光耀和马来西亚总理穆罕默德·马哈蒂尔。个人的领导力转变成组织机构的行为也是经常出现的情况。例如，一个道德高尚，智力超群或是理智过人的领导者能够推行出一些对外政策的基础学说，如吉田主义和邓小平理论。但是，很少有个体领导人能在东亚或是其他地区拥有如此大的影响力。最近的例子，可能也就只有前南非总统尼尔森·曼德拉有这样的影响力。

从组织（政府组织和非政府组织）行为者层面的角度来看，除了起领导作用的国家（如日本，中国）行使地区领导力外，地区组织和结构同样也可以作为潜在的代表机构拥护地区的利益。东盟作为东亚地区成立时间最长的组织，却缺少这种代表和斡旋能力，此外也不能代表整个东亚地区。而新近成立的"东盟＋3"和东亚峰会，这两个范围相对更大的组织是否能在制度和机制上获得重大进展，或能够从内在意义上行使领导力的机制尚难预测。而且，"东盟＋3"和东亚峰会已提出的大为不同甚至相左的主张。此外，从某种程度上讲，在建立区域共同体这一问题上两者为竞争关系，这个稍后我们会在地区多边主义中讨论到。

人们认为地区领导力由以下几点构成。第一，说到治理，即地区领导力赖以实施的国内外结构与机制的不同形式，还需要考虑到机构—功能关系，首先是地区领导是如何"管理"他们与其他行为者的关系。例如，通过制定规则或利用具有关系或结构权力的地区机制。这通常与建立新的地区间组织和国际组织、构架、协议或措施相关。例如，1998年日本的新宫泽计划提出双边货币互换协定，并为东亚地区金融危机受害国提供信贷，这就是一个在财政管理上行使地区领导力的典型。但新宫泽计划还没有及时覆盖全区域。最终，在"东盟＋3"框架下签订清迈多边协议。日本无法在脱离自身国内财政管理能力的情况下实施其地区领导力。同时，这应该也是唯一一个利用国内管理结构和资源来行使主动权的例子。更广泛地说，我们了解了日本以及中国国内管理机制的本质，其治理或是运用地区领导力的计划以及他们在国内政治层面的地区领导力战略公式。这是一个很复杂的问题，包含了对各种不同机构的了解认识。

第二，地区领导力，可在"一事一决"的领域得以实施，这涉及不同的经验范畴和领域分析。例如环境、能源、财政、流行病、劳动力、技术、人道主义援助和反海盗。地区领导能力还与一些突发事件相关，例如1997年8月的亚洲金融危机，2003年4月爆发的非典以及2004年的印尼海啸。地区领导者在这些重大议题决策方面应当拥有足够的竞争优势，如日本和绿色能源技术（在"东盟＋3"等多个能源安全论坛里日本是这方面的地区领导者），以及中国为发展中国家倡导优先权，如在亚太经合组织的经济技术合作项目上。

第三，地理空间层面。这与政治—地理和地区的社会构建（例如：通过地区组织的成员）关联性相联系，也与通常重叠的地区认知有关，从微观的次区域（如：韩国海域）到宏观区域（如：东亚自身的概念）或是泛区域（如：亚太地区）。前面提到的"可变地理"与地区争议性高度相关。实际上，重叠部分和地区的同心构造会增加该地区领导力的多结构而导致的复杂性。例如，中国近期实施了多种"睦邻"项目，与中亚的上海合作组织，在中国—东盟框架下，湄公河次区域（GMS），东亚核心组织（APT 和 EAS）以及与亚太地区间（APEC）签订的各种项目。

身份上的同盟与联合

无论是在国内、地区还是更广阔的国际舞台上，地区领导者都有着许多身份上的同盟与联合。并且，只有当它们与有关问题的地区有着强烈的身份认同和紧密联系时，它们才会使用某种形式的地区领导权。而当这样的同盟阵营与国际体系中的其他组成部分的关系更密切时，地区领导力的实行就会变得困难。因此，有必要通过探索地区领导者们的核心价值观与各个层级例如经营决策者与普通民众的基本理念，来验证潜在的常规结构，这些结构组成了领导者们的身份特征与利益。因此关键的问题在于"中国"和"日本"在多大程度上认为自己是属于"东亚"地区的。例如，许多日本人都认为他们在许多方面与亚洲大陆的其他国家不同，实际上感觉自己与美国这样的西方国家关系更紧密，而非那些欠发达的亚洲国家。同样，前面提到的中国与崛起中的南半球以及发展中的世界群体有着更紧密的联系，再加上其越来越强大的世界影响力，这些也许证明了中国并不仅旨在培养在这一地区的领导力。另外，中国和日本都逐渐投身于全球治理，参与更多的全球多边论坛，因此与分析框架的全球多边主义方面相联系。

地区领导权的风格和模式

领导行为的非霸权解释也许能更好地解释中国与日本的地区领导之路。在关于国际领导力的主流著作中，领导力几乎被认为是霸权的同义词，这主要是因为对美国的经验主义偏见，其实，中国与日本的领导行为与美国所实施的"公开霸权"是不同的。但是，就像之前说的，这两个概念需要加以区分：霸权本质上是一种权力地位（比如支配、控制、绝对权力）。因此，霸权行为通常被解释为独掌领导权甚至是强制性行为。但是，霸权不是实施领导权时唯一的基础。领导者可能反对通过单一或独立的行为使用他们的霸权和绝对权力，相反，作为地区领导力的合作者，他们寻求与他人之间的合作、联合并达成共识。

中国的政治家一直推行国家"和平崛起"与"和平发展"的概念，在地区和国际社会中扮演的是"负责任"成员而不是领导者的身份（Suzuki，2007）。尽管这可能会被看成是中国用来消除他国恐惧的外交战略（Zhao，2004；Lanteigne，2005；Sutter，2005；Tanaka，2006；Wang，2006；Yan，2006；Zheng，2005；Kurlantzick，2007；Qin，2007；Scott，2007；Wang and Zheng，2008）。日本"隐形的"或是"沉默的"领导方法源于相似的规则（Drifte，1996，2003；Karada，2002；Ong，2004；Hook et la.，2005；Inoguchi，2007；Pyle，2007；Samuels，2007）。这两个国家都需要处理历史问题（对日本过去的帝国主义侵略行为记忆，以及担心中国朝贡制度或是朝贡制度升级版的复辟），各自制定战略以缓和对他国"上升的威胁"。但他们显著的共同点是都倾向于推行更明晰的地区领导形式，承认实际上领导权的实施与以一种"负责任"的行为方式表现出来的多种地区力量行为相联系。实际上，这种地区力量愿意在地区层面上承担责任的观点被看作是领导权的公用方法。这与"地区多边主义"框架紧密联系，概括如下。

地区多边主义与全球多边主义

对于近期都在实施地区领导力的中国和日本来说，地区多边主义即便不是最重要的，也会是相当重要的一个手段。这两个国家的贡献在于推进了新的地区组织和框架的形成，以及地区共同体建设的进程，这些大体上都为中国和日本提供了展现各自有能力承担地区领导角色明证（Katada，2002；Wang and Chan，2003）。在东亚的地区领导权和地区多边主义间有一个重要且新兴的内部构建和共同决定的关系。从机构功能的各个角度来看，深入的地区多边主义通常会提供实施地区领导力的新机会。"东盟+3"和东亚峰会框架不仅证明了在地区领导下的管理空间是会变大的，同时也勾勒出相关问题的确定地区（通过制订计划和纲领性的行动计划）

以及地理范围（通过组成成员），这两方面反过来使人们更加关注领导力到底应该用于哪个地区。

同样地，地区领导权的运用可以给地区多边主义发展带来重大的贡献，同时可能扩大日本和中国之间的竞争式地区多边主义，例如使其承认作为东亚共同体核心成员国的区别（Zhao，2004），目前这是中日关系之间的关键点（Wan，2006；Dent，2008b）。每个国家都在不同的地区组织里发展领导外交，尤其是中国与东南亚（东盟）之间的准地区组织关系以及通过上海合作组织与中亚国家建立的联系。虽然日本放慢了发展这些联系的速度，但其在次国家层面的微观区域联系上有很好的发展（Hook，1999；Jain，2005，2006）。

另外一个值得考察的争议领域包括观点、价值、规范以及同盟的身份，这有助于巩固东亚正在形成的地区多边主义。这主要与在东盟 10 + 3 和东亚峰会这样的地区框架下的议程设置和话语控制相关。关于全球化的多边主义，日本和中国都在积极寻求方法在更广泛的全球共同体中代表东亚，为地区赢得更多利益。这种地区领导力的实施方法可以影响到全球管理主要机制的本质和功能。从历史上来看，日本改变了 G8 的外交框架实施的程度（Dobson，2004）。中国在全球体系里的优势产生了相当大的利益，同时暗示了其希望参与全球管理以及加入全球多边主义的地缘政治。相反地，中国或日本在全球管理的某些特殊问题上会对那些多边主义的支持者形成明显的挑战，那么它们就会被普遍认为是在瓦解全球多边主义。美国就常常被指控采取这种行为，尤其是小布什政府 2000—2008 年执政期间（如《京都议定书》）。同样地，许多人以中国 2009 年在哥本哈根气候变化峰会上的做法中伤中国。在这次特殊的事件中，中国与印度、巴西以及其他大的发展中国家建立合作关系，而不是去建立一个以地区为基础的合作体来加强自己的地位。更普遍地讲，在国际舞台上支持地区利益要么就被看作是企图扩张，要么就被看作是在一个更宽广的平台维护国家利益（例如，日本和中国用东亚圈作为力量基础，与法国在农产品贸易保护上利用欧盟的做法是相似的），要么被看作为了自身利益违背全球利益。

结　论

地区领导力仍是一个新兴起的研究领域。许多人会争论，从先验出发，目前已有证据证明，地区领导力已经或正在得到实践。但是，这种观点通常基于主流的和传统的国际领导力理解，文章前面已经提到了这些观点，并且也提出了它们的缺陷。为了了解非西方的地区力量如何在 21 世纪地缘政治多极化的新背景下实施地区领导力，我们需要新的分析方法。这篇文章力图有所贡献，将焦点放在东亚地区，根据本文提出的分析框架重点考虑中国和日本所采用的地区领导力方式。地区领导力可能以与我们目前的理解和期望完全不同的方式展现。

日本和中国都具有很强的地区领导能力，许多人都期望中国能够成为东亚地区的主导力量。但是我们不能低估未来日本在逐渐崛起的东亚圈中的地位：尤其是在经济和技术领域，它将会扮演重要的角色，它的技术发展能力在众多的领域中很可能还是最先进的。不可否认的是，在中日关于建立地区一体化合作关系的发展进程中还会存在各式各样的复杂问题，这其实与欧洲一体化进程中法国和德国合作关系的发展是相似的。最近中日由领海问题引发的争端使两国关系之间的这一棘手问题，再度浮出水面。正成为双边合作的巨大动力，并成为测试中日进行领导力合作的试验场。能源和环境可能是这些因素中最重要的。为了加强两国私企间绿色科技的合作，2007 年中日举行了有关能源对话和环境保护的论坛。中国计划到 2020 年时可再生资源占其主要能源消耗的 15%—20%，并在世界风能和太阳能领域拥有强大的竞争力。日本已研发出处于世界领先地位的能源利用和保存的科学技术。在这种情况下（当然还有其他可考虑的领域，如财政、海盗、国际移民等），我们须认清重点到底应该放在合作上还是竞争上，或者，究竟是日本还是中国能够作为地区领导者独立？或者两国的其他领导角色能在这一领域的地区领导力统一起来？东亚的地区领导力还在形成阶段，无论是中国和日本都能够找到适合它们未来的具有特色发展的道路和手段，这也许就是它们与其他地区力量最大的区别。

第二十二章　亚太安全研究视角

索邦·波（Sorpong Peou）著　李天惠译

亚太地区吸引了安全专家和业内人士越来越多的关注，但人们就如何使该地区变得更加和平与安全还未达成一致意见。对安全概念的争论是导致这种局面产生的原因之一。现实主义者对大国间政治常年以来存在的问题进行持续性分析研究，但与冷战时期不同，他们的悲观看法不再能够维持现实主义的学术霸权地位。自由主义学者注重地区制度、贸易以及民主制度的和平效应。大多数建构主义者抵制国家中心论——尤其是美国中心论——的安全思维，但他们之间仍存分歧。支持和平研究、人类安全研究以及跨国安全研究的学者一致表示对国家主义假设不满，并更加重视威胁的国际和国内来源。但他们只是极力倡导自身主张，缺少经验性分析。[①]理论的多元化成为当今亚太安全研究的显著特征。

现实主义战略/安全研究

现实主义者在亚太地区和平及安全问题上的视角强调地区的（不）稳定和大国在该地区所扮演的角色，即日本、俄罗斯、中国和美国。其中，中美被视为主导性行为者。

新古典现实主义

新古典现实主义者倾向于将国家领导人作为分析的关键因素，并列出多种假设和变量，如相对实力、认知和国内政策（他们认为这些有助于

---

① 本章汲取了来自《亚太和平与安全》（Peou，2010）以及最近的学术研究中的部分观点。受篇幅所限，社会主义和女权主义安全研究未列其中。

解释国家安全行为）。一些学者在评估国家相对实力时较为乐观。如吴翠玲（Evelyn Goh）认为只要现存权力等级结构保持不变，亚太地区仍将保持和平与稳定。美国是一个"超级大国和地区霸权国，其战略利益和盟约构成（不只塑造和定义）了东亚地区安全秩序"（Goh，2009：102），但它不是帝国霸权。在亚太地区，包括中国（它已承认美国是地区的稳定力量并试图容纳美国利益），没有一个国家能够接近美国，美国"仍然全方位地保持技术领先地位"，"其主导地位在短期内不会改变"（Goh，2009：102）。在地区等级结构里，中国仍为次级大国，印度和日本（三级权力）紧随其后，韩国和东盟排在四线。

其他新古典现实主义者则没有如此乐观。他们认为亚太地区的主要力量，尤其是美国、日本和中国间仍易于产生冲突，因为它们中无人可能成为地区霸主。美国的地区霸主地位已被削弱，但中日都没有成为地区霸主的迹象。美国最近的全球事务和区域战略支持了这一论断，并指出"东亚地区的不稳定预期高于欧洲，且目前的稳定预期高于上世纪九十年代"（Mastanduno，2009：78）。由于美国是唯一的全球大国（无全球性竞争对手），国际结构保持单极状态。但是，美国并不能对其他国家为所欲为。自2001年9月11日起，美国专注于全球反恐战争。美国注意力的转移降低了东亚国家对美国作为地区稳定力量的信心。

新古典现实主义视角为我们解释了后冷战时期主要霸权或反霸权战争缺失及世界保持高度稳定的原因，但也引发了许多难以回答的问题。霸权和等级结构的区别仍不明显。全球霸权或地区霸权真的能够确保亚太地区的和平与稳定么？如果说在冷战时期美国可以算是全球/地区霸主，为何彼时的东亚并不稳定？20世纪五六十年代挑战美国霸权的国家有中国、朝鲜、越南以及苏联。1950年一场大规模战争在朝鲜半岛爆发，而另一场在越南的战争很快也愈演愈烈。1970—1990年形成的地区等级结构并没有为东南亚国家带来和平与稳定。第二次印度支那战争（即越战）持续至20世纪70年代中期；第三次印度支那战争（即越柬战争）于1978年底爆发；1979年，中越边境战争爆发。所有这些大规模国家间战争使得地区秩序动荡不安。随着实力的不断增强，中国也许会不甘于现任世界霸权二把手的现状。例如休·怀特和布伦丹·泰勒就以新古典现实主义的视角洞察到："拿破仑·波拿巴是对的：中国一旦醒来，世界将为之颤抖"（White and Taylor，2009：93）。虽然中国目前还不具备挑战美国全球优势的能力，但它不断（从经济、军事和外交方面）对美国发起实质性挑战，其发展势头超过很多人的预期（White and Taylor，2009：93）。

此外我们也不清楚是否有任何全球/地区霸权国能够保证亚太地区的和平稳定。新古典现实主义学派显然在自由霸权秩序上没有什么建树。这些现实主义者也许承认自 20 世纪 90 年代起日本和美国两个民主国家间的安全同盟得以加强，但作为全球自由霸主的美国并非决定因素。

进攻性与防御性现实主义

其他现实主义对亚太地区安全的视角主要基于以约翰·米尔斯海默（2001）为首的进攻性现实主义学派的见解。在其支持者看来，像中国这种崛起中的大国必然寻求霸权地位，身处无政府状态国际体系中的国家必将选择最大化自身实力以确保生存。对任何国家来说，想要获得安全，最为可行的方式就是成为世界霸主——要成为哥斯拉，而非小鹿斑比。

中国的军事现代化包括海军扩张在内——体现其不满足于只是陆上大国，还希望成为海洋大国的企图，其权力范围将扩展并覆盖整个地区甚至全球。但是，进攻性现实主义者不认为只有中国在追求霸权时表现出侵略性。在他们看来，其他大国也在尽力维持、恢复或获取霸权地位。

防御性现实主义者比新古典现实主义者和进攻性现实主义者要更乐观——因为他们倾向于霸权稳定是不切实际且十分危险的，并认为大国间追求全球及地区霸权地位的斗争仅限于某些地方。防御性现实主义者认为国家追求的是安全最大化而非权力最大化，同时认为两极化是一种能够保持和平与稳定的国际结构。比如罗伯特·罗斯（Robert Ross，1999）认为两极格局正在亚太地区显现，其中美国主导海权，而中国主导陆权。

新古典现实主义与进攻性现实主义向防御性现实主义的观点发起重大挑战，但他们很难转变后者的观点。防御性现实主义者认为地区等级结构或地区霸权也许能使地区保持一定程度、但不持久的稳定。马斯坦多诺也承认：历史证明单极化（或霸权）不会永远存在，霸权国的挑战者终将出现（Mastanduno，2009：82）。

对防御性现实主义的批判也有很多。对这一理论的质疑是两极化是否足以保证地区的和平与安全。冷战证明两极化可以使超级大国远离战争，却无法避免其他代理人的战争。批评还指出防御性现实主义的其他缺陷，包括没有考虑到国内问题以及官僚政治。例如1941年日本与美国开战的决定是由日本海军做出的，在这里官僚利益战胜了国家利益。

现实制度主义

现实主义阵营也许会被贴上制度主义的标签，这是由于他们坚持有关多级化的危险性及亚太地区的和睦关系将促进地区稳定的观点。现实制度主义喜欢将国际机构的效用视作是有协调行事能力的，尤其像由常任理事国（英国、法国、俄罗斯、中国和美国）主导的联合国，或由俄罗斯、日本、中国和美国等主导的非正式地区机制。这些现实主义者向往在地区管理上，这些地区大国能够在拥有共同利益时携手合作。

这一理论视角最主要的问题在于，其支持者倾向于假定亚太地区中的大国能够对他国平等相待。但是，有关迹象表明这种合作非常有限。中日两国关于地区影响力的竞争不断加剧（Wesley，2009：62–63）。中美两国终将面对这样一个事实，即两国是平等的，但双方均不认为日本或俄罗斯会与其平起平坐。

中美两国签订的双边协定可能会出现，但最新证据表明这两个地区主导力量无法为实现地区和平与稳定采取一致行动。双边和谐看起来更像现实主义的两极结构，正如冷战时期的两极化历史所证明无疑的，这种结构也许能保证两个大国关系稳定，但它并不能必然确保地区次要国家之间关系的稳定。

简而言之，如何实现亚太安全？单极化、地区霸权主义、两极化或多极化究竟谁最有助于维持地区安全与稳定？持不同信念的政治现实主义者对此仍存分歧。如果战争的恒定可能性是某种现实，那么国家永远无法实现真正的安全。此外，亚太地区国家所做的比现实主义者预期的更多：他们建立了更多的地区机制而非军事联盟，同时作为商业自由主义的拥护者致力于发展国际贸易。在国际贸易中并不活跃的国家，如缅甸和朝鲜，仍需面对国家安全问题的挑战，且无法确保和提升安全类型。接下来笔者将用批判性眼光审视新自由制度主义、商业自由主义及康德国际主义是否为亚太安全的当前发展及未来展望引入了新的视角，并考察这些自由主义视角的其他理论挑战是否有更深入的洞察。

自由主义安全研究

现实主义视角面临来自其他理论视角的挑战，尤其是新自由制度主义、商业自由主义以及康德国际主义的挑战，这些可以被归为自由主义安全研究。

新自由制度主义

这一视角主要强调的是国家间的合作倾向，而非冲突驱动或安全行为。国家作为理性行为体有能力将它们之间基于相互和共同利益基础的合作制度化。国家追求的不只是相对收益（如现实主义者假定的），它们也会通过艰难的谈判、建立制度和机制来追求绝对收益。新自由制度主义并非认为霸权力量是不真实或不重要的，而是认为国际制度或地区制度形成后可以发展出一套自身的运行模式。

从新自由制度主义视角出发，亚太地区已变得更加和平稳定，因为这一地区的国家正逐步建立地区机制，近些年来尤其在冷战之后，地区组织机构大量涌现（Beeson，2009）。例如建立于 1967 年的东南亚国家联盟（ASEAN），成立于 1989 年的亚太经贸合作组织（APEC），创建于 1994 年的东盟地区论坛（ARF），东盟 +3（东盟加中国、日本和韩国），上海合作组织（SCO）以及三方安全对话（TSD）。从表面上来看，有证据表明亚太地区国家依然重视国际/地区组织起到的缓和作用。

地区机制自身在多大程度上能缓和亚太国家的安全政策行为仍不清楚。目前为止，地区机制并未像设想的那样逐渐强大。作为安全论坛，东盟地区论坛囊括了这一地区的主要大国：中国、日本、俄罗斯和美国。但正如前述，它们之间仍不能协调合作。中美之间的双边关系还远不理想。主要的地区安全问题（如中国台湾海峡、中国南海和朝鲜半岛）仍未解决。正如迈克尔·韦斯利所述，东盟地区论坛"深陷建立合作安全的三步走计划"，"并在亚洲大多数强国试图影响地区秩序的努力中逐步被边缘化"（Wesley，2009：5）。此外，现实主义视角可以解释人们努力建立地区机制的原因。旧的制度仍由美国操控，但旨在促进各国团结一致对抗西方国家（如澳大利亚、新西兰和美国）的新制度已被提出并建立。

即使亚太地区在冷战后变得更加和平稳定，我们也无法确认软弱的地区机制真的可以起到重大作用。东盟地区论坛达成的进展较小，它既没有通过建立信心的第一阶段，也没能对其成员产生实际影响。如果说全球范围的国家间战争全面减少，"那么完全有可能出现的情况是，即使东亚地区没有东盟地区论坛也能实现完全和平"（Beeson，2009：73）。

当我们回答为什么亚太地区机制表现出更多的竞争性而非合作性时，会引出更多问题：为什么美国在欧洲和东亚建立不同的地区机制？为什么美国在欧洲安全体系中的参与度高于其在亚太地区的参与度？为什么美国到现在仍愿在东亚地区充当"利维坦"角色？以及为什么东亚国家接受美国这样的角色？韦斯利写道："在亚洲，相互竞争的国家接受美国并通过美国来限制地区其他国家的对外行为。有迹象表明即使是中国也不希望使（它对美国在这一地区同盟的）谴责超越单纯的外交辞令"（Wesley，2009：56）。中国依然"重视日美同盟在对日本战略限制方面的作用"（Wesley，2009：56）。这一观点并非完全质疑现实主义，但想要理解这一安全政策行为，仍需进一步的解释。

商业自由主义

商业自由主义者们倾向于从较为乐观的视角考察中美双边关系，并为亚太国家的安全与政策行为提供一种可能的解释。中美两个主要大国间相互依赖程度的增加已为区域内国家安全和政策行为带来一定的润滑效应。其他国家间的经济依赖程度也有所增强。商业自由主义者同时也指出，区域内各国已经同意在相互领土范围内促进自由贸易和投资，因此领土征服战争已经过时。

自由主义学者坚持中国将和平崛起。他们认为中国旨在为经济发展创造和平环境，因而不会挑战当前由美国主导的安全秩序。最近，新商业自由主义者通过增加新的变量突破了基于贸易的自由主义，这些变量包括已将制造商、批发商、零售商和国内联盟组织联结起来的跨国生产网络，以及使国家间互动变得越来越倾向于合作与和平的国内联合。随着生产网络的发展和中国日益融入全球资本主义经济体系，中美关系尤其不太可能走向冲突和战争。作为世界装配车间，中国高度依赖其在世界生产网络中的作用，这使全球相互依赖呈现多层面特点，有助于削减系统性战争爆发的可能。约翰·雷文希尔（John Ravenhill，2009）就从商业自由主义的角度描绘了亚太安全的乐观图景："任何使用武力以确保能源供应的尝试都将受到如下制约，即任何追求军事扩张的政策都将导致市场、金融、构成要素和技术准入方面的潜在损失。"而上述各方面的准入必须通过加入生产网络而实现（Ravenhill，209：206）。

但是，商业自由主义视角也有其不足之处。即便仍坚持乐观主义，雷文希尔（Ravenhill）在以下方面也有所保留："相互依赖的增强与军事冲突的减少之间至多存在概率较高的关系：自由主义范式的支持者至少不会天真到声称相互依赖会确保和平"（Ravenhill，2009：207）。生产网络的发展依赖单极世界或霸权等系统性因素。因此一旦美国失去霸权地位，我们很难确定全球经济还能保持稳定，除非中国成长为下一个全球霸权。并且一个非民主的全球霸权能否同样发挥稳定器的作用，以及其支配地位的持续时间尚属疑问。

民主自由主义

基于史实，我们了解共和或民主国家会与非民主国家发生战争，但西式民主国家之间却几乎没有发生过战争。民主国家可以通过减少军事冲突、政变、非国家武装权力中心、种族冲突、政治暴力以及可能出现的大屠杀和种族灭绝的出现进而来促进国内和平与秩序。在国际层面上，民主政治可以提升国家安全，降低军事开销，有利于双边问题和国际争端的和平解决，并且参与国际维和行动。

最近对民主自由主义的批评来自威廉·凯斯（William Case）的成果，他发现了东亚政权类型与安全之间十分模糊的关系。如他所述，"威权统治比民主程序和制度能更好地约束及缓和安全问题"（Case，2009：13）。根据凯斯的理论，东亚地区的威权国家有能力像西方民主国家一样通过合作来提升地区和平与稳定。在确保经济增长与公平、管理公共竞争以及尊重人权方面，民主国家未见得比专制国家或混合政权国家做得更好。

威廉·凯斯对民主自由主义的批评并不像他所认为的那样具有说服力。他的观点基于专制政权和"新"民主政权的绩效，但这些并非清晰可辨。如果新民主政治侵犯人权，那么问题就变成他们是否真的想要实行民主制。民主政治不仅仅是多党选举，还要求尊重政治权利和公民自由。民主过渡也不会给国家带来负面影响，例如日本、韩国甚至包括印尼。

我们仍需调查有关东亚地区政权类型和安全的所有历史数据。因为在过去的 30 年间非西方民主的国家间没有发生战争并不意味着在此之前它们也从未发生过战争。中国与苏联在 1968 年曾发生冲突。而 1979 年，中越之间也爆发过惨烈战争。柬埔寨（在波尔布特政权下）和越南在 20 世纪 70 年代末有过血腥战争。此外，民主自由主义还解释了政权类型与安全之间的关系。发生在韩国与朝鲜之间持续的紧张局势就是最好的例证。我们可以证明，西式民主国家同盟要比社会主义国家之间的军事同盟（例如中苏、中越和越柬）更加持久。而最为持久的安全同盟——尤其是美日、美韩以及美澳同盟，都是存在于两个西式民主国家之间。

即使亚太地区近三十年没有发生战争，也不代表民主霸权不重要。我们需要从适当的角度看待关于国家对彼此意图的怀疑以及各国对美国的信任高于对彼此的信任（由于各国之间历史仇恨问题）的争论。为什么欧洲主要的民主国家间的陈年积怨没能阻碍他们建立超国家机制？美国没有领土野心也需进一步解释。相对没有实行西式民主政治的国家，西方民主国家很少有进攻倾向，因此领土扩张也较少。

但这不意味着民主自由主义主导了亚太地区安全研究。这一理论视角仍无法告知我们该地区国家应如何建立稳定的地区安全共同体。民主国家也并非总那么完美。如果日本与韩国（都是稳定的民主国家）仍未建立双边安全共同体，学者也许需要研究他们社会化进程中遇到的持续挑战。另一个需要更加仔细研究探讨的问题是，为什么欧洲民主国家能够很好地解决历史仇恨问题，而东亚的民主国家却不行。

建构主义安全研究

建构主义理论视角（源于社会建构主义、后马克思主义以及后现代主义）旨在挑战目前已讨论的所有理论。对和平与安全的批判性视角在亚太地区研究领域内兴起。在建构主义安全研究中，新的视角逐渐浮出水面并开始挑战现实主义视角。功能主义与其继承者（新功能主义）已卷土重来。政策制定者和学者们对通过贸易和机制建立来促进区域一体化的兴趣增加。社会建构主义更加关注社会化进程与参与度。后马克思主义与后现代主义将资本主义国家视为不安全的来源，但他们的论证还远不能让人完全信服。

功能主义与新功能主义

尽管关于功能主义与新功能主义是否应被置于建构主义安全研究这样一个小领域内仍存争议，但对此有一个很好的理由予以解释。厄恩斯特·哈斯（Ernst Haas）（新功能主义主导者之一）和彼得·哈斯（Peter Haas）自称"实用建构主义"（Haas and Haas, 2002）。迈克尔·哈斯（Michael Haas, 1989）在他关于东亚地区合作与一体化的研究中也运用了新功能主义和卡尔·多伊奇（Karl Deutsch）提出的文化相通概念。

尽管地区一体化的欧洲中心特征，它既不具有普适性，也不适用于其他地区，功能主义与新功能主义的智识仍进入了亚太地区。20世纪70年代，一些国家开始依照功能主义的模式制定政策。80年代中期以后，日本面临美国和西欧逐渐兴起的贸易保护主义、日元升值以及国内生产成本增加问题，日本试图采取建立区域经济战略作为回应。此时，通过经济合作形成区域一体化的乐观思潮因此变得更为显著。地区一体化由此扎下经济之根。

学者们开始关注贸易、对外投资和生产领域逐渐提升的区域化程度，这被视为地区一体化的积极力量。有些学者关注专业化的地区制度，它们是地区一体化进程中的重要因素。联合国亚洲及太平洋经济社会委员会（ESCAP）这种国际组织的建立旨在积极主动保护（经济）环境。建立于1966年的亚洲开发银行（ADB）是第一个地区金融机构，目前它正酝酿建立地区货币。功能主义者认为，技术合作在地区当中可能会带来政治溢出效应。

对于这个问题，新功能主义还解释了亚太地区国家之间的制度化合作。亚洲国家对加入国际组织充满热情。目前存在40多个以亚洲国家成员为主的地区组织。这些组织大多成立于1960年之后，一半以上成立于1965年之后。迈克尔·哈斯因此指出"在20世纪60年代，亚洲地区组织数量的增长比世界上其他任何地区都快"（Haas, 1989：11）。他甚至声称在某种程度上亚洲地区合作在跨国一体化目标实现上比欧洲更为到位。在亚洲，长期以来动机都比联盟建立更为重要。

近期，其他学者选取的视角与新功能主义的联系更加紧密。他们已着眼于国家间的政策融合，和由此产生的国家间紧密合作。有些学者认为东北亚地区国家间联盟的可能性仍然存在，那时，主权国家在这一地区将停止或暂停发挥作用。例如森岛道夫（2000）设想建立一个由东北亚共同体（Northeast Asian Community，NEAC）衍生而来的东北亚联盟（Northeast Asian Union，NEAU），其形成过程类似于欧洲经济共同体（European Economic Community，EEU）转变为欧盟（European Union，EU）。

虽然对东盟（ASEAN）及其他亚洲领导者的做法仍存争议，新功能主义者认为区域一体化也可借鉴这种通过具体步骤建立地区共同体的做法。目前，不存在任何一个真正超国家的地区机制。亚太地区机制仍然没有强制性的约束力。即便东盟也并非是合适该地区的超国家主义机制。东盟比亚太经合组织更加制度化，但它仍未拥有解决成员国之间争端的超国家机构能力。吉尔伯特·罗斯曼（Rozman，2004）发现了一直存在的国家认同问题，他解释了东北亚地区主义的局限性，这超越了现实主义者所提出的有关人性、无政府状态以及自由派利己主义的说法。如果地区主义在促进地区一体化进程中过于软弱，那是因为该地区国家在认同感上仍未达成一致。

社会建构主义与折中主义

有些学者，包括一些亚裔学者，目前开始对以欧洲中心主义理论为依据的安全学说，尤其是对理性主义学说提出质疑。社会建构主义通过文化、观念或基于身份的因素来阐明冷战之后亚太地区一直存在的安全问题，基于此点，它超越了现实主义和自由主义。亚历山大·温特提出了著名问题，为什么"拥有500枚核武器的英国对美国的威胁小于只有5枚核武器的朝鲜"（Wendt，1998：48）。托马斯·伯杰（Berger，1998）、彼得·卡赞斯坦和原田信夫（Katzenstein and Okawara，1993）十分重视国内结构及规范和思想的政治作用，这些都有助于解释东亚国家与欧洲国家的表现为何如此不同。卡赞斯坦和他的合作人在《国家安全文化》（*the culture of national security*）一书中加入因果文化变量，用于解释国家如何定义它们的安全利益。

尽管如此，社会建构主义不赞成自由主义视角下关于人类和国际事务的激进观点。人种、历史与种族仇恨问题是导致亚太地区不稳定和不安全的原因。国家之间冲突的根源在于历史遗留、受挫的民族主义、对国家认同概念完全不同的解释，以及对外交事务中国家使命的不同理解。托马斯·伯杰（Thomas Berger，2003）特别提到了两个民主国家韩国与日本之间的双边关系由"历史记忆"引起的负面影响。

社会建构主义仍认为社会化与接触政策能提高国家安全行为的能力（Johnston and Evans，1999；Ba，2006）。成员国通过制度的重要性或社会赞同这样有说服力的论据总结出"合作的习惯"这一理论。中国是证明一国如何通过参与东盟亚洲地区论坛社会架构改变国家利益的最好例证。阿米塔夫·阿查里雅（Amitav Acharya，2001）还指出东盟早在 20 世纪 90 年代初在东南亚地区作为"初级安全共同体"出现，正是由于它致力于推动非现实主义规范，如通过集体行动、不使用武力、不干涉、区域自治、废除军事协定、协商并达成共识，以及倾向于不拘泥于法律机制来促进合作等。

然而，社会建构主义总是夸大规范在改变过程中的积极作用，并倾向于忽略规范被逆转的潜在可能性。如果社会规范有所变化，我们无法阻止好的规范变坏。这一视角也易高估承诺的积极作用。区域认知共同体帮助政治精英们相互沟通并向新的方向迈进，其间产生的新观点并非总能有效地转变地区政策：国家仍然维护自己的观点和利益。这一视角同样容易高估物质力量，例如中国崛起。权力问题引发新增的非物质变量能否取代或补充政治现实主义的问题，如规范、历史、文化和身份认同。认为如东盟中的弱小国家能够说服中国这样的大国履行责任这一命题将为国家间的关系带来一些曙光，但它还非常不明显。

分析折中主义超越了社会建构主义，它调和了目前为止关于安全问题的很多不同理论视角。比如苏和他的合作者（Suh，2004）认为无论是现实主义、自由主义还是建构主义，没有哪个理论可以完全解释清亚太地区的安全问题。仅靠现实主义无法说明为什么日本能坚持和平主义，而东盟国家却忙于制度建设和软平衡。尽管存在制度化的限制，自由主义也无法单独解释地区和平与稳定。折中主义结合了现实主义（权力）、自由主义（效率）和建构主义（身份认同）的理论见解，解释亚太地区的和平稳定。卡尔森和苏坚持折中主义为"分析亚洲地区主义提供了有效的理论工具箱"（Carlson & Suh，2004：233），以此来维护他们的折中主义研究路径。

尽管如此，折中主义也存在潜在隐患。正如康所说的："长于分析的折中主义的问题在于过于折中，也就是说，它引入了过多潜在变量"（Kong，2004：173）。卡尔森和 Suh 虽然主张折中主义，但如果其他人的研究"在同一个问题下引入过多的解释变量，却缺乏一个将变量联系起来起支配作用的主题"，也会遭到他们的批评（Carlson and Suh, 2004: 231）。尽管如此，它们的折中主义不能把握亚太地区所有的安全挑战。波（Peou, 2010）提出了民主现实制度主义（基于现实主义、自由主义和建构主义），但承认其他理论视角同样也能帮我们更全面地理解和提升安全动态。

后马克思主义与后现代主义视角

由于后马克思解放主义者致力于亚太地区的安全问题，这一地区已变成了该理论视角的沃土。这一地区的人们深受社会不平等和资本主义国家压迫带来的不安全之苦，但他们仍然有可能通过人类解放来赢得安全。

尽管亚太地区最近几十年经济实现惊人增长，但在自由主义改革进程开始之后，城乡居民收入差距不断拉大，尤其是从 20 世纪 80 年代中期，中国经济开始融入全球经济市场。解放主义者特别指向 1997 年金融危机，因为它给东亚地区数百万的人们造成了负面影响（Gill, 2000; Beeson, 2007b）。解放主义者倾向将不安全因素归因于全球资本主义经济。例如马必胜将"资本主义生产结构和社会关系引入东亚"看作"对早先秩序的安全威胁"。全球资本主义经济扩张导致"早先社会秩序的崩塌以及统治该秩序的政治精英的垮台"。它还将东亚国家推向"冷战前线"，并允许美国对"该地区战后几十年来出现的以重商主义、独裁主义、反民主行为为特征的发展型国家视而不见"（Beeson, 2007b: 59, 60）。但是解放主义者并没有证明（新）政治权威统治的合理性。

这一观点确实有它的局限性。解放对某些人意味着安全，对另一些人却意味着不安全。一些解放主义者也感到惋惜，因为实际上，冷战之后世界上没有哪个强国能够像曾经的苏联那样有效抗衡美国。他们期望对美国霸权进行各种牵制，包括与传统的政治均势相联系的国家军事同盟。在如此重要的时代能否永久建立和维持后霸权世界秩序仍不可知，该秩序下即使全球资本主义逐渐解体，全世界也不会回到混乱的无政府状态。后马克思主义也许会庆祝美国霸权的衰落，但他们要面对中国可能成为下一个霸权的现实。同时，公民社会的行为体仍无法战胜或批评国家的传统安全政策（Gilson, 2007）。

后现代主义总是对现代（尤其是自由主义和社会主义）国家主义产

生疑问。以主权界定现代国家倾向于认定彼此不同且互为威胁。在多尔比Dalby 看来，外部威胁并非客观事实，而是危险的假象（Dalby，2007：248）。现代国家的早期形式，比如军国主义时期的日本，引发了"在亚太地区仍能引起共鸣"的巨大灾难（Dalby，2007：254）。这一视角同样质疑所谓的自由资本主义在亚太地区的胜利，记录下自由主义盟友之间的竞争。后现代主义甚至排斥社会建构主义基于欧洲普世性帝国主义作风的地区安全共同体设想（Narramore，1998：254）。

后现代主义通常将社会运动视为建立替代性安全架构的潜在创造性力量。他们倾向于依赖知识政治学、权威的丧失、责任制、非暴力抵抗和协商等方式。一个替代性安全架构不止免于殖民统治，还基于国家的和平统一（正如朝鲜和韩国）、地区无核化和非军事化。孤立世界霸权国家（美国）和协调旨在抵抗任何重新武装的地区群众运动战略对政府有极大吸引力。军事学说允许国家军事主导国家和社会（如朝鲜和缅甸），但现在它们必须经受（在权力及知识结构上的）话语权的转变。

尽管我们从后现代主义视角中找到了最好的意图和乐观的基调，但反霸权主义的言论仍不够强大。没有一个亚太国家，甚至美国也不能被称为后现代国家。没有人知道历史更容易发生强化还是更容易被重复，但冷战的结束导致了美国新自由霸权主义世界秩序的形成——它不是现代主义所拥护的公正的和平世界。最终，美国的霸权将很有可能导致中国或欧洲霸权兴起。

和平研究、人类研究及非传统安全研究

另一组视角包括了从和平研究、人类研究及非传统安全研究中得出的观点。和平思维继续为实现安全提供另外的途径。从 20 世纪 90 年代中期开始，越来越多的学者接受了人类安全的概念，这一概念沿袭和平研究者关于消极和平和积极和平的思路，强调保护个人远离身体暴力和结构暴力的必要性。专门研究非传统安全的学者已经吸收人类安全的概念，但在更宽泛的程度上处理所有层面上的非军事安全问题。

和平研究

在亚太地区，和平学说（包括宗教和世俗两方面）与和平运动都有

长期理论和实践传统（Hunter，2006）。东亚国家已建立起和平研究计划。日本可能是东亚第一个见证第二次世界大战后和平研究发展的国家。这一学术研究目前已在其他国家深入展开，其中包括中国。中国的和平研究在2003 年起始于南京大学，该大学于2005 年正式开设了相关学科（Hunter，2006：2；Cheng，2006：200）。

东亚学者的学术著作对和平研究做出很大贡献，西方和平研究者们现在开始承认亚洲学者的贡献（学术及宗教方面的）。约翰·加尔通（Johan Galtung，2006：15）问道，亚洲传统是如何找到他们自己关于和平研究的方法的呢？但一些研究东亚战争的学者注意到，亚洲和平主义对社会和国家行为有积极影响。

将亚太地区和平研究统一起来的是该地区的焦点问题——即非暴力基础上旨在实现和平改变的议题。和平研究者研究冲突的结构性根源和如何通过非暴力途径实现和平。裁军和军控仍是重要议题。其他关键议题包括性别歧视和种族歧视、种族冲突、贫穷、国际维和、刑事司法、民主制度建设、环境退化以及可持续经济发展。

除了和平教育，亚太地区的和平主义者还热衷于和平运动的安全政治。冷战时期，很多亚洲国家曾出现激烈的反战和平运动，例如日本和越南。实际上，日本成为东亚地区第一个将和平运动的传统发展壮大的国家并不让人意外：它也是第一个和唯一一个遭受过核打击的国家。无论过去还是现在，关于削减核武器的和平运动（以其和平宪法著称）在日本仍保持强劲势头。

作为亚太安全研究中的主要组成部分，和平研究似乎一直保持其相关性，但目前仍无法确定它能否在可预测的未来对和平与安全产生更大的积极影响。正如朝鲜的核问题所示，核不扩散准则仍不稳定，核不扩散管理体制也未能协调一致（Hanson and Rajyagopalan，2009）。和平教育与行动主义在这一地区都已不新鲜，但它们仍无法依靠自身力量保证这一地区的和平与安全。实现没有武器的和平与安全的长期探索仍然难以实现。遏制核武器扩散的努力一次又一次地失败了。中国是否能和平崛起，中国能否建立起一套基于儒家思想的等级秩序，该秩序是否会失衡，这些问题都还有待观察。但有一点显而易见：中国的迅速崛起，及其在经济、政治、领土主权和军事上的自信的增长。

人类安全研究

以非国家中心理论概念为基础的人类安全研究是亚太地区安全研究中较晚出现的视角。联合国开发计划署（UNDP，1994）注意到民主与人类经济发展方面，或民主与经济公平之间的关联。人民也许会在政治自由上取得一定成就，但他们的社会经济自由也许仍未实现。根据联合国开发计划署的报告：现在很多人认为民主没有实现。20 世纪 90 年代，收入不均和贫穷问题在中东欧国家和独联体国家（CIS）急剧凸显，有时恶化速度前所未有（UNDP，1994：4）。报告中还提到"尽管民主在广泛传播，但撒哈拉以南非洲地区的穷人数量还在不断上升（UNDP，1994：4）。人类安全不只是达成"无乏匮之虞"。由绪方贞子（Sadako Ogata）和阿玛蒂亚·森（Amartya Sen）主导的人类安全委员会在发布的报告（2003）中加入了进一步加强国际发展主义这一目标。

由于日本强调经济发展是基于其海外发展援助政策（ODA），日本成为通过这种途径实现人类安全的佼佼者。这种人类安全研究的发展主义方式与加拿大倡导的方式（尤其以加拿大外交部长劳埃德·阿克斯沃西为代表）以及由人类安全中心（最初建立于英属哥伦比亚大学，现位于西蒙弗雷泽大学）提出的方式不同。加拿大的新自由国际主义往往强调推进"免于恐惧"的必要性——或免于直接的身体暴力。威胁的来源包括战争、战争罪行、反人类罪以及种族灭绝。促进这类安全的方法和途径包括人道主义干涉、维护和平和国际刑事司法。

然而夸大实现人类安全的两种途径之间的不同会产生误导。亚太国家政府在外交与安全政策中融入了以上两种途径。例如日本的政策就包括维护和平、人道主义使命、国际刑事司法及提供国际经济援助。加拿大所做的也大致相同，关键的不同在于政策强调的程度。

作为亚太安全研究的组成部分，人类安全研究目前已逐渐获得学界与政界的承认。甚至该地区的和平研究计划也将人类安全纳入其研究教学和研究议程中。例如，日本国际大学的国际和平研究计划所就关注个人安全问题和人类发展议题。

总的来说，人类安全研究仍未能取代现实主义战略和其他以国家为中心的视角。比如，严格遵守国家主权的传统原则仍然是该地区建立维和部队、追求国际刑事司法以及通过其他形式建设和平行动的主要障碍。该地区只有少数国家真正重视民主和人权，并积极寻求促进人类安全的途径，但这些均被视为挑战国家主权的作法。人类安全研究将要面临的另一个挑战是，那些对这一概念持怀疑态度的人会继续将注意力集中在仍然以国家为中心的非军事安全问题上。

非传统安全研究

非军事安全和非传统安全研究作为亚太安全研究的最新组成部分得到越来越多的关注。该地区国家，特别是日本，从一开始就支持综合安全观的概念，尤其强调经济安全。最近几十年，学者们开始关注非军事力量对国家的威胁，这些威胁涉及的范围从跨国组织犯罪（包括恐怖主义、毒品、人口贩卖以及海盗活动）到经济和环境安全的挑战、人口分布不均、跨国移民，甚至是流行病。

在所有非传统安全问题中，学者和政策制定者最关注的是恐怖主义，非军事属性是它被归为非传统安全威胁的原因。自 2001 年 9 月 11 日，跨国恐怖组织通过民用客机袭击美国本土，利用燃油和小刀作为"武器"毁掉世贸大厦并攻击五角大楼后，恐怖主义研究快速发展。恐怖主义研究主要关注恐怖行动的原因和结果，以及基地组织是否建立起恐怖行动的跨国网络。然而有些学者认为东南亚地区的恐怖组织网络也是在本土产生的（Fealy & Thayer，2009）。

有关环境安全，学者及活动家们尤为关注东亚地区的资源匮乏和全球变暖的威胁。例如安斯利·凯罗（Aynsley Kellow）认为，"区域解决方案"（不是《京都议定书》那样简单的国际方案）实际上比专设的国际规范或法律更加合适，何况一个脆弱的国际公民社会仍处在婴儿期（Kellow，2009）。然而东盟继续凭借极其有限的能力解决跨国问题，如源于印尼的"雾霾问题"（Beeson，2009：36）。环境以惊人的速度持续恶化，商业化和开采导致自然资源持续减少。对能源安全的探索也成为局势紧张的根源，因此国家通过扩张海上实力保护自身利益。令人担忧的是实际上它们在是否发展亟须的海洋安全制度问题上犹豫不决（Bateman，2009）。

虽然东亚地区被视为"疫情高发区"（Enemark，2009：284），该地区（和其他地区）中的国家经常会言行不一。国家的卫生系统维持在"危险的虚弱状态"。迄今，各国并没有采取使卫生问题地区化的实质性措施，因此在卫生问题的应对措施上无法确保有效的跨国协调。在这一地区的国家仍期望国际上的其他国家能帮他们解决流行病问题。不幸的是，"全球疫苗生产能力严重不足，国家被迫与制造商进行双边磋商以保证供应"（Enemark，2009：298）。然而，有些国家过于贫穷以至于无法运作。

简而言之，妨碍国家、国际、政权、社会以及人类安全的非军事威胁正不断增多，但关于跨国安全问题的观点仍是描述性和劝告性的，或宣传性的。在东亚，非传统安全研究仍然主要关注对主权国家的威胁（Emmers & Caballero - Anthony，2006：XIV），且国家间有效合作的程度仍然很低。

结 论

通过本章，我们可以得出以下结论。许多不同的理论视角都认同：安全是一个关键的可靠变量，且所有人都珍视安全这一价值标准。除了这一认同，安全问题分析家还在安全的含义，威胁安全的来源，以及谁提供安全，如何提供等很多问题上仍无一致意见。无论如何，每一个理论流派都持续表现出优势与不足。我们目前可以证明的是亚太地区的安全研究已经变得越来越多样化、多元化甚至无固定形态。理论的分界不再那么清晰严格。所有关于安全分析的工作都不应追求创造一个宏大的理论来囊括所有的安全挑战，而是要建立起一把宽大的伞让不同的理论观点激发有意义的对话，发挥各自的优势。我们应为之庆贺，因为它给谦逊和对话留下空间，但在人们就如何解决威胁安全的问题上无法达成一致时，危险就会发生。简言之，我们仍应继续寻求更多创新的途径去提高全球的、地区的、地区内部的、跨国的、政权体制的以及人类的安全，而非牺牲国家安全来成就理论乌托邦主义。我们真正需要的是全球—地区—国家—人类关系的和谐一致。

第二十三章　东亚地区的综合安全观

拉尔夫·爱莫斯（Ralf Emmers）著　李天惠译

在过去的几十年里，安全领域的研究可谓日新月异。"安全"（security）已变成一个饱受争议的概念。以往，其传统定义一直受到质疑；而现在，学界又给出了许多不同的释义。狭义上讲，安全问题关系到使用或威胁使用武力。人们认为国家只关注于安全政策，尤其是在抵御外部军事打击时。军事安全的定义基于这样一个观念——安全应通过打击现实和潜在对手得到增强。因此，在无政府体系中运行的国家，个人行为要为自身安全负责，以竞争与零和方式获得安全。这种认知是战略研究的核心，也是20世纪30年代后期以来国际关系的主流学派——现实主义学派（Morgenthau，1948 and further editions；Waltz，1979）的理论基础。现实主义学者致力于研究安全问题，尤其是军事安全。引用沃尔特的一句名言："安全研究是关于威胁、使用和控制武力的研究。"（Walt，1991：211 - 240）但是，我们应慎重使用狭义的安全观。因为狭义的安全观仅注重国家间的军事关系，而经济、社会、政治和环境因素大多被忽略了。

因此，学者们无数次地尝试将安全概念的范围扩大。（Tickner，1995；Miller，2001）支持扩大安全研究范围的学者反对安全只是军事安全的观点。他们将非军事安全因素加入其中，包括生态退化、艾滋病扩散、贩毒、种族冲突、非法移民等。（Matthew，1989，1997）这种广义的安全观对传统国际政治学中"国家是唯一的国际行为主体"提出了疑问。国际关系研究方法中，分析的层次也扩大到包括对整个国际社会、特定社会或族群以及个人利益等层面的威胁。随着安全研究文献中新概念工具的发展，相对应地，"安全"这一概念也在一次次的学术辩论中得到重新界定和扩展。

本章的重点在于解读综合安全观。本章认为这个术语是东亚地区首次尝试重新定义"安全观",并最终带动了"人类安全观"的形成,成为当代安全语境中的一部分。(Alagappa,1998a;Capie and Evans,2002)阿拉加帕认为,尽管对安全的定义和解读各不相同,但综合安全通常意味着安全不仅局限于(但不排除)军事领域,还包括政治、经济和社会文化层面。(Alagappa,1998b:624)他进一步指出,虽然安全的定义被扩大到包括国家主权和领土完整、经济社会发展、社会和政治稳定以及其他国内问题,但对大多数国家来说,综合安全的核心部分依然是政治生存。(Alagappa,1998b:624)因此,安全涉及的目标不再限于抵御外部侵略,还包括处理一系列经济和社会文化方面的挑战。凯皮和埃文斯认为,为了保障综合安全,最重要的是必须将安全作为一个整体对待——要同时考虑军事和非军事威胁(Capie & Evans,2002:62)。

值得注意的是,综合安全基于这样一种假设——扩大其本身定义使之超出军事范围可以增强安全性。在这个意义上,它试图打破传统大国之间的均势状态,人们认为其更易激发冲突而非限制冲突。与大国均势不同,综合安全的概念对安全的理解更为广泛,提倡"合作"而不是"对抗"。

本章由三部分组成。第一部分讨论了综合安全这一概念的起源和早期发展。这一部分梳理了 20 世纪 70 年代末到 80 年代日本安全观的演变,强调其对衰落的美国权势的依赖和对能源安全的关注度上升。第二部分回顾东南亚国家是如何开始接受综合安全观的,其中包含了印度尼西亚、马来西亚和新加坡各自的安全学说。最后一部分探讨综合安全观是如何被应用于政策建议和一系列安全问题管控上的。

综合安全观的起源

20 世纪 70 年代末,日本就确立了国家综合安全的概念,这一概念除关注国防外还主要关注经济安全。Capie 和 Evans 认为,日本综合安全观的核心在于"当代威胁的多维性质:国家面临的挑战可能是经济问题,也可能是贸易中断或自然灾害,以及敌人的武力入侵"(Capie and Evans,2002:64)。1980 年,提交给大平正芳政府的国家综合安全报告中把"安全"的定义扩展为涵盖军事、经济以及国内问题(如强烈地震)(Soeya,1998)。赤羽恒雄(Akaha)认为,该报告涉及国家安全政策的三个层次:一是自救和自卫;二是尽力让整个国际体系向有利于日本安全的方面发展；三是通过适度的努力，塑造良好的周边安全环境（Akaha，1991：325）。因此，军事、外交、经济和政治资源都被视为国家安全的要件。在安全所涉及的范围扩大后，国家安全保障会议（NSC）于 1986 年成立，成为专门负责制定军事与非军事安全政策的主要政府机构。

"二战"后，日本最初的综合安全观的形成与其所处的"二战"后国际环境有关。太平洋战争期间，美国于 1945 年 8 月 6 日和 9 日，在广岛和长崎分别投下两枚原子弹，给了日本致命一击。战后，日本如凤凰涅槃一般，从战败的废墟中重生为一个"永远放弃使用战争、武力或武力威胁作为解决争端的手段"的经济大国（1947 年，日本宪法第九章）。战后日本经济取得的成就应归功于美国的经济援助与保护。冷战时期，为了应对来自苏联和中国的威胁，日本加入了以美国为首的同盟阵营。美国向日本政府提供长期的核保护；而作为回报，日本允许美国继续驻军以维持地区均势。此项安全部署是美国冷战时期的战略核心，也使得日本可以集中精力发展经济和维护政治稳定。当然，这也迫使日本过度依赖美国——考虑到尼克松政府时期美国的综合实力的下降。添谷认为，20 世纪 70 年代美国霸权的衰弱致使"日本国家安全专家和决策者们开始对日本的安全需求进行重新定义"（Soeya，1998：207）。

日本安全政策的核心是保障经济安全和能源安全。因为众所周知，日本自然资源匮乏。其国内用油依靠进口，这也解释了日本为何在"二战"期间袭击珍珠港，并占领苏门答腊油田。阿拉加帕（Alagappa）认为，20 世纪 70 年代，由于资源依赖进口和国际油价冲击，日本非常担心石油供应中断以及油价暴涨（Alagappa，1998b：627）。直至今日，对外部资源的依赖仍是日本的一个致命弱点。因此，鉴于其对美国的过分依赖以及自身经济弱点，日本开始寻求建立一种综合安全观，既能发展一向被忽视的军事安全、增进与美国的军事合作，又能保障国家经济繁荣发展（Alagappa，1998b：625 – 626）。

因此，与其说综合安全观削弱了日本的军事能力，不如说综合安全观推动了日本自卫队的现代化，激起了日本国内关于军事议题的讨论。（Chapman et al.，1983，转引自 Capie and Evans，2002：65）1985 年，中曾根政府取消了限制日本国防预算不得超过国家 GDP 总量 1% 的政策。（Akaha，1991）虽然日本在"二战"后正式"解除武装"，但宪法第九章仍给日本发展军力留有余地。尽管传统意义上看，国防预算不足 GDP

的1%，但日本在很长一段时间里仍是世界第二大军费开支国。而近年来，日本国内也一直在讨论通过修改宪法，解除对自卫队活动和规模限制。

后冷战时期，国防依靠美国仍然是日本外交政策的核心，也是日本综合安全观的一部分。为适应冷战后战略环境的变化，1996 年 4 月，美日发表联合声明重新定义美日同盟，随后，为美日同盟制定了新的指导方针。当然，同盟面临的压力也在增加。美国希望日本为本国安全承担更多的责任，这将使日本的国家安全更加脆弱。但在美国对阿富汗战争时期，小泉纯一郎政府通过立法允许日本派遣一艘小型海军舰队予以支援，这一举措加强了这一时期的美日同盟。日本向海外派军是一个具有重大意义的事件，它标志着日本自卫队自二战后首次参与军事行动（Yahuda，2004）。

有一点需要特别强调：日本不是东北亚地区唯一采用综合安全观的国家。中国自 20 世纪 80 年代初就形成了自身独特的综合安全理念：不但将社会稳定与政治稳定结合在一起，还强调社会经济发展的重要性（Ala-gappa，1998b）。1949 年 10 月 1 日，在持续了 20 年的内战、国内动乱和对外战争之后，毛泽东宣布中华人民共和国成立。随后，毛泽东试图加速完成现代化进程，把中国从一个农业国转变为工业国。后来的领导人邓小平认识到中国应当把注意力转移到经济发展上来。他致力于把资本主义要素引进中国，发展"中国特色社会主义"，并将这一观点浓缩成为一句话："致富光荣。"在邓小平的带领下，中国致力于推进现代化进程——改革开放使得中国在近 30 年里一直保持两位数的经济增长率。

中国共产党始终清醒地意识到中国仍然存在许多薄弱环节——这解释了中国为何千方百计地保障自身政治生存的安全性。例如，与日本一样，中国的经济增长依赖于稳定的能源供应，能否满足不断扩大的现代经济体的消费需求和工业需求直接关系到其政治经济前景（Klare，2001）。煤炭仍然是这个国家的主要能源。但由于能源消耗对环境造成的显著影响引起普遍关注，迫使北京不得不寻找更为清洁的替代能源。

东南亚的综合安全观

除了东北亚国家，综合安全的概念在东南亚国家——主要是印度尼西亚、马来西亚和新加坡——也得到认可，并包含在它们的安全学说当中（Alagappa，1988）。但是，与日本的解读（综合安全观主要集中于外部威胁和经济安全）不同，东南亚国家更偏向内向型解读（Wattanayagorn，1998）。丽斯和波将东南亚的综合安全观解释为"基于一种内外兼修的主张——国家安全不仅体现抵御外部侵略，也在于国内社会经济发展之中"（Lizée and Peou，1993：2）。因此，东南亚国家更加关注国家建设和社会经济稳定，从而保障政治上的生存。这种更加注重国内政权和地区稳定的内视法体现在东南亚国家处理国家和地区事务的原则之中。这些原则最早由印尼苏哈托总统 1966 年上台后提出，开创了印度尼西亚政治史上被誉为"新秩序"的新纪元。

综合安全观可以与一个印尼术语——Ketahanan Nasional（国家韧性）挂钩。国家韧性一直是印尼安全理念的核心（Anwar，1996）。受到反对荷兰殖民主义的独立战争和持续的国内社会经济问题影响，印尼国家安全局从 1968 年到 1972 年针对"国家韧性"一词进行了辩论，并于 1973 年正式将之列入国家政策指导意见，成为正式的国家安全理念（Capie & Evans，2002）。1974 年 10 月在雅加达举行的研讨会上，苏哈托表示，国家韧性要求强化"涵盖了一个民族国家发展的全部要件，例如意识形态、政治、经济、社会、文化和军事等"（Suharto，1975：8）。国家韧性着重强调非传统安全和国内安全，而不是仅仅针对外部军事威胁。它意图通过经济和社会的发展巩固国内稳定和地区安全。据此，苏哈托通过改善当地居民的生活条件来削弱反政府势力的影响（Antolik，1990）。

此外，苏哈托总统还寻求扩大国家韧性这一概念的适用范围——从印尼本土扩大到整个东南亚地区。他认为东南亚具有韧性国家将最终引领整个东南亚地区的复苏，形成未来东亚地区共同应对内外威胁的基础（Huxley，1993）。1974 年 10 月，在谈及东盟成员国时，苏哈托表示："如果每个东盟成员国都发展自己的'国家韧性'，那么东盟地区的韧性，如成员国解决共性问题、构建地区未来和地区繁荣的能力就将逐渐形成"（Suharto，1975：8）。这种自下而上的方法可以有效缓解区域内的紧张局势，避免历史上的外部干预重演。因此，应当强调国家和地区之间的协同应变能力这一基本前提，即国家和地区间密不可分的政治稳定关系，有助于推动社会经济发展。总之，苏哈托政权希望其他东南亚国家也能秉承构建国家和地区韧性的原则，并使之成为整个东南亚地区共同的安全理念。

与印度尼西亚相似，马来西亚在应对国家安全问题上一贯采取全面和综合的手段。马来西亚联邦自 1963 年成立起就一直保持经济上的稳定与繁荣。20 世纪 70 年代起，国家的稳定带来了显著的经济增长。在自然资源方面，马来西亚比起邻国较为富饶。除了具有战略价值的锡和橡胶工业外，马来西亚也已经成为重要的石油和天然气出口国。其石油和天然气是东南亚国家中已探明储量最大的。但是，马来西亚采纳综合安全观的原因是马来西亚一直以来都存在国家建设方面的挑战，如与邻国的边界争端、贫困、政府腐败以及种族关系紧张（最为明显的是 1969 年 5 月的种族冲突事件）。受这些问题和被取缔的马来西亚共产党发动的叛乱战争的影响，马来西亚对于综合安全观的解读基于国内和地区的抗御力，重视社会经济发展、国家建设和抵制外部干预（Capie and Evans，2002）。时任马来西亚副总理的拿督莫萨希塔姆在 1984 年 3 月赴新加坡的一次演讲中提出"马来西亚的综合安全观"（引自 Sopiee，1984：259 - 265）。1986 年，时任总理的马哈蒂尔提出："安全不仅仅在于军事能力。国家安全是包含政治稳定、经济繁荣和社会和谐的综合体。"

马来西亚最近的邻国新加坡一贯将综合安全观运用于国家安全领域。作为一个小国，新加坡一直将综合安全观作为国家安全政策。受 1965 年脱离马来西亚联邦独立这一历史遗留问题的影响，新加坡这个城邦国家时常陷入"受困心态"，这也使得它不断寻求解决国家脆弱性的方式（Leifer，2000）。新加坡的先天缺陷包括它狭小的国土面积，极具战略意义的地缘位置，历史遗留问题和匮乏的自然资源。例如，水资源供应就是新加坡的重要关切和核心安全议题。新加坡依靠持续的经济增长、活跃的外交政策以及军事威慑来保障国家在经济上和政治上的独立。斥资打造的新加坡武装部队消耗了大量的人力和物力，为新加坡提供军事保障（Huxley，2000）。1984 年，新加坡采用综合安全观，支持囊括了国家韧性中军事、经济、民间、社会、心理等层面的"全面防御"的理念。全面防御强调国家安全、国内稳定和经济持续增长三者之间相辅相成的关系。2000 年的白皮书以"21 世纪的新加坡国防"为题，阐明要以类似的手段应对变动的和不确定的地缘环境。另外，"9·11 事件"和 2002 年 10 月的巴厘岛爆炸案之后，新加坡于 2004 年颁布了"国土安全"的指导原则。

除了个体的东南亚国家，东盟作为整体也在 20 世纪 70 年代将综合安全观纳入并作为核心思想。这一术语与国家建设相关，意图通过东盟成员国内部的、全方位的途径来实现安全（Collins，2003：130）。1976 年在巴厘岛举行的首届东盟国家元首和政府首脑峰会正式提出了东盟的综合安全观。在峰会的开幕式上，苏哈托总统提出："我们的安全观是一种内视型安全观，即确保成员国各自的有序、和平和稳定，避免任何破坏性因素和渗透，无论其源出何地。"1976 年 2 月，巴厘峰会上《东南亚国家联盟协调一致宣言》和《东南亚友好合作条约》正式签署。《东盟协调一致宣言》印证了本章的论点。宣言正式提出将韧性作为共同应对国内和地区安全的原则。宣言强调，"成员国和东盟地区的稳定是对国际和平与安全的重大贡献。每个成员国都应减少自身的不稳定因素，这样才能增强本国乃至整个东盟地区的韧性"（Declaration of ASEAN Concord，1976）。宣言在东盟框架下形成政治合作，并呼吁各成员国"通过统一意见、协调立场和尽可能采取一致行动来加强政治团结"（Declaration of ASEAN Concord，1976）。宣言还排除了以东盟为基础的军事合作。总之，《东盟协调一致宣言》为东盟提供了统一的安全政策，强调了国内政权稳定和东盟地区的协商一致。

这样的综合安全观念已经被引申为政治指令。成员国对自身的安全和国家主权负责，通过综合安全的方法提高国家韧性，从而缓解地区内的紧张局势、减少区域脆弱性，并最终形成地区韧性。东盟同样通过非正式的互动过程提高地区稳定，让成员国能够集中精力于国内发展。重要的一点是，综合安全政策符合东盟不干涉别国内政的基本原则（Collins，2003）。然而有趣的是，韧性这一概念如今在东南亚的使用率并不高，尤其在印尼，因为这与苏哈托政权的关系千丝万缕。但是，本着韧性原则的精神，2007 年 11 月在新加坡峰会重申东盟成员国"共同保障区域经济和社会稳定，并确保本国的和平与国家发展进步"（The ASEAN，2007）。

综合安全观的实施

最后一部分探讨综合安全观如何作为政策"处方"解决特定安全问题，着重讨论了国家和地区如何应对恐怖主义和海盗活动。以前者为例，本部分剖析了印度尼西亚和新加坡通过综合运用安全、执法、社会经济、意识形态和教育等方面的政策解决恐怖主义问题。同时，本部分也回顾了日本在打击跨国海盗保障本国经济安全方面所采取的地区性全面举措。

全面（综合）应对恐怖主义

恐怖主义一直是东南亚国家社会不稳定的根本原因。国家打击恐怖主义的能力受到国家能力不足和其他国内情况的限制。腐败和资金不足的执法机制拖累了本国打击恐怖主义的行动。因此，安全领域的改革势在必行，我们需要更有效地处理恐怖主义威胁问题。然而，除了国家能力，国家也应当重视国内政治因素、社会动荡和内部冲突之间的联系。大多数东南亚国家仍遭受社会经济发展问题、不平等问题及某些情况下国内冲突困扰。

因此，东南亚国家综合解决恐怖主义威胁的程度各不相同也就不足为奇了。本章以印尼和新加坡为例。2002 年 10 月巴厘岛爆炸案之前，印尼政府拒绝承认本土存在恐怖主义势力。爆炸案的发生震惊了印尼全国，也改变了该国对国家安全威胁的认知。（Suryadinata，2004）伊斯兰祈祷团（Jemaah Islamiyah）被认定为是与基地组织有联系的重要恐怖主义组织。（Ramakrishna，2004；Gunaratna，2007）爆炸案发生之后，印尼迅速修订反恐怖主义法，逮捕了伊斯兰祈祷团的嫌疑分子。

2004 年大选后，印尼总统苏西洛采取了一系列新措施遏制国内暴力事件。在结束分离主义暴力冲突方面，该国取得的一项重要进展是 2005 年 8 月，印尼政府与境内分裂势力"亚齐独立运动"组织（GAM，亚齐独立运动或自由亚齐运动）在赫尔辛基签署谅解备忘录。谈判时，印尼政府运用综合手段，赋予"亚齐独立运动"组织"特殊自治权"，给予他们制定区域经济政策和特殊宗教法律的权力。虽然国家分裂的危险随之消除了，但是恐怖主义势力在印尼仍然存在。2005 年 10 月 1 日，巴厘岛发生新一轮爆炸案，导致至少 26 人死亡。随后，反恐部队逮捕和击毙了犯罪嫌疑人，缴获炸弹和武器，并查明了恐怖组织的成员构成。

除增强综合国力和采用直接反恐手段外，印尼还采取意识形态和教育手段应对恐怖主义威胁。例如，从 2007 年初起，印尼政府启动"反激进运动"计划。其目的是提供一种全面综合的手段，而不仅仅依靠警察监管、逮捕嫌疑分子以及实行新的安全法。据悉，该计划包括派遣来自较为中立的伊斯兰学校的伊斯兰学者和教师到波索和马鲁古等冲突频发的区域，以遏制激进思想在这些地区的蔓延。这些计划都与发展援助方案挂钩，为贫困地区的发展提供了资金支持。

印尼的反意识形态手段还包含一项长期战略，旨在争取伊斯兰强硬派和死硬的恐怖分子。改造后的激进派与印尼警方合作，向警方提供相关信息，遏制伊斯兰祈祷团的发展，建立有偿线人网络以及规劝激进派放弃使用暴力。由于综合手段的作用且祈祷团内部意识形态发生了变化，2008年西德尼·琼斯将伊斯兰祈祷团定义为"一个遭受重大打击的运动，其能力已被大大削弱了，但始终处于变化整备和调整的状态"（引自 Mydans，2008：1）。

2001年12月，新加坡政府逮捕了伊斯兰祈祷团的武装分子并制止了针对该国的炸弹袭击。这起爆炸未遂事件触及了新加坡敏感的神经。新加坡政府担心由某个极端穆斯林组织实施的恐怖主义行动会动摇整个国家的社会结构。如前所述，为了应对这种危机，新加坡本着一贯的综合安全观公布了"国土安全"政策。该项政策主张包括在2004年7月成立国家安全协调秘书处（NSCS）以改善政府部内和部际的合作，进行情报评估，制定安全政策。新加坡也依据其《国内治安法》（ISA）的相关规定逮捕了恐怖活动嫌疑人。

除了建立新的安全机制并根据《国内治安法》逮捕伊斯兰祈祷团武装分子，新加坡政府还运用意识形态、教育和财政手段应对恐怖主义威胁。值得一提的是，大部分措施是直接通过穆斯林社团发起的（Hassan，2007）。2001年逮捕事件之后，政府鼓励较为中立的穆斯林学者和教师前往其他穆斯林社区，公开抨击宗教极端主义。2003年4月，宗教改造小组成立，旨在更好地了解伊斯兰祈祷团的教义，编纂反意识形态材料并开展针对宗教事务和激进主义的公共教育（Hassan，2007）。穆斯林民间社会团体发表联合谴责恐怖主义行径的公开声明，支持新加坡政府做出的全面努力。

打击海盗活动

在东亚，尤其是马六甲海峡，海盗是国家经济安全的一大威胁。马六甲海峡全长550海里，连通印度洋和太平洋。在过去的几年中，由于开往东北亚的油轮数量增加，马六甲海峡运量迅速上升。因此，商业船只在东南亚的航行自由与安全对国际贸易来说十分必要。该地区海盗活动猖獗，抬高了来往船只的经济成本，这从通过马六甲海峡的船只都因面临货物和船舶被劫的风险而要负担高昂的货物保险中可见一斑。

海盗已经被纳入东亚跨国犯罪的打击范围。日本在这方面的表现尤为积极，试图通过促进区域性合作打击海盗活动。由于能源依靠进口，日本一贯致力于打击海盗活动。保障能源运输船只的通行安全一直是日本历届政府的首要关键任务。日本政府为东南亚的海上警卫队提供资金支持和专家咨询。例如，日本帮助印尼建立海岸警卫队。印尼海军和海岸警卫队装备陈旧，迫切需要人力、财力、尖端技术和武器的支援以有效解决海盗问题。而日本海上保安厅（JCG）装备精良，在日本领海及领海外海域有丰富地打击海盗活动的经验（Samuel，2007/08）。因此，一直以来，日本政府积极同东南亚国家分享经验，并帮助他们更新硬件设备。

此外，日本积极通过外交途径打击海盗活动。1999 年"东盟＋3"（APT）峰会上，日本首相小渊惠三首次提议建立一个区域性的海上警卫队打击海盗活动（Valencia，2000）——通过多边方式由日本、韩国、中国、马来西亚、印尼和新加坡进行联合巡逻。但中国公开反对这一建议。虽然海盗问题并没有写入会后发表的《东亚合作联合声明》（Joint Statement on East Asia Cooperation，1999），但是日本在其后举行的 2000 年 11 月新加坡峰会上重新提及此项议题。森喜朗首相建议召开打击海盗和武装抢劫的亚洲合作会议，此次会议最终于 2001 年 10 月在东京召开。2001 年在文莱举行的"东盟＋3"峰会上，小泉纯一郎提出成立打击海盗活动的政府专家会议制度。这项提议最终推动了日本、中国、韩国、印度、孟加拉国、斯里兰卡和全体东盟成员国（印尼和马来西亚以观察员的身份参会）于 2004 年齐聚东京，签订了《亚洲地区反海盗及武装劫船合作协定》（ReCAAP）。

虽然日本积极斡旋，但与现有的双边合作机制比较而言东亚地区打击海盗的多边合作仍然有限。这在一定程度上源自中国和其他国家对于日本扩大海洋利益仍存疑虑。中国认为，日本全面打击海盗活动的目的是遏制中国在东南亚地区日益增强的海上影响力。此外，日本在利用外交手段加强区域合作打击海盗活动方面仍需审时度势。这也反映出对其外交政策的束缚依然存在。除受"二战"遗留问题影响外，马来西亚和印尼担心日本的提议可能会威胁到本国的领土主权。因此，这两个沿海国家反对将马六甲海峡的海盗问题国际化。

小　结

从 20 世纪 70 年代末第一次被提出，东亚综合安全观的影响力就在一次次的辩论中增强。它包含了国内问题和非传统安全问题，一方面在各个国家有不同的诠释，另一方面也作为东盟的集体安全政策存在。依照政策导向，国家将一系列国内和国际问题纳入国家安全领域，从更为宽广的视角解决这些问题。但是，综合安全观以本国及国家存亡作为最主要的考虑因素，缺乏对其他对象（如个人）的关注。例如，本章第三部分的案例分析就举例说明了如何将恐怖主义和海盗活动当作传统安全问题解决。此外，在这种安全观中，国家通常被认为是有效解决安全议题的唯一行为体，而排除了民间团体在解决此类问题时的长期努力。

在这一背景下应讨论综合安全观和人类安全观的相同之处与不同之处。综合安全观要优于人类安全观，并且影响人类安全观的概念向更为全面的方向发展。但是，人类安全观在处理传统安全问题方面比综合安全观更完备。联合国开发计划署在 1994 年的《人类发展报告》中的国际安全原则中提出了"人类安全"的概念。安全取决于人类日常生活中遇到的各种状况（食品、救济、就业、健康、治安以及人权）。因此，安全的指涉对象应当是个人而非国家。人类安全这一概念除了出现在学术著作中，也以不同方式体现在加拿大、挪威、日本等国家的外交政策之中。考虑到这一点，东亚地区在反思其安全观时能够秉承综合安全概念就值得称赞了。

重要的是，与本书的主题一致——综合安全观，已成为东亚地区主义的核心概念和推动力。如前所述，20 世纪 70 年代，东盟将综合安全思想作为一种核心安全概念，而且自此开始东盟成员国一直将其作为处理一系列国内安全和跨国安全问题的政策"处方"。2003 年 10 月巴厘岛东盟峰会签订《巴厘第二协约》之后，东盟成员国认识到东南亚地区建立经济和安全共同体，可起到相辅相成、相互促进的作用。

此外，人们愈加认识到东亚地区的经济和安全联系的密切性，特别是在 1997—1998 年的亚洲金融危机之后。成员国开始在"东盟＋3"框架下寻求经济与安全合作。经济一体化、医疗、跨国犯罪等议题在"东盟＋3"议程中的比重不断上升。同样，亚太地区现有机制在"9·11事件"

和 2002 年的巴厘岛爆炸案之后都增加了"新"的安全职责。再比如，以往主要关注经贸投资自由的东盟地区论坛和亚太经合组织也加入到反恐行列中来。2005 年 12 月成立的东亚峰会，包括东盟全体成员国、中国、日本、韩国、澳大利亚、印度和新西兰。它也被视为地区领导人可就包括能源安全和跨国威胁在内的各种议题提出倡议并推动实行的平台。总之，通过在多边层面上构建政策雏形和认知共同体，普遍为各国接受的综合安全观为东亚地区主义奠定了坚实基础。

尽管如此，受一系列国内、地区和机制因素的制约，各国在观念上的共识仍未转化为该地区不断增强的制度能力。东盟地区论坛虽然在树立信心方面取得了一些成就，但论坛能否建立其预防性外交机制仍然值得商榷。"东盟＋3"机制没有能力解决安全方面的挑战，而中日之间的复杂关系也在不断降低这个机制的效率。分裂性势力仍然主导着东北亚的国际关系，最明显的例子就是 2010 年 3 月 26 日韩国天安舰沉没后爆发的冲突。至少在中短期内来看，东亚峰会是另一种信任建设的最佳尝试，特别是美国和俄罗斯加入之后。但是，尽管有越来越多的重叠机制广泛采用综合安全观，东亚的地区主义仍受其薄弱结构能力的限制，影响了东亚地区采用综合手段应对安全挑战的能力。

第二十四章 亚洲环境安全的地区化

罗琳·艾略特（Lorraine Elliott）著 吴思宜译

引 言

环境资源和服务的退化是亚洲国家目前面临的重大挑战。有关解决这些问题最佳政策的辩论旨在尽可能地降低其对经济和社会的负面影响。实际情况是人们越来越担心环境退化会给国家和地区安全带来隐患，尽管实际上这些影响可能已经产生。亚洲的环境安全的审视依赖于对现有及或有资源以及环境匮乏的评估。这也是个有关对这种环境安全本质和精英对这一问题答案的关系函数：谁的安全？安全威胁在哪？

本章的目的在于研究为什么环境退化会被当作亚洲国家乃至整个地区安全问题。这项调查是基于环境安全研究中的一项严重脱节。有关环境安全研究的主导语境是国家中心主义的，它主要关注对传统关涉对象——国家的非传统威胁，并且假定这些威胁可能带来冲突和政治暴力。首要的安全问题是保持秩序和稳定，以及保护（或确保）那些与国家相关的价值观，如政治独立、领土完整和内部秩序。一些"理所当然"的假设主要关注的一方面是资源与生态稀缺之间的关联，另一方面是暴力冲突乃至战争爆发的传统指标（Diehl，1998：275）。评论家们担心环境退化在频发的国内政治动荡和国内社会压力及国家间紧张关系中扮演的角色。但在有关安全问题所涉及的对象，即回答"保护谁的安全这一问题时过分强调国家是有缺陷的，"至少是那些有关环境退化与各种的冲突的主张通常是臆断出来的，而非建立在可靠的经验研究基础上。并且这也有着将环境问题军事化的危险，把注意力从根本原因转移到表面征兆上来。它限制了谁能影响安全话语，常常排除那些不将国家视为关键结构或角色的观点和主张。正如 Bilgin 所说，国家主义安全观的"常识"已经永久让位于非国家主义安全观，以及另一种未来的成分。

正如本章所说，亚洲地区各个民族和群体都已经被动体会到了环境恶化所带来的不安全感。这种人类安全模式最早由联合国开发计划署提出（UNDP，1994）"以对生命与尊严"的关切为前提。（UNDP，1994：22）这种模式修正了长期以来一直关注国家间潜在冲突和对一国边境的威胁的传统安全模式。尽管如此，通过人类安全独立委员会2003年报告和人类安全中心（现在被称为人类安全研究项目）的工作可证实，传统的人类安全模式仍然主要关注组织暴力以及"为社会提供最后一层保护"的国家（Lawson，2005：109）。与环境退化相关的人类安全问题几乎很少出现，那些被一系列不安全感严重影响的人们常常被刻画成导致社会紧张、国内动乱和其他政治压力的原因。实际上，对国家来说，通常有两个范式，但只有一个本体。

与此相反，想要达到环境安全，"人类安全"方法更关键的是其危害及弱点，而不是其风险与威胁（Elliott，2007b）。它关注的是类似于解放的安全，更多的是给谁自由，而不是从哪里获得自由。这种可以达到人类安全的方法指出，人类尊严和幸福的丢失同样会导致不安全感，又会因为环境禀赋的差异而加剧。这包括获得资源和环境服务的途径，对环境退化不同程度的威胁（常常导致污染和浪费不成比例），以及对资源不恰当、不公平的管辖和控制。

本章在开始简要概述了亚洲地区国家、经济和人民所面对环境挑战的广度和深度，接下来将谈到全球化环境的简史。在这段时期中，我们生存的环境已经相对安全了。第三部分指出，环境退化与国家或地区安全之间的联系正面临着内忧外患，水资源短缺，食品安全，气候变化这三大环境问题已经成为地区环境安全的主要内容，而这一部分也正是本章的主体。通过这段引言中相互矛盾的范例，我们研究了环境挑战是如何被安全化的，或者说环境挑战将会被怎样地安全化。同时这也表明，人类安全模式不仅仅可以提供不同的方法来解释引发环境安全问题的原因，还有多种更有效的策略来应对环境风险。这包括从风险到隐患的分析，从缓和到适应的对策以及社会的适应力。尽管想要获得更多实现安全的方法还面临着很大的挑战，我们也要更加坚定地去实现保障人民和国家安全的目标。

亚太地区的环境挑战

1961 年，亚洲的生态资源使用量只占世界总量的 15%，到 2001 年这个比例上升到了 40%，与此同时，该地区的生态足迹超过了其自身生态负载力的 1.5 倍（Wackernagel et al.，2005：3－8）。在本章中我们不详细探究该消费指数增长对亚洲环境的影响。2005 年第五届亚太地区环境与发展部长级会议确定了该地区环境可持续性的六大主要威胁：工业化、农业生产的扩张与强化、消费模式、城市化、日益增长的能源需求以及供水压力（UNESCAP，2005）。生态服务退化和资源减少会对生物物种及其栖息地、人类生活质量、城乡社会的可持续发展性以及该地区发达国家和发展中国家的经济安全带来不良的后果，这些都是广义上的环境风险。[①]

1997 年亚洲开发银行（ADB）报道中表示亚洲已经变得越来越脏，并且生态多样性减少，环境也更脆弱（ADB，1997：199）。[②] 2001 年亚洲开发银行则显得更加悲观，称地区的环境退化已经是"无处不在，不断加速，毫无改观"（ADB，2001：4）。2006 年联合国环境规划署（UNEP）报道了一些令人鼓舞的消息，消息中表示，亚洲地区政府正在采取措施以应对人口压力问题以及在处理环境问题时产生的"殊为快速的环境增长问题"（UNEP，2006：8）。然而在 2010 年亚洲环境展望的准备工作中，亚洲开发银行表露出一些担忧，他们表示，近年来，随着城市化的兴旺发展和人口的不断增长，亚洲经济的快速增长正在大范围的改变原料、能源和水资源的消费模式，程度空前（ADB，2009a）。亚开行表示，亚太地区绝大多数国家在自然灾害面前都脆弱不已，在 21 世纪将面临更加恶化的环境风险（ADB，2009a：2）。在为 2010 年第六届亚太地区环境发展部长级会议做准备时联合国亚太经济社会委员会表示，环境各项基本指标并未显示环境整体趋势的重大进步（UNESCAP，2010：3），因此，越来越多的人会在面临环境挑战时更为脆弱（UNESCAP，2010：2）。

---

① 环境问题的范围在各个国家和地区组织的报告中都已经有明确规定。例如东盟发表了四次《环境状况》报告。亚洲发展银行也就地区面临的环境和发展挑战发表了常规报告（到写作时间为止 2010 年报告还在出版中），同样地，联合国环境规划署也在其《全球环境展望》系列中说明。

② 1995—2002 年，亚洲的工业产量上升了 40%，而世界工业发展比率为 23%。

尽管联合国环境规划署持谨慎的乐观态度，但是环境退化毫无疑问仍然是该地区许多政府要面临的严重挑战。问题在于，环境退化及其带来的后果是否应该被看做亚洲地区的安全问题，如果是，那又该怎么解决？

环境安全：发展简史

关于亚洲环境问题是否会（某种程度上）给国家和地区安全带来威胁的争论在政策领域还是一片真空（见 Elliott，2007a）。将环境退化问题正式纳入安全问题是全球性争论的话题，这在从冷战之后对国家与国际安全性质的重新评估时就已开始。作为其中的一个步骤，还需检查那些通常被称为非传统项目的安全，因此环境安全概念似乎对"谁的安全？安全威胁何在"这两个问题有了新的回答。正如引言中所提到的，根本上来讲，环境安全的实质是给国家可能面临的挑战和冲突增加了一道威胁，即使是非传统意义上的。学术界对有关环境安全因果关系的追踪和分类研究很快在新闻界和政界有了反映。这种因果关系被霍梅斯·狄克逊称为"相对剥夺"（Homer-Dixon，1991：109），[①] 并且在诺尔曼·迈尔斯看来"不可能是偶然的"。最为悲观的判断来自罗伯特·卡普兰。他认为：

> 环境退化将会是 21 世纪初的国家安全问题。在激增的人口问题、传染病、森林砍伐和水土流失、水资源短缺、大气污染以及在像尼罗河三角洲和孟加拉国这种沿海人口密集型地区可能发生的海平面上升方面产生的政治及战略影响将会成为外交政策的核心挑战，而绝大多数其他问题也会由此引发。例如在孟加拉国，其发展将会激起大量移民，而反过来又将煽动群体冲突。（Kaplan，1994：58）

后冷战时期国际和平安全的一系列公开声明，清楚阐述了对环境退化在安全方面影响的担忧，尤其是发生动荡和冲突的可能性。也就是说，这些影响必须被承认。包特罗斯·盖里在 1992 年的和平纲领中提出，生态

---

① 霍梅斯·狄克逊在他的观点中尽力说明仅仅是环境稀缺并不会导致暴力，如果有地区因环境问题发生暴力，那应该是经济、政治和社会因素综合作用的结果（Homer-Dixon，1999：178）。

破坏可能会成为稳定方面新的危机（United Nations Secretary-Genenal，1992：5）。同年，联合国安理会首脑会议发表声明称，生态领域的动荡虽非武力形式，但也已经对和平与安全构成了威胁（United Nations Security Council，1992）。北大西洋公约组织也在其《战略构想》中表示，安全与稳定不仅包括必不可少的防御尺度，也包括环境要素（NATO，1999：para 25）。冲突给环境带来的影响某种意义上来说应该是战争导致了环境退化，而不是环境退化引起了战争，对这个问题的担忧恰恰推动了由联合国环境规划署和 HABITAT 赞助的冲突后环境评估处的建立。同时，美国政府成立了环境安全国防部副部长办公室，尽管其主要任务是确保国防建设能在一个更环保的基础上执行。欧洲和北美的各种智库也开展了关于环境和安全的研究项目。然而对大多数安全分析专家来说，环境与人类问题是伴随着军事威胁以及冲突与动荡这种更传统的问题而产生的。

尽管现在已经未必有多大的经验可信度，但是在 21 世纪的前几年，这些话题还是获得了很高的关注度。2000 年联合国秘书长科菲·安南向联合国大会作千年报告中提到，地球提供持续生存服务能力的退化及其遭受的破坏对当代和后代来说是一个根本性的全球性挑战（United Nations Secretary General，2000：55－65）。报告中还提出警告：资源耗竭和环境严重退化会以无法预料却存在潜在危险的方式加剧社会和政治的紧张局面（United Nations Secretary-Genenal，2000：44）。这些问题在 2004 年联合国秘书长关于威胁、挑战和变化的高级别小组报告中又再一次提到，报告中称，最严重的安全威胁……已延伸至环境退化方面（United Nations，2004：1）。

尽管在 20 世纪 90 年代和 21 世纪初，环境退化与安全之间的联系被时常提及，环境问题很少能超过其他问题成为安全政策的关键动力。从 21 世纪最初十年的后半段开始，政府、国际组织和非政府组织将注意力转移到气候变化上，作为潜在的冲突来源，有关气候变化的争论又再度兴起。亚洲尤其如此，国防和军事实践者也发生重大转变，将环境安全视为其特定任务的中心。

气候变化的安全化

2007 年 3 月，新任联合国秘书长潘基文预言说，气候变化引起的环境变化及其导致的剧变，如干旱、沿海地区被淹没以及耕地减少，都可能会成为战争和冲突的主要原因（United Nations Secretary General，2007）。原子科学家公报总结道，全球变暖对人类文明的威胁仅次于核武器（Bulletin of the Atomic Scientists，2007），世界末日也将因此提前到来。英国国防部长在其 2007 年战略趋势发布中将气候变化，变化的环境和对食物、水、能源等自然资源不断增长的需求看成是对稳定的挑战，他认为这些问题将会导致新的动荡和紧张局面（UK Ministry of Defence，2007）。2007年 4 月，美国海军分析中心军事顾问委员会发表了一份被广为引用的报道，称气候变化将会对美国国家安全利益造成重大威胁（The CNA Corporation，2007）。联合国安理会在 4 月就全球变暖问题展开了第一场争论。时任安理会主席的现英国外交部长贝克特向安理会表示，气候变化所带来的威胁，其范围已经越来越大且后果越来越明显，已经触及安全议程的核心（Beckett，2007：18）。

总部设在伦敦的国际战略研究所（IISS）一直以政治军事冲突方面的世界领先机构自居，2007 年 9 月在其一年一度的战略调查报告中就气候变化展开了大篇幅的讨论，把气候变化归为潜在的安全威胁（IISS，2007：47）。同年 10 月，在一场万众瞩目却充满争议的讨论中，诺贝尔和平奖同时颁发给了政府间气候变化专业委员会和前美国副总统阿尔·戈尔，以表彰其在气候变化方面做出的努力。在揭晓奖项时，挪威诺贝尔委员会表示，气候变化对人类安全来说是一个威胁，同时也会引起大规模的移民，以及增加国内外暴力冲突和战争的危险性（Norwegian Nobel Committee，2007）。

2008 年 3 月，高级代表及欧洲委员会就气候变化和国际安全问题向欧洲联盟理事会起草了一份文件（European Commission，2008）。同年 4月，德国技术合作公司代表德国联邦经济合作与发展部出版了名为"气候变化与安全：德国发展合作的挑战"的报告（Carius et al.，2008）。在2008 年 3 月英国政府出版的首份国家安全战略（Cabinet Office，2008）以及同年后期 6 月美国国家情报评估中（Fingar，2008），气候变化都占据主要地位。2009 年 6 月，联合国大会通过了一份由太平洋岛国起草的决议草案，（除别的之外）要求就气候变化可能带来的安全方面影响做一份综合报告，以便为 64 届联合国大会做准备（UNGA，2009）。英国政府担忧气候变化将会越发加剧世界上最动荡地区的不稳定性，因此 2009 年 9

月，他们从国防部队中选出海军少将尼尔莫里斯（Neil Morisetti），并任命他为气候和能源安全问题特使，专门应对这一问题（Foreign and Commonwealth Office，2009）。美国政府也在2010年的四年防务评估报告中强化了这一观点。尽管单单是气候变化并不会引起冲突，但气候变化很可能会给世界地缘政治带来重大影响，导致食物和水资源短缺，加快疾病的传播，刺激或加剧大量移民（Department of Defense，2010：85）。关于气候变化对安全的连带影响的全球性争论也引起了对新的地缘政治紧张局势和权力均势变化的担忧，这种权力均势的变化不是来自于军事能力的变化，而是产生于一国对全球变暖的韧性如何。由此看来，俄罗斯企图宣誓北极圈海床主权的行为，以及加拿大关于安全、主权和西北航道（欧亚地区的直接航线）国防作用的争论就都可以理解了。[①]

亚洲环境的安全化

正如拉尔夫在本书第二十三章中所说，从多元视角探讨安全问题，已成为有关地区安全论争的特征，也是指导东盟安全共同体发展的关键原则之一。东盟地区论坛（ARF）意识到一些对和平的威胁是以非传统的形式存在的，因此需要一个整体的、全面的方案来解决（见 ARF，2005a：paras 6 and 22）。为加强非传统安全问题方面的合作而召开的2005年东盟地区论坛研讨会上指出，包括环境退化在内的问题都不同程度地对亚太地区的稳定与发展构成了威胁（ARF，2005b）。2010年11月，东盟地区论坛就环境变化对安全的特殊影响召开了一次研讨会。一些政府也对环境威胁给予了重视。2006年中国国防白皮书中提到，与环境退化相关的安全问题事实上已经变得越来越具有破坏性（Information Office of the State Council，2006）。在向东盟地区论坛提交的《2005年度安全展望》（ASO）中，韩国也将新兴的包括环境危害在内的非传统威胁种类看作地区稳定的挑战（ARF，2005c：73）。同时，印度尼西亚和泰国也将环境问题纳入了他们的海上安全分析中（ARF，2005c：66，99）。在《2009年度安全展望》中（到写作时间为止最近的一份报告），几乎所有参与的国家都提出

①　加拿大政府认为西北航道是加拿大国内水资源的一部分，而其他政府（包括美国和欧盟）认为这条航道应该是一道国际海峡。

环境变化，尤其是气候变化，将会给安全问题带来挑战（见 ARF，2009a）。

在亚太地区，国家间外交关系常受到晚近或稍早历史事件的影响，但环境退化和资源消耗（尤其是非法越境行为导致的）所引起的紧张局面很可能带来其他问题。这种乘数效应也是理解环境退化是如何牵扯到国内动荡的中心话题。这种视角预示着国家和社会动荡更多是从内部产生的而不是外在原因。环境安全文献的一个突出话题就是环境稀缺，相互竞争的使用者和社会与政府在应对气候变化时的无能为力，如同认为气候变化会导致市民动乱和直接暴力一样（Myers，1989：24）。联合国秘书长潘基文对此也表示了担心，他认为这反过来可能会进一步削弱国家通过和平民主方式解决冲突的制度性能力（引自 UN Department of Public Information，2007）。

亚太地区已经经历了一系列因为资源和环境问题引起的局部紧张，尽管这其中尚没有像环境冲突模式所预期的那样直接导致动荡和分裂。然而有报告称在一些地区，内部武装冲突和各种形式的斗争已经远远超过平均数量（Reilly，2002：8），该地区环境压力和资源稀缺产生的乘数效应就不应该打折扣（至少应该进行更多的研究来证明相关社会暴力和动荡的说法是否属实）。尼泊尔、印尼和菲律宾已经被一些战略专家标签化了，非可持续的资源使用、管理不善和环境退化都可能会导致动荡和叛乱，与种族和宗教问题一样（Asia Pacific Center for Security Studies，2002）。这些国家尤其严重是因为在政府无力满足资源和环境需求的情况下，当地的环境压力更有可能会导致政治和社会动荡。当政府动用军队或国家机器来应对权力机关面临的挑战时，这些问题就会重回传统的国家安全模式。环境退化已经暴露了致命的弱点，人们对食品和能源进口的依赖也日益增长，当这些弱点成为政府政治合法性不断丧失或者国家衰落乃至灭亡的关键变量时，将会影响地区的地缘战略平衡。

正如引言中预示的，仅仅关注政治动荡和社会紧张局面只能构建一个有限的不完整的环境安全。环境退化给人类安全带来的后果需要从两个方面来评定。首先，对个人和社会团体来说，免于匮乏、避免伤害与摆脱恐惧一样，都是衡量地区及全球安全的重要尺度。其次，复杂点来说，人类的不安全感和社会压力有时与国家和地区安全更传统的解释有着密切关系。不可持续发展的环境外部因素对地区的个人与团体安全来说有着直接的影响。是他们从最根本上承受着环境伤害所产生的代价，经历越来越多的不安、贫困、疾病和有害食品，失去生活的家园，甚至会有营养不良或者饿死的情况发生。① 发展项目所带来的环境后果已经把社会弄得一团混乱。本地居民不得不远离他们热爱的家乡。环境的退化和资源短缺使亚洲一些地区仍然摆脱不了贫困，尽管绝对贫困已经越来越少，但仍有几乎1/4 的人每天只能靠不到 1 美元维持生活。由于环境退化、污染及资源短缺，城乡地区的贫民始终是最落后最穷困潦倒的，因为他们最无力负担，也因此无法摆脱这些不良后果。亚洲开发银行将这种挑战称为"环境贫困"（ADB，2007）。

水资源安全

由于气候变化，亚太地区绝大部分都将面临日益增长的水资源压力。亚洲非传统安全共同体报道说，自 1950 年以来，东北亚地区人均水资源使用量已经下降了 60%，东南亚地区下降了 55%（CNTSA，2008：3）。从更传统的方式来看气候安全问题，水资源压力和日益严重的干旱问题都可能会引发分配上的冲突以及由资源耗竭所导致的现存燃料冲突，尤其是在那些政治手段控制资源的地区（European Commission，2008：3）或是那些用水制度框架不健全和危机管理系统薄弱的地区（German Advisory Council，2007：2）。该地区许多国家都高度依赖可再生水资源（也就是说，他们可再生水资源总量所占份额来源于其他国家）。跨境河川系统常常会受到破坏（水坝、跨流域调水或其他的取水形式会打乱河流的自然流动）（见 UNEP，2008）。英国国防部长预测说，在地区的跨境河川系统中，以湄公河为例，大规模经营的农场主将会以牺牲个体农民的利益为代价获得自身利益，渔业将会遭到破坏，同时也可能会加剧水资源的紧张局势（cited in IISS，2007：63）。Chellaney 认为，南亚地区气候变化可能会加剧国内外在水资源问题方面的冲突（Chellaney，2007：62）。

但这些言论都存在争议。绝大多数评论家都已经否定了国家间发生水

① 由于室内和室外空气污染所导致的死亡率与慢性呼吸道疾病的发生率都在不断上涨。固体废物和废水污染导致的健康问题表现在腹泻、痢疾、霍乱和伤寒等。污水和恶劣的卫生状况导致该地区每年有超过 50 万婴儿死亡。

资源战争的可能性。详细的历史研究表明，国家间关于水资源的互动更多地体现在合作上而非冲突上（Wolf，2007）。尽管跨境的水资源产生了很多管理上的难题，亚洲（包括南亚在内）的迹象表明，随着水资源问题的增加，各国政府不得不寻求合作，而非制定管理制度来相互竞争。由于河岸权和跨境河川系统的使用问题产生的外交紧张局势也是一个难题。举例来说，尽管湄公河委员会已经做出了很多努力，但是老挝和越南发布的声明中宣称他们有权利开采湄公河在他们各自境内分支的资源，只要他们认为是合适的（为了水力发电和用水管理）。这项声明成了他们与柬埔寨之间摩擦的开始，因为在柬埔寨，几乎整个国家都属于湄公河流域，并且他们的农业灌溉与大米产量也相当依赖水流的品质。处在中国下游的一些国家十分担心国家的各种采捞和筑坝工程对湄公河上游的影响，这些都可能影响整个流域的生态、洪水和淤积模式、淡水鱼储备的盐分和生存能力问题。由农业损耗、工业的化学废物和尾矿倾销导致的跨境河流污染已经引起了东北亚地区又一场争论。

从人类安全的角度来看，水资源的安全问题所涉及的不仅仅是紧张局势和使用者之间的暴力竞争。联合国亚太经济社会委员会统计数据表明，亚太地区无法获得安全水源的人口数量高达 6.5 亿人，这对人类安全来说是很实际也很急迫的问题（UNESCAP，2006a：2）。[①] 不管是水源供应的透支还是干旱，低质水源和有限的取水途径都会给农业造成破坏（在该地区农业用水占到总的 70%—80%），加剧食物短缺及环境卫生的恶化。[②] 对成千上万的人民群众来说，尤其是对穷人而言，这对他们的营养、健康和疾病负担都会造成影响，甚至可以说是一个谁生谁死的问题。

食品安全

粮食不安全是指食物短缺以及过高的价格使穷人望而生畏。其主要原因是由于森林采伐，化学用品的过度使用，低效灌溉，渍涝，干旱和沙漠化等引起的土地退化和土壤肥力流失，粮食作物转化为生物燃料，市场失

---

① 其他报告中的数字高达 7 亿（The Asia Society，2009：7）。

② 人类安全问题不仅仅是由水资源稀缺引起的。越来越多的降水和洪灾都可能导致水质下降以及由水传播而感染疾病的增加，如皮肤病，心血管疾病和胃肠疾病（Wong Poh Poh，2008：5）。

灵，低效且不公平的粮食分配，全球水产捕捞业的过度资本化和世界许多渔场的过度捕捞，以及发展导致的海岸及河流污染给鱼类繁殖地造成的破坏。

总的来说，亚洲已经成为粮食净进口地区而不是出口地。土地退化严重，超过1/3的亚洲人（包括中亚、南亚地区）生活在容易遭受干旱和沙漠化的地区（UNEP，1999：96）。据估计，印度潜在可供耕作的土地已经接近枯竭。中国潜在的耕地也十分有限。气候变化使得旱季与雨季充满不可预知性，成为影响农业的重要因素，由此导致粮食歉收，农村收入降低，饥饿和营养不良现象增多（尤其是儿童）。中国国家气象局估算全球变暖将导致中国粮食收成下降5%—10%，也就是说到2030年会有100万吨的粮食缺口。这对一个耕地开始沙漠化并且没有能力增加可开垦土地的国家来说，无疑是一个很严重的问题（Anonymous，2007c）。西太平洋海域的渔场被认为是世界上承受压力最小的渔场，尽管渔业资源仍然脆弱，容易被开采过度。通过大力发展养鱼场（水产业）来补偿海洋和河流渔业的损失，现在亚洲国家已经主导世界渔业产量。然而，环境成本却是十分巨大的：红树林的破坏，湿地用途转变，外来物种的入侵，化学品使用增加，水质退化，营养物和废物排放，以及野生鱼类栖息地的减少等（UNEP，2001：28）。

有关环境安全一个更传统的观点是粮食短缺会成为一个地缘政治变量，尤其是当一国由粮食出口国变为进口国，或其粮食受制于全球市场或贸易航线的安全有虞。如果将地缘政治的层次降到国内或地方，就会认识到粮食短缺使贫穷加重，并会引起国内不满情绪和社会动乱。因此，联合国关于全球粮食安全问题的高级别工作组（HLTF）声称，提高粮食价格会造成动荡和政治的不稳定。尤其一些国家在发生冲突时或冲突后，因为政治和社会制度脆弱，而且不能做出快速反应来平静社会恐慌，这种冲突的局面更容易发生（United Nations，2008：3）。因此，在那些不仅粮食短缺而且可能产生粮食冲突的国家，粮食安全成为热点，得到更多关注。在亚洲，亚太经合组织认为那些国家包括：缅甸、柬埔寨、朝鲜、印度尼西亚、老挝、蒙古国、菲律宾、泰国、东帝汶和越南（UNESCAP，2009：29）。

但是正如联合国高级别工作组所提到的，世界上绝大多数饥民仍然默默承受。在化解危机时，这些温顺的饥民可能被忽视了（United Nations，2008：3）。那些危险的饥民和温顺的饥民之间的差别在于它本身是一个人类安全问题。全球性问题关心的应是那些遭受苦难和极度不安全的人，但他们中的很多都完全边缘化了。农作物尤其是主要粮食作物的减少以及鱼蛋白摄入的下降将会导致营养不良、日益加重的疾病负担以及最落后地区人们的饥饿。由于粮食短缺，预计亚洲将有多达一亿三千万人面临饥饿或粮食短缺。事实上，2010年亚太区域粮食安全伙伴关系框架已经确认了亚洲是世界上穷人和营养不良人数最多的地区（ADB，2010c：1）。①

气候变化

　　粮食安全与水资源问题所面临的挑战与气候变化是密不可分的，这也是环境安全问题在新形势下的特征。② 政府间气候变化专门委员会（IPCC）报道了气候变化对亚太地区一些令人担忧的影响，其中包括农作物产量下降，气候引起的疾病增加，意外降雨，饥饿及水资源短缺的风险增加，冰川融化导致的洪水数量增加且程度加深，海滨生态系统的重大损失，数千万沿海地区人民将很可能遭受洪水，以及许多动植物种类很可能濒临灭绝。③

　　气候变化可能会通过一些复杂的方式与社会经济、政治压力产生相互作用。国际战略研究所在其2007年战略研究中总结道，气候变化给安全问题带来的影响将会以如下形势呈现：

　　　　当各国开始意识到可利用资源逐渐减少，经济活力逐渐下降，武装部队压力增大，战略性进口贸易地区动荡增加，种族对抗增多以及贫富差距拉大，安全问题将会被置于顶端。

（IISS，2007：68）

---

　　① 亚太地区食品安全伙伴框架由亚洲发展银行，联合国粮食与农业组织以及国际农业开发基金会在2010年9月通过。

　　② 经济成本将会很高：二氧化碳排放量成倍的增长将会花费东盟国家GDP的2.1%—8.6%，远远超过世界1.4%—1.9%的水平（ASEAN Secretariat，2002：40）。

　　③ 尽管有消息称中国现在是世界上最大的污染排放国，但是该地区人均二氧化碳排放量仍低于世界水平。所有国家平均下来，东南亚国家的人均排放量为1.5吨，低于发展中国家2.1吨的人均水平，而经济合作与发展组织的人均排放量为每年10.9吨（ASEAN Secretariat，2002：40）。然而该排放量仍在持续增长。

在某些状况下，例如当人们谋生的选择减少时，当政府面临人民对医疗体系之类社会基础设施日益增长的需要和对社会适应能力的过度要求时，当人们发现资源获取之所以不公平是因为政治的原因而增强了对政府的不满，或者当资源稀缺也被牵扯进了种族、宗教或是其他团体之间现有的紧张局势中时，冲突和动荡更容易发生。亚太地区的许多国家都因气候原因更易于受环境、经济和社会的影响导致内部冲突与动荡。

非政府组织国际警信协会（IA）已经确认了46个国家，涉及27亿人口，预计在这些国家，气候变化所造成的影响与经济、社会和政治问题之间的相互作用将极有可能导致暴力冲突（Smith and Vivekananda，2007：3）。他们还列举了另外56个国家，涉及12亿人口，在这些国家，政府机构面临其他更严峻的挑战，面对气候变化的压力分身乏术（Smith and Vivekananda，2007：3）。缅甸、印度尼西亚和菲律宾是亚太地区最有可能划分为第一类的三个国家。柬埔寨、老挝、朝鲜、泰国和东帝汶则属于后者。尽管国际警信协会称第二类的国家还不会很快发生武装冲突，但是他们也强调气候变化与其他因素之间的相互作用很可能会导致政治动荡，从长远角度看，很可能会导致潜在的暴力冲突（Smith and Vivekananda，2007：3）。在那些被认为会影响社会紧张局势的"其他因素"中，气候变化导致的诱发性人口迁移和内部迁徙是公众争论中最显著的因素，这两者都可能会涉及成千上万的移民。政府间气候变化专门委员会第二工作小组的报告中指出，气候变化引起的人口混乱既可能出现在国内也可能出现在国家之间，在某些国家居民可能会突然从农村大量涌入城市（IPCC，2007：48）。华盛顿的战略与国际研究中心表示，国际和国内出现的大规模移民可能是气候变暖、海平面上升所产生的最麻烦的问题，它很容易就会导致主要安全问题，造成地区紧张局势（Campbell et al.，2007：8）。然而就像普勒斯顿等指出的那样，我们几乎不知道气候变化与其他移民压力和动机之间会产生怎样的相互作用（Preston et al.，2006：49）。

气候变化正对本地区，以及数百万人们的生存和生活产生根本性的影响。世界上受气候变化影响人口最多的十个国家中，亚太地区就占了六个：中国、越南、印尼、日本、泰国和菲律宾。政府间气候变化专门委员会注意到，"置身于和气候变化直接相关环境中有可能会影响到数百万民众的健康状态，尤其是那些适应能力不强的群体会因营养不良加重，死亡频率上升，高温致伤和致病以及其他天然疾病受到影响。腹泻、心肺疾病、传染病的压力大增。气候变化会对未来经济造成不确定性隐患，对于赤贫人群更是如此，尤其是他们抗风险能力和适应能力相对较差。在弱势经济体中，人们的收入来源被缩减，人们赖以生存的资源变得匮乏。在东南亚，有三十多亿人每天平均收入不足 2 美元（占本区域人口的 40% 以上）"。①

气候变化注定会破坏或者减缓"千年发展目标"的实现，包括那些原定于 2015 年实现的减贫和可持续发展计划。贫困，转而加剧了气候的不安全性。在以生存为目的区域内，农村的贫困人口尤其容易遭受气候变化带来的损害和影响。微薄收入无法抵御健康隐患、粮食危机、水涝和旱灾。本章中提到，经济上被边缘化的人群最难采取有效措施来摆脱环境恶化，包括气候变化所带来的不良影响。②

总结：应对环境安全的地区挑战

本章的主要目的是在于设置一些关键问题和主题，以便明确环境退化带来的安全挑战。总结部分为合理解决这一问题提供了初步思考。应该清楚的是，传统的安全应对方式都是基于军事能力、军事现代化和安全部门改革，而这些对于应对环境退化这样的非传统安全挑战可能远远不够，并且也不合适。为了稀缺资源走向战争，从战略角度来讲是无效行为，毕竟资源是共享的。用武力解决环境问题可能会加剧地区动荡，而不是增强国家安全。例如在其他产生环境后果的国家阻止一些活动的进行，或者阻止非法的有关环境或资源的活动。然而对环境诱发的人口迁移，更极端的办法是提倡使用军事部队和应用堡垒模式来保护边境（通常是西方国家针对来自环境落后国家的迁移），这同样也会加剧动荡和不确定性，同时继续惩罚那些已经极为脆弱的国家。不管怎样，这是一种权宜而非旨在从根源上解决环境安全问题的策略。

该地区许多政府都已经开始运用军事能力来应对不同的环境安全问题。在某些情况下，这还包括安排现役人员扮成边检的便衣警察来对付木

---

① 根据 2005 年的数据显示，东南亚大约 9300 万人（18.8%）生活在低于每天 1.25 美元的贫困标准之下，2.21 亿的人（44%）位于每天 2 美元的贫困线下（ADB，2009b：53）。

② 想了解更多，见联合国千年运动（United Nations Millennium Campaign n. d）以及联合国亚洲及太平洋地区经济与社会委员会/亚洲开发银行（UN ESCAP/ADB）2007。

材贩子或者偷猎者。① 海军力量常被视为最后的手段。尽管如果采用更为综合的手段效果应会更好。综合手段应包含先期情报，经济激励和惩罚，教育或其他谋生手段。武装力量也被广泛地运用来应对如洪水和极端天气之类的自然环境灾害。

最有效的应对措施是集中精力防止冲突和动荡，降低污染、环境退化和资源稀缺，建立收容所来保护那些因环境变化导致的受伤害最深的人们。这也意味着解决贫困和不平等这样最基本的问题。环境变化造成的人类安全问题这一方面与社会不公平是密不可分的，而这反过来又会带来更多直接的社会不公平问题。问题不仅仅在于穷人们深受大多数环境问题的影响，更在于他们所受的影响程度不一。正如西门·泰勒所指出的，克服贫困和社会不公可以帮助建立和平与稳定的局面，即使是在还没有急迫的或者明确的暴力威胁的时候（Tay，1997：121）。这些战略手段有些已经开始实施，但是仍然存在不均衡的状况，因此也往往没有太大作用。

实现亚太区域安全的关键步骤在很大程度上依赖于各党派间的合作与对话，继而建立互信。实现这一目标的策略包括建立互信措施以及开展预防性外交。此类措施通常也被用以解决由资源短缺和环境污染引发的不稳定局势。然而，在东盟地区论坛这类机构中，这些措施并未得到广泛应用。早期预警机制和风险降低中心是地区安全构建的组成部分，但对于提升这些机制效能的建议却未能得到广泛采纳。然而，这类机制却能够帮助有效识别和回应环境恶化所带来的非传统安全问题。②

在区域性国际组织的协助下，该地区政府有必要重视一系列环境恶化问题产生的根源，这些问题可能会加剧地区的不稳定，加重社会压力，促使经济瓦解，危害公民安全。这些重视可以增进环境的承载力，降低环境风险，应对环境的脆弱性。像空气污染和水污染之类的环境问题具有可逆性，而像土地污染和生物多样性恶化一类的问题却是不可逆的。很多区域报告指出，大多数国家政府已经针对可持续发展和环境恶化采取了主动措施。在永续发展世界高峰会上发表的东南亚地区报告指出："各国应对环

---

① 2004 年，Rodolfo Severino（那时已经不再是东盟秘书长）在有关东盟安全共同体的演讲中指出，东盟将不得不面对比较敏感的形势，例如在环境破坏的问题上动用国家安全机构（2004：12）。他这份报告的重点是在海上安全，但它的适用范围其实更广。

② 现实情况是，他们常常只关注一个特定的方面。例如，亚太经合组织的工业科技工作小组正在为一个气候变化预报系统的发展寻找有力的支撑。

境问题的措施各有不同"（Task Force，2001：201）。成功的环境政策制定与实施，需要克服一系列困难。联合国亚太经社委员会指出："环境问题治理面对的首要挑战便是政策改革及其在部门和跨部门领域的实施，"委员会还指出"目前缺乏足够慎重和明智的经济政策来应对国家层面的环境保护问题"（UNESCAP 2000：10）。联合国环境规划署采取了更加广泛的措施，呼吁人们对以下方面给予重视："行动、执行不足与监管不力，治理能力、专业人员缺乏，政府机构间协调与共识不足，社会参与欠缺，环保意识淡薄，环保教育匮乏，以及环保与经济政策间一致性的缺乏（UNEP，2007：215）。"西门·泰勒称："地区的主动性还不足以弥补国家制度的缺陷"（Tay，1998：205）。目前，旨在通过地区能力建设来缓和和适应地区环境问题的，来自发达国家的资金与技术支持还是远远不够的，这还不足以解决当地环境问题。

　　本章鉴明的主题与问题表明，环境恶化与资源短缺日益成为地区稳定的重要挑战，不是因为其会导致国家内部冲突，而是因为其会影响到国家及社会的稳定，形成社会压力和社会内部暴力事件，产生对政府能力、权威、合法性的影响，以及对经济发展活力与公民安全的影响。尽管区域安全声明指出，环境恶化与资源短缺应当引起足够重视，因为其对国家、地区和个体安全构成威胁。然而，一国的安全机制与安全政策却很少将这些纳入考量。在国家安全与环保之间建立更加直接和及时的联系，将有助于致力于环境恢复与适应政策的实施。如果实施恰当，这一举措将促进人类和区域的安全。

第二十五章 非传统安全

艾伦·柯林斯（Alan Collins）著 周玥晗译

介 绍

冷战结束后，尤其是近十年以来，人们对于安全威胁的兴趣不再局限于内战或国家间战争，而是更加关注涉及人类福祉与国家能力的众多跨国威胁。这类威胁可以被概括为"非传统安全"（Non‑traditional Security，NTS），作为对这种威胁的回应，越来越多的人认为国家间需要通过合作来应对这些挑战，亚太地区也不外乎其列。

本章有三个目标。第一，解释什么是非传统安全，以及冷战结束后出现非传统安全问题的原因。第二，通过关注非传统安全的致命性，或者说更重要的是通过关注其一般性来揭示非传统安全的威胁性本质。该部分还关注非传统安全问题是如何对个人与国家构成威胁的。第三，非传统安全的跨国本质理应得到国际处置，而不仅仅是国家处置。本章最后认为，尽管国际处置是有利的，但是达成合作困难重重。

什么是非传统安全

安全研究主要关注两个方面的内容：（1）要保护什么（所指对象）？（2）威胁来自哪里（产生部门）？传统的安全概念将国家作为所指对象，重点考查军事部门（领土丧失）、经济部门（关键性资源丧失，比如天然气和石油），以及政治部门（主权丧失）。其中最明显的特征是将军事力量用于强制目的。因此不论是其他国家，还是诸如恐怖组织这类的非国家行为体，威胁都来自使用军事力量来实现其政治目的的行为体。此类例子存在于有计划的力量部署中：（a）军事部门——攻击或保卫那些有争议的领土；（b）经济部门——保卫关键物资海上运输线免遭海盗袭扰或由于走私禁令而受到处罚；（c）政治部门——镇压威胁政府管理其领土的反对势力。从朝鲜半岛上各方军事力量互相对峙和中国台湾海峡两岸的军事部署，到中国南海和马六甲海峡应对海盗的海军部队，再到泰国南部以及菲律宾南部形式多样的叛乱组织，亚太地区有不少传统安全方面的经典案例。

　　传统安全与非传统安全的核心区别在于是否使用或威胁使用军事力量以达到强制性目的。所以非传统安全并不关注那些使用军事力量实现强制性或致命性目的的安全威胁。非传统安全放宽了所指对象与产生部门的内容。所指对象，或者说是受保护的事物，不仅包括国家，也包括社会和个人。产生部门不再仅仅是军事、经济、政治三个方面，而延及事件的具体形式（比如，经济部门中的跨国犯罪行为），以及其他更多的部门，其中最为显著的要数环境和社会部门了。在这些部门中，众多问题构成对非传统安全所指对象的威胁范围，比如环境部门中的气候变化与传染病问题，以及社会部门中的移民问题。因此亚洲非传统安全研究联盟做出如下定义：

> 　　非军事性的非传统安全危及人民和国家的生存与福祉，比如气候变化、资源匮乏、传染病、自然灾害、非法移民、饥荒、贩卖人口、毒品买卖以及跨国犯罪……安全的对象不再仅仅是国家（主权或领土完整），还包括人民（生存、福祉与尊严），这两方面同时存在于个体与社会层次之上。

（Caballero－Anthony，2008b：510）

　　虽然非传统安全这一术语在冷战结束后才出现，但是显然其议题的内容早已有之。传染病问题就贯穿人类历史：1347—1351 年黑死病第一次爆发，三成欧洲人没能幸免于难，1818—1819 年的流感大暴发造成的死亡人数大于第一次世界大战。同样地，饥荒也一直困扰着人类历史，1315—1322 年，数以百万计的欧洲人死于饥荒。跨国犯罪、资源匮乏以及气候变化也都是在后冷战时期出现的问题。这些问题新就新在它们如今被看作安全问题。

　　宽泛地讲，上述问题之所以能上升到安全的高度是源于两个方面的原因。首先要看冷战时期；其次是由于冷战后的两项发展：全球商品与服务流动的增加（或者可以称为全球化），以及"人类安全"这一术语。从第一枚原子弹到后来的氢弹（或热核武器），核武器的出现开启了人类可以终结文明的时代。冷战期间，人类文明的持存依赖于两个敌对国家如何处理它们之间的关系，而在这两个国家都分别拥有数千件严阵以待的核武器。因此以遏制战略、军控、危机管理，以及联盟政治支配的安全研究就不足为奇了。这里并不是说军事安全是安全的唯一主题，实际上有不少著述尝试扩大安全的范围，最为显著的是理查德·乌尔曼（Richard Ullman）1983 年的文章"Redefining Security"（Ullman, 1983）。但是在冷战期间，臭氧层空洞或者攻击人类免疫系统的传染病并没有对人类构成像美苏核大战那样急迫的威胁。

想要地球环境的变化以及诸如艾滋病这样的新威胁变成争论焦点或者说安全威胁，需要核武器潜在威胁的降低以及全球化和人类安全的共同出现。冷战的结束意义重大，不单因为其结束了超级大国的核对抗，还因为其为商品和服务日益增多的全球贸易流动、创新型交流以及助力于金融与人员流动的交通科技铺平了发展道路，这反过来实现了新的思想和行为规范的传播。冷战时期意识形态的分歧已经被全球化时代所摒弃，全球化一词反映了不同国家社会之间相互渗透的程度，并且与民主化、消费主义、西方化此类术语相联系。对于安全而言，全球化也是意义重大的，原因主要体现在两个方面。第一，全球化有其"黑暗"的一面。犯罪分子可以利用贸易壁垒的减少来增加他们的秘密活动（洗钱、贩卖人口等），并且在人口流动性更大的今天，传染病的传播与以往相比也更加迅速和广泛（艾滋病、非典型性肺炎、流感等）。因此全球化加重或激化了这些问题，使之更加普遍，从而能够引起政策制定者的注意，进而上升为国家议程。第二，这些问题包括非国家行为体行为，既可以是犯罪分子，也可以是应对挑战的利益团体。解决这些问题不能单靠国家，还需要国际组织以及国内或跨国社会组织的努力。全球化对不同社会相互渗透的强化意味着解决办法不能单方面从国家行动中去寻找，而要依靠国家与非国家行为体之间的合作行动。

因此，全球化使上述问题显得既紧迫，又需要国际合作行动来解决。"人类安全"这一术语出现在 20 世纪 90 年代中期联合国的政策表述之中，尤其是 1994 年的《人类发展报告》（UNDP, 1994），基于这一术语，上述问题开始被认定为安全问题。人类安全被描述为使人类发展免于痛苦。冷战结束后，人类安全代表两个方面的努力。第一，使注意力从传统的国家中心安全观转向个人发展；第二，不再从单一的国内生产总值（GDP）看待发展，而是要调动人力、财力以减少贫困。这种威胁的本质包括从饥饿和疾病到流离失所、失业或失去社会联系等人们生活中的突发事件。鉴于此类主题的广泛性，可想而知的是，致力于人类安全发展事业的人都以"广义学派"（the broad school）所著称。在 2003 年联合国人类安全委员会的最终报告《现在就要人类安全》（Human Security Now，UNCHS，2003）中，提到了实现人类安全的十种途径。其中不仅包括发展问题，而且还包括人权问题。这一关于人类安全的报告将这些途径区分为两类：免于匮乏和免于恐惧。免于匮乏指向发展问题，而免于恐惧则关注人权问题，这份报告可以被称为"狭义学派"（the narrow school）。非传统安全的重要性在于其明确将个人作为所指对象，从而使健康与移民等主题可以被看作是安全问题。这并不意味人类安全以及非传统安全是同义词，因为非传统安全的所指对象还包括国家。

在后冷战时期，我们目睹了一系列长期困扰人类文明的主题成为安全问题。随着全球化进程的深入以及对核战争的恐惧，这些问题也越来越显著。20 世纪 90 年代以前就有关于贫困与发展安全的提醒，比如卡洛琳·托马斯（Caroline Thomas，1987）的著作认为，以往具有主导性的东西方安全话语开始衰退，这使人们开始更多地将南北问题视作安全问题。随着贫困与发展走向舞台的中心，个人开始被认定为安全的所指对象，因此使安全威胁的构成更加宽泛。这种对威胁本质的扩大也对非国家行为体打开了大门，使之成为安全的提供者。于是，威胁的跨国本质意味着非传统安全的解决方式需要国际回应，而不单纯是国家回应。

在亚太地区，非传统安全威胁在上述报告中的所有领域都有所体现（Tan and Kenneth Boutin，2001；Caballero-Anthony et al.，2006；Curley and Siu-lun，2008）。在细致研究之前，有必要澄清非传统安全与军事安全的关系。安东尼（Mely Caballero – Anthony）认为，"现在越来越多的人都强调任何非军事安全问题都可以被归入非传统安全"（Caballero-Anthony，2008b：508）。虽然非传统安全关注的不是军事威胁，但这并不意味着军事与非传统安全不相关。军事力量能够提供大量有价值的功能，特别是在人道主义与赈灾行动（HADR）中，军事力量因其可以开展援助而成为一个基本行为体。最明显的例子是在 2010 年海地地震后，美军利用其机场和港口接收国际援助、分发援助物资并作为医疗设施使用。所以军事力量在非传统安全问题中也会发挥积极作用，但是这必须限定在没有军事强制、造成杀伤或使用军事实力的情况下。

非传统安全的威胁是什么？

要解决威胁，就要先明确从个人到社会再到国家，在非传统安全研究中被威胁的是什么。虽然威胁的来源并不必须同时构成对所有这三个层面的威胁，但是在众多案例中的确是这样的。

由于可以从有关人类安全的讨论中辨识出来，所以把个人当作所指对象这种威胁是多层面的，既可以是本原性的，也可以是一个实际存在的威胁。那些实际存在的威胁（某事物致人死亡），比如饥荒与艾滋病，明显是非传统安全议程的一部分。这两种威胁会在后文中进行研究。干扰生活方式的威胁是非常广泛的，几乎可以涵盖任何事情，并且，实际上当思考如此广泛的威胁时，人类安全就会被抛开一边，因为它已经变得没有分析价值或"无法理解"（Paris，2001，2004）。然而，对人们生活的干扰是非传统安全议程的重要组成部分，因为这些干扰在播种恐惧、焦虑以及不安全感。因此，非传统安全除了关注死亡，还关注产生不安全感的事件。特别是对于那些人们习以为常的事件，一个很好的例子是印度尼西亚首都雅加达的洪水（这一例子同样有助于说明安全的所指对象既可以是人类社群，也可以是国家）。

雅加达经常遭遇洪水困扰，以至于这成了一项年度事件：对于雅加达的居民而言，每年二月是"洪水月"。近期最严重的一次洪水发生于 2007 年，大约 70% 的市区被洪水淹没，57 人死亡，约 45 万人被迫离开他们的家园。在接下来的两个月，洪水导致通往国际机场的主要公路封闭：大约 1000 架次航班延迟起飞或转移，259 架次航班被取消。2009 年，洪水带来的破坏因为排水设施的提升而有所减小，但是在 2010 年 2 月，洪水再次带来灾祸，并使超过 1700 人无家可归。洪水减灾方面的科技评估与应用部负责人苏托波·努格罗荷（Sutopo Purwo Nugroho）发出警告，"雅加达永远无法摆脱洪水"（Primanita，2010）。

尽管这种不安全状态源于自然灾害，但是它因为人类是否展开行动而成了一种安全威胁。与东亚地区经济增长相伴而生的是城镇人口的增长，2000—2010 年，亚太地区以 3 亿 7 千 8 百万人的人口增量成为城镇人口增长最快的地区。可以预知的是，在不久的将来，全世界 70% 的人口会居住在城镇中，"其中的大多数会在工业化的亚洲城市"（Jamil and Kuntjoro，2010：1）。在雅加达，失控的居民、强制规制的缺失以及低水平的空间规划使许多人住在洪泛区，而这些区域应该是洪水的天然屏障。此外，雅加达的基础设施建设并没有跟上人口增长的速度，比如排水系统仍然沿用两百年前荷兰殖民时期供 50 万人使用的设备，但是雅加达现在的人口已经达到 1200 万人。除了水传疾病危险的上升与失去性命、生计和收入这些对人们的日常生活所造成的影响，频发的洪水还造成国家沉重的财政负担，因为洪水不仅使这座城市陷入停顿，基础设施也需要维修或替换。以 2007 年的洪水为例，印度尼西亚大约花费了 8 亿 7 千 9 百万美元，而且由于未来的情况可能更糟，时任总统苏西洛（Susilo Bambang Yudhoyono）最近再次提出迁都计划（Agence France Press，2010）。

雅加达的洪水问题成为一个非传统安全问题并不是因为洪水有造成伤亡的威胁（即便洪水的确会造成这一结果），而是因为洪水既会搅乱生活（流离失所、失去生计、面对疾病更高的脆弱性等），也会对国家经济产生负面影响。洪水的例子所揭示的是，虽然洪水是一种自然灾害，但人类行动（城镇化）与不行动（缺失防洪措施）才是使其成为安全问题的原因。

非传统安全研究的价值在朝鲜的例子中十分明显。虽然传统安全对于军事力量的关注很重要，特别是朝鲜半岛作为冷战对抗的最后一块土地，在非军事区两侧的军队高度紧张，彼此注视，但这只是理解了阻碍东亚地区发展的安全问题的一个方面。如果观察非传统安全的本质，那么可以明显看出平壤政权对其人民是一种威胁，从饥荒就可以看出这种威胁是致命的，而且正如 2010 年国际特赦组织（Amnesty International）在其报告中所指出的，这种威胁仍然存在。

非传统安全威胁的最后一个例子是跨国犯罪行为是如何对国家安全构成威胁的，尤其是作为泰国国家安全首要威胁的毒品贸易。

首先需要指出的是，并不是所有跨国犯罪行为都可以被归为非传统安全。跨国犯罪纷繁多样，并不限于洗钱、恐怖活动、非法贩运军火、海盗、保险诈骗、电脑犯罪、贩卖人口、贩卖人口器官、贩卖毒品、伪造货币等。上述并非都包含于非传统安全。比如恐怖主义与海盗行为不是非传统安全问题，因为它们包括军事威胁或使用致命性武器来解决问题。比如从 18 世纪针对"黑胡子"（Black Beard）到今天在马拉加海峡和索马里海岸，海军舰船保护海上运输线免遭海盗威胁或武力攻击并非非传统安全议题。

在东北亚地区，毒品贸易对个人和国家安全而言是典型的非传统安全威胁，其中包括跨国犯罪行为。由于毒品贸易而产生的安全威胁表现在构成"毒品循环"（drug cycle）的不同阶段内。这一循环包括制造、运输、使用毒品以及洗钱收入，所有这些都是非法行为。亚洲，尤其是东南亚，是这一循环的主要舞台之一，那里所生产的毒品不仅销往亚洲，而且还远销欧洲和北美。特别是泰国北部、缅甸东部以及老挝西部的金三角地区（Golden Triangle），作为世界主要的毒品生产区之一，金三角生产海洛因和苯丙胺。尽管在 1991 年金三角的鸦片生产达到峰值后不断下降，但是诸如摇头丸这类的苯丙胺类毒品（amphetamine-type substances，ATS）的产量却在上升。

计算毒品贸易的总量来评估其非法本质是困难的，但是在 21 世纪初，威廉·奥尔森（William Olson）估算每年全世界海洛因贸易量可以达到 100 亿美元，这个数字比越南、老挝、柬埔寨三国国民生产总值之和还要大，2010 年联合国毒品和犯罪问题办公室（United Nations Office on Drugs and Crime，UNODC）估计每年的海洛因贸易量达到 550 亿美元（UNODC，2010：6）。在 20 世纪 90 年代中期，据估算每年毒品走私的利润大致有 400 亿美元，占世界贸易总额的 8%，相当于印度尼西亚、马来西亚以及泰国三国国内生产总值之和（Dupont，2001：195）。毒品贸易堪称一项大生意，而且因为它还进行国际贸易，所以其影响能够超出国家影响整个地区。举例来说，金三角的毒品通过泰国、越南和马来西亚运输，而同时新加坡由于其金融地位而成为洗钱中心（Olson，2000：101）。毒品收入随后回流到金三角。犯罪集团为了能够掌控毒品循环的各个方面——从生产到贩卖再到洗钱——这些犯罪组织勾结政府官员。这种勾结走向极端就是我们所称的"毒品国家"（narco-state），其政府机构已经彻底被犯罪组织所渗透并与之妥协，缅甸就属此类。坤沙、罗星汉这样的大毒枭都可以在缅甸从事毒品贸易，而且据推算缅甸 60% 的私人投资与毒品相关。杜邦断言"几乎可以肯定有一部分缅甸军队也参与到了海洛因和苯丙胺贸易中"（Dupont，2001：199；也可参见 Tucker，2001：179 - 184）。1999年，缅甸邻国泰国直言缅甸政权串通毒品贸易（The Nation，1999），而且是沿着泰国与缅甸的边界，一些泰国官员不仅不干预，甚至帮助贩卖毒品。据菲律宾资深议员欧内斯特·埃雷拉（Ernesto Herrera）称，在菲律宾"毒品资金正在腐化和收买移民部门、海关、警察以及军队"（Dupont，2001：201；也可参见 Deutsche Presse - Agentur，2001）。在柬埔寨和老挝也可以发现政府官员与犯罪集团的串通。

从非传统安全的角度来说，这种由国家造成的威胁不仅损害国家权威，而且有损国家经济。比如当谈及缅甸时，杜邦（Dupont）认为：

毒品资金不仅没有造福缅甸，反而使其国家经济以及仰光的发展严重扭曲。大多数由贩卖毒品而得到的资金没有被用在基础设施、工业以及社会服务中，相反却流向不必要的房地产或诸如酒店、歌舞厅以及饭店等产出较少的企业当中。（Dupont，2001：200）

由于几乎所有的资金都来自海洛因和苯丙胺类毒品的买卖，缅甸的经济非常落后，其国民总收入（Nations Online，2010）和人类贫困指数（Human Development Report，2009）在东南亚地区还不如东帝汶（Nations Online，2010）。与世界其他国家相比，拥有充足自然资源以及有利贸易位置的缅甸排名非常靠后，这说明毒品贸易不仅无法带来繁荣，而且恰恰相反，非法行动破坏了合法的商业行为，将投资拒之门外。因此艾伦·弗罗斯特（Ellen Frost）认为"犯罪有损发展，并破坏了政府的合法性。犯罪摧毁旅游业、扭曲贸易、武装恐怖分子、破坏环境并增加了投资的风险和成本"（Frost，2008：99）。她还认为，由于犯罪的国际特征，犯罪行为会在地区层面产生作用。她指出"受犯罪侵扰的地区根本无法增进市场繁荣，也无法拥有成功一体化所需的草根层次的支持"（Frost，2008：99）。

最后，尽管毒品贸易是一项影响国家能力的非传统安全问题，但是它还有可能受到传统安全方面的关注。在世纪之交，苯丙胺类毒品（被称为 ya ba，在泰语中的意思是疯狂药丸）由缅甸泛滥进入泰国，造成泰国军队与缅甸最强的毒品反叛集团佤邦联合军交火，期间泰国军队采取跨境行动捣毁了缅甸境内的毒品生产厂。

当前是如何应对非传统安全的?

　　泰国对缅甸毒品的单方面回应也有其国内的问题。在 2003 年 2 月,泰国总理他信 (Thaksin Shinawatra) 在国内对毒品宣战,泰国印发了包括毒品生产者、贩卖者以及销售者的黑名单。但是泰国警方被控将大权揽入自己手中,并不经法庭审判就进行杀戮,在 2003 年 2 月到 4 月间,有超过 2500 人被杀。这种违反法律准则的行为受到了人权组织和媒体的抨击。这件事说明对非传统安全威胁的回应本身也可以产生非传统安全威胁 (Emmers, 2010: 146 - 147)。

　　虽然对非传统安全问题的单边回应时有发生,但是正如前文所提到的,这种威胁的跨国本质使其更加需要双边或多边合作来应对。在毒品的例子中,东南亚国家联盟 (Association of Southeast Asian, ASEAN, 以下简称东盟) 早在 1976 年第一次峰会时就承认毒品贸易的危险,并承认需要其成员国采取合作来消灭毒品贸易。在 1997 年年底,东盟签署了《关于跨国犯罪的宣言》(*Declaration on Transnational Crime*),1998 年东盟部长级会谈中,各国外交部长签署了到 2020 年消灭毒品的《东盟无毒联合宣言》(*Joint Declaration for a Drug - Free ASEAN*)。2000 年 10 月,东盟将这一期限提前到了 2015 年,并且连同中国一道采取了一项名为东盟—中国合作行动应对危险毒品的行动计划 (ASEAN and China Cooperative Operations in Response to Dangerous Drugs, ACCORD)。该行动计划明确承认国家间合作需要超越东盟,将中国也包含在内,并且在 2005 年制定了 2005—2010 年的行动计划,其中包括让更多的公众知道毒品的危害以减少其需求,并通过提高联合执法行动来减少毒品供给,以及促进替代发展项目减少对非法作物的依赖的内容。虽然这些措施令人振奋,但主要还是停留在宣言而非行动上。因此埃莫斯 (Emmers) 一开始就写道 "在共同措施的执行以及在监督和提供资金等微妙问题上……到现在取得的进展很少。更多的时间被用在促成合作而不是进行政策回应上" (Emmers, 2003: 428)。虽然该行动计划在一定程度上已经对这一问题作出修正,至少在国家层面鼓励采取行动,但是双边合作仍然十分有限,多边合作就更少了 (Emmers, 2007)。缺少合作的原因有三个。第一,犯罪组织与政府官员的勾结限制了当局检查毒品贩卖活动的能力或意愿。这其中包括来自游说集团寻求保护鸦片生产者的国内压力。第二，缺少采取行动以及为跨境联合行动提供充足训练的必要财力支持。第三点原因在于本地区的一个障碍——软弱的制度性机制。确保这一地区有效合作的制度性机制因为国家优先而受到削弱。东盟自身的设计就不允许揭露其成员国的国内司法缺点，这就无法形成一个具有干涉性的监督机制。比如埃莫斯（Emmers）提到，ACCORD"并不将其报告公开作为法律实施"（Emmers，2007：516）。因此，不干涉原则与主权的神圣不可侵犯性原则限制了东盟的多边行动。所以，虽然非传统安全问题因其跨国本质需要国家合作来解决，但是来自国内的障碍削弱了有效的国际合作。在毒品贸易的例子中，这种情况由于政府机构不同层次的贪污而变得更加复杂，但是即便贪污不是一个主要原因，国际合作的困难依然清晰可见。

现在我们转向最后一个案例研究：健康。传染病广布亚洲各处，据推算，2008 年亚洲有 5 百万艾滋病患者，尽管感染趋势在诸如泰国和柬埔寨这样的国家逐渐走低，但是在其他国家却不断上升（巴布亚新几内亚、越南、中国，特别是印度尼西亚）。2008 年亚洲有大约 38 万人感染艾滋病病毒。尽管艾滋病因为有效治疗（抗反转录病毒治疗，ART）而不再致命，但是并不是所有人都可以负担起昂贵的药物，ART 无法为所有人所享用，特别是那些贫穷国家的人——因为病毒开始具有抗性，所以需要三种药物的三种治疗使病毒处于潜态，病人是无法被治愈的，治疗要伴随其一生。ART 不能普遍适用意味着寿命预期会有很大不同，巴内特（Barnett）和怀特塞德（Whiteside）认为，那些生活在泰国、柬埔寨、缅甸的人们的寿命预期要少 3 年（Barnett and Whiteside，2006：25）。除了伴有漫长潜伏期的艾滋病所带来的持续威胁，有的疾病也产生于这一地区而且传播迅速，比如 2002 年到 2003 年暴发的非典型性肺炎（SARS），以及 2004 年的 H5N1 亚型禽流感病毒，俗称禽流感。由于这两种疾病，世界卫生组织（WHO）将亚太地区划定为潜在新型疾病的中心区（Coker and Mounier - Jack，2006：886）。

某种程度上说，即便是 SARS 刚刚在中国内地发生不久，传播的速度也是很快的。比如在 SARS 病例第二多的中国香港，虽然世界卫生组织认为 SARS 对亚洲造成了 300 亿美元的损失，但中国香港特别行政区估计非典型性肺炎造成的损失只有 17 亿美元。虽然 SARS 于 2002 年第一次在中国广东暴发，但直到 2003 年 3 月 12 日，世界卫生组织才发出全球健康预警，而这也是因为卡罗·乌尔巴尼博士的警告，这位在河内防治传染病的意大利医生随后因为 SARS 离世。随着对 SARS 威胁发出警告，这一地区在"东盟 + 3"（APT）的框架下匆忙召开会议。比如在 4 月 29 日，东盟特别峰会以及东盟—中国领导人特别会议分别在曼谷召开，东盟设立了 SARS 基金，其中中国提供了 120 万美元的资金。即刻所采取的措施有"交换防治传染病的信息与最佳方式；加强第一线执行机构的合作，比如卫生部门、移民部门、海关、交通运输部门以及执法部门等；协调旅游规程以保证病源地适当的健康审查"（Caballero-Anthony，2005：486 - 487）。这种国际反应在应对其后几年的禽流感时依然被沿用，2 亿只家禽被灭杀，单纯家禽一个方面损失就有约 100 亿美元，期间有 200 至 330 人死于感染疾病（http：//www. asean. org/publications/HPAI-Strategied. pdf）。2004 年 12 月，东盟建立了高致病性禽流感（Highly Pathogenic Avian Influenza，HPAI）特别小组，该小组的成立得益于 2003 年 10 月成立的地区基金以及一项为期三年的行动计划。控制和消灭 HPAI 的路线图在 2010 年底得以通过。除了东南亚地区，"东盟 + 3"成立了一个传染病（Emerging Infections Diseases，EID）项目，并且在东亚峰会（East Asian Summit，EAS）首次会议中通过了《禽流感防治宣言——控制与应对》(Declaration on Avian Influenza Prevention，Control and Repose）（Caballero-Anthony，2008b）。

即便 HPAI 特别小组只是由十个东盟国家中的五个组成，但是应对传染病的国际合作仍然要高于应对毒品的国际合作，尽管如此，尼古拉斯·托马斯（Nicholas Thomas）还是认为虽然这五个成员国反映了"这一地区的最大能力，但是这一特别小组仍然是有限的，不能被看作真正意义上解决禽流感问题的地区性解决方法"（Thomas，2006：929）。不过安东尼（Caballero - Anthony）认为信息共享以及计划成立地区监测系统的计划表明东盟正在"向更多问题解决方法发展"，这意味着"从保护非传统安全的空洞语言向可信有效的政策转变"（Caballero - Anthony，2008b：517）。亚太地区的对策得到了国际反应的补充，其中就有国际卫生条例（International Health Regulations，IHR）的生效，该条例要求世界各国向世界卫生组织报告暴发的疾病，并且要求加强各国在公共卫生监控与反应方面的能力，到 2012 年要完成确保这些核心能力正常运转的发展与执行计划。然而因为各国的国内问题，实际也存在一些限制性因素。安东尼（Caballero-Anthony）发出警告"这一地区的不干涉与共同决策规范需要重新评估，从而更多地协调集体行动，尤其是用于解决那些可能提升致病性威胁的现行国内状态"（Caballero-Anthony，2008b：522）。现行国内状态本身可能就是问题，具体而言，在毒品方面，问题出在腐败上，而在健康方面，问题是其能力与资源。

　　为了形成一个有效的地区监督机制，不仅需要各成员国的透明化，不能像处置 SARS 和禽流感时那样不透明，还需要有效率的国家监督机制，这里需要的是政府能力与资源。以泰国为例，泰国较其他东南亚国家拥有更好的公共医疗体系，但是却只有不超过十名流行病学家来检测传染情况、采取监督措施以及应对措施，同时只有 8 个被用来处理传染病的实验室达到了国际标准（Caballero-Anthony，2008b：518 – 519）。柬埔寨和老挝的情况比泰国还差。缺乏处理能力的情况几乎是地区所有行政机构的通病，这不仅阻碍了彼此协调，也无法提供及时准确信息。造成这种情况的一个原因是东南亚国家普遍缺少在公共卫生上的投资。不足量的投资无法支撑疾病预防工作，形成了缺乏卫生设施的生活环境，加之过度拥挤以及营养不良，为滋生传染病创造了条件。安东尼（Caballero-Anthony）简明扼要地指出"贫穷与传染病是同路人"　（Caballero-Anthony，2008b：522）。

　　协调应对传染病并不会因为缺乏合作意愿而削弱，但却会受缺乏资源与能力的限制。为了弥补这些缺陷，世界卫生组织（WHO）2005 年的指导方针增添"亚太地区新发疾病防治战略"（Asian Pacific Strategy on Emerging Infectious Disease，APSED）。虽然这在地区层次上对处理能力有一定提升，但是在地方层面问题依然存在。特别是由于缺少资金，东南亚国家没有足够的医疗设施，以至于其无法招架 2009 年暴发的甲型 H1N1 流感（又称"猪流感"）。

结 论

　　这些非传统安全的威胁范围很广，除了国家的处置，因其跨国本质不可避免地还需要国际处置。但是国际处置很难实现，因为合作需要不同国家的国内政治、监督体系以及处置机制在某种程度上的相互调和。相邻国家合作应对威胁的信任基础是必要的，也是最成问题的。因此，虽然非传统安全威胁理应进行多边处置，但是缺少相关能力或突出国家主权都会形成障碍。在那些缺少合作的案例中，诸如缅甸的毒品贩卖问题，单边解决几乎不可能成功，因此有必要通过国际解决，尽管很难。

当上述问题被划为安全问题的时候，就能获得迅速解决的效力。这就是"安全"一词的价值，在本章中已经表明由于跨国犯罪、传染病、饥荒等对国家和个人造成的威胁不亚于使用军事力量的危险，因此才有"非传统安全"一词。虽然这些问题每天都在发生，但其持续不断的特性使它们充满危险，矛盾的是，它们的持续本质使其缺少像传统安全问题那样的具体标准（特殊事件特殊对待），因此有必要重申非传统安全问题的危险性。比如2004年袭击亚齐省的"圣诞节礼日"海啸以及2008年强热带风暴"纳齐斯"对缅甸造成的毁坏，这些特殊事件加强了人们对自然灾害作为潜在威胁的认识。非传统安全揭示了一个道理，即虽然可能没有受到很大关注，但是雅加达每年的洪水对其居民的生计是一项持续的威胁，因为洪水之后人们需要重新安置，并且很容易感染水生性疾病，这对印度尼西亚来说是一笔不小的财政支出。从诸如破坏国家权威的犯罪这样的日常行为，到造成恐惧和焦虑的自然灾害和致命传染病，再到国家对本应由其保护的人民造成的压迫环境，非传统安全使我们从更广泛的意义理解亚洲的安全威胁。

第五篇

地区组织

第二十六章 东南亚国家联盟

安雅·杰茨科 (Anja Jetschke) 著 周玥晗译

东南亚国家联盟 (the Association of Southeast Asian Nations, ASEAN) 成立于 1967 年 8 月 8 日,堪称发展中国家最成功的地区组织。东盟现有 10 个成员国,覆盖 6 亿人口,这个数字是世界人口总数的 8.8%。东盟被认为是除欧洲之外地区主义发展模式的另一种选择,在 20 世纪 90 年代大多数东盟国家经历"经济奇迹"并成为东亚发展的个中典范时 (参见李察在本书第七章的论述) 这种观点尤为普遍 (Camroux, 1996; Gilson, 2005; Söderbaum and Van Langenhove, 2005)。欧盟较以"地区主义" (Regionalism) 为特点,即由政府驱动的将主权逐次纳入共同制度的过程 (一体化),与此不同的是,亚洲则是"地区化" (Regionalization) 的典型,即由商业与生产网络所推动的地区合作进程 (Aggarwal, 2005; Katzenstein, 2005:44)。所以人们可能略感奇怪,为什么当前的学术争论仍然围绕东盟是否"存在"这一核心问题 (Martin Jones and Smith, 2007; Chesteman, 2008)。

本章概观东盟的历史以及东盟地区建设进程中的关键学术争论。其中,主要争论在于,既然东盟拥有"行为体能力"(Actorness) 或行为体特性,那么该组织是否作为一个自主的地区组织采取行动。行为体能力指的是影响他者态度、期望甚至行为的能力。本文所要关注的核心问题就是东盟是否称得上成功的地区主义。也就是说,是否有一种旨在建立自主性地区制度的驱动力可以影响成员国的行为?学者们对此仍然莫衷一是,有的认为尽管东盟无法与欧盟相比,但是它仍然起重要作用,然而也有学者认为东盟没能按照自身预期改变成员国行为。本章认为东盟提出了一个有趣的难题。总的来说,大体上可以确定东盟只是展现了有限的行为体特征。东盟的成员国仍坚守主权与国家自主性原则,没有给予东盟多少自主权。在经济领域中，东盟仿照欧盟建立起多种制度，虽然没有怎么让渡主权，但是在 2008 年的《东盟宪章》中，已经明确提出了仿照欧洲经济共同体建立东盟经济共同体的目标，而且其成员国为了建立可能削弱主权的制度采取了不同寻常的措施，比如加强争端解决机制（Dispute Settlement Mechanism，DSM）与常驻代表委员会（Committee of Permanent Representatives，CPR）。但是在研究制度化的效应时，所有有效的经验证据都表明东盟并没有对其成员国的经济成功产生多大的作用。就安全而言，东盟成员国仍然坚持"东盟方式"式的合作，恪守不干涉以及主权原则。审视东盟的作用，有充分的证据证明东盟是促进和平的因素，但是这种模式能否拓展到整个地区仍然存在争论。

　　本章结构如下：第一部分回溯东盟的起源、东盟模式以及制度发展。第二部分评估东盟在三个政策领域中的地区主义：经济、安全与政治。其中每一部分都要回答同一个问题：地区主义及其研究现状如何？东盟对其成员国影响的重要性有多大？东盟发挥作用的主要决定因素是什么？本章并不是对东盟地区主义的一般重要性加以论述，而是要概括主要发现，呼吁进行更多经验研究以验证构成东盟基础的不同理论观点。

历史回溯

　　东盟最初是由五个东南亚国家建立的，它们是：印度尼西亚、马来西亚、菲律宾、新加坡以及泰国。这已是建立地区性国家集团的第三次尝试，前两次都失败了。东南亚联盟（The Association of Southeast Asia，ASA）成立于 1961 年，成员包括菲律宾、泰国、马来亚。由马来亚、菲律宾和印度尼西亚在 1963 年共同组建的马来人组织马菲印多（Maphilindo），因其制度程序无法解决沙巴州领土争端，所以一直停滞不前。其他亚太地区组织也多因成员的多样性而流于失败，比如 1954 年成立的类北约（NATO）组织东南亚条约组织（Southeast Asia Treaty Organization，SEATO），以及澳大利亚、日本、韩国、南越、泰国于 1966 年成立的亚太理事会（Asia Pacific Council）。

　　东盟是真正的"本土"组织，该组织建立在不干涉内政、不结盟的亚洲规范之上，并坚持 1955 年万隆会议所确立的不公开讨论争议问题原则（Acharya，2009：78 - 89）。东盟的基础性文件是不足两页纸长的《曼谷宣言》，该宣言含糊地确定了这一地区组织的目标："最重要的目标是本着平等和伙伴关系的精神共同努力，加速地区经济增长、社会进步、文化发展，为建设一个繁荣与和平的共同体打牢基础"（《曼谷宣言》，1967年第1款）。东盟的重要目标在于建立一个联合阵线以抵挡外部侵扰，将该地区与超级大国竞争相隔离，为成员国提供稳定的环境，从而使成员国获得政治生存与经济繁荣（Hoadley and Rüland，2006）。

东盟在最初的10年中少有发展，对这10年的评价，不少外部观察者认为该组织唯一做的就是维持生存（Poon-Kim，1977；Melchor，1978）。然而由于柬埔寨冲突，特别是1975年美国输掉越南战争，随之诞生了共产主义越南，上述情况发生了改变。由于担心越南支持各国国内的共产主义颠覆运动，东盟各成员国政府不得不采取行动。东盟各国的国际环境发生了根本性的变化。肖恩·纳林（Shaun Narine）认为"东盟在那时才开始真正作为一个国际组织发挥作用"（Narine，1997：968）。此后直到1991年签订结束柬埔寨冲突的《巴黎和平协约》（Paris Peace Accords），东盟在解决柬埔寨问题中发挥了外交作用，而且尽管其成员对威胁的认知多有不同，东盟各国还是保持了团结。东盟成功地游说联合国使其不承认越南扶植的柬埔寨政权，而是支持由诺罗敦·西哈努克（Norodom Siha-nouk）领导的柬埔寨民族统一阵线，尽管这意味着支持统一阵线中的红色高棉（Narine，1997）。

冷战结束后，东盟逐渐成为东亚地区主义的主体，并积极塑造地区制度。20世纪90年代影响制度建设的关键因素是东盟各国对美国在该地区持续存在以及中国经济和军事崛起的关注（Beeson，2010b：63）。东盟开始积极参与创设地区间以及地区内论坛（Pampel，2005；Katsumata，2006；Solingen，2008）。亚洲安全复合体的制度化是依照东盟的理念和实践开展的，由于中国与日美之间的竞争，东盟得以承担"驾驶员"的角色。1994年成立的东盟地区论坛（ASEAN Regional Forum，ARF）集合27个成员共同应对亚洲安全问题（参见 Takeshi Yuzawa，Chapter 27 of this volume；Katsumata，2006；Simon，2006）。诸如亚欧会议（Asia Europe Meeting，ASEM 1996）和亚太经贸合作组织（Asia-Pacific Economic Community，APEC 1989）此类的国际对话论坛是对地区制度网络的补充（参见 Julie Gilson Chapter 32 of this volume；Aggarwal，1993；Hänggi et al.，2006）。"东盟+3"（中国、韩国、日本）是东盟与东亚国家政府之间形成的一个制度化论坛（参见 Tekeshi Terada，Chapter 29 of this volume，Nabers 2003）。

随着中国和印度在全球范围崛起及其所带来的军事与经济重心转移，人们越来越关注全球国家等级体系顶端的权力转移，这为东盟地区主义提供了推动力。最近的一项进展是推出《东盟宪章》（ASEAN Charter 2008），该宪章仿照欧洲共同体提出了东盟共同体的愿景。宪章因 1997—1998 年的亚洲金融危机而生，是对成员国的关切做出的回应。它们普遍担心，由于中国和印度的向心作用，东盟很可能分裂并变得无关紧要。

东盟最为著名的也许就是地区合作的特殊方式，也被称作"东盟方式"（ASEAN Way）。这种特殊形式的合作强调非正式规则、基于共识的决策、松散结构、冲突规避而非冲突管理（Acharya，1995）。合作的关键词是"克制"，其主要表现是遵守不干涉原则；"尊重"每个成员国，比如频繁的磋商；"责任"，要照顾到各成员国的利害关系（Narine，1997：965）。考虑到各成员国的后殖民地身份（"属民的"）（Ayoob，1995），威斯特伐利亚国家是地区合作适当行为的标准：所有的组织宣言以及官方声明都强调威斯特伐利亚规范，比如尊重主权与领土完整和不干涉原则等。东盟方式的合作强调灵活适用原则，并且规避过度制度化和官僚化。东盟合作完全是政府间的。虽然东盟有不少计划允许以"东盟 – X"（ASEAN Minus X – decision rule）为形式偏离"全体一致"原则，但是一致同意仍然是主导决策规则。

制度设计

本章通过回顾东盟的制度发展过程，考察未来东盟是否会有更大的行为体能力并进一步向地区主义发展。上述问题最重要的衡量标准是东盟的集中程度、主权委托的水平以及活动范围的扩大（Koremenos et. al，2001）。虽然成立初期的东盟只有很低的集中化水平，但是东盟逐渐走向规范化，虽然不断提升的规范化并没有转变为东盟更大的自主权。

东盟合作方式已经有不少文化支撑。但是东盟的制度设计却是明显欧洲式的：东盟的制度设计实际上是欧洲自由贸易联盟（European Free Trade Area，EFTA）的翻版。当最初的五个国家决定建立东盟的时候，它们借用东盟的前身——东南亚联盟的制度结构（Jorgensen – Dahl，1982：

22）。在 1961 年东南亚联盟成立的时候，三个创始会员国菲律宾、马来西亚以及泰国已经明确了制度化所要效仿的模板，就是在其一年之前成立的欧洲自由贸易联盟。欧洲自由贸易联盟并没有规划政治目标与制度，更勿论让渡主权了，它所提倡的是"开放的地区主义"，因为作为其创始会员国的英国不愿意断绝与英联邦国家之间的贸易伙伴关系（Haefs and Ziegler，1972：68）。考虑到东盟国家强烈的出口导向与维护主权的偏好，采取欧洲自由贸易联盟的模式当然更为合适。该制度设计模式为东盟所采纳，并使用严格的轮值主席国制度。

　　因此，东盟的制度结构从一开始就是高度分散化的。该组织包含两个核心要素：（1）外交部长理事会，该理事会是东盟的部长级会议（ASEAN Ministerial Meeting，AMM），由成员国每年轮流召开一次会议。（2）由成员国轮流选举产生秘书长（SG）。隶属于东盟部长级会议的常务委员会负责组织理事会会议。围绕秘书长的制度结构是分散化的，并不设秘书处，而是由各国的东盟秘书处来提供服务。同时，秘书长下还设置了若干功能性委员会，但是这些委员会植根于成员国（在欧洲自由贸易联盟中也是一样）。由于这种制度设计方式，东盟被认为是过度分散化，过于注重意见一致，以至于在制度上是低效的（Wah，1992；Alagappa，2003）。

　　自从 20 世纪 70 年代中期开始，东盟成员国开始了集中化进程。各成员国一道在雅加达成立了东盟秘书处，意在协助秘书长工作并管理文档，1976 年成立一个高级委员会以作为《东南亚友好合作条约》（Treaty of Amity and Cooperation in Southeast Asia，TAC）的争端解决机制，1977 年 9 月设置东盟各国议会组织（ASEAN Inter - Parliamentary Organization，AIPO），以增强东盟与各成员国社会之间的联系。东盟各国议会组织的成立与当时其他地区组织的议会化直接相关。但是，该组织却不是东盟的正式决策组织，直到今天也仍然只是一个咨询机构。

　　冷战结束以后，东盟各国进一步强化了秘书长办公室的职能。秘书长被授以更大的权力以"发起、商议、协调、执行"东盟的行动。秘书长可以与部长等量齐观。在扩大东盟秘书处专业人员方面，采取在整个东盟地区进行开放式竞聘方式，同时扩大秘书处自主权。

　　1997 年至 1998 年的金融危机导致东盟继续变更其制度设计，终于在 2007 年 11 月 20 日通过了《东盟宪章》（自 2008 年 12 月 15 日起生效）。

随着 1997 年的《东盟愿景》（*ASEAN Vision*）、1998 年的《河内行动计划》（*Ha Noi Plan of Action*）、建立东盟经济共同体的《巴里第二宣言》以及《东盟宪章》等制度改革的出台，当前新的东盟共同体包含三个官方共同体，每个共同体都由一个委员会指导。三个官方共同体分别是东盟政治安全共同体（ASEAN Security and Political Community，ASPC），东盟经济共同体（ASEAN Economic Community，AEC）以及东盟社会文化共同体（ASEAN Social and Cultural Community，ASCC）。由东盟秘书长以及秘书处组成的东盟协调委员会帮助各国领导人筹备峰会。前述的东盟部长级会议是除了一年两次的领导人峰会外最主要的决策机构，此时改名为东盟外长会议（ASEAN Foreign Minister Meeting，AFMM）。秘书长的职能再一次被加强，副秘书长的人数也从 2 人增加到 4 人。

即使新制度促成了相应实践活动，更深层次的政治一体化却乏善可陈。比如，东盟新设的常驻代表委员会（Committee of Permanent Representative，CPR）完全模仿欧盟常驻代表委员会（Committee of Permanent Representative of the EU，COREPER），该组织虽然少有人提及，但是对欧盟一体化有重要作用。常驻代表负责监督秘书长的工作，以及筹备东盟峰会。东盟秘书处将其自身置于"条约守护者"的身份之上，代表东盟共同体的利益（Ong，2010）。《东盟宪章》建立起第一个地区人权机制：东盟政府间人权委员会（ASEAN Intergovernmental Commission on Human Right，AICHR）。虽然该机制是完全政府间且自身少有自主的权力，却可以为市民社会联系提供关键的切入点。

《东盟宪章》同样给东盟以法律人格，规定了东盟的主题曲，并且通过一句格言（同一愿景、同一身份、同一共同体）产生了东盟身份。东盟各成员国业已通过不同的发展研究机构总结出综合的专门计划，为经济一体化提供了必要的专业知识（Martin，2009）。

1967 年以来，在议题领域方面，东盟无疑经历了革命性的发展（Khong and Nesadurai，2007：33）。东盟的合作任务得到扩展，当前已包括经济一体化、经济竞争、消费保护、灾害管理以及人道主义援助等领域，跨国犯罪及恐怖主义等非传统安全议题也在其列（Caballero - Anthony，2009b）。此外，东盟还经历了成员的扩张，1984 年文莱加入东盟，1995 年共产主义国家越南进入该组织，1997 年缅甸和老挝、1999 年柬埔寨也都参与进来。

制度设计方面的关键问题在于，集中化以及对东盟更广泛的认可是否意味着更多的独立自主权。诚然有一些进展有利于组织自治，但是这些改革更多停留在书面文字上，进而对评估具体的效果构成障碍。比如评估东盟的法律人格，西蒙·切斯特曼（Simon Chesterman）认为，从法律角度来说，东盟并不存在，它只有在东盟经济共同体以及东南亚无核区中具有实际的自主权。由于东盟各成员国签署和认可条约的能力在各自手中，所以东盟根本没有代表其成员国签约的能力（Chesterman，2008：205 – 208），执行也完全要依靠东盟各成员国。当前有一种引进软服从机制（"积分卡"）发展的趋势，但是东盟秘书处（ASEC）依旧缺乏在其成员国中执行东盟规则的基本能力。

有关东盟自主性的另一个标志是独立争端解决机制（DSM）的存在。在这方面，东盟再一次展现出将争端解决机制付诸实践的趋势。尽管存在冲突，但是 1976 年的高级委员会、东盟自由贸易区委员会，以及东盟自由贸易区的争端解决机制都没有被动用过（高级委员会的参考条款 2001 年被采纳）。与世界贸易组织（World Trade Organization，WTO）相似，东盟采取了一种混合小组体系，该体系可以进行政治的和独立的仲裁，并且有能力颁布最终有约束力的决定。2004 年，东盟成员国同意修订仲裁程序，以确保判决是由专家基于法律作出的。这一举措是为了使仲裁去政治化，增加争端解决机制的独立性（Khong and Nesadurai，2007：56）。然而这些举措却止于书面，未见实效（Henry，2007：865；Vander Kooi，2007）。所以没有任何经验证据对东盟争端解决机制自主性进行系统评估。

经济地区主义

经济发展总是被当作地区主义的应有之义。它是实现国家与社会发展、稳定，从而增强地区韧性的手段。发展可以削弱国内颠覆运动从而巩固民族国家的政权。总体而言，这就可以避免外部大国借国内不稳定进行的干涉。这些目标是在脆弱国家形成时由政治精英推动的。因此地区合作首先要保证稳定，使各国政府能够专注于国家建设。

然而，尽管经济合作在东盟成立伊始就写入其日程，但是东盟各国并没有显著加深合作和一体化水平。该地区的主导贸易形式是对外贸易，而非地区内贸易，这就决定了东南亚地区经济动力水平以及没有能与其他地区相比的经济制度（经济地区主义）（Haggard，1997）。经济合作涵盖 20世纪 70 年代的小范围工业项目和特惠贸易框架的实验，比如 1977 年的《特惠贸易协定》（Preferential Trade Arrangement）以及 1992 年的共同有效特惠贸易（Common Effective Preferential Trade，CEPT）框架。这些措施由联合工业化项目加以补充，比如东盟产业计划（ASEAN Industrial Projects，AIP）、东盟产业合营（ASEAN Industrial Joint Ventures，AIJV）以及在个别产业中实行的品牌互补政策（1998）。但是这些框架在促进东盟各成员国贸易方面基本上被认为是无效的（Dent，2008c：89）。

以欧洲共同体为主的外部经济竞争压力推动并促成了东盟的一体化框架。随着葡萄牙和西班牙加入欧共体，人们开始关注外部直接投资（Foreign Direct Investment，FDI）是否会流入拉丁美洲。1987 年，《单一欧洲法案》（Single European Act）开始生效，建立起商品、服务、资本自由流动的单一市场。1987 年马尼拉峰会，东盟各成员国决定引进特惠贸易协定（Preferential Trade Agreement，PTAs）。类似的，1991 年的《马斯特里赫特条约》以及中国经济的崛起引起经济地区主义竞赛，导致世界上出现了许多地区经济组织。1992 年的《东盟自由贸易协定》（ASEAN Free Trade Agreement）是对这些压力的回应，尽管东盟有意避免沿着欧盟的路走向一体化（Stubbs，2000）。实际上，与 20 世纪 70 年代的努力相似的是，这些项目并未能达到地区一体化的商调预期。东盟特惠贸易协定不久就因为例外过多而被认为是"避免特惠贸易"（Indorf，1987）。

1997—1998 年的亚洲金融危机迫使东盟各成员国反思其合作的基础。随着危机由泰国扩散到其他国家，大多数东南亚国家以及日本发现它们的货币、股市与其他资产价格都在贬值，失业率陡增。印度尼西亚和泰国受到的冲击最大，而新加坡、文莱以及越南损失最少。马来西亚、老挝以及菲律宾居中，这说明需要结合国际与国内两方面因素来解释影响程度的变化（Kim et al.，2001）。虽然如此，整个地区的需求以及信心受到重创。由于缺少国际货币基金组织（IMF）和美国的回应，东盟各成员国不得不接受中国以及日本、韩国等其他合作伙伴的援助。东盟各国政府认识到"我们无法互助"（新加坡前总理李光耀，转引自 Rüland，2000：439）。

1997—1998 年的亚洲金融危机不仅加强了东北亚国家和东南亚国家之间的相互依赖，并推动彼此之间的金融合作，而且不少从业者、学者以及经济学家都认为，这场经济危机还暴露了地区制度经济安排的缺陷。东盟各成员国的第一反应是将每年与中、日、韩三国的"东盟+3"领导人峰会和部长对话制度化。这一进程催生了 2000 年 5 月的《清迈协议》（Chiang Mai Initiative, CMI），其中包括一系列双边信贷互惠协定以提供紧急外部货币流动应对未来的危机。上述两项措施通过将两个制度化的次区域整合入一个新的架构，从而"打破了制度现状"（Ravenhill and Emmers, 2010：4）。这场金融危机也使东盟成员国更加遵守东盟自由贸易区的规定。但是到 2004 年，单个国家行动已难以再导致集体成功。一家管理咨询公司的报告对比了东盟与中国、印度的竞争力，认为需要修复东盟的声誉，促使东盟各国政府、精英，以及政策网络行动起来，就"革新"东盟展开讨论（Tay et al., 2001；Yeo, 2008）。东盟经济共同体（ASEAN Economic Community, AEC）从欧盟一体化过程中汲取经验就是一项具体措施。

关键问题是经济崛起的中国会如何影响作为一个地区组织的东盟。东盟各成员国主要担心中国崛起会削弱东盟吸引外部直接投资的能力，从而拉低东盟经济发展，因为东盟的合法性就在于经济发展，所以这也将削弱东盟存在的合理性。东盟共同体适应了这种需要。但是正如一些学者所提出的（Ravenhill, 2010），外部直接投资很有可能并不发生转移，这减轻了那些意图建立"单一市场"的东盟成员国的压力。总之，尽管东盟经济共同体雄心勃勃，但却难以实现。

东盟经济地区主义是否成功颇受争议。专家学者认为东盟成员国以及东盟地区都获得了繁荣，但是并不是在一体化框架之下。相反，繁荣是由于各国的经济发展战略以及东亚的总体趋势（Hamilton - Hart, 2003；Higgott and Robison, 1985；Morley, 1999；Stubbs, 2005）。早期研究主要关注高层次一体化的障碍，比如经济互补性不足、文化多样性或地区霸权的缺位（Capanelli et al., 2010；Langhammer and Hiemenz, 1979；Mattli, 1999），当前研究则认为亚洲金融危机为真正的地区主义打下了基础，比如该地区特惠贸易协定的出现。

系统比较研究使我们可以将东盟的经济地区主义变成可比较的部分，并重估其潜在评估标准（Lombaerde, 2006）。判断地区贸易协定是否成功很大程度上取决于所选取的用来衡量地区间贸易的指标（Iapadre, 2006）。传统衡量地区间贸易的显性比较优势指数（Balassa index）使用最为广泛，但是其弱点在于非常容易受地区大小和成员国数量的影响。按照这一指标，欧盟的地区间贸易最大，随后是北美自由贸易区、东盟以及南方共同市场（Mercosur）。如果使用别的指标，考量相对贸易开放程度与地区贸易协定所产生的总体贸易创造效应，那么东盟就是最开放的地区，随后是欧盟、北美自由贸易区、南方共同市场（Iapadre，2006：80）。

这一研究结果差异不仅证明了东盟地区的主导性路径，即东盟的一体化模式基于碎片化生产网络的贸易创造效应（"亚洲工厂"，参见 World Bank，1993；Katzenstein，2000；Stubbs，2005；Baldwin，2008b），也有助于回答东盟为什么没有走欧盟的地区一体化道路，即东盟成员国的经济发展是独立于经济一体化政策的，各国经济政策的成功削弱了对一体化的功能性需要。

安全地区主义

就经济地区主义而言，关于东盟地区主义是否有效地增加了合作机会，以及东盟地区主义是否减轻了无政府状态或减少了地区冲突，存在很大争议。学者们围绕"自我闭塞的安全多边主义"（Katzenstein and Okawara，2004：16）争论不休，即地区安全陷入东盟这样的合作型地区安全制度和以一国私利为中心，机会主义有时甚至是在颇具军事冲动的行为中间进退两难。后一种行为以中国南海最为典型。还有一些学者指出东盟是陷入"长期低制度化"（Beeson，2010b：330），或称"组织陷阱"（Calder and Fukuyama，2008）。在经济合作方面，东盟提出的关键难题在于为什么本地区缺乏强有力的机制解决合作的问题？（Hemmer and Katzenstein，2002）。

与经济领域相似，东盟对于军事合作的方法是完全基于国家个体和自主的，即东盟的军事合作基于各国的同意，而非集体自卫。印度尼西亚和菲律宾坚持认为东盟不能变成服务大国或彼此提供保证的安全协定。菲律宾外交部长纳西索·拉莫斯（Narciso Ramos）认为："每个国家只需管好自身安全"（引自 Acharya，2009：89）。东盟的官方立场仍旧否认其军事作用（Acharya，2009：90），但是并不排除双边军事合作或延长与诸如美国的外部力量之间的防卫协定。东盟成员国在安全上受惠于美国的保护伞

（1957 年和 1983 年的《美菲共同防御条约》；1962 年的泰美腊斯克－他纳声明），此外还在一定程度上受到英国的保护（英国、澳大利亚、新西兰、马来西亚以及新加坡之间的《五国防卫协定》）。东盟出台了设立无核区的政策［宣告该地区是和平、自由中立的（ZOPFAN）1971］，对双边安全保证，却毫不关心，虽然后者常常含有令人怀疑的核武器停驻条款。

冷战结束以来，该地区就显示出安全管理制度的扩散，并且出现了一个由决策者组成的"二轨外交"（Job，2003；Evans，2005）非正式网络。类似东盟地区论坛的制度被认为同东盟一样具有非正式性。没有什么制度真正成为安全协定，关于这些制度意义的激烈争论此起彼伏。

现实主义的支持者强调亚洲安全动态可以为其实现途径所解释。冷战期间亚洲的稳定受到美苏"延伸威慑"的保障，这一延伸威慑是一种安全保障的"轴辐式网络"，西方国家受美国的保护，共产主义国家受苏联的保护。双边安全协定以及军事协定都在于保证相互威慑以及权势的稳定均衡，比如美苏之间，中美苏之间，朝鲜韩国之间，以及印巴之间（Buzan，2003）。在 20 世纪 70 年代中期，东盟国家之间的安全合作开始增多，东盟所面对的安全形势随着美国从越南撤出以及中美恢复邦交而改变，这符合上面的解释。当时东盟各国开始更深层次的安全合作，并于 1976 年签署了《东南亚友好合作条约》（Treaty of Amity and Cooperation in Southeast Asia，TAC）。

根据上述模式，冷战后的亚洲安全动态决定于美军撤出和苏联解体带来的权力真空。这使中国能够将其影响力投射到东南亚，相应的也就势必催生亚洲国家的平衡战略。但是新自由制度主义和建构主义的支持者认为经验证据并没有支持现实主义的观点。东南亚国家既没有对抗也没有追随，而是采取"合作平衡"（cooperative balancing）的战略（Rüland，2000），不像公开的平衡战略那样进行对抗，而是通过建立诸如东盟地区论坛、东亚峰会、"东盟＋3"（东盟与中、日、韩三国）等合作制度进行"限制"或"软平衡"。但是，甚至是新自由制度主义方法也不完全认可制度解释，因为东盟和东盟地区论坛都不具有正式执行机制的强制性，正是东盟方式的特点使其无法有效解决冲突（Leifer，1999），比如双边冲突问题、朝鲜核问题（Katzenstein，2004）等都没有得到解决，东盟也没能限制其成员国追求私利的行为。当东盟成员国同意交换信息，比如东盟地区论坛的互信建设与地区安全措施，东盟各国也是很不情愿的。因此东盟不仅否定了功能主义者的解释，而且未能将理论与实践结合（Kahler，2000；Nair，2009；Martin Jones and Smith，2007）。

从建构主义视角来看，难点并不在于为什么东盟不存在强制度，而是如此弱的制度设计是如何"解释这样一个事实，为什么在东南亚，自1967年后东盟国家出乎所有预料的没有发生战争"（Acharya，1998：199）。建构主义者认为，关键问题并不在于地区主义下的正式制度，而在于这些制度形成了集体认同，即对国际共同体的归属感以及彼此的相互承认（Busse，1999；Narine，2002；Khong，2004；Acharya，2009）。东盟成功"社会化"其成员，使其采取协作行动，东盟甚至还在社会化中国，后者还比较缺乏在国际制度中的经验（Johnston，2008）。最后至于东盟对其成员国的影响，当前有系统的证据表明东盟内部的国际制度化大大降低了国家间军事争端的可能（Kivimäki，2001；Goldsmith，2007；Haftel，2007）。但是在更为宽泛的地区层面，这一系统证据仍然不足。

政治合作

成为东盟成员国并无明确标准要求相应国家据之作出内部调整。东盟成员国将东盟理解为内外安全状态相似、志同道合的国家进行地区安全对话的论坛（Alagappa，2003）。在东盟历史上，民主国家的数量从来没有超过独裁政权的数量。东盟内民主公开的短暂时期（当印度尼西亚、菲律宾以及泰国开始转向民主制）因为1995年以后柬埔寨、老挝、缅甸和越南的加入而告一段落。

东盟民主化的需求很早就进入公民社会组织的议程，要求确保公民社会参与，并设立机制制裁违反人权的成员国，这一趋势为公民社会团体倡导，且与东盟各国的民主化是分不开的。许多人将东盟理解为专制国家俱乐部，认为东盟方式及其所强调的不干涉原则都是为了维护专制。1977年成立的东盟议会联盟大会（AIPO）可以说是最早试图将东盟与东盟社会相联系的尝试。1997年，泰国试图在处理同缅甸关系时打破不干涉原则（Haacke，1999）。印度尼西亚的民主化进一步推进了上述趋势。印度尼西亚推动人权机制写入《东盟宪章》（勉强得到泰国和菲律宾的支持），支持诸如亚洲人民团结倡议（Solitary for Asian Peoples' Advocacy，SAPA）

这些公民社会组织网络自下而上发挥影响力。然而在起草《东盟宪章》时，东盟对外所宣称的与其在关门会议中的高级工作组行为有出入，这遭到了不少非议（Pavin，2009）。

自从1997年缅甸颇具争议地进入东盟以来，该国就成为东盟的一项议程内容，尤其是受到欧盟、美国以及联合国的压力。这引起关于东盟如何推进善治、人权以及民主责任等规范的讨论（Katsumata，2009）。许多人认为，威斯特伐利亚式的东盟道路保持了相对稳定，但也有其代价，即难以出现更多的民主政治体系以及更深层次的东盟共同体（Kuhonta，2006；Collins，2007；Rizal Sukma，2009）。既然东盟对善治的贡献可以讨论，那么下一个问题就在于东盟是否帮助独裁国家维持稳定。在民主化程度，或者更确切地说经历民主转型的能力方面，东盟国家差异很大，这说明国内和国际因素共同决定了上述问题，而东盟的影响甚至可以被忽略。

结　论

本章以东盟作为亚洲地区主义的案例，在文章开始就提出两个问题：第一，东盟在经济与安全合作领域是否获得了更大的行为体特性，以致其成员国或外部行为体以此为基础采取特殊的行为？第二，在多大程度上，东盟可以有效影响其成员国的行为？本章的结论可以总结如下：第一，就东盟的制度设计而言，东盟集中化与制度化程度有所加强，1967年以来，其成员逐渐加强该地区组织的组织能力，但是东盟仍然是一个政府间组织。第二，东盟研究仍然集中于东盟作为一个地区组织对其成员国行为有多大的影响这样的问题。东盟在这方面有不少"经验反常"，传统的国际政治经济学或国际关系理论都很难对其做出解释（Suh et al.，2004）。

东盟地区主义仍然有一个问题，现有主流理论很难对这一经验现象作出解释。这一问题的关键在于明显的"低制度化"或"组织鸿沟"。与其他地区（特别是欧洲和拉丁美洲）相比，为什么东盟的制度化程度如此之低？以及为什么如此弱的制度设计可以形成一些有效的规制？比如缓和了成员国间的紧张并实现了持续的经济发展。有系统的证据证明制度化合作明显降低了东盟国家彼此之间走向战争的可能。尤其是在东盟国家有民主也有专制政权的情况下，更易发生战争（Mansfield and Snyder，2002；Ray，1998）。但是，几乎没有任何证据可以证明东盟对地区一体化有何明显作用。

　　虽然东盟的组织特性引发了争论，而且这种争论在未来还将继续，但是如果学者试着设置清晰的假设来验证理论观点，那么争论将会变得更有成效。总之，关于东盟的文献已经越来越趋于理论导向了（Acharya and Stubbs，2006；Rüland，2006；Rüland and Jetschke，2008）。对于"对冲"或分析折中主义这样的（元）理论概念，东盟地区主义方面的研究可谓十分高产，并开始挑战欧洲中心主义（Acharya and Stubbs，2006）。真正的挑战实际上是如何通过开发富有竞争力的理论假定和严格的研究设计来减少概念的数量并对理论观点作出检验。

第二十七章　东盟地区论坛

——挑战与前景

汤泽武（Takeshi Yuzawa）著　　周玥晗译

1994 年东盟地区论坛（ASEAN Regional Forum，ARF）的成立为建立一个囊括地区内主要国家的地区安全制度铺平了道路，堪称亚太国际关系的历史性进展。冷战结束后，地区安全环境的不确定性浮出水面，建立东盟地区论坛就是要"为亚太地区塑造可预见的建设性关系模式"（ARF，1994）。为实现这一目标，参与东盟地区论坛的 27 国在《1995 年东盟地区论坛概念文件》中提出了安全合作的"三步走"，即建立信任措施（confidence – building measures，CBMs）、预防性外交（preventive diplomacy，PD），以及更长远的目标——走向冲突解决（ARF，1995）。①

虽然东盟地区论坛十分重要且已经走过 16 年，但却并非稳步前进。就算是乐观的观察家也承认该论坛面临严重的停滞（Khong and Nesadurai，2007：37）。东盟地区论坛正在面对什么样的困难与挑战？东盟地区论坛能为维持地区稳定发挥多大作用？东盟地区论坛的前景如何？

为了回答这些问题，本章研究东盟地区论坛过去 16 年的发展演变过程。首先简要回顾东盟地区论坛的起源；进而循着其发展轨迹，集中考察该论坛的四个主要议程，包括建立信心措施、预防性外交、非传统安全合作以及东盟地区论坛的制度调整；第三部分着重考察东盟地区论坛在维护地区稳定上的作用；结论部分讨论东盟地区论坛的未来走向。本章认为尽管倡导国为推动东盟地区论坛走出清谈做出了很大的努力，但是该论坛自

---

① 东盟地区论坛包括东盟十国、美国、加拿大、日本、中国、蒙古国、朝鲜、韩国、孟加拉国（原文中出现印刷错误，出现两次蒙古国，经译者查证，其中一个应为孟加拉国）、澳大利亚、新西兰、巴布亚新几内亚、东帝汶、俄罗斯、印度、巴基斯坦、斯里兰卡以及欧盟。

成立以来并没有发挥实质性作用。事实上东盟地区论坛的发展障碍颇多，比如缺少信任、参与国对其目标与功能看法各异、基于东盟制度建设方式的行动准则等。纵使该论坛有一些明显的局限性，东盟地区论坛还是通过最大程度地开展多边对话进程，为维护地区稳定做出了贡献。然而，由于对东盟地区论坛停滞不前的日益不满，新的合作框架不断出现，有鉴于此，若不能在安全合作上取得具体成果，东盟地区论坛将难以维持其发展势头并取得地区国家的真实承诺。

东盟地区论坛的起源

众所周知，东盟地区论坛植根于东盟地区合作模式。然而理解东盟地区论坛的起源却不能只盯着东盟。实际上，在1993年东盟决定建立东盟地区论坛之前，东盟就已经受到非东盟国家的一系列建议的影响，这极大地促进了地区内国家就创建地区性安全论坛的必要性达成共识。推进地区安全对话的理念是由澳大利亚和加拿大提出的。1990年，两国仿照欧洲安全与合作会议（Conference for Security and Cooperation in Europe, CSCE）分别提议建立亚太安全会议。虽然这些提议遭到该地区大多数国家的冷遇，但是却推动了建立多边安全对话的地区性思考。随后，在1991年吉隆坡东盟外长扩大会议（ASEAN Post Ministerial Conference, PMC）上，日本外长中山太郎（Taro Nakayama）提出将东盟外长扩大会议作为一个多边政治对话论坛。由于美国和诸多东盟国家反应冷淡，日本的这一提议归于失败。美国认为多边安全对话威胁其主导的双边同盟，东盟国家对这一问题也一直存在分歧。新加坡赞同中山太郎的提议，而印度尼西亚和马来西亚却并不愿意扩大东盟外长扩大会议的范围，它们更愿意关注经济问题。事实上，先于东盟外长扩大会议，早在1991年7月东盟第24次部长会议（ASEAN Ministerial Meeting, AMM）上，东盟各国外交部长就已经讨论将东盟外长扩大会议作为地区安全对话的理念，该理念由东盟国际事务与战略研究中心（ASEAN Institutes of Strategic and International Studies, ASEAN – ISIS）提出，但却没能达成共识（Emmers, 2003：113）。

在1992年1月第4次东盟峰会中，东盟的冷淡态度开始发生变化，转而支持在东盟外长扩大会议（ASEAN PMC）的框架内展开安全对话。

当时大多数东盟国家已准备切实推动该对话进程。因为地区安全环境发生了显著变化，特别是 1991 年 11 月美国撤出其在菲律宾的驻军以及同年 12 月苏联解体，东盟开始改变其对多边安全对话的立场。随着美苏在亚太地区影响力的下降，东盟开始担心日本重整军备以及中国崛起的可能（Leifer，1996：16 – 19；Khong，2004：180 – 184）。地区战略环境的变化使东盟国家意识到建立多边安全对话论坛的必要性，并以此确保美国在该地区的军事存在，从而达到限制日本军备和促使中国依照国际规范处理其对外关系的目的。正如迈克尔·来菲尔（Michael Lefier）所指出的，东盟是为了在三大国之间建立均势，以使东盟可以保持安全运行（Lefier，1996：19）。①

虽然如此，就建立地区安全对话而言，仅依靠东盟自身是无法达成地区内部一致的。实际上日本对东盟地区论坛（ARF）的建立在幕后发挥了关键性影响，甚至在 1991 年中山提案之后也是这样。日本为使美国重视地区多边安全对话下了很大功夫，改变了美国坚持反对任何安全多边主义倡议的立场（Yuzawa，2007：45 – 48）。东盟和美国关于多边安全对话立场的明确变化加速了东盟地区论坛的建立进程。1993 年 5 月，东盟国家的高级官员与它们的 7 个对话伙伴国代表齐聚新加坡，第一次商讨如何塑造冷战后亚太安全秩序。在这次大会上，高级官员同意在东盟外长扩大会议（ASEAN PMC）框架之外建立多边安全对话论坛，将成员资格扩展到中国、俄罗斯、越南、老挝以及巴布亚新几内亚等国。1993 年 7 月，18 国外长在东盟会议（AMM）之外参加了一个特别会议，并划时代地决定成立单独的外长会议，即东盟地区论坛（ARF）。

东盟地区论坛的发展

这一部分研究 1994 年以后东盟地区论坛的发展历程，着眼于以下东盟地区论坛主要议程面临的问题与取得的成就：（1）建立信任措施（CBMs）；（2）预防性外交（PD）；（3）非传统安全合作；（4）东盟地区论坛的制度调整。

---

① 关于东盟建立东盟地区论坛（ARF）动机的替代性解释可以参考 Katsrmata，2009。

建立信任措施（CBMs）

1994 年 7 月，东盟地区论坛第 1 次部长会议在曼谷举行。这次会议的主席声明宣布东盟地区论坛的目标是"就关乎整体利益的政治和安全问题展开建设性对话与磋商"，以及"为建立亚太地区互信和预防性外交而努力"（ARF，1994）。然而，尽管各国表面上承认推动建立信任措施和预防性外交对地区稳定的重要性，但是却缺少在该地区切实推进这方面合作的意愿和准备。

上述持积极态度和消极态度的国家在 1995 年东盟地区论坛第 2 次部长会议上达成妥协，虽然仍然严格基于自愿基础，但各方就建立信任措施还是进行了折中，比如出版防务白皮书和加入联合国常规武器名册（United Nations Register of Conventional Arms，UNRCA）。第 2 次东盟地区论坛通过了一份概念文件，规划了安全合作的"三步走"。不仅如此，东盟地区论坛的参与国还同意设立一系列会间会（Inter – Sessional Meeting，ISM），包括有关建立信任措施的会间小组（Inter – Sessional Group，ISG）、有关"维和行动"和"搜救协作与合作"的会间会。这使东盟地区论坛有机会充分审查安全合作。比如，1996 年关于建立信任措施的第 1 次会间会就更高级别和可操作的军事建立信任措施进行探索，主要有地区武器登记和军事行动通告和监察措施。

但是自 20 世纪 90 年代以来，东盟地区论坛内的建立信任措施发展势头有所下降。由于受到消极国家的抵制，东盟地区论坛既没有落实先前确定的更高级别军事建立信任措施的目标，也没能确保已达成的建立信任措施得到有效执行，防务白皮书被认为只是对各国军事透明度做出了最低的努力。虽然有的消极国家也偶尔发布防务白皮书，但其透明度明显低于诸如日本、韩国、澳大利亚等其他参与国（Kiselycznyk and Saunders，2010）。

20 世纪 90 年代以来，东盟地区论坛的重心逐渐由传统安全转向非传统安全问题，建立信任措施发展乏力。1998 年至 1999 年建立信任措施会间小组主要关注海洋合作，包括海洋安全、海洋法与海洋秩序，以及海洋环境的保护等。尽管 90 年代末非传统安全问题日益为东盟地区论坛所关注，积极国家对非传统安全问题的盛行看法不一，它们担心本已议题众多的东盟地区论坛继续拓宽其议题领域可能会不利于推进建立信任措施与预

防性外交，这在下文会进行详细讨论（Interviews，Tokyo，December 2000
and February 2002）。

由于受到上述障碍的影响，东盟地区论坛推进建立信任措施的努力收
效甚微。已经付诸实践的建立信任措施也只是在很小的范围内，比如只是
概述各国的地区安全观的年度安全展望报告（Annual Security Outlook，
ASO），① 以及东盟地区论坛国防院校长会议（Heads of Defence/Universi-
ty/College/Institutions Meetings，HDUCIM）（ARF，2010a）。这些折中的建
立信任措施可以促进成员国之间的意见交换或者互动频率，但是却明显无
法降低由于军事计划不确定性造成的相互猜忌。

也许东盟地区论坛建立信任努力的主要成功在于扩大了这一对话进程
中国防官员的数量。2002 年 6 月第 9 次东盟地区论坛部长级会议同意设
立国防官员会议，以便使国防官员可以更多地参与东盟地区论坛的行动，
并且能够促进在反恐合作中的司法和执法的讨论。2004 年东盟地区论坛
安全政策会议（ASEAN Regional Forum Security Policy Conference）成立，
该会议意在强化国防代表（副部长级）的参与，加强军事领域建立信任
措施的合作。然而，尽管这些会议为东盟地区论坛各成员国国防官员交换
意见和信息提供了宝贵机会，但是在多大程度上能够真正推动东盟地区论
坛成员国的军事透明与信任建立仍然是一个问题，因为它们的内容很大程
度上局限于就地区安全问题简要交换意见，一如东盟地区论坛高级别会议
和部长级会议中所讨论的一样（ARF，2010b）。

预防性外交（Preventive diplomacy，PD）

建立预防性外交措施是向更高层次安全合作发展的任务，但是由于东
盟地区论坛无法建立成员国之间实质性的信心与信任，这一进程困难重
重。同建立信任措施一样，预防性外交的发展也受制于东盟地区论坛国家
之间就预防性外交的概念、原则与措施的严重分歧。虽然诸如美国、日
本、澳大利亚和加拿大这样的积极国家一度希望东盟地区论坛承担起预防
性外交的实际作用，包括早期预警、事实调查、斡旋以及第三方调停等，

---

① 一些积极国家试图用年度安全展望报告报告（ASO）增加军事透明度。比如自从 2008
年至 2009 年闭会期间以来，建立信任措施与预防性外会间小组研究了使年度安全展望的形式标
准化的理念。发展"标准形式"的一个主要原因是为扩展年度安全展望报告的适用范围，使其
能够包括有关各国军事计划的详细信息（ARF，2010c）。

并且扩展预防性外交的范围，使其能够包括国内纠纷，但是中国和一些东盟国家持消极态度，拒绝一切有可能破坏不干涉国内事务原则的措施，其中就包括积极国家所倡导的预防性外交。消极国家反对将预防性外交适用于国内冲突，在这些国家看来，这样将会出现外部国家干涉其主权和国内事务的安全问题，比如在该地区许多地方都存在的民族—宗教争端和领土争端（Yuzawa，2006：790－791）。

在 1999 年至 2000 年日本和新加坡担任建立信任措施会间小组的联合主席国期间，两国试图充当积极国家和消极国家之间的调停者，从而推进东盟地区论坛就预防性外交的讨论。作为会间小组的联合主席，日本提出具体建议来提升主席国在东盟地区论坛的地位，同时新加坡着力建立对预防性外交概念和原则的共识。但是因为很难在积极和消极双方找到中间地带，前述努力步履维艰。

2001 年 7 月的第 8 次东盟地区论坛部长级会议就日本提议提升主席国地位的提案达成一致，但是结果却比日本以及其他积极国家所预想的差很多。实际上，在公开修订过程中，日本提案的最重要部分，比如主席国预警的权力，因为消极国家的强烈不满而被修订或直接删除（Yuzawa，2006：794－796）。主席国的作用被限定在促成讨论和联系其他组织之内。面对危机时，东盟地区论坛被允许实施的唯一措施就是"在得到直接相关国家事先同意以及全体东盟地区论坛国家同意后召开紧急会议"（ARF，2001a）。东盟地区论坛的部长们就可操作的预防性外交的概念和原则达成一致。但是与积极国家所期望的不同，因为消极国家的抵制，国内争端和人道主义紧急状况被排除在预防性外交之外（ARF，2001b）。正如柬埔寨和东帝汶的危机所证明的那样，因为许多潜在的地区冲突实际上都是国内问题，预防性外交的狭义定义明显限制了东盟地区论坛应对地区危机的实际能力。

第 8 次东盟地区论坛后，由于对反恐问题的压倒性关注，东盟地区论坛并没有对预防性外交进行过实质性讨论。为了重振关于预防性外交的讨论，在 2002 年第 9 次东盟地区论坛中，积极国家重提先前的提案，主张建立预防性外交会间小组。但是由于一些东盟地区论坛成员国一直不愿意将论坛发展到预防性外交阶段，所以这些提案难以实现。最后，在 2005 年 7 月的第 12 次东盟地区论坛部长级会议上，东盟地区论坛国家同意将"建立信任措施会间小组"变为"建立信任措施和预防性外交会间小组"，而不是建立单独的预防性外交会间小组。

东盟地区论坛关于预防性外交的讨论在 2008 年 7 月新加坡的第 15 次部长级会议中重获动力，东盟地区论坛国家同意考虑由第二轨道机构拟定的"预防性外交最佳实践研究"的建议（ARF，2008）。不但如此，2009年 7 月在普吉岛举办的东盟地区论坛第 16 次部长级会议委托高级官员制订"东盟地区论坛预防性外交工作计划"，并要求东盟地区论坛专家名人（Expert and Eminent Persons，EEPs）提供工作计划的草案。东盟地区论坛讨论预防性外交的新动力来自新加坡和泰国的倡议。新加坡和泰国分别作为第 15 次和第 16 次东盟地区论坛的主席国，试图推进预防性外交的议事日程，两国担心如果东盟地区论坛继续停滞下去，东盟可能失去其作为亚洲地区主义"驱动力"的地位（访谈，Kuala Lumpur，June 2009，Singapore，February 2010）。

2009 年 12 月，东盟地区论坛专家名人发布了"关于预防性外交工作计划组成部分的草案"。这一草案对东盟地区论坛预防性外交的作用提出了广泛的意见。草案认为东盟地区论坛应该能够处理传统冲突和非传统冲突，比如边界争端、政治或法律争端、恐怖主义和人权问题。为了实现这一目标，草案提议东盟地区论坛发展"确保预防性外交具体行动的机制，比如斡旋、调停、事实调查以及早期警告系统等"，并且还要建立"机制来增强东盟地区论坛小组和专家名人以及主席国友好国家的作用"（ARF，2010d）。在本章撰写阶段，新加坡基于专家名人的建议正在准备一份"东盟地区论坛预防性外交工作计划"。然而由于消极国家对采取可操作的预防性外交措施始终持反对意见，上述建议写入预防性外交工作计划尚有长路要走。

非传统安全合作

自从 2001 年"9·11"恐怖袭击以来，非传统安全问题日益成为东盟地区论坛的核心问题。应对国际恐怖主义的迫切需求使东盟地区论坛成员国，特别是美国，将亚太地区唯一的安全制度——东盟地区论坛视为推动地区合作的适当场所。这使得反恐问题成为东盟地区论坛议事日程的首要议题。所以 2002 年 7 月第 9 次东盟地区论坛部长级会议通过了"反对恐怖主义融资措施声明"，并采纳美国的提案，签署成立关于反对恐怖主义和跨国犯罪的会间会（ARF，2002）。

2002 年 10 月伊斯兰祈祷团（Jemaah Islamiyah，JI）在巴厘岛制造爆炸事件，超过 200 人丧生，这进一步促使东盟地区论坛就反恐展开讨论，因为这不仅表明该地区恐怖主义网络存在实际威胁，而且还暴露出地区反恐力度不足的现实。事实上，在 2003 年 6 月雅加达第 10 次东盟地区论坛部长级会议上，各国外长重申"在与国际恐怖主义的战斗中加强更高水平地区合作的决心"（ARF，2003）。此外，2003 年 6 月东盟地区论坛进行了一次桌面推演来应对针对居住区的恐怖主义袭击，在这次假袭击中，甚至使用了化学和放射性装置（Haacke，2009：431）。随后的东盟地区论坛部长级会议多次声明进行反恐合作。这些声明包括《边界反恐声明》（2003）、《加强运输安全，反对国际恐怖主义声明》（2004）、《增进反对恐怖主义及其他跨国冲突合作的信息共享、情报交换、记录完整与安全声明》（2005），以及《就反对网络攻击和恐怖主义滥用网络空间的合作声明》（2007）（Severino，2009：100）。

反恐合作的快速发展推动了就非传统安全问题的讨论，包括海上安全和灾后援助。主要由于马六甲海峡日益增多的海盗事件，东盟地区论坛关于海上安全的讨论增进了部分成员国对于潜在恐怖袭击的认识（Haacke，2009：434）。所以第 10 次东盟地区论坛发布了共同反对海盗和其他威胁海上安全行为的声明，其中参与国同意采取共同措施，进行能力建设、信息交换、反恐演习，并建立打击海盗行为的法律框架。2005 年东盟地区论坛组织了两次海上能力建设研讨会，随后在 2007 年 1 月进行了一次海岸安全演习，21 国政府机构的专家就信息共享展开演练（Haacke，2009：437）。此外，第 15 次东盟地区论坛决定建立海上安全会间会，以增加该论坛围绕海上安全建立具体合作的能力。

2004 年 12 月印度洋海啸后，灾后救援也变成东盟地区论坛行动的焦点。2000 年东盟地区论坛首次召开关于灾后救援的会间会，当时因为各国就"地区军事力量参与救援行动态度的显著差异"而搁置，2005 年东盟重启这一会议（Haacke，2009：439）。这次会议形成了东盟地区论坛关于灾难管理与紧急应对的声明，在 2006 年 7 月的第 13 次东盟地区论坛部长级会议上签署通过。该声明规定参与国应在以下问题上增进灾后救援合作：风险确认与监测、灾难预防与准备、紧急措施与灾难救援、能力建设。2007 年 7 月的第 14 次东盟地区论坛部长级会议发布了灾难救援合作的基本方针。2008 年热带风暴纳尔吉斯席卷缅甸，这促使灾后救援会间会订立东盟地区论坛"人道主义援助与灾后救援战略方针",从而加深对民事—军事合作与协调程序的共同理解。这些倡议最终形成 2009 年在中吕宋地区的"应对措施的自动展示"——第一次"野外演练",其中一些东盟国家采取多边救援行动来应对一次假超级台风(Haacke,2009:439 -442;Morada,2010a:24 -25)。

东盟地区论坛在非传统安全领域的行动迅速增多,这不仅反映了非传统安全挑战的严峻性,而且还暴露了建立信任措施和预防性外交的停滞。一些东盟地区论坛成员国越来越担忧东盟地区论坛如果继续作为安全讨论的场所,那么可能会失去其在地区安全上的作用。如前所述,这种担忧对于那些力主在东盟地区论坛中增强"东盟外交中心性"国家来说尤其强烈。这些国家期望推动在非传统安全问题上的实际合作,达成这样的共识相对容易,而且这也将扭转媒体认为东盟地区论坛是"清谈馆"的论调(interviews:Singapore Canberra,Tokyo,February 2010)。

上述期望在 2005 年 7 月第 15 次东盟地区论坛的"愿景声明"中得以体现。这一声明为东盟地区论坛到 2020 年的发展规划设定了路线图,承诺使东盟地区论坛成为"一个行动导向机制,以具体且有效率的行动回应亚太地区所面临的共同挑战,包括'恐怖主义和跨国犯罪','灾难救援','海上安全',以及'不扩散和裁军'"(ARF,2009b)。针对该优先目标,东盟地区论坛的官员开始就上述四个问题建立"东盟地区论坛工作计划",以推动实际合作的实现。

关于非传统安全的一系列声明使人们认为东盟地区论坛开始从对话转向实际的安全合作。但是,仅靠这些声明并不足以评估东盟地区论坛的发展,因为合作行动的实行需要得到参与国的自愿承诺。这就带来一个问题,看起来积极的声明能否真正得到落实?不幸的是,即便在非传统安全问题领域,东盟也遭遇了执行困难。实际上,在写本章的时候,东盟地区论坛只进行了一次关于反恐和海上安全的桌面推演,而且同一时间,第一次灾后救援演习也仅有一部分国家参与。

哈克(Haacke)在 2009 年的文章中认为,东盟地区论坛在非传统安全合作上进展有限,这主要是因为部分东盟地区论坛国家缺乏能力与资源,而且彼此间还缺乏信任,强调主权和不干涉原则。比如,缺乏信任阻碍了反恐合作的执行,如信息和情报交换,而东盟地区论坛成员国对国家主权比较敏感,沿海国家难以就威胁的严重性达成一致,这阻碍了在东盟地区论坛主导下的马六甲海峡和中国南海地区的海上安全行动（Mak，2010；Morada，2010b）。同样，由于主权问题和国家能力的差异，关于东盟地区论坛在救援行动中作用的争论被复杂化了（Haacke，2009：445）。简言之，现阶段东盟地区论坛推进非传统安全具体合作的困难与其在推进传统安全合作——包括军事建立信任措施和预防性外交——方面十分相似。

东盟地区论坛的制度适应

东盟地区论坛的制度改革问题也成为成员国争论的焦点。20 世纪 90 年代末，特别是东盟地区论坛开始讨论预防性外交以后，这一问题更为突出。激烈的争论使积极国家日益关注东盟的东盟地区论坛排他性主席身份和该论坛的非正式制度框架。积极国家担心这两个方面的问题在东盟地区论坛成员地位平等以及平等分配资源的情况下，会阻碍预防性外交机制的有效发展。比如，担忧由东盟国家担任东盟地区论坛主席是否会对非东盟国家负责，以及是否会在东盟和非东盟国家的争端中公平地使用预防性外交。另一点是东盟地区论坛一定程度的制度化是推动具体预防性外交措施的先决条件。比如，需要制度来收集和分析关于潜在冲突的可靠情报。为了完成这一任务，东盟地区论坛主席需要一个长期的秘书处，或是诸如地区风险中心这样的特殊部门，这样才能提供必要的技术性专业知识（Tay and Talib，1997：262）。

由于对东盟地区论坛制度安排的广泛担忧，在 1999 年 5 月第 6 次东盟地区论坛高官会上，美国代表提议由一个东盟国家和一个非东盟国家组成共同主席，并提议成立东盟地区论坛常务秘书处。然而，东盟既不打算削弱其领导角色，也不打算支持东盟地区论坛的进一步制度化。在 2003 年 11 月关于建立信任措施的会间会上，美国传阅了一份概念性文件，提出在东盟秘书处成立"东盟地区论坛小组"（ARF Unit）。美国的这一提议显然是对其最初提议建立东盟地区论坛秘书处的让步，但仍然被东盟国家浇了冷水。虽然如此，由于积极国家不断施加压力，在 2005 年 7 月第 11 次东盟地区论坛部长级会议上，东盟成员国终于同意在东盟秘书处成立东盟地区论坛小组，尽管规定该秘书处只能由东盟官员组成（Severino，2009：118 – 119）。不仅如此，在 2005 年 7 月的第 12 次东盟地区论坛部长级会议上，各国部长同意成立"东盟地区论坛基金"（ARF Fund），以支持"东盟地区论坛的计划、行动与决定的实施"（ARF，2005d）。

虽然如此，东盟地区论坛小组和东盟地区论坛基金的成立并没能解决由于低制度化水平产生的问题，由于两项动议显然缺少资源。令人惊讶的是，官方指派到东盟地区论坛小组的工作人员一般只有一到两人。很难期望东盟地区论坛小组能够发挥多大作用，其只不过是储藏东盟地区论坛文档的仓库（Interviews：Singapore and Tokyo，February 2010）。至于东盟地区论坛基金，因为注资该基金是基于自愿原则，从成员国那里筹集的资金十分有限。在东盟内部，只有三个成员国投资该基金（Morada，2010a：29）。

近年来，一些致力于增加东盟地区论坛作用的东盟国家也开始呼吁强化东盟地区论坛的制度化水平。同时，第二轨道机构也开始日益关注东盟地区论坛的弱制度化问题。例如在 2007 年，东盟国际事务与战略研究中心（ASEAN – ISIS）和亚太安全合作理事会（Council of Security Coopera-tion for the Asia Pacific，CSCAP）分别提出强化东盟地区论坛制度化的具体建议（Morada 2010a：32 – 33）。这些声音成为提升东盟地区论坛制度化水平的新动力。比如在 2009 年东盟地区论坛的愿景声明中承诺，成员国将"通过为东盟地区论坛部门提供必要的资源，建立更先进的制度，到 2020 年成立更强有力的秘书处"（ARF，2009b）。2010 年第 17 次东盟地区论坛部长级会议通过"河内行动计划"（Hanio plan of action），该计划将采取更具体的措施实现上述目标，比如"通过增加官员人数，提升东盟地区论坛小组为东盟秘书处的一个部门"，以及"鼓励所有的成员国以项目为基础或采取更加综合的手段对东盟地区论坛小组提供资金、人员和专家援助"（ARF，2010e）。

在东盟秘书处设立东盟地区论坛部门，迈出了加强该论坛制度化的第一步。然而，非东盟国家是否会为这一目标将其宝贵的人力与财力资源投入到东盟地区论坛小组和基金之中仍然是一个问题。这是因为成立东盟地区论坛部门并不会对东盟的垄断地位有任何影响。所以这一举动难以减轻积极国家的挫败感（Interviews：Kuala Lumpur，June 2009；Morada 2010a：33）。东盟地区论坛结构改革的成功有赖于东盟与非东盟国家分享其领导地位，但是即便是在那些热衷于加强东盟地区论坛在地区安全方面作用的国家，这一态度也并未成熟。

东盟地区论坛在地区安全中的作用

正如我们所看到的，尽管在初创的几年内取得了一些进展，东盟地区论坛并没有按照 1995 年概念文件的议程取得实质性的进展。建立信任措施能够减轻地区内国家间彼此的不信任，预防性外交机制能够解决该地区一系列潜在的军事热点，但是东盟没能有效发展这两项功能。东盟地区论坛在非传统安全合作上的努力也没有取得令人印象深刻的成果。简言之，东盟地区论坛很大程度上仍然是多边安全对话的场所。从建构主义者的视角来说，东盟地区论坛仍然是一个对话论坛并没有错，因为其功能在于强调对话和磋商。实际上，从"东盟方式"（ASEAN Way）的对话来看，东盟地区论坛行动准则所体现的建立共识和非约束性承诺在推动有效合作方面潜力巨大，能够有效推动东盟国家遵守其所描述的"合作安全"规范（Johnston，2008；Acharya，2009；Katsumata，2009）。然而，由于一些国家一直反对增加军事透明度和预防性外交，东盟地区论坛的社会化功能是否有效仍然是个问题（Yuzawa，2011）。

那么，东盟地区论坛在亚太地区安全中能够扮演怎样的角色？虽然不难证明东盟地区论坛只不过是一个"清谈馆"，但是该论坛在维护地区安全上确实发挥了作用。一般来说，东盟地区论坛通过以下方式维护地区稳定。首先，该论坛有助于确保美国在该地区的政治存在与政治参与，这被大多数地区内国家视为亚洲稳定和繁荣的关键所在。如前所述，东盟决定创立东盟地区论坛主要反映了其想保持美国在亚洲的势力存在。由于担心美国从该地区撤出，东盟将东盟地区论坛作为使美国加入地区框架的手段，从而消除关于美国势力存在的不确定性。换句话说，东盟希望能将东盟地区论坛的对话进程作为一种手段来提醒美国其持续存在对地区稳定至关重要（Khong，2004：202）。

东盟地区论坛成功地实现了东盟的目标。东盟地区论坛在这方面的关键作用可以被 2005 年和 2007 年美国国务卿赖斯（Condoleeza Rice）两次缺席东盟地区论坛部长级会议所说明。由于缺席这两次会议，赖斯招致许多东盟国家的严厉批评，这些东盟国家认为美国的举动向地区国家传递了错误的信息，这造成美国的边缘化，并增加了中国对东南亚的影响（Symons，2007）。这些指责对美国的政策制定者产生了影响，强调了保持美国对亚洲承诺有效性的重要性（Interviews：Washington D. C.，October 2007）。这促使美国更新其对东南亚的承诺，具体表现在 2008 年 4 月美国第一次任命驻东盟大使，以及在 2009 年 7 月签订《东南亚友好合作条约》（*Treaty of Amity of Cooperation in Southeast Asia*，*TAC*）。

其次，东盟地区论坛可以对那些不遵守国际规范和规则的地区内国家施加集体压力。多边制度通常被一组国家用来抵御或限制大国及其他国际组织的政策影响，使国家有机会能够为此目的进行广泛联合（Doran，2010：49）。东盟地区论坛也是一样。

最后，东盟地区论坛通过为部长级双边会晤（这在其他情况下是很难达成的）提供的机会，在一定程度上帮助成员国，尤其是大国改善彼此之间的外交关系。当两个国家间存在很大矛盾时，就算两国希望通过建立高级别会议修复关系，建立这种会议也是非常困难的。因为在这种情况下，由哪一方先行提出会议邀请事关国家声誉，并可能成为新的矛盾点。定期举办部长级会议的东盟地区论坛能显著降低与建立高端会议相关的"政治"或"交易"成本。中美就经常利用东盟地区论坛来减轻危机后的双边政治紧张，比如 1999 年中国驻贝尔格莱德大使馆的被炸事件，以及 2001 年南海的撞机事件。2001 年 7 月河内第 8 次部长级会议期间，美国国务卿科林·鲍威尔（Collin Powell）和中国外交部长唐家璇举行了布什上台以来两国间的第一次外长会议。由于 2001 年在海南岛附近的一架美国 EP－3E 型侦察机与一架中国喷气式战斗机相撞，中美关系险遭破裂，鲍威尔和唐家璇的这次会议为改善美中关系提供了契机（Yuzawa，2007：140）。

因此，东盟可以加强美国在该地区存在，能够对违反规则的国家进行集体施压，而且还能在外长层面为关键的地区行为体进行双边接触提供平台，所以东盟地区论坛对保持地区稳定发挥了重要作用。由于其在很大程度上仍然只是一个多边安全对话论坛，这些功能可以被视为东盟地区论坛维护地区安全的最大能力。

结　论

可以说，东盟地区论坛自创立以来的 16 年里几乎停滞不前。除了建立信任措施成绩平平之外，东盟地区论坛没能取得更多的进展，也就无法有效减轻成员国因为对国防计划的不确定性而产生的彼此猜忌。东盟地区论坛无法建立成员国间实质上的信任，于是推动实际的预防性外交和非传统安全合作困难重重。此外，尽管各国普遍意识到当前东盟地区论坛的制度安排无法开展实际的安全合作，却没有任何关于论坛制度改革的实际规划。总的来说，东盟地区论坛在很大程度上仍然只是一个安全对话论坛，与1994年初创时没有显著区别。

东盟地区论坛进程的停滞主要是因为其成员国缺乏互信，而且对该论坛所应发挥的功能也有不同观点。"共识决策"（consensus decision making）的东盟方式和"非约束性承诺"使在安全合作上产生具体结果的任务复杂化，并进一步成为障碍。正如我们所观察到的，共识决策规则是消极国家的工具，使它们可以审查或控制东盟地区论坛的议程，为其利益服务。不仅如此，非约束性承诺规则要求东盟地区论坛的所有协议都依赖成员国的自愿服从，这导致消极国家很容易违约。

然而，这并不意味着东盟地区论坛仅仅是"清谈馆"。尽管有以上缺点，东盟地区论坛通过最大程度地利用多边对话进程，对维持地区稳定做出了重要的贡献。实际上，这些进程使参与国有机会加强美国在该地区的存在，对违反规范的国家进行集体施压，以及在外长层面保持与地区主要国家双边联系。尽管因为发展停滞而饱受批评，东盟地区论坛因为这些特殊的功能还是能够在一定程度上保证地区内国家政治承诺的有效性。

东盟地区论坛的未来图景是什么？这些有限但特殊的功能能否足够维持其存在？正如许多东盟地区论坛官员所意识到的，该论坛无法继续停留在多边安全对话的论坛的水平，论坛主要议程的停滞不前已经催生了新安全框架的出现。实际上，越来越多的国家意识到在东盟地区论坛框架下推动实际安全合作所面临的局限性，近年来越来越多的国家在"最小多边"或"意愿联盟"的基础上推进安全合作。这可以概括为近年来所创立的诸多合作框架和安排，比如"亚洲打击海盗与武装抢劫船只地区合作安排"（Regional Cooperation Agreement on Combating Piracy and Armed Robbery against Ships in Asia, ReCAAP）、美、日、澳"三方战略对话"（Trilateral Strategic Dialogue）、以及日、中、韩三方峰会（Ashizawa, 2010; Mak, 2010; Yuzawa, 2011）。在地区层次，新的倡议也层出不穷，具有代表性的有香格里拉对话（Shangri - La Dialogue, SLD）、"东盟防长"扩大会议，以及在东亚峰会（East Asia Summit，EAS）中吸纳华盛顿和莫斯科。

新的框架和安排虽然不会导致东盟地区论坛在短期内的失败，但一定会使东盟地区论坛难以维持其动力和来自关键地区国家的真正承诺，因为这些新的框架已经开始推动解决地区安全挑战的具体合作，而这些恰恰是东盟地区论坛所没有做到的。此外，新的地区论坛，诸如东亚峰会、香格里拉对话、"东盟防长"扩大会议，已经提出了严峻挑战，这些新论坛已经开始发挥与东盟地区论坛相似的作用。有鉴于此，能否成功地在非传统安全领域这一首要任务上推进切实有效的合作，并且在较长的时期内，能否将合作扩展到该地区长期存在的传统安全问题上，在一定程度上决定了东盟地区论坛的未来。

第二十八章　APEC：亚太经济合作组织

尼克·比斯利（Nick Bisley）著　刘静烨译

亚太经济合作组织（Asia – Pacific Economic Cooperation，APEC）是一个有趣的组织。很难想象还有其他地区组织能如此快速地经历从创造的热情到停滞的幻灭这一整个过程。1989 年 11 月，APEC 召开第一次会议，很多人认为 APEC 只是领导人们的"造势"或"清谈俱乐部"（见《经济学家》和《远东经济评论》）。仅仅十年后，即使是其支持者们也承认 APEC 已经出现了严重问题（Ravenhill，2000），它正被"中年危机"困扰（Wesley，2001）。尽管其他地区组织也会遇到挫折，但挫折来得如此迅速的情况非常少有。即便 APEC 的名字也引来了小小的麻烦。如澳大利亚外交部长埃文斯（Gareth Evans）所说"在四个形容词中寻找一个名词"，其他妙语如"APEC 实际上为聊天提供了一个完美借口"，这些都说明 APEC 缺乏关注点。许多学者和分析家在其缩写后添加"论坛"（forum）二字，以试图传达该组织的本质。

尽管面临许多批评，APEC 仍是现代亚洲地区格局中的重要组成部分。最起码备受瞩目的年度领导人峰会得到了大家的认可。此外，它代表了该地区独特的国际经济自由主义观点，而这种观点认为，人们经历最近的全球经济危机之后需要进行机制整合。总之，APEC 是一个不可思议的组织，它的创立和发展不仅体现其自身特性，还在更广泛的程度上体现了亚洲地区主义的动力。

本章目的有二。首先，本章对 APEC 迄今为止创立和演变过程进行概述，并从中总结其优势和劣势。其次，文章将以反映亚洲地区主义的动力为基础，尤其是政府间组织在这一复杂过程中扮演的不稳定角色。本章安排如下：笔者将在第一部分探讨 APEC 的建立和发展。该部分有三小节，即 APEC 的起源，巩固和扩大，及停滞期。几乎没有其他地区组织像

APEC 这样被认为虚弱无力和毫无作为。第二部分将分别列举 APEC 的优势和劣势，这将解释为什么尽管 APEC 存在如此多问题，但仍有许多人坚持它的存在。最后一部分简要研究 APEC 的经验对亚洲地区主义的启示。以上讨论不仅反映了亚洲国家经济、政治和文化的多样性，还体现了国家和以国家为中心的机制常在以市场为导向的活动网络中扮演的模糊角色。从本质上讲，本文认为目前 APEC 的经验在很大程度上是由国家主导的地区主义进程和以市场为导向的区域化进程之间的紧张关系塑造而成。从更广泛地意义上讲，APEC 体现了亚洲国家间地区性机制规范和期望的多样性，以及看待该地区完全不同的视角。因此，APEC 很可能延续这种不可思议的方式，尽管它或许无法满足支持者们最乐观的期望。

APEC 的发展

起源

地区性机制无疑有着悠久的历史。事实上，教材中对欧盟记载常追溯至公元 9 世纪查理曼大帝和神圣罗马帝国时期。虽然在梳理 APEC 发展的脉络时有其他更合适的划分方法，但它们只能表明 APEC 的建立并不仅是基于良好的想法和有利的环境。推崇加强地区经济合作的学者、外交官和商界人士通过几十年的协调努力在很大程度上促成了首个促进亚太地区经济合作的地区性机制的创立（Ravenhill，2001：41 – 89）。冷战时期，美国对该地区的多边经济合作（或为此目的的战略合作）基本持负面态度。但这并未阻止其他国家推进该进程。日本精英阶层在这段时期具有很大影响力，他们通过建立太平洋贸易与发展会议（Pacific Trade and Development Conference，PAFTAD）（1968 年召开首次会议）（Drysdale，1984）和太平洋地区经济理事会（Pacific Basin Economic Council，PBEC，1968）等实体来搭建合作平台。太平洋经济合作理事会（Pacific Economic Cooperation Council，PECC）的前身是 1980 年建立的太平洋经济合作会议（Pacific Economic Cooperation Conference），它汇集了以私人身份与会的学者、商界人士和政府代表共商地区合作大事。

与会人员提出进一步建议，寻求建立经济合作与发展组织（Organization for Economic Cooperation and Development，OECD）式的机构，如太平洋自由贸易区和太平洋地区贸易投资组织。后者的计划最初在 1968 年提出，与 APEC 在 1989 年的最初提案有着惊人的相似之处，该计划在 20 世纪 70 年代中后期进一步发展（Drysdale and Patrick，1981）。然而雷文修（Ravenhill）认为，尽管存在巨大的商业利益，学界和媒体对地区力量并不认可，主要是因为地区大国日本和美国对此兴趣寥寥（Ravenhill，2001：54－58）。为了促进经济合作实现共同繁荣，虽然将国家利益结合在一起以减少争端的想法是非常有说服力的，但政治环境却并非如此。

1989 年 1 月 31 日，澳大利亚总理鲍勃·霍克（Bob Hawke）在首尔发表演讲，他提出需要建立一个推进地区经济合作的机构，这将有助于促进地区繁荣并拯救陷入僵局的乌拉圭回合谈判。经过一番外交上的讨价还价，APEC 首届部长级会议于同年 11 月 6 日至 7 日在堪培拉举行。尽管对于会议的发起国还存在争议，但日本和澳大利亚政治家促成了此次会议召开，来自亚太地区 12 个国家的财政部长与会。这十二国分别是澳大利亚、文莱、加拿大、印度尼西亚、日本、韩国、马来西亚、新西兰、菲律宾、新加坡、泰国和美国。为什么当时这些国家同意建立政府间机制？而他们建立的是一个什么样的实体？

国家间的地区经济合作在此时，而不是在此之前吸引决策者和政治家，证明了环境对政策决策的重要性。合作在经济和功能上的好处是一直存在的，支持提高自由化程度的理论基础是根深蒂固并广泛接受的。环境，特别是地缘政治环境，对将想法转化为政治现实至关重要。也许冷战的结束是最重要的因素。虽然当时苏联尚未解体——确实在霍克发表演讲时，东德政权也没有摇摇欲坠的迹象——但是关于冷战地缘政治和意识形态上的争论已告一段落，戈尔巴乔夫在联合国发表的苏联意识形态投降的简短演讲是阶段性标志（Bisley，2004：76－94）。这在亚洲产生了立竿见影的效果，有助于结束在柬埔寨及其周围隐藏已久的冲突。自此亚洲迎来了长期地缘政治稳定。同样，它也导致美国重新调整其对亚洲国际政治战略，且开始考虑两极冲突结束之后如何实现地区利益。

虽然冷战的结束十分重要，但它并不是唯一影响 APEC 创立的环境因素。霍克的演讲也提到了第二个因素：害怕乌拉圭回合谈判失败。最初参加 APEC 的国家都致力于确保多边贸易体制，并认为有政府支持的自由化机制需要加强。为了实现这一目标它们建议在太平洋地区建立一个按照自由主义原则运行的实体。第三个因素是对"集团主义"的惧怕。该地区的许多国家担心两大贸易集团的建立将带来真正的风险——一个以美国为中心，另一个以欧洲为中心——它们将使两大集团外的国家面临经济发展困难。因此，这一机制的形成不仅推动了全球自由化，也加强了特定地区合作，是对现有市场准入的保护，特别是对在美国享有市场准入的亚洲经济体的保护。冷战结束后，美国内部同样存在许多关于减少海外战略和外交义务的争论。一种新孤立主义论调引起亚洲许多国家的担忧。对亚洲国家而言，美国在本地区的军事和外交力量锐减可能将导致地区内现有国际秩序的剧变。对许多国家而言，美国仍然是地区平衡的维护者和最重要的地区经济力量。地区国际关系，尤其是战略平衡的构建，被认为陷入无人支持的尴尬境地。因此，许多人致力于维持美国在该地区的存在，APEC的建立就是其中重要组成部分。

因此，出于经济和政治目的，各方在堪培拉积极推动建立制度化的经济合作。而首届部长级会议联合声明有意对APEC将采取的清晰的组织架构含糊其辞（APEC，1989a），大会主席的总结陈词明确了APEC将采取更广泛的形式及原则（APEC，1989b）。从一开始，大家就明确了传统的自由主义思想的指导地位，特别是确立了"经济合作将带来共同繁荣"这一共同信念的地位，这一信念将国家利益紧密联系在一起，从而产生区域共识。尤其需要注意的是，成员一致认为合作应由共识而不是自上而下的决议推动，这一过程应该是开放的，受益对象应不仅局限于参与者。在此意义上，APEC是"开放的地区主义"的一次尝试（Garnaut，1996）。最后，与会者一致认为APEC下的经济合作是对已有体制的补充。因此，虽然东南亚国家联盟（Association of Southeast Asian Nations，ASEAN）还未能将APEC列入ASEAN部长级会议，但是它成功确保了ASEAN不会被APEC挤出局。最明显的是贸易，尤其是支持多边体系的贸易将成为APEC合作项目的关键部分。

虽然堪培拉达成的正式决定非常笼统，但APEC未来的组织轮廓从中可见一斑。它将成为一个致力于实现自由主义经济思想，尤其是实现关税与贸易总协定（General Agreement on Tariffs and Trade，GATT）系统下非歧视和透明原则的实体。它是一个开放的、通过协调一致进行决策的组织。ASEAN坚持该组织的程序规范缓解了许多亚洲国家对可能存在的主权削弱的担心。在这一点上，地区内成员一直都坚持APEC应该是某种地区性的OECD，即一种不直接促进经济一体化，而是通过更有效的沟通、政策协调提高、更高的信息透明度，以及建立共同标准来促进合作的实体。

巩固和扩大

APEC 发展是不同寻常的，它从一个笼统的意图陈述开始，发展成拥有涉及三个联合国安理会常任理事国和所有太平洋沿岸重要经济体的最高级别的制度化实体。在不到十年的时间里，该组织已经探索出一套用达成的原则和规范来管理机构的运作模式，并发展出一套以贸易自由化为核心的宏伟工作方案，其成员从最初的 12 个经济体扩展到 21 个。本章在第二部分将这一过程划分为巩固与扩张两个阶段。笔者将依次对其进行讨论。

1990 年新加坡举办了后续部长级会议，该会议力求确保支持地区经济合作制度化的外交动力，强调了堪培拉会议确立的基本原则，并重申建立制度化非正式组织的承诺（APEC，1990）。更清晰的组织观念在 1991 年首尔第三次部长级会议中才形成。《首尔宣言》标志着 APEC 发展史上的一个里程碑，它是该组织达成的最接近宪章的文件。宣言明确提出了指导成员合作的原则、划定了成员的资格标准并建立了基本组织架构（APEC，1991）。该声明指出合作将依据以下原则开展：

（1）互惠互利，考虑不同经济发展阶段和社会政治制度间的差异，并充分考虑发展中经济体的需求；

（2）承诺开放性对话及共识的建立，对所有参与者的意见一视同仁（APEC，1991）。

于是，共识成为关键的决策规范。与 ASEAN 的原则一致，成员不应被迫作出违背其意志的决定。宣言还提出欢迎与地区经济关系"紧密"并接受 APEC 原则和目标的经济体加入。取得成员资格自然也需现有成员的一致同意。当然，这意味着对会员资格的考虑将集中在成员对"紧密"的理解及他们对地区组成的认知。同样，成员资格对经济体而非对国家的开放也些许回避了坚持政府间主义的承诺。最后，宣言还阐明 APEC 不存在一个强大的官僚主导机构，它只是一个按照部长级决议开展工作的政府间组织。然而，这次会议在讨论 APEC 应该实现的具体目标时出现了分歧，因此《首尔宣言》在进一步促进繁荣和相互依存问题上表述晦涩。总而言之，首尔会议对于我们了解 APEC 的演变非常重要，此次会议不仅确立了 APEC 进程和程序的基本原则，特别是自愿性、共识性和开放性（首尔会议第一次正式提出"开放的地区主义"）原则，还体现各方对实体合作类型的不同理解。

巩固阶段的第二项重要内容是确定 APEC 工作方案的基本架构。实质上这是对首尔会议在 APEC 应该如何运作以寻求共同繁荣和互利等问题上产生的分歧进行协调的努力成果。1992 年，APEC 成立了致力于解决该问题的"名人小组"。小组主席 C. 费雷德·伯格斯坦（C. Fred Bergsten），美国前财政部高级官员和著名国际经济学家，在一份报告中提出 APEC 应该关注的四个重点领域（APEC，1993）。经过一番争论，由于许多成员对该报告内容不满，最后大家提出了 APEC 工作的三个主要"支柱"：贸易和投资自由化、商业便利化（这是 APEC 的提法，通常称为贸易便利化）和经济技术合作（简称 ECOTECH）。第一个支柱旨在减少贸易和投资壁垒；第二个支柱旨在减少贸易和投资背后的成本——用 APEC 的表述是减少商业交易的成本；第三个支柱在本质上旨在提高 APEC 成员经济合作的能力，并最大程度利用前两个支柱的机会。表面上看，这三个支柱成为合作的主要焦点。

巩固阶段的第三个重要内容是增加年度领导人峰会。峰会是 APEC 工作的重点，是决定 APEC 议程的关键性决策论坛。年度峰会的建立大大提高了 APEC 的地位，并赋予它明确的政治色彩。这一想法由澳大利亚当时的总理保罗·基廷（Paul Keating）在 1992 年提出，并于 1993 年在西雅图召开了第一次首脑峰会，当时新上任的美国总统克林顿主持了这次峰会。举行首脑级会议的目的是提高组织的威信，在当时为各国首脑提供了一个无与伦比的会晤机会，并推动了 APEC 的进一步发展。领导人层面上达成的承诺具有政治信誉，这是其他任何一级政府间协议都无法比拟的，因此它能最大限度提高协商的可能性，并打破可能出现的政治僵局。当然，实现这一假定的前提是领导人都是积极的政策制定者，他们都致力于最大化利用机会并促进 APEC 目标的实现。成为一个由政治领导人牵头的组织对 APEC 的发展具有决定意义，这一点后文将继续讨论，它也成为该组织优势和劣势的根源。

在第二次峰会上，巩固阶段的前两部分才结合起来，并对 APEC 的发展产生深远影响。1994 年在印尼茂物举行的领导人峰会为之前刻意模糊的经济合作进程提出了一个宏伟且具体的目标。在《茂物宣言》中，APEC 成员公开承诺将致力于在本地区形成一个自由开放的贸易环境——发达经济体在 2010 年实现这一目标，其他经济体在 2020 年完成（APEC，1994）。突然间 APEC 不仅是贸易自由化的支持机制，也是有关技术或其他单一议题的半正式经济合作论坛，更是一种推动贸易投资自由化的机制。APEC 现在已有明确的工作目标和前景展望。其决议不仅是艰难协商的产物，也是共识的产物。尽管如此，从一开始就很清楚的是，APEC 的成员对达成目标的实践忧心忡忡，从更广泛意义上来说，他们是对 APEC 的发展前景感到忧虑。对多数人而言，《茂物宣言》代表着 APEC 发展至今的顶峰。短期内，一个新经济组织将许多重要国家集中在一起，并承诺实现贸易投资自由化。但成员对这一目标的认识存在差异——一些国家将其视为心中的梦想，而另一些国家将其视为努力奋斗的目标——事实上最终采取的体现目标的基本合作形式暗示着这波浪潮将很快退去。尽管如此，APEC 已在巩固阶段形成了广泛的意向，并确立了明确的目标和工作模式。

如果高参与率是成功标志的话，APEC 在最初几年可以被视为取得了巨大的成功。申请加入的成员数量增加对 APEC 而言是否有利？更重要的是，对一个致力于经济合作的组织而言，尽管由市场开放带来的扩大是一件好事，但标准制定和政策协调肯定更为重要。因此所有参与谈判的人都认为在扩大过程中存在规模和效率的权衡问题。虽然规模的扩大拥有一定的经济吸引力，更广泛的意向赋予该组织隐含的政治意味，但是扩大对于国际组织而言并不总是最优战略。虽然 APEC 的成员迅速从 12 个经济体扩展到 21 个可视为一种成就，但是对组织表面的热情及对前景的乐观掩盖了组织内部对于发展步伐和身份认同的忧虑。

20 世纪 90 年代，APEC 在成立之后迎来了四波"加入浪潮"。如上文所述，1991 年中国大陆加入 APEC。1993 年，巴布亚新几内亚和墨西哥加入，极大强调了 APEC 的太平洋身份。1994 年智利加入，随后 1998 年越南、俄罗斯和秘鲁加入。所有新成员的加入都由首脑峰会一致同意通过，最后三名成员加入后，APEC 决定暂停接受新的成员。尽管这项决议被临时延长，但在未来几年内有可能被重新提起。印度和蒙古国是有强烈加入意愿的两个地区国家。在 21 世纪结束时，APEC 贯穿波罗的海到巴塔哥尼亚。成员经济体人口总数超过 25 亿，GDP 约占全球总量的 2/3。乍看起来 APEC 成就非凡。然而，暂停接纳新成员表明组织内部对于成员的构成仍存在相当大的争议。

大量成员的加入带来了一些特殊的困难。首先是成员数量的增加导致协议更难达成。鉴于 APEC 协商一致的决策方式，规模的扩大肯定增加决议达成的难度。其次，更重要的问题是成员之间对地区发展的开放性认识存在差异。一方面，部分国家认为 APEC 应该是环太平洋国家的组织，而另一部分国家认为它主要是一个东亚组织。一些人认为应该阻止其扩大，而另外一些以马来西亚总理马哈蒂尔为代表，热衷于建立以东亚为核心的地区合作的人们认为，APEC 成员的不断增加将降低效率，东亚国家应寻求建立一个小规模组织。俄罗斯的加入使成员资格政治化问题达到了顶峰，相对于亚太地区，俄罗斯当时更关注欧洲的政治经济发展。澳大利亚前总理保罗·基廷（Paul Keating）认为俄罗斯的加入是一种"经济破坏主义行为"（Beeson，2009：4），它既没有太大的经济意义，又进一步降低了组织效率。俄罗斯获得成员资格是美国出于政治意图而大力促成的；加入 APEC 被作为美国在北约东扩过程中安抚俄罗斯的手段（Ravenhill，2001：207）。APEC 的扩大不仅使其工作发展面临困难，突显出成员间的政治紧张，它还分散了组织的重心（Cook and Gyngell，2005：6）。实际上，一些声称支持 APEC 多元化的成员利用组织的扩大复杂化某些他们不满的 APCE 政策。这在日本不满贸易自由化问题上表现得尤为明显（Ravenhill，2001：101）。

停滞及意想不到的成果

在经历迅速发展之后，虽然 APEC 通过领导人峰会获得了广泛的公众关注，并设定了高调的经济合作目标，但是它取得的具体成果却非常有限。然而，在 APEC 核心工作不断萎缩时，成员在组织中意外发现了一些始料未及的政治和安全利益。

贸易自由化进程是 APEC 至今最大的败笔。它不仅未达到《茂物宣言》设立的目标，在实现茂物目标过程中还产生了更广泛的问题。一开始，APEC 不仅是支持国内自由化的机制，还用来减少区域贸易壁垒，这导致了成员间的分歧。实际上，即使在茂物会议后的大阪领导人峰会上，领导人就如何实现茂物目标都很难达成协议。在这点上，"西方"和"亚洲"成员之间的分歧十分明显。西方成员的关注点在于建立一个结果导向的机制，尤其是促使 APEC 在贸易自由化过程中扮演更积极角色的作用；而亚洲成员的重点在于过程和经济合作的初级形式。这两种观点结合起来促使"部门早期自愿自由化"（Early Voluntary Sectoral Liberalization，EVSL）协议的产生，1996 年在菲律宾举办的领导人峰会通过了（APEC，

1996）该协议。EVSL 实际上需要各成员确定自愿自由化的部门，并将他们作为一个整体努力平衡各自的利益和需求，在更广泛意义上促进集体行动（Ravenhill，2000）。经过一系列的讨价还价，高官们确定了 15 个实行自由化的部门。但是由于这一过程的自愿性和非互惠性，不愿意自由化的部门几乎没有动力去降低贸易壁垒。因此，面临来自国内利益集团强烈反对的国家，如日本，就没有理由继续推动了（参见 Wesley，2001；Krauss，2004）。虽然许多支持自由化的人意识到自愿性是一个政治问题，但赋予这一过程强制性的阻力仍然存在。EVSL 不仅仅在促进自由化方面失败了，它还严重地限制了 APEC 体制下任何关于贸易自由化前景的产生。

EVSL 不仅对合作进程的贸易领域是一个打击，同时它也破坏了 APEC 在主要大国眼中的信誉。西方国家认为，APEC 无法达成他们所期待的结果，而亚洲国家，尤其是日本，认为这一机制可以被用来实现国内经济政策的强制转型。这导致许多重要国家退出这一进程，尤其是起领导作用的国家缺席。在过去，澳大利亚和日本一直是该组织的领头羊，但两个国家都拒绝参加 EVSL。外部的压力也使 APEC 的信誉受损。APEC 未能有效应对 1997 年 8 月亚洲金融危机该地区面临的巨大经济挑战，并与以西方国家为首的大国进一步疏远。虽然有人指出 APEC 不是一个危机应对组织（Nesadurai，2006），但它缺乏对危机的应对，它甚至没有就危机性质形成共同立场，这一点证实了 APEC 是一个中空的组织，并强化了成员间更广泛的政治疏离。

为了解决这些问题，成员开始寻求其他途径来实现国际经济政策目标，由此造成低期望值和政治官僚投入不足的恶性循环。由于 EVSL 的失败及 WTO 多哈回合谈判受阻，许多 APEC 经济体为实现自身利益开始转向互惠贸易协定。与"开放地区主义"（这是 APEC 建立的核心思想）形成鲜明对比的是成员彼此间签订了排他性协议，形成了一个原产地规则混乱的贸易网络（Aggarwal and Urata，2005；Ravenhill，2008）。它不仅降低了该地区的贸易开放度，也为该制度带来了直接成本。成员都在 APEC 外进行外交，这加强了组织无用的观念，这一观念进一步损害其政治效用。另一方面这种恶性循环是地区合作转向新的多边进程。由于 APEC 未能维护成员利益，其他机制开始出现并与其竞争，进一步威胁 APEC 的地位（有关这一过程的论述可参见 Frost，2008：131 -

174）。两个典型例子是"东盟＋3"（其中的"3"指中国、日本和韩国）和东亚峰会（East Asia Summit，EAS），这两个机制都以经济合作为核心任务。"东盟＋3"确实在金融合作这一复杂领域取得了一定成就，其中以《清迈协议》最为显著（参见 Stubbs，2002）。同样，虽然东亚峰会在具体经济合作方面仍处于萌芽状态，但该组织及其领导人年度会议都更明确地以亚洲（包括印度）为关注中心，两者一起构成了对地区合作机制的竞争，而此前 APEC 一直处于垄断地位（关于 EAS 及其前景可参见 Cook，2008；Camroux，Chapter 30）。

最后，APEC 未能像领导人峰会一样受到持续关注。领导人会议得以使成员公开表达观点，这是十分必要的，它使 APEC 得以提出一个极端宏伟的工作日程。从 APEC 性别关注工作组到竞争性政策，从能源安全到旅游，APEC 宣称其工作包括 50 个不同部门的行业工作，至少涉及三大支柱中的一个。但是在某种程度上，与许多意向声明一样，APEC 在这些部门内对成员经济的影响程度是不一样的。此外，对新部门的进入将以牺牲组织的原始目标为代价，这正是金吉尔和库克指出的"组织功能的扩大与核心目标的发展负相关"（Cook and Gyngell，2005：6）。

这些努力一无所成使人们产生疑惑，除了国际机制可能拥有的一定惯性，APEC 为什么还能依然存在？尽管成员有许多共同利益，APEC 寻求的经济合作仍比预期存在更多困难，但成员发现该组织有惊人的政治效用。自由化议程失败和亚洲金融危机导致的更大范围的信誉缺失之后，该组织试图达成妥协，领导人峰会带来的政治和外交机会赋予了该组织些许急需的资本（参见 Bisley，2005）。在奥克兰举行的第六届领导人峰会对协调东帝汶干预具有重要意义；2001 年的上海峰会是"9·11 事件"后第一次重大国际会议，并有助于缓和中美撞机事件后紧张的双边关系。成员看到了年度峰会具有的更广泛的特殊价值，例如它提供了前所未有的政治对话机会，和未被充分重视的多边主义与走廊外交机会。因此，作为一个汇聚许多大国，如俄罗斯、中国和美国，以及太平洋区域的重要经济体实体，APEC 峰会为 APEC 维护成员经济体利益提供了一个诱人的外交机会。

对 APEC 的评价

优势

尽管 APEC 历史悠久——一些人认为虽然它面临成员经济、政治和文化的多样性和许多成员明显的不满情绪等问题，它仍是一个成就非凡的组织——人们似乎难有好词来形容它。甚至有这么一种倾向，即认为 APEC 是证明不应该建立地区性国家间经济合作机制的绝好例子。然而，这一看法忽略了 APEC 对地区更广泛的国际关系做出的许多重要贡献，并忽视了它在维护世界上这一重要但易发生冲突地区稳定的潜力。

支持者认为该组织最重要的贡献是它促进了成员间的沟通，帮助国家实现共同利益并规范沟通途径，以减少信息不对称可能导致的错误决策。从更广泛的意义上讲，经常性的沟通为危机管理提供了机会，当成员面对危机无法解决时，沟通能帮助遏制危机的负面效应。即使存在制度缺陷，该机制建立和维护的过程被认为证明了 APEC 的存在。无可争辩的是，在该地区开展更多的多边对话是一件好事，人们容易忽略的一点是，APEC 是迄今为止第一个不断发展的多边组织——它不仅聚集了美国及其盟友，还涵盖了崛起中的大国中国。实际上有些学者一直认为通过帮助塑造中国对国际环境的偏好和理解，APEC 在维持中国崛起后的地区秩序方面起着重要作用（如 Elek，2000；关于更多中国社会化的内容可参见 Johnston，2008）。

从更具体的意义上来说，年度领导人峰会是 APEC 最重要的财富（但是如下面所讨论的，它并不是零成本的）。它是维持所有成员间重要利益的关键要素，同时也为有效治国理政提供了独特机会。因此，年度领导人峰会成为多边新型外交场所的绝佳例子。考虑到本地区变动的经济与战略版图，APEC 具有巨大的政治潜能。（如 2001 年峰会）且不说其他方面，一个拥有汇聚中国、美国、俄罗斯、日本、印度尼西亚首脑们的年度会议的组织必然拥有丰富的资源。此外，APEC 是中国国家主席唯一每年都出席的地区性峰会，其他会议如 EAS 等由其总理出席。必须承认的是，正如雷文修（Ravenhill）所说，这种潜力的实现取决于每个领导人的特质——迄今为止的经验证明每次峰会的贡献参差不齐（Ravenhill，2001：206）。

APEC 的第三个优势是相对其他与之有竞争关系的组织而言，APEC 作为一个桥梁能够连接国家推动的经济全球化和市场驱动的一体化。许多人认为地区主义（国家通过地区主义来推动自身利益的实现）和区域化（市场通过区域化来整合经济）之间的差别在亚洲已得到充分的讨论。有些人坚持在亚洲，市场往往走在国家之前，因此努力缩小两者的差距毫无意义（Katzenstein，1997）。但是 APEC 通过与商业部门的正式联系（尽管目前看来十分单薄），考虑到国家和市场进程相结合的需要。大家公认 APEC 在贸易便利化领域做出了积极贡献（如 Cook and Gyngell，2005：9），它减少了国际贸易的交易成本。借助于东盟工商业咨询理事会施加的贸易压力，该贡献影响广泛。在海关程序，监管协调和技术标准化领域内，APEC 已找到自己的一席之地。

APEC 成立之初，政治安全问题一直被排除在议程之外。任何组织活动带来的政治利益都是间接实现的。随着 1994 年东盟地区论坛（ASEAN Regional Forum，ARF）的建立，该地区有了相对明确的分工：APEC 负责处理经济合作事务，而 ARF 将解决安全问题。然而在全球化时代，在政策领域试图强行区分政治、安全、经济问题是无益的，认识不到这些问题间的联系将导致致命性错误。APEC 吸取教训，开始将安全问题纳入工作范围，这在安全贸易（Secure Trade，STAR）动议中体现得尤为明显，该动议旨在加强对全球化社会中较为脆弱环节的安全保护以防止恐怖主义袭击（见 Ravenhill，2006a）。亚洲国家已经认识到安全利益和经济利益紧密相关，并寻求协作予以解决（参见 Bisley，2009）。APEC 已经找到自己的政治政策定位，并作为一个政治经济实体开始存在，尽管人们对于它是否是一个政治经济实体还存在争议。虽然它的潜力可能没被充分开发，但是它已经是一个确立了框架和进程、拥有良好政治资本的现存实体，尽管成员在某些问题上长期存在政治分离现象，但是这些政治资本仍有助于国家和社会接受全球化的挑战。

劣势

论及停滞期，一些基本结构性问题的存在严重阻碍了 APEC 的发展，对促进经济合作能力而言尤为如此。至少在"西方"分析家和政策制定者看来，APEC 的组织原则存在明显的缺陷。作为形成期的各方默许必须付出的代价，ASEAN 在确保 APEC 采取协商一致原则的同时，也使这个组织只能按照发展最慢的成员的节奏来运作。从贸易自由化进程可以看出，自愿主义是政策失灵的关键原因，反过来它也引发了政治分离和关于组织信誉的更广泛问题。它的运作模式与 APEC 所追求的地区合作似乎不相协调。贸易自由化的政治经济需要互惠——而自愿主义不需要互惠。同时从组织规模的角度考虑，自愿主义也使组织受到某一经济体利益的限制，这成为一个重大问题。第二个常被指出的缺陷与组织设计的一个重要方面相关。秘书处受到控制，意在保证 APEC 不会成为一个像欧盟委员会那样在特定领域强制成员采取行动的自治组织。与政策相关的主要专业人员并不直接受雇于 APEC，而是从成员政府部门借调而来（通常是外交部），由此保证其忠诚性。APEC 不仅限制秘书处的政治能力，也严格控制其资金。秘书处的工作人员总数在 50 名左右，正如库克和金杰尔所指出的，连太平洋岛国论坛的预算都比 APEC 秘书处的多（Cook and Gyngell，2005：7）。由于秘书处严重缺乏资金，APEC 可能达到的经济合作程度被进一步削弱。不仅自愿主义阻碍了 APEC 贸易促进和投资自由化的发展，APEC 秘书处无法像 OECD 一样，在经济合作的标准制定、信息交换和鼓舞士气方面能力不足。相比之下，OECD 雇佣的工作人员超过 2000 名。

进一步的问题是 APEC 一直因为领导者的缺失而备受折磨。这是由一系列原因导致的。确保该组织政府间主义特性目的在于防止成员受到欧盟式的官僚主义作风的干扰，但是同时这也意味着它在成员利益减弱和外交动因放缓时无法从内部提供领导力。APEC 完全依赖成员来推动组织向前发展。一旦最初发起者的兴趣减弱，如澳大利亚和日本——出于国内政治因素和对组织期望的幻灭——APEC 只能等待一个新的领导者出现。但是新领导者目前仍未到位（见 Morrison，2009）。领导人峰会的发起意图之一就是要将某些方面的领导国带入组织中来。然而，虽然峰会确实为 APEC 增加了一些特定资本，但是同时它也产生了一些组织成本。由于 APEC 组织的信誉受损，峰会认为必须形成新的声明以确保组织利益。但这些声明常与东道国的利益相关，并不考虑成员的整体利益或组织需要。恶性循环由此产生，这些声明进一步强化了人们对 APEC 缺乏组织信誉的认知（Ravenhill，2006b）。

一个从纽芬兰到圣彼得堡、从北京到圣地亚哥的组织是十分具有吸引力的。从某些角度看，APEC 的规模、范围和多样性被视为优势：经济合作可以帮助贫穷的巴布亚新几内亚，包括俄罗斯、中国和美国的协议肯定影响重大。但是，正如许多专家所指出，这种多样性被证明是一个巨大的负担。APEC涵盖了世界上最富有的国家（如新加坡）和最贫穷的国家（如越南）。迄今为止的经验表明，经济上的巨大差距意味着共同利益的缺乏，因此对合作达成共识也相当困难。与经济多样性匹配的是成员政治制度的多样性。APEC包含了自由民主政权、共产主义政权、军事独裁统治、假民主政权、甚至是文莱的专制君主政权。在一个倾向成员而不是机构本身，并强调自愿原则的组织中，由于成员间的政治沟通水平低下，信息交换非常困难，且成员经济体行政能力不同，政治多样性成为一个严重的问题。

另一个和APEC成员资格有关的问题是APEC到底服务哪个区域。正如本书其他章节所指出的（见Rozman，Chapter 2；Hobson，Chapter 4），近期关于亚洲地区主义的讨论，尤其是地区机制构建的讨论，已经转向APEC应该围绕东亚地区还是跨太平洋地区的问题。这一问题主要取决于如何处理美国在东亚的战略和经济存在。所有地区组织必须明确成员的准入标准。APEC成员通过的成员资格认定标准并不能明确体现与组织相关的经济或政治逻辑，也不能体现关于地区概念的共识。这些标准的设定通常出于一系列政治考虑，一些政治考虑旨在破坏这个组织，而另一些基本与组织本身没有关系。该组织的运作方式被成员严重破坏，他们利益不同且在地区共识上无法达成一致。坦率地说，能够产生地区共识的经济、政治和文化共同点不足。这种对"地区性"共识的缺乏严重阻碍了APEC的工作和未来发展。

问题关键就在于此。APEC最大的劣势在于成员间就组织应该做什么这一问题缺少任何有意义的共识。虽然有浩如烟海的行动计划、宣言和声明来规定APEC的宗旨，但这些往往仅是公关工作。显然他们缺乏具有实质意义的共识，而这些共识正是APEC应该促成的。ASEAN在这一方面与APEC形成了鲜明对比。虽然有些人批评这两个组织在达成共识方面都建树不多，但对于ASEAN而言这并不是一个问题。成员将ASEAN看作一个过程，并分享对组织存在意义等许多共同看法。APEC面对的最根本的挑战是成员缺乏对APEC宗旨的共识。如关于贸易自由化和扩大的成员数量的各种争论，体现了缺乏共识导致的观念摩擦。认为亚太经济合作进程优于APEC形成的政策制定者们，努力探寻一种新古典经济学家提倡的自由主义经济模式。然而，APEC 成立后，和其他理念一样成员并未继续坚持（见 Beeson，2009：51 – 55）。与最初目标相反，这一机制不但没有成为探讨不同形式合作的论坛，它连一个成员都认同的明确目标都没有达成。就连东盟"过程即目的"的简单观念在 APEC 内部也未能达成共识。过程是 APEC 工作的重要组成部分，毫无疑问它是非常重要的，但是仅就过程本身成员间也未能达成共识，更遑论过程应如何改进。许多国家，尤其是发达经济体，期待该组织发挥更大作用，但其他国家却希望它仅仅是一个论坛。除非解决这一基本问题，否则很难期待 APEC 在促进地区和自身发展方面有所作为。

APEC 与亚洲地区主义

APEC 在许多方面明显体现了亚洲地区主义的陈旧观念。从现在的情况来看，认为 APEC 在即将到来的"太平洋世纪"为太平洋地区国家和社会经济相互依赖网络提供服务的观点看似非常奇怪。事后看来，认为一个包含墨西哥、秘鲁、智利而没有印度的组织能实现日本、中国、美国、澳大利亚和许多 ASEAN 经济体的经济利益这一观点也很可能是荒谬的。同样，这也反映了在冷战结束后初期影响政策制定的国际乐观主义情绪。作为两极对抗结束后的政治新视野，APEC 体现出的极富野心的合作努力也有一定合理性。自由资本主义的变体不仅超越了苏联共产主义还超越了历史本身，这一观点在当时被广泛认可，它意味着管理国际经济关系本质上是一个技术命题，为实现这一目标而建立国际机制是理想的选择。APEC 存在的许多问题及其政策失效可能引出这样一个问题，为什么最初每个人都赞同这种努力。理解这一过程的关键在于苏联解体后的特殊环境。

正如何包钢所指出，亚洲地区主义很大程度上创造了一个有利于民族国家建设和资本主义国家概念形成的国际环境（He，2004）。而在世界上的其他地区，地区主义意味着打破民族主义并推动资本主义自由化的理念传播，而在亚洲地区主义意味着帮助国家实现国内经济目标。APEC 至今为止的经验显示出亚洲国家的这种偏好仍十分强烈。APEC 内部关于贸易自由化的激烈争论是这一偏好的显著表现。佛罗斯特指出，亚洲地区主义最近的发展保持这一动态趋势是对亚洲地区主义争论做出的最重要贡献。正如佛罗斯特所说，亚洲领导人"希望利用一体化进程寻找机会更成功地应对共同的国内挑战——由此加强他们的主权，而不是分享主权"（Frost，2008：11）。因此，APEC 注定失败的命运是由这种误解造成的，并为自由主义经济逻辑将改变这一地区的政治偏好这一错误假定付出代价。若 APEC 要使亚洲国家和社会繁荣发展，它应该帮助地区国家在日益一体化的动态市场环境中确定国内进程的发展方向。协调国内集权主义和跨国市场的需求成为对亚洲地区主义强烈需求的核心（Munakata，2006；Calder and Fukuyama，2008；Green and Gill，2009）。APEC 的近期发展表明它并不能满足这一需求，但是其他组织也无法满足，这为变革后的 APEC 组织留下了发展空间。

更广泛地说，APEC 的经验表明以市场导向的地区化进程（它在亚洲十分有活力）和以国家导向的地区主义（试图以政府间合作来促成政策结果）之间一直缺乏协调。APEC 政府间主义路径已经失效，但它仍然为提高两者间的协调作出各种尝试。显然 APEC 必须如此，否则它将从库克和金吉尔所谓的"最终边缘化的边缘"跌落，尽管目前它已经做好了这一准备。如何才能做到这点？从本章的论述可以得出以下几点结论。第一，该组织需要达成所有成员共享的规范性原则，在考虑主要国家政治利益的前提下，回归一些国家最初提出的 OECD 模式似乎是最有希望的（见 Park and Lee，2009）。如果这一组织想要发展成一个以沟通、信息和标准设定为核心的组织，那么它需要适当配置一些官僚资源。第二，它需要正确回答关于"地区性"的问题。即它需要确保成员不仅对宗旨达成一致，还要保证对他们共同利益的核心设置达成一致。简而言之，组织的目的，组织的目标对象和组织设立的原因等一系列问题都需要解答。第三，从管理咨询者的角度而言 APEC 可以被视为是一种竞争格局。对多边合作的需求将导致更多竞争者的参与，但 APEC 无法保证成员在面对竞争时具有足够的先发优势。它需要更加努力地解决和其他地区组织成果差异化的问题，特别是在区分与其他组织分工问题上尤其如此。

最后，APEC 需要划定一系列明确可行的机构，在其中可以切实开展保证政治参与良性循环的经济合作。EVSL 表明在这方面出差错后情况将变得多么糟糕。所以，APEC 应该致力于哪些领域？一个讨论较多的前景是 APEC 应促成 APEC 范围内的优惠贸易协定的达成，如伯格斯坦提出的亚太地区自由贸易协定（Free Trade Agreement for the Asia‑Pacific，FTA‑AP）。但是这一协议很可能被束之高阁，并且可能带来预期不断产生和持续破灭的恶性循环，因为从政治上看 FTAAP 是不具发展前景的。相反，APEC 能做也确实开始在做的是，作为一个地区组织对实施复杂且昂贵的原产地规则的优惠贸易协定（Preferential Trade Agreements，PTAs）带来的后果进行治理。APEC 同样需要在贸易领域内关注贸易便利化问题。不仅因为在该领域 APEC 已经取得相对的成功，也因为这是一个政府间行为，不需要高昂政治成本就能促进市场一体化的领域。

APEC 的经验在许多方面都反映了当代亚洲现存的更广泛的经济和政治势力。国家在经济领域内积极合作，但在政治上对他们的权利和特权仍十分敏感。受冷战后氛围的影响，APEC 通过自由主义制度化寻求实现地区繁荣。然而，亚洲国家对此十分不满，APEC 因此饱经磨难。APEC 的政治回报是明显的，被认可的，但是人们需要经济上的回报，否则现有好处将受到报酬递减规律的制约。只有成员意识到组织面临困境的产生根源，并采取措施重新定位组织以便更好地满足人们对经济回报的需求，APEC 才能利用多边主义带来的新机会。如果这样，它将在提高该地区国家和社会福祉方面大有潜力。否则，APEC 成员将需要一个新的借口来聚会聊天。

第二十九章　东盟 +3

——趋向更规范的地区主义？

寺田贵（Takashi Terada）著　刘静烨译

　　"东盟 +3"机制（ASEAN Plus Three，APT）谨慎而小心地开始于 1997 年 12 月的吉隆坡，是标志着东盟成立三十周年的象征性事件之一。时任东盟轮值主席国的马来西亚，仅邀请了中国、日本和韩国的三位领导人。有人认为，马来西亚总理马哈蒂尔·穆罕默德（Mahathir Mohamad）终于成功实现了他长期渴望的东亚经济集团（East Asian Economic Caucus，EAEC）计划，该计划在 20 世纪 90 年代早期曾遭到美国的强烈反对。然而，在 1997—1998 年亚洲金融危机之际举行了首届"东盟 +3"领导人非正式会晤，马哈蒂尔总理只是提议在 1998 年举行领导人会晤，且之后再商定是否有继续进行这一会晤的必要。作为下一届东盟轮值主席国的越南也邀请了三位东北亚国家的首脑参与河内峰会，以确保东亚区域合作的进一步制度化。在 1999 年 3 月河内召开的"东盟 +3"财长会议之后，"东盟 +3"这一概念得到广泛使用。最终，1999 年 11 月在马尼拉举行的第三次领导人非正式会议上，13 国首脑首次发表了《东亚合作联合声明》。声明大致阐述了"东盟 +3"合作的目的，① 所有东亚国家的领导人聚集在一起并以一个声音发表声明具有重要的象征意义。

　　直到 2000 年的"东盟 +3"财长会议，东亚才建立起具有实质性的地区合作机制。这一机制便是清迈倡议（Chiang Mai Initiative，CMI），它包括了货币互换网络和回购协议，反映出 1997—1998 年金融危机对东亚国家的影响程度。从那以后，"东盟 +3"机制不断扩大功能性合作领域，

---

　　① "东盟 +3"合作的目的被描述为，"通过继续的合作与协调，来加强互动和更紧密的关系，从而增进相互理解、信任与睦邻友好关系，以促进地区和平、稳定和发展"。

现已包括高级官员、部长级和政府首脑级会议。因此，"东盟＋3"目前已在20个政策领域建立了57个对话机制，包括1个峰会，14个部长级会议，19个高官会议，2个司局级会议，18个技术层面会议，2个第二轨道会议，并建立了一个在东亚地区完全成熟的地区机制。尽管东亚地区存在其他的地区机制，如东亚峰会（East Asia Summit，EAS），它于2005年成立，是中国和日本（和美国）权力斗争的结果，但是"东盟＋3"被认为是实现东亚共同体的主渠道，而东亚峰会被认为是实现东亚共同体的补充（根据2007年10＋3领导人发表的第二份联合声明）。①

"东盟＋3"机制形成后第一个十年里，其三个特征明显对已有地区主义研究的正统理论构成了挑战。首先，"东盟＋3"机制是亚洲排除美国作为正式成员的首个地区机制。美国在之前就反对任何排斥美国参与的亚洲地区合作提议，例如东亚经济集团（Eaast Asian Economic Caucus，EAEC）和亚洲货币基金（Asian Monetary Fund，AMF）。美国被排除在"东盟＋3"机制之外至少有三个原因：美国对亚洲金融危机的坐视不管；马来西亚决定不邀请非东亚国家参与1997年的首届"东盟＋3"峰会；美国对"东盟＋3"机制发展的"消极"态度。第二个特点是，与其他地区的区域一体化传统路径不同（Dieter and Higgott 2003），以CMI为代表的金融合作成为"东盟＋3"机制的首要议程。金融合作的双边方式，以及建立一系列双边而非地区性的自由贸易协定（Free Trade Agreements，FTAs），意味着东亚缺少一个地区方式实现真正意义上的一体化。最后，"东盟＋3"这一名称还意味着，东盟作为一个分散的、相对小的经济体，虽无法享受大规模生产的经济效益，但有资格在东南亚地区举行年度峰会，并邀请东北亚的三个大国与会。东盟在"东盟＋3"机制中发挥的作用使东盟能在东亚合作中处于中心地位，而通常在区域一体化中发挥领导作用的地区大国仅发挥次要作用，如日本和中国。然而，东盟能否领导东亚地区主义遭到了许多学者的质疑，如大卫·马丁·琼斯（David Martin Jones）和迈克尔·L.R.史密斯（Michael L.R.Smith），针对"东盟＋3"机制的学术讨论中最具争议性的话题是，"谁来领导"和"谁将是驱动力"。

本章旨在探讨以上提出的三个特性，并阐明"东盟＋3"机制诞生与

---

① http://www.aseansec.org/21099.htm.

发展的独特性。其次论证自 2009 年以来，由以下三个原因所导致的，尤其是在"东盟 +3"进程中东亚地区的三个特性的变化。第一，奥巴马政府推行"重返东亚"政策，部分地参与了东亚峰会，与布什政府时期对东亚合作的消极态度形成鲜明对比。第二，中日韩三方合作的动力不断增强，这有可能挑战东盟在东亚合作中的中心地位。第三，通过"东盟 +3"和"东盟 +6"框架，东亚地区一体化正式开展，政府参与的区域 FTA 的可行性研究正式启动和清迈倡议多边化推动东亚地区一体化进程，表明东亚区域化正远离双边主义的发展方向。尽管韦伯（Webber，2010）指出，从欧洲的经验来看，"东盟 +3"框架推动的是地区合作，而不是区域一体化，但从"东盟 +3"框架启动以来十多年的经验和最近的发展可以看出东亚地区一体化可能朝着更正式的方向发展。

起　源

对任何一个地区组织而言，有明确地理界线的区域概念是十分必要的；如果没有明确的、一致认同的边界，那么该地区组织就没有可以依据的地区界线。在 20 世纪 90 年代，"东亚"的概念发展成为包括东北亚和东南亚两部分，它为"东盟 +3"机制的形成与发展奠定了基础。直到 1990 年，马来西亚总理马哈蒂尔提出东亚经济集团的构想，但当时东亚地区作为一个整体并没有强烈的地区主义的概念。虽然马来西亚的东亚经济集团的提议未能实现，但是由 EAEC 提出的东亚概念推动了"东盟 +3"机制的启动，否则将东北亚和东南亚整合在一个机制里（"东盟 +3"会议中的地区机制）的想法不会得到该地区国家的一致同意。一位负责东盟事务的菲律宾高级官员指出，"任何形式的东亚合作，不论是峰会或者是'东盟 +3'外长会议，都源自东亚经济集团的最初想法，该想法认为东盟应该与其东亚邻国一起推动东亚合作，这表明东亚经济集团的概念与'东盟 +3'会议之间的联系。"（私人通信，2001 年 3 月 3 日）

之前已经强调过，一个新的地区概念被普遍接受对任何地区主义（能被潜在成员所接受）的建立有着重要作用，"东盟 +3"机制的出现就是很好的例证。通过官方外交、学术或商业会议、出版刊物和演讲，一个新的地区概念将被普遍接受（Terada，2003）。同样应该强调的是，向心力（可以看作有"共同的外部力量"和"共同的经验"）增强了上述的社会化过程，帮助区分"我们"与"他们"，巩固国家间的地区认同。亚洲金融危机（共同的经验）以及欧洲和北美洲不断发展的地区主义（共同的外部力量）都起了重要作用，不仅有助于在各成员间厘清东亚的概念，并且最终巩固了东亚的团结，在 1997 年建立"东盟＋3"机制，并为东亚合作提供关键的政策方向，如达成清迈货币互换协议以防止再次出现金融危机。从这个角度来分析，"东盟＋3"机制的建立可以看成是对已有的和可能出现的问题进行有效的应对。

　　正如在序言中已经简要介绍的，"东盟＋3"机制的建立是谨慎的，尤其是在东北亚地区，领导人对建立地区机制的兴趣是逐渐发展的（Terada，2003）。由于这一稳固的开始，"东盟＋3"机制的发展需要一个合理的远景规划，韩国主动采取了相应行动。[1] 1998 年，韩国总统金大中提出建立东亚展望小组（East Asian Vision Group，EAVG），EAVG 由各国派出的知名学者组成，以制定出东亚合作的主要目的、基本原则和具体的合作措施。2001 年，EAVG 向"东盟＋3"领导人会议提交了一份报告，报告建议将举办东亚峰会（East Asia Summit，EAS），和东亚自贸区（East Asia Free Trade Area）作为长期目标。之后，由各成员的高级官员组成的东亚研究小组（the East Asia Study Group，EASG）被指派检查 EAVG 的报告，并在 2002 年 11 月为东亚合作提出更现实的计划，且将 26 个合作项目划分为长期、中期和短期项目。两个研究小组报告规划的合作进程表明东盟和东北亚国家间更强烈的政治合作意愿，使东亚领导人更容易达成共识，能快速应对区域内的经济问题，各国通过政策协调促进东亚地区的共同利益。然而，事实证明，实现这两个具体方案的途径——举办东亚峰会和建立东亚自贸区——仍然困难重重。

排除美国的参与

　　"东盟＋3"成为亚洲第一个没有美国参与的地区性机制，而美国是亚洲产品的主要进口国和地区安全的稳定器。美国一直是亚洲地区机制的

---

　　① 东亚展望小组（East Asian Vision Group，EAVG）的报告由韩国对外经济政策研究院（The Korea Institute for International Economic Policy，KIEP）提出，同时 EAVG 的秘书处也设在韩国。

主要参与者，例如亚太经济合作组织（Asia – Pacific Economic Coopera-tion，APEC）、东盟地区论坛（ASEAN Regional Forum ，ARF）和太平洋经济合作理事会（the Pacific Economic Cooperation Council，PECC）。由于美国地处太平洋沿岸，它对东亚地区的承诺飘忽不定，例如在亚洲金融危机期间，美国对泰国和印尼的救援犹豫不决；另一方面由于美国不可避免地参与全球事务，因而美国将人力和财力撤离亚洲，因此，美国对东亚地区主义的参与是存在争议的。

弗雷德·伯格斯坦（Fred Bergsten）指出不应邀请美国参与东亚合作，他引用其他地区合作的例子，"如美洲国家首脑会议从未邀请过亚洲国家参加（同样欧盟峰会也从未邀请过美洲国家或亚洲国家参加）"。（Bergsten，2007：3）。日本前通商产业省副大臣畠山襄（Noboru Hatakey-ama）也指出，美国参与即将建成的东亚自贸区是困难的，因为美国地缘上不属于东亚（Terada，2010：87）。同样存在着与之相反的观点，有人认为东亚地区主义如"东盟+3"机制，"若排除美国的参与则很难有实质性的成果，因为美国是最重要的市场、资本、技术和政治稳定的提供者"（Munakata，2006：15）。地区主义是具有歧视性的，这意味着非成员国不能享有地区合作的成果，包括地区内的贸易自由化，而美国并未寻求加入"东盟+3"合作进程。

美国缺席"东盟+3"机制至少有三个原因。第一，由于"东盟+3"机制开始于亚洲金融危机，当时该地区前景十分晦暗，这是美国不愿意参与"东盟+3"机制的原因之一。美国背弃了要救援亚洲地区的承诺，此外，它与国际货币基金组织（International Monetary Fund ，IMF）都坚决反对 AMF 的方案，该方案是 1997 年 9 月由日本财务省提出，拟成立亚洲地区拥有 100 亿美元初始资本的金融机构。而美国认为 AMF 将减弱美国主导的 IMF 的影响力，且会导致借款人的道德风险问题。① 一般认为美国的态度是优先推广英美式的资本主义而非解决金融危机，东亚地区强化了这样一种观点，即 IMF 旨在保护西方金融机构的利益，为了西方企业打开亚洲市场，必要时亚洲国家要牺牲国家主权及工人的合法利益（Bow-ies，2012：237 – 238）。这种观点导致东亚国家对 IMF 的不信任以及对美

---

① 中国同样反对 AMF 的建议。中国当时和美国走近，且它认为日本在金融危机时以邻为壑，以建立自己的地区货币霸权。（Moore，2004：120）

国行为的愤怒，至此，东亚国家致力于加强彼此间的联系，建立相关地区组织，防止危机再次发生。东亚地区出现这样一种态度，即不支持美国正式加入"东盟 +3"机制。

第二，正如前文提到的，马来西亚总理马哈蒂尔只邀请中国、日本和韩国首脑与会，并未邀请其他 ASEAN 对话伙伴国，如美国。美国打破了马哈蒂尔的 EAEC 计划，这表明美国不愿意支持其他会降低它在该地区影响力的机制。美国向日本施压，以阻止其参加 EAEC，而马哈蒂尔曾期待日本成为 EAEC 的领导者。由于美国对 EAEC 的反对，马哈蒂尔抵制参加 1993 年由美国总统克林顿发起的在西雅图召开的 APEC 峰会。因此，可以合理地推断，1997 年马哈蒂尔不会愿意邀请美国总统参加"东盟 +3"领导人会议。

第三，美国并不反对"东盟 +3"机制的发展。例如，美国助理国务卿詹姆斯·凯利（James Kelly）认为"东盟 +3"机制是"一项有趣的发展"和"一个健全的东亚对话机制"。这个观点之后得到美国贸易代表罗伯特·佐利克（Robert Zoellick）的回应，他指出美国"欢迎亚洲更紧密的地区合作"并"不担心美国被排除在'东盟 +3'机制之外"（Capie，2004：160）。这主要是因为，"东盟 +3"机制与 EAEC 和 AMF 不同，它没有明确的议程，仅是试探性地向制度化发展，这使美国认为，"东盟 +3"机制是以进程为主导的，因此不会损害美国的利益。

在本章后面部分将要讨论的是，由于东亚在 21 世纪初的两个重大发展：中国的崛起、东亚国家间互惠贸易协定的增加，迫使美国改变了它对东亚地区主义的"消极"态度。美国担忧中国高速的经济增长将对东亚地区发展产生重大影响，且中国激进的贸易政策促进了东亚地区 FTA 的发展，而这些 FTA 是排除美国的。

东盟中心路径

第二个挑战传统地区主义的特征是，东盟被认为在发挥着主导作用，从"东盟 +3"这一名字中就能体现。尽管东盟的成员国大多是小国，且它的政治、经济实力不足以领导三个大国，但是在地区一体化进程中，不论是"东盟 +3"还是"东盟 +6"，东盟都处在 5 个"东盟 +1"FTA 网络（与中国、日本、韩国、澳大利亚、新西兰和印度的 FTA）的中心。

因此，东盟领导人在不同的场合都一贯强调东盟在领导和塑造东亚地区机制中的中心作用，包括"东盟+3"机制。例如，2010年8月7日纪念东盟建立43周年的活动上，越南总理阮晋勇指出，"东盟成功地发起了东亚地区合作机制并成为其驱动力"（ASEAN，2010）。东亚地区的情况不符合霸权稳定论，霸权稳定论认为成为地区主义领导者的前提是霸权国使用其具有优势的物质力量来促进地区主义的合理发展；东盟不能很好地团结在一起，而是一群没有物质优势的分散的小国，虽然东盟的实力不具有威胁性，这与处于东亚权力斗争中的中国、日本相比具有优势，因此，在这种对抗性的环境下，应该与东盟（作为第三方和一个由十个国家组成的集团）维持友好的关系。

关于对东盟在地区合作中作用的评价，或者是在更广泛的东亚范围内的地区一体化的作用，国际关系学界对此有明显分歧。有的学者强调东盟的贡献，因为它使三个东北亚国家参与到"东盟+3"机制中来，马凯硕（Mahbubani，2008：85）指出应该把东盟看成是东亚"外交上的超级大国"和"调解者"，而张认为东盟是"东亚合作的开拓者"（Zhang，2010：23）。另一方面，有的学者质疑东盟实现"东盟+3"框架制度化的承诺，因为他们认为东盟方式如不干涉原则和协商一致原则，会阻碍东盟一体化的进一步发展，更不用说会阻碍东亚地区一体化的发展（Jones and Smith，2006）。

"东盟方式"作为一种指导原则，以非正式的方式规定地区合作中实行不干涉和协商一致，这一方式被认为阻碍了更深层次的区域制度化，因为它避免了需要规范和义务的跨国合作。东盟方式最初运用于政治和安全领域，但是其基本原则同样适用于经济领域。通过FTA来实现地区一体化，包括有法律约束力的互惠原则，其对非成员具有歧视性，这与东盟方式存在不协调。正如伊顿（Eaton）和李察（Stubbs）指出的（2006：137），东盟"很少有集中的机制来促成成员国达成协议或者监督处于危机中的成员国的国内状况"。东盟方式与经济一体化实践中存在的不协调阻碍了东盟经济合作的进一步制度化，以及更广范围的东亚一体化，包括"东盟+3"合作。

实际上，东亚FTA谈判的开始取决于东盟打破已有框架的意愿。东盟作为一个由小国组成的松散的国家集团，它依赖于外部经济来促进其发展，如通过对外直接投资（foreign direct investment，FDI）和出口，若一个更大范围的协议达成，如东亚自由贸易区，则东盟的制度意义将被削弱。东盟自身不情愿促进贸易自由化，或者是它无法作为一个整体采取政治行动来推动更广范围的地区一体化，所以东盟从未向其伙伴国提议建立 FTA。

东盟能够举办"东盟＋3"领导人会议的一个重要原因是本地区存在竞争与对抗，尤其是中日之间，因为两国都十分怀疑对方的举动，且东盟并未偏向任何一方。中日想做的就是以支持东盟作为先决条件来获取东盟的支持，而不是为了地区霸权进行全方位的竞争（Terada，2006）。事实上，存在着对东盟方式扩大的积极评价，这种观点认为"它用同样的规范和价值观使东亚地区社会化，这一规范在东南亚地区取得了成功"，但是仍然难以从官方声明中看出，东盟明确地阐明东盟在这一规范下的行动（Jones and Smith，2007a：149）。总之，中日竞争影响其互动，也使东盟成功地在语言上强调自己的重要作用。

金融合作

"东盟＋3"合作发展的重要领域之一是金融合作。如 2000 年建立的 CMI，它能在危机发生时提供大量的干预资金，且拥有世界最大外汇储备的中国和日本在该机制中发挥重要作用。"东盟＋3"最先在金融领域开始了它的合作机制，例如 CMI，这表明"东盟＋3"机制的一个显著特征，即它代表着一种非典型的地区合作或一体化进程。1961 年，贝拉·巴拉萨（Béla Balassa）发表了一份研究报告，以一体化达成的成果为依据将一体化进程分为五个阶段。关于一体化的五阶段划分成为一体化研究的经典，且在讨论到一体化时，它仍经常被引用和提及。然而，巴拉萨（Balassa）五阶段划分法的依据是当时欧洲一体化进程，而迪特（Dieter）和席格特（Higgott）（2003）认为巴拉萨理解的以贸易驱动的区域一体化已经过时了，尤其是看到从金融领域开始的"东盟＋3"合作的发展。

区域合作存在的合理性在于它有解决共同问题的功能，这一功能只能通过合作来实现或者通过政策协调来获得共同利益。从这方面来看，危机经常成为地区合作的动力，1997—1998 年的亚洲金融危机就是经典的例子。尽管由于美国和 IMF 的反对使 AMF 的计划落空，日本仍致力于为遭受严重资金短缺的泰国、印尼和韩国争取总额 440 亿美元的 IMF 的救援。

随后，为了建立一个应对危机的机制及应对美元的影响，东盟和东北亚三国建立了"东盟 +3"机制，努力增加其外汇储备和施行 CMI，它明确规定了在危机发生时实行干预资金互给的双边货币互换协定。

时任 IMF 执行总裁的霍斯特·克勒（Horst Kohler）在讨论到 AMF 的概念时指出，东亚国家认为 AMF 这种机制能更好地服务于它们的利益（*Asian Wall Street Journal*，26 September 2000）。越来越多人认为，这一机制的创立是对 IMF 的有效补充，鉴于 IMF 提供的救援资金是有限的，且光靠 IMF 无法应对金融危机的再次爆发。事实上，2007 年 4 月在京都举行的"东盟 +3"财长会议（the APT Finance Ministers Meeting，AFMM Plus Three）达成了在"东盟 +3"框架下的准备和管理外汇储备的协议。随后，在 CMI 框架下建立了一个多边援助形式的地区借款人机制，这表明"东盟 +3"机制向着更实质性的方向发展。"东盟 +3"财长会议与亚洲开发银行（Asian Development Bank，ADB）年度会议一起成为推进地区金融合作的首要平台。①

值得注意的是，金融危机导致中国对东亚地区合作的承诺，从那以后，中国与日本一起致力于推动地区合作。中国应对危机的贡献在于坚持人民币不贬值，这一行为受到本地区国家的称赞。当时，泰国外长素林·比素万（Surin Pitsuwan）指出，"虽然本地区国家过去对中国冷漠，但中国仍在为他们承受负担"（*Straits Times*，16 December 1998）。当泰铢崩溃时，中国成为唯一提供十亿美元援助的国家。这一友好举动与美国形成对比，当时美国"指责泰国政府经济管理无效"（Vatikiotis，2003：69）。亚洲金融危机拉近了中国与东盟的关系，一位熟悉中国外长的官员指出，"当时中国开始主张所有相关国家应该搁置争议，共同促进地区的发展"（*Asian Times*，10 February 2004）。与东盟国家关系的改善成为中国参与东亚事务的基础，同时紧密的中国—东盟关系促使日本更加主动地与东盟交往，尤其是在"东盟 +1"FTA 方面（Terada，2010）。这一进程成为推动东亚合作发展的动力，尤其是推动了"东盟 +3"合作的制度化。

---

① CMI 还包括以下功能：1）关于东亚地区短期资金流动的信息交换机制，包括一个早期预警机制以监测可能发生的金融危机；2）关于国际金融体系改革的"东盟 +3"对话小组；3）监督CMI框架下所有活动情况的定期的副财长级会议（登特 Dent，2008a：157）。

变革的特性：趋向更规范的地区主义？

有人认为"东盟＋3"机制向着有效的经济和政治整合机制发展是缓慢的甚至是存在问题的（Webber，2010），这一观点部分归因于本章已强调过的三个特征。第一，美国的缺席——以及其他发达国家的缺席如澳大利亚——使得"东盟＋3"的合作议程能避开敏感的政治话题，如促进人权、保护知识产权或民主，因为这些是中国和许多东盟成员国都回避的问题。第二，CMI的发展——增强了东亚地区的这样一种共识，即为了防止本地区再次爆发金融危机，应该首先促进地区金融合作——形成了双边货币互换网络，但缺乏建成地区性网络的动力。第三，以东盟为主导的方式表明，在这一进程中，东盟成为协调东亚主要大国的核心。随着东亚FTA谈判的开始，不论是以"东盟＋3"还是"东盟＋6"的形式，它的发展都取决于东盟的意愿。东盟意愿的缺乏以及能力的不足将成为东亚地区一体化的最大阻碍。

然而，最近东亚地区的部分结构性变化，导致上述三个特征的变化：美国更多地参与到东亚地区主义中来；更多的地区方式在促进金融合作与市场一体化；在"东盟＋3"国家中存在更强的动力来推动东亚合作和一体化，并可能挑战东盟的中心地位。

美国参与东亚地区主义

直到2009年1月奥巴马上台，美国才对参与东亚（而非亚太）合作感兴趣，因此奥巴马称自己为"美国首位太平洋总统"。奥巴马政府参与东亚合作的第一步便是在2009年7月与东盟签署《东南亚友好合作条约》（Treaty of Amity and Cooperation in Southeast Asia，TAC），解决了唯一阻碍美国加入EAS的前提条件。2009年11月，奥巴马总统在东京发表演讲，强调美国在东亚峰会的利益，并指出美国将"更正式地参与EAS，因为它在应对时代挑战方面发挥重要作用"。不久之后，在新加坡举行的APEC峰会期间，美国总统奥巴马在美国—东盟首脑会议上与东南亚国家首脑举行会晤。其中包括美国总统与缅甸领导人时隔四十年之久的首次会面。缅甸此前一直是美国签署TAC的障碍，因为TAC包含不干涉其他签署国内政的原则。该原则是东盟政治价值观的核心，在美国历届政府看来，该原则会限制美国地区政策的范围，包括限制它可能对缅甸施压以促进其民主和人权。最终，美国意识到签署 TAC 不会对其外交政策造成严重问题，正如其他签署国宣称的一样——包括美国的一些盟友，如澳大利亚和日本（Terada，2006）。美国签署 TAC 以及加入 EAS 并未排除其直接对缅甸施压的可能性，反之促成美国与缅甸的高层对话。这是在中国的地区影响力不断上升之际加强了美国在东南亚的存在，中国的影响力在"东盟 +3"机制中得到了体现，且正是通过"东盟 +3"机制中国获得了显著的影响力。

美国参与东亚事务，尤其是加入 EAS，形成了"东盟 +6"框架的发展对已有"东盟 +3"框架的竞争，这可能促使"东盟 +3"加速区域一体化的进程，包括地区 FTA。然而，在"东盟 +3"机制中的大部分国家都是发展中国家，而中国仍是这一群体的代表，因此将产生一个问题，即美国加入 EAS 和参与东亚事务是否会敦促"东盟 +3"成员国推行诸如民主这样的普世价值。

正在兴起的"+3"合作

正如上文所提到的，对东盟能否领导"东盟 +3"框架一直存有怀疑。例如，琼斯（Jones）和史密斯（Smith）认为，"东盟本身就是一个空壳，它很容易被外部力量操纵，外部力量（如日本和中国）通过宣称维护地区稳定以实现和自身利益有关的地区霸权的竞争"（Jones and Smith，2007b：163）。雷文修（Ravenhill）进一步发展了这一观点，他认为"东盟 +3"合作是"由一个' +3'国家发起并资助的，而其他成员国的投入很少"，这表明"东盟 +3"是"一系列的'双边'东盟 +1 项目……而不是'东亚'计划"（Ravenhill，2010：201）。尽管针对东盟的批判持续不断，以东盟为中心的"东盟 +3"合作方式将得到维持，因为尽管"+3"国家拥有较强的经济和政治实力，它们却对采取行动不感兴趣。但是，东北亚三国内部的合作正蓬勃发展起来，跨政府和政府间的网络日益增长，包括领导人会议，以及在金融、外交、经贸、环境、卫生、文化和旅游领域的部长级和高官级会议。东北亚三国的这些政策网络表明，"+3"国家间的合作正不断扩展，有助于培养三国官员的合作意识。此外，三国的投资协定谈判已基本完成，在 2012 年三国峰会上将提交三方 FTA 可行性研究报告。2010 年 5 月第三届中日韩领导人会议上通过了《2020 中日韩合作展望》（Trilateral Cooperation Vision，2020），它为三国合作制度化绘制了蓝图，三国还同意于 2011 年在韩国成立"中日韩合作秘书处"（Trilateral Cooperation Secretariat）。① 由于中日韩三国出资占清迈协议多边化（Chiang Mai Initiative Multilateralization，CMIM 总额为 120 亿美元）总份额的 80%，且三国的 GDP 总额占到整个东亚地区的 90%，因此三国合作的发展可能会挑战东盟的中心地位。一份韩国主流报纸发表社论称，"考虑到中日韩三国的政治、经济、军事实力，'东盟 + 3'变成'3 + 东盟'是迟早的事情"（*Joong Ang Daily*，15 December 2009）。

东北亚国家想领导"东盟 + 3"合作的意图早在 2003 年的《中日韩推进三方合作联合宣言》（Joint Declaration on the Promotion of Tripartite Co-operation）中就有体现，宣言首次在第一章中将三方合作定位为"东盟 + 3"框架下合作的主要驱动力（TCCS，2003）。随着三方合作不断取得成果，这可能会影响东盟通过"东盟 + 3"塑造东亚地区主义的中心地位，东北亚三国通过明确声明"支持东盟作为东亚合作的驱动力"，来消除东盟的疑虑（TCCS，2010）。这表明东盟担心在"东盟 + 3"框架下被边缘化。

虽然东北亚合作有所发展，但是仍然存在一个结构性问题使中日韩合作不能主导"东盟 + 3"进程，新加坡巡回大使许通美（Tommy Koh）指出，"由于历史原因，三个大国之间互不信任，因此地区合作不能由中日韩来主导……且在东亚任何损害东盟中心地位的提议都不可能成功。（Koh，2009）"东北亚地区存在历史和领土争端，尤其是关于独岛存在严重的争端——许通美的主张表明存在一种疑虑，即若不解决这些问题"+ 3"合作难以进一步深化。

更多多边主义方法

从双边 FTA 的发展及 CMI 下双边货币互换网络就能看出，"东盟 +

---

① 秘书处被指定需要与"其他国际组织，尤其是其他东亚合作机构"联络（TCCS，2010），秘书处代表中、日、韩与东盟或其他地区/国际机构进行协调。

3"合作最初十年里的发展特征是双边主义而不是地区主义。然而，"东盟+3""东盟+6"和 APEC 都试图促进区域经济整合，且 CMI 已经是一个多边化协议。因此，这十年东亚地区合作正向更加制度化的多边合作与一体化迈进。双边合作的问题在于其影响的有限性。例如，本地区的跨国公司不能很好地利用双边 FTA，尤其是在东南亚地区（Severino，2006）。日本很少有公司能够利用与东南亚国家（例如马来西亚）的 FTA，因为为了获得关税减免资格，需要的程序十分复杂，以及获得原产地证书的花费也较高。在汽车行业尤其如此，因为公司需要申请成千上万的原产地证书（Terada，2009）。因此，需要一种地区合作以分享大规模经济生产带来的效益且避免"意大利面条碗效应"（spaghetti bowl，effect）（Bhagwati，2008），"意大利面条碗效应"意味着存在大量的拥有具体标准和程序的原产地规则，针对某一种商品会有不同的规则。通过实现 CMI 的多边化，金融合作的资金总额会增加，且谈判将得到巩固。因此，CMI 将成为地区借款人，在应对金融危机时有能力进行多边援助。

2009 年，"东盟+3"领导人会议和 EAS 都采纳了各自研究小组提交的关于完成地区经济一体化的建议，它们都开始了下一阶段的可行性研究。"东盟+3"机制与 EAS 的最大不同是成员国，EAS 包括印度、澳大利亚和新西兰，美国和俄罗斯，然而各自的研究小组建议以不同的路径完成地区一体化。中国在 2004 年提议建立"东盟+3"FTA，也称为东亚自由贸易协定（East Asian Free Trade Agreement，EAFTA），它由已有的 3 个"东盟+1"（东盟—中国、东盟—日本、东盟—韩国）FTA 组成；日本则在 2006 年提出了一个 16 国 FTA 的方案，也称为东亚全面经济伙伴关系（Comprehensive Economic Partnership in East Asia，CEPEA），这一方案更强调在经济合作与可持续发展领域的制度建设。CEPEA 研究小组建议以东盟东亚经济研究所（Economic Research Institute for ASEAN and East Asia，ERIA）提供的研究和技术支持作为稳定的制度基础，该方案旨在实现"东亚版的 OECD"。在 20 世纪末，APEC 的早期部门自愿自由化（Early Voluntary Sectoral Liberalization，EVSL）项目失败后，许多人认为 APEC 是实现贸易自由化的无效组织。而在美国提出亚太自由贸易协定（Free Trade Agreement of the Asia – Pacific，FTAAP）后，APEC 重新崛起为亚太地区潜在的一体化框架。这一转变在美国宣布加入跨太平洋伙伴关系协定（Trans – Pacific Strategic Economic Partnership Agreement，TPP）后尤为明显，TPP 被认为是实现 FTAAP 的第一步（2015 年 10 月，包括美、日在内的几个 TPP 谈判国最终达成协定，目前正在履行各国国内审批手续，虽然美国 2016 年大选为之带来新的变数——译者注）。

2008 年全球金融危机凸显了中国崛起对东亚金融合作日益增强的影响。中国成为地区金融合作的领导，这一位置曾由日本担当。中日关于"谁出资更多"的争论在亚洲金融危机时曾发挥重要的作用，同样也在 2009 年 CMI 多边化过程中发挥作用，经过长时间的谈判，双方最终达成了各出资 384 亿美元的决定，其中中国方面的出资涵盖香港地区。最终，总额为 1200 亿美元的资金份额中，中、日各占 32%，韩国为 16%，东盟十国为 20%。在国际金融机构中日本作为最大出资国的地位第一次被中国赶上。中日之间关于出资规模的竞争如此激烈的原因在于，它们将出资份额与在 CMIM 中的投票权挂钩，因此导致了长时间的谈判。除了这些竞争，关于 2011 年 5 月在新加坡成立"东盟与中日韩宏观经济研究办公室（ASEAN Plus Three Macroeconomic Research Office，AMRO）"的决定（它为东亚地区提供强有力的金融监管和监控系统）成为实现双边货币互换协定多边化的首要成果，且有助于实现 AMF。（2013 年，"10 + 3"财长和央行行长一致同意将 AMRO 升级为国际组织，2014 年，全体"10 + 3"成员签署《AMRO 国际组织协议》，2016 年 2 月，AMRO 正式成为国际组织——译者注）

结　论

本章主要阐述了作为东亚地区主义基本架构的"东盟 + 3"机制的起源和发展，且阐明了"东盟 + 3"机制的三个特征：排除美国的参与，虽然美国是东亚最有影响力的外部力量；东盟的中心地位，而不是以大国为中心；专注于双边合作的金融地区主义而非贸易地区主义。然而，本章也强调了"东盟 + 3"机制的独特性正在减弱，因为其三个特征正逐渐消失。奥巴马政府时期美国参与东亚事务；奥巴马政府最重要的决定是 2011 年加入 EAS，同时在 2011 年 APEC 檀香山会议上推动跨太平洋伙伴关系协定（TPP）和亚太自由贸易区（FTAAP）。随着中日韩合作的发展（包括它们中间可能达成的投资协定和 FTA，若协议达成，则有更多东南亚的投资者会转向东北亚），东盟的中心地位受到质疑。最后，全球金融危机帮助实现了清迈倡议的多边化，它是独立于 IMF 的监管机制，同时也刺激了东亚地区性 FTA 的适度发展。这表明多边模式而不是双边模式正被纳入东亚一体化进程中。

中国的影响和作用可能是影响"东盟＋3"机制发展的关键变量，因为其快速发展的经济和巨额的外汇储备。全球金融危机也激励了东亚国家考虑建立地区货币机制的可能性，因为东亚有 70% 的贸易是以美元来结算的。在不远的将来，"东盟＋3"国家的 GDP 总额有可能超过美国，最终超过欧盟，亚洲开发银行研究所（Asian Development Bank Institute，ADBI）所长河合正弘（Masahiro Kawai）指出，"世界上最活跃的经济集团没有自己的货币体系而是依赖其他货币，这是令人不安的"。（*Nikkei*，6 July 2009）这一争论的症结在于中国是否会通过人民币的浮动汇率制来推行人民币国际化。

第三十章　东亚峰会：泛亚多边主义
而非亚洲地区主义

大卫·卡穆卢（David Camroux）著　刘静烨译

亚洲？或许确有个亚洲，但到底是哪个亚洲？就像本书中的其他章节所言，这个看似简单的问题，其回答却并非不证自明的。用于指代东盟十国的东南亚只是到第二次世界大战期间才被普遍使用；而东北亚作为相对于东南亚的分类概念，则产生于 20 世纪 70 年代。正如我曾提及的，随着 19 世纪晚期西方帝国主义的发展成熟，民族独立运动的兴起，在亚洲国家内部出现了一个更宽泛的中—印"亚洲"的概念（Camroux，2007）。亚洲这一概念在 1955 年万隆亚非首脑会议上发展到顶峰，在阿查亚（Acharya，2009）看来，这一事件决定了亚洲多边主义行为的许多规范。随着印度放弃内向型经济政策，以及随后的独立和冷战，上述概念被搁置。直至 20 世纪 90 年代，时任印度财政部长的曼莫汉·辛格（其后成为印度总理）提出"东向政策"后这一概念才重新被提起。从这点来看，印度可以说已经进入亚洲发展型国家模式，虽然这一模式在亚洲千差万别，但它仍是发展中亚洲的一个共同特征（Devare，2006）。

对研究者而言，论述亚洲区域一体化是一种挑战，尤其是试图与其他区域一体化，特别是欧盟相区别时。不管怎样，欧盟仍是制度化的参考（Breslin and Higgott，2000）。因此，出现了许多描述亚洲地区主义的词语，从与 APEC 和日本方式相关的"开放的地区主义"（Terada，1998，2003），发展到近期的"规制地区主义"的概念（Jayasuriy，2009）以及"网络化地区主义"（Jetschke，2009；Yeo，2010）和"曼荼罗地区主义"（mandalic regionalism）（Dellios，2008）甚至是"令人沮丧的地区主义"（Nair，2009）。然而，难道应该假设我们一直追寻的是错误的政治目标？

与书中的其他章节一样，本章也关注区域一体化进程。然而，这一进程不仅包括区域内合作与共同体建设，还包括双边主义，更重要的是包括多边主义。但是，如果这一进程仅局限于多边主义，或者换句话说，如果"地区"和"地区主义"只是用来描述明确的地理范围内多边行为的误导性词汇，将会怎么样？这是下文将要论述的内容。

从修辞上看，东亚峰会是东亚共同体（Community）的概念化或者至少是共同体（community）。然而，经验证据表明，东亚峰会确实只是个峰会，或者像一位著名的美国学者直白地描述过的"晚餐后的 16 个演讲"（Emmerson，2010：2）。东亚峰会是为期半天的会议，它与东盟峰会、"东盟＋3"会议以及一系列"东盟＋1"会议（包括中国、日本，2009年开始包括美国）一样都是一年一度的会议。在峰会结束时，将发表事先准备好的主席声明。与东盟峰会不同，东亚峰会更像是一次性事件，领导人合影才是关键信息。而东盟峰会则是由在雅加达的常设秘书处支持下、经过东盟政策制定者们数百次会议达成的成果。虽然在东亚峰会前，"主办者们"（高官）常常会举行会议，但是它没有常设秘书处或者永久性的制度安排——东盟秘书处对东亚峰会而言只不过是一个信箱。

这些言论并不会减弱东亚峰会的象征性意义。相反，奥巴马政府宣称要"重返亚洲"（Choi，2009），美国前国务卿希拉里·克林顿则声称"一半的外交将在亚洲"（Clinton，2010）为其背书。经常有人用含有贬义的"数万次恳谈会"来形容东亚峰会，也许这种描述更多的是一种恭维，因为他们追求的是"环境性目标"而不是"实质性目标"——诚如阿诺德·沃尔弗斯（Arnold Wolfer，1962）所言前者塑造国际关系行为的规则，后者则追求具体的目标。

第一阶段

2005 年 12 月在吉隆坡街道上挂着"同一愿景，同一身份，同一共同体"的横幅，体现了马来西亚作为第一届东亚峰会主办国的宏伟抱负。这些横幅在界定亚洲区域一体化方面，也表现出许多模糊性。关于这一点本书中的其他作者也有所提及（见本书中罗兹曼、马必胜和李察的文章）。在东亚峰会的背景下，一个关键的问题是，这种政府间的会议是东盟峰会的扩展还是"东盟＋3"（包括中国、日本和韩国）会议的扩展。12 月 14 日在首届东亚峰会上强调了这些问题，不过没有完全解决，邀请印度、澳大利亚和新西兰加入的"东盟 + 3 + 1 + 2"计划已经设想了多年（East Asian Vision Group, 2001; East Asian Study Group, 2002）。在复杂的国际关系背景下，有三个十分重要的问题：（1）东南亚在（东亚）亚洲共同体建设过程中的凝聚力及中心地位问题；（2）与经济实力日益增强和外交日益自信的中国打交道的问题；（3）印度"回归"亚洲的问题。

在 2005 年东盟峰会召开的头两天，可以看到东盟已经从 1997 年金融危机中完全恢复过来，并开始重新关注自身的内部整合问题。由于表达了对缅甸明确的政治改革要求，东盟打破了神圣不可侵犯的原则——不干涉内政原则。此外，东盟任命了一个名人小组来起草东盟宪章，这表明东盟终于开始为其成员建立规则。也许，对此次峰会主席（马来西亚总理阿卜杜拉·巴达维）而言，最大的成功是确保了东盟在地区建设过程中的中心地位，至少在口头上如此。东盟将继续发挥领导作用，且未来每年的东亚峰会都将与东盟的年度峰会一道在东盟国家举办。由于中日之间的竞争关系，两国都不愿意接受对方拥有地区主导权，因此在默认情况下，东盟成为该地区最被接受的协调者，这一点表面上也被新加入的国家所接受，包括印度、澳大利亚和新西兰。峰会上所确定的外交准则表明达成了妥协，即东亚共同体应限定在"东盟 + 3"范围内，而新加入的国家只被视为分享着共同利益。然而，如果使用"包容性"和"开放性"这样的术语，那么亚洲共同体应该扩展到包括那些新的成员国以及俄罗斯。确实如卡赞斯坦（Katzenstein, 2005）看来，地区是多孔化的实体。

尽管如此，有关中国的担忧仍然存在，并引起了一系列的竞争性战略（Yu, 2008）。这次峰会便暴露了东盟内部的分歧，其中新加坡、泰国和印度尼西亚支持"东盟 + 3"模式的扩大，相反，马来西亚、柬埔寨和越南支持相对封闭的地区合作形式。就在峰会开始前，智库和其他会议重申了这些分歧（Matsubara, 2006），这表明不仅仅存在地缘政治因素的影响，还包括东盟成员国内部政治因素的影响，导致一些成员国倾向于包括三个民主国家在内的、更广范围的亚洲合作。此外，不同的亚洲国家对亚洲共同体有着不同的预期。例如，来自韩国和新加坡亲政府的智库文件，提倡东亚共同体的建设应是与安全问题相关的信任建立（Kwon and Hong, 2005; See and Emmers, 2005; Malik, 2006）。

吉隆坡峰会后以及刚好一年后第二届峰会的召开都凸显了已有的分歧。2006 年 5 月初，在海德拉巴举行的亚洲开发银行（Asian Development

Bank，ADB）年度会议体现了这一矛盾。在这次会议上，第一次有参与国（包括中国的代表金人庆）提出建立多边机构来促进亚洲区域一体化并"帮助亚洲发声"，例如通过发展本地区债券市场。曼莫汉·辛格尤其希望借助 ADB 来建立一个泛亚自贸区（Singh，2006）。在发展基于一揽子东亚硬货币和软货币的亚洲货币单位时，亚洲开发银行应推动区域性货币一体化进程，该进程包括货币互换协议以及亚洲各中央银行间的合作（Dieter and Higgott，2003）。印度—东盟自贸区谈判，它和2010年1月生效的中国—东盟自贸区一样，将成为泛亚自贸区的组成部分。但是，印度—东盟自贸协定将与印度和单个东盟国家的双边自贸协定并存，例如印度—新加坡自贸协定、印度—泰国自贸协定。在中国—东盟自贸区谈判过程中，中国通过早期收获计划使东盟所有成员国获益，然而，日本却通过经济产业省，倾向于与吉隆坡峰会的 13 个参与国分别合作。日本的这种实践使其更重视双边自贸协定，例如日本—菲律宾自贸区，但这一行为贬低了东盟作为对话者的作用。

在第二届东亚峰会上，出现了两个偶然的发展。其一，中国领导层将接受一个事实上扩大了的"亚洲共同体"，这一共同体包括印度（同样也包括澳大利亚和新西兰）。因此，为了限制它的影响，将加强东亚内部（即"东盟＋3"）的协商，而中国通过签订中国—东盟自贸协定在这一过程中发挥主要作用。其二，将地区内协议与一系列双边协议相协调，如确保在非洲或澳大利亚的能源供应以及加强与中亚的关系。同时在多边层面上，中国表示将小幅调整人民币汇率，以促进全球贸易平衡。

第二届东亚峰会在菲律宾的宿务召开，但是从原来的 2006 年 12 月延期到 2007 年 1 月中旬才召开，这不仅仅由于天气原因，更是出于对恐怖主义威胁的担心。宿务峰会受到了《东盟宪章》的制定以及中印双边外交活动的影响。宿务峰会及其后的峰会逐渐确认了中印两国概念化了的万隆亚洲共同体，这一概念重新建构了一个可接受的 21 世纪亚洲的图景。宿务峰会及其后的三次峰会证实了，东亚峰会的创立成为亚洲杂乱的地区合作机制的补充。哈迪·苏萨斯特罗（Hadi Soesastro，2006）认为，"新俱乐部"的创立并不意味着进步。另外，东亚峰会的创立未能消除东亚的双边主义，尤其是东亚地区寻求双边自由贸易协定的努力（Dent，2006）。相反，第一届东亚峰会后的五年见证了亚太地区双边自贸区的加速发展。尽管双边自贸协定在数量上有增加，但是鉴于自贸协定在本质上既不是"自由的"也不仅是针对"贸易"的，再考虑到不对等的权力关系，自贸协定并不是平等行为体间的"协定"。

扩大阶段：合作拓宽但并未加深

在第一届和第二届东亚峰会召开后的五年时间里，大家仍继续竞相对"亚洲地区"进行不同的界定。随着 2007 年《东盟宪章》的签署，东盟不仅在制度建设方面取得了进展，而且成了国际法承认的合法性实体。东盟秘书处不仅作为代表被邀请参加 G20 峰会还被邀请参加亚欧峰会（Asia-Europe Meeting ，ASEM）。亚欧峰会经历了两次扩员，第一次接纳了印度和蒙古国，其后又在 2010 年布鲁塞尔峰会上接纳了澳大利亚、新西兰和俄罗斯（参见本书第三十二章）。这些扩员进一步挑战了"纯粹的东亚"概念，同时还引起了对包含 47 个成员的机构的效力问题的质疑（Leni han，2011）。尽管如此，在我看来，亚欧峰会的扩员表明"成员的扩大"会有效地破坏"合作的深化"，虽然有些人期望这样的结果。

未来亚太地区一体化的发展是否也是如此，需要仔细观察。当 2006 年跨太平洋战略经济伙伴关系（TPP）生效时，只包括亚太地区四个最小的经济体——文莱、智利、新西兰和新加坡。然而，2010 年上半年，其他五个国家——澳大利亚、马来西亚、秘鲁、越南以及最重要的美国，开始就加入该协议进行谈判，另外三个国家（加拿大、菲律宾和日本）则表达了加入的兴趣。提议加入 TPP 后，日本新任首相营直人似乎会成为首个直面日本强大农民和农业组织的政治领导人。这一结果是当前全球性危机对亚洲国内政治经济影响以及由此产生的亚洲地区概念化的症候。

说起东亚峰会，关于邀请美国和俄罗斯加入的提议是在 2010 年 6 月河内召开的东盟外长会议上首次提出的，随后在 12 月的东盟峰会及东亚峰会上获得通过。尽管媒体对此关注不多，但是这次扩员确是一次重要的发展。2011 年美俄加入东亚峰会表明，妄称东亚峰会的成员国仅包括东亚国家既不符合现实，也不可逆转。考虑到先前中国对东亚峰会扩员的反对、美国消极地区主义以及日本实现地区主导权的困难，这次扩员成为亚太国家间关系的分水岭。因此，这次扩员是值得分析的。奇怪的是，这一扩员发生在亚太地区两位政治领导人下台的背景下，而这两位领导人曾在他们短暂任期中极力推行亚洲共同体的构想：澳大利亚总理陆克文和日本首相鸠山由纪夫。陆克文曾鼓吹包括美国的亚太共同体，而鸠山对美国的成员国资格表达更为含蓄，这反映出日本政界在这个问题上的分歧（Terada，2010）。

理解这一变化的关键词语在于"趋同"。简单来说，"趋同"指对不受任何主要全球性行为体控制的发展势态的默许。正如许多学者（Wu，2008；Wu，2009；Yoshimatsu，2009）讨论的，中国越来越倾向于多边外交便是最好的例证，虽然它与中国内部因素有关（Pearson，2010）。有些实例可以证明中美日三国对恰当的地区结构（政策制定者的术语）偏好的逐渐趋同。此外，只要东盟"驾驶员"的地位得以保持，东盟也欢迎这种成员的扩大（也许因为其内部存在分歧）。下文要讨论的是，中国、日本、美国对待东亚峰会的态度和方式。

对中国的崛起及其软实力的重组进行研究已成为一项颇具前景的营生。不过，我们的目的不是对这些好辩的作品进行评价，而是要从这些分析中得出几个要点：中国已经成为一个维持现状国，并且其外交是服务于国内政治目标的。如果在亚洲中国还不是一个霸权国家（Foot，2005，2006），那么十分清楚的是，美国的主导地位不像以前那样确定和不受质疑了（Beeson，2009；Pempel，2010）。在国际经济危机之前，只是依靠在非洲和拉美寻求原材料、能源和市场，中国便已经成了一个大国。危机加速了这一趋势的发展，中国不仅成了美国和欧洲的最后贷款人，而且还为其南部邻国的基础设施建设提供资金。中国的区域外交是服从于其全球角色的（Kavalski，2009），这一角色可能是被强加的（Wan，2010）。从这个角度看，上海合作组织（Shanghai Cooperation Organization，SCO）——既是中国的倡议，也表明中国开始努力成为规则的制定者——相对于其他组织来说重要性更大，因为在其他组织中中国仅是参与者（Yuan，2010）。最重要的是，上海合作组织对中国的反恐以及维护边境安全，发展与西部邻国的关系，至关重要。

在东南亚，只有缅甸一国存在直接的内部安全关切，即中国担忧缅甸发生暴乱时会有大量难民涌入云南。然而，由于中国在缅甸有大量的投资，所以中国是靠双边途径而不是在地区框架下来解决这一潜在问题的。

自2005年首届东亚峰会以来，中国对多边主义的看法发生了改变，以至于中国的观察家们不再竭力将美国排除在本地区外。事实上，如果中国是一个全球性的行为体，那么中国的一些分析家便会认识到，国际秩序需要包容性的多边规范（Zhang，2010；Zhao，2011）。当然，在中国，关于外交政策尤其是地区政策的看法越来越具有多样性，尤其是对地区政策的观点，不再是单纯的"熊猫"和"巨龙"的二分法（Beeson and Li，2014）。

在首届东亚峰会后的五年时间里，中国的决策层重新评估了其东南亚政策，发现"和平崛起"这一概念并不总是受欢迎（Zhang & Tok，2008；Sun，2010）。艾伦·卡尔森（Allen Carlson，2011）提出，"天下"（all under heaven）这一概念在中国外交辞令中重新出现，反映了和谐社会理念的多边层面，和谐社会是中国对内的提法。相反，这些目标已被纳入一个或多个全球项目中，这些项目在国际环境下更倾向于多边主义。结果便是中国的外交政策根据多层的多边主义得以重塑，在这种多边主义中泛亚、亚太和欧亚的地位不断变化。

我认为，"打好印度牌"（Richardson，2002）作为东亚峰会上制衡中国的策略，在东亚峰会后的五年里被证明是无效的，所以，对中国的一些政策制定者而言，没有理由对美国的加入感到担忧。即便存在风险，但通过让俄罗斯也加入东亚峰会，中国也可以对美国实施两面下注战略。换句话说，鉴于东亚峰会的象征性意义，与亚欧会议一样，成员国问题都是次要的。最后，接受扩员可以使亚太国家相信中国具有包容性的和平意图。

正如下文要讨论的，2009 年和 2010 年的发展态势表明，为了使邻国安心，中国应持续地表达其善意。正如澳大利亚和日本（美国在西太平洋的主要盟友）在 2009 年和 2010 年的国防白皮书中所表明的，亚太地区许多国家对中国日益增长的军费开支表示担忧，其中包括中国逐渐拥有尖端武器（例如导弹和隐形飞机），以及蓝水海军的增加（包括航母的建造）。针对中日撞船事件，美国国务卿希拉里·克林顿表示，在南海自由航行方面，美国拥有重要利益。随后，美国第七舰队应邀回到越战时期的海军基地——岘港，并与越南海军进行联合军演。中国领导层在东南亚用了十年的外交来使其南部邻国相信，中国的和平崛起会惠及所有国家。可以肯定的是，传统上亲华的东南亚国家领导层，如新加坡和马来西亚，与其他东南亚国家（如越南或印尼）一样对中国的意图存在戒心。

在东盟内部存在潜在分歧的背景下，东盟国家开始与美国和解。泰国前总理他信·西那瓦就曾提出他的地区合作概念，孟加拉湾多部门技术经济合作计划（Bay of Bengal Initiative for Multi‐Sectoral Technical and Economic Cooperation, BIMSTEC）——也许亚洲任何怀有野心的政治家都会在世纪之交提出类似的概念。这个计划包括孟加拉国、印度、缅甸、斯里兰卡和泰国，其中包括两个东盟国家和三个南亚国家。2006 年 9 月，他信由于政变而下台后，这个项目似乎被遗忘了。然而，看看北部地区，事实上的经济一体化可能会导致东盟内部大陆国家和岛屿国家间的分化。由中国推动，且在亚洲开发银行（由日本领导，且部分资金来自西方）支持下，大湄公河次区域成为东南亚最具活力的地区。大湄公河次区域名义上的成员包括：柬埔寨、老挝、缅甸以及中国南部两个省份云南和广西。自 2000 年起，其基础设施所需投资近 110 亿美元，其中 1/3 来自亚洲开发银行，而其余大部分资金来自中国。2010 年，仅在缅甸，中国就在石油、天然气和水电方面投资了 80 亿美元，并承诺要在柬埔寨投资 800 亿美元。这种形式的陆上经济一体化会见证，由中国发起的高速铁路和公路一体化网络到 2020 年便会对东南亚大陆国家和中国云南与广西发挥作用（Wade，2011）。2010 年 1 月中国—东盟自贸区的启动——该自贸区实际上也包括中国与单个东盟国家签订的自贸协定——随着中国的崛起以及地区合作的发展，东盟可能走向分化。然而，一个分化的东盟能在亚洲一体化进程中保持中心地位和"驾驶员"地位吗？——尤其东盟的最大成员国，印尼自身已经成为一个重要的国际行为体。

即使如此，虽然上述事件使美国在东南亚的存在重新受到热烈的欢迎，但美国重返亚洲却可追溯到檀香山出生的巴克拉·奥巴马当选美国总统，并且他自诩为美国第一位太平洋总统。分析东亚峰会中的美国（Cook，2008），一个有用的指标便是对美国国会研究服务部的两份文件进行对比，一份文件是在该机构成立时发布的（Vauhgh，2005），另一份是五年后发布的（Nanto，2010）。第一份文件认为东亚峰会与美国的利益稍有抵触，而第二份文件认为美国应该接受这一组织。希拉里·克林顿就任美国国务卿后，着力将美国外交非军事化，且注重美国的外交手段。2010 年年底发布的第一部《四年外交与发展评估报告》（Quadrennial Diplomacy and Development Review，QDDR）表示，美国外交的第一要务是适应当前国际环境，即"通过参与区域合作来建构自己的地区影响力"（US Department of State，2010：52）。对于中国和日本的领导层而言，美国外交的转向并没有破坏其单边主义（Cumings，2008）或其同盟体系（Hemmer & Katzenstein，2002），反而成为美国外交的辅助手段。这也是应对中国日益增长的全球影响力的有效手段（Sannders，2006），以及应对因为全球经济危机而加深的中美相互依赖。自相矛盾的是，中国在亚洲军事实力的增强以及日益自信的外交是与美国影响增加同时而生的，而对亚洲和澳洲小国的精英而言，更愿意平衡中国的影响（Sutter，2010）。

对中美而言，"趋同"的转折点似乎在于日本提出的倡议。在第一届东亚峰会前，日本为峰会草案做了许多工作（Council on East Asian Community，2001；Japan Forum on International Relations，2003；Kohara，2005），它在之前就提出过"东盟＋3"的概念（Terada，2003）。然而，在2010年6月日本首相菅直人上台后，日本内部关于建立亚太合作机制（通常是由外务省支持）还是排他的东亚合作机制（通常由经济产业省支持）的争论仍未结束。日本前首相小泉纯一郎（Koizumi Junichiro，2002），及其继任者鸠山由纪夫，更倾向于地区合作中的"东盟＋3"框架，虽然他们仍在口头上支持APEC。作为平衡中国的一个手段，日本还极力支持印度（以及澳大利亚和新西兰）成为东亚峰会的一员（Terada，2010）。有两个因素影响了美俄加入东亚峰会。一方面，为了平衡中国，美国的存在更容易被他国所接受（Sohn，2005；Sudo，2010）。另一方面，全球经济危机使以"开放地区主义"为理念的APEC的活动得以加强（Oga，2009）。与中国和美国的精英们一样，日本的精英们认为日本的区域外交是从属于日本的全球外交的。从这一观点看，扩大的东亚峰会是有益的，至少对G20峰会有一定的辅助作用，在G20峰会中东亚国家终于找到了一个能与其经济实力相符的舞台。

结　论

虽然明确断定亚洲地区主义的发展方向还为时过早，但是应该看到这一进程仍在持续。从澳大利亚和新西兰最先加入东亚峰会，到之后美国和俄罗斯的加入，可以看出亚太地区主义（APEC的设想）的复苏。因此，东亚峰会的扩大并非偶然。一方面，由于亚洲国家（如新加坡与韩国）与非亚洲国家（如美国、澳大利亚和新西兰）签署的双边自贸协定，具有排他性的"特定亚洲"模式的地区一体化遭到削弱。另一方面，正如前面提到的，2009—2010年的全球经济危机推动了跨太平洋战略经济伙伴关系（Trans – Pacific Strategic Economic Partnership ，TPP）谈判（Hirata，2010）。2011 年 5 月，在蒙大拿州召开的第 21 届 APEC 贸易部长会议上，有八个国家（来自美国、澳大利亚、新西兰、越南、马来西亚、新加坡、智利和秘鲁的代表）发表联合声明表示将"在 11 月形成该协议的大体框架"（Reuters，2011）。除了美国的加入，马来西亚的参与也有重要意义，因为马来西亚之前一直捍卫东亚范围内的合作。2011 年在夏威夷召开的 APEC 领导人会议是自 1994 年茂物峰会后最重要的一次会议。它不仅表明了美国奥巴马政府重返亚洲的决心，而且显示了 20 世纪 90 年代中期的亚太地区概念可能会被重新提起（Higgott & Stubbs，1995）。

2010 年末，亚洲的地区概念仍处于一种既竞争又互补的状态。然而，找到一个使政治因素和经济因素相协调，并能激发地区认同感的亚洲地区概念仍是一项困难的工作（He，2004）。事实上，这不会是亚洲或太平洋的国家领导人优先考虑的问题。一位泰国学者曾经提出，"谁需要亚洲共同体（谁不需要）？"的问题（Phongpaichit，2006）。经济危机使一些趋势发展更为迅速（Wolf，2011），最重要的便是 G2（中美两国集团）的出现，尽管双方极力否认 G2 的存在。至少亚太多边合作机制可能重新发展，曾经有学者认为它正在被特殊的东亚实体所取代（Revenhill，2001）。然而，现在就断定 APEC 会复苏或者其他合作机制（例如东亚峰会）会创立和加强还为时过早。

持续的争论表明，"地区""地区主义"和"共同体"观念（已经建成的共同体或是正在建设中的共同体）是促进多孔的亚洲地区多边关系的话语手段。欧洲一体化面临的基本挑战——"扩大合作"还是"加深合作"，似乎对亚洲而言挑战相对较小。为什么会出现这种情况？部分原因是亚洲地区存在以东盟为核心的同心圆结构。正如本章所提到的，地区一体化本身不是目标，相反，主要行为体寻求的目标是建立泛亚（亚太）多边主义新机制与合作。而东亚峰会仅是众多机制中的一个。

第三十一章 上海合作组织的发展进程

钟建平（Chien-peng Chung）著 蒋启良译

上海合作组织（SCO，简称上合组织）是一个多边组织，借助这一组织，地区各国参与管理欧亚大陆，特别是中亚地区安全方面事务。上合组织自成立以来，就一直在不断地成长。在不同的发展阶段，其着重点也有差异，由此我们可以划分出四个发展阶段。上合组织的最初阶段"上海五国"会晤机制，各成员国政府主要是为了探索确保边界安全和打击日益猖獗的恐怖主义、分裂主义和极端主义的方法。在上合组织的第二阶段，虽然机构规范和规则的合并是一个突出特点，但是组织开始像重视反恐合作一样着力促成各成员国联合开发基础设施。整个第三阶段都弥漫着反美主义的情绪，涉及的议题主要包括成员国的扩展、阿富汗的鸦片走私及能源合作。在第四即当前阶段的上合组织，尽管阿富汗问题仍然是机构内的重要问题，然而中亚成员国之间悬而未决的争端意味着他们各自与中国和俄罗斯联邦的关系变得越来越突出。因此，上合组织在目前和可预见的未来，可以说机遇和挑战并存。

第一阶段：上海五国会晤机制（1996—2001 年）

——边界安全（1996—1998 年）和
反激进主义（1998—2001 年）

上合组织开始于 1996 年的"上海五国"会晤机制，当时，中国、俄罗斯、哈萨克斯坦、吉尔吉斯斯坦和塔吉克斯坦开始着手谈判解决中国与其他四国之间突出的边界纠纷问题。该机制得名于 1996 年 4 月 26 日五国首脑首次在上海召开会议。1997 年 4 月 24 日，第二次会议在莫斯科举办，因为第一次会议的缘故，进一步推动了建立信任措施的采纳，如签署协议从边境地区撤军，限制边境地区军事演习规模，以及在临近中国边境开展军事演习时予以通报，并允许中国派观察员。通过年度会议上的会谈，中国和俄罗斯就中亚地区的相互安全利益问题达成了共识。第三次会议于 1998 年 7 月 3 日在哈萨克斯坦的阿拉木图举行，会议达成了一项共同的承诺，即反对三股势力，即分裂主义、恐怖主义和宗教极端主义，自此将中国在新疆地区的安全利益与俄罗斯打击车臣叛军、中亚各成员国镇压宗教极端主义者维系于共同的目标下。1999 年 8 月 24 日，第四次峰会在吉尔吉斯斯坦的比什凯克举行，会议决定在与该组织运行相关的成员国各政府部门间创立定期会晤机制。第五次会议也是最后一次上海五国领导人会议于 2000 年 7 月 5 日在塔吉克斯坦首都杜尚别举办，会议最后声明表示，确保每个国家有权选择自己的政治、经济和公共政策发展道路，坚决反对其他国家以"人道主义干预"和"保护人权"为借口干预别国内政，并支持成员国为保护独立、主权，领土完整及社会稳定而付出努力（ITAR － TASSY，2000）。"杜尚别宣言"超出了其他任何文件，它进一步界定了上海五国会晤机制的规范，其内容在此之后历届上合组织峰会上，以不同形式得以延续和重申。

上海五国会晤机制，以及随后的上合组织，是第一个在很大程度上由中国发起并推动的多边安全机构。中国在该组织中最初的主要目的是希望获得中亚政府的合作，借力俄罗斯政府对中亚国家的影响，并通过截断分裂主义分子的跨界资金、武器或者庇护所，减少分裂主义的威胁。随着 2001 年乌兹别克斯坦的加入，上海五国会晤机制正式更名为上合组织。自此，上合组织成了加强中国并维护俄罗斯在中亚地区的实力和影响力的一种工具。上合组织的成立，表明俄罗斯默认了中国在中亚地区的合法地位以及不断增强的影响力，而这一地区曾经一度为俄罗斯所主导。

第二阶段：建立和巩固阶段（2001—2005 年）

——反恐（2001—2003 年）和基础
设施发展（2003—2005 年）

2001 年 6 月 15 日，上合组织在上海成立，六国元首签署了"关于打击恐怖主义、分裂主义和宗教极端主义的上海公约"，明确界定了上合组织的基本目标。与会首脑还批准了新组织的会旗和会徽。2002 年 6 月圣彼得堡举行的上合组织成员国第二次元首会议通过了由 26 条条款组成的上合组织宪章，宪章规定了机构的宗旨、原则、结构和运行规则。根据上合组织宪章第 16 条规定，该机构将以协商方式通过决议，除中止成员资格或被开除出组织外，决议按"除有关成员国一票外协商一致"原则通过，尽管有弃权（指的是弃权不构成对全体一致的否定）（SCO，2009c：Charter）。

上合组织的最高决策机构是国家元首理事会。每年定期举行一次会议，就与组织有关的所有重要事项作出决定并发布指令。在国家元首理事会下设立政府首脑（总理）委员会，也是每年定期举行会议，讨论多边合作战略和组织的优先事项，并批准下一年度的预算。在政府首脑委员会之下，还设有外交部长、经贸部长、交通部长、文化部长、国防部长、执法部门负责人以及紧急措施（救灾协调）部门领导和总检察长的年度会议机制。上合组织的运行主要依靠成员国国家协调委员会，每年至少举行三次会议，并由成员国有关部委高级官员负责的联合工作小组就共同关心的问题进行探讨。

在 2003 年 5 月莫斯科召开的上合组织第三次元首会议上，设立了两个常设机构——上合组织秘书处和地区反恐怖机构（RCTS）。上合组织秘书处设在北京，与国家协调委员会密切合作参与起草文件草案，提供建议，落实会议决议并对组织实施预算监督（SCO，2009c：Charter）。地区反恐机构设在乌兹别克斯坦首都塔什干，其成员主要负责收集和共享有关成员国内疑似恐怖主义组织的情报。秘书处和地区反恐机构分别于 2004 年启动。

秘书长和地区反恐机构执行委员会的负责人由国家元首委员会任命，任期为 3 年。作为上合组织的主要行政官员，秘书长的主要职责是协调上合组织活动，监督和实施上合组织元首理事会和其他机构的决议，并向组织提交加强组织内部合作和深化国家间联系的提案（SCO，2010：Secretariat）。秘书处下设四个机构分管政治安全、经济文化、行政及法律预算和信息分析事务。上合组织成员国 2004 年元首峰会设立了由各成员国常任代表组成的，直接监督 RCTS 活动的理事会（SCO，2005a：Declaration）。上合组织的会议和机构设置参见表 31—1。

上合组织并不是一个直接针对任何外部势力的组织（Xu，2003：71）。中亚国家也希望获得俄罗斯和中国的支持，以帮助它们打击本地伊斯兰激进恐怖主义组织，如乌兹别克斯坦的伊斯兰运动和伊斯兰解放党，并阻断阿富汗基地分子的渗透。他们相信，通过加入上海五国会晤机制及之后的上合组织，可以部分地实现他们的目标。即使吉尔吉斯斯坦总统阿斯卡尔·阿卡耶夫（Askar Akayev）在 2005 年 3 月被推翻，新的领导班子显然也看到了保持上合组织成员身份的意义，完全没有考虑退出该组织。

合作打击恐怖主义、宗教极端主义和分裂主义，即早在 1998 年就被上海五国会晤机制确定为其核心任务的相互联系的"三股势力"，一直以来都是上合组织成员国政府关注的焦点。然而，在认识到贫困是中亚和中国新疆地区不稳定的主要根源后，从 2003 年峰会开始，上合组织将其任务拓展到经济合作，鼓励成员国间开展贸易、投资和基础设施建设（Hua，2005：90 – 91）。此后，上合组织在海关合作、跨境运输、法律法规协调、能源开采和管道的铺设以及公路和铁路建设等领域至少开展了 127 个项目（www. sectsco. org/htmJ/01201. html）。为深化上合组织的合作，特别是非传统安全领域的合作，2004 年 6 月，在塔什干举行的第四届上合组织年度峰会上，签署了一项关于"加强阿富汗边境海关监管，严厉打击从阿富汗走私非法武器、弹药、爆炸物和毒品等违法活动，并制定和实施针对成员国种植罂粟农民的救济项目"的协议（SHAPS，2005）。上合组织的焦点自此也扩展到包括采取联合行动制止跨国界、有组织的国际犯罪，非法移民和雇佣兵活动（People's Daily Online 2005，SCO member states pledge offorts）。

表 31—1　　　　上海五国机制与上海合组织的对比：会议和机构

上海五国机制	上海合作组织（SCO）
峰会级别	
截至 2000 年七月的国家领导人会议（5 ×）	截至 2010 年六月的国家领导人会议（10 ×） 截至 2009 年十月的总理会议（8 ×） 截至 2006 年五月的议长会议（1 ×）

续表

上海五国机制	上海合作组织（SCO）
部长级别	
截至 2001 年四月的外交部长会议（2×） 截至 2010 年三月的国防部长会议（1×）	截至 2010 年五月的外交部长会议（13×）（3 次特别会议） 副外交部长会议（阿富汗问题上海合作组织特别会议，2009 年 3 月 27 日） 截至 2009 年四月的国防部长会议（7×） 截至 2010 年三月的文化部长会议（7×） 截至 2008 年九月的经贸部长会议（7×） 截至 2009 年十一月的运输部长会议（4×） 截至 2006 年十月的教育部长会议（1×） 截至 2009 年五月的内政和公共安全部长会议（1×） 截至 2009 年十二月的财政部长会议（1×）
委员会/机构/部门级别	
截至 1999 年十一月的法律实施机构和安全服务部门负责人会议（比什凯克小组会议）（1×）	截至 2002 年五月的法律实施机构和安全服务部门领导人会议（比什凯克小组会议）（2×） 截至 2009 年六月的预防和消除突发事件（极端措施）部门负责人会议（4×） 截至 2003 年九月的检察官会议（2×） 截至 2009 年四月的上海合作组织国家协调员理事会会议（23×） 截至 2010 年四月的上海合作组织地区反恐机构（RCTS）委员会会议（16×） 截至 2006 年九月的最高法院院长会议（1×） 截至 2009 年十二月的中央银行行长会议（1×） 截至 2009 年五月的安全委员会秘书长会议（4×）
一般人员	
	秘书处：北京，中华人民共和国 由秘书长领导负责 4 名副秘书长 30 名职员 地区反恐机构：塔什干，乌兹别克斯坦 由常务主任领导负责 固定代表人员

2004 年，上合组织设立了一支观察员团队，监督成员国的总统选举

和其他选举活动。随后，2005 年 10 月在莫斯科举行的上海合作组织政府首脑峰会签署协议，规定建立成员国互助和应对灾难及其他紧急情况的快速反应机制（People's Daily Online，2007b，Premier Wen Leaves for home），同时创立上合组织—阿富汗联络小组，由上合组织秘书处官员和阿富汗驻上合组织各成员国大使馆高级外交官组成（SCO，2006：Protocol）。

　　西方国家和美国批评乌兹别克斯坦总统斯梅尔·卡里莫夫，在 2005 年对东乌兹别克斯坦安集延市叛乱者实施的暴力镇压（这个行动并未受到上合组织成员国的谴责），西方国家和美国的这种行为使得整个中亚地区弥散着恐惧和怀疑，认为美国支持持不同政见者颠覆或推翻该地区的合法政权。由于上合组织成员国内部强烈的反美情绪，2005 年 7 月在哈萨克斯坦阿斯塔纳召开的上合峰会后发表了联合声明，以阿富汗大规模反恐战争结束为依据，要求制定美国主导的反恐部队撤离阿富汗的时间表，并且中止租赁上合组织成员国的军事设施。据此，乌兹别克斯坦命令美军离开卡尔希—阿巴德空军基地。

　　上合组织实实在在地为成员国带来了福利（Fogarty，2007）。对于中亚各国政府而言，俄罗斯和中国提供的帮助并没有附加诸如人权或民主治理条件。对于中国而言，俄罗斯的西伯利亚和中亚，特别是哈萨克斯坦，可以为中国日益迅速发展的工业化经济提供能源资源，主要包括石油和天然气。作为回报，中国能够为成员国提供一个贸易市场和投资来源。俄罗斯也逐渐意识到上合组织是一个抑制美国在中亚地区的影响力的重要工具，这对其俄罗斯和中国战略意义重大。

第三阶段：任务拓展（2005—2008 年）

——成员资格、阿富汗、能源和
反美主义

　　2005 年在哈萨克斯坦首都阿斯塔纳举行的上合组织峰会上，给予伊朗、巴基斯坦、印度以及上一年被接纳的蒙古国上合组织观察员地位。中国、俄罗斯和伊朗之间更紧密的关系，可能被证实是美国在中亚地区推行其政策的主要障碍。中国和俄罗斯对于伊朗宣称开展的核项目问题保持相似外交立场，就是希望为谈判争取更多的时间，并抵制西方呼吁的联合国安理会对该国实施更严厉制裁的做法。俄罗斯和中国都不希望看到本已处于动荡的中东进一步动荡，中国（作为一个主要的石油进口国），不希望出现更高的原油价格。

巴基斯坦和伊朗随后都申请成为上合组织正式成员国。然而在 2006 年 6 月上海举行的第六次峰会上，六个上合组织成员国决定暂时停止接纳新成员国（Kosyrev，2007），来自中国和俄罗斯的官员都表示，因尚未制定出增加新成员的机制，所以峰会不会接收新成员（Kosyrev，2007）。当时，机构宪章并未包含接纳新成员的程序。即便如此，峰会结束时颁布了一套"上合组织观察员地位条例"。对于观察员国或者政府间组织而言，也许这套规则与其最相关之处在于有权出席公开的国家元首理事会、政府首脑（总理）理事会、外长理事会和各部部长会议，以及有权通过上合组织秘书长就与他们相关的问题发表声明（SCO，2005b：Regulations）。虽然观察员国没有投票权，而且很多决定机构框架和政策的会议都是闭门会议，但相关"规定"对于观察员国多渠道获得意见输入仍有意义。

在上合组织第六次峰会上，成员国初步酝酿一项确保稳定能源供应的战略，但只是在随后的峰会上对这个问题进行了认真讨论。在上合组织银行联合体的支持下，第六次峰会上达成了"关于信贷和总计 7.42 亿美元联合投资项目"的初步协议（SCO，2009a：Interbank Consortium）。

伊斯兰塔利班武装运动在阿富汗的复苏，一直困扰着上合组织的成员国，特别是与阿富汗接壤且接壤地区驻守不严的塔吉克斯坦和乌兹别克斯坦（Bayron，2007）。因此，2007 年 8 月 16 日在吉尔吉斯斯坦比什凯克举行的上合组织成员国第七次元首峰会上，最为关注的安全威胁来自于阿富汗——自 2001 年底以来，美国和北大西洋公约组织主导的试图清除塔利班武装分子势力范围的军事行动远未成功。上合组织曾试图通过上合组织阿富汗联系小组与阿富汗当局以及巴基斯坦当局探讨相关问题（许多阿富汗—塔利班武装分子越过边境到巴基斯坦寻求避难）。

根据一份世界毒品报告，阿富汗用于制造海洛因的非法鸦片的产量超过世界总产量的 90%（PakTribune，2007）。第七次峰会结束时发表的"比什凯克宣言"里，上合组织元首呼吁在阿富汗周边创立一个"反毒品安全带"（SCO，2007：Bishkek Declaration）。当时的俄罗斯总统弗拉基米尔·普京提议上合组织在阿富汗召开一个旨在禁止毒品贸易，促进国家稳定的国际会议（随后得以召开）（Pannier，2007）。人们可能还记得，首次提出阿富汗毒品问题是在上合组织第四次峰会上。显然，第四次峰会以来，取得的成果非常有限，所以有必要在 2007 年峰会上重新审视这些问题。这反映了阿富汗当局很可能因为对领土没有绝对控制权，所以无法根除毒品。

"比什凯克宣言"表明，上合组织成员国随时准备加入到阿富汗政治局势正常化和发展经济合作的努力中（SCO，2007：Bishkek Declaration），并且可能已经向美国和世界表明，打算在阿富汗事务上发挥更大作用，最终促使美国和北约减少并最终撤出在阿富汗驻军。

上合组织获得影响力和关注的一个重要原因是，该机构覆盖了一个拥有丰富石油储备和天然气储备的地区。石油资源丰富的哈萨克斯坦总统纳扎尔巴耶夫声称，他坚信苏联时代管辖区的天然气和石油管道网络可以构成亚洲能源市场的基础，并告诉峰会与会者，上合组织能源俱乐部作为发展亚洲能源战略的核心机构，应该在上合组织成员国和观察国能源部长会议机制下运行（BBC，2007；Fedynsky，2007）。上合组织能源俱乐部将联合能源生产国、消费国和运输国通过对话和务实合作协调能源战略，以实现提高能源安全的目的（Haas，2007；SCO，2007：Bishkek Declaration）。扩大燃料贸易也可以成为地区项目的推动力，特别是与基础设施相关的项目，如公路铁路、石油和天然气管道的建设。伊朗总统马哈茂德·艾哈迈迪-内贾德表示，他准备组织召开上合组织石油或能源部长会议讨论能源合作事宜（Fedynsky，2007）。

能源俱乐部的观念得到了中国积极的贯彻，因为它可以减轻中国对从动荡的中东进口油气的依赖。莫斯科希望提升其作为对华出口石油和能源主要的供应商的角色，也提高俄罗斯国有石油和天然气工业股份公司在中亚地区的股份（Mann，2007）。美国一直寻求建立始自中亚和里海的管道线路，通过高加索地区，从而绕过俄罗斯，直接开采中亚地区的能源资源。如果上合组织最终同意协调管控油气资源生产、运输和出口的话，它肯定符合作为主要石油和天然气生产国俄罗斯、哈萨克斯坦和土库曼斯坦的利益，也符合作为这些资源的关键消费者中国的利益，其经济增长正有赖于此。

2007 年 8 月 9 日，上合组织开始从六个成员国中召集 6500 名士兵进行反恐演习。代号为"和平使命 - 2007"（People's Daily Online，2007a，SCO conducts final stage of joint anti - terror drill）是目前上合组织最大的军

事演习。从 8 月 9 日到 17 日，9 天的实弹演习主要分为两个阶段进行。第一阶段在中国新疆维吾尔自治区，6 个参演成员国军事力量的负责人在自治区首府乌鲁木齐市举行座谈会，并发布演习指令。第二阶段是向乌拉尔山脉俄罗斯军事基地的地面部队移动的军事演习。演习的主要目的是打击恐怖主义，演习的另外一个主要场景是重新夺回武装分子控制的小镇。这个场景类似于俄罗斯在车臣地区面临的威胁。

虽然当上合组织领导人在比什凯克会晤时，在俄罗斯的军事演习已接近尾声，但是从某种意义上来说，这是第一次上合组织军事演习和首脑峰会同时举行。与会的各国总统飞抵俄罗斯车里雅宾斯克观看了最后一天上合组织有史以来规模最大的军事演习。基于此，上合组织被赋予了政治和军事双重目标，让全世界都明白上合组织可转变为地区安全综合体，"国家集体的安全关切在某种程度上相互关联的，不能区别对待"（尽管上合组织成员元首对此经常予以否认，但这也是成员国政府意识到自己所需要的）（Buzan and Waever，2003）。这次演习正好发生在莫斯科和华盛顿就美国计划在波兰和捷克共和国部署导弹防御系统发生严重分歧时，当然这并不是巧合，这是莫斯科向美国表示其不满。

2008 年 9 月 15 日，在塔吉克斯坦首都杜尚别举行的上合组织第八次国家元首峰会上，成员国同意将能源作为首要合作事项，并筹划一个能源工作小组，研究建立上合组织能源俱乐部的可能性（Liao，2006）。因为设立这样一个俱乐部很可能对俄罗斯和中亚国家通过管道向东欧和中欧输送石油和天然气的价格和质量带来不利影响，从而损害欧盟和上合组织之间的关系，所以这样一个建议需要慎重考虑。因此，上合组织进出口商不得不平衡东西方的利益。

第四阶段：阿富汗，双边主义和中亚内部冲突（2008—?）

在安全方面，应对来自阿富汗的跨边界恐怖主义分子和毒品，已经成为上合组织的首要任务。因此，上合组织于 2009 年 3 月 27 日在莫斯科召开了一个"阿富汗问题特别国际会议"。会上，来自上合组织各成员国和伊朗的外交部副部长，在美国和其他国家及国际组织派出的使节面前，表明该组织愿意扩大与在阿富汗的美国和北约军事力量合作（除派遣部队外），并且在阿富汗问题上与集体安全条约组织（CSTO）外长理事会工作小组合作，在阻截恐怖分子、毒品生产和贩卖及黑社会犯罪领域开展联合情报行动。上合组织与会者还表示他们愿意将阿富汗问题纳入上合组织合作范围内，合作打击在中亚地区的恐怖主义分子（Khan，2009；SCO，2009b：Plan of Action）。有趣的是，在特别会议当天，美国总统奥巴马宣布政策焦点转向，不仅聚焦阿富汗问题，也包括对待巴基斯坦的问题，将两者作为整体来考虑（Zhao，2009），因为据报道塔利班武装分子龟缩在两国边界的山头上，而巴基斯坦也是上合组织的观察员国。上合组织于2010年1月26日在莫斯科再次召开了关于阿富汗问题的外交部副部长会议。由于美国/北约在阿富汗的军事存在，所以目前上合组织运作实现阿富汗稳定的空间和范围是有限的。然而，上合组织可能会等待美军和北约部队撤离阿富汗，届时该组织将有机会将阿富汗置于其影响范围内。

为了与上合组织最初的动机相符合（帮助成员国打击暴力分裂活动），上合组织成员国联合反恐演习（"诺拉克－反恐－2009"）于2009年4月17—19日在塔吉克斯坦举行（SCO，2009d：Yakaterinburg Declaration）。之后，2009年7月11日，上合组织发表声明，谴责2009年7月5日在新疆乌鲁木齐发生的暴力事件，承认新疆是中华人民共和国不可分割的一部分，在当地发生的一切都是中华人民共和国的内部事务（Wenhuibao，2010）。2009年7月22—26日，在上合组织支持下，在"不结盟"打击恐怖主义分子原则指导下，俄罗斯和中国在高加索山脉北部斜坡和新疆联合开展了"和平使命—2009"反恐军事演习。

2009年6月15—16日，上合组织第九次国家元首峰会在俄罗斯叶卡捷琳堡举行，会议决定承认白俄罗斯和斯里兰卡为上合组织"对话伙伴国"（SCO 2009d：Yakaterinburg Declaration）。在峰会上，中国国家主席胡锦涛承诺延长向组织其他正式成员提供的100亿美元贷款期限，助其克服经济危机。此外，中国国家开发银行贷款给俄罗斯国营石油公司（Rosneft）150亿美元，贷款给俄罗斯国家石油管道公司（Transneft）100亿美元，从而建立到中国大庆油田的东西伯利亚太平洋海洋管道。在上合组织峰会期间，叶卡捷琳堡还举办了首届世界四大新兴经济体（金砖四国：巴西、俄罗斯、印度、中国）会议，讨论如何改善全球经济，以及维持以美元为基础的国际贸易系统（BBC，2009）。金砖四国中，三个是上合组织成员国，只有巴西不是。

2007以来，首先是俄罗斯，而后是中国表达了有兴趣资助建立塔吉克斯坦罗贡大坝和水电站，然而该项目受到了下游国家乌兹别克斯坦的反对，他们担心该项目将减少灌溉用水（Trilling，2009）。同样的原因，当吉尔吉斯斯坦开始在流向乌兹别克斯坦的河上建立"卡姆巴拉吉1"和"卡姆巴拉吉2"水电站的时候，乌兹别克斯坦当局削减了历年冬天给吉尔吉斯斯坦的电力供应。

当乌兹别克斯坦通过中断供应以提高塔吉克斯坦从土库曼斯坦运输电力的成本时，塔吉克斯坦在2009年1月和2月经历了严重的电荒（Anonymous，2009）。在塔吉克斯坦、吉尔吉斯斯坦和乌兹别克斯坦之间存在悬而未决的边界诉求。2010年5月和6月，数百名乌孜别克族被塔吉克暴乱分子和塔吉克斯坦安全部队杀害，而且使得数万人越过边界进入乌兹别克斯坦。

中亚国家间关系缺乏信任且因彼此间纠纷而恶化，所以合作通常出现在某个中亚国家和中国或者俄罗斯之间。2009年，俄罗斯宣布贷款20亿美元给吉尔吉斯斯坦并为其提供15亿美元援助，而吉尔吉斯斯坦将俄罗斯对比什凯克康德空军基地的使用期限扩展到49年。经过3年建设，一条从土库曼斯坦到中国新疆总长1833公里的新天然气管道于2009年12月投入运行。一旦达到满负荷生产，这条管道每年将有400亿立方米的流量，显著降低土库曼斯坦对买家俄罗斯的依赖（*Japan Times*，2010）。

2009年，中国赢得了储量最为丰富的阿富汗爱娜克铜矿开采权的招标。北京正资助建设连接爱娜克和瓜达尔港（瓜达尔港位于巴基斯坦俾路支省，离霍尔木兹海峡东部只有400公里）的矿产铁路，还有一条铁路是瓜达尔港到新疆（Migranyan，2009），这样中国就可以从中东和非洲进口石油。这条新铁路将绕开马六甲海峡。另一方面，俄罗斯在与阿富汗或巴基斯坦的贸易与投资仍显得微不足道。

2010年6月10—11日，上合组织成员国元首理事会第十次会议在乌兹别克斯坦塔什干举行。会议通过了《上海合作组织接纳新成员程序条例》。随着新成员的不断加入，上合组织在世界事务中的影响力将会上升。另外，9月10—25日在哈萨克斯坦南部举行了一次5000人规模的陆军和空军联合兵种的"和平使命2010"军事演习，这个演习包括模拟轰炸任务和夜间突袭"恐怖分子基地"（CCTV，2010）。SCO参演各国军方在这一系列军事演习中的开拓性尝试将上合组织成员国之间的安全合作和协调提升到了一个更高水平。

结　论

对上合组织的凝聚力持怀疑态度的人可能会指出，上合组织在经济领域与欧亚经济共同体（EurAsEc）以及在安全领域与集体安全条约组织之间存在相互竞争或相互重叠关系。除了白俄罗斯，欧亚经济共同体还包括除中国外的所有上合组织成员国，而除了白俄罗斯和亚美尼亚，集体安全条约组织包含了除中国外的所有上合组织成员国。然而，作为欧亚大陆主要大国，中国既不是欧亚经济共同体的成员，也不是集体安全条约组织的成员，所以竞争和重叠的问题不太可能出现。由于上合组织的形成，中国已经考虑到参与该组织是其外交政策的"关键点"（Fu，2003）。第七次峰会后不久，上合组织与集体安全条约组织就安全合作问题签订了一份谅解备忘录，如打击恐怖主义、跨国犯罪和非法贩毒（Interfax，2007；Marat，2007）。如果当时中国决定参与在集体条约组织名义下的军事演习的话，上合组织可能今后在整个欧亚安全领域以相互补充的伙伴关系形式与集体安全条约组织开展合作。

考虑到上合组织成员国之间相互作用和问题领域的紧密联系，下一步为了使组织制度化，可能会从成员国选出代表设立法庭，解释机构宪章的规定和解决成员国之间的纠纷。即使这一举措尚未落实，在一定条件下，特别是随着其使命的拓展，上合组织有可能变得更有凝聚力。这些条件主要有：（1）俄罗斯仍然是中国的外交和安全政策的一大重点，反之亦然，两者都热衷于维护他们在中亚地区的"利益协调"；（2）美国继续支持中国台湾和亲西方政权或者俄罗斯之外的前苏联加盟共和国的政权更迭，从而使中国和俄罗斯与中国台湾及前苏联共和国之间的关系面临疏远的风险，并酝酿形成一个处于萌芽期的欧亚军事—安全集团；（3）对中亚和西伯利亚能源的需求，特别是对石油和天然气资源的追求，成为中国领导层对外经济和安全政策的当务之急。因为中国和俄罗斯的政策方向和外交政策的重点在可预见的未来变化不大，所以这些条件可能要维持或者在近期和中期得以实现，并且无论中亚国家间的相互关系或者外交取向如何，他们都不愿通过退出上合组织，对抗或者疏远中国和俄罗斯。

从长远看，在中亚，因为中国和俄罗斯过去都曾宣称他们在该地区的统治力或者影响力，所以他们明显有可能在中亚地区成为战略对手。但是，在可预见的未来，限制和削减美国在中亚和阿富汗的军事存在及伊斯兰激进分子的影响，加之建立能源安全合作框架，在 SCO 层面维持一条统一战线应对与外部国家间关系，这些目标似乎是这两个国家优先考虑的。特别是中国，也包括俄罗斯，多年来一直推动上合组织成为促进多边主义和多极化的国际和地区机构范例，特别是在亚洲以及其他地区。但是，除非美国与俄罗斯和中国的关系变得更坏——比如中俄认为美国威胁了其国家安全，美国对种族或宗教分裂的活动表示同情而使边境地区动荡不宁，或者支持两国持不同政见运动，又或支持中亚国家的持不同政见者推翻现政权或给现政权造成困难——那么上合组织不可能转变为东方的北约，或者新版的华沙条约，或石油和天然气卡特尔，相反，它仍然是一项多边合作安排和最后时刻可退守的地区安全共同体。

第三十二章　亚欧会议[*]

朱莉·吉尔森（Julie Gilson）著　蒋启良译

亚欧会议正处于当今亚洲地区区域性组织日趋活跃和政府间框架扩散的潮流之中。目前，其定期会晤成员来自国内生产总值占世界总值一半左右，贸易超过全球 60% 的国家和地区。亚欧会议成员的人口占世界总人口的 60% 左右。由此我们似乎可以断定，它代表了当代全球政治和经济中的一支主要力量。然而事实并非如此，有 15 年历史的亚欧会议不仅没有达到预先设定的、令人印象深刻的"外交里程"目标，而且缺乏实质性和有附加值的合作形式。但这并不意味着，亚欧会议一无所获。实际上，在下面的章节中，我们会看到（亚欧会议）在贸易对话、环境协定、公民社会行为体的参与及某些特定形式的财政援助方面，已经卓有成效。在宏观层面，全球化和区域化的不断发展和深度融合，使得众多资源实现了整合。然而鲜有证据表明，亚欧会议在其成员政府的议程上，被视为优先考虑事项。本章将评估迄今为止亚欧会议在促进全球化和地区整合方面的工作，考察其最活跃的部分，以便提出维系亚欧会议作用，更为具体的、战略性和问题导向的建议。

亚欧会议：从早期到现在

亚欧会议进程一开始是作为一种纠正手段，用于纠正 20 世纪 90 年代

---

[*] 目前亚欧会议的成员有：澳大利亚、奥地利、比利时、文莱、保加利亚、柬埔寨、中国、塞浦路斯、捷克共和国、丹麦、爱沙尼亚、芬兰、法国、德国、希腊、匈牙利、印度、印度尼西亚、爱尔兰、意大利、日本、老挝、拉脱维亚、立陶宛、卢森堡、马来西亚、马耳他、蒙古国、缅甸、荷兰、新西兰、巴基斯坦、菲律宾、波兰、葡萄牙、韩国、罗马尼亚、俄罗斯、新加坡、斯洛伐克、斯洛文尼亚、西班牙、瑞典、泰国、英国、越南、东盟秘书处和欧盟委员会。

欧洲联盟（EU：欧盟）和经济动态增长的东亚间交流的隔阂（亚欧会议的一般情况参见 Gilson，2002；Yeo，2003；Gaens，2008）。事实上，1994年，欧盟发布了一份题为《走向亚洲的新战略》的报告，这是欧盟首次将东亚提升至其外部关系的优先位置。这份战略报告提出了在一个广泛的总体设计中管理同发展中的东亚地区间的集体关系的方式，概述了贸易、环境保护、"艾滋病毒/艾滋病问题的研究"领域。正如佩克曼斯（Pelkmans）和巴拉林所说的，这些行动展示了一个"改变亚洲和欧亚关系思维方式的最有效进程"（Pelkmans and Balaoing，1996；Gilson，2002：87）。在实践中，虽未有切实的政策变化（除了一些商业和投资机会外），但欧盟加强了在东亚范围内三边（欧盟、美国、东亚）经济方面区域合作、建立起类似欧洲模式的货币联盟以及进一步强化制度化关系。

作为这些发展的成果，由来自欧盟和东亚的25国元首（还包括欧盟委员会主席）与会的首脑会议于1996年在曼谷举行，会议宣布亚欧会议正式建立。从那时起，首脑会议每两年举行一次，在亚洲和欧洲之间交替举行，每次会议选择一个特定的主题。1996年曼谷峰会上发表的主席声明称赞建立在市场经济基础上、具有开放的、非歧视化、自由化和"开放的区域主义"多边贸易体系承诺的新型伙伴关系。相比之下，2010年布鲁塞尔峰会强调的主题是"改善民生，提高公民福利和尊严"（2010年主席声明；Islam，2010a）。除了一般的主席声明外，很多的峰会还会发布额外的声明，如第三届亚欧会议《朝鲜半岛和平首尔宣言》和第四届亚欧会议《打击恐怖主义的合作宣言》。同时，第七届亚欧首脑会议发表了《可持续发展北京宣言》和《第七届亚欧会议国际金融形势宣言》，而2010年布鲁塞尔峰会则更关注"改善生活质量"这一主题。[①]

在亚欧会议的框架内，峰会期间还会举行大范围的部长级会议。例如，1997年开始的亚欧财长会议，会上讨论了全球经济和国际金融体系的相关问题，而副财政部长会议也在会外同时举行。此外，自1997年以来，几乎每隔两年都会举行亚欧经济部长会议，讨论跨区域背景下提升经济机会的问题。其他亚欧会议还聚集了外长（为了协调亚欧会议的进程）、环境部长、文化部长和教育部长，特定的部长会议会临时召开。例如，2009年举行的"关于能源安全和运输合作"特别会议。亚欧会议还

---

① 参见亚欧信息版的有关会议的最新消息，可用网址 http://www.aseminfoboard.org。

涵盖了一系列正式和非正式的对话，为来自公民社会的代表提供机会。这些对话的主题包括解决军控与裁军、跨国犯罪和反恐、环境、妇女和儿童福利、人力资源和食品安全。亚欧会议还会主办一些研讨会，例如世贸组织下的贸易便利化、农业技术和食品加工。此外，亚欧工商论坛在亚欧会议进程内被视为官方代表，而其他包括非国家团体的会议也在亚欧会议背景下举办，其主题涵盖教育、青年、工会会议及文化和遗产对话。从本质上说，亚欧会议在其广泛的职能和三大支柱（经济、政治和文化合作）下，囊括了多种多样的主题。

从制度设计上来说，亚欧会议是松散和非约束性组织，其基本思路是设立一个对话渠道。的确，它有一个包括多层次的清晰结构，首脑会议处于顶端，协调国之间轮流组织（2010年，柬埔寨、韩国、比利时和欧盟委员会分别担任协调国）。但它自身没有常设秘书处（虽然欧盟委员会是协调员之一，东盟秘书处有一个代表），尤其是亚洲成员一直警惕亚欧会议结构向更为制度化方向发展。鉴于其非正式性，复杂难调的成员关系（在数量和多样性方面），而且有时（尤其）欧洲国家政府首脑明显缺乏对会议的重视，这种制度化的结构缺乏很容易给人造成一种感觉，即在亚欧会议机制中，各方对此事业的承诺并不均衡（Anonymous，2010e）。经验丰富的观察员莱赫约乐观地认为，尽管亚欧会议面临挑战，但是亚欧会议仍然可以"有机会上升为更密切和全面的伙伴关系"（Yeo，2010）。本章表明，无论莱赫约的论断是否有根据，其成功运转主要取决于两个关键因素：不断发展的成员关系如何影响其整体运行的能力；在何种程度上，它可以作为一个有价值和有特殊问题关注的论坛。下面各个章节将简要探讨这些因素。

当前现实

亚欧会议的一个鲜明特点一直是地区间的身份界定。虽然这种安排的特殊形式及其对全球实践的潜在影响一直备受争议（Dent，1999；Gaens，2008；Gilson，2002），但是它预示着地球两边距离遥远的北美、东亚和欧洲三角关系已经相互联系在一起。一些观察家甚至断言，在欧亚会议的背景下，东亚在很大程度上被迫将自身标识在"地区"范围内来开展重大活动。结果这一进程促进了东亚区域内制度化关系发展

（Gilson，2005；Reiterer，2006）。但在实践中，东亚和欧洲都未能在彼此之间创造出像与他们各自和美国的关系那样同等的、重要的地区间的伙伴关系，与此同时，亚洲的"地区性"仍然是一个争论的焦点。从欧洲角度看，尽管欧洲在言辞上宣称关注东亚，但实际上欧盟从未真正对东亚感兴趣，并未将金融或外交重点放在东亚。造成欧洲对东亚兴趣较低的主要原因包括：地理距离、欧洲自身的内部机制及以美国为主导的外部关系，甚至包括多个亚欧会议事务的时机和预算问题。克里斯塔莉娜·乔治艾娃（Kristalina Georgieva）这位负责国际合作、人道主义援助和危机应对工作的欧洲专员认为，这种兴趣的缺乏缘于欧洲仍然无法用一个声音说话。2010 年《里斯本条约》试图通过设立欧盟外交部长，同意在欧洲范围内建立名为"欧盟对外行动署"的外交队伍，从而整合分散的外交状态，并且大体上提出欧洲的外交轮廓。这种法律结构是否能够提升欧洲对东亚的承诺，并在欧洲主要国家的领导层中形成无附加政治企图的承诺仍存变数。

从东亚的角度来看，与欧盟的合作，有助于增加地区贸易机遇，欧盟也是地区一体化的重要模型（或者事实上是反模型）（Fukunari，2003：210）。自 20 世纪 90 年代中期以来，东亚国家已经采取了一些区域性举措，包括东盟（东南亚国家联盟）+3（日本、中国和韩国）和东亚峰会（Gilson，2005）。"香格里拉对话"于 2010 年 6 月举行，亚太国家的代表同意，他们需要对地区多个各种各样的安全威胁（食品和能源安全、种族冲突和叛乱及朝鲜半岛紧张局势的升温），采取一致和协调的回应。①虽然到目前为止这一结构在总体目标和成就上都表现平平，但一些分析师认为，跨区域主义作为一个新兴的、新形式的多边主义在未来将变得越来越重要（Hanggi et al.，2006）。除了亚欧会议外，其他的跨区域的例子还包括：1980 年以来欧盟与东盟的正式联系、1983 年以来的安第斯条约、1989 年以来的海湾合作委员会（GCC，海合会）以及 1995 年以来的南方共同市场（MERCOSUR）。在其他地区，1986 开始运行的南大西洋和平及合作区现已连接了欧洲和南美洲的 24 个国家；以亚欧会议为模板，东

---

① 由设在伦敦的国际战略研究所主办，美国和其他一些欧洲国家出席，参见：http：//www.iiss.org/whats - new/iiss - in - the - press/ju3y - 2010/europe - and - asia - as - global - security - actors.

亚—拉美合作组织论坛（FEALAC）于 1999 年首次召开，涵盖了两个地区的 33 个国家政府。洛温（Loewen）总结道，这种新的地区间制度促成了从贸易到环境的广泛议题领域的"全球话语"。显然，亚欧会议提供了一个框架，使东亚领导人开始（重新）考虑伴随着双边议程的地区间进程，并设法在同其他地区合作的过程中发出共同的声音（Avila and John Lawrence，2003：213）。第七次亚欧首脑会议于 2008 年 10 月在北京举行，会议吸收了 6 个新的成员；2010 年 10 月布鲁塞尔会议上又吸收俄罗斯、澳大利亚和新西兰加入，自此亚欧会议涵盖了 48 个成员的代表（以及欧盟委员会和东盟秘书处）。亚欧会议跨区域特性的瓦解，可能是塞翁失马，焉知非福。在广袤的"亚洲"地区，一个普遍接受的地区概念在亚欧会议框架内并不存在。相反，亚欧会议仍然有着专注于基于共同利益和关切的具体事务的潜力。文章的后半部分正是立足于这种事务导向的路径。

事务导向议程

欧盟委员会于 2010 年 7 月 11—13 日举行了一个座谈会，讨论亚欧会议，随后于 7 月 14 日在布鲁塞尔召开了高级官员会议（SOM）。在会议中，欧盟委员会乔治艾娃（Georgieva）反思了如何才可能加强亚欧会议的双边、地区间合作，尤其应通过对话共同解决全球挑战，包容和尊重不同观点，并在国际合作中将多样性作为有利条件（Georgieva，2010）。本次会议的"概念文件"强调，处理 21 世纪第二个十年里的一般事务十分必要，这些事务包括：当前所有国家所受的经济危机的影响；如何促进亚欧能源合作；环境保护；粮食安全和社会发展；以及其他诸如海盗、跨国犯罪和恐怖主义的挑战。Dent 经常关注亚洲和欧洲特定经济领域的有益合作，包括亚欧信托基金、投资促进行动计划（IPAP）和贸易便利行动计划（TFAP）。与此同时，他认为，亚欧会议在拓展多边主义方面"影响不大"（Dent，2003：231），因此，它有可能需要一种更加务实的方法，在特定问题上采取合作。以下部分阐明了在欧盟和东亚形成更好的合作形式出现之前，亚欧会议为解决这些问题而建立联盟的潜力。

建立联盟

在国际关系中，联盟往往是不具约束力的合作安排，或者是通过"声张集体利益、关怀和团结"达成"绑定和约束—己私利"的集体决策结构（Stein, 1990：152 - 154）。重要的是，史坦（Stein）进一步解释了为何当潜在成员间的利益已经紧密联系时，联盟的存在就没有必要了；相反，联盟可以用于管理竞争和冲突环境中的复杂关系（Stein, 1990：168）。同样，基欧汉区分了规范性多边主义和机制性多边主义：规范性多边主义侧重于巩固集体行动原则，体现在对成员的法律文件、制度化的加强和明确成员义务；而机制性多边主义只是为参与国实现目标提供了手段，它包含不同的成员关系，不同层次的制度框架，包括临时或永久的参与形式（Keohane, 2006）。因此，规范性多边主义可以创造出所有成员遵循，影响特定行为和价值的国家的"广义行为原则"（Ruggie, 1993：11），而机制性多边主义则不受法律义务限制，而是提供了一种接受参与国多样性，并允许在具体问题领域建立松散联盟的方式。此外，这种非正式联盟方式并不依赖于持续的体制框架，而是允许所有成员一起解决或讨论共同关心的问题。

虽然欧盟已经将重心放在驱动规范性的合作上，例如，将尊重人权作为与其他国家接触的基础性原则，东亚历史上则更倾向于在双方同意的基础上展开合作。这种区别一直是欧洲和亚洲难以更紧密合作的核心问题，正如亚洲价值观往往被认为与欧洲的营商方式格格不入（Emmerson, 1995）。一个例证就是在欧盟对缅甸军政府采取针对性制裁的情况下，东盟依旧维持着对缅甸接触政策。事实上，欧盟面临着检讨其制裁政策的压力，与此同时许多东盟成员也"逐渐意识到缅甸的军事统治是一个令人尴尬的事情，并且有损本地区的全球地位和声誉"（Isiain, 2010e）。正因为这些原因，在亚欧会议内，我们很难看到一个有很强原则性的、能够支配一切的共同行动章程能在一个越发迥异的群体中有效运行。如果这种章程并不能运作，那么什么才可能是促使亚欧成功合作的关键呢？

贸　易

尽管东亚地区有着惊人的经济成就，但该地区始终未能成为欧盟及其成员贸易政策的首选地区。到 20 世纪 90 年代，许多欧洲人开始清楚地意识到，东亚地区的经济增长现象使得东亚成为新的投资和并购的理想地，并给欧洲制造商提供了新的和令人兴奋的前景（Gilson，2004：186）。尽管充满热情，然而到了 1996 年，只有 15% 的亚洲国家进口来自欧洲，并且欧洲投资到东亚的只有 1%（Gilson，2004：186）。其被忽视的原因主要包括一直存在的地域和文化差别问题、亚洲关税和非关税壁垒（NTBs）、经济组织的结构差异以及美国的投资商和贸易商在亚欧地区的主导性存在（Gilson，2004：1B6 – 1B7）。而直到 20 世纪 90 年代中期，尽管当时吸引外资和技术知识的努力正不断加强，很少有从东亚集体角度来解决这些问题的尝试。

就其本身而言，虽然日本和韩国在欧洲进行了大量的直接投资（FDI），但是东亚并不具备集体应对欧盟不断扩大所带来的机遇和挑战的能力。20 世纪 90 年代以来欧盟不断出现的"壁垒"及其针对东亚经济体的经常性的惩罚性措施，尤其是欧盟扩大至众多中欧和东欧经济体，使得许多企业，特别是来自日本和韩国的企业在 20 世纪 80 年代和 90 年代加快在欧盟的投资和生产。对他们而言，欧洲商人仍然继续关注亚洲地区的不足，如缺乏透明度、法律不协调，对知识产权（IPR）的保护和执法力度不够。不过，正是在这种情况下，20 世纪 90 年代中期亚欧会议建立了起来。自亚欧会议成立后，机制内合作使两个地区间的合作取得了显著的成果，在 2000 年和 2007 年，欧盟和欧亚会议亚洲成员的贸易量增长了约 60%。同一时期，欧盟对亚欧会议的亚洲国家出口从 1460 亿欧元（1970 亿美元）增长到 2280 亿欧元（3080 亿美元），进口从 2850 亿欧元（3850 亿美元）增长到 4590 亿欧元（6190 亿美元）（IANS，2008）。2009 年，欧洲与亚洲的贸易总额达 7500 亿欧元，而它在该地区的直接投资额为 3500 亿欧元（Islam，2010f）。总体上，亚洲仍然是世界上增长最快的地区，并且已经占欧盟贸易总额的 26%。① 通过旨在降低区域内关税的东盟自由贸易区合作，东盟内部的经济联系更加紧密（www. aseansec. org）。

---

① 参见：http://ec. europa. eu/economy_ fniance/inceniationaJ/non_ eu/asia/index_ en. htm.

亚欧间合作的经济支柱，虽然并非全部通过亚欧会议进程得以实施，是提高两个地区间贸易自由化，促进贸易和投资的工具。亚欧会议的经济支柱，包含不同层次的会议机制，如贸易和投资高官会（SOMTI）、亚欧工商论坛（AEBF）、亚欧贸易便利行动计划（TEAP）、亚欧投资促进行动计划（IPAP）。1998年第二届亚欧首脑会议通过了TEAP，TEAP是寻求减少非关税壁垒，消除与消费者、检验、标准、证明、认证、技术法规、采购、检疫、SPS（卫生防疫标准）过程、公关和商务人员流动相关的障碍。但是，TEAP并不是一个供谈判的论坛。与此同时，IPAP在第一次亚欧会议上提出，在第二次亚欧会议被采纳，其目的是产生一个更大的投资流，并包含两大支柱：第一支柱促进投资，第二支柱是规范投资的政策和法规。第二届亚欧会议同意设立一个投资专家小组协调IPAP，探索在透明度、非歧视和国民待遇、私有化、税收/政策优惠、性能要求、争议解决、知识产权、投资行为和重要人员的入境等领域的最佳做法。虽然这些举措都旨在为亚欧会议提供一流政策，但它们与亚欧进程一样，都面临如何维持成员兴趣的问题。这部分是由于商业活动地区和政治结构的形式独立运转，也部分地由于通常以独立于亚欧会议框架非常松散，并没有严格的问责制度。

金融危机和亚欧信托基金

经济领域内针对具体问题的项目，包括信托基金、亚欧儿童福利计划、ASEMConnect（网络化东亚与欧盟的小公司）。这里值得简要地研究信托基金的发展，因其往往是亚欧会议成功的代表。1997年亚洲金融危机反映了欧洲和东亚这种地区间关系缺乏直接的经济利益，实际上在随后的地区货币崩溃后，欧盟起初似乎并不情愿给这次金融地震地区注资。亚欧财政会议于1997年9月举行，15个欧盟代表仅有3个代表参加，因为大多数欧盟成员均忙于处理与欧元相关的问题。更有甚者，金融危机还导致了欧洲接二连三地批评东亚所谓的"裙带资本主义"，并进一步引发了对亚洲商业惯例的谴责，从而初步显示了这两个地区间的距离。这次危机导致的一个主要问题是地区被分裂，比如韩国和印度尼西亚各自接受了国际货币基金组织（IMF）的援助，而像中国和马来西亚等国家则采取了独立行动。从1997年到1998年中期，流入亚洲的投资下降了一半，而且共同的亚洲应对机制还未建立（Gilson，2002：87）。1997年，日本政府提供了一个区域的解决方案，即成立亚洲货币基金组织，尽管这一提议被拒绝了（特别是美国），但是它为后来的清迈倡议奠定了基础（Hook 等，2005：238）。

亚欧会议做出应对危机的最重要尝试是在第二届亚欧会议上提出的《亚欧会议贸易和投资承诺》，以及世界银行从 1998 年 6 月开始提供信托基金。虽然这"既非令人印象深刻也非原创的"（Godement，2000：125），但是他们对大量受危机影响国家给予技术援助资金，给金融部门重组提供咨询建议，给因危机造成的日益严重的社会问题提供解决措施，估计花费将超过 4500 万美元（4200 万欧元）。此外，为亚洲经济成员提供援助的欧洲金融专家网络得以建立，目的是为了帮助亚洲国家获得金融部门改组的专业知识，并将欧洲和亚洲的专家聚集在一起。在第三届亚欧会议上，与会国支持信托基金向第二阶段拓展，并于 2001 年在神户最终确定。一些诸如直接监管的重要性，解决离岸金融中心问题等具体问题也在考虑中。一方面，危机表明欧洲在亚洲经济利益问题上的"含糊"。公民社会评论家认为，信托基金的主要目标是开发"良性"政策制度，对于欧洲而言，是"适合自由资本主义经济的制度：产权、合同、公司和外商投资法、破产法和竞争法，以及新的金融机构，包括以市场为导向的监管机构"（Richards，2005）。因此，有些人强调信托基金的社会价值是"消极"地巩固现有秩序的手段。另一方面，在亚欧会议框架内建立的机制确实召开了一些会议讨论欧洲援助和一般项目，总结事件的经验教训，以推动东亚领导人在未来类似的危机面前，找到他们自己的共同解决方案（Gilson，2002：90）。

世贸组织

亚欧会议中的经济合作部分是在世贸组织的特定背景下形成的，其地区间关系在 WTO 的框架内运转。第一次亚欧会议的主席声明强调了一个事实，即首届亚欧会议上的大部分讨论是为完成 1996 年 12 月在新加坡举行的第一次世贸组织部长级会议，而在 2010 年，亚欧会议强调需要支持多哈回合谈判的完成。亚欧会议涵盖的其他领域显然与世贸组织的议程相重合，如科学和技术的交流、农业、信息和通信技术、能源和运输、人力资源发展、教育、管理培训、扶贫、妇女地位、公共卫生部门、全球对抗艾滋病和预防艾滋病等。亚欧会议以这种方式提供了交流平台，发展了

"世贸组织协定的胚胎"（Dent，199：389）。2008 年，第七届亚欧首脑峰会在北京举行，会议主要关注正在发生的全球经济危机的影响，以及后续可持续发展问题，会议发布了《共同创造更好的规范和财政刺激的协议》。因此，亚欧关系与世贸组织进程牢牢地"镶嵌"在一起，目的在于替代措施，以支持世贸组织框架内的决议（Aggarwal，1998）。

综上所述，1997 年亚洲金融危机之后，洛温说道，"没有来自亚欧会议的推动力，而且欧洲和亚洲在这个问题上的探讨无所作为"（Loewen 2007：27）。然而，信托基金的建立说明，其实亚欧一直在试图解决共同关心的具体问题。其他经济利益问题则包括一些关键的科学和技术领域。虽然迄今为止（自 1999 年）只为此召开过一次亚欧部长级会议，而且它的价值更大程度上是象征性的，但是首脑峰会依旧不断强化在这一领域内的合作需求（见 2008 年主席声明）。然而，在对欧洲应对亚欧金融危机措施批评时，有人担忧，在科技和技术合作领域，如信息和通信技术（ICT），知识产权和工业标准等，所有领域欧洲都拥有比较优势（Konstadakopulos，2009：353）。但这些领域，比如在农业方面，仍然存在共同努力的紧迫感。2010 年 7 月，亚欧会议的代表，以及各国际组织的代表［如国际稻米研究所（IRRI）、食品及农业组织（FAO）］，在越南举行了关于可持续的粮食安全的首届亚欧会议论坛，讨论如何确保持续性的粮食安全。讨论尤其关注不断上涨的食品价格，传染病和土地流失而导致的环境恶化问题。越南农业和农村发展部副部长（裴巴奉）Bui Ba Bong 强调"迫切需要制定一个战略框架，需要所有的成员做出一个强有力的承诺，以确保长期的粮食安全"。根据与会代表的意见，这一目标可以通过加强技术转移和增加公有和私营伙伴之间的合资企业的数量实现。因此，自 20 世纪 90 年代以来，亚欧会议框架内一直就经济问题提供对话平台，为信息、资金、观念及贸易和投资领域的人员流动提供可能，并专注于市场化、开放性和透明度以及与国际经济规则相适应的改革（Gilson，2004：194）。然而对洛温（Loewen，2007：29）而言，欧盟和亚洲只在少数领域持有相同立场。

环境事务上的合作

据负责发展的欧盟专员安德里斯·耶巴尔格斯（Andris Piebalgs）的观察，"绿色增长在亚洲和欧洲拥有巨大的发展潜力，而且绿色增长也是减少贫困，可持续发展的唯一途径"（Islam，2010b）。正如 Islam 所指出的，这两个地区有自己的现实问题，如城市化、保护森林和发展低碳经济等相关问题，在这些问题的解决上，二者面临相似的挑战（Islam，2010b）。

在赫尔辛基，第六届亚欧会议峰会达成了"关于气候变化的宣言"，在会议中，他们承诺加强《联合国气候变化公约》和《京都议定书》，减少二氧化碳排放量（Loewen，2007：28）。欧洲和亚洲的同行都共同承诺减少温室气体的排放量：欧盟到 2010 年将排放量削减 20%（或者如果其他国家加入其中的话，将达到 30%）；中国也承诺减少二氧化碳排放量（到 2020 年，削减 40%—45%），并发展替代能源技术。① 就其本身而言，亚欧会议做出了重要的贡献，例如通过"转变亚洲计划"，其旨在鼓励发展不破坏环境的消费和生产实践。到目前为止，已资助了 15 个亚洲国家的 30 个项目，在公共领域贴上了环保标签。其他具体方案，包括支持设在雅加达的"欧共体—东亚能源基金"（印度尼西亚，2002—7），该基金的目的是在能源领域，促进具体的合作项目；马尼拉保护生物多样性的东盟区域中心（1997—2004），旨在帮助东盟国家促进生物保护；在新加坡的环境技术区域研究所（RIET）（从 1993 年至今）旨在促进技术转让。在许多情况下，欧共体和东盟之间的关系是该项目的重点，因为它是既有框架，易于管理，而同时，至少通过亚欧会议进程，它为东亚其他国家带来了利益。然而，这个方案常常遭到指责，认为这些机构没有形成连贯的战略，他们主要处理欧洲的需求，而忽视发展中国家（Konstadakopulos，2009：354）。由于这些原因，在环境问题上存在慎重合作的明确可能性，但履行这一议程的政治意愿和外交能力仍有待证实，且这些合作需要设计成相互促进的项目。

安　全

欧洲和东亚均面临着许多安全挑战。欧盟需要继续完善其共同安全与防务政策（CSDP），并以新的方式管理其与北约关系；同时东亚也面临着从朝鲜核问题和台海危机到日益受关注的食品和能源安全等不同问题。虽

---

① Loewen 指出，减少碳排放应该需要四个方面的努力：在制造业和建筑业中提高能源利用率；增加低碳能源供应；阻止进一步的陋习（如毁林）；鼓励行为方式的改变（2007：28）。

然在经济和政治领域有越来越多的合作形式，但是东亚在安全方面仍缺乏机构框架。基于广泛意义上的安全问题讨论，普遍反映在其他国际论坛的安全对话中，欧盟和东亚国家的代表在欧亚会议的范畴下也确实讨论了一系列问题。从历史上看，有欧盟代表定期出席的一年一度的东盟地区论坛（ARF）部长级会议，而欧洲已经表达了作为东亚峰会观察国的兴趣，以参与其中，讨论更为广泛的问题。然而，正如 Islam 所说的，这些论坛所达成的协议，"还尚未真正出现解决安全挑战的会议观念"（Islam，2010f）。

欧盟和东亚也在特定的安全问题上合作；实例包括从 2005 年到 2006年，欧盟派遣代表并与来自东盟五国及挪威和瑞典的参与者共同在亚齐省实施和监管任务。当然，最为明显的是，他们在打击海盗方面找到了共同点。第八届亚欧会议还将反恐措施作为讨论的主要问题。2010 年 6 月，反恐问题第八次会议在布鲁塞尔举行，确定了亚欧合作的四个主要领域：情报和信息的交换；为恐怖主义受害者提供支持；在航空和海上安全方面展开合作；并在这些领域内进行研究。① 一般意义上对反恐问题的讨论与行动均建立在支持联合国的倡议和活动之上，亚欧会议所受指令已远超过其自身议程所限，尤其是联合国全球反恐战略。然而正如吴晓慧所指出的，只有在反恐的传播和实施阶段，小打小闹或特定地理范围的论坛（如亚欧论坛）还能起点作用。她指出，联合国反恐任务小组给马尼拉的2009 年亚欧反恐会议发来信息，要求拥有反恐经验的成员，可以为尚在建立反恐体系的国家提供建议和训练（Wu，2009：96）。

对于亚洲安全而言，一个更为深入、具有共同利益的领域是猖獗的海盗行为。两个区域之间的海上通道，也是货物运输的至关重要的海上生命线，曾饱受威胁。该问题的危害越来越严重，影响的地域范围也越来越广，所以对于世界上那些使用这个航道进行双边和区域内贸易的商人来说，这是他们当前所关切的领域。特别是欧盟、北约、美国、中国、俄罗斯、日本和其他国家每天为应对这一问题出动 20 到 40 艘军舰，亚欧在打击海盗上进行合作的可能性巨大。② 2010 年 5 月，亚欧成员间关于海上打

---

① http：//www. asem8. be/sites/default/fjles/20l0061011%20Chaii%27s%20 Suinniary%208th%20ASEM %20Conference%20on%20CT/o20 – %2010 – 11 %20June%202010. pdf.

② 参见 http：//www. antaranews. com/en/news/1285064058/piracy – terrorism – to – be – discussed – in – asem– summit.

击海盗的欧亚研讨会在布鲁塞尔举行，会议强调海军联合行动的重要性。① 第八次亚欧首脑峰会呼吁增加以追踪私人金融交易为特定目的的亚欧国家间的情报分享（2010 年主席声明）。通过这种方式，峰会和其他会议将某些具体问题作为协调海军行动与提供情报时必须要考虑的问题。

公民社会

在亚欧会议的官方渠道内，公民社会有两个主要框架：亚欧工商论坛（AEBF）和亚欧基金会（ASEF）。国际工会联盟（ITUC）也有资格参加官方会议。亚欧工商论坛是在第一次峰会上建立的，旨在讨论从促进市场发展、金融服务和可持续发展到城市化、企业社会责任和跨文化商业对话在内的广泛话题。② 它在亚欧会议内拥有正式的咨询地位。第十届亚欧工商论坛在 2006 年赫尔辛基首脑峰会之前举行，对峰会发出了三个信息：支持世贸组织多哈回合圆满结束；通过消除两个地区间的歧视性规则，确保自由贸易；解决以合理价格获得可持续能源的问题。③ 此外，五个工作小组在贸易、投资、金融服务、信息和通信技术（ICT）及基础设施职权范围内提出了各自的具体建议。对亚欧工商论坛批评之一，就是亚欧会议领导人没有执行他们的提议，因此，虽然他们有极大的权力，却仍然让人担心他们的存在不会对整个经济合作进程产生足够的影响。

工会联盟已经在亚欧会议内得到认可，他们一般给首脑会议提供声明和建议，供首脑峰会参考。比如说，在 2010 年，工会团体向第八届亚欧峰会和 2010 年十月召开的亚欧劳工与就业部长会议呼吁，努力解决全球经济危机的负面影响。第一实行累进税制；第二"建立一个考虑和评估实现公平增长模式的最佳路径的项目，确保体面的工作和包容性，而非造成贪婪和低效的金融动荡"。该团体在更广阔的框架内运转。此如国际劳工组织（ILO），通过基于 ILO 全球就业契约的全国体面岗位创造计划促进目标实现。④ 虽然工会有权参加亚欧会议，但是它继续采用亚欧工商论

---

① 参见 http：//www. asein8. be/sites/default/files/20100505% 20Chair% 20 Summary%20AS EM% 20Seminar20on% 20Piracy% 20at% 20Sea. pdf. 2010 年 10 月。

② 参见 http：//www. aseminfoboard. prg/page. phtml？ code = Asia_ Europe_ Business_ Forum_ AEBF_ .

③ 参见主席声明 http：//www. ek. fi/businessforums/aebf/en/liitteet/Chairman_ Statement_ FINAL_ sep06_ 1000_ logolla. pdf. 2010 年 10 月。

④ 参见 http：//www. ituc－csi. org/lMG/pdf/ASEM_ 2010_ September_ statement. pdf。

坛途径，寻求正式的咨询地位。为此，在 2010 年通过亚欧劳工论坛获得咨询地位。此外，它支持建立一个亚欧会议项目，来评估气候变化对就业的影响。它还迫使亚欧会议号召联合国对缅甸实施武器禁运，并支持联合国调查委员会调查反人类罪。在与 2006 年在赫尔辛基第六届欧亚峰会同时进行的工会联盟峰会上，欧洲工会联盟（ETUC）秘书长约翰·蒙克斯（John Monks）宣称，以往专注于贸易和投资，亚欧会议没有解决"社会凝聚力、体面的工作、良治或者对人权的尊重"的问题。此外，蒙克斯（Monks）为此在 2010 年提出了相同的需求，他说："亚欧会议领导人是时候一劳永逸地结束这种差距了，并同意在亚欧会议内赋予工会平等的协商权力。"[①]

亚欧基金会（ASEF）1997 年在新加坡成立，由亚欧各国政府自愿捐资资助。欧亚基金会具有扩大人民之间交流，促进两个地区间相互理解的职能。它已经实施了 450 多个项目，涉及超过 15000 人的直接参与者。亚欧基金会包括了各个领域的广泛参与，会集了来自这两个地区的记者、青年领袖、在校儿童、艺术家和议员。虽然它不是一个为公民社会诉求进行游说的团体，但是它承担着增进交流的功能。亚欧会议边缘的组织已经完成了这一工作，而这个工作是作为与领导人会议平行的峰会而建立的；即亚欧人民论坛（AEPF）。

亚欧人民论坛由来自欧洲和东亚的非政府组织构成，其宗旨是呼吁亚欧领导人承担更大的责任，满足他们各自所宣称要服务的社会的需求。它从根本上挑战所向披靡的新自由主义趋势。它不像亚欧基金那样，由成员政府的支持，而是通过慈善的方式获得资助。2008 年在北京举行的亚欧人民论坛是自 1995 年妇女大会召开以来最大的非政府组织（NGO）会议；来自 40 个国家超过 500 名与会者，包括来自中国的 200 多名与会者参加其中（Islam, 2010c）。2010 年，它继续像工会一样，与亚欧工商论坛一样参与亚欧会议，以确保正式的欧亚会议框架更好地代表民间社会的声音。

这些例子说明，迄今为止，亚欧会议已经纳入了那些更加紧密地联系其压倒一切的贸易和投资议程但并不直接挑战亚欧会议内的政府代表的公民社会团体。亚欧峰会包含了诸多需兑现的承诺和倾听公民社会代表的呼

---

① http：//www. ituc–csi. org/trade–unions–demand–equal. html.

声。但也有许多冠冕堂皇的"包容性"宣传并未得到确切的承诺。现实仍然是，跨文化对话往往只是锦上添花或事后诸葛（Islam，2010c）。因此正如阿查亚（Acharya）所观察到的，"获得授权的民间社会要素"可以利用地区机制推动他们的议程（Acharya，2003：377 – 378），Grugel 也曾指出，有人从新地区主义中看到了"跨国公民社会运动的机会"（Grugel，2006：210）。但现实情况远非如此。

结　论

本章已表明，东亚和欧洲面临着一系列当代挑战，亚欧会议是二者讨论自身问题的论坛。亚欧会议是讨论和反思各个领域的主要载体，在很大程度上议程在亚欧峰会之外设定。上述证据表明，需要深刻反思欧亚会议所包含的两种行动，作为地区间论坛的可持续性以及事务领域选择的方式和理由。

首先，经过超过十年的运转后，亚欧会议已经无法明确地区间关系的原始目的。不只是它复制了这些全球机制的大部分议程。这样，亚欧会议往往只是起到了加强或支持这些议程的作用，而其自身失去了价值补充的目标，没能解决这两个地区的相关问题。我们在下文中会进一步探讨。此外，这种完全意义上的地区对地区性质成为1996年亚欧会议的基石，亚欧会议也被认为是将欧洲和亚洲聚集在一起的手段，与美国一起加强了全球大三角的"短边"。通过这种方式，亚欧会议不仅讨论强化两个具有重大全球影响的地区的关系，也讨论东亚自身的地区性，后者走向深度整合的努力部分是由欧亚峰会导致的。亚欧会议的扩大，特别是俄罗斯、印度和澳大利亚的加入，给亚欧会议带来了独特的地区间困境问题。尽管亚欧会议结构继续建立在区域基石之上（比如发起国和峰会地点的选择），但是不可能期望亚欧会议的讨论中能展示出地区一致性。此外，其结构不平衡的结果，可能会进一步加强欧盟的地区能力，但是在亚欧会议其他成员中，很少会获得集体响应。总体的结果可能是，与其他论坛——尤其是有美国参与的论坛相比，亚欧会议国间的联系仍然较弱。

其次，亚欧会议框架试图解决非常广泛的议题。近来，亚欧会议已经开始成功锁定某些问题，比如盗版问题能在亚洲和欧洲引起直接回响，而不是简单模仿其他全球论坛。通过更加密切地关注讨论的本质问题以及采用问题导向型模式，集焦在微观问题上。亚欧会议地区间框架形式的消亡可能变成优势。因此，里奥文在气候变化的讨论中，看到"改善亚欧会议多边效果"的可能性（Loewen，2007：23），本章表明，恰恰是避开多边角色，采用真正具体地解决影响两个地区（或者是地区绝大部分国家）的问题的同盟方式，是向前的最好方式。当前最紧要的，是双方代表们不再高调宣扬其关系，尤其在当前的扩大风潮中，不应宣扬其宏大但缺乏制度支撑的议程。而应关注相互关切的具体问题，那些二者或许具有一定影响力（如气候变化）或能施加地方直接控制的事务（如盗版）。相反，他们需要专注于特定的共同关心的问题，专注于可能对他们产生国际影响（气候变化）或者他们当地就可以进行控制（盗版）的问题。因此，通过分享在一系列问题上的情报、先进经验和专业知识，并以有意义的方式吸纳公民社会力量，可为进展缓慢的亚欧会议进程打开新的机会之窗。

综上所述，亚欧会议作为一个概念化的多边论坛，随着其目标的削弱和地区间特性的消亡，需要进行重新思考。相反，正如上文所提到的，联盟也可以被看作是实现特定目标的制度性功能，其成员可以是多元的。亚欧会议拥有丰富的智识经验，良好的结构框架，专注于通过事务导向的手段应对亚洲两大地区内各国面对的共同挑战。相比为了多边而多边，机遇和利益或许更加重要。

第三十三章　南亚地区主义的动力

基肖尔·C. 达什（Kishore C. Dash）著　蒋启良译

　　南亚地区合作框架协议首次由七个南亚国家（孟加拉国、不丹、印度、马尔代夫、尼泊尔、巴基斯坦以及斯里兰卡）在 1983 年达成。两年之后，1985 年 12 月，经过进一步计划与协商，"南亚地区合作联盟"在达卡举办的首次地区首脑会议上宣告成立，旨在"促进南亚地区和平与发展"。2007 年，阿富汗成为该组织的第八个成员国。然而，25 年来，南亚地区合作联盟的发展仍然缓慢，且其在计划实施与地区制度安排方面所取得的成果乏善可陈。南亚地区合作联盟在过去几十年中"动荡的成长停滞"（Haas，1990），加上南亚地区国家之间的相互敌意与信任缺失，使得很多观察家们质疑南亚的领导人是否能够追求更深层的区域合作，通过具体的行动来强化现存的地区安排，建立新的地区制度以实现互利（Lawrence，1996）。

　　为什么在过去几十年中南亚地区合作联盟未能获得发展？南亚地区主义的发展前景到底如何？研究地区一体化的学者普遍认为地区制度的发展是衡量地区主义发展的重要指标。但是，地区制度的创立通常都需要漫长的过程来建立相关的地区规则、规章和政策。这远非一蹴而就，更非自然而然。那么，促使一个地区集团成员选择创立或强化地区制度的动力有哪些呢？

　　笔者将以南亚地区体系为背景，考察三个论点，从而解释南亚地区主义的动力并评估南亚地区制度化的前景。具体来说，笔者通过对地区主义的理论研究探讨以下几个问题：（1）印度在南亚的领导地位对形成地区联盟以及发展地区制度化有哪些影响；（2）地区国家对有利于印度经济实力变化的感知如何影响地区主义的发展；（3）后冷战时代印度新的经济利益在何种程度上会激励南亚国家提升它们地区内贸易的表现。

为研究这些问题，本章首先讨论了南亚地区合作联盟的起源和演进，以解释影响其创立的多种因素，并评估在其支持下的主要制度安排的发展情况。其次，本章讨论了印度的地区实力优势及其给南亚国家间联盟的形成带来的可能性影响。再次，笔者考察了自南亚地区合作联盟成立以来，是否存在任何南亚国家之间相对经济实力的变化。以及，这一因素对南亚地区主义发展的影响程度。最后，笔者探讨了现今的地区内贸易水平，同时强调导致南亚地区合作联盟成员之间矛盾根源以及印度近期试图解决这一问题的动因。最后总结了地区制度化以及南亚地区主义发展的前景。

南亚地区合作联盟的起源及演进

自 20 世纪 40 年代后期起，南亚领导人在亚洲举办的多个场合中曾就地区合作的设想进行讨论（Dash，2008）。1980 年 5 月 2 日孟加拉国总统齐亚·拉赫曼首次提出在南亚建立地区性合作框架的具体计划。拉赫曼总统关于该计划的倡议是在 1975—1979 年诸多国内以及地区内外问题影响下而形成的（Dash，1996）。这些问题包括：孟加拉国总统为使其政变后建立的政权合法化，维持其稳定与发展，急需印度的支持；为应对当时孟加拉等南亚国家所面临的严重国际收支危机，急需调动地区性资源；南北对话失败，发达国家贸易保护主义正在加强；在 1976 年巴厘岛首脑会议上，东南亚国家联盟（ASEAN）重拾发展动力，但孟加拉国谋求加入东盟的努力失败；1977 年印度、巴基斯坦和斯里兰卡政权更迭，新的政治领袖们希望寻求与周边国家调整外交关系（Muni and Muni，1984：22）；1978 年 9 月，南亚发展合作研究委员会发布了一份综合性报告，指出了一些可能的合作领域（M. Haas，1989：277；Saksena，1989：82）；美国总统吉米·卡特以及英国首相詹姆斯·卡拉汉在 1978 年 1 月访问印度、巴基斯坦和孟加拉国期间保证将会为南亚多边合作计划提供大量的经济支持（Muni and Muni，1984：22）；1979 年 12 月苏联入侵阿富汗，随后南亚的地区安全环境急剧恶化，使地区安全合作更为紧迫。南亚地区的小国，如尼泊尔、斯里兰卡、马尔代夫、不丹迅速表现出对孟加拉国关于建立一个地区性合作框架倡议的赞同，但是印度与巴基斯坦都基于各自考虑表达了保留意见。印度关注这一提案涉及区域安全合作，担心周边国家利用这一提案将所有的双边问题地区化，从而与巴基斯坦"勾结"以对抗印度。和印度一样，巴基斯坦之所以持怀疑态度是因为巴基斯坦领导人认为孟加拉国的提案是印度拉拢其他南亚国家以边缘化巴基斯坦的计策；其次，这一合作计划会为印度商品提供地区性的市场，从而巩固并加强印度在南亚地区的优势地位（Wriggins，1992：132-133）。但是，1980年8月至9月，南亚外交部长在纽约联合国总部进行了一系列秘密外交磋商之后达成一致（Muni and Muni，1984：22），即孟加拉国将继续准备供外交部长进行讨论的文件草案。鉴于印度与巴基斯坦同时反对，孟加拉国提出的新草案不涉及任何安全问题，只建议11个实现经济、文化与科技合作的非争议性领域。（Muni and Muni，1984：22）

在不同层次的官方展开了为期三年的预备磋商之后，第一届外交部长会议于1983年1月至3月在新德里召开，体现出发展南亚地区合作的政治动能。会议闭会之际，外交部长联合发布了《整合行动纲领》（IPA），并通过《南亚地区合作宣言》（或《新德里宣言》），从而创立了名为"南亚地区合作组织"的机构。《新德里宣言》标志着准备阶段结束，同时也标志着新阶段的开始，即要在许多具体领域积极实施联合计划，这就需要南亚国家领导人的政治意愿与合作精神。在新德里会议后，在马累（1984年7月10至11日）、延布（1985年5月13至14日）和达卡（1985年12月5日）分别举行三次会议，以讨论制度化问题并商定第一次南亚国家首脑会议召开的时间与地点。鉴于孟加拉国是地区合作计划的发起者，马累的外长会议商定第一次南亚区域合作成员国首脑会议将于1985年的最后一季度在达卡举行。1985年12月7日至8日达卡会议召开，会议决定将组织名称由原来的"南亚地区合作组织"改为"南亚地区合作联盟（SAARC）"。改变名称的主要原因是"南亚地区合作组织"代表的是南亚国家区域合作的过程，而"南亚地区合作联盟"则标志着促进区域合作的组织的建立。达卡会议同时通过了《南亚地区合作联盟宪章》，确定南亚地区的三个主要目标是：（1）经济增长；（2）集体自力更生；（3）经济、社会、文化、技术、科学等领域的合作。（http：//www.saarc-sec.org/SAARC-Charter/5/）。

在过去的 25 年中，为实现经济增长、社会进步与文化发展，南亚区域合作联盟进行制度安排和计划实施的进展缓慢且有限。常被谈起的"南亚自由贸易区"（SAFTA）协定，进展有限，原因是成员国对平行贸易更有兴趣，且在实施削减关税壁垒和负面清单数量方面的不紧不慢（Bandara and Yu，2003；Weerakoon and Thennakoon，2006）。另一项重要协定，即《南盟打击恐怖主义公约》似乎也要遭遇失败，因为印度和巴基斯坦都没能成功限制两国的跨国恐怖主义活动。南盟的"粮食安全储备"未能充分利用，无法满足成员国的需求。在过去的 25 年间，虽然南盟相关的会议和声明数量迅速增长，但是大部分的活动都局限在"软性"领域合作以及召开各种讨论会、研讨会、短期的培训计划等。这些活动也许会发挥作用，但是它们不会解决贸易和安全这两个核心领域的问题，因此未受到地区重视。更重要的是，南盟遭遇到严重的资源短缺，导致其大多数计划都无法实施。由于南亚国家深陷国内政治困境中，南亚发展基金在资助和实施重要的地区计划时作用有限。

虽然效仿东盟秘书处的南盟秘书处在 1985 年首次首脑会议后仅 2 年时间就得以建立，但是该组织的角色和职权范围仍很有限。东盟和欧盟的秘书处具有发起计划以及协调计划以加强地区合作的职权，但南盟的秘书处却不具有其中任何一项职权。南亚国家领导人并没有表现出任何加强南盟秘书处与秘书长职能的意愿。南盟前任秘书长阿布·阿赫桑认为主要有两个原因：第一，南盟国家领导人之间缺少信任；第二，南盟国家领导人不愿意让渡主权。缺少强有力的秘书处与秘书长这一现实，使得南盟的行动步履维艰。

南亚国家联盟所取得的最重要的进展之一就是其年度首脑会议机制的建立。这些会议最重要的目标是要促进南亚国家或政府首脑之间面对面的互动与交流，若首脑会议不定期举行，这一目标就不可能达成。有很多证据明确表明，南盟年度首脑会议和会议相关活动使得南亚政治领袖们能够在很多国内与地区问题上达成一致的解决方案（Dash，2008：89－108）。但是，在 1985 年至 2010 年期间的十场年度峰会（1985 年至 1995 年期间的三场以及 1995 年至 2010 年期间的七场）都因印度与周边国家特别是与巴基斯坦之间的政治紧张局势而时断时续。毫无疑问，以上首脑会议没有正常举行就使得南亚国家领导人们丧失了在共同利益的基础上建构相互关系的重要机会，并阻碍了南盟的工作进程。

南亚地区合作联盟的发展前景如何？为了回答这一问题，就有必要研究该组织的两个重要特征。第一，与欧盟、东盟、南方共同市场、海湾合作委员会不同，外部因素或外部发展状况在南盟的成立过程中发挥次要作用。第二，南盟之所以形成主要是应对国内与地区内的政治经济问题。因此，在制度安排方面南盟的未来发展受外来因素影响的可能性很小。相反，国内及南亚的地区性问题将成为推动南盟未来发展的主要动力。因此，下一节将试图把以权力为中心的变量应用到地区层次的分析之中，从而评估南盟的发展前景。

同盟与地区合作

关于同盟与经济互动的分析已经证实，就贸易往来而言，经济合作水平通常在同盟国家之间较高，而在事实或潜在的对立国家之间较低（Gowa，1994；Mansfield and Bronson，1997）。这一研究的核心结论支持了一个良性循环的论点：与一个强国结盟可以降低与贸易相关的安全风险，从而提高同盟国之间的贸易流动和其他经济活动。这种提高反过来又会产生巨大的经济利益，进一步巩固同盟关系。此外，这一研究显示在一个地区内，小国选择与强国结盟的战略最可能出现在地区性动力存在之时，即地理邻近、严重的实力不对称和对外部威胁的共识（Gilpin，1987；Bhagwati，1991）。

图33—1显示南盟地区若以国内生产总值（GDP）的相对比重衡量，印度在总体上处于霸权地位。此外，所有的南亚国家都与印度享有共同边界。因此，地理位置的邻近、巨大的实力差距以及与印度结盟后潜在的经济与安全利益似乎都表明南亚国家将倾向于采取结盟的策略。但是，除了不丹和马尔代夫以外，其他的南亚国家，如巴基斯坦、尼泊尔、斯里兰卡和孟加拉国都没有采取结盟政策。至于南亚国家领导人为什么没有选择结盟策略，主要有三个原因：（1）巴基斯坦一贯反对印度在南亚地区的领导地位；（2）缺少对外部威胁的共识；（3）跨国界的种族认同与种族矛盾。

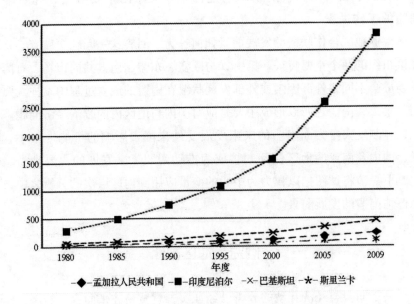

图 33—1　1980 年至 2009 年南盟成员国内生产总值

资料来源：世界数据库，《世界发展指标与全球财政发展》，2010 年（World Data Bank, World Development Indicators & Global Development Finance, 2010）。

　　首先，南亚的结构性失衡使得决策者追求不同的政策目标。由于印度庞大的领土以及印度为中心的南亚地理结构，印度的领导人自独立以来就倾向于模仿 19 世纪"美国门罗主义"作为印度的外交政策，以实现印度成为地区主导国家的目标（Hagerty，1991；Raja Mohan，2005）。正如印度总理贾瓦哈拉尔·尼赫鲁在 1961 年的演讲中描述的那样，这一外交原则的实质就是印度不能容忍外部力量干涉南亚事务，且印度反对怀有威胁印度利益目的的外部国家介入。这一原则还声称，为了地区和平和稳定，南亚国家应该与印度合作解决国内和地区问题，而不是寻求外来帮助。这一原则的近期表现包括：1983 年至 1990 年印度派军进入斯里兰卡以打击泰米尔反叛势力；1987 年与 1999 年分别举行"布拉斯塔克行动"（"Operation Brasstacks"）（印度在印巴边界的大规模军事演习）；自 1992 年起印度与美国在印度洋定期举行大规模联合军事演习。这些行动的主要理由就是印度决策者认为，印度在南亚的势力范围强大，只要印度的军事领先地位受到邻国认可，则可确保地区和平、安全与稳定。

但是，印度想要维持等级化地区秩序的愿望受到巴基斯坦和其他南亚国家的强烈反对。所有的南亚国家中，巴基斯坦对印度主导南亚反对最为强烈，且构成这一地区的传统安全困境（Buzan and Rizvi，1989：8）。这种安全困境导致了地区内危险的军备竞赛，如印度与巴基斯坦两国核武器的发展对区域合作造成了重大伤害。自独立以来，巴基斯坦的地区政策就围绕着两个目标：实现与印度之间的实力均衡；解放克什米尔以证明真纳"两个民族论"的正当性（Bose and Jalal，1998）。为了实现这两个目标，巴基斯坦不断寻求外部支持。事实上，1947 年到 1970 年间，尽管印度在 1948 年和 1965 年的两次印巴克什米尔战争中取得相对胜利，巴基斯坦在很大程度上成功地挑战了印度在南亚地区的领导地位。但是，1971 年印度武装干涉孟加拉国，孟加拉国成为一个独立国家标志着印度的战略性胜利，且改变了南亚的地区实力结构进而加强了印度在南亚地区的主导作用。很明显，巴基斯坦的结构性实力遭到显著破坏，"两个民族论"在南亚族群政治中影响力式微。因此，1971 年以后，为了抵消印度的主导地位，巴基斯坦开始向中国、美国以及海湾地区国家寻求更多的经济与军事支持，同时秘密发展核计划，并试图将克什米尔问题国际化。1998 年 5 月印度和巴基斯坦公开拥有核武器事件可能部分上实现了巴基斯坦的目标，即要增强其与印度之间的实力平衡。但是，印度与巴基斯坦核武器的发展并没有确保南亚地区的持续和平，也没有推动地区合作的发展。相反，这一事件将南亚带入地区的"稳定/不稳定怪圈"（Ganguly，2001：126 - 129）。一方面，决策者认识到使用核武器会带来毁灭性的后果，因此不可能爆发全面战争。另一方面，由于拥有核武器而带来的威慑性安全保障可能诱使双方在克什米尔边界的控制线（LoC）沿线采取军事冒险行动。克什米尔问题仍然是印巴冲突的核心。除非印巴双方在克什米尔问题上达成政治决议，否则类似于 1999 年卡吉尔战争的有限冲突可能会再次出现。

其次，南亚决策者不愿与印度结盟的因素是南亚国家之间缺少对外部威胁的共同认识。事实上，大多数南亚国家将印度视为主要威胁，因为印度不经许可执意干涉别国内政。与新现实主义理论的观点相反，这种感知的恐惧使得任何与印度结盟的政策都不具吸引力（Waltz，1993：54 - 61）。但是，有理由认为 20 世纪 70 年代后期孟加拉国建立南盟的倡议以及不丹、马尔代夫、尼泊尔、斯里兰卡对这一倡议的支持，至少部分地是由于印度的地区性遏制和牵连情绪（entrapment sentiment）。根据地区主义（regionalist entrapment strategy），一个地区内较弱的国家通常主动采取建立地区制度以遏制该地区内主导国家的霸权。地区主义牵连策略的逻辑似乎可以解释孟加拉国在得知印度反对将安全问题包括到区域合作之中后，在1980年的草案中放弃了所有涉及安全问题的内容，并且只提议非争议性合作领域的原因。不仅如此，印度担心南亚邻国可能利用南盟论坛限制其在该地区的自主性。因此对这一论坛缺乏热情，在20世纪80年代与90年代对地区制度发展仅做出有限的承诺。

除不丹和马尔代夫以外，所有的南盟成员国都曾寻求外界帮助以阻止印度在南亚实施地区霸权。在1975年孟加拉民选总统穆吉布·拉赫曼被刺杀后，该国的军方和文职领导通常向美国、联合国和其他伊斯兰会议组织成员国等外部力量寻求帮助，以解决其与印度之间关于恒河的冲突。20世纪80年初期，斯里兰卡一直努力引入外部力量以支持联合国决议使印度洋成为无核区。尽管自1950年来就有了印度与尼泊尔的友好条约，且印度强烈反对宣布尼泊尔为"和平区"的提议，但是尼泊尔的统治者在20世纪80年代末，为实现这一提议寻求美国和中国的持续支持。南亚统治精英的外化政策和将双边争端交由外部调节的政策是为了限制印度在南亚的势力范围（Buzan and Rizvi，1986）。在这一背景下，过去十年中国在南亚影响力的增强值得关注。中国之所以能在印度周边国家成功取得战略进展，部分归因于南亚国家实行的"引入外部力量的政策"以遏制印度的地区霸权。

此外，种族政治的矛盾也是导致南亚国家与印度难以形成同盟的因素。在所有南亚国家中，少数民族与邻国的同族人有紧密的联系，所以，跨境种族认同现象在南亚地区普遍存在。这样的种族关系不仅不利于南亚的国际关系，且阻碍了南亚国家同盟的发展。首先，国家内部的种族冲突会招致邻国同族群的自然支持，从而助长了南亚地区国家中的次民族主义，或者如阿米塔伊·埃齐奥尼所说的"微观民族主义"。这种跨国界的溢出效应在很多情况下导致了南亚分裂主义活动的扩散和政府的不稳定。毫不奇怪的是，每个国家都指责他国支持在该国领土上进行的分裂主义活动。印度指责巴基斯坦鼓励在克什米尔与旁遮普的分裂主义活动。反之，巴基斯坦也责怪印度对信德省内的分裂主义活动的支持。在1997年11月签订《查克马和平条约》之前，孟加拉国一直指责印度支持在吉大港山走廊的分裂主义活动，而印度也反过来指责孟加拉国支持在印度东部特里普拉邦的恐怖主义组织。斯里兰卡责怪印度支持泰米尔叛乱分子建立独立国家的要求。因此，互不信任与相互猜忌的气氛在南亚地区盛行，使得地区主义的目标难以实现。

南亚种族政治格局给南盟的发展所带来的另一个消极作用就是印度族群过量地流入各邻国，因此其他南亚国家政府都强烈怀疑是印度促成了地区内的种族冲突。南亚的种族构成显示南亚小国的主要族群却饱尝"少数族群"的复杂感受（Sen Gupta, 1988: 4 – 17; Ghosh, 1991）。尼泊尔达赖地区的印度族尼泊尔人加上在印度比哈尔邦和北方邦的印度尼泊尔人，总数已超过在尼泊尔的尼泊尔人总数。斯里兰卡的泰米尔人与印度南部泰米尔纳德邦的泰米尔人的总数超过了斯里兰卡国的僧伽罗人总数。不丹的尼泊尔人与印度尼泊尔人的数量超过了在不丹占多数的朱巴人。尽管巴基斯坦和孟加拉国并没有遭遇这种情况，但是信德人在印度北方的活动以及孟加拉印度人在西孟加拉邦的活动时常引起这两个印度邻国的忧虑。南亚的这一种族政治格局导致邻国怀疑印度会暗自支持或者卷入该地区的种族冲突中，与此同时，进一步加重了邻国对于印度在南亚地区的角色以及任何印度提出的关于建立地区制度的倡议的不信任。

经济实力变化

在比较西欧、东亚以及美洲的地区制度化的发展之后，约瑟夫·格里科（Grieco, 1997）认为某地区内国家间相对实力差异的变化可能会导致处于不利地位的国家反对发展正式的地区制度。相反，国家间相对实力的稳定有利于正式的地区制度的发展与深化。这一论断的主要理由就是：假如在一段时期，区域内的经济互动没有产生成员国之间相对经济能力的显著变化，则该地区的弱小国家对较强地区伙伴的经济联系会进一步减损自身经济实力的忧虑就会降低。相应地，相对经济实力稳定也会使国家不惧于发展地区性制度。这是因为，地区内的弱小国家不再担心更紧密的地区制度化会使一个强大的地区伙伴变得更强。相反，任何有利于较强地区伙伴实力的重大变化都将加强较弱成员国对于自身实力受到进一步减损的恐惧，从而将降低这些国家对于发展地区制度的热情。根据这一论断，本文下节研究南亚国家发生的实力变化以解释南亚地区制度化的前景。在评定南亚国家经济实力变化的程度时运用了两个方法：（1）估计 5 个南盟成员国的 GDP 在地区 GDP 总量中所占的相对份额；（2）计算较大且相对发达的国家（印度）的人均 GDP 和其他 4 个南盟国家（巴基斯坦、孟加拉国、斯里兰卡和尼泊尔）的人均 GDP 总和的比率。

　　正如表 33—1 的 A 部分所指出的，在 1980 年至 2009 年期间，印度的 GDP 占了整个南亚地区 GDP 总量的约 80%。如果以 GDP 的相对份额来衡量，印度在南亚的经济优势由 1980 年的 77% 上升至 2009 年的 82%。印度经济实力的增长并不显著，但是，基于印度在南亚地区压倒性的经济优势以及所有南亚国家在该时期内总体经济实力的下降，这一增长就极为关键。这些有利于印度经济实力变化的趋势很可能加强了南亚各国政府对印度地区主导地位的恐惧，进而可以解释这些国家在过去三十年中不愿意深化南亚地区制度化的原因。表 33—1 的 B 部分从另一方面分析了过去三十年南亚国家间的相对实力变化。该表格显示了南盟地区最发达国家印度与较不发达的孟加拉、尼泊尔、巴基斯坦与斯里兰卡四国人均 GDP 总和的比率变化数据。数据表明，在过去 30 年地区 GDP 总和变化的同时，印度与南盟其他四国的人均收入差距只发生了微小变化。格里科（1997：1878－179）的研究表明，欧洲共同体、南方共同市场以及北美自由贸易协定的地区制度化进程并没有因一国人均收入的增长水平超过其他成员国而受到不利影响。但是在南亚，考虑到印度巨大的土地与人口数量，即使是人均 GDP 的细微变化都被其他南盟国家视为是显著的且有利于印度的相对实力变化，因此导致地区制度化进程的放缓。

表 33—1　　　　　　1980—2009 年南亚地区经济不对称情况的变化

国家	A 部分：总体经济能力水平的变化 国家 GDP/地区 GDP（%）			
	1980	1990	2000	2009
孟加拉	6.90	5.76	5.51	5.01
印度	76.92	77.39	79.29	82.42
尼泊尔	1.06	1.03	0.82	0.74
巴基斯坦	12.2	13.26	11.72	9.71
斯里兰卡	2.92	2.57	2.53	2.11

B 部分：财富分配不对称情况的变化			
区域安排	印度人均 GDP 与孟加拉、尼泊尔、巴基斯坦、斯里兰卡四国人均 GDP 总和之比			
	1980	1990	2000	2009
南盟五国	0.23	0.24	0.26	0.32

资料来源：世界数据库，《世界发展指标与全球财政发展》，2010。

贸易表现

印度的相对实力显著这一看法可以解释迄今为止南盟制度化进展有限的原因。另一种解释包括南亚国家在南盟地区内外的实际贸易表现。尤其是南亚国家的决策者在何种程度上相信他们的国家会从地区贸易中受益很可能决定他们对于地区贸易制度化的投入程度。相反地，较小国家若意识到地区内贸易增加将会使得较强的地区内伙伴受益，则其决策者很可能回避地区贸易的制度化安排。

就如表33—2 所示，南亚国家之间的地区内贸易从 1980 年到 2009 年处于很低的水平。在这一时期，南亚国家的地区内贸易量与全球贸易量比率始终低于 5%。1980 年，南盟国家地区内贸易总量占它们全球贸易总量的 3.2%。20 年后，南盟国家的地区内贸易几乎没有增长。尽管在 1993年签署了《南亚互惠贸易协定》（SAPTA），但是在 1990 年至 2000 年期间，地区内贸易增长幅度仍然很小。更显著的事实是，在 2005 年至 2009年，南盟的地区内贸易在其全球贸易中所占比例由 4.5% 下降至 3.3%。这一事实与 2004 年签署《南亚自由贸易区协定》会促使贸易增加的预期截然相反。很明显，南亚自贸区的建立并没有给地区内贸易带来任何积极增长。南盟国家间较低的进出口水平表明南亚的两个动态贸易模式。首先，南盟国家并不是彼此理想的贸易伙伴。相反，发达国家，特别是美国与欧盟仍然是南盟国家的主要贸易伙伴。其次，印度与巴基斯坦对南盟地区的低水平进出口也体现出这两个南亚地区相对发达的经济体对该地区市场依赖度低。从 1980 年至 2009 年，巴基斯坦对南盟国家的进出口量在其进出口总量中所占比例一直低于 5%。尽管在 1993 年和 1994 年签署了

《南亚互惠贸易安排协定》和《南亚自由贸易区协定》，这一时期内巴基斯坦的贸易额并没有显著提升，就发展制度化的贸易安排而言，这明显是令人失望的。巴基斯坦同地区内低水平的贸易表现表明在这三十年间，巴基斯坦的掌权者们似乎坚信在南盟这一地区机制中，巴基斯坦不可能成为受益方。同样令人失望的是，1980 年至 2009 年，印度对南盟国家的进出口量在其贸易总量中所占比重始终低于 5%。从印度在这一时期内低水平的地区内贸易表现中可以看出印度的掌权者们并不认为南盟将会成为一个有利于印度的制度框架。

表 33—2   南盟各国内部贸易量与其全球贸易量的比较

年份	南盟内部贸易量 （出口＋进口） （百万美元）	南盟国家全球贸易量 （出口＋进口） （百万美元）	南盟内部贸易量在其全球 贸易量中所占比重（％）
1980	1210.0	37885.3	3.2
1985	1088.7	43759.5	2.4
1990	1584.7	65490.0	2.4
1995	2919.0	83110.0	3.5
2000	5315.0	141494.0	3.7
2005	14165.4	317796.6	4.5
2009	17585.3	53251.7	3.3

资料来源：据 1985 年、1992 年、1995 年、2007 年、2010 年世界货币基金组织《世界贸易方向统计年鉴》估算，国际货币基金组织，华盛顿。

关于霸权与地区合作的研究表明，地区集团若有主导国家作为地区内最大的贸易出口地，该地区比没有主导国家的地区更容易实现高水平的制度化（Grieco，1997：174 - 175）。欧共体中的德国、北美自贸区的美国以及南方共同市场的巴西都能支持这一观点。但是，如表 33—3 显示，1980 年至 1990 年期间南盟成员国（除尼泊尔外）对地区最大经济体印度的出口额都很少，同时期尼泊尔对印度的出口维持在较高水平。这是因为 1950 年尼泊尔与印度签署了《和平友好特别条约》。在 2002 年 3 月 6 日签订《印度与尼泊尔自由贸易协定》之后，尼泊尔对印度的出口在其出口总量中所占比重从 2000 年的 26.9% 跃升至 2009 年的 40.6%。

表33—3　1980—2008年南盟国家对印度出口在南盟国家总出口中所占比例

（单位：%）

	1980	1990	2000	2009
孟加拉国	1.0	1.2	1.0	2.1
尼泊尔	30.0	29.0	26.9	40.6
巴基斯坦	2.7	0.5	0.6	1.6
斯里兰卡	3.3	0.6	1.0	4.7

资料来源：据1985年、1999年、2003年、2005年、2010年世界货币基金组织《世界贸易方向统计年鉴》估算。

20世纪90年代，因斯里兰卡内战以及印度暗中支持泰米尔势力，印度与斯里兰卡的关系持续紧张，从而导致斯里兰卡减少了对印度的出口。不过，斯里兰卡对印度的出口额从2000年的1%增长到2009年的4.7%。但是，这一增长并不能归因于任何与南盟相关的贸易安排，而应归功于2000年3月1日签订的《印度与斯里兰卡自由贸易协定》。在1980年至2009年期间，孟加拉国对印度的出口有了小幅增长，但是巴基斯坦在这一时期内对印度的出口呈现出持续下降的趋势。由于印度与尼泊尔和斯里兰卡签订了双边贸易协定，印度对这两个贸易伙伴的重要性有显著增强，同时，印度对其他南盟成员国尤其是巴基斯坦与孟加拉国的重要性则大大降低。因此，有理由认为南盟伙伴国对南亚最大经济体印度的低水平出口也许可以部分解释至今为止南盟与南亚自由贸易区仅取得有限发展的原因。此外，这里还可提及其他四个因素解释为何南亚的地区内贸易水平如此之低。第一，除了印度和巴基斯坦外，南盟国家缺少多样化的产品基础。第二，南亚国家（斯里兰卡除外）的高关税率以及非关税壁垒成为限制地区内贸易扩展的一个重要因素（Panagariya，1999）。第三，南亚地区的交通与国家间信息联系不足严重阻碍了地区内的进出口。第四，政治上的差异以及南亚国家领导人创造贸易互补性的意愿不足也是现今地区内贸易水平低的重要原因。在这一境况下，印度与巴基斯坦之间的持续敌视状态就显得很关键。尽管两国之间有巨大的贸易潜力，但是由于印巴之间的政治紧张局势以及巴基斯坦不愿扩大与印度的地区内贸易，现今两国的贸易量很小。巴基斯坦与印度之间的贸易份额若以它们之间的双边出口量来算的话，仅占了两国总出口量的0.4%。印巴两国的双边贸易额仅相当于中国与马来西亚的 1/5，这两个国家与印巴两国 GDP 及邻近程度相似，也仅相当于同样类似的阿根廷与巴西双边贸易额的 1/16（New farner，2004）。不仅如此，巴基斯坦的掌权者们担心任何地区贸易安排都会为印度提供潜在机会来推动对之有利的集体行动。

在 20 世纪 80 年代与 90 年代初，印度的决策者针对所有南亚的地区性合作倡议采取了谨慎的态度，因为他们相信印度不可能从任何南盟的安排中获得巨大的经济与安全利益。但是在 90 年代后期，印度对南盟的态度出现了显著的变化。至少有以下五个方面可以解释印度掌权者的态度转变。第一，90 年代初印度开始实行的经济自由化政策创造了大的经济增长与出口机会。印度领导人深知印度经济自由化的成功很大程度上是依靠对发达国家和发展中国家新兴市场出口能力的增强。直到 90 年代中期，由于日本、北美以及西欧的保护主义政策与各种针对印度的非关税壁垒，印度在这些国家或地区的市场都仅取得了有限的机会（Rizvi，1993：159－162）。随着苏联的瓦解以及东欧逐渐融入西欧经济的趋势，印度失去了两个传统市场。为了扩展其市场联系，近来印度主动采取行动，其中包括：自 1997 年 3 月起，为建立环印度洋地区合作联盟（IORARC）而进行的积极外交行动；自 90 年代中期以来，印度为增加与东盟的贸易往来并与东盟签订自由贸易协定而做出的持续努力，于 2009 年 8 月最终签订《印度与东盟自由贸易协定》；印度对加入亚太经合组织的积极兴趣；与东亚峰会的伙伴关系并最终加入峰会；为加强与东亚及东南亚国家的关系而重新重视"东向政策"。

尽管印度将继续寻求其他地区的市场，它已无法继续忽视其南亚大本营，在这里印度几乎在所有经济部门中都占有比较优势。正因为这一优势，印度领导人认识到扩展地区市场、促进地区内贸易是符合印度利益的。因此，在 20 世纪 90 年代后期，印度对实施《南亚互惠贸易安排》以及加速南亚自贸区进程的热情增长。印度促进其与南亚国家之间贸易关系的强烈愿望体现出"古杰拉尔主义"。"古杰拉尔主义"是以 1996—1997 年印度总理因德尔·库马尔·古杰拉尔命名的外交原则，也是印度近年来推进积极的单边主义政策的基础。这一政策规定印度作为南亚地区的主导国家应该不期回报的给予邻国贸易优惠。印度从 21 世纪早期开始与邻国签订的各种自由贸易协定就是基于这一原则。

第二，随着冷战结束，印度的大国野心严重受挫，这主要是因为：

（1）苏联解体导致印度在国际舞台上失去一个重要盟友；（2）国际社会更加接受中国的战略能力和领导力；（3）不结盟运动的重要性正在下降；（4）澳大利亚、马来西亚、巴西和南非在第三世界国家相关问题上崛起为新的领袖，削弱了印度在英联邦会议和十五国集团等多边论坛中的地位。印度领导人似乎认识到印度需要先在南亚地区展示其领导力，才能为其在国际舞台上的领导权提供合法性。就如古杰拉尔所说："印度的未来取决于邻国的态度。如果印度的资源都浪费在与邻国的争斗中，印度就不可能成为一个世界强国"（Basu，1998）。继任的印度总理阿尔塔·比哈里·瓦杰帕伊和曼莫汉·辛格都曾重申这一观点，且表现出他们愿意推动与印度邻国的关系以实现更大的地区以及全球领导目标。

第三，中国在南亚影响力的提升似乎是对印度过去忽视邻国政策的控诉，使得印度领导人对印度被周边国家包围的忧虑增强。在90年代后期，随着中国对印度所有邻国的投资增加，新德里的恐惧也有所增强。例如，中国在斯里兰卡、巴基斯坦和孟加拉国修建马路和深水港口；在尼泊尔修路；在缅甸铺设石油和天然气管道；在巴基斯坦建造了两个核电厂；此外还向巴基斯坦提供了包括战斗机、导弹护卫舰、武器级核裂变材料、已试验核弹设计（tested bomb design）等作为其向巴基斯坦提供核援助的一部分（*Financial Times*，2009；*The Times of India*，2010）。还有媒体炒作的所谓中国的"珍珠链"战略，即中国在印度洋进行详细而有条理的部署并通过在东南亚、南亚以及中东建造或援建港口、能源管道和其他基础设施以实现包围圈，目的就是遏制印度的影响并增强中国在南亚和印度洋地区的势力范围。这些新的发展都直接地挑战着印度在南亚地区长期坚持的战略性自主政策。因此，印度开始表现出对促进与斯里兰卡、孟加拉、尼泊尔、不丹之间贸易关系的积极兴趣。

第四，南亚国家普遍认为印巴之间的政治紧张关系是导致地区合作以及地区贸易协定停滞不前的原因。正是由于这种政治紧张关系，印度与巴基斯坦的执政联盟都更重视发展次区域性、点对点的一体化倡议，而不是专注于南盟的发展。这种"点对点"（spoken - spoken）的合作倡议通过多种形式实现。一些倡议可以被形容为"中心辐射"类的合作，即地区内最大的国家与周边的小国分别签订双边协定。这类合作的例子有印度主动推进与斯里兰卡、尼泊尔、孟加拉和不丹签订双边自由贸易协定。同样，巴基斯坦也主动加快与斯里兰卡和孟加拉国签订双边自由贸易协定。

另一种类型是"点对点"的合作方式，即区域集团中次区域集团的发展。这类合作的例子有印度与孟加拉国、不丹、尼泊尔建立的"南亚四角"（SAGQ）。虽然这类合作可能会增加较小国家的市场准入，且能够便利化双边贸易协定，但它也会削弱地区自由贸易协定的地位。

第五，印度和巴基斯坦都涉及其他跨地区的经济安排，其中涉及印度的有环印度洋地区合作同盟（IORARC）、环孟加拉湾多部门技术与经济合作计划（BIMSTEC）和东亚峰会（EAS），涉及巴基斯坦的有经济合作组织（ECO）和伊斯兰国家组织（OIC）。印度之所以卷入与新加坡、泰国、越南、日本、韩国、斯里兰卡、不丹和孟加拉国"面碗式"双边贸易协定以及南亚国家次集团各种"点对点"的经济合作主张，一方面是因为印度需要更大的市场机会，而另一方面是因为巴基斯坦不愿加快与印度的自由贸易谈判。印度推动跨区域和"点对点"贸易合作模式的潜在逻辑可能是有说服力的，且可能给印度提供贸易扩张与市场机会的燃眉之急。但是，在印度的南亚邻国看来，这些行动恰恰证明印度缺少对南盟以及南亚自贸区的承诺。

结　论

地区制度安排是地区合作发展的一个关键指标，通常都需要一个漫长的过程建立地区规则、规章和政策。这一过程既不能一蹴而就，也非自然而然。本文聚焦于建立地区制度的三个动因，即与地区内主导国家的结盟、经济能力的相对稳定和霸权国的领导。以南亚地区体系的视角来看，这三个动因产生了不同的地区动力，但并不总是有助于地区制度以及合作行动的发展。

第一，虽然印度是地区内主导力量，但是大多数南亚国家都不愿与印度结盟，主要有以下三个原因：（1）巴基斯坦一贯反对印度的地区优势；（2）缺乏外部威胁意识；（3）认为印度插手跨界种族冲突。南亚国家缺乏共同的外部威胁意识，使得这些国家的领导人很难达成共同的地区安全战略。大多数南亚国家将印度视为主要威胁而印度则将有外部力量支持的巴基斯坦的军事挑战视为其外部威胁。除此之外，南亚国家的政治领导人们普遍认为印度介入了所有南亚国家的种族冲突。另一方面，印度也控诉南亚邻国支持印度领土上的分裂主义与种族主义活动。因此，寻找替罪羊，也就是指责邻国，成为南亚统治精英偏好的政策选择，从而难以实现地区和解。尽管寻找替罪羊可能会给南亚的统治者带来短期的政治收益，特别是印度和巴基斯坦，这一政策对地区合作安排的发展却十分有害。

第二，虽然在过去三十年中南盟地区存在着有利于印度的实力差异变化，但是，如以上分析所示，这一变化是微不足道的。对南亚自贸区、欧盟以及南方共同市场的研究已经证明，这种小幅度的变化不会构成发展地区制度安排的主要障碍。但是，鉴于印度在南亚地区显著的经济优势，这一微小的变化也已导致了南亚国家形成一种普遍看法，即地区制度化安排会进一步使得经济实力对比朝着有利于更强大的地区伙伴也就是印度变化发展。这一看法似乎也增强了南亚弱小国家对于自身实力可能会被进一步削弱的恐惧，因此成员国对发展地区制度失去了兴趣。最后，虽然印度在20世纪90年代后重新燃起了对南盟发展的兴趣，但是南盟仍然缺乏重要进展。原因主要有三个方面：南亚国家缺乏对印度霸权领导的信任；南亚领导人普遍认为南盟的发展会促使印度商品主导地区市场，且印度可能从所有的地区贸易安排中受益更多；印度成为全球领导力量的野心使得它的关注点远离南亚地区主义的发展。这样的地区动力似乎形成了一个不够友好的地区环境，难以达成扩展地区合作的目标。

由于南亚不断变化的经济与政治形势，很难确定地区合作的前景。如果印度与巴基斯坦之间的政治与军事紧张得不到解决，且南亚国家领导人对印度的地区主导地位缺乏信任，南亚领导人对地区合作的承诺就将是微弱且不可持续的。正是因为南盟在过去几十年发展缓慢且有限，有合理理由认为国家行为者对沉没成本和决策成本的考虑可能会阻止他们为了追求短期目标而放弃南盟机制（Stein，1990：50－53）。但是，鉴于南亚领导人至今只做出了最小承诺，想要实现在南盟支持下的地区制度化的快速发展可能性不大。由于缺乏南亚领导人的有力承诺，南盟可能仍将延续"停停走走"的发展模式，有些地区合作的政策倡议与安排可能会在这一过程中实现。但之后，这些政策倡议和安排将可能陷入持久的僵持，从而使得地区制度的发展与南盟相关计划的实施前景充满变数（Dash，2001：222）。

结论　亚洲地区主义的未来

马必胜（Mark Beeson）、李察（Richard Stubbs）著　冯斌译

成立 40 年后，东南亚国家联盟的 10 个成员国将它们新签署的章程视为该组织走向成熟的标志。遗憾的是，这个章程的表述，包括有关区域性人权机构的模糊承诺仅仅暴露了该组织的弱点及实质上的道德真空……东南亚国家联盟不像欧盟一样是一个具有共同价值的国家集合体，而是一个具有共同利益的政权集合体。

（Financial Times，2007）

欧盟应该吸取东南亚国家联盟在外交方面的经验教训，而不要步其后尘。

（Mahbubani，2008）

其国家领导人认为亚洲正变得日益相互依存，然而很少有人接受逻辑上的推论：需要更好地协调货币和金融政策，更多地以一种地区意识对相关政策进行调整。

（The Economist，2010）

当前东亚的威斯特伐利亚国际关系体系有可能被一种现代朝贡体系所取代。

（Jacques，2009）

美国可以提供资源，并推进其他行为体不能复制或者由于缺乏互信而不能采取的方式进行合作。任何国家，包括我们自己，均不应试图主宰这些机制。但美国的积极参与对于这些机制的成功至关重要。

（Hilary Clinton）

东亚地区与众不同。当然，也许也可以说欧洲或拉丁美洲与众不同。但是，正如我们在引言中提到的，东亚区域的独特历史和发展模式使其呈

现出多个"东亚区域特色"。这些发展和互动模式使东亚与其他区域大异其趣，从而为我们提供了重要的比较视角。本书的多个章节已经考察了东亚独具特色的政治、经济、战略和社会动态，在此不再赘述。但是，在我们试图讨论这一重要区域的前景之前，需要我们自省的是为何这一任务是如此困难。政治和社会构成多样、经济发展水平差异，更不用说东亚各国在战略价值上有天壤之别。因此，即便分析家们采取相同的国家和地区指标体系，仍然能得出迥然有别的结论。

在试图阐述有关这一区域的争论将会揭示怎样的发展前景之前，本章仍有意强调有关东亚发展动态的一些最重要的论断。坦率地说，这是一次毫无希望的努力：东亚的多样性意味着任何理论或说法均能找到依据——这就是为何该区域持续吸引如此多比较政治学领域的关注。本章的卷首语提醒我们有关这一区域的观点可以是多么的千差万别和相互抵触。尽管如此，事实是东亚已经迅速发展成为世界上最重要的经济区域，而且在这一区域有最"易燃"和悬而未决的地缘政治热点，这促使人们愿意进一步了解它。

我们感觉到，我们在这次争论中有两个最中肯的贡献：其一，我们中的一位（Stubbs）对东亚的前景非常乐观，而另一位（Beeson）则认为杯子顶多是半满的；其二，我们并未抱有特别的意识形态或理论方面的"私心"。因此，我们希望，接下来的争论至少应视为"端平了"。然而，我们承认，无论观察家们认为这个区域正发生什么，它的确为最富影响力的理论提供了"实验场"，这些理论被较为普遍地用于解释国际体系。也正因此，我们也考虑到那些主流理论方法在解释这一地区事务方面的价值。但是，这是一个超越了学术旨趣的问题："纠偏亚洲"不仅是理论层面更是政策层面的挑战，取得成效颇费周章。无论东亚未来发生什么变化都将对世界其他部分构成深刻影响。仅从这个角度而言，试图搞清楚东亚的来龙去脉——这也是本书贯穿始终的话题，仍然是一个尽管艰巨但意义重大的挑战。

实现东亚制度化

本书的主要关注点一直是"东亚"，但正如众多文章所言，不仅东亚的边界和成员资格存在争议，而且首先东亚是否就是未来区域制度化的最适当基础也是个问题。正如饶济慈（Gilbert Rozman）在文中指出的，有关东亚地区的面貌的判断观点良多。比思利（Bisley）有关亚太经济合作以及卡姆鲁克思（Camroux）有关东亚峰会的讨论提醒我们，确定哪些主体应当被纳入这些组织之内，组织当有何作为，以及组织应当如何运作等问题意义重大。简单说，中国主导的"东盟＋3"机制将赋予本地区不同的身份、方向和动能——如果这一机制能够在日本的反对和东南亚的持久疑虑中得以实现（Terada，第二十九章）。在试图说明区域内竞争如何自行终结之前，有必要考察区域内各个组织实质上如何运作（不管如何界定），因为这始终是怀疑论存在的不竭之源。

与欧盟相比，至少与全盛期的欧盟相比，东亚地区进程与合作的影响看起来微不足道。并非独东亚如此。毕竟，尚没有地区能在一体化方面达至欧盟水平。即便是欧盟自身，面对快速扩员和经济危机带来的各种挑战，也越来越难以维持其高度的互信、合作和经济一体化水平。从近期欧洲发生的经济动荡中得出的一条最重要经验，即危机既能够产生崩盘效应，也能够产生整合效应（Beeson，2011）。因此，我们不应当想当然地以为东亚将复制欧盟的经历或用欧盟的某些国家标准来衡量东亚的进步。但，即使我们决定采用某些较为适当的衡量标准，问题仍然存在——如何确定"适度"的发展目标，使之仍足以成为衡量区域变化的重要指标。换句话说，到底要多大的进展才足以使区域主义的进展清晰可见而非微不足道？

怀疑论者仍不信服东盟影响力的原因之一就是东盟存在的理由主要是防御性，并且变动不居。如安嘉·杰茨西克（Anja Jetschke）（本书第二十六章）所指出的，东盟的出现是一系列特定的地缘政治因素综合作用的结果，在这种地缘政治环境中，秩序意味着维持政权，国家主权和国内安全占据统领地位（Narine，本书第十二章）。作为对国家建设、经济发展及近邻的超级大国竞争等种种挑战的反应，这是完全可理解和正当的反应。即使外界对"东盟方式"极其注重协商、顾及面子的和基于自愿的外交特点多有批评，这些特点自东盟成立以来鲜有改变。对琼斯和史密斯等现实主义者而言，东盟的成立仍然基于其成员的有限兴趣和工具性目标：

> 东盟坚持的唯一的"制度原则"是不干预。的确，其自我吹嘘的行为规范是组成这个组织的国家的行为规范。相应地，它一直在强化的唯

一的根本性规范是对民族国家主权不可侵犯而非对区域的现实承诺。

（Jones and Smith，2007）

　　有关东亚区域进程的演进的学术争论的最显著特征之一就是，各种观点是如此相异，某些情况下甚至尖酸刻薄。例如，对琼斯和史密斯而言，不只是不同的分析视角产生不同结论这么简单的问题，而是为了颇令人怀疑的政治实践官学沆瀣一气的问题。他们指出，"……我们一种不加批判的学问模式，他们意图倡导失败的多边倡议"（Jones and Smith，2007）。考虑到现实主义学派经年以来对决策者有意或无意的影响，这一学派本身在理论与实践之间的关系上就持有一种倾向性论点。尽管如此，他们仍然认为：东盟成就平庸，对各成员国的影响也十分有限。那么东盟实际上取得了哪些成就？而现实主义分析是否对历史提供了最佳解读？

　　有关东盟及更普遍意义上东亚地区发展的另一种最具影响力的解读由建构主义者提出。阿米塔夫·阿查亚在解读地区国际关系中规范和观念的作用方面成就最巨。自然，他也是现实主义者批评的对象。就阿查亚而言，东盟和东盟方式富有影响，原因如下：

　　　　本地行为体并不像跨国行为体一样只是消极的对象和学习者，践行普遍的道德准则以创设和引领世界政治中的规范扩散。本地行为体也根据其预先形成的规范信念和实践形式通过积极借鉴和修改跨国规范推进规范传播。

（Acharya，2004）

　　因此，据说，东盟已经能够巧妙地影响更强大的区域性和区域外行动方，如中国和美国的行动（Stubbs，2008）。当然，这与那些强调"社会化"进程作用的学者可能期待的结果保持高度一致：诸如东盟地区论坛这样的机构，其潜在的希望（如果不是预期）之一是影响中国的行为方式（Yuzawa，本书第二十七章）。显然，中国那些经验越来越丰富且越来越活跃的外交精英已更加深入地与制度性的区域论坛的行为、实践和期待融为一体（Johnson，2003；MiYe，本书第二十章）。但是，这是否有可能对其长期战略目标和外交政策产生决定性的、长远性的影响犹未可知。正因为此，有关中国意图的观点仍然存在分歧。考虑到中国对该区域未来的重要性，关注于这次辩论的一些关键特点将会是富有启发意义的。

相互调适、冲突或社会化?

康灿雄（第五章；Kang，2007）已对中国崛起的意义进行过全面而富有洞见的讨论，在此我们无意再次掀起讨论，也不试图作出重要补充。我们的目标显然要较为谦逊。接下来，我们仅仅试图提请大家注意，有关中国崛起对这个区域未来影响的观点是如此大相径庭。我们的确应特别关注中国，这毫不奇怪。不仅仅是中国的经济快速发展，并崛起为地区和全球性大国——不管是其速度还是其影响都是史无前例的——而且人们对中国崛起对东亚和国际体系影响的预期与判断都展示了观察家们的理论和规范偏见。有关中国的讨论可以告诉我们这个地区未来的可能性，并有助于我们辨别当前这一学术和地理领域的学术研究的本质。

其主要语境可分为两类：现实主义和自由主义。前者将中国的崛起视为不可避免的冲突的前奏，后者认为自由主义相互依赖正改变有关国家利益的精明计算。约翰·米尔斯海默对现实主义立场作出了令人信服的阐释，他的结论为其他理论范式带来极大的难题——对于那些需要依据中国崛起带来的不确定性影响作出决定的决策者也是如此。中国晚近更为"进取"的，不那么富有"魅力"的外交政策在一定意义上佐证了现实主义对物质性力量增长的意义及其影响的判断（Wong，2010）。历史经验不但使现实主义者相信，冲突是国际体系中权势和物质性资源分配变化的必然结果，米尔斯海默甚至承认，使中国的经济增长在未来几年大大放缓，符合美国的重大利益（Mearsheimer，2001：402）。

自由主义者的认知与这种观点相去甚远。对他们来说，国际资本主义经济体系中的交往行为仍然受到美国霸权的制度遗产所约束。参与国际经济体系的国家的行为将会得到矫正，因为他们意识到颠覆提供切实利益和绩效合法性（performance legitimacy）的秩序体系将会使其蒙受巨大损失。（Gartzke，2007）。从这一点看，将中国纳入当前的国际经济秩序可视为美国的重大"成功"，因为其唯一潜在竞争对手实质上已承认自己意识形态的失败（Beeson，2009）。并且，即便冷战期间尖锐的意识形态对立已经是明日黄花，中国也并非很乐意将自身描述成一种替代性的发展模式（Zhao，2010）。对于东亚概念的社会性建构正变得越来越重要。

虽然即便现实主义者也时而承认观念的重要性（Desch，1998），还不清楚在这个由冲突塑造的地区——冲突仍是这一地区客观实在的遗产——观念和政策理念能对这一地区的未来起多大作用（Preson，本书第三章）。的确，东盟这样的国际组织已经发展出一种独具特色的规范性文化，并塑造着其成员的行为，但是这些更多是作为对地区强国行为或战略压力的反应和回馈。东盟经验也向我们提供了有益的提示：关于观念和价值的规范性内涵，没有什么是不可避免的。也就是说，即便规范和观念很重要，他们也并非总是"进步的"。这在有关"亚洲价值观"的辩论中可见一斑。有关亚洲特色的倡导者们认为，中国崛起可能对"西方"及其主导性的现代性观念构成重大挑战（Mahbubani，2008）。当然，这在很大程度上取决于中国发展轨迹的持续成功和稳定，以及其管理内部社会结构的深刻变化和重新塑造其外部关系的能力。关于这种前景的判断也是充满分歧的（Chang，2002；Jacques，2009），对于中国以及地区前景的预期大为不同。

但是，即便我们假定这个地区仍然保持稳定，而中国仍在崛起，我们尚不清楚作为中国崛起的结果，这个地区的观念版图将居于何种形态。本书的多个作者已经阐明（Katada，第十章；Terada，第二十九章），1997—1998 年金融危机带来的冲击比任何事项都在更大程度上催生了亚洲地区合作及其制度化。尽管学术界颇为关注金融危机对制度和观念变革的驱动作用（Lieberman，2002；Capoccia and Kelemen，2007），但实质上变化多大仍存在争论。的确，人们对发展中新的制度框架兴趣盎然，但主要对"东盟方式"赞赏有加。最能说明问题的是，在亚洲地区合作进展最速的领域——货币合作方面——人们相信新的制度应该被赋予更多权力，或者认为这一机制应同现有的外部权威机构，比如 IMF - 构成竞争关系的观念，仍然显得不切实际。同样重要的是，在国家声称在国内进行相应改革的地方，人们经常沉溺于"模拟并轨"而非实质性进行变革性调整或者规范性议程（Walter，2008）。

对有些观察家来说，新近兴起的制度秩序和东亚强化地区合作的潜在重大挑战在于，它将削弱美国力量的"结构性"影响（Grimes，2009）。美国的边缘化或者被完全排除出这一地区进程之外对政治经济学者来说是一个新的议题。但对战略分析家来说，这是个持久的话题。数十年来，学界似乎一直认为这一地区会出现冲突（Friedberg，1993/4），冲突的星火和紧张源似乎并不鲜见（Peou，第二十二章），很多学者更为担心一个更为"进取"的中国可能带来的后果，尤其是如果美国开始从东亚撤退。的确，对东亚来说，很少有比这更重要的事项——这是战后美国在东亚巨大影响的写照，也展示了美国的战略存在对东亚身份的巨大制约作用。某种意义上，美国倾力加入东亚峰会，可看作美国对东亚做出的一个长期承诺，它几乎确定会限制中国的影响（Alford，2010）。

中日的海疆争端使美国对其角色的忧虑大为纾缓。了解这些争端十分重要，它们使本地区将保持稳定的假定蒙上阴影。它清晰地告诉我们，这个地区的前景难以预料，充满不确定性，也使我们认识到实质性的地区合作仍面临诸多障碍。有人认为，和平的时间越长，地区秩序就将越稳定，冲突就越不可能发生。这似乎不难理解。对有些人来说，中国是这一瑰丽前景的中心要素（Kang，2007）。但是，中国实力的增强令其邻国担忧。对致力于平衡中国霸权的地区行为体和评论家而言，同美国保持更密切的战略关系变得尤为重要（Dopont，2010）。

但与这种怀疑论相对，在亚洲也存在着区域主义的乐观观点。当怀疑论者看到半只杯子空着，并担忧长期存在的紧张导致地区国际关系的裂痕扩大，而亚洲地区主义未能充分挖掘其潜能。乐观主义者看到半只杯子满了，并关注到了地区性组织比如东盟、"东盟＋3"所取得的历史性进展。历史性的观点强调第二次世界大战结束后20年间东南亚国家经历的动荡以及东盟成立后带来的相对和平（Kivimaki，2001）。同样，近年"东盟＋3"使中国、日本、韩国得以聚在一起商讨解决其分歧的方法。这显然比东北亚历史上的公开冲突要更如人意（Kivimaki，2010）。

比较的视角似乎倾向于支持乐观主义观点。在其他发展中世界，地区主义遇到了非常现实的问题，地区组织的发展极为有限。在拉丁美洲、非洲、加勒比地区、中东和亚洲的其他地区，并没有能同东盟相提并论的地区组织，也没有像"东盟＋3"一样的机制将一个主要的发达国家日本同其他发展阶段悬殊的国家，比如中国和东南亚国家，团结在一起（Terada，第二十九章）。更重要的是，正如前马来西亚前总理马哈蒂尔在20世纪90年代初倡导其东亚经济集团时所指出的（Higgott and Stubbs，1995），必须对欧洲联盟和北美自由贸易区作出清晰应对。新加坡领导人李光耀也提出过以相似的东亚经济联盟应对欧盟和北美自贸区的思想"是不会消失的思想"（Business Times，1992；Ba，2009）。"东盟＋3"

机制的演进，是与世界其他主要地区的财富相连的，且虽经波折沉浮，"东盟＋3"国家总能保持这一机制在正确轨道上运行。

如果亚洲地区主义如此脆弱，以至于似乎很可能崩溃，那么，为什么亚洲国家总能团结在这个主要地区组织之下？也没有迹象显示东盟地区论坛（ARF）的成员国家有兴趣退出这一组织。并且，虽然南亚地区合作联盟（南盟）显示了其局限性（Dash，第三十三章），也应承认上海合作组织（Chung，第三十一章）深化了其制度形式，并与影响不断扩大的金砖国家组织（巴西、俄罗斯、印度、中国、南非于2011年加入，金砖国家也由此成为一个新的国际组织——金砖国家组织，译者注）加强了联系。

可以说，在过去的十年中，地区性制度得到强化。比如，东盟举办的由政治家、官员、半官方和非官方代表参与的会议从2000年的300场左右增加到2007年的700场（Stubbs，2009：242）。同样重要的是，根据托马斯的观点，中国—东盟自贸区（CFFTA）成为东亚地区主义的核心框架（Chin and Stubbs，2011）。通过中国—东盟自贸区，东盟在地区合作中的领导地位与日益成长的政治经济大国中国紧密相连。加上日本和澳大利亚等国家开始开拓地区合作的其他途径，东亚成为一个富有活力和快速成长的地区，人们对此深信不疑，这一认识也广为扩散。由亚洲开发银行实施的一个针对意见领袖的调查显示，人们对亚洲地区制度的认知总体上是乐观的，相当大比例的被调查者呼吁强化既有机制以鼓励亚洲地区的进一步统合（ADB，2010：266）。

但是亚洲地区主义的未来不仅仅依赖政府和意见领袖，也有赖这一地区的企业界和普通大众（Carney，第八章；Cheung，第六章；Nesadurai，第十三章）。在那些易于引发冲突的国家之间，比如2010年的中日间或者2011年的柬埔寨和泰国，如果其公众支持对邻国实施武装侵略，那么这种危机就难以抑制，并很可能导致地区的分裂。但是，如果政府及其民众认识到合作甚或一体化对其安全、稳定以及整体繁荣的价值，那么虽然冲突在某种意义上是不可避免的，但却是可以管控的。

总之，持续的地区稳定和一体化似乎仍然在望，但是导致地区分裂的冲突似乎并非不可想象（White，2008）。作为一个开创性的重要作品的结论，这种模棱两可的归纳似乎会让读者失望，没有新意，或者不那么引人入胜。或许的确如此。但它反映了这个地区的极端复杂性，不管其疆界到底如何划分。我们唯一能够确定的是，这个地区——即便根据本书的大部分读者公认的东亚最小疆土——也将会对 21 世纪国际政治、经济和安全产生越来越大的影响。在此，甚至不需要通过强调美国难以挽回的衰落来特别突出中国的崛起。总的来说，东亚在经济上的重要性已经深刻地改变了全球经济的运行方式，这对权力的国际分配也具有潜在的巨大影响。也无须相信这是个"好事儿"，或者相信这个地区将会继续沿着既定轨迹成长而不会中断，也甚至无须基于恶意或者善意承认这个地区的重要性。事实是，不管未来国际政治将会发生什么，东亚的发展将在其演进中居于中心地位。

参考文献

Abu-Lughod, J. L. (1989) Before European Hegemony: The World System AD 1250 – 1350 (New York: Oxford University Press).

Acemoglu, D. and Robinson, J. A. (2006) Economic Origins of Dictatorship and Democracy (Cambridge: Cambridge University Press).

Acharya, A. (1995) 'ASEAN and Asia-Pacific Multilateralism: Managing Regional Security', in A. Archarya and R. Stubbs, eds, New Challenges for ASEAN: Emerging Policy Issues (Vancouver: University of British Columbia Press).

Acharya, A. (1997) 'Ideas, Identity and Institution-Building: From the "ASEAN Way" to the "Asia-Pacific Way"?', The Pacific Review, 10: 319 – 346.

Acharya, A. (1998) 'Collective Identity and Conflict Management in Southeast Asia', in E. Adler and M. Barnett, eds, Security Communities (Cambridge: Cambridge University Press): 198 – 227.

Acharya, A. (2000) The Quest for Identity: International Relations of Southeast Asia (Oxford: Oxford University Press).

Acharya, A. (2001) Constructing a Security Community in Southeast Asia: ASEAN and the Problem of Regional Order (London: Routledge).

Acharya, A. (2002) 'Regionalism and the Emerging World Order: Sovereignty, Autonomy, Identity', in S. Breslin, C. Hughes, N. Phillips and B. Rosamond, eds, New Regionalisms in the Global Political Economy (London: Routledge).

Acharya, A. (2003) 'Democratisation and the Prospects for Participatory Regionalism in SoutheastAsia', Third World Quarterly 24 (2): 375 – 390.

Acharya, A. (2004) 'How Ideas Spread: Whose Norms Matter? Norm Locali-
zation and Institutional Change in Asian Regionalism', International Or-
ganization 58 (2): 239 – 275.

Acharya, A. (2005) 'Bandung's 1955 Asia – Africa Conference and Indone-
sia', Jakarta Post (18 April). Acharya, A. (2006) 'Europe and Asia:
Reflections on a Tale of Two Regionalisms', in B. Fort and D. Webber,
eds, Regional Integration in Europe and East Asia: Convergence or Diver-
gence? (London and New York: Routledge).

Acharya, A. (2007) 'State Sovereignty after 9/11: Disorganized Hypocrisy',
Political Studies 55 (2): 274 – 296. Acharya, A. (2009) Constructing
a Security Community in Southeast Asia: ASEAN and the Problem of Re-
gional Order, 2nd eds (London: Routledge).

Acharya, A. (2009) Whose Ideas Matter: Agency and Power in Asian Region-
alism (Ithaca, NY: Cornell University Press).

Acharya, A. and Johnston, A. (eds) (2007) Crafting Cooperation: Regional
International Institutions in Comparative Perspective (London: Oxford Uni-
versity Press).

Acharya, A. and Stubbs, R. (2006) 'Theorizing Southeast Asian Relations:
An Introduction', The Pacific Review 19 (2): 125 – 134.

ADB (Asian Development Bank) (1997) Emerging Asia: Changes and Chal-
lenges (Manila: ADB).

ADB (Asian Development Bank) (2001) Asian Environment Outlook 2001
(Manila: ADB).

ADB (Asian Development Bank) (2007) Environmental Poverty: New Per-
spectives and Implications for Sustainable Development in Asia and the Pa-
cific (Manila: ADB).

ADB (Asian Development Bank) (2009) Asian Development Outlook: Rebal-
ancing Asia's Growth (Manila: ADB).

ADB (Asian Development Bank) (2009a) Preparation of the 2010 Asian Envi-
ronment Outlook: Technical Assistance Report (Manila: ADB).

ADB (Asian Development Bank) (2009b) The Economics of Climate Change in Southeast Asia: A Regional Review (Manila: ADB).

ADB (Asian Development Bank) (2010) Asia and the Pacific Regional Food Security Partnership Framework by and among Asian Development Bank, the Food and Agricultural Organization, and the International Fund for Agricultural Development (Manila: ADB).

ADB (Asian Development Bank) (2010) 'Production Networks and Trade Patterns in EastAsia: Regionalization or Globalization', ADB Working Paper Series on Regional Economic Integration, No. 56.

ADB (Asian Development Bank) (2010) Asian Bond Monitor (Manila: ADB).

Addison, P. (1995) Now the War Is Over: A Social History of Britain 1945 – 51 (London: Pamlico).

Adler, E. and Barnett, M. (eds) (1998) Security Communities (Cambridge: Cambridge University Press).

AFP (Agence France Presse) (2010) 'Indonesia Mulls New Capital as Old Spice City Sinks', Agence France Presse (23 February).

Aggarwal, V. (1998) Institutional Designs for a Complex World (Ithaca, NY: Cornell University Press).

Aggarwal, V. K. (1993) 'Building International Institutions in Asia-Pacific', Asia Survey 11: 1029 – 1042.

Aggarwal, V. K. (2005) 'Beyond Network Power? The Dynamics of Formal Economic Integration in Northeast Asia', The Pacific Review 18 (2): 189 – 216.

Aggarwal, V. K. and Koo, M. G. (eds) (2008) Asia's New Institutional Architecture: Evolving Structures for Managing Trade, Financial, and Security Relations (Heidelberg/Berlin: Springer).

Aggarwal, V. K. and Urata, S. (eds) (2005) Bilateral Trade Agreements in the Asia-Pacific: Origins, Evolution and Implications (London: Routledge).

Agnew, J. (2009) Globalization and Sovereignty (Lanham: Rowman and Littlefield Publishers).

Ahmad, A. Leong, F. Y. and Andrews, P. L. (undated) 'Chapter 1: Trac-

ing the development of the legal system', Legal systems in ASEAN: Malaysia, available online at www. aseanlawassociation. org/papers/
Malaysia_ chp1. pdf (accessed 18 June 2011).

Ahmadjian, C. (2006) 'Japanese Business Groups: Continuity in the Face of Change', in S. J. Chang, ed. ,
Business Groups in East Asia: Financial Crisis, Restructuring, and New Growth (Oxford: Oxford University Press): 29 - 51.

Ahsan, A. (1992) SAARC: A Perspective (Dhaka: University Press Limited).

Ahsan, A. (2004) 'SAARC Secretariat: A Critique', South Asian Journal 6: 1 - 8.

Akaha, T. (1991) 'Japan's Comprehensive Security Policy: A New East Asian Environment', Asian Survey, 31 (4): 325.

Alagappa, M. (1988) 'Comprehensive Security: Interpretations in ASEAN Countries', in R. A. Scalapino, S. Sato, J. Wanandi and S. J. Han, eds, Asian Security Issues: Regional and Global (Berkeley: Institute of East Asian Studies, University Of California): 50 - 78.

Alagappa, M. (1995) Political Legitimacy in Southeast Asia: The Quest for Moral Authority (Stanford: Stanford University Press).

Alagappa, M. (ed.) (1998a) Asian Security Practices: Material and Ideational Influences (Stanford: Stanford University Press).

Alagappa, M. (1998b) 'Asian Practice of Security: Key Features and Explanations', in M. Alagappa, ed. , Asian Security Practice: Material and Ideational Influences (Stanford: Stanford University Press).

Alagappa, M. (2003a) 'Institutional Framework. Recommendations for Change', in S. Siddique and S. Kumar, eds, The 2nd ASEAN Reader (Singapore: Institute of SEA Studies): 22 - 27.

Alagappa, M. (ed.) (2003b) Asian Security Order. Instrumental and Normative Features (Stanford: Stanford University Press).

Alagappa, M. (2004) 'Introduction', in M. Alagappa, ed. , Civil Society and Political Change in Asia: Expanding and Contracting Democratic Space (Stanford: Stanford University Press): 1 - 21.

Altmann, R. C. (2009) 'Globalization inRetreat. Further Geopolitical Consequences oftheFinancial Crisis', Foreign Affairs 88 (4): 2 - 7.

Aminian, N., Fung, K. C. and Francis, N. G. (2008) 'Integration of Markets vs. Integration by Agreements', World Bank Policy Research Working Paper, WPS4546 (March).

Amnesty International (2010) The Crumbling State of Health Care in North Korea (London: AmnestyInternational Publications).

Amsden, A. H. (1989) Asia's NextGiant: South Korea and Late Industrialization (NewYork: OxfordUniversityPress).

Amyx, J. (2000) 'Political Impediments to Far-Reaching Banking Reform in Japan: Implications for Asia', inG. W. Noble and J. Ravenhill, eds, The Asian Financial Crisis and the Architecture of Global Finance (Cambridge: Cambridge University Press): 132 - 151.

Amyx, J. (2004) 'A Regional Bond Market for East Asia? The Evolving Political Dynamics of Regional

Financial Cooperation', Pacific Economic Papers, No. 342.

Amyx, J. (2005) 'What Motivates Regional Financial Cooperation in East Asia Today?', Asia Pacific Issues 76: 1 - 8.

Anderson, J. (2007) The Rebel Den of Nùng Trí Cao: Loyalty and Identity Along the Sino-Vietnamese Frontier

(Singapore: The University of Washington Press).

Angresano, J. (2004) 'European Union Integration Lessons for ASEAN + 3: The Importance of Contextual

Specificity', Journal of Asian Economics 14 (6): 909 - 926.

Anholt, S. (2007) Competitive Identity: The New Brand Management for Nations, Cities and Regions (London: Palgrave).

Anon. (1993) Zhongguo Duiwai Jingji Tongji Daquan 1979 - 1991 (China's Statistics on Foreign Trade and Investment 1979 - 1991) (Beijing: zhongguo tongji xinxi zhixun fuwu chubanshe).

Anon. (2003) 'WangYitanxinshiqiwaijiaogongzuo (WangYiInterviewedonNewDiplomacyintheNew Era)', shijie zhishi (World Knowledge), 11.

Anon. (2004) 'Boao Forum Participants Debatedon China's PeacefulRise',

BBCMonitoringAsiaPacific（26April）.

Anon.（2005）'Bo Xilai's Speech at the 2005 China – ROK Economic Cooperation Forum', zhongguo jingji daobao（21 June）.

Anon.（2006a）'shounao huiyi: sheji dongbeiya quyu hezuo xin shinian（Summit: Design Northeast Asian Integration in the Next Ten Years）', chanchun ribao（Chan Chun Daily）（2 September）: 2.

Anon.（2006b）'Dongbeiya jingji hezuo luntan kaimu（Northeast Asia Economic Cooperation Forum Opens）', jilin ribao（Ji Lin Daily）（3 September）: 1.

Anon.（2006c）'wuyi dui dongbeiya quyu jingji hezuo tichu sandian jianyi（Wu Yi Proposed Three Suggestions for Northeast Asian Economic Cooperation）', zhongguo jingji shibao（China Economic Times）（5 September）: 1.

Anon.（2007）'Climate Change to Strain China Food Supply by 2030', Reuters, available online at http: //www. enn. com/top_ stories/article/22194（accessed 15 July 2011）.

Anon.（2007a）'dongbeiya jingmao hezuo gaochen luntan huo guowuyuan pizhun（Northeast Asian High-Level Forum was Authorized by China's State Council）', tumenjiang bao（Tu Men Jiang）（1 August）: 1.

Anon.（2007b）'Harmony through EastAsian Friendship'（19 November）, available online at www. chinadaily. com. cn（accessed 15 July 2011）.

Anon.（2008）'Chinese Agency Profiles New Taiwan Affairs Office Director Wang Yi', BBC Monitoring Asia Pacific（8 June）.

Anon.（2009）'Tajikistan: Let There Be Light', EurasianNet（2 March）, available online at
http: //www. eurasianet. org/departments/news/articles/eav030209b. shtml（accessed 3 August 2010）.

Anon.（2010）'American Shadow Over South China Sea', Global Times（26 July）.

Anon.（2010）'The Thinker Waiting on Europe', The Jakarta Globe（15 July）, available online at http: //www. thejakartaglobe. com/opinion/the-thinker-waiting-on-europe/386029（accessed 15 July 2011）.

Anon. (2010) 'Zhongguo 'lingdouyang' jiaose shou chongji Mei qiangtuo Ya-tai zhenghe zhudaoquan', China Daily (18 November).

Anon. (2010) Nihon keizai shimbun (20 April): 9.

Anon. (2010) Nihon keizai shimbun (30 April): 14a.

Anon. (no date) 'ASEAN Free Trade Area (AFTA Council)', ASEANWEB, available online athttp: //www. aseansec. org/ 19585. htm (accessed 15 July 2011).

Antolik, M. (1990) ASEAN and the Diplomacy of Accommodation (Armonk, NY: ME Sharpe Inc.).

Anwar, D. F. (1996) 'Indonesia's Strategic Culture: Ketahanan Nasional, Wawasan Nusantara and Hankamrata', Australia – Asia Papers, No. 75 (Brisbane: Centre for the Study of Australian – Asian Relations, Griffith University).

APEC (1989a) First APEC Ministerial Meeting – Joint Statement (Canberra, Australia, 6 – 7November), available online at http: //www. apec. org/apec/ ministerial_ statements/annual_ ministerial/1989_ 1st_ apec_ minis-terial. html. APEC (1989b) First APEC Ministerial Meeting – Chairman's Summary Statement (Canberra, Australia, 6 – 7 November), available online at http: //www. apec. org/apec/ministerial _ state-ments/ annual_ ministerial /1989_ 1st_ apec_ ministerial /chair_ sum-mary. html.

APEC (1990) Second APEC Ministerial Meeting – Joint Statement (Singa-pore, 29 – 31 July), available online athttp: //www. apec. org/apec/ ministerial_ statements/annual_ ministerial/ 1990_ 2th_ apec_ minis-terial. html.

APEC (1991) Third APEC Ministerial Meeting – Seoul Declaration (Seoul, Republic of Korea, 12 – 14November), available online at http: //www. apec. org/pec/ministerial _ statements/annual _ ministerial/1991_ 3th_ apec_ ministerial/ annex_ b_ _ _ seoul_ apec. html.

APEC (1993) AVisionforAPEC: TowardsanAsiaPacificEconomicCommunity, ReportoftheEminentPersonsGroup to APEC Ministers (Singapore: APEC Secretariat).

APEC (1994) APEC Economic Leaders' Declaration of Common Resolve (Bogor, Indonesia, 15 November), available online at http: //www. apec. org/apec/leaders_ _ declarations/1994. html.

APEC (1996) APEC Economic Leaders' Declaration: From Vision to Action (Subic, Philippines, 25 November), available online at http: //www. apec. org/apec/leaders_ _ declarations/1996. html.

APF (ASEAN People's Forum) (2009) 'Statement from the Organisers of the ASEAN People's Forum/ASEAN Civil Society Conference' (23 October), available online at http: //aseanpeoplesforum. net/media/apf2009-news/ 120-statement- from-the- organisers-of- the- ASEAN- Peoples-Forum.

APF (ASEAN People's Forum) (2010) 'First Preparatory Consultative Meeting for the APF 2010', SixthASEAN People's Forum Secretariat (Hanoi,29 - 30 May 2010), available online at www. vpdf. org. vn/index. php? option = com _ content&view = article&id = 219: asean-peoples-forum-planned- for-september&catid = 38: research-a-documentation&Itemid = 57. Arceneaux, C. and Pion-Berlin, D. (2007) 'Issues, Threats, and Institutions: Explaining OAS Responses toDemocratic Dilemmas in Latin America', Latin American Politics and Society 49 (2): 1 - 31.

ARF (ASEAN Regional Forum) (1994) 'Chairman's Statement, First Meeting of the ASEAN Regional Forum' (Bangkok, 25 July).

ARF (1995) 'A Concept Paper' (Bandar Seri Begawan, 1 August).

ARF (2001a) 'Enhanced Role of the ARF Chair', Annex B to Chairman's Statement, the Eighth Meeting of the ASEAN Regional Forum (Hanoi, 25 July).

ARF (2001b) 'Concept and Principles of Preventive Diplomacy, Annex D to Chairman's Statement', the Eighth Meeting of the ASEAN Regional Forum (Hanoi, 25 July).

ARF (2002) 'Chairman's Statement, the Ninth Meeting of the ASEAN Regional Forum' (Bandar Seri Begwan, 31 July).

ARF (2003) 'Chairman's Statement, the Tenth Meeting of ASEAN Regional-Forum' (Bandar Seri Begawan, 18 June).

ARF (2005) 'Chairman'sStatement, theTwelfth Meeting of the ASEAN Regional Forum' (Vientiane, 29July).

ARF (2005a) Annual Security Outlook 2005, report prepared for the Twelfth ASEAN Regional Forum (Vientiane, Laos), available online athttp: // www. aseanregionalforum. org/ Portals/0/ aso-2005. pdf (accessed 20 July 2011).

ARF (2005b) Chair's Summary Report, ARF Seminar on Enhancing Cooperation in the Field of Non-Traditional Security Issues (7 - 8 Sanya, March), available online at http: //www. aseansec. org/arf/12arf/ Chairs-Sanya-7-8March05. pdf (accessed 20 July 2011).

ARF (2005c) Chairman's Summary, Second ASEAN Regional Forum Regional Security Policy Conference (Vientiane, Laos, 19 May), available online at http: //www. aseanregionalforum. org/PublicLibrary/ARFChairmans-StatementandReports/tabid/66/Default. aspx (accessed 20 July 2011).

ARF (2008) 'Chairman'sStatement, theFifteenthMeetingoftheASEANRegionalForum' (Singapore, 24July).

ARF (2009) Annual Security Outlook 2009, Sixteenth ASEAN Regional Forum (Thailand, July).

ARF (2009) 'ASEAN Regional Forum Vision Statement' (Phuket, 23 July).

ARF (2010a) 'Chairman's Statement', the Seventeenth Meeting of the ASEAN Regional Forum (Hanoi, 23July).

ARF (2010b) 'Final Summary of Report of the Seventh ASEAN Regional Forum Security Policy Conference' (Da Nang, 19 May).

ARF (2010c) 'Co-Chair's Summary Report of ARF Inter-Sessional Support Group on Confidence Building Measures and Preventive Diplomacy' (Nha Trang, 19 - 20 March).

ARF (2010d) 'Draft Elements of a Work Planon Preventive Diplomacy', Annex 7 to Chairman'sStatement', the Seventeenth Meeting of the ASEAN Regional Forum (Hanoi, 23 July).

ARF (2010e) 'Hanoi Plan of Action to Implement the ASEAN Regional Forum Vision Statement' (Hanoi, 23 July).

Armstrong, C. Rozman, G. , Kim, S. M. and Kotkin, S. (eds) (2006) Korea at the Center: Dynamics of Regionalism in Northeast Asia (Armonk,

NY: M. E. Sharpe).

Armstrong, D. Bello, V. Gilson, J. andSpini, D. (eds) (2010) Civil Society and International Governance: The Role of Non-state Actors in Global and Regional Regulatory Frameworks (London: Routledge).

Aron, R. (1973) The Imperial Republic: The USA and the World 1945 – 1973 (London: Weidenfeld and Nicolson).

Arraf, J. (2010) 'Iraq to Pay $400 Million for Saddam's Mistreatment of Americans', Yahoo News.

ASEAN (Association of Southeast Asian Nations) (1967-last update) ASEAN Declaration, available online at http://www. aseansec. org/ 1212. htm (accessed 15 August 2010).

ASEAN (1976) Declaration of ASEAN Concord (Bali, 24 February).

ASEAN (1993) Joint Press Statement for the Meeting to Explore the Establishment of the Consultative Relationshipwith the People's Republic of China (Beijing, 13 – 14 September), available online at http://www. aseansec. org/5875. htm (accessed 20 July 2011).

ASEAN (1996) Press Statement: The First Informal ASEAN Heads of Government Meeting (Jakarta, 30 November), available online at http://www. aseansec. org/5206. htm (accessed 20 July 2011).

ASEAN (1997a) Joint Statement of the Meeting of Heads of State/Government of the Member States of ASEAN and the President of the People's Republic of China (Kuala Lumpur, 16 December), available online at http:// www. aseansec. org/5225. htm (accessed 20 July 2011).

ASEAN (1997b) Joint Statement of the Meeting of Heads of State/Government of the Member States of ASEAN and the Prime Minister of Japan (Kuala Lumpur, 16 December), available online at http://www. aseansec. org/5224. htm (accessed 20 July 2011).

ASEAN (1997c) Joint Statement of the Meeting of Heads of State/Government of the Member States of ASEAN andthe Prime Minister of the Republic of Korea (Kuala Lumpur, 16 December), available online at http://www. aseansec. org/5223. htm (accessed 20 July 2011).

ASEAN (1999) Joint Statement on East Asia Cooperation (Manila, 28 November), available online at http: //www. aseansec. org/5301. htm (accessed 20 July 2011).

ASEAN (2000) Joint Ministerial Statement of the ASEAN + 3 Finance Ministers Meeting (Chainag Mai, 6 may), available online at http: //www. aseansec. org/635. htm (accessed 20 July 2011).

ASEAN (2001) Press Statement by the Chairman of the 7th ASEAN Summit and the Three ASEAN + 1 Summits (Brunei Darussalam, 6 November), available online at http: //www. aseansec. org/5471. htm (accessed20 July 2011).

ASEAN (2002) Framework Agreementon Comprehensive Economic Co-Operation Between ASEAN and the People's Republic of China (Phnom Penh, 4 November), available online at http: //www. aseansec. org/13196. htm (accessed 20 July 2011).

ASEAN (2002) ASEAN Report to the World Summit on Sustainable Development (Jakarta: ASEAN).

ASEAN (2005a) ASEAN – China Memorandum of Understanding on Cultural Cooperation (Bangkok, 3 August), available online at http: //www. aseansec. org/17649. htm (accessed 20 July 2011).

ASEAN (2005b) Report of the ASEAN – China Eminent Persons Group (Jakarta, November), available online at http: //www. aseansec. org/asean-china-epg. pdf (accessed 20 July 2011).

ASEAN (2006a) The Joint Ministerial Statement of the 9th ASEAN + 3 Finance Ministers Meeting (Hyderabad, 4May), available online at http: //www. aseansec. org/18390. htm (accessed 20 July 2011).

ASEAN (2006b) Joint Statement of ASEAN – China Commemorative Summit (Nanning, 13 October), available at: http: //www. aseansec. org/China-Com-Summit. Doc (accessed 20 July 2011).

ASEAN (2007a) Agreement on Trade in Services of the Framework Agreement on Comprehensive Economic Co-operation between the Association of Southeast Asian Nations and the People's Republic of China, ASEAN Secretariat (Cebu, 14 January), available online at http: //www. aseansec. org/19346. htm (accessed 20 July2011).

ASEAN (2007b) Chairman's Statement of the 11th ASEAN – China Summit (Singapore, 20 November), available online at http：//www. aseansec. org/21105. htm > (accessed 10 June 2010).

ASEAN (2007c) Joint Statement on ASEAN – China Port Development (Nanning, 29 October), available online at http：//www. aseansec. org/ 21000. htm (accessed 20 July 2011).

ASEAN (2007d) Nanning Joint Statement (Nanning, 29 October), available online at http：//www. aseansec. org/ 21022. htm (accessed 20 July 2011).

ASEAN (2007e) The Sixth Consultations between the ASEAN Economic Ministers and the Minister of Commerce of the People's Republic of China (Makati City, 25 August), available online at http：//www. aseansec. org/20872. htm (accessed 20 July 2011).

ASEAN (2007f) The ASEAN Charter (Singapore, 22 November).

ASEAN (2007) Charter of the Association of Southeast Asian Nations (Jakarta：ASEAN Secretariat), available online at www. aseansec. org/21069. pdf (accessed 20 July 2011).

ASEAN (2009a) ASEAN – China Dialogue Relations, ASEAN Secretariat (Da Nang, 29 November).

ASEAN (2009b) 'Attachment', The Joint Media Statement of the 12th ASEAN Plus Three Finance Ministers' Meeting (Bali, 3 May), available online at http：//www. aseansec. org/22536- attachment. pdf (accessed 20 July 2011).

ASEAN (2009c) ASEAN Socio-Cultural Communit Blueprint (Jakarta：ASEAN Secretariat), available online at www. aseansec. org/5187-19. pdf (accessed 20 July 2011).

ASEAN (2010a) Chairman's Statement of the 13th ASEAN – China Summit (Hanoi, 29 October), available online at http：//www. aseansec. org/ 25481. htm.

ASEAN (2010b) Plan of Action to Implement the Joint Declaration on ASEAN – China Strategic Partnership for Peace and Prosperity (2011 – 2015), available online at http：//www. aseansec. org/25554. htm.

ASEAN Secretariat (2002) ASEAN Report to the World Summit on Sustainable Development (Jakarta: ASEAN Secretariat).

ASEAN Secretariat (2009) Terms of Reference of ASEAN Intergovernmental Commission on Human Rights (Jakarta: ASEAN).

ASEAN Secretariat (2010) ASEAN Lecture 2010, available online at http: // www. aseansec. org/25001. htm (accessed 10 October 2010).

ASEAN – China Expert Group on Economic Cooperation (2001) Forging Closer ASEAN – China Economic Relations in the Twenty-First Century, Report, October, available online at http: //www. aseansec. org/newdata/ asean_ chi. pdf (accessed 20 July 2011). Ash (2005).

Asher, M. G. and Nandy, A. (2006) 'Health Financing in Singapore: A Case for Systemic Reforms', International Social Security Review 59 (1): 75 – 92.

Ashizawa, K. (2010) 'Australia – Japan – U. S. Trilateral Strategic Dialogue and the ARF: Extended Bilateralism or a New Minilateral Option', in J. Haacke and N. M. Morada, eds, Cooperative Security in the Asia-Pacific: The ASEAN Regional Forum (London: Routledge). Asia-Pacific Center for Security Studies (2002) Report of the Conference on Environment and Security in the Asia-Pacific (19 – 21 November), available online at http: //www. apcss. org/core/Conference/CR _ ES/021119-21ES. htm (accessed 20 July 2011).

Asia Regional Integration Center (2010) 'Trade and Investment Patterns', available online at http: //www. aric. adb. org/ (accessed 15 July 2011).

Avila, J. L. (2003) 'EU Enlargement and the Rise of Asian FTAs: Implications for Asia-Europe Relations', Asia Europe Journal 1: 213 – 222.

Axline, W. A. (ed.) (1994) The Political Economy of Regional Cooperation. Comparative Case Studies (London: Pinter Publishers).

Ayoob, M. (1995) Third World Security Predicament: State Making, Regional Conflict and the International System (Boulder, CO: Lynn Reinner Publishers).

Azrap, A. (2006) Islam in the Indonesian World: An Account of Institutional

Formation (Bandang: Mizan Pustaka).

Ba, A. (2006) 'Who's Socializing Whom? Complex Engagement in Sino-Asean Relations', Pacific Review92 (2): 157 – 180.

Ba, A. D. (2009) (Re) Negotiating East and Southeast Asia: Region, Regionalism, and the Association of SoutheastAsian Nations (Stanford: Stanford University Press).

Ba, A. D. (2010) 'ASEAN Non-interference in Region and World Context: Theory and Practice; ASEANand ECOWAS', Conference Paper edn. ISA 51st Annual Meeting, New Orleans, LA.

Bache, I. and Flinders, M. (2004) 'Themes and Issues in Multi-Level Governance', in I. Bache and M. Flinders, eds, Multi-Level Governance (Oxford: Oxford University Press): 1 – 11.

Bairoch, P. A. (1982) 'International Industrialisation Levels From 1750 – 1980', Journal of European Economic History 11 (2): 269 – 334.

Balakrishnan, N. (1989) 'The Next NIC', Far Eastern Economic Review (7 September): 96 – 8.

Balassa, B. (1961) 'Towards a Theory of Economic Integration', Kyklos 14: 1 – 17.

Balassa, B. (1961) The Theory of Economic Integration (Homewood, IL: Richard Irwin).

Balassa, B. (1965) Economic Development and Integration (Centro de Estudios Monetarios Latinoamericanos).

Baldwin, R. (2006) 'Managing the Noodle Bowl: The Fragility of East Asian Regionalism', Centre for Economic Policy Research Working Paper, No. 5561 (March 2006), available online at http: //www. cepr. org/pubs/dps/DP5561. asp (accessed 18 July 2011).

Baldwin, R. E. (2008) 'Sequencing and Depth of Regional Economic Integration: Lessons Form the Americas From Europe', The World Economy 31 (1): 1 – 29.

Baldwin, R. E. (2008) 'The East Asian Noodle Bowl Syndrome', in D. Kiratsuka and F. Kimura, eds, East Asia's Economic Integration: Progress and Benefit (New York: Palgrave MacMillan): 45 – 81.

Ball, J. (1982) Indonesian Legal History, 1602 – 1848 (Sydney: Oughtershaw Press).

Bandara, J. S. and Yu, W. (2003) 'How Desirable Is the South Asian Free Trade Area? A Quantitative Economic Assessment', World Economy 26: 1293 – 1323.

Bank of Japan (2010) Joint Press Release: Chiang Mai Initiative Multilateralization (CMIM) Comes Into Effect (24 March), available online at http: //www. boj. or. jp/en/type/ release/ adhoc10/ un1 003e. htm (accessed 20 July 2011).

Barfield, T. (1989) The Perilous Frontier: Nomadic Empires and China, 221 BC to AD 1757 (Oxford: Basil Blackwell).

Barnett, M. and Duvall, R. (2005) 'Power in International Politics', International Organisation 59 (1): 39 – 75.

Barnett, T. and Whiteside, A. (2006) AIDS in the Twenty-First Century: Disease and Globalization, 2nd edn (Basingstoke: Palgrave Macmillan).

Bartlett, C. A. and Ghoshal, S. (1989) Managing across Borders: The Transnational Corporation (Boston, MA: Harvard Business Press).

Basu, T. (1998) 'SAARC Summit: Shadowboxing on the Sidelines', India Abroad (7 August): 4.

Bateman, S. (2009) 'MaritimeSecurity: RegionalConcerns and GlobalImplications,', inW. Tow, ed., Security Politics in the Asia-Pacific: A Regional – Global Nexus? (Cambridge, UK: Cambridge University Press).

Batten, B. (2003) To the Ends of Japan: Premodern Frontiers, Boundaries, and Interactions (Honolulu, HI: University of Hawai' i Press).

Baud, M. and Van Schendel, V. (1997) 'Toward a Comparative History of Borderlands', Journal of World
History 8 (2): 211 – 242.

Bayron, H. (2007) 'Shanghai Cooperation Organization Holds Biggest War Games Ahead of Leaders Summit', Voice of America (7 August), available online at http: //www. voanews. com/english/ 2007-08-07- voa11. cfm? renderforprint = 1&textonly = 1&TEXTMODE = 1&CFID = 193374084&CFTOKEN = 54908393 (accessed 16 June 2009).

Bearce, D. H. (2003) 'GraspingtheCommercialInstitutionalPeace', InternationalStudiesQuarterly47: 347 - 370.

Beck, U. (1999) World Risk Society (Cambridge: Polity Press).

Beck, U. (2009) World at Risk (Cambridge: Polity Press).

Beckett, The Hon. Margaret (2007) Statement by the Secretary of State for Foreign and Commonwealth Affairs of the United Kingdom, United Nations Security Council, 5663rd Meeting (17 April), S/PV. 5663: 18 - 19.

Beeson, M. (2003) 'East Asia, the International Financial Institutions and Regional Regulatory Reform: A Review of the Issues', Journal of the Asia Pacific Economy 8 (3): 305 - 326.

Beeson, M. (2006) 'Politics and Markets in East Asia: Is the Developmental State Compatible with Globalization', in R. Stubbs and G. R. D. Underhill, eds, Political Economy and the Changing Global Order, third edition (Toronto, Oxford: Oxford University Press): 443 - 53.

Beeson, M. (2007) 'The Political Economy of Security', in A. Burke and M. McDonald, eds, Critical Security in the Asia-Pacific (Manchester: Manchester University Press, Palgrave).

Beeson, M. (2007) Regionalism and Globalization in East Asia (Basingstoke: Palgrave).

Beeson, M. (2008) 'Civil - Military Relations in Indonesia and the Philippines: Will the Thai Coup Prove Contagious?', Armed Forces & Society 34 (3): 474 - 490.

Beeson, M. (2008) 'The United States and East Asia: The Decline of LongDistance Leadership?' in C. M. Dent, ed., China, Japan and Regional Leadership in East Asia (Cheltenham: Edward Elgar).

Beeson, M. (2009a) 'Developmental States in East Asia: A Comparison of the Japanese and Chinese Experiences', Asian Perspective 33 (2): 3 - 59.

Beeson, M. (2009b) 'Geopolitics and the Making of Regions: The Fall and Rise of East Asia', Political Studies 57 (3): 498 - 516.

Beeson, M. (2009c) 'Hegemonic Transition in East Asia? the Dynamics of Chinese and American Power', Review of International Studies 35: 95 - 112.

Beeson, M. (2009d) Institutions of the Asia-Pacific: ASEAN, APEC and Beyond (London: Routledge).

Beeson, M. (2009e) 'Geopolitics and the Making of Regions: The Fall and Rise of East Asia', Political Studies57: 498 – 516.

Beeson, M. (2009f) Institutions of the Asia-Pacific: ASEAN, APEC and Beyond (London: Routledge).

Beeson, M. (2010a) 'Asymmetrical Regionalism: China, Southeast Asia and Uneven Development', EastAsia 27 (4): 329 – 343.

Beeson, M. (forthcoming) 'Crisis Dynamics and Regionalism: East Asia in Comparative Perspective', ThePacific Review.

Beeson, M. (2010c) 'The Coming of Environmental Authoritarianism', EnvironmentalPolitics19 (2): 276 – 294.

Beeson, M. and Bellamy, A. J. (2008) Securing Southeast Asia: The Politics of Security Sector Reform (London: Routledge).

Beeson, M. andGilson, J. (2010) 'StillonTrack? EastAsiaataTimeofCrisis', ThePacificReview23 (3): 287 – 293.

Beeson, M. and Islam, I. (2005) 'Neo-Liberalism and East Asia: Resisting the Washington Consensus', The Journal of Development Studies 41 (2): 197 – 219.

Beeson, M. and Li, F. (forthcoming) 'Charmed or Alarmed? Reading China's Regional Relations', Journal of Contemporary China.

Beijing State Council (2009) Qiaozi Qiye Shujuku Kaifa Yu Yinyong Yanjiu (Development and Research Application of the Overseas Chinese Business Database (Beijing State Council).

Bellamy, A. J. and Davies, S. E. (2009) 'The Responsibility to Protect in the Asia-Pacific Region', SecurityDialogue 40 (6): 547 – 574.

Bellin, E. (2000) 'Contingent Democrats: Industrialists, Labor, and Democratization in Late-Developing Countries', World Politics 52 (2): 175 – 205.

Berger, T. (1998) Cultures of Antimilitarism: National Security in Germany and Japan (Baltimore: The Johns Hopkins University Press).

Berger, T. (2003) 'PowerandPurpose inPacificEastAsia: AConstructivist Interpretation', inG. J. Ikenberry and M. Mastanduno, eds, International Relations Theory and the Asia-Pacific (New York: St. Martin's Press)

Bergsten, F. C. (2007) 'China and Economic Integration in East Asia: Implications for the United States', Policy Briefs in International Economics Number PB07-3 (Washington, DC: Peterson Institute for International Economics).

Bernanke, B. (2005) 'The Global Saving Glut and the U. S. Current Account Deficit' (10 March), available online at http: //www. federalreserve. gov (accessed 20 July 2011).

Berry, M. E. (1982) Hideyoshi (Cambridge, MA: Harvard University Press).

Betts, R. K. (1993) 'Wealth, Power, and Instability: East Asia and the United States after the Cold War', International Security 18 (3): 34 – 77.

Bhagwati, J. (1991) The World Trading System at Risk (Princeton: Princeton University Press).

Bhagwati, J. (2008) Termites in the Trading System: How Preferential Agreements Undermine Free Trade (Oxford: Oxford University Press).

Bilgin, P. (2002) 'Beyond Statism in Security Studies? Human Agency and Security in the Middle East', Review of International Affairs 2 (1): 100 – 118.

Bin Mohamad, M. (1970) The Malay Dilemma (Singapore: Times Books).

Bisley, N. (2004) The End of the Cold War and the Causes of Soviet Collapse (Basingstoke: Palgrave).

Bisley, N. (2005) 'APEC and Security Cooperation in the Asia-Pacific', in A. Hammerstad, ed. , People, Statesand Regions: Building a Collaborative Security Regime in Southern Africa (Braamfontein: SAIIA).

Bisley, N. (2009) Building Asia's Security, Adelphi No. 408 (London: Routledge for IISS).

Blesher, M (1989) 'State Administration and Economic Reform: Old Dog Snubs Master But Learns New Tricks', The Pacific Review 2 (2): 94 – 106.

Bloom, G. (2005) 'China', in R. Gauld, ed., Comparative Health Policy in the Asia-Pacific (Maidenhead: Open University Press): 23 – 47.

Bøås, M., Marchand, M. H. and Shaw, T. M. (2003) 'The Weave-World: The regional Interweavig of Economies, Ideas and Identitites', in F. Söderbaum and T. M. Shaw, eds, Theories of New Regionalism. A Palgrave Reader (Basingstoke: Palgrave).

Bøås, M., Marchand, M. H. and Shaw, T. M. (eds) (2005) The Political Economy of Regions and Regionalism

(Basingstoke: Palgrave Macmillan).

Bobrow, D. (1999) 'The United States and ASEM: Why the Hegemon Didn' t Bark?', The Pacific Review 12 (1): 103 – 128.

Bonaglia, F., Goldstein, A. and Mathews, J. A. (2007) 'Accelerated Internationalization by Emerging Markets' Multinationals: The Case of the White Goods Sector', Journal of World Business 42 (4): 369 – 383.

Booth, A. E. (2007) ColonialLegacies: Economic and Social Developmentin Eastand Southeast Asia (Honolulu, HI: University of Hawai' i Press).

Bose, S. and Jalal, A. (1998) Modern South Asia: History, Culture, Political Economy (London: Routledge): Chapters 16 – 17.

Boudreau, V. (2009) 'Elections, Repression and Authoritarian Survival in Post-Transition Indonesia and the Philippines', The Pacific Review 22 (2): 233 – 253.

Bowen, J. P. (1984) The Gift of the Gods: The Impact of the Korean War on Japan (n. p.: Old Dominion Graphics Consultants).

Bowen, M. R. (2003) Japan's Dysfunctional Democracy: The Liberal Democratic Party and Structural Corruption (Armonk, NJ: M. E. Sharpe).

Bowles, P. (2000) 'RegionalismandDevelopmentAfter (?) theGlobalFinancialCrises', NewPoliticalEconomy 5: 433 – 455.

Bowles, P. (2002) 'Asia's Post-Crisis Regionalism: Bringing the State Back in, Keeping the (United) States Out', Review of International Political Economy 9: 244 – 270.

Bowles, P. and Wang, B. (2008) 'The Rocky Road Ahead: China, the US and the Future of the Dollar', Review of International Political Economy 15 (3): 335 – 353.

Braithwaite, J., Braithwaite, V., Cookson, M. and Dunn, L. (2010) Anomie and Violence: Non- Truth and Reconciliation in Indonesian Peacebuilding (Canberra: ANUE Press).

Braudel, F. (1992) Civilization and Capitalism, 15th – 18th Century, Vol. 3, The Perspective of the World; trans. Siân Reynolds (Berkeley, CA: University of California Press).

Brenner, N. and Elden, S. (2009) 'Henri Lefebvre on State, Space, Territory', International Political Sociology 3 (4): 353 – 377.

Breslin, S. (2004) 'Greater China and the Political Economy of Regionalism', East Asia 21 (1): 7 – 23.

Breslin, S. (2005) 'Power and Production: Rethinking China's Global Economic Role', Review of International Studies 31 (4): 735 – 753.

Breslin, S. (2008) 'TowardsaSino-CentricRegionalOrder? EmpoweringChinaandConstructingRegional Order (s)', in C. Dent, ed., China, Japan and Regional Leadership in East Asia (Cheltenham: Edward Elgar): 131 – 155.

Breslin, S. and Higgott, R. (2000) 'Studying Regions: Learning From the Old, Constructing the New', New Political Economy 5 (3): 333 – 352.

Breslin, S. and Higgott, R. (2000) 'Studying Regions: Learning from the Old, Constructing the New', New Political Economy 5: 333 – 352.

Breslin, S., Higgott, R. andRosamond, B. (2002) 'RegionsinComparativePerspective', inS. Breslin, C. Hughes, N. Philips and B. Rosamond, eds, New Regionalisms in the Global Political Economy (London: Routledge).

BBC (British Broadcasting Corporation) (2009) 'China lends Shanghai group $10bn' (16 June), available online at http: //news. bbc. co. uk/2/hi/business/8102467. stm (accessed 16 June 2009).

BBC (2007) 'EnergydominatesShanghai summit' (17August), available onlineathttp: //www. news. bbc. co. uk/2/hi/asia-pacific/6949021. stm (accessed 16 June 2009).

Brzezinski, Z. and Mearsheimer, J. (2005) 'Clash of the Titans', Foreign Policy 146: 46 - 150.

Budianta, M. (2000) 'Discourse of Cultural Identity in Indonesia during the 1997 - 1998 Monetary Crisis', Inter-Asia Cultural Studies 1 (1): 109 - 128.

Bulletin of the Atomic Scientists (2007) ' "Doomsday Clock" moves two minutes closer to midnight', Press Release (17January), availableonlineathttp: //www. thebulletin. org/minutes-to-midnight/board-statements. html (accessed 20 July 2011).

Bunce, V. (2000) 'Comparative Democratization: Big and Bounded Generalizations', Comparative Political Studies 33 (6 - 7): 703 - 734.

Burton, M. and Higley, J. (1987) 'Elite Settlements', American Sociological Review 52: 295 - 307.

Busse, N. (1999) 'Constructivism and Southeast Asian Security', The Pacific Review 12 (1): 39 - 60. Bustamam-Ahmad, K. (2009) Islamic Law in Southeast Asia: A Study of Its Application in Kelantan and Aceh (Chiang Mai: Silkworm Books).

Buxton, J. (2006) The Political Economy of Narcotics: Production, Consumption, and Global Markets (Nova Scotia: Fernwood Publishing).

Buzan, B. (1983 [1991]) People, States and Fear: An Agenda for International Security Studies in the Post-Cold War Era (Harvester: Wheatsheaf).

Buzan, B. (2003) 'Security Architecture in Asia: The Interplay of Regional and Global Levels', The Pacific Review 16 (2): 143 - 173.

Buzan, B. (2004) TheUnitedStatesandtheGreatPowers: WorldPoliticsintheTwenty-FirstCentury (Oxford: Polity).

Buzan, B. and Amitav, A. (2007) 'Why Is There No Non-Western International Relations Theory? An Introduction', International Relations of the Asia-Pacific 7 (3): 287 - 312.

Buzan, B. and Rizvi, G. (1986) South Asian Insecurity and the Great Powers (Houndsmill and London: Macmillan Press Ltd).

Buzan, B. and Waever, O. (2003) Regions and Powers: The Structure of International Security (Cambridge: Cambridge University Press).

Caballero-Anthony, M. (2005) 'SARS in Asia: Crisis, Vulnerabilities, and Regional Responses', Asian Survey

45 (3): 475 - 495.

Caballero-Anthony, M. (2006) 'ASEAN ISIS and the ASEAN P Assembly (APA): Paving a Multi-Track

Approach in Regional Community Building', in H. Soesastro, C. Joewono and C. Hernandez, eds,

Twenty Two Years of ASEAN-ISIS: Origin, Evolution and Challenges of Track Two Diplomacy (Jakarta:

ASEAN-ISIS): 53 - 73.

Caballero-Anthony, M. (2008) 'Non-Traditional Security and Infectious Diseases in ASEAN: Going

Beyond the Rhetoric of Securitization to Deeper Institutionalization', The Pacific Review 2 (4): 507 - 525.

Caballero-Anthony, M. (2008) 'The ASEAN Charter: An Opportunity Missed or One That Cannot Be

Missed?', in D. Singh and T. M. Maung Than, eds, Southeast Asian Affairs 2008 (Singapore: Institute of

Southeast Asian Studies): 71 - 85.

Caballero-Anthony, M. (2009) 'Evolving Regional Governance in East Asia: From ASEAN to an East Asian

Community' inN. Thomas, ed. , Governance andRegionalism inAsia (LondonandNewYork: Routledge):

32 - 65.

Caballero-Anthony, M. (2009) 'Challenging Change: Nontraditional Security, Democracy and

Regionalism', in D. Emmerson (Hg.) ed. , Hard Choices: Security, Democracy, and Regionalism in Southeast

Asia (Singapore: Institute of Southeast Asian Studies): 191 - 219.

Caballero-Anthony, M. , Emmers R. and Acharya, A. (eds) (2006) Non-Traditional Security in Asia: Dilemmas of Securitization (Aldershot: Ashgate).

Calder, K. and Fukuyama, F. (eds) (2008) East Asian Multilateralism: Prospects for Regional Stability (Baltimore:

Johns Hopkins University Press).

Calder, K. and Min, Y. (2010) The Making of Northeast Asia (Palo Alto, CA: Stanford University Press).

Calder, K. and Ye, M. (2004) 'Regionalism and Critical Junctures: Explaining the "Organization Gap" in Northeast Asia', Journal of East Asian Studies 4: 191 – 226.

Calder, K. and Ye, M. (2010) The Making of Northeast Asia (Stanford: Stanford University Press).

Callahan, W. A. (2005) 'Social Capital and Corruption: Vote Buying and the Politics of Reformin Thailand', Perspectives on Politics 3 (3): 495 – 508.

Campbell, K. M., Gulledge, J., McNeill, J. R., Podesta, J., Ogden, P., Fuerth, L., Woolsey, R. J., Lennon, A. T. J., Smith, J., Weitz, R. and Mix, D. (eds) (2007) The Age of Consequences: The Foreign Policy and National Security Implications of Global Climate Change (Washington, DC: Center for Strategic and International Studies).

Campos, J. E. andRoot, H. L. (1996) TheKey totheAsiaMiracle: MakingSharedGrowthCredible (Washington, DC: Brookings Institution).

Camroux, D. (1996) 'Close Encounter of a Third Kind? The Inaugural Asia – Europe Meeting of March 1996', The Pacific Review 9 (3): 442 – 453.

Camroux, D. (2007) 'Asia⋯WhoseAsia? A "ReturntotheFuture' ofaSino-IndicAsianCommunity", The Pacific Review 20 (4): 551 – 575.

Cantori, L. J. and Spiegel, S. L. (1970) The International Politics of Regions: A Comparative Framework (Englewood Cliffs, NJ: Prentice Hall).

Caouette, D. (2006) 'Thinking and Nurturing Transnational Activism: Global Citizen Advocacy in Southeast Asia', Kasarinlan: Philippine Journal of Third World Studies 21 (2): 3 – 33.

Capanelli, G., Lee, J. -W. and Petri, P. A. (2010) 'Economic Interdependence in Asia: Developing Indicators for Regional Integration and Cooperation', Singapore Economic Review 55 (1): 125 - 161.

Capie, D. (2004) 'RivalRegions? East Asian Regionalism and Its Challenge to the Asia-Pacific', in J. Rolfe, ed., The Asia-Pacific: A Region in Transition (Honolulu, HI: Asia-Pacific Center for Security Studies): 149 - 165.

Capie, D. and Evans, P. (2002) TheAsia-PacificSecurityLexicon (Singapore: Institute ofSoutheast Asian Studies).

Carius, A., Tänzler, D. and Maas, A. (2008) Climate Change and Security: Challenges for German Development Cooperation (Eschborn: Gesellschaft für Technische Zusammenarbeit).

Carlson, A. (2011) 'Moving Beyond Sovereignty? A Brief Consideration of Recent Changes in China's Approach to International Order and the Emergence of the Tianxia Concept', Journal of Contemporary China 20 (68): 89 - 102.

Carlson, A. and Suh, J. J. (2004) 'The Value of Rethinking East Asian Security', in J. J. Suh, P. Katzenstein and A. Carson, eds, Rethinking Security in East Asia (Stanford, CA: Stanford University Press).

Carney, M. and Gedajlovic, E. (2002) 'The Co-Evolution of Institutional Environments and Organizational Strategies: The Rise of Family Business Groups in the ASEAN Region', Organization Studies 23 (1): 1 - 31.

Carney, M. and Gedajlovic, E. (2003) 'Strategic Innovation and the Administrative Heritage of East Asian Chinese Family Business Groups', Asia Pacific Journal of Management 20: 5 - 26.

Carney, M., Shapiro, D. and Tang, Y. (2009) 'Business Group Performance in China: Ownership and Temporal Considerations', Management and Organization Review 5 (2): 167 - 193.

Carothers, T. (2002) 'The End of the Transition Paradigm', Journal of Democracy 13 (1): 5 - 21.

Case, W. (2002) Politics in Southeast Asia: Democracy or Less (London: RoutledgeCurzon).

Case, W. (2009) 'Democracy and Security in East Asia', in W. Tow, ed.,

Security Politics in the Asia-Pacific: A Regional - Global Nexus? (Cambridge: Cambridge University Press).

Castles, S. (1998) 'New Migrations in the Asia-Pacific Region: A Force for Social and Political Change', International Social Science Journal 156: 215 - 227.

CCP Archival Compilation Commission (1993) Deng Xiaoping Wenxuan (Selected Works of Deng Xiaoping), Vol. 3 (Beijing: Renmin Publishers).

CCTV (China Central Television) (2010) News Broadcast (Beijing, 26 September, 9 am, Beijing Time).

Center for Education Statistics (2007), TIMSS Results, available online at http: //nces. ed. gov/timss/tables07. asp (accessed 20 July 2011).

Cerny, P. G. (2010) Rethinking World Politics: A Theory of Transnational Pluralism (Oxford: Oxford University Press).

Chair's Statement (2008) Chair's Statement of the Seventh Asia-Europe Meeting (Beijing, 24 - 25 October), available online at ec. europa. eu/external_relations/asem/2010conference/index _ en. htm (accessed 20 July 2011).

Chair's Statement (2010) Chair's Statement of the Eighth Asia-Europe Meeting (Brussels, 4 - 5 October), available online at http: //www. consilium. europa. eu/uedocs/cms_ data/docs/pressdata/en/er/116887. pdf (accessed 20 July 2011).

Chalongphob, S. (2010) 'TheChiangMaiInitiativeMultilateralization: Origin, DevelopmentandOutlook', ADBI Working Paper Series, No. 230 (Asian Development Bank Institute, July).

Chan, C. K. , Ngok, K. L. and Phillips, D. (2008) Social Policy in China: Development and Well-Being (Bristol: The Policy Press).

Chan, H. C. (1975) 'Politics in an Administrative State: Where Has the Politics Gone?', in C. M. Seah, ed. , Trends in Singapore (Singapore: Institute of Southeast Asia Studies): 51 - 68.

Chan, M. and Torode, G. (2010) 'Show of Force in PLA South China Sea Drill', South China Morning Post (30 July).

Chandra, A. (2006) 'The Role of Non-State Actors in ASEAN', in Revisiting

Southeast Asian Regionalism (Bangkok: Focus on the Global South):
71 - 81.

Chandra, A. (2009) Civil Society in Search of an Alternative Regionalism in
ASEAN (Winnipeg: International Institute for Sustainable Development),
available online at http: //www. alternative-regionalisms. org/ wp-con-
tent/ uploads/ 2009/10/civil_ society_ alt_ regionalism_ asean. pdf
(accessed 20 July 2011).

Chang, C. Y. (1980) 'Overseas Chinese in China's Policy', China Quarterly
82: 281 - 303.

Chang, C. Y. (2000) 'The Overseas Chinese', in Y. M. Yeung, and K. Y.
C. David, eds, Fujian: A Coastal Province in Transition and Transforma-
tion (Hong Kong: The Chinese University Press): 67 - 82.

Chapman, J. W. M. , Drifte, R. and Gow, I. T. M. (1983) Japan's Quest
for Comprehensive Security: Defence-Diplomacy- Dependence (London:
Frances Pinter), cited in D. Capie and P. Evans (2002) The Asia-Pacific
Security Lexicon (Singapore: Institute of Southeast Asian Studies): 65.

Checkel, J. T. (2007) 'Social Mechanisms and Regional Cooperation: Are
Europe and the EU Really all that

Different?', in A. Acharya and A. Johnston, eds, Crafting Cooperation. Re-
gional International Institutions in

Comparative Perspective (London: Oxford University Press).

Cheeseman, B. (2000) 'Asian Monetary Fund on Hold', Australian Financial
Review (8 May): 14.

Chellaney, B. (2007) 'Climate Change and Security in Southern Asia: Under-
standing the National Security

Implications', RUSI Journal 152 (2): 62 - 69.

Chen, A. (2002) 'Capitalist Development, Entrepreneurial Class, and De-
mocratization in China', Political Science Quarterly 117 (3): 401 -
422.

Chen, J. (1995) Administrative Authorisation to Private Law: A Comparative
Perspective of the Developing Civil Law in the People's Republic of China
(Dordrecht: M. Nijhoff).

Chen, Y. -C. (2008) 'The Limits of Brain Circulation: Chinese Returnees and Technological Development in Beijing', Pacific Affairs 81(2): 195 – 215.

Cheng, J. (2004) 'China – ASEAN Relations in the Early Twenty-First Century', in K. Jayasuriya, ed., Asian Regional Governance (New York: Routledge).

Cheng, L. (2006) 'Afterword', in A. Hunter, ed., Peace Studies in the Chinese Century (Aldershot: Ashgate).

Chesterman, S. (2008) 'Does ASEAN Exist? The Association of Southeast Asian Nations as an International Legal Person', Singapore Yearbook of International Law 12: 199 – 211.

Cheung, G. C. K. (2004) 'Chinese Diaspora as a Virtual Nation: Interactive Roles Between Economic and Social Capital', Political Studies 52 (4): 664 – 684.

Cheung, G. C. K. (2005) 'Involuntary Migrants, Political Revolutionaries and Economic Energisers: A History of the Image of Overseas Chinese in Southeast Asia', Journal of Contemporary China 14 (42): 55 – 66.

Cheung, G. C. K. (2007) China Factors: Political Perspectives and Economics Interactions (New Brunswick: Transaction Publishers).

Cheung, G. C. K. (2008) 'International Relations Theory in Flux in View Of China's "Peaceful Rise"', Copenhagen Journal of Asian Studies 26 (1): 5 – 21.

Chey, H. K. (2009) 'The Changing Political Dynamics of East Asian Financial Cooperation: The Chiang Mai Initiative', Asian Survey 49 (3): 450 – 467.

Child, J. and Rodrigues, S. (2005) 'The Internationalization of Chinese Firms: A Case for Theoretical Extension?', Management and Organization Review 1 (3): 381 – 410.

Chin, G. and Wang, Y. (2010) 'Debating the International Currency System: What's in a Speech?', China Security 6 (1): 3 – 20.

Chin, Ko-Lin (2009) The Golden Triangle: Inside Southeast Asia's Drug Trade (Ithaca, NY: Cornell University Press).

China Daily Online (2011) 'Foreign Exchange Reserves Hit Record High', 12 January, available online at http: //english. people. com. cn (accessed 18 July 2011).

China Statistical Yearbook (2006) zhongguo tongji nianjian Chinese News Services (2009) 2008 nian shijie huashang fazhan baogao (2008 World Chinese Entrepreneurs Development Report, Beijing). Chinese Statistics Yearbook (2008)

Choi, J. K. (2009) 'Smart Poweror Star Power? Thinking about Clinton's AsianTour', Globa lAsia4 (1): 59 - 63.

Choi, S. (1997) My? ongchongSidae ChunghanKwanggyesaY? ongu: Study onSino-Korean Relations duringMing-Qing Periods (Seoul: Ewha Womans' University Press).

Choi, Y. J. and Caporaso, J. A. (2002) 'Comparative Regional Integration', in W. Carlsnaes, T. Risse and B. Simmons, eds, Handbook of International Relations (London: Sage).

Chong, A. (2004) 'Singaporean Foreign Policy and the Asian Values Debate, 1992 - 2000: Reflections on an Experiment in Soft Power', The Pacific Review 17 (1): 95 - 133.

Chongkittavorn, K. (2009) 'Regional Perspective', The Nation (12 October).

Choong, Y. A. (2010) 'WeatheringtheStorm: TheImpactoftheGlobalFinancialCrisisonAsia', GlobalAsia

5 (1): 58 - 69.

Christensen, T. (2003a) 'The Party Transition: Will It Bring a New Maturity in China's Security Policy?', China Leadership Monitor 5 (Winter).

Christensen, T. (2003b) 'Optimistic Trends and Near Term Challenges', China Leadership Monitor 6 (Spring).

Christensen, T. (2005) 'Old Problems Trump New Thinking: China's Security Relations with Taiwan,

NorthKorea, and Japan', China Leadership Monitor 14 (Summer).

Christiansen, T. Jørgensen, K. E. and Wiener, A. (eds) (2001) The Social Construction of Europe (London: SAGE).

Chu, Y. Diamond, L. , Nathan, A. J. and Shin, D. C. (2008) 'Introduction: Comparative Perspectives on DemocraticLegitimacyinEastAsia', inY. Chu, L. Diamond, A. J. Nathan and D. C. Shin, eds, How Asian View Democracy (New York: Columbia University Press).

Chu, Y. Diamond, L. , Nathan, A. J. and Shin, D. C. (2009) 'Asia's Challenged Democracies', Washington Quarterly 32 (1): 143 - 157.

Chung, B. G. (2002) Korea's War on Private Tutoring, Unpublished Paper, presented at The Second

International Forum on Education Reform (Bangkok, 2 - 5 September), available online at http: //www. worldedreform. com/intercon2/f20. pdf (accessed 18 July 2011).

Chung, C. N. andMahmood, I. (2006) 'Taiwan Business Groups: Steady GrowthinInstitutional Transition', in S. J. Chang, ed. , Business Groups in East Asia: Financial Crisis, Restructuring and New Growth (New York: Oxford University Press): 70 - 93.

Cini, M. (2003) 'Intergovernmentalism', in M. Cini, ed. , European Union Politics (Oxford: Oxford University Press).

Ciorciari, J. D. (2009) 'The Balance of Great-Power Influencein Contemporary Southeast Asia', International Relations of the Asia-Pacific 9 (1): 157 - 196.

Clinton, H. R. (2010) 'Remarks on Regional Architecture in Asia: Principles and Priorities', (Honolulu, HI, 12 January), available online at www. state. gov/secretary/rm/01/135090. htm.

Coglianese, G. and Mendelson, E. (2010) 'Meta-Regulation and Self-Regulation', in R. Baldwin, M. Cave and M. Lodge, eds, The Oxford Handbook of Regulation (Oxford: Oxford University Press): 146 - 168. T&F PROOFS NOT FOR DISTRIBUTION

Cohen, B. (2007) 'The Transatlantic Divide: Why Are American and British IPE so Different?', Review of International Political Economy 14 (2): 197 - 219.

Cohen, B. J. (1996) 'Phoenix Risen: The Resurrection of Global Finance', World Politics 48 (2): 268 - 296.

Cohen, B. J. (2008) 'After the Fall: East Asian Exchange Rate Since the Crisis', in A. MacIntyre, T. J. Pempel and J. Ravenhill, eds, Crisis as Catalyst: Asia's Dynamics Political Economy (Ithaca, NY: Cornell University Press): 25 - 44.

Cohen, B. J. (2010) 'Finance and Security in East Asia', in A. Goldstein and E. Mansfield, eds, The Political Economy of National Security in East Asia (no pub.).

Coker, R. and Mounier-Jack, S. (2006) 'Pandemic Influenza Preparedness in the Asia-Pacific Region', The Lancet 368 (2 September): 886 - 889.

Collins, A. (2003) Security and Southeast Asia: Domestic, Regional, and Global Issues (Boulder, CO: Lynne Rienner Publishers).

Collins, A. (2007) 'Forming a Security Community: Lessons from ASEAN', International Relations of the Asia- Pacific 7: 203 - 225.

Collins, A. (2007) 'Forming a Security Community: Lessons from ASEAN', International Relations of the Asia-Pacific 7 (2): 203 - 225.

Commission on Human Security (2003) Human Security Now (New York: United Nations Publications).

Connors, M. K. (2009) 'Liberalism, Authoritarianism and the Politics of Decisionism in Thailand', The Pacific Review 22 (3): 355 - 373.

Consortium of Non-Traditional Security in Asia (2008) 'Water Security: Issues and Challenges in Southeast Asia', NTS-Alert 2: 3.

Cook, M. (2008) 'The United States and the East Asia Summit: Finding a Proper Home', Contemporary Southeast Asia 30 (2): 293 - 312.

Cook, M. and Gyngell, A. (2005) How to Save APEC, Lowy Institute Policy Brief (Lowy Institute for International Policy, October).

Cooper, A., Hughes, C. and de Lombaerde, P. (eds) (2008) Regionalisation and Global Governance. The Taming of Globalisation (London: Routledge).

Cooper, J. (2006) 'Of BRICS and Brains: Comparing Russia with China, India and Other Populous Emerging Economies', Eurasian Geography and Economics 47 (3): 255 - 284.

Corning, G. P. (2009) 'Between Bilateralism and Regionalism in East Asia: The ASEAN – Japan Comprehensive Economic Partnership', The Pacific Review 22 (2): 639 – 665.

Corsetti, G. Pesenti, P. and Roubini, N. (1999) 'What Caused the Asian Currency and Financial Crisis?', Japan and the World Economy 11: 305 – 375.

Council on East Asian Community (2001) 'The State of the Concept of (an) East Asian Community and Japan's Strategic Response Thereto' (August), available online at www. ceac. jp (accessed 18 July 2011).

CPJ (Committee to Protect Journalists) (2010) 'Philippines: 68 Journalists Killed since 1992', available online at http://cpj. org/killed/asia/philippines/ (accessed 8 July 2010).

Crossley, P. (2006) Empire at the Margins: Culture, Ethnicity, and Frontier in Early Modern China (Berkeley, CA: University of California Press).

Cuervo-Cazzura, A. and Genc, M. (2008) 'Transforming Disadvantages into Advantages: Developing-Country MNEs in the Least Developed Countries', Journal of International Business Studies 39: 957 – 979.

Cumings, B. (2008) 'The History and Practice of Unilateralism in East Asia', in K. Calder and F. Fukuyama, eds, East Asian Multilateralism: Prospects for Regional Stability (Baltimore, MD: Johns Hopkins University Press): 40 – 57.

Cummings, B. (1997) Korea's Place in the Sun (New York: Norton).

Cummings, B. (1999) Parallax Visions: Making Sense of American – East Asian Relations at the End of the Century (Durham, NC: Duke University Press).

Curley, M. and Siu-lun, W. (eds) (2008) Migration and Securitisation in Asia (London: RoutledgeCurzon).

Curtin, P. D. (1984) Cross-Cultural Trade in World History (Cambridge: Cambridge University Press).

Curtis, G. (2010) 'Japan's Leaders Must Show Leadership', Financial Times (22 April).

Dalby, S. (2007) 'Conclusion: Emancipating Security in the Asia-Pacific', in A. Burke and M. McDonald, eds, Critical Security in the Asia-Pacific (Manchester: Manchester University Press).

Das, D. K. (2009) 'A Chinese Renaissance in an Unremittingly Integrating Asian Economy', Journal of Contemporary China 18 (59): 321 - 338.

Dash, K. C. (1996) 'The Political Economy of Regional Cooperation in South Asia', Pacific Affairs 69 (2): 185 - 209.

Dash, K. C. (2001) 'The Challenge of Regionalism in South Asia', International Politics 38: 201 - 228. T&F PROOFS NOT FOR DISTRIBUTION

Dash, K. C. (2008) Regionalism in South Asia: Negotiating Cooperation, Institutional Structures (New York: Routledge).

Davies, N. (1997) Europe: A History (London: Pimlico).

Davies, N. (2006) Europe at War 1939 - 1945: No Simple Victory (London: Macmillan).

De Haas, M. (2007) S. C. O. Summit Demonstrates its Growing Cohesion, Power and Interest News Report (PINR) (23 August), available online at http://www. pinr. com/report. php? ac = view_ printable&report_ id =673&language_ id =1 (accessed 16 June 2009). de Lombaerde, P., Söderbaum, F., van Langenhove, L. and Baert, F. (2010) 'The Problem of Comparison in Comparative Regionalism', Review of International Studies 36: 731 - 753.

De Santis, H. (2005) 'The Dragon and the Tigers: China and Asian Regionalism', World Policy Journal 22 (2): 23 - 36.

Deans, P. (2000) 'The Capitalist Developmental State in East Asia', in R. P. Palan and J. P. Abbott, eds, State Strategies in the Global Political Economy (London: Pinter): 78 - 102.

Dee, P. (2005) 'The Australia - US FreeTrade Agreement: An Assessment', Pacific Economic Papers, No. 345, available online at http://www. crawford. anu. edu. au/pdf/pep/pep-345. pdf (accessed 18 July 2011).

Dellios, R. (2008) 'Mandalic Regionalism in Asia: Exploring the Relationship between Regional Governance and Economic Security', Culture Mandala 8 (1): 96 - 116.

Deng, G. (1997) Chinese Maritime Activities and Socioeconomic Development, c. 2100 BC – 1900 AD (London: Greenwood Press).

Deng, Y. and Moore, T. G. (2004) 'China Views Globalization: Toward a New Great-Power Politics', Washington Quarterly 27 (3): 117 – 136.

Deng, Y. and Moore, T. G. (2004) 'China Views Globalization: Toward a New Great-Power Politics', Washington Quarterly 27 (3): 117 – 136.

Dent, C. M. (2006) New Free Trade Agreements in the Asia-Pacific (Basingstoke: Palgrave Macmillan).

Dent, C. M. (1999) TheEuropeanUnionandEastAsia: AnEconomicRelationshipExamined (London: Routledge).

Dent, C. M. (2003) 'From Inter-Regionalism to Trans-Regionalism? Future Challenges for ASEM', Asia Europe Journal 1: 223 – 235.

Dent, C. M. (2006) New Free Trade Agreements in the Asia-Pacific (Basingstoke: Palgrave Macmillan).

Dent, C. M. (2008a) East Asian Regionalism (London and New York: Taylor and Francis).

Dent, C. M. (2008b) East Asian Regionalism (London: Routledge).

Dent, C. M. (ed.) (2008c) China, Japan and Regional Leadership in East Asia (Cheltenham: Edward Elgar).

Dent, C. M. (2010) 'Freer Trade, More Regulation? Commercial Regulatory Provisions in Asia-Pacific Free Trade Agreements', Competition and Change 14 (1): 48 – 79.

Department of Defense (US) (2010) Quadrennial Defense Review Report (Washington DC: Department of Defense).

Department ofStatistics (2007/8) Report on theHousehold Expenditure (Singapore: Government ofSingapore).

Department of Statistics (2010) Yearbook of Statistics (Singapore: Government of Singapore).

Deuchler, M. (1992) The Confucian Transformation of Korea: A Study of Society and Ideology (Cambridge, MA: Harvard University Press).

Deutsch, K. et al. (1957) Political Community and the North Atlantic Area: International Organization in the Light of Historical Experience (Princeton,

NJ: Princeton University Press).

Deutsche Presse-Agentur (2001) 'Military Official Warns Philippines in Danger of Being Narco-State', Deutsche Presse-Agentur (17 August).

Devare, S. (2006) India and Southeast Asia: Towards Security Convergence (Singapore: Institute of Southeast Asian Studies).

Dharampal (1971) Indian Science and Technology in the Eighteenth Century (Delhi: Impex).

Diamond, L. (1999) Developing Democracy: Toward Consolidation (Baltimore: John Hopkins Press).

Diamond, L. (2002) 'Thinking about Hybrid Regimes', Journal of Democracy 13 (2): 21 – 35.

Diamond, L. (2008) 'The Democratic Rollback', Foreign Affairs 87 (2): 36 – 48.

Dick, H. and Mulholland, H. (2011) 'Slush Funds and Intra-Elite Rivalry: The State as Marketplace', in G. van Klinken and E. Aspinall, eds, The State and Illegality in Indonesia (Leiden: KITLV): 65 – 85.

Dicken, P. (2005) Tangled Webs: Transnational Production Networks and Regional Integration, SPACES (Spatial Aspects Concerning Economic Structures) Working Paper (April 2005) (Marburg: Faculty of Geography, Philips-University of Marburg): 1 – 27.

Diehl, P. F. (1998) 'Environmental Conflict: An Introduction', Journal of Peace Research, 35 (3): 275 – 277.

Dieleman, M. (2007) The Rhythm of Strategy: A Corporate Biography of the Salim Group of Indonesia (Amsterdam: Amsterdam University Press). Bibliography 440 T&F PROOFS NOT FOR DISTRIBUTION.

Dieleman, M. and Sachs, W. (2008) 'Coevolution of Institutions and Corporations in Emerging Economies: How the Salim Group Morphed into an Institution of Suhartu's Crony Regime', Journal of Management Studies 45 (7): 1274 – 1300.

Dieter, H. (2004) 'Präferenzielle Ursprungsregeln in Freihandelszonen: Hemmnisse Für DenInternationalen Handel?', Aussenwirtschaft. Schweizerische Zeitschrift Für Internationale Wirtschaftsbeziehungen 59 (3):

273 - 303.

Dieter, H. (2006) 'Bilaterale Freihandelsabkommen im asiatisch-pazifischen Raum. Effekte, Motive und Konsequenzen für die Europäischen Union', SWP-Studie S 8/06 (Berlin: Stiftung Wissenschaft und Politik).

Dieter, H. (2007a) 'Linking Trade and Security in Asia: Has Washington's Policy Worked?', Aussenwirtschaft. Schweizerische Zeitschrift Für Internationale Wirtschaftsbeziehungen 62 (2): 151 - 174.

Dieter, H. (2007b) 'Transnational Production Networks in the Automobile Industry and the Function of Trade-Facilitating Measures', Notre Europe (Paris), Studies and Research, No. 58/2007.

Dieter, H. (2008) 'ASEAN and the Emerging Monetary Regionalism: A Case of Limited Contribution', The Pacific Review 21 (4): 489 - 506.

Dieter, H. (2009) 'The Multilateral Trading System and Preferential Trade Agreements: Can Their Negative Effects Be Minimised?', Global Governance. A Review of Multilateralism and International Organizations 15 (3): 393 - 408.

Dieter, H. and Higgott, R. (1998) 'Verlierer Japan - Gewinner China? Außenpolitische Konsequenzen Der Asienkrise', Internationale Politik (October): 45 - 52.

Dieter, H. and Higgott, R. (2003) 'Exploring Alternative Theories of Economic Regionalism: From Trade to Finance in Asian Co-Operation', Review of International Political Economy 10 (3): 430 - 454.

Ding, S. (2007/8) 'Digital Diaspora and National Image Building: A New Perspective on Chinese Diaspora Study in the Age of China's Rise', Pacific Affairs 80 (4): 627 - 648.

Ding, S. (2010) 'Analyzing Rising Power From the Perspective of Soft Power: A New Look at China's Rise to the Status Quo Power', Journal of Contemporary China 19 (64): 255 - 272.

Dobbin, F. Simmons, B. and Garrett, G. (2007) 'The Global Diffusion of Public Policies: Social Construction, Coercion, Competition, or Learning?', Annual Review of Sociology 33: 449 - 472.

Dobell, G. (2010a) 'Rudd in Asia: One Last Kick in the Guts', The Interpreter (30 June).

Dobell, G. (2010b) 'US & EAS = OK', The Interpreter (27 July).

Dobson, H. J. (2004) Japan and the G7/8: 1975 to 2002 (London: RoutledgeCurzon).

Dooley, M., Folkerts-Landau, D. and Garber, P (2003) 'An Essay on the Revived Bretton Woods System', NBER Working Paper, No. 9971.

Doran, C. (2010) 'The Two Sides of Multilateral Cooperation', in I. W. Zartman and S. Touval, eds,

International Cooperation: The Extents and Limits of Multilateralism (Cambridge: Cambridge University Press).

Dornbusch, R. (1989) 'The Dollar in the 1990s: Competitiveness and the Challenges of New Economic Bloc', in Monetary Policy Issues in the 1990s (Kansas City: Federal Reserve Bank of Kansas City).

Dosch, J. (2006) The Changing Dynamics of Southeast Asian Politics (Boulder, Co: Lynne Rienner Publishers).

Dosch, J. (2008) 'ASEAN's Reluctant Liberal Turn and the Thorny Road to Democracy Promotion', The Pacific Review 21 (4): 527 - 545.

Dosch, J. (2009) 'Sovereignty Rules: Human Security, Civil Society and the Limits of Liberal Reform', in D. K. Emmerson, ed., Hard Choices: Security, Democracy and Regionalism in Southeast Asia (Singapore: ISEAS Publishing): 59 - 90.

Dower, J. W. (1979) Empire and Aftermath: Yoshida Shigeru and the Japanese Experience, 1878 - 1954 (Cambridge: Harvard University Council on East Asian Studies).

Drabble, J. H. (2000) An Economic History of Malaysia, c. 1800 - 1990: The Transition to Modern Economic Growth (Basingstoke: Macmillan).

Dreyer, E. L. (1995) China at War 1901 - 49 (London: Longman).

Drifte, R. F. W. (1996) Japan's Foreign Policy in the 1990s: From Economic Superpower to What Power? (London: Macmillan).

Drifte, R. F. W. (2003) Japan's Security Relations with China Since 1989. From Balancing to Bandwagoning? (London: Routledge).

Drysdale, P. (1984) The Pacific Trade and Development Conference: A Brief

History, ANU Research Paper, No. 112 (Canberra: Australia-Japan Research Centre).

Drysdale, P. and Patrick, H. (1981) 'An Asian-Pacific Regional Economic Organization: An Exploratory Concept Paper', in J. Crawford and G. Seow, eds, Pacific Economic Cooperation: Suggestions for Action (Selangor: Heinemann Asia).

Duckett, J. (1996) 'The Emergence of the Entrepreneurial State in Contemporary China', The Pacific Review 9 (2): 180 - 98.

Duncan, J. (1988 - 89) 'The Social Background of the Founding of the Chosun Dynasty: Change or Continuity?', Journal of Korean Studies 6: 39 - 79.

Dupont, A. (2001) East Asia Imperilled: Transnational Challenges to Security (Cambridge: Cambridge University Press).

Durbach, A., Renshaw, C. and Byrnes, A. (2009) 'Tongue but No Teeth: The Emergence of a Regional Human Rights Mechanism in the Asia Pacific Region', Sydney Law Review 31 (2): 211 - 238.

Dutt, R. P. (1943) The Problem of India (New York: International Publishers).

EAAU (East Asia Analytical Unit) (1995) Overseas Chinese Business Networks in Asia (Parkes ACT: Department of Foreign Affairs and Trade).

East Asia Study Group (2002a) Final Report of the East Asia Study Group. ASEAN + 3 Summit (4 November), available online at www. aseansec. org.

East Asia Study Group (2002b) Final Report of the East Asia Study Group, prepared for the ASEAN + 3 Summit (Phom Penh, Cambodia, 4 November), available online at http: //www. aseansec. org/viewpdf. asp? file = / pdf/easg. pdf.

East Asia Vision Group (2001) Towards an East Asian Community: Region of Peace, Prosperity and Progress (31 October), available online at www. aseansec. org.

Eaton, S. (forthcoming) 'The Pathways of "Grabbing" and "Letting Go": Understanding the Changing Contours of China's State', PhD Dissertation,

Department of Political Science, University of Toronto.

Eaton, S. and Stubbs, R. (2006) 'Is ASEAN Powerful? Neo-Realist Versus Constructivist Approaches to Power in Southeast Asia', The Pacific Review 19 (2): 135 - 155.

Economist Editorial (1989) 'The Fifth Tiger', The Economist (28 October): 17.

Economy, E. C. (2004) The River Runs Black: The Environmental Challenge to China's Future (Ithaca, NY: Cornell University Press).

Eichengreen, B. (1999) Towards New International Architecture: A Practical Post-Asia Agenda (Washington, DC: Institute for International Economics).

Eichengreen, B. (2004) 'Hanging Together? On Monetary and Financial Cooperation', in M. Shahid Yusuf, A. Altaf and K. Nabeshima, eds, Global Change and East Asian Policy Initiatives (Washington, DC: World Bank): 25 - 62.

Eichengreen, B. (2007) 'The Misguided Dream of Asian Monetary Union', Global Asia 2 (3): 90 - 99.

Eichengreen, B. (2009) 'The Dollar Dilemma: The World's Top Currency Faces Competition', Foreign Affairs (September/October).

Eichengreen, B. andBayoumi., T. (1998) 'IsAsiaanOPTIMumCURRENCY Area? CanItBecomeOne?', in S. Collignon, J. Pisani-Ferry and Y. C. Park, eds, Exchange Rate Policies in Emerging Asian Countries (London: Routledge): 347 - 366.

Elek, A. (2009) 'APEC: Genesis and Challenges', in K. Kesavapany and H. Lim, eds, APEC at 20: Recall, Reflect, Remake (Singapore: ISEAS): 1 - 14.

Elisonas, J. (1988) 'The Inseparable Trinity: Japan's Relations with China and Korea', in J. Hall ed, The Cambridge History of Japan: Early Modern Japan (Cambridge: Cambridge University Press): 235 - 300.

Elleman, B. (2001) Modern Chinese Warfare 1795 - 1989 (London: Routledge).

Elliot, M. (2001) The Manchu Way: The Eight Banners and Ethnic Identity in

Late Imperial China (Stanford, CA: Stanford University Press).

Elliott, L. (2007a) 'Environment and Security: What's the Connection?', Australian Defence Force Journal, 174: 37 - 50.

Elliott, L. (2007b) 'Harm and Emancipation: Making Environmental Security 'Critical' in the Asia Pacific', in A. BurkeandM. McDonald, eds, CriticalSecurityintheAsiaPacific (Manchester: ManchesterUniversity-Press).

Emmers, R. (2003a) 'ASEAN and the Securitization of Transnational Crime in Southeast Asia', The Pacific Review 16 (3): 419 - 438.

Emmers, R. (2003b) Cooperative Security and the Balance of Power in ASEAN and the ARF (London: Routledgecurzon).

Emmers, R. (2005) 'The Indochinese Enlargement of ASEAN: Security Expectations and Outcomes', Australian Journal of International Affairs 59 (1): 71 - 88.

Emmers, R. (2007) 'International Regime-Building in ASEAN: Cooperation Against the Illicit Trafficking and Abuse of Drugs', Contemporary Southeast Asia 29 (3): 506 - 525.

Emmers, R. (2010) 'Securitization', in A. Collins, ed., Contemporary Security Studies, 2nd edn (Oxford: Oxford University Press): 136 - 151.

Emmers, R. and Caballero-Anthony, M. (2006) 'Introduction', in A. Acharya, R. Emmers, and M. Caballero-Anthony, eds, Studying Non-Traditional Security in Asia (Singapore: Marshall Cavendish Academic).

Emmers, R. and Ravenhill, J. (2010) 'The Asian and Global Financial Crises: Consequences for East Asian Regionalism', RSIS Working Paper, No. 208.

Emmerson, D. K. (2010) 'Asian Regionalism and US Policy: The Case for Creative Adaptation', RSIS Working Paper, No. 193 (March).

Emmerson, D. K. (1995) 'Singapore and the "Asian Values" Debate', Journal of Democracy 6 (4): 95 - 105.

Emmerson, D. K. (2005) 'Security, Community, and Democracy in Southeast Asia: Analyzing ASEAN', Japanese Journal of Political Science 6 (2): 165 - 185.

Emmerson, D. K. (ed.) (2009) Hard Choices: Security, Democracy, and Regionalism in Southeast Asia (Singapore: ISEAS).

Emmerson, D. K. (2008) 'ASEAN's "Black Swans"', Journal of Democracy 19 (3): 70 – 84.

Enemark, C. (2009) 'Regional Health and Global Security: The Asian Cradle of Pandemic Influenza', in W. Tow, ed., Security Politics in the Asia-Pacific: A Regional – Global Nexus? (Cambridge: Cambridge University Press).

Engle, K. (2000) 'Culture and Human Rights: The Asian Values Debate in Context', New York University Journal of International Law and Politics 32 (2): 291.

Esman, M. (1972) Administration and Development in Malaysia: Institution Building and Reform in a Plural Society
(Ithaca, NY: Cornell University Press).

Estewadeordal, A. and Suominen, K. (2003) 'Rules of Origin: A World Map and Trade Effects', Workshop: The Origin of Goods: A Conceptual and Empirical Assessment Rules of Origin in PTAs (Paris, 23 – 24 May).

Estrada, G., Park, D., Esther, B. and Park, I. (2008) 'Prospects of an ASEAN-PRC Free Trade Area: A Qualitative and Quantitative Analysis', ADB Economics Working Paper Series (ADB, October).

Etzioni, A. (1992) 'The Evils of Self-Determination', Foreign Policy 89 (Winter): 21 – 35.

European Commission (2008) 'Climate Change and International Security', Paper from the High Representative and the European Commission (HREC) to the European Council, S113/08 (14 March).

Evans, P. (1995) Embedded Autonomy: States and Industrial Transformation (Princeton: Princeton University Press).

Evans, P. (2005) 'Between Regionalism and Regionalization: Policy Networks and the Nascent East Asian Institutional Identity', in T. J. Pempel, ed., Remapping East Asia: The Construction of a Region (Ithaca, NY, and London: Cornell University Press): 195 – 215.

Evans, R. J. (1997) Re-Reading German History: From Unification to Reunification 1800 – 1996 (London: Routledge).

Fabbrini, S. (2007) Compound Democracies: Why the United States and Europe Are Becoming Similar (Oxford: Oxford University Press).

Falk, R. (1998) 'Global Civil Society: Perspectives, Initiatives, Movements', Oxford Development Studies 26 (1): 99 – 110.

Farrell, M., Hettne, B. and van Langenhove, L. (eds) (2005) The Global Politics of Regionalism. Theory and Practice (London: Pluto Press).

Farris, W. W. (1998) 'Trade, Money, and Merchants in Nara Japan', Monumenta Nipponica 53 (3): 303 – 334.

Fawcett, L. (2005) 'Regionalism from a Historical Perspective', in M. Farrell, B. Hettne and L. van

Langenhove, eds, Global Politics of Regionalism. Theory and Practice (London: Pluto Press).

Fawcett, L. and Hurrell, A. eds (1995) Regionalism in World Politics. Regional Organization and International Order (Oxford: Oxford University Press).

Fawn, R. (2009) 'Globalisingthe Regional, RegionalisingtheGlobal', ReviewofInternationalStudies35 (1): 5 – 34. Fealy, G. and Thayer, C. (2009) 'Problematising "Linkages" Between Southeast Asian and International Terrorism', in W. Tow, ed., Security Politics in the Asia-Pacific: A Regional – Global Nexus? (Cambridge: Cambridge University Press).

Fedynsky, P. (2007) 'Shanghai Cooperation Organization Seeks to Expand Energy and Security Influenc', Voice of America (7 August), available online at http://www. voanews. com/english/2007-08-07-voa9. cfm? renderforprint =1 (accessed 16 June 2009).

Feng, C. (2010) 'Chapter 8, the Troubled History and Future of Chinese Liberalism', The Asia-Pacific Journal: Japan Focus (11 January), available online at http://japanfocus. org/-Feng-Chongyi/3285 (accessed 18 June 2011).

Ferguson, N. and Schularick, M. (2007) ' "Chimerica" and the Global Asset Market Boom', International Finance 10 (3): 215 – 239.

Fields, K. J. (2002) 'KIMT, Inc. : Liberalization, Democratization, and the Future of Politics in Business', in T. G. Gomez, ed., Political Business in Asia (London: Routledge): 115 – 154.

Fingar, T. (2008) 'National Intelligence Assessment on the National Security Implications of Global Climate Change to 2030', Statement for the Record before the House Permanent Select Committee on Intelligence (25 June).

Fiskesjo, M. (1999) 'On the "Raw" and "Cooked" Barbarians of Imperial China', Inner Asia 1: 139 – 168.

Fitzgerald, C. P. (1969) The Third China: The Chinese Communities in South-East Asia (Singapore: Donald Moore Press Ltd).

Flemes, D. (2007) 'Conceptualising Regional Power in International Relations: Lessons from the South African Case', German Institute of Global and Area Studies (GIGA) Working Paper, No. 53 (Hamburg: GIGA, June).

Flynn, D. O. andGiráldez, A. (1994) 'Chinaandthe ManilaGalleons', inA. J. H. Latham andH. Kawakatsu, eds, Japanese Industrialization and the Asian Economy (London: Routledge): 71 – 90.

Fogarty, P. (2007) 'Shanghai Grouping Moves Centre Stage', BBC, available online at http: //news. bloc. co. uk/2/h/ asia-pacific/5076032. stm (accessed 25 June 2007).

Foot, R. (2005) 'China's Regional Activism: Leadership, Leverage and Protection', Global Change, Peace & Security 17 (2): 141 – 153.

Foot, R. (2006) 'Chinese Strategies in a US-Hegemonic Global Order: Accommodating and Hedging', International Affairs 82 (1): 77 – 94.

ForeignandCommonwealthOffice (2009) 'ClimateSecurity: VisitofRearAdmiralNeilMorisetti', Foreign and Commonwealth Office Press Release (20 November), available online at http: //ukinnorway. fco. gov. uk/resources/en/news/11814644/ 21021347/climate-security.

Fort, B. and Webber, D. (eds) (2006) Regional Integration in Europe and East Asia: Convergence or Divergence? (London and New York: Routledge).

Frank, A. G. (1998) ReOrient (Berkeley: University of California Press).

Frankel, J. (1993) 'Is a Yen Bloc Forming in Pacific Asia?', in R. O' Brien, ed., Finance and the International Economy (New York: Oxford University Press).

Freedom House (2009) 'Freedom in the World', available online at www. freedomhouse. org/template. cfm? page = 363&year = 2009 (accessed 1 October 2010).

Friedberg, A. (1993) 'Ripe for Rivalry: Prospects for Peace in a Multipolar Asia', International Security 18 (3): 5 - 33.

Froelich, N., Oppenheimer, J. A. and Young, J. (1971) Political Leadership and Collective Goods (Princeton: Princeton University Press).

Frost, E. L. (2008a) Asia's New Regionalism (New York: Lynne Rienner).

Frost, E. L. (2008b) Asia's New Regionalism (Boulder, CO: Lynne Rienner).

Fu, Y. (2003) 'China and ASEAN in a New Era', China: An International Journal 1 (2): 304 - 312.

Fukunari, K. (2003) 'The Challenge of Institution-Building in Asia and Its Implications for Asia – Europe Relations', Asia Europe Journal 1: 197 - 211.

Gaens, B. (ed.) (2008) Europe – Asia Interregional Relations: A Decade of ASEM (Aldershot: Ashgate).

Galtung, J. (2006) 'Peace Studies: A Ten Primer', in A. Hunter, ed., Peace Studies in the Chinese Century (Aldershot: Ashgate).

Gamble, A. and Payne, A. (eds) (1996) Regionalism and Global Order (Basingstoke: Macmillan).

Gamble, A. andPayne, A. (2003) 'World Order Approach', in F. Söderbaum andT. M. Shaw, eds, Theories of New Regionalism. A Palgrave Reader (Basingstoke: Palgrave).

Ganguly, S. (2001) ConflictUnending: India – PakistanTensionSince1947 (NewYork: ColumbiaUniversityPress).

Garnaut, R. (1996) Open Regionalism and Trade Liberalization: An Asia-Pacific Contribution to the World Trade System (Singapore: ISEAS).

Garnaut, R. and Vines, D. (2007) 'Regional Free-Trade Areas: Sorting Out

the Tangled Spaghetti', Oxford Review of Economic Policy 23 (3):
508 - 527.

Geddes, B. (1999) 'What Do We Know about Democratisation after Twenty
Years?', Annual Review of Political Science 2: 115 - 144.

Geogieva, K. (2010) 'The Prospects for Europe - Asia Relations', ASEM
Conference on Europe - Asia Inter-RegionalRelations, Brussels, speech
10/382 (12 July), available online at http://ec.europa. eu/external_
relations/asem/ 010conference/ ndex _ en. htm (accessed 19 July
2011).

Gereffi, G. (1994) 'TheOrganizationofBuyer-DrivenGlobalCommodityChains:
HowUSRetailersShape Overseas Production Networks', in G. Gereffi and
M. Korzeniewicz, eds, Commodity Chains and Global Capitalism (West-
port, CT: Praeger): 95 - 122.

German Advisory Council on Global Change (WGBU) (2007) World in Transi-
tion: Climate Change as a Security Risk - Summary for Policy-Makers
(Berlin: WGBU Secretariat).

Ghosh, P. S. (1991) 'India's Relations with Its Neighbors: The Ethnic Fac-
tor', in K. M. de Silva and R. J. May, eds, Internationalization of Eth-
nic Conflict (London: Pinter Publishers).

Gill, S. (2000) 'Knowledge, Politics, and Neo-Liberal Political Economy',
in R. Stubbs and G. Underhill, eds, Political Economy and the Changing
World Order (Ontario: Oxford University Press).

Gillespie, J. (2005) 'Changing Concepts of Socialist Law in Vietnam', in J.
Gillespie and P. Nicholson, eds, Asian Socialism and Legal Change: The
Dynamics of Vietnamese and Chinese Reform (Canberra: Asia Pacific
Press): 45 - 75.

Gillespie, J. (2009) 'The Role of State and Non-State Actors in Localizing
Global Scripts in East Asia', in J. Gillespie and R. Peerenboom, eds,
Regulation in Asia: Pushing Back on Globalisation (London: Routledge):
20 - 40.

Gilpin, R. (1987) The Political Economy of International Relations (Prince-
ton: Princeton University Press).

Gilpin, R. (2001) Global PoliticalEconomy: Understanding the International Economic Order (Princeton: Princeton University Press).

Gilpin, R. (2002) Asia Meets Europe (Cheltenham: Edward Elgar).

Gilpin, R. (2004) 'Trade Relations Between Europe and East Asia', Asia - Europe Journal 2 (2): 185 - 200.

Gilpin, R. (2005) 'New Interregionalism? The EU and East Asia', European Integration 27 (3): 307 - 326.

Gilson, J. (2007) 'Regionalism and Security in East Asia', in A. Burke and M. McDonald, eds, Critical Security in the Asia-Pacific (Manchester: Manchester University Press).

Gilson, J. (2007) 'Structuring Accountability: Non-Governmental Participation in the Asia-Europe Meeting (ASEM)', CSGR Working Paper Series, No. 233/07 (University of Warwick: Centre for the Study of Globalization and Regionalisation).

Ginbar, Y. (2010) 'Human Rights in ASEAN - Setting Sail or Treading Water?', Human Rights Law Review 10 (3): 504 - 518.

Gleditsch, K. S. and Ward, M. D. (2006) 'Diffusion and the International Context of Democratization', International Organization 60 (4): 911 - 933.

Glenn, P. (2004) Legal Traditions of the World, second edition (New York: Oxford University Press). Glick, R. and Rose, A. (1999) 'Contagion and Trade: Why Are Currency Crises Regional?', Journal of International Money and Finance 18 (4): 603 - 617.

Global Witness (2009) 'Country for Sale: How Cambodia's Elite Has Captured the Country's Extractive Industries' (February), available online at www. globalwitness. org/media_ library_ detail. php/713/en/ country_ for_ sale.

Godement, F. (2000) 'A New Relationship between the West and Pacific Asia?', in G. Segal and D. S. G. Goodman, eds, Towards Recovery in Pacific Asia (London: Routledge): 119 - 131.

Goh, E. (2003) 'Hegemonic Constraints: The Implications of 11 September for American Power', Australian Journal of International Affairs 57 (1):

77 - 97.

Goh, E. (2009) 'Hegemony, Hierarchy and Order', in W. Tow, ed., Security Politics in the Asia-Pacific: A Regional - Global Nexus? (Cambridge: Cambridge University Press).

Gold, T. B. (1986) State and Society in the Taiwan Miracle (New York: Sharpe).

Goldsmith, B. (2007) 'A Liberal Peace in Asia?', Journal of Peace Research 44 (1): 5 - 27.

Goldstein, M. (1998) The Asian Financial Crisis: Causes, Cures, and Systemic Implications. Policy Analyses in International Economics 55 (Washington, DC: Institute for International Economics).

Goldstein, M. and Xie, D. (2009) 'Impact of Financial Crisis on Emerging Asia', Peterson Institute for International Economics Working Paper, No. 09 - 11.

Gomez, E. T. (2002) 'Political Business in Malaysia: Party Factionalism, Corporate Development, and Economic Crisis', in T. G. Gomez, ed., Political Business in Asia (London: Routledge): 82 - 114.

Gomez, E. T. (ed.) (2002) Political Business in East Asia (London: Routledge).

Gong, G. W. (ed.) (1996) Remembering and Forgetting: The Legacy of War and Peace in East Asia (Washington, DC: TheCentre for Strategic and International Studies).

Gong, T. (2009) 'The Institutionalization of Party Discipline Inspection in China: Dynamics and Dilemmas', in T. Gong and S. K. Ma, eds, Preventing Corruption in Asia: Institutional Design and Policy Capacity (Abingdon: Routledge): 64 - 80.

Gough, J. (2004) 'Changing Scale as Changing Class Relations: Variety and Contradiction in the Politics of Scale', Political Geography 23 (2): 185 - 211.

Government of Japan (1947) The Japanese Constitution, Article 9.

Gowa, J. (1994) Allies, Adversaries, and International Trade (Princeton: Princeton University Press).

Gray, D. (2007) 'Bangkok Sinking as Seas Rise', The Associated Press (30 October), available online at http: // www. msnbc. msn. com/id/ 21378436/ (accessed 19 July 2011).

Gray, J. (1995) Enlightenment's Wake: Politics and Culture at the Close of the Modern Age (London: Routledge).

Green, M. J. and Gill, B. (2009) Asia's New Multilateralism: Cooperation, Competition and the Search for Community (New York: Columbia University Press).

Grieco, J. M. (1997) 'Systemic Sources of Variation in Regional Institutionalization in Western Europe, East Asia, and the Americas', in E. D. Mansfield and H. Milner, eds, The Political Economy of Regionalism (New York: Columbia University Press).

Grimes, W. W. (2003) 'InternationalizationasInsulation: Dilemmasofthe Yen', in U. Schaede and W. Grimes, eds, Japan's Managed Globalization: Adaptingtothe Twenty-First Century (NewYork: M. E. SharpeInc.): 47 - 76.

Grimes, W. W. (2006) 'East Asian Financial Regionalism in Support of the Global Financial Architecturel The Political Economy of Regional Nesting', Journal of East Asian Studies 6: 353 - 380.

Grimes, W. W. (2009) Currency and Contest in East Asia: The Great Power Politics of Financial Regionalism (Ithaca, NY: Cornell University Press).

Grimes, W. W. (forthcoming) 'The Future of Regional Liquidity Arrangements in East Asia: Lessons From the Global Financial Crisis', The Pacific Review.

Grossberg, K. (1976) 'From Feudal Chieftans to Secular Monarch: The Development of Shogunal Power in Early Muromachi Japan', Monumenta Nipponica 31: 1.

Grugel, J. (2006) 'Regionalist Governance and Transnational Collective Action in Latin America', Economy and Society 35 (2): 209 - 231.

Gunaratna, R. (2007) 'Combating Al Jama' ah Al Islamiyyah in Southeast Asia', in A. Aldis and G. P. Herd, eds, The Ideological War on Terror: Worldwide Strategies for Counter-Terrorism (London: Routledge).

Guthrie, D. (2005) 'Organizational Learning and Productivity: State Structure and Foreign Investment in the Rise of the Chinese Corporation', Management and Organization Review 1 (2): 165 - 195.

Haacke, J. (1999) 'The Concept of Flexible Engagement and the Practice of Enhanced Interaction: Intramural Challenges to the "ASEAN Way"', The Pacific Review 12 (4): 581 - 611.

Haacke, J. (2009) 'The ASEAN Regional Forum: From Dialogue to Practical Security Cooperation?', Cambridge Review of International Studies 22: 426 - 449.

Haas, E. B. (1958) The Uniting of Europe: Political, Social and Economic Forces 1950 - 57 (Stanford: Stanford University Press).

Haas, E. B. (1961) 'International Integration: The European and the Universal Process', International Organization 15: 366 - 392.

Haas, E. B. (1964) Beyond the Nation-State: Functionalism and International Organization (Stanford: Stanford University Press).

Haas, E. B. (1990) When Knowledge Is Power: Three Models of Change in International Organizations (Berkeley: University of California Press).

Haas, M. (1989) The Asian Way to Peace: A Story of Regional Cooperation (New York: Praeger).

Haas, P. M. and Haas, E. (2002) 'Pragmatic Constructivism and the Study of International Institutions', Millenium 31 (3): 573 - 601.

Haboush, J. K. and Deuchler, M. (eds) (1999) Culture and the State in LateChos Oln Korea (Cambridge, MA: Harvard University Press).

Hadenius, A. andTeorell, J. (2005) 'Cultural and Economic Prerequisites of Democracy: Reassessing Recent Evidence', Studies in Comparative International Development 39 (4): 87 - 106.

Hadenius, A. and Teorell, J. (2007) 'Pathways from Authoritarianism', Journal of Democracy 18 (1): 143 - 156.

Haefs, H. and Ziegler, H. von (1972) Politische, Militärische, Wirtschaftliche Zusammenschlüsse Und Pakte Der Welt (Bonn: Siegler, Verlag für Zeitarchive).

Haftel, Y. (2007) 'Designing for Peace: Regional Integration Arrangements,

Institutional Variation, and Militarized Interstate Dispute', International Organization 61 (1): 217 - 237.

Hagerty, D. T. (1991) 'India's Regional Security Doctrine', Asian Survey 31 (4): 332 - 352.

Haggard, S. (1990) Pathways From the Periphery: The Politics of Growth in the Newly Industrializing Countries (Ithaca, NY: Cornell University Press).

Haggard, S. (1997) 'Regionalism in Asia and in the Americas', in H. V. Milner, ed., The Political Economy of Regionalism (New York: Columbia University Press): 20 - 49.

Haggard, S. (1997) 'The Political Economy of Regionalism in Asia and the Americas', in E. D. Man sfield and H. V. Milner, eds, The Political Economy of Regionalism (New York: Columbia University Press).

Haggard, S. (2000) The Political Economy of the Asian Financial Crisis (Washington, DC: Institute for International Economics).

Haggard, S. and Kaufman, R. (1995) The Political Economy of the Democratic Transitions (Princeton: Princeton University Press).

Haggard, S. and Noland, M. (2007) Famine in North Korea: Markets, Aid, and Reform (New York: Columbia University Press).

Halbwachs, M. (1992) On Collective Memory (Chicago: University of Chicago Press), edited and translated with an introduction by Lewis A. Coser.

Hall, R. B (2003) 'The Discursive Demolition of the Asian Developmental Model', International Studies Quarterly 47 (1): 71 - 99.

Hallaq, W. (2007) 'What Is Shari 'a?', Yearbook of Islamic and Middle Eastern Law, 2005 - 2006, Vol. 12 (Leiden: Brill Academic Publishers): 151 - 180.

Hamanaka, S. (2009) Asian Regionalism and Japan: The Politics of Membershipin Regional Diplomatic, Financialand Trade Groups (Oxon: Routledge).

Hamashita, T. (1994) 'The Tribute Trade System and Modern Asia', in A. J. H. Latham and H. Kawakatsu, eds, Japanese Industrialization and the Asian Economy (London: Routledge): 91 - 107.

Hameiri, S. (2009) 'Beyond Methodological Nationalism, but Where to for the Study of Regional
Governance?' Australian Journal of International Affairs 63 (3): 430 - 441.

Hameiri, S. (2010) Regulating Statehood: State Building and the Transformation of the Global Order (Basingstoke: Palgrave Macmillan).

Hameiri, S. and Jayasuriya K. (2010) 'Regulatory Regionalism and the Dynamics of Territorial Politics: The Case of the Asia-Pacific Region', Political Studies, Early View, doi: 10. 1111/j. 1467-9248. 2010. 00854. x.

Hameiri, S. (forthcoming, 2011) 'State Transformation, Territorial Politics and the Management of Transnational Risk', International Relations.

Hamilton, G. (1999) 'Asian Business Networks in Transition: Or, What Alan Greenspan Does Not Know about the Asian Business Crisis', in T. J. Pempel, ed. , The Politics of the Asian Economic Crisis (Ithaca, NY: Cornell University Press): 45 - 61.

Hamilton-Hart, N. (2003a) 'Co-Operation on Money and Finance: How Important? How Likely?', Third World Quarterly 24 (2): 283 - 297.

Hamilton-Hart, N (2003b) 'Asia's New Regionalism: Government Capacity and Cooperation in the Western Pacific', Review of International Political Economy 10: 222 - 245.

Hamilton-Hart, N (2006) 'Consultants in the Indonesian State: Modes of Influence and Institutional Implications', New Political Economy 11 (2): 251 - 270.

Hänggi, H. , Roloff, R. and Rüland, J. (eds) (2006) Interregionalism and International Relations (London and New York: Taylor and Francis).

Hanson, M. and Rajyagopalan, R. (2009) 'Nuclear Weapons: Asian Case Studies and Global Ramifications', in W. Tow, ed. , Security Politics in the Asia-Pacific: A Regional - Global Nexus? (Cambridge: Cambridge University Press).

Harding, A. (2002) 'The Keris, the Crescent and the Blind Goddess: The State, Islam and the Constitution in Malaysia', Singapore Journal of International and Comparative Law 6: 154 - 180.

Harding, A. and Leyland, P. (2011) The Constitutional System of Thailand: A Contextual Analysis (Oxford: Hart Publishing).

Hartwell, R. (1966) 'Markets, Technology, and the Structure of Enterprise in the Development of the Eleventh Century Chinese Iron and Steel Industries', Journal of Economic History 26: 29 - 58.

Haryati, A. K. (2001) 'BIMP - EAGAstill VitalforSabah'sDomestic Mart', Malaysia Economic News (20 June).

Hasegawa, T. (2005) Racing the Enemy: Stalin, Truman and the Surrender of Japan (Cambridge, MA: Harvard University Press).

Hasegawa, T. and Togo, K. (eds) (2008) East Asia's Haunted Present: Historical Memories and the Resurgence of Nationalism (Westport, CT: Praeger).

Hassan, M. H. (2007) 'Counter-Ideological Work: Singapore Experience', in A. Aldis and G. P. Herd, eds, The Ideological War on Terror: Worldwide Strategies for Counter-Terrorism (London: Routledge).

Hatch, W. (2002) 'Regionalizing the State: Japanese Administrative and Financial Guidance for Asia', Social Science Japan Journal 5 (2): 179 - 197.

Hatch, W. and Yamamura, K. (1996) Asia in Japan's Embrace: Building a Regional Production Alliance (Cambridge: Cambridge University Press).

Hatch, W. F. (2010) Asia's Flying Geese: How Regionalization Shapes Japan (Ithaca, NY: Cornell University Press).

Hawkins, D. (2008) 'Protecting Democracy in Europe and the Americas', International Organization 62 (3): 373 - 403.

Hawkins, D. and Shaw, C. (2008) 'Legalising Norms of Democracy in the Americas', Review of International Studies 34 (3): 459 - 480.

Hawley, S. (2005) The Imjin War (Berkeley: University of California Press).

Hayashi, S. (2006) Japan and East Asian Monetary Regionalism: Toward a Proactive Leadership Role? (London: Routledge).

Hayashi, S. (2010) 'TheDevelopmentalStateintheEraofGlobalization: BeyondtheNortheastAsianModel of Political Economy', The Pacific Review 23 (1): 45 - 69.

Hayashi, S. (2010) 'Kan Launches Japan Trade Push', Wall Street Journal (8 November).

Held, D. (1995) Democracy and the Global Order (Cambridge: Polity Press).

Held, D. (2004) 'Democratic Accountability and Political Effectiveness from a Cosmopolitan Perspective', Government and Opposition 39 (2): 364 – 391.

Helleiner, E. (2000) 'Still an Extraordinary Power, but for How Much Longer? The United States in World Finance', in T. C. Lawton, J. N. Rosenau and A. C. Verdun, eds, Strange Power: Shaping the Parameters of International Relations and International Political Economy (Aldershot: Ashgate): 229 – 247.

Heller, P. S. (1999) 'Aging in Asia: Challenges for Fiscal Policy', Journal of Asian Economics 10 (1): 37 – 63.

Hemmer, C. and Katzenstein, P. (2002) 'Why Is There No Nato in Asia? Collective Identity, Regionalism and the Origins of Multilateralism', International Organization 56 (3): 575 – 607.

Henley, D. and Davidson, J. (2007) 'Introduction: Radical Conservatism: The Protean Politics of Adat', in J. Davidson and D. Henley, eds, The Revival of Tradition in Indonesian Politics: The Deployment of Adat from Colonialism to Indigenism (New York: Routledge): 1 – 49.

Henning, C. R. (2002) 'East Asian Financial Cooperation', Policy Analysis in International Economics, No. 68 (Washington, DC: Institute for International Economics).

Henning, C. R. (2009) 'The Future of the Chiang Mai Initiative: An Asian Monetary Fund?', Peterson Institute Policy Brief, No. 09 – 5 (February).

Henry, L. (2007) 'The ASEAN Way and Community Integration: Two Different Models of Regionalism', European Law Journal 13 (6): 857 – 879.

Herf, J. (1984) Reactionary Modernism: Technology, Culture and Politics in the Weimar and the Third Reich (Cambridge: Cambridge University Press).

Hettne, B. (2002) 'The Europeanization of Europe: Endogenous and Exogenous Dimensions', Journal of European Integration 24 (4): 325 - 340.

Hettne, B. (2003) 'The New Regionalism Revisited', in F. Söderbaum and T. M. Shaw, eds, Theories of New Regionalism: A Palgrave Reader (Basingstoke: Palgrave).

Hettne, B. (2005) 'Beyond the "New" Regionalism', New Political Economy 10: 543 - 572.

Hettne, B. andSöderbaum, F. (2000) 'Theorising the Rise of Regionness', NewPolitical Economy5: 457 - 474.

Hettne, B. and Söderbaum, F. (2008) 'The Future of Regionalism: Old Divides, New Frontiers', in A. Cooper, C. Hughes and P. de Lombaerde, eds, Regionalization and the Taming of Globalization (London: Routledge).

Hevia, J. L. (1995) Cherishing Men From Afar: Qing Guest Ritual and the Macartney Embassy of 1793 (Durham: Duke University Press).

Hewison, K. andRodan, G. (1994) 'The Decline of the Left in Southeast Asia', The Socialist Register 30: 235 - 262.

Higgott, R. (1998) 'The Asian Economic Crisis: A Study in the Politics of Resentment', New Political Economy 3: 333 - 354.

Higgott, R. and Robison, R. (eds) (1985) Southeast Asia: Essays in the Political Economy of Structural Change (London: Singapore University Press).

Higgott, R. and Stubbs, R. (1995) 'Competing Conceptions of Economic Regionalism: APEC Versus EAEC in the Asia-Pacific', Review of International Political Economy 2 (3): 516 - 535.

Hirata, I. (2010) 'TPP Talks Test Japan's Resolve on Food Security, Other Farm Issues', The Nikkei Weekly (8 November).

Hirsch, P. (2006) 'Water Governance Reform and Catchment Management in the Mekong Region', The Journal of Environment and Development 15 (2): 184 - 201.

Hiwatari, N. (2003) 'Embedded Policy Preferences and the Formation of International Arrangements After the Asian Financial Crisis', The Pacific

Review 16: 331 – 359.

HKTDC (Hong Kong Trade and Development Council) (2010) 'China – ASEAN Free Trade Area (CAFTA): Implications for Hong Kong Merchandise Exports' (8 March), available online at http://www. hktdc. com/info/mi/a/ef/ en/1X06OJ4B/1/ Economic-Forum/China-ASEAN-Free-Trade-Area-CAFTA-Implications-For-Hong-Kong-S-Merchandise-Exports. htm (accessed 19 July 2011).

Ho, S. P. S. (1978) Economic Development of Taiwan, 1860 – 1970 (New Haven: Yale University Press).

Hoadley, S. and Rüland, J. (eds) (2006) Asian Security Reassessed (Singapore: Institute of SEA Studies).

Hobday, M. (2000) East vs South East Asian Innovation Systems: Comparing OEM and TNC-Led Growth in Electronics (Cambridge: Cambridge University Press).

Hobson, J. M. (2004) The Eastern Origins of Western Civilisation (Cambridge: Cambridge University Press).

Hobson, J. M. (2006) 'Civilizing the Global Economy: Racism and the Continuity of Anglo-Saxon Imperialism', in B. Bowden and L. Seabrooke, eds, Global Standards of Market Civilization (New York: Routledge): 60 – 76.

Hobson, J. M. (2007) 'Deconstructing the Eurocentric Clash of Civilizations: De-Westernizing the West by Acknowledging the Dialogue of Civilizations', in M. Hall and P. T. Jackson, eds, Civilizational Identity (New York: Palgrave Macmillan): 149 – 165.

Hobson, J. M. (2011) 'Orientalization in Globalization? Mapping the Promiscuous Architecture of Globalization, c. 500 – 2010', in J. N. Pieterse and J. Kim, eds, Global Rebalancing: East Asia and Globalization (London: Routledge).

Hobson, J. M. (2012) The Eurocentric Conception of World Politics: Western International Theory 1760 – 2010 (Cambridge: Cambridge University Press).

Hobson, J. M. andMalhotra, R. (2008) 'Rediscovering IndianCivilization:

IndianOrigins of Modernity and the Rise of the West', ICFAI Journal of History and Culture 2 (2): 1 - 23.

Hobson, J. M. and Sharman, J. C. (2005) 'The Enduring Place of Hierarchy in World Politics: Tracing the Social Logics of Hierarchy and Political Change', European Journal of International Relations 11 (1): 63 - 98.

Hoffman, S. (1966) 'Obstinate or Obsolete? The Fate of the Nation State and the Case of Western Europe', Daedalus 95: 865 - 885.

Hofstadter, R. (1964) The Paranoid Style in American Politics and Other Essays (New York: Vintage).

Homenet Southeast Asia (2009) 'Policy Brief on Health Insurance: Philippines', unpublished report (Manila: Homenet Southeast Asia).

Homer-Dixon, T. F. (1991) 'On the Threshold: Environmental Changes as Causes of Acute Conflict', International Security, 16 (2): 76 - 116.

Homer-Dixon, T. F. (1999) Environment, Scarcity and Violence (Princeton, NJ: Princeton University Press).

Hooghe, L. and Marks, G. (2003) 'Unraveling the Central State, but How? Types of Multi-Level Governance', American Political Science Review 97 (2): 233 - 243.

Hook, G. (1999) 'Japan and Micro-Regionalism: Constructing the Japan Yellow Sea Rim Zone', in Y. Yamamoto, ed., Globalism, Regionalism and Nationalism: Asia in Search of Its Role in the 21st Century (Oxford: Blackwell).

Hook, G. D., Gilson, J. A., Hughes, C. W. and Dobson, H. J. (2005) Japan's International Relations: Politics, Economics and Security, second edition (London: Routledge).

Hooker, M. B. (1975) LegalPluralism: AnIntroductiontoColonialandNeo-ColonialLaws (Oxford: ClarendonPress).

Hooker, M. B. (1978) A Concise Legal History of South-East Asia (Oxford: Clarendon Press).

Hooker, M. B. (1984) Islamic Law in South-East Asia (Singapore: Oxford University Press).

Hooker, M. B. (1986) 'The "Europeanisation" of Siam's Law 1855 -

1908', in M. B. Hooker, ed., Laws of South East Asia, Vol. 1, the Pre-Modern Texts (Singapore: Buttersworth).

Hooker, M. B. (ed.) (1988) Laws of South-East Asia, Vol. 2, European Laws in South-East Asia (Singapore: Butterworth).

Hourani, G. F. (1963) Arab Seafaring in the Indian Ocean in Ancient and Early Medieval Times (Beirut: Khayats).

Hu, A. Y. (2003) 'quyuhuozhanlue: jianlizhongguo, xianggang, riben, hanguosanguosifangziyoumaoyiqu de shexiang (Regionalist Strategy: Building Free Trade Area among China, Japan, Korea, and Hong Kong)', in zhongguo da zhanlue (The Grand Strategy of China) (Zhejiang Renmin Publisher).

Hu, A. Y. (2006) 'Swimming against the Tide: Tracing and Locating Chinese Leftism Online', MA thesis, Department of Communication, Simon Fraser University, Burnaby, BC, Canada, available online at http: //ir. lib. sfu. ca/handle/1892/3408 (accessed 19 July 2011).

Hua, Y. (2005) 'Shanghai Hexuo Zuzhi: Dique Anquan Yu Jingji Jinbu' (Shanghai Cooperation Organization: Regional Security and Economic Progress), International Politics 4: 89 – 92.

Huang, J. (2010) 'Conceptualizing Chinese Migration and Chinese Overseas: The Contribution of Wang Gungwu', Journal of Chinese Overseas 6: 1 – 21.

Huang, J. and Hong, L. (2007) 'Chinese Diasporic Culture and National Identity: The Taming of the Tiger Balm Gardens in Singapore', Modern Asian Studies 41 (1): 41 – 76.

Huang, S. (2005) 'Perspectives on the East Asian Summit', Caijing 148 (12 December) (in Chinese).

Huang, Y. (2008) Capitalism with Chinese Characteristics: Entrepreneurship and the State (Cambridge: Cambridge University Press).

Huang, Y. (2010) 'Debating China's Economic Growth: The Beijing Consensus or the Washington Consensus', Academy of Management Perspectives 24 (2): 31 – 47.

Hucker, C. (1966) The Censorial System of Ming China (Stanford: Stanford

University Press). Huff, W. G. (1994) The Economic Growth of Singapore: Trade and Development in the Twentieth Century
(Cambridge: Cambridge University Press).

Hughes, C. (2006) Chinese Nationalism in the Global Era (London: Routledge).

Hui, V. (2004) War and State Formation (Cambridge: Cambridge University Press).

Human Development Report (2009) 'Human Poverty index (HPI-2) Rank', available online at http: // hdrstats. undp. org/en/indicators/106. html (accessed 10 June 2010).

Hundt, D. (2009) Korea's Developmental Alliance: State, Capital and the Politics of Rapid Development (London: Routledge).

Hunter, A. (2006) 'Introduction', in A. Hunter, ed. , Peace Studies in the Chinese Century (Aldershot: Ashgate).

Huntington, S. (1991) The Third Wave: Democratization in the Late Twentieth Century (Norman: University of Oklahoma Press).

Hurrell, A. (1995) 'Regionalism in Theoretical Perspective', in L. Fawcett and A. Hurrell, eds, Regionalism in World Politics. Regional Organization and International Order (Oxford: Oxford University Press).

Hurrell, A. (2005) 'TheRegionalDimensioninInternationalRelationsTheory', inM. Farrell, B. Hettneand L. van Langenhove, eds, The Global Politics of Regionalism. Theory and Practice (London: Pluto Press).

Hurrell, A. (2006) 'Hegemony, Liberalism and Global Order: What Space for Would-Be Great Powers?', International Affairs 82 (1): 1 - 19.

Hutchcroft, P. D. (1998) Booty Capitalism: The Politics of Banking in the Philippines (Ithaca, NY: Cornell University Press).

Huxley, T. (1993) Insecurity in the ASEAN Region (London: Royal United Services Institute for Defence Studies).

Huxley, T. (2000) Defending the Lion City: The Armed Forces of Singapore (St Leonards, NSW: Allen and Unwin).

Hwee, Y. L. (2010) 'Where is Asem heading?', The Malaysian Insider (1 October), available online at http: // lite. themalaysianinsider. com/

breakingviews/article/where-is-asem-heading-yeo-lay-hwee（accessed 19 July 2011）.

IANS（2008）'Sarkozy wants Indian Role in Resolving Financial Crisis', Thaindian News（21 October）, available online at http：//www. thaindian. com/newsportal/world-news/sarkozy-wants-indian-role-in- esolving-financial-crisis-100110088. html（accessed 19 July 2011）.

Iapadre, L. （2006）'RegionalIntegration Agreements and the Geography of WorldTrade', in P. de Lombaerde, ed. , Assessment and Measurement of Regional Integration（London, New York：Routledge）：65 - 85.

IBRD（International Bank for Reconstruction and Development）（1971）World Tables, Economic Program Department, Socio-Economic Data Division（Washington, DC：IBRD）.

ICDSI（Independent Commission on Disarmament and Security Issues）（1982）Common Security：A Programme for Disarmament, Report of the Independent Commission on Disarmament and Security Issues under the Chairmanship of Olof Palme（London：Pan Books）.

IEA（International Association for the Evaluation of Educational Achievement）（2010）Progress in International Reading Literacy Study in Primary School in 40 Countries, available online at http：//timssandpirls. bc. edu/PDF/P06_ IR_ AppendixB. pdf（accessed 2 April 2011）.

Ikeda, S. （1996）'The History of the Capitalist World-System vs. the History of East - Southeast Asia', Review 19 （1）：49 - 77.

Ikenberry, G. J. （2008）'The Rise of China and the Future of the West', Foreign Affairs 87 （1）：23 - 37.

Ikenberry, G. J. and Moon, Chung-in （2008）The United States and Northeast Asia：Debates, Issues, and Order（Lanham, MD：Rowman & Littlefield）.

Ikenberry, J. G. （2004）'American Hegemony and East Asian Order', Australian Journal of International Affairs 58 （3）：353 - 367.

IMF（International Monetary Fund）（2007）Regional Economic Outlook：Asia and Pacific（October）（Washington, DC：IMF）.

IMF（2009）Regional Economic Outlook：Asia and Pacific（May）（Washington, DC: IMF).

IMF (2010) World Economic Outlook (October) (Washington, DC: IMF), available online at http: //www. imf. org/external/pubs/ft/weo/2010/02/ weodata/download. aspx.

IMF (2011) 'Time Series DataonInternational Reserves and Foreign Currency Liquidity: Time Series Assets' (Washington, DC: IMF), available online at http: //www. imf. org/external/np/sta/ir/IRProcessWeb/data8 802. pdf.

IMF (various years) Direction of Trade Statistics Yearbook (Washington, DC: IMF).

International Monetary Fund Direction of Trade (2009) Yearbook 2009, available online at http: //www2. imfstatistics. org/DOT/ (accessed 19 July 2011).

Indorf, H. (1987) 'ASEAN Dialogue Needs More Action, Less Talk. The Fifth Column', Far Eastern Economic Review 30.

Information Office of the State Council (2006) China's National Defense in 2006, available online at http: //english. people. com. cn /whitepaper/defense2006/defense2006 (1). html (accessed 19 July 2011).

Inoguchi, T. (2007) 'Are There Any Theories of International Relations in Japan?' International Politics of the Asia-Pacific 7 (3): 369 – 390.

Interfax (2007) 'SCO, CSTO sign security cooperation memorandum' (Moscow, 5 October).

Intergovernmental Panel on Climate Change (2007) Climate Change 2007: Impacts, Adaptation and Vulnerability – Contribution of Working Group II to the Fourth Assessment Report of the Intergovernmental Panel on Climate Change (Cambridge: Cambridge University Press).

International Crisis Group (2006) 'Perilous Journeys: The Plight of North Koreans in China and Beyond', Asia Report 122 (October).

International Institute for Strategic Studies (2007) 'Strategic Policy Issues', Strategic Survey 107 (1): 33 – 84.

Iriye, A. (1987) The Origins of the Second World War in Asia and the Pacific (London: Longman).

Iriye, A. (1997) Japan and the Wider World (London: Longman).

Irwin, D. A. (2002) Free Trade Under Fire (Princeton and Oxford: Princeton University Press).

Islam, S. (2010a) 'ASEM Leaders Must Make the Case for Open Markets and Free Trade' (3 July), available online at http: //www. aseminfoboard. org/NewsAndMedia/ InTheNews/? id = 214.

Islam, S. (2010b) 'Low-Carbon Development: A Shared Challenge for Asia and Europe' (26 June), available online at http: //www. indepthnews. net/news/news. php? key1 = 2010-06-28% 2019: 53: 49&key2 = 1 (accessed 19 July 2011).

Islam, S. (2010c) 'Building Bridges through More People to People Contacts' (23 July), available online at http: //www. aseminfoboard. org/News-AndMedia/InTheNews/? id = 225 (accessed 19 July 2011).

Islam, S. (2010d) 'Confronting the Challenge of Piracy at Sea' (27 July), a-vailable online at http: //www. eurasiareview. com/201007275991/con-fronting-the-challenge-of-piracy-at-sea. html.

Islam, S. (2010e) 'Social Cohesion, Democracy and Human Rights', Eura-sia Review (30July), available online at http: //www. eurasiareview. com/201007306201/social-cohesion-democracy-and-human-rights. html.

Islam, S. (2010f) 'Europe and Asia as global security actors', Asia – Eu-rope Meeting, available online at http: //www. aseminfoboard. org/ Ne-wsAndMedia/InTheNews/? id = 215 (accessed 19 July 2011).

ITAR-TASS News Wire (2000) 'Approve of Special Services Cooperation' (Moscow, 5 July).

Jacobs, L. and King, D. (2009) 'America's Political Crisis: The Unsustain-able State in a Time of Unraveling', PS: Political Science & Politics 42 (02): 277 – 285.

Jacobs, N. (1985) The Korean Road to Modernization and Development (Ur-bana: University of Illinois Press).

Jagchid, S. and Symons, V. J. (1989) Peace, War, and Trade Along the Great Wall: Nomadic – Chinese Interaction Through Two Millennia (Bloomington: Indiana University Press).

Jain, P. (2005) Japan's Subnational Governments in International Affairs (London: Routledge).

Jain, P. (2006) 'ForgingNewBilateralRelations: Japan'sSub-National GovernmentsinChina', inP. E. Lam, ed., Japan's Relations with China: Facing a Rising Power (London: Routledge).

Jakarta Post (2010) 'Golkar Calls Sri Mulyani Farewell Speech "Angry"', Jakarta Post (20 May).

Jamil, S. and Kuntjoro, I. A. (2010) 'Changing Cityscapes: Signs of Development or Disaster?', NTS Perspectives, Issue 1, available online at www. rsis. edu. sg/nts/HTML-Newsletter/Perspective/PDF/NTS_ Perspectives_ 1. pdf (accessed 15 June 2010).

Jansen, M. B. (1992) China in the Tokugawa World (Cambridge, MA: Harvard University Press).

Japan Forum on International Relations (2003) Japan's Initiative for Economic Community in East Asia (Tokyo: JFIR).

Japan Times (2010) 'Pipeline politics in Central Asia', Japan Times, Editorial (5 January), available online at http: //search. japantimes, co. jp/ cgi-bin/ed20100105a1. html (accessed 3 August 2010).

Jayasuriya, K. (1998) 'Understanding "Asian Values" as a Form of Reactionary Modernization', Contemporary Politics 4: 77 – 91.

Jayasuriya, K. (2003) 'Embedded Mercantilism and Open Regionalism: The Crisis of a Regional Political Project', Third World Quarterly 24 (2): 339 – 355.

Jayasuriya, K. (2004) 'TheNewRegulatory StateandRelational Capacity', Policy and Politics 32 (4): 487 – 501.

Jayasuriya, K. (2005) 'Beyond Institutional Fetishism: From the Developmental to the Regulatory State', New Political Economy 10 (3): 381 – 387.

Jayasuriya, K. (2008) 'Regionalising the State: Political Topography of Regulatory Regionalism', Contemporary Politics 14 (1): 21 – 35.

Jayasuriya, K. (2009) 'Regulatory Regionalism in Asia-Pacific: Drivers, Instruments and Actors', Australian Journal of International Affairs 63 (3): 335 – 347.

Jayasuriya, K. (2009) 'Capitalist Development, Regime Transitions and New Forms of Authoritarianism in Asia', The Pacific Review 22 (1): 23 – 47.

Jeong, H. S. (2005) 'Health Care Reform and Change in Public – Private Mix of Financing: A Korean Case', Health Policy 74 (2): 133 – 145.

Jessop, B. (1990) State Theory: Putting the Capitalist State in Its Place (Cambridge: Polity Press).

Jessop, B. (1998) 'The Rise of Governance and the Risk of Failure', International Social Science Journal 50 (155): 29 – 45.

Jessop, B. (2004) 'Hollowing Out the "Nation-State" and Multi-Level Governance', in P. Kennett, ed. , A Handbook of Comparative Social Policy (Cheltenham: Edward Elgar): 11 – 25.

Jessop, B. (2007) State Power (Cambridge: Polity Press).

Jessop, R. (2003) 'The Political Economy of Scale and the Construction of Cross-Border Regions', in F. SöderbaumandT. M. Shaw, eds, TheoriesofNewRegionalism. APalgraveReader (Basingstoke: Palgrave).

Jetschke, A. (2009) 'Institutionalizing ASEAN: Celebrating Europe through Network Governance', Cambridge Review of International Affairs 22 (3): 407 – 426.

Jetschke, A. and Ruland, J. (2009) 'Decoupling Rhetoric and Practice: The Cultural Limits of ASEAN Cooperation', The Pacific Review 22 (2): 179 – 203.

Job, B. (2003) 'Track 2 Diplomacy: Ideational Contribution to the Evolving Asian Security Order', in M. Alagappa, ed. , Asian Security Order: Instrumental and Normative Features (Stanford: Stanford University Press): 241 – 279.

Johnson, C. (1982) MITI and the Japanese Miracle: The Growth of Industrial Policy 1925 – 1975 (Stanford: Stanford University Press).

Johnson, C. (1987) 'Political Institutions and Economic Performance: The Government – Business Relationship in Japan, South Korea, and Taiwan', in F. C. Deyo, ed. , The Political Economy of the New Asian Industrialism (Ithaca, NY: Cornell University Press): 136 – 164.

Johnson, C. (1989) 'South Korean Democratization: The Role of Economic Development', The Pacific Review 2 (1): 1 – 10.

Johnson, S. (2009) 'The Quiet coup', The Atlantic Monthly (May).

Johnston, A. I. (1995) Cultural Realism: Strategic Culture and Grand Strategy in Chinese History (Princeton: Princeton University Press).

Johnston, A. I. (2007) Social States: China in International Institutions, 1980 – 2000 (Princeton: Princeton University Press).

Johnston, A. I. (2008) Social States: China in International Institutions, 1980 – 2000 (Princeton: Princeton University Press).

Johnston, A. I. and Evans, P. (1999) 'China's Engagement with Multilateral Security Institutions', in A. I. JohnstonandR. Ross, eds, EngagingChina: TheManagementofanEmergingPower (London: Routledge).

Jomo, K. S. (2001) 'International Financial Liberalization and the Crisis of East Asian Development,', in K. S. Jomo and S. Nagaraj, eds, Globalization Versus Development (Basingstoke: Palgrave).

Jomo, K. S. (2004) 'Southeast Asian Development in Comparative East Asian Perspective', in Low, L., ed., DevelopmentalStates: Relevancy, Redundancyor Reconfiguration? (NewYork: Nova Science Publishers): 57 – 77.

Jones, D. M. (1998) 'Democratization, Civil Society, and Illiberal Middle Class Culture in Pacific Asia', Comparative Politics 30 (2): 147 – 169.

Jones, D. M. and Smith, M. L. (2007) 'Constructing Communities: The Curious Case of East Asian Regionalism', Review of International Studies 33 (1): 165 – 186.

Jones, D. M. and Smith, M. L. R. (2006) ASEAN and East Asian International Relations: Regional. Delusion (Cheltenham: Edward Elgar Publishing).

Jones, D. M. and Smith, M. L. R. (2007a) 'Making Process Not Progress: ASEAN and the Evolving East Asian Regional Order', International Security 32 (1): 148 – 184.

Jones, D. M. and Smith, M. L. R. (2007b) 'Constructing Communities: The Curious Case of East Asian Regionalism', Review of International

Studies 33 (1): 165 - 186.

Jones, G. (1990) Consequences of Rapid Fertility Decline for Old Age Security in Asia, Working Papers in Demography, No. 20 (Canberra: Australian National University).

Jones, L. (2007) 'ASEAN Intervention in Cambodia: From Cold War to Conditionality', The Pacific Review 20 (4): 523 - 550.

Jones, L. (2009a) 'Democratization and Foreign Policy in Southeast Asia: The Case of the ASEAN Inter-Parliamentary Myanmar Caucus', Cambridge Review of International Affairs 22 (3): 387 - 406.

Jones, L. (2009b) 'ASEAN and the Norm of Non-Interference in Southeast Asia: A Quest for Social Order', NuffieldCollege Politics Group Working Paper, No. 2009 - 02, Nuffield College, Oxford.

Jorgensen-Dahl, A. (1982) Regional Organization and Order in South-East Asia (London: Macmillan).

Judt, T. (2008a) Reappraisals: Reflections on the Forgotten Twentieth Century (London: Heinemann).

Judt, T. (2008b) 'What have we learned, if anything', New York Review of Books (1 May).

Jung, J. -Y. (2010) 'Regional Financial Cooperation in Asia: Challenges and Path to Development', BIS Papers, No. 42.

Kabir, A. (2001) 'Establishing National Human Rights Commissions in South Asia: A Critical Analysis of the Processes and the Prospects', Asia Pacific Journal on Human Rights and the Law 2 (1): 1 - 53.

Kahler, M. (2000) 'Legalization asStrategy: TheAsia-PacificCase', International Organization 54 (3): 549 - 571.

Kalinowski, T. and Cho H. (2009) 'The Political Economy of Financial Liberalization in South Korea: State, Big Business, and Foreign Investors', Asian Survey 49 (2): 221 - 42.

Kamigaki, T. and Oshitani, H. (2010) 'Influenza Pandemic Preparedness and Severity Assessment of Pandemic (H1N1) 2009 in South-East Asia', Public Health 124 (1): 5 - 9.

Kaminsky, G. L. andReinhart, C. (1999) 'TheTwinCrises: TheCausesof-

BankingandBalance-of-Payment Problems', American Economic Review 89 (3): 473 - 500.

Kaminsky, G. L. and Reinhart, C. (2000) 'On Crises, Contagion, and Confusion', Journal of International Economics 51: 145 - 168.

Kang, D. C. (2002) Crony Capitalism: Corruption and Development in South Korea and the Philippines (Cambridge: Cambridge University Press).

Kang, D. C. (2003) 'Getting Asia Wrong: The Need for New Analytical Frameworks', International Security 27 (4): 57 - 85.

Kang, D. C. (2005) 'Why China's Rise Will Be Peaceful? Hierarchy and Stability in East Asian Region', Perspectives on Politics 3 (3): 551 - 554.

Kang, D. C. (2007) China Rising: Peace Power and Order in East Asia (New York: Columbia University Press).

Kang, D. C. (2004) 'The Theoretical Roots of Hierarchy in International Relations', Australian Journal of International Relations 58 (3): 337 - 352.

Kang, E. (1997) Diplomacy and Ideology in Japanese - Korean Relations: From the Fifteenth to the Eighteenth Century (New York: St. Martin's Press).

Kaplan, R. (1994) 'The Coming Anarchy', The Atlantic Monthly 273 (2): 44 - 76.

Katada, S. N. (2002) 'Japan and Asian Monetary Regionalisation: Cultivating a New Regional Leadership After the Asian Financial Crisis', Geopolitics 7 (1): 85 - 112.

Katada, S. N. (2004) 'Japan's Counterweight Strategy: U. S. - Japan Cooperation and Competition in International Finance', in E. S. Krauss and T. J. Pempel, eds, Beyond Bilateralism: U. S. - Japan Relations in the New Asia-Pacific (Palo Alto: Stanford University Press): 176 - 197.

Katada, S. N. (2008) 'From a Supporter to a Challenger? Japan's Currency Leadership in Dollar-Dominated East Asia', Review of International Political Economy 15 (3): 399 - 417.

Katada, S. N. and Solís, M. (2008) 'Under Pressure: Japan's Institutional Response to Regional Uncertainty', inV. Aggarwal, M. GyoKoo, S.

LeeandC. -I. Moon, eds, NortheastAsianRegionalism: RipeforIntegration? (Berlin: Springer).

Katsumata, H. (2006) 'Establishment of the ASEAN Regional Forum: Constructing a 'Talking Shop' or a 'Norm Brewery'?', The Pacific Review 19 (2): 181 - 198.

Katsumata, H. (2007) 'ASEAN Struggling for Human Rights and Democracy', The Jakarta Post.

Katsumata, H. (2009) 'ASEANandHumanRights: ResistingWesternPressureorEmulatingtheWest?', The Pacific Review 22 (5): 619 - 637.

Katsumata, H. (2009) ASEAN's Cooperative Security Enterprise: Norms and Interests in the ASEAN Regional Forum (New York: Palgrave Macmillan).

Katzenstein, P. (2000) 'Introduction: Asian Regionalism in Comparative Perspective', in P. Katzenstein, and T. Shiraishi, eds, NetworkPower: JapanandAsia (Ithaca, NY, andLondon: CornellUniversityPress): 1 - 46.

Katzenstein, P. (2004) 'Japan and Asian-Pacific Security', in J. J. Suh, P. Katzenstein and A. Carlson, eds, Rethinking Security in East Asia: Identity, Power, and Efficiency (Stanford: Stanford University Press): 131 - 171.

Katzenstein, P. (2005) A World of Regions: Asia and Europe in the American Imperium (Ithaca, NY: Cornell University Press).

Katzenstein, P. and Okawara, N. (1993) 'Japan's National Security: Structures, Norms and Policies', International Security 17 (4): 265 - 299.

Katzenstein, P. and Okawara, N. (2004) 'Japan and Asian-Pacific Security', in J. J. Suh, P. Katzenstein and A. Carlson, eds, Rethinking Security in East Asia (Stanford: Stanford University Press): 97 - 130.

Katzenstein, P. J. (1997) 'Asian Regionalism in Comparative Perspective', in P. J. Katzenstein and T. Shiraishi, eds, Network Power: Japan and Asia (Ithaca, NY: Cornell University Press).

Katzenstein, P. J. (2000) 'Regionalism and Asia', New Political Economy 5: 353 - 367.

Katzenstein, P. J. (2005) A World of Regions: Asia and Europe in the American Imperium (Ithaca, NY: Cornell University Press).

Katzenstein, P. J. and Shiraishi, T. (eds) (1997) Network Power: Japan and Asia (Ithaca, NY: Cornell University Press).

Katzenstein, P. J. and Shiraishi, T. (2006) Beyond Japan: The Dynamics of East Asian Regionalism (Ithaca, NY: Cornell University Press).

Kaufman, S., Little, R. and Wohlforth, W. (eds) (2007) The Balance of Power in World History (London: Palgrave).

Kausikan, B. (1993) 'Asia's Different Standard', Foreign Policy 92 (Autumn): 24 - 41.

Kavalski, E. (2009) 'Do as I Do': The Global Politics of China's Regionalization', in E. Kavalski, ed., China and the Global Politics of Regionalization (Farnham: Ashgate): 1 - 16.

Kawai, M. and Motonishi, T. (2005) 'Macroeconomic Interdependence in East Asia: Empirical Evidence and Issues', in Asian Development Bank, ed., Asian Cooperation and Integration: Progress, Prospects, Challenges (Manila: Asian Development Bank): 213 - 268.

Kayaog ? lu, T. (2010) Legal Imperialism: Sovereignty and Extraterritoriality in Japan, the Ottoman Empire, and China (New York: Cambridge University Press).

Kazenstein, P. (ed.) (1996) The Culture of National Security: Norms and Identify in World Politics (New York: Columbia University Press).

Kedward, R. (2005) La Vie En Bleu: France and the French Since 1900 (London: Allen Lane).

Keister, L. A. (1998) 'Engineering Growth: Business Groups Structure and Firm Performance in China's Transition Economy', American Journal of Sociology 104 (3): 404 - 440.

Keller, J. W. (2005) 'Leadership Style, Regime Type, and Foreign Policy Crisis Behaviour: A Contingent Monadic Peace?', International Studies Quarterly 49: 205 - 231.

Kelley, L. (2003) 'Vietnam as a "Domain of Manifest Civility" (Van Hien Chi Bang)', Journal of Southeast Asian Studies 34 (1): 63 - 76.

Kelley, L. (2005) Beyond the Bronze Pillars: Envoy Poetry and the Sino-Vietnamese Relationship (Honolulu, HI: University of Hawai'i Press).

Kellow, A. (2009) 'Thinking Globally and Acting Regionally: Securitizing Energy and Environment', in W. Tow, ed., Security Politics in the Asia-Pacific: A Regional – Global Nexus? (Cambridge: Cambridge University Press).

Kelsen, H. (1994) 'General Theory of Law and State', reprinted in M. L. A. Freeman, ed., Lloyd's Introduction to Jurisprudence, sixth edition (London: Sweet and Maxwell): 300 – 302.

Kennedy, J. J. (2009) 'Maintaining Popular Support for the Chinese Communist Party: The Influence of Education and the State-Controlled Media', Political Studies 57 (3): 517 – 536.

Kennedy, P. (1988) The Rise and Fall of the Great Powers: Economic Change and Military Conflict From 1500 to 2000 (New York: Random House).

Kenny, C. and Williams, D. (2001) 'What Do We Know About Economic Growth? or, Why Don't We Know Very Much?', World Development 29 (1): 1 – 22.

Keohane, R. O. (1984) After Hegemony. Cooperation and Discord in the World Political Economy (Princeton, NJ: Princeton University Press).

Keohane, R. O. (2006) 'The Contingent Legitimacy of Multilateralism', GARNET Working Paper 09/06, available online at http://www.garneteu.org/fileadmin/documents/working_papers/0906.pdf. 1.

Keyes, C. (2002) 'The Peoples of Asia: Science and Politics in the Classification of Ethnic Groups in Thailand, China, and Vietnam', Journal of Asian Studies 61 (4): 1163 – 1203.

Khan, M. H. andJomo, K. S. (2000) Rents, Rent-Seeking and Economic Development: Theory and Evidence in Asia (Cambridge: Cambridge University Press).

Khan, S. (2009) 'Stabilization of Afghanistan: U. S, NATO Regional Strategy and the Role of the SCO', China and Eurasia Forum Quarterly 7 (3): 11 – 15.

Khazanov, A. M. (1984) Nomads and the Outside World (Cambridge: Cambridge University Press).

Khong, Y. F. (2004) 'Coping with Strategic Uncertainty: The Role of Institutions and Soft Balancing in Southeast Asia's Post-Cold War Strategy', in J. J. Suh, P. Katzenstein and A. Carlson, eds, Rethinking Security in East Asia: Identity, Power, and Efficiency (Stanford: Stanford University Press): 172 - 208.

Khong, Y. F. and Nesadurai, H. E. S. (2007) 'Hanging Together, Institutional Design and Cooperation in Southeast Asia: AFTA and the ARF', in A. Acharya and A. I. Johnston, eds, Crafting Cooperation: Regional International Institutions in Comparative Perspective (Cambridge: Cambridge University Press): 32 - 82.

Kim, J. C. (2010) 'Politics of Regionalism in East Asia: The Case of the East Asia Summit', Asian Perspective 34 (3): 113 - 136.

Kim, S. H., Kose, M. A. and Plummer, M. G. (2001) 'Understanding the Asian Contagion', Asian Economic Journal 15 (2): 111 - 138.

Kim, Y. (2006) K? ongukui Ch? ongch' i: Y? omal S? oncho, Hy? okmy? onggwa Munmy? ong Jonhwa (the Politics of Founding the Nation: Revolution and Transition of Civilization During the Late Kory? o and Early Choson) (Seoul: Yeehaksa).

Kindleberger, C. P. (1981) 'Dominance and Leadership in the International Economy: Exploitation, Public Goods, and Free Rides', International Studies Quarterly 25 (2): 242 - 254.

Kindleberger, C. P. (1986) 'International Public Goods Without International Government', American Economic Review 76 (1): 1 - 13.

Kindleberger, C. P. and Morgan, P. M. (eds) (1997) Regional Orders: Building Security in a New World (University Park, PA: Pennsylvania University Press).

King, E. (1997) 'Who Really Pays for Education? the Roles of Government and Families in Indonesia', in C. Colclough, ed., Marketizing Education and Health in Developing Countries: Miracle or Mirage? (Oxford: Clarendon Press): 164 - 182.

Kiselycznyk, M. and Saunders, P. C. (2010) Assessing Chinese Military

Transparency, Institute for National   Strategic Studies, China Strategic Perspectives I (Washington, DC: National Defense University Press).

Kivimäki, T. A. (2001) 'The Long Peace of ASEAN', Journal of Peace Research 38 (1): 5 – 25.

Kivimäki, T. A. (2008) 'Power, Interest or Culture – Is There a Paradigm That Explains ASEAN's Political Role Best?', The Pacific Review 21 (4): 431 – 450.

Klare, M. T. (2001) Resource Wars: The New Landscape of Global Conflict (New York: Henry Holt and Company, LLC).

Koh, T. (2009) 'Why You Shouldn' t Yawn at ASEAN', The Straits Times (29 April).

Kohara, M. (2005) East Asian Community (Tokyo: Nihon Keizai Shimbun) (in Japanese).

Kohli, A. (2004) State-Directed Development: Political Power and Industrialization in the Global Periphery (Cambridge: Cambridge University Press).

Kohsaka, A. (2004) 'A Fundamental Scope for Regional Financial Cooperation in East Asia', Journal of Asian Economics 15: 911 – 937.

Koizumi, J. (2002) Japan and ASEAN in East Asia: A Sincere and Open Partnership (Singapore: Institute of Southeast Asian Studies).

Kolko, G. (1968) The Politics of War: US Foreign Policy 1943 – 1945 (New York: Vintage).

Kong, Y. F. (2004) 'Coping with Strategic Certainty: The Role of Institutions and Soft Balancing in Southeast Asia's Post-Cold War Strategy', in J. J. Suh, P. Katzenstein and A. Carson, eds, Rethinking Security in East Asia (Stanford, CA: Stanford University Press).

Konstadakopulos, D. (2009) 'Cooling the Earth? The Changing Priorities of EU – Asia Technology Cooperation', Asia – Europe Journal 7 (2): 345 – 366.

Koremenos, B., Lipson, C. and Snidal, D. (2001) 'The Rational Design of International Institutions', International Organization 55 (4): 761 – 799.

Kosyrev, D. (2007) 'Rush Demand for Shanghai Cooperation Organization',

RIA Novosti (17 August), available online at http: //en. rian. ru/analysis/20070817/72171635-print. html (accessed 16 June 2009).

Kucera, J. (2007) 'Shanghai Cooperation Organization Summiteers Take Shots at US Presence in Central Asia', EurasianNet (20 August 20), available online at http: //www. eurasianet. org/departments/insight/ articles/ eav082007a_ pr. shtml (accessed 16 June 2009).

Krahmann, E. (2008) 'Security: Collective Good or Commodity?', European Journal of International Relations 14 (3): 379 - 404.

Krasner, S. D. (1976) 'State Power and the Structure of International Trade', World Politics 28 (3): 317 - 347.

Krasner, S. D. (2001) 'Organized Hypocrisy in Nineteenth-Century East Asia', International Relations of the Asia-Pacific 1: 173 - 197.

Krauss, E. S. (2004) 'The United States and Japan in APEC's EVSL Negotiations: Regional Multilateralism and Trade', in E. S. Krauss and T. J. Pempel, eds, Beyond Bilateralism: US - Japan Relations in the New Asia-Pacific (Stanford: Stanford University Press): 272 - 295.

Kristiansen, S. andSantoso, P. (2006) 'SurvivingDecentralisation? ImpactsofRegionalAutonomyonHealth Service Provision in Indonesia', Health Policy 77 (3): 247 - 259.

Kruman, K. and Karas, H. (eds) (2003) East Asia Integrates: A Trade Policy Agenda for Shared Growth (Washington, DC: World Bank).

Kuhnle, S. (2002) 'Productive Welfare in Korea: Moving Towards a European Welfare State Type?', paper presented at ECPR Workshop: The Welfare State: Pros and Cons (Torino, Italy, 22 - 27 March).

Kuhonta, E. M. (2006) 'Walking a Tightrope: Democracy Versus Sovereignty in ASEAN's Illiberal Peace', The Pacific Review 19 (3): 337 - 358.

Kuhonta, E. M. and Mutebi, A. M. (2005) 'Thaksin Triumphant: The Implications of One-Party Dominance in Thailand', Asian Affairs: An American Review 33 (1): 39 - 51.

Kupchan, C. (1998) 'After Pax Americana: Benign Power, Regional Integration and the Sources of a Stable Multipolarity', International Security 23 (2): 40 - 79.

Kurlantzick, J. (2007) Charm Offensive: How China's Soft Power Is Transforming the World (New Haven: Yale University Press).

Kuroda, H. and Kawai, M. (2004) 'Strengthening Regional Financial Cooperation in East Asia', in G. De BrouwerandY. -J. Wang, eds, Financial Governance in East Asia: Policy Dialogue, Surveillance and Cooperation (London: Routledge): 136 - 162.

Kwack, S. -Y. (2004) 'An Optimum Currency Area in East Asia: Feasibility, Coordination, and Leadership Role', Journal of Asian Economics 15: 153 - 169.

Kwan, C. H. (2001) Yen Bloc: Toward Economic Integration in Asia (Washington, DC: Brookings Institution).

Kwon, H. -J. (2005) 'Transforming the Developmental Welfare State in East Asia', Development and Change 36 (3): 477 - 497.

Kwon, S. (2007) 'The Fiscal Crisis of National Health Insurance in the Republic of Korea: In Search of a New Paradigm', Social Policy & Administration 41 (2): 162 - 178.

Kwon, Y. and Hong, S. (2005) 'Challenges and Prospects for East Asian Summit', Korean Institute for International Economic Policy 5 (1) (in Korean).

Lake, D. (1993) Leadership, Hegemony and the International Economy: Naked Emperor or Tattered Monarch with Potential?, International Studies Quarterly 37 (4): 459 - 489.

Lake, D. A. (2009) 'Regional Hierarchy: Authority and Local International Order', Review of International Studies 35 (S1): 35 - 58.

Lambsdorff, J. (2007) The Institutional Economics of Corruption and Reform: Theory, Evidence and Policy (Cambridge: Cambridge University Press).

Lampton, D. ed. (2001) The Making of Chinese Foreign and Security Policy in the Era of Reform, 1978 - 2000 (Stanford: Stanford University Press).

Landes, D. S. (1998) The Wealth and Poverty of Nations (Boston, MA: Little, Brown and Company).

Langhammer, R. J. and Hiemenz, U. (1979) Regional Integration Among Developing Countries: Opportunities, Obstacles and Options (Tübingen: J. C. B. Mohr).

Lanteigne, M. (2005) China and International Institutions: Alternative Paths to Global Power (London: Routledge).

Latham, A. J. H. and Kawakatsu, H. (eds) (1994) Japanese Industrialization and the Asian Economy (London: Routledge).

Laursen, F. (ed.) (2003) Comparative Regional Integration: Theoretical Perspectives (Aldershot: Ashgate).

Laursen, F. (ed.) (2010) Comparative Regional Integration: Europe and Beyond (Aldershot: Ashgate).

Lawrence, R. (1996) Regionalism, Multilateralism, and Deeper Integration (Washington, DC: Brookings Institution).

Lawson, S. (2005) 'Regional Integration, Development and Social Change in the Asia-Pacific: Implications for Human Security and State Responsibility', Global Change, Peace and Security 17 (2): 107 – 122.

Ledyard, G. (1988/9) 'Confucianism and War: The Korean Security Crisis of 1598', The Journal of Korean Studies 6: 81 – 117.

Ledyard, G. (1994) "Cartography in Korea. ", in J. B. Harley and D. Woodward, eds, Cartography in the Traditional East and Southeast Asian Societies (Chicago, IL: Chicago University Press): 235 – 345.

Lee, C. K. (2007) Against the Law: Labor Protests in China's Rustbelt and Sunbelt (Berkeley and Los Angeles, CA: University of California Press).

Lee, J. (2002) Education Policy in the Republic of Korea: Building Block or Stumbling Block? (Washington, DC: IBRD and World Bank).

Lee, K. (1984) A New History of Korea, trans. E. W. Wagner (Seoul: Ilchokak).

Lee, K. (1997) Korea and East Asia: The Story of a Phoenix (Westport, CT: Praeger).

Lee, Y. W. (2006) 'Japan and the Asian Monetary Fund: An Identity-Intention Approach', International Studies Quarterly 50 (2): 339 – 366.

Lee, Y. W. (2008) The Japanese Challenge to the American Neoliberal World Order: Identity, Meaning, and Foreign Policy (Palo Alto: Stanford University Press).

Leftwich A. (1995). 'Bringing Politics Back In: Towards a Model of the Developmental State', Journal of Development Studies 31 (3): 400 – 27.

Leifer, M. (1996) TheASEANRegionalForum: ExtendingASEAN'sModelofRegionalSecurity, AdelphiPapers, No. 302 (London: Oxford University Press).

Leifer, M. (1999) 'The ASEAN Peace Process: A Category Mistake', The Pacific Review 12 (1): 25 – 38.

Leifer, M. (2000) Singapore's Foreign Policy: Coping with Vulnerability (London: Routledge).

Lemke, T. (2001) 'The Birth of Bio-Politics: Michel Foucault's Lecture at the College De France on Neoliberal Rationality', Economy and Society 30 (2): 190 – 207.

Lenihan, R. (2011) 'Adding more Seats at the Table: Can an Enlarged ASEM bring Europe and the Asia-Pacific Closer?', Unpublished paper given at the 'European Studies in Asia' Conference (Bangkok, 19 – 20 February).

Leong, S. (2001) 'The East Asian Economic Caucus (EAEC): "Formalized" Regionalism Being Denied', in B. Hettne, A. Inotal, and O. Sunkel, eds, National Perspectives on the New Regionalism in the North (London: Macmillan).

Lethbridge, H. J. (1985) Hard Graft in Hong Kong: Scandal, Corruption, the ICAC (Oxford: Oxford University Press).

Leung, M. W. -H. (2004) Chinese Migration in Germany: Making Home in Transnational Space (Frankfurt: IKO-Verlag für Interkulturelle Kommunikation).

Lev, D. (1965) 'Revolution and the Rule of Law: The Politics of Judicial Development in Indonesia', Comparative Studies in Society and History 7: 173 – 199.

Levitsky, S. and Way, L. A. (2002) 'The Rise of Competitive Authoritarianism', Journal of Democracy 13 (2): 51 – 65.

Levitsky, S. and Way, L. A. (2006) 'Linkage Versus Leverage – Rethinking the International Dimension of Regime Change', Comparative Politics 38 (4): 379 - 400.

Li, C. (2003) 'The Emergence of Fifth Generation in Provincial Leadership', China Leadership Monitor 6 (Spring).

Li, C. (2004), 'China's Northeast: From Largest Rust Belt to Fourth Economic Engine?' China Leadership Monitor, 9 (Winter).

Li, C. (2005) 'OneParty, TwoFactions: ChineseBipartisanshipinthe-Making?', ConferencePaper: 'Chinese Leadership, Politics, and Policy' (Carnegie Endowment for International Peace, 2 November).

Li, C. (2009) 'China's Team of Rivals', Foreign Policy, 171 (Mar/Apr): 88 - 93.

Li, D. and Yi, Y. (2001) 'Qianyi zhongguo yu dongnanya guojia de guoji maoyi guangxi (The Trading Relationship between China and Southeast Asian Countries)', Dongnanya Yanjiu (Southeast Asian Studies) 4: 29 - 33.

Liao, X. (2006) 'Central Asia and China's Energy Security', China and Eurasia Forum Quarterly 4 (4): 61 - 69.

Lillie, N. A. (2010) 'Bringing the Offshore Ashore: Transnational Production, Industrial Relations and the Reconfiguration of Sovereignty', International Studies Quarterly 54 (3): 683 - 704.

Lincoln, J. R. and Gerlach, M. L. (2004) Japan's Network Economy: Structure, Persistence, and Change (Cambridge United Kingdom: Cambridge University Press).

Liss, C. (2009) 'Losing Control? the Privatisation of Anti-Piracy Services in Southeast Asia', Australian Journal of International Affairs 63 (3): 390 - 403.

Liu, H. (ed.) (2006) The Chinese Overseas: Routledge Library of Modern China, Vol. 1 - 4 (London: Routledge).

Liu, J. (2000) 'Ziyouzhuyiyugongzheng (JusticeisEmbeddedinaMarketDistributionofIncome)', Dangdai zhongguo Yanjiu (Contemporary China Studies), 4: 50 - 67.

Liu, Y. L. and Rao, K. Q. (2006) 'Providing Health Insurance in Rural

China: From Research to Policy', Journal of Health Politics Policy and Law 31 (1): 71 - 92.

Lizée, P. and Peou, S. (1993) Cooperative Security and the Emerging Security Agenda in Southeast Asia: The Challenges and Opportunities of Peace in Cambodia, YCISS Occasional Paper, No. 21 (Toronto: Centre for International and Strategic Studies, York University).

Lloyd, M. (1976) The Passport: The History of Man's Most Travelled Document (Stroud: Sutton Publishing).

Loder, J. , Montsion, J. M. and Stubbs, R. (2011) 'East Asian Regionalism and the European Experience: Differences in Leadership, Possible Lessons', in A. Warleigh-Lack, N. Robinson and B. Rosamond, eds,

New Regionalism and the European Union: Dialogues, Comparisons and New Research Directions (London: Routledge).

Loewen, H. (2007) 'East Asia and Europe - Partners in Global Politics?', Asia Europe Journal 5: 23 - 31.

Lombaerde, P. de (ed.) (2006) Assessment and Measurement of Regional Integration (London and New York: Routledge).

Long, D. (2003) Haiwai huashang jingying guanli tanwei (A Study of Overseas Chinese Business Management and Administration) (Hong Kong: Hong Kong shehuikexue chubanshe youxiangongsi).

Long, S. (2009) 'A Golden Chance: A Special rReport on Indonesia', The Economist (12 September).

Louie, A. (2004) Chineseness across Borders: Renegotiating Chinese Identities in China and the United States (Durham: Duke University Press).

Lu, Y. -S. (1956) ProgramsofCommunistChinaforOverseasChinese (HongKong: TheUnionResearchInstitute).

Luo, Y. (2000) Guanxi and Business (Singapore: World Scientific).

Luo, Y. and Tung, R. L. (2007) 'International Expansion of Emerging Market Enterprises: A Springboard Perspective', Journal International Business Studies 38: 481 - 498.

Ma, J. , Lu, M. S. and Quan, H. (2008) 'From aNational, Centrally Planned Health System toa SystemBased on the Market: Lessons from China', Health Affairs 27 (4): 937 – 948.

Ma, S. K. (2009) 'Policing the Police: A Perennial Challenge for China's Anticorruption Agencies', in T. Gong and S. K. Ma, eds, Preventing Corruption in Asia: Institutional Design and Policy Capacity (Abingdon: Routledge): 81 – 96.

Mack, A. (1996) 'Proliferation in Northeast Asia', Occasional Paper, No. 28 (Washington, DC: Henry L Stimson Center): 56 – 57.

Mackie, J. (2005) Bandung 1955: Non-Alignment and Afro-Asian Solidarity (Singapore: Editions Didier Millet).

Maddison, A. (1995) Monitoring the World Economy 1820 – 1992 (Paris: OECD).

Mahbubani, K. (1995) 'The Pacific Impulse', Survival 37 (1): 105 – 120.

Mahbubani, K. (2008) 'Why Asia Stays Calm in the Storm', Financial Times (28 October).

Mahbubani, K. (2008) The New Asian Hemisphere: The Irresistible Shift of Global Power to the East (New York:
Public Affairs).

Mahmood, I. and Mitchell, W. (2004) 'Two Faces: Effects of Business Groups on Innovation in Emerging Economies', Management Science 50 (10): 1348 – 1365.

Maitland, F. (1911) 'Why the History of English Law is Not Written', in H. A. L. Fisher, ed., The Collected Papers of Frederic William Maitland: Downing Professor of the Laws of England, Vol. 1 (Cambridge: Cambridge University Press): 480 – 497.

Mak, J. N. (2010) 'MaritimeSecurityandtheARF: WhytheFocusonDialogueRatherThanAction', inHaacke and Morada, eds, Cooperative Security in the Asia-Pacific: The ASEAN Regional Forum (London: Routledge).

Mak, L. -F. and Kung, I. -C. (1999) 'The Overseas Chinese Network: Forms and Practices in Southeast Asia', PROSEA Occasional Paper, No. 26 (May) (Taiwan: Academia Sinica).

Makinda, S. and Okumu, F. W. (2008) The African Union: Challenges of

Globalization, Security and Governance (New York: Routledge).

Makoa, F. K. (2004) 'African Union: New Organisation, Old Ideological Framework', Strategic Review for Southern Africa 26 (1): 1 - 14.

Malik, M. (2006) 'The East Asia Summit', Australian Journal of International Affairs 60 (2): 207 - 211.

Manea, M. (2008) 'Human Rights and the Interregional Dialogue between Asia and Europe: ASEAN - EU Relations and ASEM', The Pacific Review 21 (3): 369 - 396.

Mann, J. (2007) 'Western Response Muted to Shanghai Pact's Games', South China Morning Post (Hong Kong, 18 August).

Mansfield, E. D. and Bronson, R. (1997) 'The Political Economy of Major-Power Trade Flows', in E. D.

Mansfield and H. Milner, eds, The Political Economy of Regionalism (New York: Columbia University Press): 188 - 208.

Mansfield, E. D. and Milner, H. V. (eds) (1997) The Political Economy of Regionalism (New York: Colombia University Press).

Mansfield, E. D. andSnyder, J. (2002) 'Democratic Transitions, Institutional Strength, and War', International Organization 56 (2): 297 - 337.

Marat, E. (2007) 'Russia and China Unite Forces in Peace Mission 2007', Central Asia-Caucasus Institute (4 April), available online at http: //www. cacianalyst. org/view_ article. php? articleid-4748 (accessed 16 June 2009).

Marschall, S. (2005) Transnationale Repräsentation in Parlamentarischen Versammlungen (Baden-Baden: Nomos).

MartinJones, D. and Smith, M. L. R. (2007) 'MakingProcess, Not-Progress', International Security32 (1): 148 - 184.

Martin, D. (2009) 'Toes in the Water: The "Makability" of ASEAN and European Commission Support to Economic Integration in Southeast Asia Under APRIS', in P. de Lombaerde and M. Schulz, eds, The EU and World Regionalism: The Makability of Regions in the 21st Century (London: Ashgate Publishing).

Masina, P. (2006) Vietnam's Development Strategies (London: Routledge).

Mastanduno, M. (2009) 'TheUnitedStates: RegionalStrategiesandGlobal-Commitments', inW. Tow, ed. , Security Politics in the Asia-Pacific: A Regional - Global Nexus (Cambridge: Cambridge University Press).

Mathews, J. A. (2006) 'Dragon Multinationals: New Players in 21st Century Globalization', Asia Pacific Journal of Management 23 (1): 5 - 27.

Matsubara, H. (2006) 'Asia/Asian Community Remains Distant Goal', Asahi Shimbun (8 March), available online at www. asahi. com/english (accessed 19 July 2011).

Matthews, J. T. (1989) 'Redefining Security', Foreign Affairs 68 (2): 162 - 177.

Matthews, J. T. (1997) 'Power Shift', Foreign Affairs 76 (1): 50 - 66.

Mattli, W. (1999) The Logic of Regional Integration. Europe and Beyond (Cambridge: Cambridge University Press).

Mazower, M. (1998) Dark Continent: Europe's Twentieth Century (London: Allen Lane).

McCargo, D. and Pathmanand, U. (2005) The Thaksinization of Thailand (Copenhagen: NIAS).

McCarthy, S. (2008) 'Burma And ASEAN: Estranged Bedfellows', Asian Survey 48 (6): 911 - 935.

McCarthy, S. (2009) 'Chartering a New Direction? Burma and the Evolution of Human Rights in ASEAN', Asian Affairs: An American Review 36 (3): 157 - 175.

McCauley, R. N. (2003) 'Unifying Government Bond Markets in East Asia', BIS Quarterly Review
(December): 89 - 98.

McCormack, G. (1996) The Emptiness of Japanese Affluence (Sydney: Allen & Unwin).

McCormick, J. (1997) Carl Schmitt's Critique of Liberalism: Against Politics as Technology (Cambridge: Cambridge University Press).

McCoy, A. W. (2003) The Politics of Heroin: CIA Complicity in the Global Drug Trade (Chicago: Lawrence Hill).

McCurry, J. (2010) 'Seoul and US Start Military Drills Despite North Korean Threats', The Guardian (26 July).

McGregor, R. (2010) The Party: The Secret World of China's Communist Rulers (London: Allen Lane and Penguin).

McKinnon, R. and Schnabl, G. (2004) 'The East Asian Dollar Standard, Fear of Floating, and Original Sin', Review of Development Economics 8 (3): 331 - 360.

McLeod, R. H. (2000) 'Soeharto's Indonesia: A Better Class of Corruption', Agenda 7 (2): 99 - 112.

McNamara, D. (2009) Business Innovation in Asia: Knowledge and Technology Networks From Japan (London: Routledge).

Mears, J. (2001) 'Analyzing the Phenomenon of Borderlands from Comparative and Cross-Cultural Perspectives' (MS, Southern Methodist University), available online at http://www. historycooperative. org/proceedings/interactions/ mears. html (accessed 7 October 2008).

Mearsheimer, J. (2001) The Tragedy of Great Power Politics (New York: Norton).

Mearsheimer, J. and Brezinski, P. (2005) 'Clash of Titan', Foreign Policy 146 (January/February): 46 - 50.

Melchor, A. Jr. (1978) 'Assessing ASEAN's Viability in a Changing World', Asian Survey 18 (4): 422 - 434.

Migdal, J. S. (1988) Strong Societies and Weak States: State - Society Relations and State Capabilities in the Third World (Princeton: Princeton University Press).

Migranyan, A. A. (2009) 'Reassessing the SCO Economic Security in the Context of the "Afghan Factor"', China and Eurasia Forum Quarterly 7 (4): 17 - 22.

Miller, B. (2001) 'The Concept of Security: Should It Be Redefined?', The Journal of Strategic Studies 24 (2): 12 - 42.

Milner, H. V. and Mukherjee, B. (2009) 'Democratization and Economic Globalization', Annual Review of Political Science 12: 163 - 181.

Milward, A. S. (1992) The European Rescue of the Nation State (London:

Routledge).

Milward, A. S. (2000) The European Rescue of the Nation State, second edition (London: Routledge).

Milward, A. S. Brennan, G. and Romero, F. (1993) The European Rescue of the Nation State (Berkeley, CA: University of California Press).

Ministry of Education (2003) 'Education Statistics Digest' (Singapore: Government of Singapore).

Ministry of Foreign Affairs (2002) The Sino-ASEAN Relationship, China (8 May), available online at http: // www. mfa. gov. cn/eng/wjb/zzjg/gjs/gjzzyhy/2616/t15341. htm (accessed 19 July 2011).

Mitchison, L. (1961) The Overseas Chinese: A Background Book (London: The Bodley Head).

Mitrany, D. (1966 [1946]) A Working Peace System (Chicago, IL: Quardrangle Books).

Mitrany, D. (1975) The Functional Theory of Politics (London: Martin Robertson and Co).

Mohamad, M. (2002) 'Towards a Human Rights Regime in Southeast Asia: Charting the Course of State Commitment', Contemporary Southeast Asia 24 (2): 230 - 251.

Mok, K. -H. (2008) 'Governing Through Governance: Changing Social Policy Paradigms in Post-Mao China', China Public Policy Review 2: 1 - 20.

Mok, K. -H. and Painter, M. (2008) 'Reasserting the Public in Public Service Delivery: The De-Privatization and De-Marketization of Education in China', Policy & Society 27 (3): 137 - 150.

Moore, B. (1966) Social Origins of Dictatorship and Democracy: Lord and Peasant in the Making of the Modern World (Boston, MA: Beacon Press).

Moore, T. G. (2004) 'China's International Relations: The Economic Dimension', in S. S. Kim, ed., The International Relations of Northeast Asia (Lanham, MD: Rowman & Littlefield): 101 - 134.

Morada, N. M. (2008) 'Regionalism and Community in East Asia: Do non-governmental actors matter?', paper prepared for the Sentosa Roundtable on Asian Security 2008 (Singapore: Nanyang Technological University, S.

Rajaratnam School of International Studies): 17 - 18.

Morada, N. M. (2009) 'The ASEAN Charter and the Promotion of R2P in Southeast Asia: Challenges and Constraints', Global Responsibility to Protect 1 (2): 185 - 207.

Morada, N. M. (2010a) 'The ASEAN Regional Forum: Origins and Evolution', in J. Haacke and N. M. Morada, eds, CooperativeSecurityintheAsia-Pacific: TheASEANRegionalForum (London: Routledge).

Morada, N. M. (2010b) 'The ASEAN Regional Forum and Counter-Terrorism', in J. Haacke and N. M. Morada, eds, CooperativeSecurityintheAsia-Pacific: TheASEANRegionalForum (London: Routledge).

Morck, R. and Yeung, B. (2004) 'Family Control and the Rent Seeking Society', Entrepreneurship Theory and Practice (Summer): 391 - 409.

Morganthau, H. J. (1967) Politics Among Nations (New York: Knopf).

Morganthau, H. J. (1948) Politics Among Nations: The Struggle for Power and Peace (New York: Alfred A. Knopf).

Mori, K. and Hirano, K. (eds) (2007) A New East Asia: Toward a Regional Community (Singapore: National University of Singapore).

Morishima, M. (2000) Collaborative Development in Northeast Asia, trans. J. Hunter (New York: Macmillan and St. Martin's Press).

Morley, J. W. (ed.) (1999) Driven by Growth: Political Change in the Asia-Pacific Region (Singapore: M. E. Sharpe).

Morrison, C. E. (2009) 'FourAdjectivesBecomeaNoun: APECandtheFutureofAsia-PacificCooperation', in Kesavapany and H. Lim, eds, APEC at 20: Recall, Reflect, Remake (Singapore: ISEAS).

Munakata, N. (2006) Transforming East Asia: The Evolution of Regional Economic Integration (Washington, DC: Brooking Institution Press).

Muni, S. D. and Muni, A. (1984) Regional Cooperation in South Asia (New Delhi: National Publishing House).

Munro, J. (2009) 'Why States Create International Human Rights Mechanisms: The Asean Intergovernmental Commission on Human Rights and Democratic Lock-in Theory', Asia Pacific Journal on Human Rights and the Law 10 (1): 1 - 26.

Muntarbhorn, V. (2003) 'A Roadmap for an ASEAN Human Rights Mecha-nism', Friedrich Naumann Foundation (FNF), available online at ht-tp: //www. fnf. org. ph/liberallibrary/roadmap-for-asean-human-rights. htm (accessed 29 July 2010).

Muscat, R. J. (1994) The Fifth Tiger: A Study of Thai Development Policy (Armonk: M. E. Sharpe and United Nations University Press).

Mydans, S. (2008) 'Terror in the Family: A Defector's Dilemma', Interna-tional Herald Tribune (1 – 2 March): 1. Myers, N. (1989) 'Environ-ment and Security', Foreign Affairs 74: 23 – 41.

Nabers, D. (2003) 'The Social Construction of International Institutions: The Case of ASEAN + 3', International Relations of the Asia-Pacific 3: 113 – 136.

Nabers, D. (2008) 'China, Japan and the Quest for Leadership in East A-sia', GIGA Working Papers, No. 67 (Hamburg: GIGA).

Nair, D. (2009) 'Regionalism in the Asia Pacific/East Asia: A Frustrated Re-gionalism?', Contemporary Southeast Asia 31 (1): 110 – 142.

Nanto, D. (2010) East Asian Regional Architecture: New Economic and Secu-rity Arrangements and U. S. Policy, Congressional Research Service Re-port for Congress, RL33653 (15 April).

Narine, S. (1997) 'ASEAN and the ARF: The Limits of the "ASEAN Way"', Asian Survey 37 (10): 961 – 978.

Narine, S. (2002) 'ASEAN in the Aftermath: The Consequences of the East Asian Economic Crisis', Global Governance 8 (2): 179 – 194.

Narine, S. (2002) Explaining ASEAN: Regionalism in Southeast Asia (Boul-der, CO, and London: Lynn Reinner Publishers).

Narine, S. (2004) 'State Sovereignty, Political Legitimacy and Regional Insti-tutionalism in the Asia Pacific', The Pacific Review 17 (4): 423 – 450.

Narine, S. (2005) 'Humanitarian Intervention and the Question of Sovereign-ty: The Case of ASEAN', Perspectives on Global Development and Tech-nology 4 (3 – 4): 465 – 485.

Narine, S. (2007) 'Economic Security and Regional Cooperation in the Asia-Pacific: Evaluating the Economics-Security Nexus', in Amitav A. and Evelyn G, eds, Reassessing Security Cooperation in the Asia-Pacific: Competition, Congruence and Transformation (Cambridge, MA: The MIT Press): 195 - 217.

Narine, S. (2008) 'Forty Years of ASEAN: A Historical Review', The Pacific Review 21 (4): 411 - 429.

Narine, S. (2009) 'ASEAN in the Twenty-First Century: A Sceptical Review', Cambridge Review of International Affairs 22 (3): 369 - 386.

Narine, S. (2010) 'Chapter 7: Political and Security Relations and Multilateral Institution Building in East Asia', Asia Pacific Studies Working Paper Series, No. 19 (September) (University of Waterloo, Canada: Keiko and Charles Belair Centre for East Asian Studies).

Narramore, T. (1998) 'Coming to Terms with Asia in Discourses of Asia-Pacific Regional Security', Australian Journal of Political Science 33 (2): 253 - 266.

Nations Online. (2010) 'National Economic Accounts for Countries and Regions around the World', available online at http://www. nationsonline. org/oneworld/GNI_ PPP_ of_ countries. htm.

NATO (1999) 'The Alliance's Strategic Concept', approved by the Heads of State and Government participating in the meeting of the North Atlantic Council in Washington, DC, Press Release, NAC-S (99) 65 (24 April).

Naughton, B. (2003) 'The Emergence of Wen Jiabo', China Leadership Monitor 6 (Spring).

Naughton, B. (2009) 'China: Economic Transformation Before and After 1989', Conference Paper: '1989: Twenty Years After' (University of California, Irvine, 6 - 7 November), available online at http://www. democ. uci. edu/research/conferences/documents/naughton. pdf.

NCCC (National Counter Corruption Commission) (2010) 'Historical Perspective' and 'Organic Act on Counter Corruption B. E. 2542 (1999)' (18 May), available online at www. nccc. thaigov. net/nccc/en/eng. php.

Nehru, J. (1961) India's Foreign Policy: Selected Speeches, 1946 - 1961

(Delhi: Government of India).

Neo, J. (2006) 'Malay Nationalism, Islamic Supremacy and the Constitutional Bargain in the Multi-Ethnic Composition of Malaysia', International Journal on Minority and Group Rights 13: 95 – 118.

Nesadurai, H. E. S. (2004) 'Regional economic governance in Southeast Asia: normalising business actors, sidelining civil society groups?', paper presented to the 2004 Annual Convention of the International Studies Association (ISA) (Montreal, 17 – 20 March).

Nesadurai, H. E. S. (2006) 'APEC and East Asia: The Challenge of Remaining Relevant', in L. Elliott, J. Ravenhill, H. E. S. Nesadurai and N. Bisley , ed. , APEC and the Search for Relevance: 2007 and Beyond (Canberra: Research School of Pacific and Asian Studies, Australian National University, Keynotes No. 7): 16 – 25.

Nesadurai, H. E. S. (2009) 'Economic Surveillance as a New Mode of Regional Governance: Contested Knowledge and the Politics of Risk Management in East Asia', Australian Journal of International Affairs 63 (3): 361 – 375.

Nesadurai, H. E. S. (June 2010) 'Labor and Grassroots Civic Interests in Regionalism', ADB Working Paper Series on Regional Economic Integration, No. 53 (Manila: ADB).

Neumann, I. B. (2003) 'The Region-Building Approach', in F. Söderbaum and T. M. Shaw, eds, Theories of New Regionalism. A Palgrave Reader (Basingstoke: Palgrave Macmillan).

Newfarmer, R. (2004) 'SAFTA: Promise and Pitfalls of Preferential Trade Arrangement', background paper for Global Economic Prospects 2005 (Washington, DC: World Bank).

Ngiam, K. J. (2003) 'The Future of Financial Cooperation in East Asia', The Journal of East Asian Affairs XVII (1): 121 – 147.

NIC (National Intelligence Council) (2004) Mapping the Global Future: Report of the National Intelligence Council's 2020 Project (Pittsburgh December), available online at http: //www. foia. cia. gov/2020/2020. pdf (accessed 20 July 2011).

Nicolas, F. (2008) 'The Political Economy of Regional Integration in East A-
　　sia', Economic Change Restructuring 41 (4): 345 - 367.

Nisbett, R. E. (2003) The Geography of Thought: How Asians and Western-
　　ers Think Differently … and Why (New York: Free Press).

Nolan, P. (2001) China and the Global Economy (Basingstoke: Palgrave).

Norwegian Nobel Committee (2007), 'The Nobel Peace Prize for 2007', Press
　　Release (12 October), available online at http://nobelprize.org/nobel_
　　prizes/peace/laureates/2007/press. html (accessed 20 July 2011).

Nyaw, M. -k (1993) 'ASEAN and China's Economic Relations', in Y. Liu,
　　ed. , China's Economic Coordination System (Hong Kong: Joint Publishing
　　(H. K.) Co. Ltd).

Nye, J. (1971) Peace in Parts: Integration and Conflict in Regional Organiza-
　　tion (Boston, MA: Little, Brown and Company).

Nye, J. (1990) Bound to Lead: The Changing Nature of American Power
　　(New York: Basic Books).

Nye, J. (1991) Bound to Lead: The Changing Nature of American Power
　　(New York: Basic Books).

Nye, J. (2004) Soft Power: The Means to Success in World Politics (New
　　York: Public Affairs).

O' Neill, J. (2005) 'Attention Europe: The BRICS Are Coming!', Interna-
　　tionale Politik 60 (5): 78 - 79.

Oba, M. (2008) 'Regional Arrangements for Trade in Northeast Asia: Multi-
　　lateral Responses to Structural Changes', inV. K. Aggarwal and M. G.
　　Koo, eds, Asia'sNew Institutional Architecture: Evolving Structures for
　　Managing Trade, Financial, and Security Relations (Heidelberg and Ber-
　　lin: Springer): 89 - 119.

Office, C. (2008) The National Security Strategy of the United Kingdom: Se-
　　curity in an Interdependent World (London: HM Government).

Oga, T. (2009) 'Open Regionalism and Regional Governance: A Revival of
　　Open Regionalism and Japan's Perspectives on East Asian Summit', Inter-
　　disciplinary Information Sciences 15 (2): 179 - 188.

Olson, M. (1993) 'Dictatorship, Democracy, and Development', American

Political Science Review 87 (3): 567 – 576.

Olson, W. J. (2000) 'Illegal Narcotics in Southeast Asia', in W. M. Carpenter and D. G. Wiencek, eds, Asian Security Handbook 2000 (New York: M. E. Sharpe): 99 – 105.

Ong, G. C. (2004) 'Building an IR Theory with Japanese Characteristics: Nishida Kitaro and Emptiness', Millennium 33 (1): 35 – 58.

Ong, K. Y. (2010) Personal Interview by Anja Jetschke with Ong Keng Yong, ASEAN Secretary-General 2003 – 2007 (Singapore, 10 September).

Onis, Z. (1991) 'The Logic of the Developmental State', Comparative Politics 24 (1): 109 – 126.

Orrù, M., Biggart, N. W. and Hamilton, G. G. (1991) 'Organizational Isomorphism in East Asia', in W. W. Powell and P. J. DiMaggio, eds, The New Institutionalism in Organizational Analysis (Chicago, IL: University of Chicago Press): 361 – 389.

Osamu, O. (1980) Sino-Japanese Relations in the Edo Period (Tokyo: Toho Shoten), trans. J. A. Fogel, available online at http://chinajapan. org/archive. html (accessed 9 May 2009).

Osiander, A. (2001) 'Sovereignty, International Relations, and the Westphalian Myth', International Organization 55 (2): 251 – 301.

Osterud, O. (1992) 'Regional Great Powers', in I. B. Neumann, ed., Regional Great Powers in International Politics (New York: St Martins Press).

Painter, J. (2006) 'Prosaic Geographies of Stateness', Political Geography 25 (7): 752 – 774.

PakTribune (2007) 'Russia for anti-money laundering zone around Afghanistan' (17 August), available online at http://Paktribune. com/news/index-shtml? 187200 (accessed 16 June 2009).

Pan, L. (1999) The Encyclopedia of the Chinese Overseas (Richmond: Curzon Press).

Panagariya, A. (1999) 'Trade Policy in South Asia: Recent Liberalization and Future Agenda', The World Economy 22: 353 – 377.

.

Pannarunothai, S. , Patmasiriwat, D. and Srithamrongsawat, S. (2004) 'Universal Health Coverage in Thailand: Ideas for Reform and Policy Struggling', Health Policy 68 (1): 17 - 30.

Pannier, B. (2007) 'Central Asia: SCO Leaders Focus on Energy, Security, Cooperation', Radio Free Europe/Radio Liberty (16 August), available online at http: //www. rferl. org/featuresarticleprint/2007/08/4853ecf7-2612-4d93 - 98fb-509c7cf 1170. html (accessed 16 June 2009).

Paris, R. (2001) 'Human Security: Paradigm Shift or Hot Air?', International Security 26 (2): 87 - 102.

Paris, R. (2004) 'Still an Inscrutable Concept', Security Dialogue 35 (3): 370 - 372.

Park, E. (2006) 'War and Peace in Premodern Korea: Institutional and Ideological Dimensions', in Y. Kim-Renaud, R. Grinker and K. W. Larsen, eds, The Military and Korean Society, Sigur Center Asia Papers, No. 26 (Washington, DC: George Washington University).

Park, S. H. and Lee, J. Y. (2009) 'APEC at a Crossroads: Challenges and Opportunities', Asian Perspective 33 (2): 97 - 124.

Park, Y. C. (2010) 'RMB Internationalization and Its Implications for Financial and Monetary Cooperation in East Asia', China and World Economy 18 (2): 1 - 21.

Park, Y. C. and Wang, Y. J. (2003) 'Chiang Mai and Beyond', in J. J. Teunissen, ed. , China's Role in Asia and the World Economy - Fostering Stability and Growth (The Hague: FONDAD): 85 - 107, available online at http: //fondad. org (accessed 20 July 2011).

Pasuk P. and Baker C. (1995) Thailand: Economy and Politics (Kuala Lumpur: Oxford University Press).

Pavin, C. (ed.) (2009) The Road to Ratification and Implementation of the ASEAN Charter (Singapore: Institute of SEA Studies).

Pearson, M. (2010) 'Domestic Institutional Constraints on Chinas Leadership in East Asian Cooperation Mechanisms', Journal of Contemporary China 19 (66): 621 - 633.

Peel, Q. (2009) 'A wider order comes into view', Financial Times (5 April).

Pei, M. (2006) China's Trapped Transition: The Limits of Developmental Autocracy (Cambridge, MA: Harvard
University Press).

Pelkmans, J. and Balaoing, A. (1996) 'Europe Looking Further East: Twinning European and Multilateral Interests', paper presented at the 'Transatlantic Workshop: Towards Rival Regionalism?' (Ebenhausen: EIAS, 4 - 6 July).

Pempel, T. J. (1999) 'The Developmental Regime in a Changing World Economy', in M. Woo-Cumings, ed., The Developmental State (Ithaca, NY: Cornell University Press).

Pempel, T. J. (2005) Remapping East Asia: The Construction of a Region (Ithaca, NY: Cornell University Press).

Pempel, T. J. (2006) 'The Race to Connect East Asia: An Unending Steeplechase', Asian Economic Policy Review 1: 239 - 254.

Pempel, T. J. (2010a) 'Soft Balancing, Hedging and Institutional Darwinism: The Economic Security Nexus and East Asian Regionalism', Journal of East Asian Studies 10: 209 - 238.

Pempel, T. J. (2010b) 'MorePax, LessAmericanainAsia', International-RelationsoftheAsia-Pacific10 (3): 465 - 490.

Pempel, T. J (ed.) (2005) Remapping East Asia: The Construction of a Region (Ithaca, NY, and London: Cornell University Press).

Peng, D. (2002) 'Invisible Linkages: A Regional Perspective of East Asian Political Economy', International Studies Quarterly 46: 423 - 447.

People's Daily Online (2005) 'SCO member states pledge efforts to deal with new security challenges' (6 July), available online at http: //english. peopledaily. com. cn/200507/06/eng20050706 _ 194373. html (accessed 18 December 2007).

People's Daily Online (2007a) 'SCO conducts final stage of joint anti-terror drill' (17 August), available online at http: //english. peopledaily. com. cn/90002/91620/index. html (accessed 18 December 2007).

People's Daily Online (2007b) 'Premier Wen leaves for home after SCO meeting in Moscow' (27 October), available online at http: //english. peopledaily. com. cn/200510/27/eng20051027_ 217251. html (accessed 18 December 2007).

People's Daily (2005) (23 April).

Peou, S. (2009) Human Security in East Asia: Challenges for Collaborative Action (New York: Routledge).

Peou, S. (2010) Peace and Security in the Asia-Pacific: Theory and Practice (Santa Barbara, CA: Praeger).

Pepinsky, T. B. (2008) 'Institutions, Economic Recovery and Macroeconomic Vulnerability in Indonesia and Malaysia', in A. MacIntyre, T. J. Pempel and J. Ravenhill, eds, Crisis as Catalyst: Asia's Dynamic Political Economy (Ithaca, NY: Cornell University Press): 231 - 250.

Perdue, P. C. (2005) China Marches West: The Qing Conquest of Central Eurasia (Cambridge, MA: Harvard University Press).

Petcharamesree, S. (2009) The Human Rights Body: A Test for Democracy Building in ASEAN (Sweden: International Institute for Democracy and Electoral Assistance): 1 - 16.

Peterson, G. (2005) 'Overseas Chinese and Merchant Philanthropy in China: From Culturalism to Nationalism', Journal of Chinese Overseas 1 (1): 87 - 109.

Phan, H. D. (2008) 'The Evolution Towards an Asean Human Rights Body', Asia Pacific Journal on Human Rights and the Law 9 (1): 1 - 12.

Phan, H. D. (2009a) 'Institutions for the Protection of Human Rights in Southeast Asia: A Survey Report', Contemporary Southeast Asia 31 (3): 468 - 501.

Phan, H. D. (2009b) 'A Blueprint for a Southeast Asian Court of Human Rights', Asian-Pacific Law & Policy Journal 10 (2): 384 - 433.

Phillips, N. (2001) 'Regionalist Governance in the New Political Economy of Development: "Relaunching" the Mercosur', Third World Quarterly 22 (4): 565 - 583.

Phongpaichit, P. (2006) 'Who wants an East Asia Community (and who doesn' t)?', Seminar of the Comparative Regionalism Project ISS (University of Tokyo, 19 December), available online at www. project. iss. u-tokyo. ac. jp/crep.

Pierson, P. (2000) 'Increasing Returns, Path Dependence, and the Study of Politics', American Political Science Review 94 (2): 251 – 267.

Pieterse, J. N. (2006) 'Oriental Globalization: Past and Present', in G. Delanty, ed., Europe and Asia Beyond East and West (London: Routledge): 61 – 73.

PISA (2009) OECD Programme for International Student Assessment, available online at http://www. pisa.

oecd. org (accessed 20 July 2011).

Pistor, K. and Wellons, P. (1999) The Role of Law and Legal Institutions in Asian Economic Development (Hong Kong: Oxford University Press).

Pollack, J. (2004) Korea: The East Asian Pivot (Newport, RI: Naval War College Press).

Pomeranz, K. (2000) The Great Divergence (Princeton: Princeton University Press).

Pomfret, R. (2005) 'Sequencing Trade and Monetary Integration: Issues and Application to Asia', Journal of Asian Economics 16: 105 – 124.

Poon-Kim, S. (1977) 'A Decade of ASEAN, 1967 – 1977', Asian Survey 17 (8): 753 – 770.

Porter, M. E. (1990) The Competitive Advantage of Nations (New York: Free Press).

Poulantzas, N. (1978) State, Power, Socialism (London: Verso).

Powell, K. and Tieku, T. K. (2005) 'The African Union's New Security Agenda', International Journal 60 (4): 937 – 952.

President of Russia (2010) 'Excerpts from Transcript of Meeting on the Far East's Socioeconomic Development and Cooperation with Asia-Pacific Region Countries' (2 July).

Preston, B. L. etal. (2006) Climate Change intheAsia/Pacific Region: A Consultancy Report Prepared for the Climate Change and Development Roundtable (Melbourne, VIC: CSIRO Marine and Atmospheric Research).

Primanita, A. (2010) 'Jakarta Will Never Be Free of Flooding, Expert Warns', Jakarta Globe (19 February).

Przeworski, A., Alvarez, M. E., Cheibub, J. A. and Limongi, F. (2000) Democracy and Development: Political Institutions and Well-Being in the World, 1950 – 1990 (Cambridge: Cambridge University Press).

Puchala, D. J. (1971) 'Of Blind Men, Elephants and International Integration', Journal of Common Market Studies 10: 267 – 284.

Purcell, V. (1965) The Chinese in Southeast Asia, second edition (London: Oxford University Press).

Pye, L. W. (1985) Asian Power and Politics: The Cultural Dimensions of Authority (Cambridge, MA: Belknap Press).

Pyle, K. (2007) Japan Rising: The Resurgence of Japanese Power and Purpose (New York: Public Affairs).

Qin, Y. (2007) 'Why Is There No Chinese International Relations Theory?', International Politics of the Asia- Pacific 7 (3): 313 – 340.

Qiu, H. G., Yang, J., Huang, J. K. and Chen, R. J. (2007) 'Impact of China – ASEAN Free Trade Area on China's Agricultural Trade and Its Regional Development', China & World Economy 15 (4): 77 – 90.

Quah, J. S. T. (2009) 'Curbing Corruption in a One-Party Dominant System: Learning From Singapore's Experience', in T. Gong and S. K. Ma, eds, Preventing Corruption in Asia: Institutional Design and Policy Capacity (Abingdon: Routledge): 131 – 147.

Radelet, S. and Sachs, J. (1998) 'The East Asian Financial Crisis: Diagnosis, Remedies, Prospects', Brookings Papers on Economic Activity: 1 – 90.

Raja Mohan, C. (2005) 'SAARC Reality Check: China Just Tore up India's Monroe Doctrine', Indian Express (13 November).

Rajan, R. S. (2008) 'Monetary and Financial Cooperation in Asia: Taking Stock of Recent Ongoings', International Relations of the Asia-Pacific 8 (1): 31 – 45.

Ramakrishna, K. (2004) 'Terrorism inSoutheastAsia: TheIdeological and-

Political Dimensions', inD. Singh and K. W. Chin, eds, Southeast Asian Affairs 2004 (Singapore: Institute of Southeast Asian Studies).

Ramamurti, R. and Singh, J. V. (2010) 'Indian Multinationals: Generic Internationalization Strategies', in R. Ramamurti and J. V. Singhs, eds, Emerging Multinationals in Emerging Markets (Cambridge: Cambridge University Press): 110 - 167.

Ramesh, M. (2000) 'The Politics of Social Security in Singapore', Pacific Review 13 (1): 242 - 253.

Ramesh, M. (2004) Social Policy in East and Southeast Asia: Education, Health, Housing and Income Maintenance (London: Routledge).

Ramesh, M. (2009) 'Economic Crisis and Its Social Impacts: Lessons from the 1997 Asian Economic Crisis', Global Social Policy 9 (Supplement): 55 - 78.

Ramirez, M. (2008) ASIADHRRA and ASEAN: A Case Study on the Process of Civil Society Engagement with a Regional Intergovernmental Organization (Montreal: FIM Forum 2008 on Civil Society and Regional Multilaterialism, 8 - 9 February), available online at http: //asiadhrra. org/wordpress/wp-content/uploads/2008/02/asiadhrraaseanfim. pdf (accessed 20 July 2011).

Ramo, J. C. (2004) The Beijing Consensus (London: The Foreign Policy Centre).

Rana, P. (2002) 'MonetaryandFinancialCooperationinEastAsia: ChiangMai-InitiativeandBeyond', ERD Working Paper, No. 6 (February), available online at http: //www. adb. org/Documents/ERD/Working_ Papers/wp006. pdf (accessed 20 July 2011).

Rasiah, R. (2009) 'Privatising Healthcare in Malaysia: Power, Policy and Profits', Journal of Contemporary Asia 39 (1): 50 - 62.

Rathus, J. (2009) 'The Chiang Mai Initiative: China, Japan and Financial Regionalism', East Asia Forum (9 May), available online at http: //www. eastasiaforum. org/2009/05/11/the-chiang-mai-initiative-china-japan-and-financial-regionalism/ (accessed 20 July 2011).

Ravenhill, J. (2000) 'APEC Adrift: Implications for Economic Regionalism in

Asia and the Pacific', Pacific Review 13 (2): 319 - 333.

Ravenhill, J. (2001) APEC and the Construction of Pacific Rim Regionalism (Cambridge: Cambridge University Press).

Ravenhill, J. (2006a) 'Mission Creepor Mission Impossible APEC and Security', inE. GohandA. Acharya, eds, Reassessing Security Cooperation in the Asia-Pacific: Competition, Congruence and Transformation (Cambridge, MA: MIT Press).

Ravenhill, J. (2006b) 'From Poster Child to Orphan: The Rise and Demise of APEC', in L. Elliott, ed.,

APEC and the Search for Relevance: 2007 and Beyond (Canberra: Australian National University, Keynotes

No. 7): 4 - 15.

Ravenhill, J. (2008a) 'Asia's New Economic Institutions', in V. K. Aggarwal and M. G. Koo, eds, Asia's New

Institutional Architecture: Evolving Structures for Managing Trade, Financial, and Security Relations (Heidelberg

and Berlin: Springer): 35 - 58.

Ravenhill, J. (2008b) 'Fighting Irrelevance: An Economic Community "with ASEAN Characteristics"', The Pacific Review 21 (4): 469 - 488.

Ravenhill, J. (2008c) 'The New Trade Bilateralism in East Asia', in K. E. Calder and F. Fukuyama, eds, East Asian Multilateralism: Prospects for Regional Stability (Baltimore, MD: Johns Hopkins University Press).

Ravenhill, J. (2009a) 'East Asian Regionalism: Much Ado About Nothing?', Review of International Studies 35 (S1): 215 - 235.

Ravenhill, J. (2009b) 'The Economics - Security Nexus', in W. Tow, ed., Security Politics in the Asia-Pacific: A Regional - Global Nexus? (Cambridge: Cambridge University Press).

Ravenhill, J. (2010) 'The 'New East Asian Regionalism': A Political Domino Effect', Review of International Political Economy 20 (10): 1 - 31.

Ravenhill, J. and Emmers, R. (2010) 'The Asian and global financial crises: Consequences for East Asian regionalism', in RSIS Working Paper, No. 208 (Singapore: S. Rajaratnam School of International Studies Singapore).

Ray, J. -L. (1998) Democracy and International Conflict: An Evaluation of the Democratic Peace Proposition (Columbia: University of South Carolina Press).

Redding, G. and Witt, M. A. (2007) The Future of Chinese Capitalism: Choices and Chances (Oxford: Oxford University Press).

Reilly, B. (2002) 'Internal Conflict and Regional Security in the Asia Pacific', Pacifica Review 14 (1): 7 - 21. Reiterer, M. (2006) 'Interregionalism as a New Diplomatic Tool: The EU and East Asia', European Foreign Affairs Review 11: 223 - 243.

Renwick, N. (2008) 'Contesting East Asian Security Leadership: China and the Shanghai Co- Operation Organisation', in C. M. Dent , ed. , China, Japan and Regional Leadership in East Asia (Cheltenham: Edward Elgar).

Republic of China (various years) Key Statistics, Industrial Development and Investment Center, MOEA, available online at http: //investintaiwan. nat. gov. tw/en/env/stats/gdp_ growth. html.

Rethel, L. (2010) 'The New Financial Development Paradigm and Asian Bond Markets', New Political Economy 15 (4): 493 - 517, doi: 10. 1080/13563460903302667.

Reus-Smit, C. (1997) 'The Constitutional Structure of International Society and the Nature of Fundamental Institutions', International Organization 51 (4): 555 - 589.

Reuters (2011), 'US, partners eye Trans Pacific trade deal', Jakarta Post (21 May).

Richards, G. A. (2005) 'ASEM and the New Politics of Development: Restructuring Social Policy After the Crisis', paper for the Transnational Institute (July), available online at http: //www. tni. org/es/archives/act/2650 (accessed 20 July 2011).

Richardson, L. (2002) 'Now, Play the India Card', Policy Review (October), available online at www. policyreview. org (accessed 20 July 2011).

Richardson, M. (2010) 'China'sBigStick: TradeReprisals', TheJapanTime-sOnline (18November), available online at http: //search. japantimes. co. jp/cgi-bin/eo20101118mr. html (accessed 20 July 2011).

Rifkin, J. (2004) The European Dream: How Europe's Vision of the Future Is Quietly Eclipsing the American Dream (Cambridge: Polity).

Riggs, F. W. (1966) Thailand: The Modernization of a Bureaucratic Polity (Honolulu, HI: East-West Center Press).

Rizvi, G. (1993) South Asia in a Changing International Order (New Delhi: Sage Publications).

Roberts, J. M. (1985) The Triumph of the West (London: BBC Books).

Roberts, M. and Wehrheim, P. (2001) 'RegionalTradeAgreementsandWTO-AccessionofCISCountries', Inter economics (November/December): 315 - 323.

Robinson, K. (1992) 'From Raiders to Traders: Border Security and Border Control in Early Cholon, 1392 - 1450', Korean Studies 16: 94 - 115.

Robinson, K. (2000) 'Centering the King of Choson: Aspects of Korean Maritime Diplomacy, 1392 - 1592', Journal of Asian Studies 59: 109 - 125.

Robinson, N., Rosamond, B. and Warleigh-Lack, A. (eds) (2010) New Regionalism and the European Union: Dialogues, Comparisons and New Research Directions (London: Routledge).

Robinson, W. I. (1996) Promoting Polyarchy: Globalisation, US Intervention, and Hegemony (Cambridge: Cambridge University Press).

Robison, R. (1986) Indonesia: The Rise of Capital (New South Wales: Allen and Unwin).

Robison, R. (1992) 'Industrialization and Economic and Political Development of Capital: The Case of Indonesia', in McVey, R, ed., Southeast Asian Capitalists (Ithaca, NY: Cornell University Press).

Robison, R. (1996) 'The Politics of "Asian Values"', The Pacific Review 9 (3): 309 - 327.

Robison, R. (2006) 'Neo-Liberalism and the Market State: What Is the Ideal Shell?', in The Neo-Liberal Revolution: Forging the Market State (Basingstoke：Palgrave）：3 - 19.

Robison, R. (2006) The Neoliberal Revolution: Forging the Market State, in R. Robison, ed., Neo- Liberalism and the Market State: What Is the Ideal Shell? (Basingstoke: Palgrave Macmillan): 3 - 19.

Robison, R. and Hadiz, V. R. (2004) Reorganising Power in Indonesia: The Politics of Oligarchy in an Age of Markets (London: Routledge Curzon).

Rodan, G. (2004) Transparency and Authoritarian Rule in Southeast Asia (London: Routledge Curzon).

Rodan, G. (2009) 'New Modes of Political Participation and Singapore's Nominated Members of Parliament, Government and Opposition 44 (4): 438 - 462.

Rodan, G., Hewison, K. and Robison, R. (2006) Political Economy of South-East Asia: Markets, Power and Contestation (New York: Oxford University Press).

Rodzinski, W. (1979) A History of China (Oxford: Pergamon Press).

Rosamond, B. (2000) Theories of European Integration (Basingstoke: Palgrave Macmillan).

Rose, A. K. and Stanley, T. D. (2005) 'A Meta-Analysis of the Effect of Common Currencies on International Trade', Journal of Economic Surveys 19 (3): 347 - 365.

Ross, R. (1999) 'The Geography of the Peace: East Asia in the Twenty-First Century', International Security 23 (4) (Spring): 81 - 118.

Roy, D. (2009) 'China's Democratised Foreign Policy', Survival 51 (2): 25 - 40.

Rozman, G. (1998) 'FlawedRegionalism: ReconceptualizingNortheastAsiainthe1990s', ThePacificReview 11 (1): 1 - 27.

Rozman, G. (2004) Northeast Asia's Stunted Regionalism: Bilateral Distrust in the Shadow of Globalization (Cambridge: Cambridge University Press).

Rozman, G. (2007) 'Japanese Strategic Thinking on Regionalism', in R. Gilbert, ed., Japanese Strategic Thought Toward Asia (New York: Palgrave): 243 - 268.

Rozman, G. (2008) 'Northeast Asian Regionalism at a Crossroads: Is an East

Asian Community in Sight?', in M. Timmermann and J. Tsuchiyama, eds, Institutionalizing Northeast Asia: Regional Steps Towards Global Governance (Tokyo: United Nations University Press): 196 - 220.

Rozman, G. (2010a) 'Post Cold War Evolution of Chinese Thinking on Regional Institutions in Northeast Asia', Journal of Contemporary China 19 (66): 605 - 620.

Rozman, G. (2010b) 'Narrowing the Values Gap in Sino-Japanese Relations: Lessons from 2006 - 2008', in G. Gong and V. Teo, eds, Reconceptualizing the Divide: Identity, Memory, and Nationalism in Sino-Japanese Relations (Cambridge: Cambridge Scholars Publishing): 25 - 51.

Rozman, G. (2010c) 'Dongbukasia Oe Chogukkajok Oe Jongchesong Goa Jilso (Transnational Identity and Order in Northeast Asia)', Journal of Asiatic Studies 52 (2): 121 - 151.

Rozman, G. (2011a) Strategic Thinking About the Korean Nuclear Crisis: Four Parties Caught Between North Korea and the United States, revised edition (New York: Palgrave).

Rozman, G. (ed.) (2011b) U. S. Leadership, History, and Bilateral Relations in Northeast Asia (Cambridge: Cambridge University Press).

Rudolph, S. (2007) 'State Formation in Asia - Prolegomenon to a Comparative Study' (unpublished manuscript, University of Chicago)

Rueschemeyer, D., Stephens, E. H. and Stephens, J. D. (1992) Capitalist Development and Democracy (Cambridge: Polity Press).

Ruggie, J. (1993) Multilateralism Matters: The Theory and Praxis of an Institutionalized Form (New York: Columbia University Press).

Rugman, A. (2010) 'Theoretical Aspects of MNEs From Emerging Economies', in R. Ramamurti and J. Singh, eds, Emerging Multinationals in Emerging Markets (Cambridge: Cambridge University Press): 42 - 63.

Rüland, J. (2000) 'ASEAN and the Asian Crisis: Theoretical Implications and Practical Consequences for Southeast Asian Regionalism', The Pacific Review 13 (3): 421 - 451.

Rüland, J. and Jetschke, A. (ed.) (2008) '40 years of ASEAN: Perspectives, Performance and Lessons for Change', Special issue, 21 (4).

Saksena, K. P. (1989) 'Institutional Framework', in B. Prasad, ed. , Regional Cooperation in South Asia: Problems and Prospects (New Delhi: Vikas Publishing House).

Sample, I. (2009) 'Billions Face Food Shortages, Study Warns', The Guardian (9 January).

Samuels, R. J. (2007) Securing Japan: Tokyo's Grand Strategy and the Future of East Asia (New York: Cornell University Press).

Samuels, R. J. (2007/8) ' "New Fighting Power!" Japan's Growing Maritime Capabilities and East Asian Security', International Security 32 (3): 84 - 112.

Sandhu, K. S. , Siddique, S. , Jeshurun, C. , Rajah, A. , Tan, J. L. H. and Thambipillai, P. (eds) (1992) The ASEAN Reader (Singapore: Institute of SEA Studies).

Santiago, P. J. (2009) 'Developments on the ASEAN Intergovernmental Commission on Human Rights', FOCUS Asia-Pacific News: 58, available online at http: //www. hurights. or. jp/asia-pacific/058/04. html (accessed 8 July 2011).

SAPA (2006a) 'Submission on the Security Pillar', in Revisiting Southeast Asian Regionalism (Bangkok: Focus on the Global South): 83 - 89.

SAPA (2006b)　'SubmissionontheEconomicPillar', inRevisitingSoutheastAsianRegionalism (Bangkok: Focus on the Global South): 91 - 97.

SAPA 2006c) 'Submission on the Socio-Cultural Pillar and Institutional Mechanism', in Revisiting Southeast Asian Regionalism (Bangkok: Focus on the Global South): 99 - 104.

SAPA (2007) Solidarity for Asian Peoples Advocacy. First SAPA General Forum: Summary Report, available online at www. asiasapa. org.

SAPA Task Force on ASEAN and Human Rights (undated) 'We want an ASEAN Human Rights Commission with Teeth', Forum-Asia.

Saunders, P. (2006) 'China's Global Activism: Strategy, Drivers and Tools', Institute for National Strategic Studies Occasional Paper, No. 4 (Washington, DC: National Defence University Press).

Savage, C. (2010) 'Court Dismisses a Case Asserting Torture by CIA', The

New York Times, available online at: http://www. nytimes. com/ 2010/09/09/us/09secrets. html (accessed 10 September 2010).

Sayre, F. (1928) 'The Passing of Extraterritoriality in Siam', The American Journal of Comparative Law 22: 70 - 88.

Schmitter, P. C. (1970) 'A Revised Theory of Regional Integration', International Organization 24 (4): 836 - 868.

Schoeman, M. (2003) 'South Africa as an Emerging Middle Power: 1994 - 2003', in J. Daniel, A. Habib and R. Southall, eds, State of the Nation: South Africa 2003 - 2004 (Cape Town: HSRC Press).

School of Hawaiian, Asian, and Pacific Studies (SHAPS) (2005) 'Declaration by the Heads of Member-States of the Shanghai Cooperation Organization' (University of Hawaii at Manoa, 5 July), available online at http://russia. shaps. hawaii. edu /fp/Russia/2005/20050705_ sco_ 07. html (accessed 18 December 2007).

Scott, D. (2007) China Stands up: The PRC and the International System (London: Routledge).

Scott, J. (1998) Seeing Like a State: How Certain Schemes to Improve the Human Condition Have Failed (New Haven: Yale University Press).

SEACA (2005) Conference Proceedings of the Regional Conference on Civil Society Engagement in the ASEAN (Bangkok: Southeast Asian Committee for Advocacy).

Sechin, J. and Symons, V. J. (1989) Peace, War, and Trade Along the Great Wall: Nomadic - Chinese Interaction Through Two Millenia (Bloomington: Indiana University Press).

SeeSeng, T., Emmers, R. (eds) (2005) An Agenda for the East Asia Summit (Singapore: Institute of Defence and Strategic Studies).

Selth, A. (2002) Burma's Armed Forces: Power Without Glory (Norwalk, CT: East Bridge).

Sen, A. (1998) 'Poverty as Capability Deprivation', Development as Freedom (New York: Anchor Boo).

Sen, A. (1999) Development as Freedom (Oxford: Oxford University Press).

SenGupta, B. (1988) South Asian Perspectives: Seven Nations in Conflict and Cooperation (Delhi: B. R. Publishing Corporation).

Severino, R. C. (2004) Towards an ASEAN Security Community, Trends in Southeast Asia Series, No. 8 (Singapore: Institute of Southeast Asian Studies).

Severino, R. C. (2006) Southeast Asia in Search of an ASEAN Community (Singapore: Institute of Southeast Asian Studies).

Severino, R. C. (2009) The ASEAN Regional Forum (Singapore: Institute of Southeast Asian Studies).

Shamburg, D. (2004) 'China Engages Asia: Reshaping the Regional Order', International Security 29 (3): 64 - 99.

Shamburg, D. (2004) 'China Engages Asia', International Security 29 (Winter 2004/5): 64 - 99.

Shamburg, D. (2011) 'Coping with a Conflicted China', The Washington Quarterly 34 (1): 7 - 27.

Shamburg, D. (ed.) (2005) China and Asia's New Dynamics (Berkeley, CA: University of California Press).

Shamsi, H. (2006) Command'sResponsibility: DetaineeDeathsinUSCustodyinIraqandAfghanistan (NewYork: Human Rights First).

SCO (Shanghai Cooperation Organization) (2005a) 'Declaration by the Heads of Member-States of the Shanghai Cooperation Organization' (5 July), available online at http: //www. sectsco. org/news_ details. asp? id = 500&LanguageID = 2 (accessed 18 December 2007).

SCO (2005b) 'Regulations on Observer Status at the Shanghai Cooperation Organization (full-text)' (5 July), available online at http: //www. sectsco. org/news_ detail. asp? id = 1485&LanguageID = 2 (accessed 7 February 2007).

SCO (2006) 'Protocol on establishment of SCO-Afghanistan contact group between SCO and Islamic Republic of Afghanistan' (21 April), available online at http: //english. scosummit2006. org/en_ bjzl/ 2006 - 04/ 21/content_ 150. htm (accessed 7 February 2007).

SCO (2007) 'Bishkek Declaration (full-text)' (16 August 16), available online at http: //www. sectsco. org/ html/01659. html (accessed 13 April 2010).

SCO (2009a) 'The Interbank Consortium of the Shanghai Cooperation Organization' (16 March), available online at: http: //www. sectsco. org/EN/show. asp? id =51 (accessed 9 August 2010).

SCO (2009b) 'Plan of Action of the Shanghai Cooperation Organization Member States and the Islamic Republic ofAfghanistan on combating terrorism, illicit drugtrafficking and organized crime' (27 March), available online at http: //www. sectsco. org/EN/show. asp? id =99 (accessed 11 April 2010).

SCO (2009c) 'Charter of the Shanghai Cooperation Organization' (7 May) available online at http: //www. sectsco. org/EN/show. asp? id = 69 (accessed 13 April 2010).

SCO (2009d) 'Yakaterinburg Declaration of the Heads of the Member States of the Shanghai Cooperation Organization' (16 June), available online at http: //www. sectsco. org/EN/show. asp? id = 87 (accessed 11 April 2010).

SCO (2010) 'SCOSecretariatinBrief', availableat: http: //www. sectsco. org/EN/secretariat. asp (accessed19 April 2010).

Shao, F. (2007) 'chaohe weiji de weilai yu dongbeiya anquan jizhi (The Future of North Korean Crisis and Construction of NEA Security Institutions)', shijie jingji yu zhengzhi (World Economics & Politics), No. 9.

Sharman, J. C. (2008) 'Power and Discourse in Policy Diffusion: Anti-Money Laundering in Developing States', International Studies Quarterly 52 (3): 635 - 656.

Shi, T. (2008) 'China: Democratic Values Supporting an Authoritarian System', in Chu, Y. et al, eds, How Asian View Democracy (New York: Columbia University Press): 209 - 238.

Shih, S. -M. (2007) Visuality and Identity: Sinophone Articulations across the Pacific (Berkeley, CA: University of California Press).

Shin, G. -W. and Sneider, D. (eds) (2007) Cross-Currents: Regionalism and Nationalism in Northeast Asia (Stanford, CA: Walter H. Shorenstein

Asia-Pacific Research Center).

Shin, G. -W. Park, S. -W. and Yang, D. (eds) (2007) Rethinking Historical Injustice and Reconciliation in Northeast Asia: The Korean Experience (London: Routledge).

Shively, D. and McCullough, W. H. (1999) The Cambridge History of Japan, Vol. 2: Heian Japan (Cambridge: Cambridge University Press).

Siddique, S. (2003) The 2nd ASEAN Reader (Singapore: Institute of SEA Studies).

Sidel, J. T. (2008) 'Social Origins of Dictatorship and Democracy Revisited: Colonial State and Chinese Immigrant in the Making of Modern Southeast Asia', Comparative Politics 40 (2): 122 - 147.

Simon, S. (2006) 'Realism and Regionalism in Southeast Asia: The ARF and the War on Terror', in C. Joseph Liow and R. Emmers, eds, Order and Security in Southeast Asia. Essays in Memory of Michael Leifer (London and New York: Routledge): 93 - 109.

Simon, S. (2010a) Thai Turmoil: President Postpones Indonesia Trip Again, available online at http://csis. org. proxy. hil. unb. ca/node/26181 (accessed 14 August 2010).

Simon, S. (2010b) Engagement with Burma Ramps Up, available online at http://csis. org. proxy. hil. unb. ca/node/24669 (accessed 14 August 2010).

Sing Tao Daily (2 August) : A3.

Singer, P. W. (2003) Corporate Warriors: The Rise of the Privatized Military Industry (Ithaca, NY: Cornell University Press).

Singh, M. (2006) 'Prime Minister's Address at 39th Annual General meeting of the Asian Development Bank' (Hyderabad, 5 May), available online at http://pib. nic. in (accessed 20 July 2011).

Slater, D. (2003) 'Iron Cage in an Iron Fist: Authoritarian Institutions and the Personalization of Power in Malaysia', Comparative Politics 36 (1): 81 - 101.

Slaughter, A. -M. (2004) A New World Order (Princeton, NJ: Princeton University Press).

Smith, D. and Vivekananda, J. (2007) A Climate of Conflict: The Links Between Climate Change, Peace and War (London: International Alert).

Smith, D. J. (2007) A Culture of Corruption: Everyday Deception and Popular Discontent in Nigeria (Princeton, NJ: Princeton University Press).

Smith, M. L. (2007) 'Making Process, Not Progress', International Security 32 (1): 148 - 184.

Smith, S. (2002) 'The United States and the Discipline of International Relations: Hegemonic Country, Hegemonic Discipline', International Studies Review 4 (2): 67 - 85.

Smits, G. (1999) Visions of Ryukyu: Identity and Ideology in Early-Modern Thought and Politics (Honolulu, HI: University of Hawai' i Press).

Söderbaum, F. (2003) 'Introduction: Theories of New Regionalism', in F. Söderbaum and T. M. Shaw, eds, Theories of New Regionalism. A Palgrave Reader (Basingstoke: Palgrave).

Söderbaum, F. (2004) The Political Economy of Regionalism. The Case of Southern Africa (Basingstoke: Palgrave Macmillan).

Söderbaum, F. (2009) 'Comparative Regional Integration and Regionalism', in T. Landman and N. Robinson, eds, Handbook of Comparative Politics (London: Sage).

Söderbaum, F. and Sbragia, A. (2010) 'EU Studies and the New Regionalism: What Can be Gained from Dialogue?', Journal of European Integration 32 (6): 563 - 582.

Söderbaum, F. (2011) 'Formal and Informal Regionalism', in A. Grant, T. Shaw and S. Cornelissen, eds, Research Companion to Regionalisms (Aldershot: Ashgate).

Söderbaum, F. and Shaw, T. M. (eds) (2003) Theories of New Regionalism. A Palgrave Reader (Basingstoke: Palgrave).

Söderbaum, F. and Van Langenhove, L. (2005) 'Introduction: The EU as a Global Actor and the Role of Interregionalism', Journal of European Integration 27 (3): 249 - 262.

Soesastro, H. (2006) 'East Asia: Many Clubs, Little Progress', Far Eastern Economic Review 169 (1): 50 - 53.

Soeya, Y. (1998) 'Japan: Normative Constraints Versus Structural Impera-
tives', in M. Alagappa, ed. , Asian Security Practice: Material and Ide-
ational Influences (Stanford, CA: Stanford University Press).

Sohn, I. (2005) 'Asian Financial Cooperation: The Problem of Legitimacy in
Global Financial Governance', Global Governance 11 (4): 487 - 504.

Sohn, I. (2008) 'Learning to Co-Operate: China's Multilateral Approach to A-
sian Financial Co- Operation', The China Quarterly 194: 309 - 326.

Sohn, Y. (2010) 'Japan's New Regionalism: China Shock, Values, and the
East Asian Community', Asian Survey 50 (3): 497 - 519.

Solidum, E. D. (1982) Bilateral Summitry in ASEAN (Manila: Foreign Min-
istry Institute).

Solingen, E. (2008) 'TheGenesis, DesignandEffectsofRegionalInstitutions:
LessonsFromEastAsiaandthe Middle East', International Studies Quarterly
52 (2): 261 - 294.

Son, S. (1994) Chos? on Sidae Hanil Gwangywe Yonku (Korea - Japan Re-
lations During the Chosun Period) (Seoul: Jisungui Sam).

Soong, R. (2009) 'How Charter 08 is being Received' (11 January), availa-
ble online at http: //www. zonaeuropa. com/20090111_ 1. htm (ac-
cessed 20 July 2011).

Sopiee, N. (1984) 'Malaysia's Doctrine of Comprehensive Security', Journal
of Asiatic Studies 27 (2): 259 - 265.

Spruyt, H. (1994) The Sovereign State and Its Competitors (Princeton, NJ:
Princeton University Press).

Stein, A. (1990a) Why Nations Cooperate (Ithaca, NY: Cornell University
Press).

Stein, A. (1990b) WhyNationsCooperate: CircumstanceandChoiceinInter-
nationalRelations (Ithaca, NY: Cornell University Press).

Stubbs, R. (2001) 'Performance Legitimacy and Soft Authoritarianism', in
A. Acharya, B. M. Frolic and R. Stubbs, eds, Democracy, Human
Rights and Civil Society in Southeast Asia (Toronto: Joint Centre for Asia
Pacific Studies, York University), 37 - 54.

Stubbs, P. (2003) 'International Non-State Actors and Social Development

Policy', Global Social Policy 3 (3): 319 - 348.

Stubbs, R. (1997) 'The Malayan Emergency and the Development of the Malaysian State', in P. B. Rich and R. Stubbs, eds, The Counter-Insurgent State: Guerrilla Warfare and Sate Building in the Twentieth Century (Basingstoke: Macmillan): 50 - 71.

Stubbs, R. (2000) 'Signing on to Liberalization: AFTA and the Politics of Regional Economic Cooperation', The Pacific Review 13 (2): 297 - 318.

Stubbs, R. (2002) 'ASEAN Plus Three - Emerging East Asian Regionalism?', Asian Survey 42: 440 - 455. Stubbs, R. (2005) Rethinking Asia's Economic Miracle (Basinkstoke: Palgrave MacMillan).

Stubbs, R. (2009) 'What Ever Happened to the East Asian Developmental State? The Unfolding Debate', The Pacific Review 22 (1): 1 - 22.

Stubbs, R. (forthcoming) 'The East Asian Developmental State and the Great Recession: Evolving Contesting Coalitions', Contemporary Politics.

Studwell, J. (2007) Asian Godfathers: Money and Power in Hong Kong and Southeast Asia (London: Profile Books).

Sudo, S. (2010) 'Japan's ASEAN Policy: Reactive or Proactive in the Face of a Rising China in East Asia', Asian Perspective 33 (1): 137 - 158.

Suettinger, R. (2004) 'China'sForeignPolicyLeadership: TestingTimes', ChinaLeadershipMonitor12 (Winter).

Suh, J. J., Katzenstein, P. and Carlson, A. (eds) (2004) Rethinking Security in East Asia (Stanford: Stanford University Press).

Suharto (1975) 'Address by the President of the Republic of Indonesia', Regionalism in Southeast Asia (Jakarta: Centre for Strategic and International Studies).

Sukma, R. (2009) 'Political Development: A Democracy Agenda for ASEAN?', in D. Emmerson, ed., Hard Choices: Security, Democracy, andRegionalisminSoutheastAsia (Singapore: InstituteofSEAStudies): 135 - 149.

Sun, X. (2010) 'The Efficiency of China's Multilateral Policies in East Asia (1997 - 2007)', International Relations of the Asia-Pacific 10 (3):

515 - 541.

Sun, Y. (2009) 'Cadre Recruitment and Corruption: What Goes Wrong', in T. Gong and S. K. Ma, eds, Preventing Corruption in Asia: Institutional Design and Policy Capacity (Abingdon: Routledge): 48 - 63.

Suryadinata, L. (2004) 'Indonesia: Continuing Challenges andFragileStability', inD. SinghandK. W. Chin, eds, Southeast Asian Affairs 2004 (Singapore: Institute of Southeast Asian Studies).

Sutter, R. (2005) China's Rise in Asia: Promises and Perils (Lanham, MD: Rowman & Littlefield).

Sutter, R. (2010) 'AssessingChina'sRiseandUSLeadershipinAsia - Growing-MaturityandBalance', Journal of Contemporary China 19 (65): 591 - 604.

Suzuki, S. (2007) 'Journey to the West: China Debates its Great Power Identity', paper presented at the 'Sino-Australian Security Relations: Regional Co-operation in an Interdependent World' conference (Canberra: Australia National University, October).

Swope, K. M. (2002) 'Deceit, Disguise, and Dependence: China, Japan, and the Future of the Tributary System, 1592 - 1596', International History Review 24 (4): 757 - 782.

Swope, K. M. (2005) 'CrouchingTigers, SecretWeapons: MilitaryTechnology EmployedDuringtheSino- Japanese - Korean War, 1592 - 1598', Journal of Military History 69 (January): 11 - 42.

Swope, K. M. (2009) A Dragon's Head and a Serpent's Tail: Ming China and the First Great East Asian War, 1592 - 1598 (Norman, OK: University of Oklahoma Press).

Symons, E. K. (2007) 'ASEAN anger at snub by Rice', The Australian (26 July): 9. Tacconi, L., Jotzo, F. and Grafton, R. Q. (2008) 'Local Causes, Regional Co-Operation and Global Financing for Environmental Problems: The Case of Southeast Asian Haze Pollution', International Environmental Agreements: Politics, Law and Economics 8 (1): 1 - 16.

Tan, A. T. H. and Kenneth Boutin, J. D. (eds) (2001) Non-Traditional Security Issues in Southeast Asia (Singapore: Select Publishing).

Tan, R., Pante, F. and Abonyi, G. (1995) 'Economic Cooperation in the Greater Mekong Subregion', in K. Fukasaku, ed., Regional Co-Operation and Integration in Asia (Paris: OECD publications): 223 - 248.

Tanaka, A. (2006) 'Global and Regional Geo-Strategic Implications of China's Emergence', Asian Economic Policy Review 1 (1): 180 - 196.

Tanaka, A. (2009) 'The Development of the ASEAN +3 Framework', in M. Curley and N. Thomas, eds, Advancing East Asian Regionalism (London: RoutledgeCurzon): 52 - 73.

Tang, Y. H. and Wang, W. W. (2006) 'An Analysis of the Trade Potential Between China and ASEAN within China - ASEAN FTA', Conference Paper: 'WTO, China and the Asian Economies IV' (University of International Business and Economics, China, 24 - 25 June), available online at http: // faculty. washington. edu/karyiu/confer/beijing06/papers/tang. pdf.

Tarling, N. (1992) 'The Establishment of the Colonial Regimes', in N. Tarling, ed., The Cambridge History of Southeast Asia, Vol. 2: The Nineteenth and Twentieth Centuries (Cambridge: Cambridge University Press): 5 - 78.

Task Force for the Preparation of WSSD in Asia and the Pacific (2001) Southeast Asian Regional Report for the World Summit on Sustainable Development (Manila: Asian Development Bank).

Tay, S. (1997) 'Preventive Diplomacy and the ASEAN Regional Forum: Principles and Possibilities', paper prepared for the 'ASEAN Regional Forum (ARF) Track II Conference on Preventive Diplomacy' (Singapore, 9 - 11 September). Reproduced in Desmond Ball and Amitav Acharya (eds) (2009) The Next Stage: Preventive Diplomacy and Security Cooperation in the Asia-Pacific Region (Canberra: Strategic and Defence Studies Centre).

Tay, S. (1998) 'Southeast Asian Forest Fires: Haze Over ASEAN and International Environmental Law', Review of European Community and International Environmental Law 7 (2): 202 - 208.

Tay, S. and Talib. O. (1997) 'The ASEAN Regional Forum: Preparing for

Preventive Diplomacy', Contemporary Southeast Asia 19: 253 - 268.

Tay, S. S. C. (2009) 'Blowing Smoke: Regional Cooperation, Indonesian Democracy and the Haze', in D. K. Emmerson, ed. , Hard Choices: Security, Democracy and Regionalism in Southeast Asia (Singapore: Institute of Southeast Asian Studies).

Tay, S. S. , Estanislao, J. P. and Soesastro, H. (eds) (2001) Reinventing ASEAN (Singapore: Institute of SEA Studies).

Taylor, K. W. (1999) 'The Early Kingdoms', in N. Tarling, ed. , The Cambridge History of Southeast Asia: From Early Times to c. 1500, second edition (Cambridge: Cambridge University Press): 137 - 182.

TCCS (Trilateral Cooperation Cyber Secretariat) (2003) Joint Declaration on the Promotion of Tripartite Cooperation among the People's Republic of China, Japan and the Republic of Korea.

TCCS (2010) Memorandum on the Establishment of the Trilateral Cooperation Secretariat.

Teece, D. J. (2001) 'BusinessModels, BusinessStrategyandInnovation', LongRangePlanning43 (2 - 3): 172 - 194.

Terada, T. (1998) 'The Origins of Japan's APEC Policy: Foreign Minister Takeo Miki's Asia-Pacific Policy and Current Implications', The Pacific Review 11 (3): 337 - 363.

Terada, T. (2003) 'Constructing an 'East Asian' Concept and Growing Regional Identity: From EAEC to ASEAN + 3', The Pacific Review 16 (2): 251 - 277.

Terada, T. (2006) 'Forming an East Asian Community: A Site for Japan - China Power Struggles', Japanese Studies 26 (1): 5 - 17.

Terada, T. (2009) 'Singapore and ASEAN's Competitive Regionalism in Southeast Asia and Beyond', in M. Solis, S. Katada and B. Stallings, eds, Competitive Regionalism: Explaining the Diffusion and Implications of FTAs in the World Economy (Hampshire: Palgrave): 161 - 180.

Terada, T. (2010) 'The Origins of ASEAN + 6 and Japan's Initiatives: China's Rise and the Agent-Structure Analysis', The Pacific Review 23 (1): 71 - 92.

Teubner, G. (1989) 'How the Law Thinks: Toward a Constructivist Epistemology of Law', Law and Society Review 23: 727 - 758.

The Asia Society (2009) Asia's Next Challenge: Securing the Region's Water Future (New York: The Asia Society).

The CNA Corporation (2007) National Security and the Threat of Climate Change (Alexandria, VA: TheCAN Corporation).

The Nation (1999) 'MPs Push for Burma Drug Talks at Asean', The Nation (Thailand) (20 July).

The Nation (2010) 'Asean, China agree on wording over South China Sea disputes', The Nation (31 October).

ThinkCentre (2009) 'ASEAN People's Centre launched in Jakarta to advance civil society advocacy' (22 January), available online at http: //www. thinkcentre. org/article. cfm? ArticleID = 2970 (accessed 20 July 2011).

Thinn, N. M. (2006) 'The Legal Systemin Myanmarand the Foreign Legal Assistance [Sic]', KeioLaw Journal 5: 385 - 403.

Thitinan, P. (2003) 'Thailand: Democratic Authoritarianism', in D. Singh and K. W. Chin, eds, Southeast Asian Affairs 2003 (Singapore: Institute of Southeast Asia Studies): 277 - 90.

Thomas, C. (1987) In Search of Security: The Third World in International Relations (Hemel Hempstead: Harvester Wheatsheaf).

Thomas, C. (2006) 'TheRegionalizationofAvianInfluenzainEastAsia: RespondingtotheNextPandemic (?)', Asian Survey 46 (6): 917 - 936.

Thomas, C. (2009) 'Understanding Regional Governance in Asia', in N. Thomas, ed. , Governance and Regionalism in Asia (London: Routledge): 1 - 31.

Thorburn, C. (2008) 'Adat, Conflict and Reconciliation: The Kei Islands, Southeast Maluku', in T. Lindsey, ed. , Indonesia: Law and Society, second edition (Leichhardt, NSW: The Federation Press): 115 - 143.

Thunø, M. (2007) Beyond Chinatown: New Chinese Migration and the Global Expansion of China (Copenhagen: Nordic Institute of Asain Studies).

TI (Transparency International) (2009a) Global Corruption Report 2009: Corruption and the Private Sector (Cambridge: Cambridge University Press).

TI (2009b) Corruption Perceptions Index 2009, Transparency International, a-vailable online at www. transpar- ency. org/policy_ research/surveys_ indices/cpi/2009/cpi_ 2009_ table (accessed 20 July 2011).

TI (2009c) Global Corruption Barometer 2009, Transparency International, a-vailable online at www. transpar- ency. org/policy_ research/surveys_ indices/gcb/2009 (accessed 20 July 2011).

Tibbetts, G. R. (1971) Arab Navigation in the Indian Ocean Before the Coming of the Portuguese (London: The Royal Asiatic Society of Great Britain and Ireland).

Tickner, J. A. (1995) 'Re-Visioning Security', in K. Booth and S. Smith, eds, International Relations Theory Today (Oxford: Oxford University Press).

Tong, S. and Chong, C. (2010) 'China - ASEAN Free Trade Area in 2010: A Regional Perspective', EAI Background Brief, No. 519 (12 April), a-vailable online at http: //www. eai. nus. edu. sg/BB519. pdf (accessed 20 July 2011).

Tongzon, J. L. (2005) 'ASEAN - China Free Trade Area: A Baneor Boon for ASEAN Countriesl', The World Economy 28 (2): 191 - 210.

Torode, G. (2010) 'How US ambushed China in its backyard', South China Morning Post (25 July).

Trilling, D. (2009) 'Tajikistan: Rogun Dam a Hot Topic as Tajiks Make It Through Another Winter of Shortages', EurasianNet (13 March), availa-ble online at http: //www. eurasianet. org/departments/ insightb/arti-cles/eav031309f. shtml (accessed 3 August 2010).

Trocki, C. A. (1999) 'Political Structures in the Nineteenth and Early Twen-tieth Centuries', in N. Tarling, ed. , The Cambridge History of Southeast Asia, From c. 1800 to the 1930s (Cambridge: Cambridge University Press): 75 - 126.

Tsai, K. S. (2007) Capitalism Without Democracy: The Private Sector in Con-temporary China (Ithaca, NY: Cornell University Press).

Tsui-Auch, S. and Lee, Y. J. (2003) 'The State Matters: Management Models of Singaporean Chinese and Korean Business Groups', Organization Studies 21 (3): 379 – 390.

Tucker, S. (2001) Burma: The Curse of Independence (London: Pluto Press).

Turnbull, S. (2002) Samurai Invasion: Japan's Korean War, 1592 – 1598 (London: Cassell and Co). Ullman, R. (1983) 'Redefining Security', International Security 8 (1) (Summer): 129 – 153.

UNCHS (UN Commissionon Human Security) (2003) Human Security Now (New York), available on line at http: //www. humansecuritychs. org/ finalreport/English/FinalReport. pdf

UNCTAD (2006) World Investment Report; FDI From Developing and Transition Economies: Implications for Development (Geneva: United Nations).

UNCTAD (2010) World Investment Report: Investing in a Low Carbon Economy (Geneva: United Nations).

Underhill, G. R. D. and Zhang, X. (2005) 'The Changing State-Market Condominium in East Asia: Rethinking the Political Underpinnings of Development', New Political Economy 10 (1): 1 – 24.

UNDP (United Nations Development Programme) (1994a) Human Development Report (New York: Oxford University Press).

UNDP (1994b) Human Development Report 1994 (New York: Oxford University Press).

UNDP (2010) Human Development Report 2010 (Geneva: UNDP).

UNEP (United Nations Environment Programme) (1999) Global Environmental Outlook 2000 (London: Earthscan).

UNEP (2001) Asia Pacific Environmental Outlook 2 (Bangkok: UNEP).

UNEP (2006) Global Environment Outlook Yearbook 2006: An Overview of Our Changing Environment (Nairobi: UNEP Department of Early Warning and Assessment).

UNEP (2007) Global Environmental Outlook 4: Environment for Development (Nairobi: UNEP).

UNEP (2008) Vital Water Graphics 2008, available online at http: //www. unep. org/dewa/vitalwater/ article95. html

UNESCAP (UN Economic and Social Commission for Asia and the Pacific)
(2000) Review of the State of the Environment in Asia and the Pacific,
Note by the Secretariat to a Preparatory Meeting of Senior Officials, E/ES-
CAP/SO/MCED (00/1) (20 June).

UNESCAP (2001) Asia Pacific Environmental Outlook 2 (Bangkok: UNEP).

UNESCAP (2005), Review of the state of the environment in Asia and the Pa-
cific 2005, paper prepared for the preparatorymeetingofseniorofficialsforthe
' MinisterialConferenceonEnvironmentandDevelopment in Asia and the Pa-
cific' (Seoul, South Korea, 4 March), available online at http: //www.
unescap. org/ mced/documents/ presession/english/ SOMCED5_ 7E_
Theme_ Paper. pdf.

UNESCAP (2006) State of the Environment in Asia and the Pacific, 2005
(Bangkok: ESCAP).

UNESCAP (2006) Global Environment Outlook Yearbook 2006: An Overview
of Our Changing Environment (Nairobi: UNEP Department of Early Warn-
ing and Assessment).

UNESCAP (2007) The Millennium Development Goals: Progress in Asia and
the Pacific 2007 (Bangkok: UNESCAP).

UNESCAP (2007) Global Environmental Outlook 4: Environment for Develop-
ment (Nairobi: UNEP).

UNESCAP (2008) Vital Water Graphics 2008 (UNEP), available online at ht-
tp: //www. unep. org/ dewa/ vitalwater/article95. html.

UNESCAP (2009) Sustainable Agriculture and Food Security in the Asia Pacific
(Bangkok: UNESCAP).

UNESCAP (2010) Sustainable Development in Asia and the Pacific: Trends,
Challenges, Opportunities and Policy Perspectives, Note by the Secretari-
at, prepared for the ' Sixth Ministerial Conference on Environment and De-
velopment in Asia and the Pacific', E/ESCAP/MCED (6) /1 (28 Ju-
ly).

UNESCO (various years) Institute for Statistics, Data Centre, available online
at http: //stats. uis. unesco. org/ (accessed 2 April 2011).

Unger, D. (1998) Building Social Capital in Thailand: Fibers, Finance, and

Infrastructure (Cambridge: Cambridge University Press).

United Kingdom Ministry of Defence (2007) Global Strategic Trends 2007 – 2036, third edition (Swindon: Ministry of Defence, Development Concepts and Doctrine Centre).

United Nations (2002) 'World Population Aging 1950 – 2050', available online at http://www. un. org/esa/population/publications/worldageing19502050/countriesorareas. htm (accessed 20 July 2011).

United Nations (2004) A More Secure World: Our Shared Responsibility, Report of the United NationsSecretary-General's High-Level Panel onThreats, Challenges andChange (NewYork: United Nations).

United Nations (2008) Comprehensive Framework for Action: Report of the High-Level Task Force on the Global Food Security Crisis (New York: United Nations).

United Nations (2010) World Urbanization Prospects: The 2009 Revision (New York: United Nations),

available online at http://esa. un. org/unpd/wup/index. htm (accessed 20 July 2011).

United Nations Department of Public Information (2007) 'Security Council Holds First Ever Debate on Impact of Climate Change on Peace, Security', Security Council, 5663rd meeting (17 April), SC/9000, available online at http://www. un. org/News/ Press/docs/2007/sc9000. doc. htm.

United Nations ESCAP (2009) Asia Pacific Trade and Investment Report: Trade Led Recovery and Beyond.

UnitedNationsGeneralAssembly (2009) ClimateChangeandItsPossibleSecurityImplications, A/63/L. 8/Rev. 1 (18 May).

United Nations Millennium Campaign (n. d) Seal a Just Deal: The MDG Path to a Climate Change Solution (New York: UNMC).

United Nations Secretary-General (1992) An Agenda for Peace, Report of the Secretary-General pursuant to the Statement adopted by the Summit Meeting of the Security Councilon 31 January1002, 47 the Session, Security Council S/24111, General Assembly A/47/277.

United Nations Secretary-General (2000) The Millennium Report – We the Peoples: The Role of the United Nations in the 21st Century, A/54/2000 (New York: UN Secretariat).

United Nations Secretary-General (2007) 'Address by Ban Ki-moon to the United Nations International School-United Nations Conference on Global Warming: Confronting the Crisis' (1 March), available online at www. un. org/apps/news/infocus/sgspeeches/ search_ full. asplstatID = 70.

United Nations Security Council (1992) Statement by the President, A/47/253 (31 January).

United Nations Security Council (2007) 'Security Council Holds First Ever Debate on Impact of Climate Change on Peace, Security', Security Council, 5663rd meeting (17 April), SC/9000, available online at http: //www. un. org/News/Press/docs/2007/sc9000. doc. htm (accessed 20 July 2011).

UNODC (United Nations Office on Drugs and Crime) (2010) The Globalization of Crime: A Transnational Organized Crime Threat Assessment (Vienna: UNODC).

Unsigned (1988) 'Chinese Premier on Ties with ASEAN', Xinhua (10 November).

Unsigned (1996) 'Asian Foreign Ministers Forge Proposals for Meeting with Europe', Deutsche Presse-Agentur (3 February).

Unsigned (2009) 'Fear of Influence', Financial Times (13 July).

Unsigned (2010a) 'China ASEAN Expo Expected to be a Hit', Vietnamese Business News (18 October).

Unsigned (2010b) 'FTA Boosts China-ASEAN H1 Trade by 55 pct', Xinhua (26 July), available online at http: //news. xinhuanet. com/english2010/china/2010 – 07/26/ c_ 13415720. htm.

Unsigned (2010c) 'Ten Months Later, China – ASEAN FTA in Creation of Win – Win Situation', Xinhua (29 October), available online at http: //news. xinhuanet. com/ english2010/indepth/2010-10/29/c-13581737. htm. Unsigned (2010d) 'The China – ASEAN Free Trade Agreement: Who's Happy, Who's Not', Knowledge @ Wharton (12

May), available online at http: //www. knowledgeatwharton. com. cn/ index. cfm? fa = viewArticle&articleID = 2227&languageid = 1. Unsigned (2010e) 'India Too Large a Country To Be Boxed Into Any Alliance', The Times of India (13 September).

US Department of State (2010) Leading Through Civilian Power: The First Quadrennial Diplomacy and Development Review (Washington, DC: United States Department of State and United States Agency for International Development).

Uy, V. (2010) 'Thai groups see ASEAN as a political arena for reforms', Inquirer. net (22 August), available online at http: //globalnation. inquirer. net/news/breakingnews/view/20100822-288169/Thai-groups-see-Asean-as-a-political- arena- for- reforms (accessed 20 July 2011).

Valencia, M. J. (2000) 'JoiningupwithJapantoPatrolAsianWaters', InternationalHeraldTribune (28April): 6.

van Langenhove, L. (2011) Building Regions, Regionalization of World Order (Ashgate: Aldershot).

van Rijckeghem, C. and Weder, B. (2001) 'Sources of Contagion: Is It Finance or Trade?', Journal of International Economics 54: 293 - 308.

Vander Kooi, J. (2007) 'The ASEAN Enhanced Dispute Settlement Mechanism: Doing It the 'ASEAN Way', New York International Law Review 13.

Vatikiotis, M. and Hiebert, M. (2003) 'How China Is Building an Empire', Far Eastern Economic Review (20 November): 30 - 33.

Vatikiotis, M. R. J. (2003) 'Catching the Dragon's Tail: China and Southeast Asia in the 21st Century', Contemporary Southeast Asia 25 (1): 65 - 78.

Vaughn, B. (2005) East Asian Summit: Issues for Congress, Congressional Research Service Report for Congress RS22346 (9 December).

Venkataraman, M. (1998) 'An Analysis of China's "Overseas Chinese" Policy', China Report 34 (2): 167 - 178.

Verhezen, P. (2009) Gifts, Corruption, Philanthropy: TheAmbiguityofGiftPracticesinBusiness (Oxford: PeterLang).

Vibert, F. (2007) The Rise of the Unelected: Democracy and the New Separa-
tion of Powers (Cambridge: Cambridge University Press).

Viroj, T. et al. (1999) 'The Social Security Scheme in Thailand: What Les-
sons Can Be Drawn?', Social Science & Medicine 48 (7): 913 - 923.

Vu, T. (2005) Worth Magazine (24 - 26 December).

Vu, T. (2007) 'State Formation and the Origins of the Developmental States in
South Korea and Indonesia', Studies in Comparative International Devel-
opment 41 (4): 27 - 56.

Vu, T. (2010) Paths to Development in Asia: South Korea, Vietnam, China
and Indonesia (Cambridge: Cambridge University Press).

Wackernagel, M., Kitzes, J., Cheng, D., Goldfinger, S., Espinas, J., Mo-
ran, D., Monfreda, C., Loh, J., O' Gorman, D. and Wong, I.
(2005) Asia-Pacific 2005: The Ecological Footprint and Natural Wealth
(Cambridge: World Wide Fund for Nature and Global Footprint Network).

Wade, G. (2011) 'Could ASEAN Drift Apart in the Wake of China's Rise?',
The Jakarta Post (5 March).

Wade, R. (1998a) 'The Asian Debt-and-Development Crisis of 1997 - ?:
Causes and Consequences', World Development 26 (8): 1535 - 1553.

Wade, R. (1998b) 'From 'Miracle' to 'Cronyism': Explaining the Great A-
sian Slump', Cambridge Journal of Economics 22: 693 - 706.

Wade, R. (1990) GoverningtheMarket: EconomicTheoryandtheRoleof-
GovernmentinEastAsianIndustrialization (Princeton, NJ: Princeton Univer-
sity Press), reprinted with a new 'Introduction' in 2004.

Wade, R. and Veneroso, F. (1998) 'The Asian Crisis: The High Debt Model
Versus the Wall Street Treasury IMF Complex', New Left Review:
3 - 22.

Wah, C. K. (1992) 'The Institutional Structure', in K. S. Sandhu, S. Sid-
dique, C. Jeshurun, A. Rajah, J. L. H. Tan and P. Thambipillai, eds,
The ASEAN Reader (Singapore: Institute of SEA Studies): 50 - 57.

Walker, M. C. (2006) 'Morality, Self-Interest, and Leaders in International
Affairs', The Leadership Quarterly 17: 138 - 145.

Walker, R. B. J. (1993) Inside/Outside: International Relations as Political

Theory (Cambridge: Cambridge University Press).

Walt, S. (1991) 'The Renaissance of Security Studies', International Studies Quarterly 35 (2): 211 - 240.

Walter, A. (2008) Governing Finance: East Asia's Adoption of International Standards (Ithaca, NY: Cornell University Press).

Waltz, K. (1979) Theory of International Politics (Reading, MA: Addison Wesley).

Waltz, K. (1993) 'The Emerging Structure of International Politics', International Security 18 (2): 44 - 79.

Wan, M. (1995/6) 'Japan and the Asian Development Bank', Pacific Affairs 68 (4): 509 - 528.

Wan, M. (2001) Japan Between Asia and the West: Economic Power and Strategic Balance (Armonk, NY: M. E. Sharpe).

Wan, M. (2006) Sino-JapaneseRelations: Interaction, Logic, andTransformation (Stanford: StanfordUniversityPress).

Wan, M. (2010) 'The Great Recession and China's Policy Toward Asian Regionalism', Asian Survey 50 (3): 520 - 538.

Wang, G. (1991) China and the Chinese Overseas (Singapore: Times Academic Press).

Wang, G. (2000) The Chinese Overseas: From Earthbound China to the Quest for Autonomy (Cambridge, MA: Harvard University Press).

Wang, G. (2007) 'China's Diaspora and Returnees: The Impact will Continue', available online at http: //blog. sina. com. cn/s/blog _ 46ebb5ba010009a5. html (accessed 20 July 2011).

Wang, G. and Zheng, Y. (eds) (2008) China and the New International Order (London: Routledge).

Wang, H. (2009) The End of the Revolution (New York: Verso Books).

Wang, J. (2005) 'China's Multilateral Diplomacy inthe New Millennium', in Y. Deng and F. -L. Wang, eds, China Rising: Power and Motivation in Chinese Foreign Policy (Lanham: Rowman & Littlefield): 159 - 200.

Wang, J. (2006) 'A Chinese View of Global Affairs', in J. Wang, ed.,

World Politics: Views From China (Hong Kong: Heping Press).

Wang, Y. (2004) 'Financial Cooperation andIntegration inEast Asia', Journal ofAsian Economics 15: 939 - 955.

Wang, Z. (2005) Ambassadors From the Islands of Immortals: China - Japan Relations in the Han-Tang Period (Honolulu, HI: University of Hawai'i Press).

Warleigh-Lack, A. and Rosamond, B. (2010) 'Across the EU Studies - New Regionalism Frontier: Invitation to a Dialogue', Journal of Common Market Studies 48: 993 - 1013.

Warleigh-Lack, A. and van Langenhove, L. (2010) 'Rethinking EU Studies: The Contribution of Comparative Regionalism', Journal of European Integration, Special issue, 32 (6): 541 - 562.

Warleigh-Lack, A., Robinson, N. and Rosamond, B. (eds) (2011) New Regionalism and the European Union: Dialogues, Comparisons and New Research Directions (London: Routledge).

Watanabe, S. andOgura, M. (2006) 'HowFarApartAreTwoACUsfromEachOther? AsianCurrencyUnit and Asian Currency Union', Bank of Japan Working Paper Series, No. 06-E-02 (November).

Wattanayagorn, P. (1998) 'Thailand: The Elite's Shifting Conceptions of Security', in M. Alagappa, ed., Asian Security Practice: Material and Ideational Influences (Stanford: Stanford University Press).

Webber, D. (2001) 'Two Funerals and a Wedding? The Ups and Downs of Regionalism in East Asia and Asia-Pacific After the Asian Crisis', The Pacific Review 14 (3): 339 - 372.

Webber, D. (2007) 'Trade and Security in East Asia: Political (Non-?) Integration in an Insecure Region', in H. Dieter, ed., TheEvolutionofRegionalisminAsia: EconomicandSecurityIssues (London: Routledge): 145 - 159.

Webber, D. (2010) 'The Regional Integration That Didn't Happen: Cooperation Without Integration in Early Twenty-First Century East Asia', The Pacific Review 23 (3): 313 - 334.

Weerakoon, D. and Thennakoon, J. (2006) 'SAFTA: Myth of Free Trade',

Economic and Political Weekly, 29 (16 September): 3920 – 3923.

Weiss, M. L. (2008) 'Civil Society and Close Approximations Thereof', in E. Martinez Kuhonta, D. Slater and T. Vu, eds, Southeast Asia in Political Science: Theory, Region and Qualitative Analysis (Stanford, CA: Stanford University Press): 144 – 170.

Weissmann, M. (2009) Understanding the East Asian Peace. Informal and Formal Conflict Prevention and Peacebuilding in the Taiwan Strait, the Korean Peninsula, and the South China Sea 1990 – 2008 (Gothenburg: University of Gothenburg, School of Global Studies).

Weissmann, M. (2010) 'The South China Sea Conflict and Sino-ASEAN Relations: A Study in Conflict Prevention and Peace Building', Asian Perspective 34 (3): 35 – 69.

Wendt, A. (1998) 'Constructing International Politics', in M. Brown et al., eds, Theories of War and Peace (Cambridge, MA: MIT Press).

Wenhuibao (2010) 'Jiu Wulumuqi "7. 5" shijian Shanghai hezuo zuzhi fabiao shengming' (Shanghai, 12 July).

Wesley, M. (2001) 'APEC's Mid-Life Crisis? The Rise and Fall of Early Voluntary Sectoral Liberalization', Pacific Affairs 74 (2): 185 – 204.

Wesley, M. (2009) 'Asia-Pacific Institutions', in W. Tow, ed., Security Politics in the Asia-Pacific: A Regional – Global Nexus? (Cambridge: Cambridge University Press).

White, G. (1988) 'State and Market in China's Socialist Industrialisation', in G. White, ed., Developmental States in East Asia (Basingstoke: Macmillan): 153 – 92.

White, H. and Taylor, B. (2009) 'A Rising China and American Perturbations', in W. Tow, ed., Security Politics in the Asia-Pacific: A Regional – Global Nexus? (Cambridge: Cambridge University Press).

Whitmore, J. K. (1994) 'Cartography in Vietnam', in J. B. Harley and D. Woodward, eds, Cartography in the Traditional East and Southeast Asian Societies (Chicago, IL: Chicago University Press): 478 – 508.

Wiener, A. andDiez, T. (eds) (2009) EuropeanIntegrationTheory, secondedition (Oxford: OxfordUniversityPress).

Williamson, J. (1999) 'Future Exchange Rate Regimes for Developing East A-sia: Exploring the Policy Options', paper presented to a conference on 'Asia in Economic Recovery: Policy Options for Growth and Stability' (Singapore: The Institute of Policy Studies, 21 - 22 June).

Williamson, P. J. (2007) 'Cost Innovation: Preparing for a 'Value-for-Mon-ey' Revolution', Long Range Planning 43 (2 - 3): 343 - 353.

Wimmer, A. and Glick Schiller, N. (2002) 'Methodological Nationalism and Beyond: Nation-State Building, Migration and the Social Sciences', Glob-al Networks 2 (4): 301 - 334.

Wink, A. (1990) Al-Hind: The Making of the Indo-Islamic World, I (Lei-den: E. J. Brill).

Winstedt, R. (1953) 'The Date of the Malacca Legal Codes', The Journal of the Royal Asiatic Society of Great Britain and Ireland (1 - 2): 31 - 33.

Wohlfort, W. C. (1999) 'The Stability of a Unipolar World, International Se-curity 24 (1): 5 - 41.

Wolf, A. T. (2007) 'Shared Waters: Conflict and Cooperation', Annual Re-view of Environment and Resources 32: 241 - 269.

Wolf, M. (2011) 'How the Crisis Catapulted Us into the Future', Financial Times (2 February).

Wolfers, A. (1962) Discord and Collaboration: Essays on International Politics (Baltimore, MD: Johns Hopkins University Press).

Wong Poh Poh (2008), 'Climate change in the Asia Pacific region', presenta-tion at the 'Global Climate Change Workshop: Building 'Consilience' be-tween Science, Security and Policy' (Singapore: S. Rajaratnam School of International Studies, Nanyang Technological University14 July), available online at http: //www. rsis. edu. sg/cens/events/pdf/14% 20July% 20Global% 20Climate% 20Change/Wong% 20Poh% 20Poh _ Paper% 20 (ed). pdf (accessed 20 July 2011).

Wong, B. P. (2006) The Chinese in Silicon Valley: Globalization, Social Net-works, and Ethnic Identity (Lanham: Rowman & Littlefield).

Wong, C. K. et al. (2007) 'Unaffordable Healthcare Amid Phenomenal Growth: The Case of Healthcare Protection in Reform China', International Journal of Social Welfare 16 (2): 140 - 149.

Wong, J. and Chan, S. (2003) 'China - ASEAN Free Trade Agreement: Shaping Future Economic Relations', Asian Survey 43 (3): 507 - 526.

Woo, J. -E. (1991) Race to the Swift: State and Finance in Korean Industrialization (New York: Columbia University Press)

Woo-Cumings, M. J. -E. (1998) 'National Security and the Rise of the Developmental State in South Korea and Taiwan', in H. S. Rowen, ed., Behind East Asian Growth: The Political and Social Foundations of Prosperity (London: Routledge): 319 - 37.

Woo-Cumings, M. J. -E. (ed.) (1999) The Developmental State (Ithaca, NY: Cornell University Press).

Woodside, A. (1998) 'Territorial Order and Collective-Identity Tensions in Confucian Asia: China, Vietnam, Korea', Daedalus 127 (3) (Summer): 191 - 221.

Woodside, A. (2006) Lost Modernities: China, Vietnam, Korea, and the Hazards of World History (Cambridge, MA: Harvard University Press).

World Bank (1993) The East Asian Miracle: Economic Growth and Public Policy (Washington: The World Bank Group).

World Bank (2010a) Doing Business 2010: Reforming Through Difficult Times (Washington, DC: World Bank, IFC and Palgrave MacMillan).

World Bank (2010b) World DataBank: World Development Indicators and Global Development Finance, available online at http: //databank. worldbank. org/ddp/home. do (accessed 20 July 2011).

World Bank (2010c) World Development Indicators 2010, available online at data. worldbank. org/indicator (accessed 20 July 2011).

World Bank (n/d) Fighting Poverty: Findings and Lessons from China's Success, available online at http: //econ.

worldbank. org/WBSITE/EXTERNAL/EXTDEC/EXTRESEARCH/0,, contentMDK: 20634060 ~ pagePK: 4165401 ~ piPK: 64165026 ~ the Site PK: 469382, 00. html (accessed 1 October 2010).

World Bank (various dates) World Development Report (Washington: World Bank).

Wriggins, W. H. , Gause, G. , Lyons, T. P. and Colbert, E. (1992) Dynamics of Regional Politics: Four Systems on the Indian Ocean Rim (New York: Columbia University Press).

Wright, D. (2002) 'The Northern Frontier', in D. A. Graff and R. Higham, eds, A Military History of China (Boulder, CO: Westview Press): 57 – 80.

Wright, P. (1985) On Living in an Old Country (London: Verso).

Wsley, M. (1999) 'The Asian Crisis and the Adequacy of Regional Institutions', Contemporary Southeast Asia 21: 54 – 73.

Wu, G. (2008) 'MultipleLevelsofMultilateralism: TheRisingChinaintheTurbulentWorld', inG. Wuand H. Lansdowne, eds, China Turns to Multilateralism: Foreign Policy and Regional Security (London: Routledge): 267 – 289.

Wu, X. (2009) 'A Regional – Global Paradigm for Implementing the United Nations Global Counter- Terrorism Strategy', Defence Against Terrorism Review 2 (2): 83 – 98.

Wu, X. (2009) 'Chinese Perspectiveson Buildingan East Asian Communityin the Twenty-FirstCentury', in M. Green andB. Gill, eds, Asia's New Multilateralism: Cooperation, Competition and the Search for Community (New York: Columbia University Press): 55 – 77.

Xu, T. (2003) 'Lun Shanghai Hezuo Zuzhi De Jizhihua' (On the Institutionalization of the Shanghai Cooperation Organization), International Politics 10: 66 – 72.

Yabunaka, M. (2010) Kokka No Meiun: Gaiko No Shukuba De Kagaeta Kikito Kibo (Tokyo: Shinchosha): 168 – 170.

Yahuda, M. (2004) The International Politics of the Asia-Pacific, second and revised edition (London: Routledge).

Yan, X. (2006) 'The Rise of China and Its Power Status', Chinese Journal of International Politics 1 (1): 5 – 33.

Yan, X. and Shi, Y. (2002) 'zhongguo jueqi yu taiwan wenti (Rise of China and Taiwan)', lingdao wencui (Selection for Leaders), No. 11.

Yang, M. M. -H. (1994) Gifts, Favors, and Banquets: The Art of Social Relationships in China (Ithaca, NY, and London: Cornell University Press).

Yang, S. (2009) 'Reassessing the SCO's Internal Difficulties: A Chinese Point of View', China and Eurasia Forum Quarterly 7 (3): 17 - 23.

Yasutomo, D. T. (1983) Japan and the Asian Development Bank (New York: Praeger).

Ye, M. (2009) 'How Did China Join the Capitalist World through Foreign Direct Investment', in J. Fewsmith, ed. , China's Economic Reform at Thirty and the Way Ahead (Lowman & Littlefield).

Yeap, B. S. (1992) The Chinese in Malaysia: Politics of a Troubled Identity, PhD dissertation, University of Hawaii.

Yeo, L. H. (2003) Asia and Europe: The Development and Different Dimensions of ASEM (London: Routledge).

Yeo, L. H. (2008) 'EU - ASEAN Relationsand Policy-Learning', inR. Balme and B. Bridges, eds, Europe - Asia Relations (New York: Palgrave MacMillan): 83 - 102.

Yeo, L. H. (2010) 'Institutional Regionalism Versus Networked Regionalism: Europe and Asia Compared', International Politics 47 (3 - 4): 324 - 337.

Yeung, H. W. -C. (1999) 'Under Siege? Economic Globalisation and Chinese Business in Southeast Asia', Economy andSociety 28 (1): 1 - 29.

Yeung, H. W. -C. (2003) 'Managing Economic (In) security in the Global Economy: Institutional Capacity and Singapore's Developmental State', Revised Conference Paper: 'Globalization and Economic Security in East Asia: Government and Institutions' (Singapore: IDSS, Nanyang Technical University, 11 - 12 September).

Yeung, H. W. -C. (2004) Chinese Capitalism in a Global Era: Toward Hybrid Capitalism (London: Routledge).

Yin, X. -H. (2007) 'Diverse and Transnational: Chinese (PRC) Immigrants in the United States', Journal of Chinese Overseas 3 (1): 122 - 145.

Yiu, D. (2011) 'Multinational Advantages of Chinese Business Groups: A Theoretical Exploration', Management and Organization Review.

Yiu, D. , Bruton, G. D. and Lu, Y. (2005) 'Understanding Business Group

Performance in an Emerging Economy: Acquiring Resources and Capabilities in Order to Prosper', Journal of Management Studies 42 (1): 183 - 206.

Yokoi-Arai, , M. (2006) 'Legal and Political Effects of Financial and Monetary Regional Integration in Asia', Law and Business Review 12 (1): 47 - 69.

Yoo, G. -H. (2004) Chos? onjo Taeoe Sasangui Hurum (Flows of Ideologies on Foreign Relations During the Choson Period) (Seoul: Sungshin Women's University Press).

Yoshihara, K. (1988) The Rise of Ersatz Capitalism in South-East Asia (Oxford: Oxford University Press).

Yoshimatsu, H. (2009) 'The Rise of China and the Vision for an East Asian Community', Journal of Contemporary China 18 (62): 745 - 765.

Yoshitomi, M. and Ohno, K. (1999) Capital-Account Crisis and Credit Contraction: The New Nature of Crisis Requires New Policy Responses, ADBI Working Paper, No. 2 (Tokyo, Japan, May), available online at www. adbi. org/publications/wp/wp9905. htm (accessed 20 July 2011).

Yu, H. S. (2008) 'Regionalism and Institutional Balancing: The Politics around the East Asian Summit', paper delivered at the 'International Studies Association Annual Convention' (San Francisco, 26 - 29March).

Yuan, J. -D. (2010) 'China's Role in Establishing and Building the Shanghai Cooperation Organization (SCO)', Journal of Contemporary China 19 (67): 855 - 869.

Yun, P. (1998) 'Rethinking the Tribute System: Korean States and Northeast Asian interstate relations, 600 - 1600', PhD Dissertation, UCLA.

Yuzawa, T. (2006) 'The Evolution of Preventive Diplomacy in the ASEAN Regional Forum: Problems and Prospects', Asian Survey 46: 785 - 80.

Yuzawa, T. (2007) Japan's Security Policy and the ASEAN Regional Forum: The Search for Multilateral Security in the Asia-Pacific (London and New York: Routledge).

Yuzawa, T. (2011) 'The Fallacy of Socialisation?: Rethinking the ASEAN Way of Institution-Building', in R. Emmers, ed. , ASEAN and the Institutionalisation of East Asia (London: Routledge).

Zaring, D. (1998) 'International Law by Other Means: The Twilight Existence of International Financial Regulatory Organisation', Texas International Law Journal 33 (2): 281 – 330.

Zhang, Y. (2010) China and Asian Regionalism (Singapore: World Scientific Publishing).

Zhang, Y. and Tok, S. K. (2008) 'Intentions on Trial: 'Peaceful Rise' and Sino-ASEAN Relations', in G. Wu and H. Lansdowne, eds, China Turns to Multilateralism: Foreign Policy and Regional Security (London: Routledge): 175 – 197.

Zhao, H. (2009) 'Shanghai Hezuo Zuzhi Yu Afuhan Wenti' (Shanghai Cooperation Organization and the Afghan Problem), Guoji Wenti Yanjiu 4: 36 – 41.

Zhao, L. and Seng, L. T. (2009) 'Introduction', in L. Zhao and L. T. Seng, eds, China's New Social Policy: Initiatives for a Harmonious Society (World Scientific Publishing).

Zhao, Q. (2004) 'Japan's Leadership Role in East Asia: Co-Operation and Competition Between Japan and China', Policy and Society 23 (1): 111 – 128.

Zhao, S. (2004) A Nation State by Construction: Dynamics of Modern Chinese Nationalism (Stanford, CA: University of Stanford Press).

Zhao, S. (2011) 'China's Approaches Toward Regional Cooperation in East Asia: Motivations and Calculations', Journal of Contemporary China 20 (68): 53 – 67.

Zheng, B. (2005) 'China's Peaceful Rise to Great Power Status', Foreign Affairs (September/October).

Zheng, V. (2010) Chinese Family Business and the Equal Inheritance System: Unraveling the Myth (London: Routledge).

Zhou, X. (2009) 'Reform the International Monetary System', available online at http: //www. pbc. gov. cn/ english//detail. asp? col = 6500&ID = 178.

Zhu, R. J. (2000) 'Speech by His Excellency Zhu Rongji Premier of the State

Council of the People's Republic of China at the Fourth ASEAN + China Summit (10 + 1)' (Singapore, 25 November), available online at ht-tp: //asean-chinasummit. fmprc. gov. cn/eng/zywj/t270549. htm.

Zhu, S. (2009) ' "Judicial Politics" as State-Building', in S. Balme and M. Dowdle, eds, Building Constitutionalism in China (New York: Palgrave Macmillan): 23 – 36.

Zhu, T. (2002) 'Developmental States and Threat Perception in Northeast A-sia', Conflict, Security and Development 2 (1): 5 – 29.

Zhu, T. (2003) 'BuildingInstitutional Capacity for China's New Economic O-pening', in L. Weiss, ed. , States in the Global Economy: Bringing Do-mestic Institutions Back In (Cambridge: Cambridge University Press): 142 – 160.

Zuckerman, M. (1999) 'A Second American Century', Foreign Affairs 73 (3): 8 – 31.

Zweig, D. , Chen, C. and Rosen, S. (2004) 'Globalization and Transnational Human Capital: Overseas and Returnee Scholars to China', China Quar-terly 179: 735 – 757.

作者简介

Alan Collins（艾伦·柯林斯），英国斯旺西大学政治与文化研究学教授。

Anja Jetschke（安雅·杰茨科），德国哥廷根大学政治学系国际关系学教授。

Anthony J. Langlois（安东尼·J. 兰洛伊斯），澳大利亚弗林德斯大学国际关系学系主任、副教授。

Chien - peng Chung（钟建平），香港岭南大学政治学系教授。

Christopher M. Dent（克里斯托弗·M. 登特），英国利兹大学东亚国际政治经济学教授。

David Camroux（大卫·卡穆卢），法国巴黎政治学院国际研究中心高级研究员、高级讲师。

David Kang（康灿雄），美国南加州大学国际关系与贸易学教授。

Fredrik Söderbaum（弗雷德里克·桑德鲍姆），瑞典哥德堡大学全球研究学院教授。

Gilbert Rozman（饶济凡），美国普林斯顿大学社会学讲席教授。

Gordon C. K. Cheung（张志楷），英国杜伦大学国际关系学高级讲师、当代中国研究中心主任、《东亚国际季刊》（*East Asia：An International Quarterly*）主编。

Helen E. S. Nesadurai（海伦·E. S. 妮莎杜蕾），澳大利亚莫纳什大学人文社科学院副教授。

Heribert Dieter（黑里贝特·迪特尔），德国国际与安全事务研究所教授。

Howard Dick（霍华德·迪克），澳大利亚墨尔本大学商业与经济学院荣誉教授、纽卡斯尔大学商业与法律学院兼职教授。

John M. Hobson（约翰·M. 霍布森），英国谢菲尔德大学政治学与国际关系学教授、英国国家学术院院士。

Julie Gilson（朱莉·吉尔森），英国伯明翰大学政治学与国际关系学系教授。

Kanishka Jayasuriya（克尼沙珈·贾亚苏里亚），澳大利亚阿德雷得大学国际政治学教授、印太治理研究中心主任。

Kishore C. Dash（基肖尔·C. 达什），美国雷鸟国际管理学院副教授。

Lorraine Elliott（罗琳·艾略特），澳大利亚国立大学国际关系学系教授、公共政策研究员。

M. Ramesh（M. 拉梅什），新加坡国立大学李光耀公共政策学院教授。

Michael Carney（迈克尔·卡尼），加拿大肯高迪亚大学管理学教授。

Michael Dowdle（迈克尔·道达尔），新加坡国立大学法学院副教授。

Min Ye（叶敏），美国波士顿大学佛雷德里克·帕迪全球研究学院国际关系学副教授、亚洲研究项目学术协调人。

Nick Bisley（尼克·比斯利），澳大利亚拉筹伯大学社会科学学院国际关系学教授、政治学与国际关系项目召集人，《澳大利亚国际事务学刊》（*Australian Journal of International Affairs*）主编。

Nicholas Thomas（唐宁思），香港城市大学亚洲与国际研究系副主任、副教授。

Peter Preston（彼得·普勒斯顿），英国伯明翰大学政治学与国际关系学系荣誉教授。

Ralf Emmers（拉尔夫·爱莫斯），新加坡南洋理工大学拉惹勒南国际研究院副院长、国际关系学教授。

Saori N. Katada（纱欧丽·N. 片田），美国南加州大学国际关系学院副教授。

Shahar Hameiri（沙哈·哈梅尔），澳大利亚昆士兰大学政治学与国际关系学院副教授。

Shaun Narine（肖恩·那瑞），加拿大圣托马斯大学政治学系副教授。

Sorpong Peou（索邦·波），加拿大瑞尔森大学政治学与公共管理学系教授。

Takashi Terada（寺田贵），日本同志社大学法学院国际关系学教授。

Takeshi Yuzawa（汤泽武），日本法政大学国际关系学副教授。

译者简介

邓金沙，中共北京顺义区委党校讲师，中国人民大学法学博士。

冯斌，现就职于北京市民政局，中国人民大学国际关系专业硕士。

蒋启良，南京大学国际关系研究院国际关系学硕士。

李福建，现就职于外交学院亚洲研究所，西澳大利亚大学国际关系专业博士。

李海莹，现就职于中国社会科学出版社，河北师范大学硕士。

李天惠，现就职于外交学院亚洲研究所，外交学院国际政治专业在读博士，主要研究兴趣：国际政治经济学、货币制度、跨国公司。

刘静，西安交通大学马克思主义学院副教授，西安交通大学国际问题研究中心研究员，博士，主要研究兴趣：地区治理、中国外交。

刘静烨，北京大学国际关系学院博士后，外交学院法学博士，主要研究兴趣：东亚地区合作、国际政治经济学。

苗吉，外交学院亚洲研究所副研究员，中国人民大学、早稻田大学双博士，主要研究兴趣：日本政治与外交、中非关系、地区主义。

王峥，北京大学国际关系学院博士后兼助教，外交学院外交学博士，主要研究兴趣：国际关系、国家战略、南海问题以及东南亚研究。

吴思宜，新东方英语学校教师，主要研究兴趣：外语语言文学及应用。

张凯，中联部《当代世界》杂志社编辑，中国人民大学国际政治专业博士，主要研究兴趣：非洲问题、中非关系等。

周英，暨南大学国际关系学院副教授，日本早稻田大学国际研究博士，主要研究兴趣：中国外交、软实力与公共外交、亚太国际关系、日本外交等。

周玥晗，现就职于中华人民共和国外交部，外交学院法学博士。